資本論草稿にマルクスの苦闘を読む

Teinosuke OTANI

大谷禎之介 著

『資本論』
第2部第8稿全文と
その関連資料を
収録

桜井書店

はしがき

　マルクスは，『資本論』第1巻の原稿を印刷所に渡した直後の1867年4月30日に，ジークフリート・マイアーへの手紙で，次のように述懐した。

　　「仕事のできる<u>すべての瞬間</u>を私の著作〔『資本論』第1巻〕を完成するために使わなければなりませんでした。この著作のために私は健康もこの世の幸福も家族も犠牲にしてきたのです。……もし人が牛のようなものでありたいと思えば，もちろん人類の苦しみなどには背を向けて自分のことだけ心配していることもできるでしょう。しかし私は，もし私の本を，少なくとも原稿のかたちででも，完全に仕上げないで倒れるようなら，ほんとうに自分を<u>非実践的</u>だと考えたでしょう。」(MEW 31, S. 542. 下線と二重の下線はともにマルクスによるもの。〔 〕は引用者による挿入。)

　見られるように，このときマルクス自身が，自分は『資本論』第1巻を「完成するために，仕事のできるすべての瞬間を使って」きたし，「この著作のために私は健康もこの世の幸福も家族も犠牲にして」きたのだ，と考えており，『資本論』第1巻を「少なくとも原稿のかたちででも，完全に仕上げ」ることを，「人類の苦しみ」を和らげるための自分のなすべき「実践」と見なしていた。

　それから14年後，『資本論』の最後の草稿となった第2部第8稿を擱筆してから半年以上も経つのに『資本論』の作業に戻ることができないでいた1881年12月7日に，彼は娘のジェニーに次のように書いた。

　　「『資本論第1巻』の新しい第3版が必要になった，というマイスナーの知らせをぼくはかえって不愉快に感じたぐらいだ。ぼくはじっさいぼくのすべての時間を──自分にそれができるともう一度感じたら──もっぱら第2巻の完成のために使いたいと思っていたのだ。」(MEW 35, S. 243.)

　すでに死期に近づきつつあった彼は，それにもかかわらずここでもまた，『資本論』の第2部と第3部を含めることにしていた「第2巻の完成のために」，「ぼくのすべての時間を使いたい」という強い願望を吐露している。

　『資本論』を「少なくとも原稿のかたちででも」完成させる作業は，彼にとっ

て，これほどの重い意味をもつ，彼の生涯をかけての「実践」だったのである。

　未刊行の第2巻を仕上げて『資本論』を完結させることは，このように，彼にとって生涯をかけた闘いであった。しかもそれは，長年にわたる準備作業を必要とし，繰り返して膨大な草稿を書きかえることを彼に強いた壮烈な闘いだったのであり，まさに苦闘であった。

　いまわれわれが『資本論』の草稿を読むとき，われわれはじつはそのようなマルクスの闘っている姿を見ているのであり，彼の苦闘の軌跡を尋ねているのである。

　本書は，『資本論』とその諸草稿に取り組んで，たどたどしい足取りながら，マルクスの闘いの跡を追い続けてきた一研究者の旅路の記録である。

＊

　本書のⅠには，彼が生前に自ら刊行することができた『資本論』第1部諸版と彼が遺した『資本論』諸草稿の全体のなかに，マルクスにとって『資本論』がもっていた意味を探った拙稿を収めた。ここには，マルクスが『資本論』をどのようなものと見ていたか，ということについての筆者の見方もまた顕わになっている。そうしたマルクスは，筆者の旅路での灯火であったし，現在の到達点での灯火でもある。

　本書のⅡには，筆者が『資本論』第2部および第3部の諸草稿に取り組むなかで書き上げた，『資本論』成立史にかかわる拙稿を収めている。その先頭に第5章として，MEGA第Ⅱ部門第11巻所収の『資本論』第2部第8稿とこの巻の付属資料に収められている第8稿についての諸資料との全訳を置いた。次の第6章には，『資本論』第2部の諸草稿および第3部草稿の，またそれらの内部の諸部分の執筆時期を考証的に探った拙稿を収めた。第7章に置いたのは，MEGA第Ⅱ部門第11巻所収の『資本論』第2部諸草稿のなかでマルクスはどのように苦闘して，どのようなことを次々に明らかにしていったのか，ということについて筆者が得た知見を記した拙稿である。最後の第8章は第7章を補足する論稿である。

　本書のⅢには，マルクスの苦闘の跡をたどる旅路で筆者がしばらく足を留めた宿場のなかから，忘れがたい印象を残したいくつかの地点を選び，当時そ

れぞれのところで走り書きしたスケッチを収めた。

＊

　昨年2017年は『資本論』第1巻刊行150周年，そして今年2018年はマルクス生誕200周年であった。この記念すべき年にマルクスの主著『資本論』についての拙著を上梓できることを心から喜びたい。

付記

　本書での上付きの傍点はすべて筆者による強調，引用中の下線は引用文の著者による強調であり，【　】は本書をまとめるさいに筆者が旧稿に加えた挿入，引用文中の〔　〕は筆者による挿入である。

　引用文の出典での略語は次のとおりである。

　MEGA = Marx-Engels-Gesamtausgabe. たとえば，MEGA II/4.2, S. 5.8-10という記載はMEGAの第II部門第4巻第2分冊5ページの8-10行を示す。

　1975年に刊行が開始された第2次MEGA（新MEGA）は，戦前に刊行が中断された第1次MEGA（旧MEGA）と区別するためにMEGA②と表わすことが行なわれているが，本書で言及するのはほとんどが第2次MEGAなので，以下でたんにMEGAと記すのはすべて第2次MEGAである。（ごく稀に言及する第1次MEGAは，「MEGA①〔第1次MEGA〕」とする。）

　MEW = Marx-Engels-Werke. たとえば，MEW 23, S. 5という記載はMEWの第23巻の5ページを示す。MEW 23は『資本論』第1巻，MEW 24は第2巻，MEW 25は第3巻を収めている。大月書店版『マルクス＝エンゲルス全集』にはMEWのページ番号が欄外につけられているので，このページ番号で該当箇所を探すことができる。

　なお，本書の第5章では，『資本論』第2部第8稿のテキストとMEGA付属資料との訳文を収録するので，まえおきのあとに，この章のためだけの「凡例」をつける。この第5章では，MEGAおよびMEW以外の多くの文献のページ番号を「…ページ」と記載するので，MEGAについてもMEWについてもページ番号を「S. …」としないで「…ページ」と記載している。

　本書では，文献の書名や論文名をイタリックにする書記法は使わない。

目　次

はしがき　3

I　『資本論』に刻まれたマルクスの苦闘

第1章　マルクスの遺稿は呪われたリングか……………………15

未完成草稿から完成した2巻を………………………………………15

波瀾万丈の旅を経て…………………………………………………18

新MEGAもまた危機に………………………………………………20

未来につながるリンクの宝庫………………………………………22

第2章　「現代社会」の変革のための「資本の一般的分析」…………23

1　マルクスはなぜ『資本論』に心血を注いだのか…………………23

2　『資本論』の対象は「現代社会」である………………………28

3　第1部刊行後のマルクスの課題は
　　「資本の一般的分析」の完結だった……………………………31

4　MEGA第II部門の完結ののち，第IV部門諸巻の
　　刊行が待たれる…………………………………………………34

第3章　『資本論』とアソシエーション………………………………37

はじめに………………………………………………………………37

1　資本主義社会はアソシエーションを孕んでいる………………39

2　資本自身が，自己を否定する諸形態を生みだし，
　　成長させる………………………………………………………45

3　アソシエーションの産み落としを促迫するのは
　　資本の矛盾である………………………………………………47

4　アソシエーションを形成するのは
　　労働する諸個人の実践的行動である…………………………51

おわりに………………………………………………………………56

第4章　MEGA編集・刊行の現状と展望 ………………………………… 59
　　　　──MEGA第Ⅱ部門の完結に寄せて──

　MEGAとはなにか ……………………………………………………… 59

　完結した第Ⅱ部門 ……………………………………………………… 61

　その他の三つの部門 …………………………………………………… 65

　今後の展望 ……………………………………………………………… 66

　【その後に開けた明るい展望】 ………………………………………… 67

Ⅱ　『資本論』第2部・第3部の草稿を読む

第5章　『資本論』第2部第8稿を読む ………………………………… 71
　　　　──第8稿全文とMEGA版付属資料──

　『資本論』第2部第8稿 ………………………………………………… 79

　MEGA版付属資料から ………………………………………………… 273

　　成立と来歴 …………………………………………………………… 273

　　典拠文書についての記録 …………………………………………… 288

第6章　『資本論』第2部・第3部草稿の執筆時期について ……… 291
　　　　──四共筆者への批判──

　はじめに ………………………………………………………………… 297

　第2部の「第4稿」とそれ以前に書かれた断稿 …………………… 298

　第2部のためのプランと第2部第1稿 ……………………………… 303

　第2部の「第1稿」と第3部の「主要草稿」 ……………………… 313

第7章　『資本論』第2部仕上げのための苦闘の軌跡 ……………… 317
　　　　──MEGA第Ⅱ部門第11巻の刊行に寄せて──

　はじめに ………………………………………………………………… 318

　1　本巻所収の第2部草稿 ……………………………………………… 322

　2　本巻所収の草稿に先行する第2部諸草稿 ………………………… 326

　3　第2部第2稿について ……………………………………………… 329

　4　第2部第5稿-第7稿における資本循環論仕上げのための苦闘 … 338

5　第2部第8稿について ……………………………………………346

　　6　第8稿における拡大再生産の分析の内容と特色 ………………359

　　【第8稿の二つの層の境界についての補論】…………………………388

第8章　「流通過程および再生産過程の実体的諸条件」
　　　　とはなにか──『資本論』第2部形成史の一齣── ……………393

　　はじめに……………………………………………………………………393

　　1　第3章を第1章および第2章から区別するもの………………………394

　　2　「実体的な〔real, reell〕」という語の意味 ……………………………398

　　3　マルクスは「実体的」という語でなにを考えていたのか………400

　　4　第3章プランでの「流通（再生産）の実体的諸条件」の
　　　　意味は？ …………………………………………………………406

　　5　「貨幣流通なし」と「貨幣流通を伴う」との
　　　　二段構えによる叙述方法 ……………………………………408

　　6　第2稿第3章のタイトル「流通過程および再生産過程の
　　　　実体的諸条件」の意味は？ …………………………………412

　　7　二段構えの叙述方法という旧来の枠組みの制約と
　　　　それの突破 ……………………………………………………422

　　おわりに……………………………………………………………………426

III　探索の旅路で落穂を拾う

第9章　『図解　社会経済学』で読者に伝えたかったこと …………429

第10章　商品および商品生産に関するいくつかの問題について…439

　　論点1　使用価値の捨象によって抽象的労働に到達するのは
　　　　　「無理」か──置塩信雄氏の見解について── …………………440

　　論点2　価値の「論証」という偽問題について ……………………450

　　論点3　社会的必要労働時間による生産手段からの移転価値の
　　　　　規定について──置塩信雄氏の見解の検討── ……………453

　　論点4　効用価値説について………………………………………461

論点5　社会的必要労働時間の測定について ……………………… 462

　　論点6　「経済財」について ………………………………………… 464

　　論点7　「経済人 (homo economicus)」について ……………………… 466

第11章　マルクスの価値形態論 ……………………………………… 471

　はじめに ………………………………………………………………… 471

　第1節　価値形態論の課題 …………………………………………… 475

　　§1　価値の本質から価値の現象形態へ ………………………… 475

　　§2　貨幣形態の謎と貨幣の謎 …………………………………… 477

　第2節　単純な価値形態の分析 ……………………………………… 481
　　　　　──価値形態の秘密──

　　§1　単純な価値形態 ……………………………………………… 481

　　§2　価値表現の両極：相対的価値形態と等価形態 ……………… 486

　　§3　相対的価値形態 ……………………………………………… 490

　　§4　等価形態 ……………………………………………………… 498

　　§5　単純な価値形態の総体 ……………………………………… 509

　第3節　価値形態の展開 ……………………………………………… 510
　　　　　──単純な価値形態から貨幣形態へ──

　　§1　価値表現のメカニズムの分析から価値形態の展開へ ……… 510

　　§2　価値形態の論理的展開と価値形態の歴史的発展 ………… 511

　　§3　単純な価値形態を潜ませている交換関係 ………………… 515

　　§4　価値形態の展開 ……………………………………………… 516

　　　A　単純な価値形態　516

　　　B　全体的な，または開展された価値形態　524

　　　C　一般的価値形態　530

　　　D　貨幣形態　537

　おわりに ………………………………………………………………… 540

第12章　貨幣生成論の問題設定とその解明 ………………………… 547

　はじめに ………………………………………………………………… 547

　Ⅰ　貨幣生成論の問題設定とその解明 ……………………………… 550
　　　──いかにして，なぜ，なにによって，商品は貨幣であるか──

　　1　価値形態論における問題提起とそれへの解答 ……………… 551

目 次 11

2 物神性論における問題提起とそれへの解答 ……………………555

3 交換過程論における問題設定とそれへの解答………………………559

4 貨幣の発生についてのマルクスの問題設定 …………………561

Ⅱ フランス語版に関する追記…………………………………562

第13章 書評・佐藤金三郎著『『資本論』研究序説』………………565

第14章 随想・高須賀さんと佐藤さんとへの書債 …………………573

あとがき 577

初出一覧 582

I

『資本論』に刻まれた
マルクスの苦闘

第1章　マルクスの遺稿は呪われたリングか

　1999年10月にAERA Mookの「わかる」シリーズの一冊として『マルク
スがわかる』(朝日新聞社) が刊行された。それに掲載された拙稿「[遺稿と
全集をめぐる物語] マルクスの遺稿は呪われたリングか」を本章に収めた。
マルクスの遺稿が経た数奇な旅路については，佐藤金三郎氏が「マルク
ス・エンゲルス遺稿物語」を『図書』(岩波書店，1980年1-12月) に連載され
ていたが，エンゲルスの死までのところで中断したままになった (そこま
での連載部分は佐藤金三郎『マルクス遺稿物語』岩波新書，1989年，に収められた)。
遺稿の波瀾に富んだ旅はじつはその時点から始まったのであって，それを
主題にして書かれた一般書には，ドイツ社会民主党にかかわる記述に政治
的なバイアスが見られるものの，面白く一気に読める読み物として，ハイ
ンツ・シュテルン／ディーター・ヴォルフ『偉大な遺産・マルクス遺稿物
語』(大月書店，1983年) がある。

未完成草稿から完成した2巻を

　マルクスが死んだ翌々日の1883年3月15日，エンゲルスはゾルゲに宛てて，
「人類は首を，しかもそれが当代にもっていた最も優れた首をはねられてしま
った」[1]と書いた。この頭脳の活動の痕跡を示すものはもはや残された書き物
だけとなった。エンゲルスの前には，マルクスの全生涯にわたる膨大な文書的
遺産があった。整理に手をつけてまもなく，エンゲルスは，気がかりだった
『資本論』草稿と思われる分厚いノートの束を見つけた。それは，第1部 (資本
の生産過程) を含む既刊第1巻の続巻となるはずだった，第2部 (資本の流通過
程) と第3部 (総過程の諸形象化) とを収めるべき第2巻の草稿だった。はじめ
エンゲルスは，1年ほどでこの草稿から第2巻をつくれると考えたが，草稿を

---

1)【MEW 35, S. 460.】

調べていくうちに，そんなに甘くないことを知った。彼はこの年の8月30日に
ベーベルに書いた。「完全に仕上げられた部分もあるが，それ以外はまったく
のスケッチだ。二つぐらいの章を別とすればすべてが下書きだ。典拠の引用は
未整理のまま乱雑に山積みされていて，あとで選り分けようと集めただけのも
のだ。おまけに絶対にぼくにしか読めない——それも苦労してやっと読める
——あの筆跡だ」[2]。エンゲルスは，まず第2部を編集して第2巻として刊行し，
そのあと第3部の編集に取り掛かって第3巻として刊行することにした。

　第2部の草稿は何度も最初から書き直されていた。この部を構成する三つの
章（のちの三つの篇）の全章が書かれている二つのノートがあり，このほかに
あちこちの部分の書き直しがいくつもあった。エンゲルスは第2巻の序文で書
いている。「できるかぎり，自分の仕事をいくつもの草稿から選び出すことだ
けに限った。そしていつでも，草稿のうちの最後のものを，それ以前のものと
比較しながら基礎にするようにした」[3]。それは簡単な作業ではなかった。し
かも古い病気が再発したので，彼はソファに横たわり，アイゼンガルテンとい
う若者に草稿を読んで筆記させ，それに手を入れるという仕方で第2部を編集
した。それへの序文で彼が「困難をただただ著者の精神において解決しようと
努めた」[4]と書いたように，この作業が，マルクスの草稿を極力尊重し，その
最善の部分を生かそうという意志に貫かれた，きわめて良心的なものであった
ことを認めなければならない。第2部を収める第2巻の原稿は，マルクスの死
後まだ2年も経たない1885年2月に印刷所に送られた。

　それからすぐにエンゲルスは第3部の編集にかかったが，それを収めた第3
巻が刊行されたのは，それから9年も経った1894年のことであった。第3部の
編集にこれほどの時間がかかったのは，視力の衰えなど健康上の理由もあった
し，緊急を要する改訂の仕事や国際労働運動から要請される仕事に追われたこ
ともあったが，なんと言っても，完成度の低い草稿から完結した体裁をもつ著
作をつくるのに苦心惨憺したためであった。とりわけ，草稿の約3分の1の分
量を占める利子生み資本を取り扱った第5章（のちの第5篇）にはてこずらされ

2）【MEW 36, S. 56.】

3）【MEGA II/13, S. 8; MEW 24, S. 12.】

4）【Ebenda.】

た。エンゲルスの見るところ，それは，「できあがった草案も，中身を入れる
はずだった筋書きさえもなく，ただ仕上げの書きかけがあるだけで，しかもこ
の書きかけも覚え書きや抜き書きのかたちでの材料やの乱雑な堆積に終わって
いる」5)，というものだった。彼は三度も，「著者が与えようとしたすべてのも
のをおおよそは提供できるように，すきまを埋めたり暗示されているだけの断
片を仕上げたりして完全なものにしよう」6)と試みたのち，このやり方では
「膨大な文献を漁り尽くさなければならず，またできあがったとしてもそれは
もうマルクスの著作ではなくなってしまう」7)と判断して，これに見切りをつ
け，「現にあるものをできるだけ整理することに限り，どうしても必要な補足
だけを加える」8)ことに切り換えて，ようやく1893年にこの部分の編集を終え
たのだった。

　エンゲルスはこの二つの部への序文で，草稿がどんなに未完成のものであり，
彼がどんなに自分の作業を抑制せざるをえなかったかを詳述しているが，それ
にもかかわらず，彼の第2巻および第3巻は読者に，草稿が実際よりもはるか
に完成したものであったかのような印象を与えるものとなっている。いま，第
3部の草稿（それの最大の第1稿）は新MEGAの第2部第4巻第2分冊で見るこ
とができるし，第2部の諸草稿もその第1稿はすでに同第1分冊で公刊され，
その他の草稿もすでに編集作業に入っていて9)筆者はそれらの内容のすべてを
見てきたが，マルクスが草稿で書いているところを読者に伝えるという観点か
らするかぎり，エンゲルスによる両部の編集にきわめて多くの難点があること
は明らかである。彼が最も苦労した第3部第5章では，草稿では見える全体の
骨格が隠れてしまっている。

　けれども，晩年のエンゲルスが『資本論』第2部および第3部の編集にあれほ
ど多くの労力を注ぎ込んだのは，彼にその刊行を託して死んだマルクスの遺志
を実現するためだけではなかった。それは，マルクス自身がその完成をつねに

5)【MEGA II/15, S. 8; MEW 25, S. 12.】

6)【Ebenda.】

7)【MEGA II/15, S. 8-9; MEW 25, S. 13.】

8)【Ebenda.】

9)【2012年にMEGA第II部門第4巻第3分冊が刊行されて，MEGA第II部門は完結した。こ
のなかには伝存している第2部および第3部のいっさいの草稿が含まれている。】

自分の義務と見なしていたのと同じ目的のため，つまり労働者階級の運動に理論的な武器を提供するためであった。だから，エンゲルスによる第2部および第3部の編集の企図は，マルクスの草稿を正確に再現するところにあったのではなく，既刊の第1部の続きを，完結したマルクスの著作のかたちで読者に提供するところにあったのである。

　マルクスの遺稿のなかには，『資本論』の三つの部の草稿に先行する23冊の膨大なノートがあった。のちに『1861-1863年草稿』という名称で新MEGAに収められた[10]この草稿のノート第5-18冊には「剰余価値に関する諸学説」が書かれている[11]。エンゲルスはこれを，マルクスが『資本論』第4部として構想していた「学説史」の本体になるものと判断したが，その編集・刊行はもはや自分にはできないと考え，それをベルンシュタインとカウツキーに委ねることにした。エンゲルスは，マルクスの筆跡を解読できるように，両人にこの「象形文字」の特訓を行なった。のちにカウツキーは『剰余価値学説史』[12]，ベルンシュタインは『マルクス＝エンゲルス往復書簡集』[13]を編集・刊行したのであった。

波瀾万丈の旅を経て

　マルクスの死後，遺産管理状はロンドンに住所のある末娘エリナに交付されたが，エンゲルスの生存中は，『資本論』草稿を含む遺稿のほか，蔵書，書簡類その他の文書的遺産のほとんどが彼の管理下にあった。現在，これらの文書的遺産はアムステルダムの社会史国際研究所とモスクワのロシア国立社会・政治史アルヒーフ（旧ソ連共産党アルヒーフ）とに所蔵されている。これらの遺産がいまの地に落ち着くまでに経た流浪の旅はまことに波瀾万丈，ドラマに満ちたものであった。

---

10)【MEGA II/3, Berlin 1976-1982. このMEGA第II部門第3巻は6分冊からなっている。】

11)【MEGA II/3, S. 333-1888.】

12)【Theorien über den Mehrwert, aus dem nachgelassenen Manuskript „Zur Kritik der politischen Ökonomie" von Karl Marx. Hg. von Karl Kautsky, 3 Bde, Stuttgart 1905.】

13)【Der Briefwechsel zwischen Friedrich Engels und Karl Marx. 1844 bis 1883, Hg. von A. Bebel und Ed. Bernstein. 4 Bde, Stuttgart 1913.】

エンゲルスの遺言によってエリナに返された遺稿の一部は，『剰余価値学説史』の編集のためにカウツキーに託された。それ以外の遺稿は，1898年にエリナが悲劇的な死を遂げたために，マルクスの次女ローラの手に移ったが，ローラが夫ラファルグとともに1911年に自殺すると，一部を除いて，カウツキーの手許にあったものとともにドイツ社会民主党文庫に引き渡され，こうして遺稿のほとんどすべてがドイツに渡った。

ロシア革命ののちレーニンの指示で1921年に設立されたマルクス＝エンゲルス研究所は，所長リャザーノフのもとで，マルクスおよびエンゲルスの遺稿やそのコピーの入手に尽力した。1923年，リャザーノフはドイツ社会民主党から遺稿の複写・出版権を得ることに成功し，20年代に遺稿の膨大なフォトコピーがモスクワに送られた。また，モスクワの研究所とフランクフルトの社会問題研究所とによってマルクス＝エンゲルス出版社が設立され，マルクス＝エンゲルスの全著作を収録するMEGA（Marx-Engels-Gesamtausgabe『マルクス＝エンゲルス全集』の略称）の刊行が1927年から始まった。この旧MEGA（第1次MEGA）は11巻12冊を刊行して，1935年に中断された。20年代後半にソ連共産党が社会民主主義を主敵としたために1930年以降ドイツ社会民主党が協力関係を断絶したこと，そして1933年のヒトラーの政権掌握によってドイツでの刊行が困難になったことに加えて，スターリンがリャザーノフを含むマルクス＝エンゲルス研究所の多くの編集者を粛清したことが旧MEGAにとどめを刺したのである。

1933年5月，ナチはドイツ社会民主党にも襲いかかったので，社会民主党執行部はプラハに逃れ，そこに亡命本部を置いた。ベルリンに残っていた遺稿は，ナチの本部襲撃の直前に本部から室内塗装職人の家に運ばれてローラーやペンキの隙間に押し込められたが，まもなく古文書商のもとに移され，書棚の他の手稿類のあいだに置かれた。家宅捜索した警察の目からは逃れたが，危険は差し迫っていた。遺稿はデンマークに送られることになり，ドイツとデンマークの社会民主党員の協力によって，厳重な監視をかいくぐり国境の沼地を越えてドイツから運びだされ，コペンハーゲンの国立労働金庫の保管室に入った。

ドイツ社会民主党の亡命本部が資金難と文書保管の負担から遺稿の売却を検討し始めていることを知ったソ連共産党が好条件を提示したが，社会民主党は

20　Ⅰ　『資本論』に刻まれたマルクスの苦闘

ソ連への売却を拒否した。しかし，財政的に窮した同党指導部は，ほかの買い手を探し回ったあげく，1938年にほとんど捨て値で，遺稿を含む同党アルヒーフの全文書を，オランダの労働者保険預金中央銀行に売却した。この銀行が後援するアムステルダムの社会史国際研究所に引き渡された文書は，オランダに侵入したドイツ軍が研究所を襲う直前にイギリスに疎開し，戦後ようやく，この研究所に安住の地を見いだした。

　遺稿が強いられたこの過酷な長旅では，途中ぽろぽろとこぼれ落ちが出るのも避けられなかった。それらの多くは合法・非合法さまざまの経路を経てモスクワのマルクス＝レーニン主義研究所（旧マルクス＝エンゲルス研究所）にたどり着いた。ローラからロンゲ一家（マルクスの長女ジェニーの子孫）に引き継がれていた遺稿も最終的にモスクワに渡された。

　これらの文書的遺産は現在，散逸して行方不明となっている一部を除いて，約4分の3がアムステルダムの社会史国際研究所に，残りがモスクワのロシア国立社会・政治史アルヒーフに所蔵されている。

新MEGAもまた危機に

　1933年に中断された旧MEGAは，マルクスおよびエンゲルスの著作，遺稿，書簡などのすべてを，厳密な文献考証にもとづいて，執筆時期順に原典どおり再現する「歴史的＝批判的全集」を目指したものであった。その後，著作集や選集はソ連や東独で何度も刊行されたし，初めて公表された遺稿も少なくなかった。日本の『マルクス＝エンゲルス全集』（大月書店，1959-1991年）の底本となった青表紙の『マルクス＝エンゲルス著作集〔MEW〕』（ベルリン，1956-1990年）は世界中に流布した。しかし，MEGAのような考証に耐えうる包括的な全集は長いあいだ企画されなかった。

　ソ連で起こったつかの間の「雪解け」のなかでベルリンとモスクワの両マルクス＝レーニン主義研究所の所員たちがもくろんだ旧MEGAの刊行再開がソ連共産党中央の介入によってつぶされたのち，1960年代の終わりに，ベルリンの主導で両研究所の共同編集による新たなMEGAの企画が成立した。考証の面でも完全性の面でも最高水準を目指した新MEGAは，第Ⅱ部門が『資本

論』とその準備労作，第Ⅰ部門が第Ⅱ部門所収のものを除く著書・論説・草案，第Ⅲ部門が包括的な書簡集，第Ⅳ部門が抜粋とメモに当てられ，当初の計画では，書物への書き込みに予定された40巻を加えて170巻を越える膨大なものとなるはずであった。

　「第2次MEGA」とも呼ばれる新MEGAは，1975年から1990年までに37巻43冊が刊行された。だが，ベルリンの壁の崩壊からソ連共産党の解散とソ連の解体にいたる激変のなかで，その刊行はふたたび中断の危機にさらされた。この兆しが見えたとき，アムステルダムの社会史国際研究所が敏捷に動いた。ベルリンとモスクワの研究所，とりわけ前者のMEGA編集者がこれに呼応して，刊行体制の大変革が急速に進んだ。1990年に，アムステルダム，ベルリン，モスクワ，の3研究所にトリーアのカール・マルクス・ハウスを加えた四者によって，国際マルクス＝エンゲルス財団（アムステルダム）が結成され，MEGAの編集・刊行のすべての権限がここに移譲された。

　新体制のもとでのMEGAの課題は，学術化と国際化，すなわち，既刊諸巻の序文や注解にまま見られた政治的イデオロギーの影響を完全に排除して純粋に学術的な刊行物とするとともに，世界中のマルクス＝エンゲルス研究者の協力によって，ドイツとロシアの編集者数の激減によって生じた大きな穴を埋め，質の高い全集を完結させることである。1992年には，編集学の専門家の力も借りて新たな編集基準が確定され，1995年にはスリム化のための徹底的な検討によって，全体が114巻に圧縮された。1998年までに，旧体制のもとで編集された四つの巻が出たのち，同年末にようやく，新体制のもとで編集された最初の巻が刊行され，大きな反響を呼んだ。ただ，旧体制でのように（とくに旧東ドイツの）国庫から巨額の資金を受け取ることが不可能になったいま，全事業は各種の学術助成金によって行なわれており，財政的な窮迫は著しい。2015年までは，ベルリン・ブランデンブルク科学アカデミーのプロジェクトとしての刊行が保証されているものの，その先はまだ茫洋としている[14]。

　いま，ベルリンとモスクワの両編集委員会のほかに，アメリカ，エクサン・プロヴァンス，デンマーク，トゥルーズ，ベルリン＝アムステルダムの各編集

14）【その後のMEGAの刊行状況と展望については本書の第4章を参照されたい。】

22 I 『資本論』に刻まれたマルクスの苦闘

グループが編集作業に従事しており，1998年1月には日本編集委員会がそれに
加わった。

未来につながるリンクの宝庫

　かつてカウツキーは，「いまワーグナーほどの才ある人物がいれば，ワーグ
ナーがニーベルンゲンの宝をめぐる話から一連のドラマをつくりだしたように，
マルクス＝エンゲルスの遺稿がたどった運命からもそのような一連のドラマを
つくることができるかもしれない」[15]，と書いた。たしかに，マルクスの遺稿
に関わった多くの人びとがさまざまの不幸に出会って倒れた。しかし，同じ激
動の時期に不幸のうちに倒れた人びとは，いたるところにいくらでもいたので
ある。多くの人びとの犠牲的な努力によって守られてきた，遺稿を含む両人の
文書的遺産は，呪われたリングではなくて，21世紀につながる，そして人類
の輝かしい未来につながるリンクの宝庫であろう。

---

15)【Friedrich Engels' Briefwechsel mit Karl Kautsky. Hg. von Benedikt Kautsky, Wien 1955, S.
　457.】

第2章 「現代社会」の変革のための「資本の一般的分析」

　本章に収めるのは，季報『唯物論研究』第120号（2012年8月）での特集「マルクスを読む」のために書いた小論である。編集者から『資本論』についての拙稿を求められたので，マルクスにとって『資本論』とはどういうものだったのか，ということを中心に，『資本論』が対象とする社会はマルクスにとっての「現代社会」であるだけでなく，われわれにとっての「現代社会」でもあること，『資本論』は「資本の一般的分析」と性格づけられるべきものであること，などを述べた。小篇なので，よかれ悪しかれ，筆者が『資本論』をどのような著作と見ているかを端的に示すものとなっている。

　このなかで述べたように，マルクスは『資本論』第3部草稿のなかで，彼がここで論述しつつある仕事を「資本の一般的分析」と特徴づけたが，この特徴づけは，『経済学批判要綱』が対象としていた「資本一般」とは明確に区別されるべきもので，『経済学批判』プランから『資本論』プランへの著述プランの変更をマルクス自身が明示的に示したものであった。この点については，拙著『マルクスの利子生み資本論』(桜井書店，2016年) 第1巻の「補章1「資本の一般的分析」としての『資本論』の成立」で立ち入って論じている。

1　マルクスはなぜ『資本論』に心血を注いだのか

　マルクスは，第1部「資本の生産過程」を含む『資本論』第1巻をマイスナー書店に入稿した直後の1867年4月30日，ジークフリート・マイアーに次のように書いた。

　　「仕事のできる<u>すべての</u>瞬間を私の著作を完成するために使わなければなりませんでした。この著作のために私は健康もこの世の幸福も家族も犠牲にしてきたのです。……もし人が牛のようなものでありたいと思えば，も

ちろん人類の苦しみなどには背を向けて自分のことだけ心配していることもできるでしょう。しかし私は，もし私の本を，少なくとも原稿のかたちででも，完全に仕上げないで倒れるようなら，ほんとうに自分を<u>非実践的</u>だと考えたでしょう。」(MEW 31, S. 542.)

マルクスはこの手紙で第1部を含む第1巻を「私の著作〔Werk〕」と呼び，この部を完成するまでの苦闘を述懐している。マルクスの残した知的遺産のうちで『資本論』がその後の人類史に巨大な影響を与え続けてきている彼の主著であることは広く認められているが，この手紙のなかでは，彼自身が，「人類の苦しみ」に心を寄せるがゆえに，健康もこの世の幸福も家族も犠牲にして「この著作」を完成させるために全力を投じた，ということを自認している。

彼はなぜ『資本論』第1部の仕上げにそのように全力を尽くそうとしたのか。彼にとって『資本論』第1部とはどのような意味をもつものだったのか。

そのことを彼自身が明らかにしているのが，第1巻初版序文の次の一節である。

「ある社会が<u>自己の運動の自然法則</u>を探り当てたとしても——そして<u>現代社会の経済的運動法則を暴くことこそこの著作の最終目的である</u>——，その社会は自然的な発展諸段階を跳び越えることも布告によって取り除くこともできない。しかしこの社会は，産みの苦しみを短縮し和らげることはできる。」(MEGA II/5, S. 13-14; MEW 23, S. 15-16. 強調は初版でのもの。)

ここでマルクスが「産みの苦しみ」と言うのは，新たな社会を産み落とすさいに母体である資本主義社会が耐えねばならない陣痛である。だからマルクスは，資本主義社会が「自己の運動の自然法則」を「探り当てる」なら，資本主義社会はわが子である新たな社会を産むさいの自己の苦しみを短縮し緩和できるのだ，と言っているわけである。それでは，資本主義社会が新たな社会を産む，とか，資本主義社会が自己の運動の自然法則を探り当てる，という表現で，マルクスはいったいどういうことを考えていたのであろうか。

マルクスは『経済学批判要綱』で次のように書いていた。

「われわれがブルジョア社会を全体として観察するときには，社会的生産過程の最後の結果として，つねに，社会そのものが，すなわち，社会的諸連関のなかにある人間そのものが現われる。……過程の諸条件と諸対象化

は，それ自体一様にこの過程の諸契機なのであって，この過程の主体として現われるのはただ諸個人だけであるが，ただしそれは，自分たちが再生産し，また新生産する相互的な連関のうちにある諸個人なのである。」（MEGA II/1.2, S. 589.）

マルクスはここで，「社会そのもの」について「すなわち，社会的諸連関のなかにある人間そのもの」と言い，これをまた「自分たちが再生産し，また新生産する相互的な連関のうちにある諸個人」と言い換えている。これは，資本主義的生産関係を取り結び，資本主義社会をたえず再生産している労働する諸個人であり，労働者階級を形成している生きた諸個人である。

資本主義社会が新たな社会を産む，と言うときの「社会」も，この社会が自己の運動の自然法則を探り当てる，と言うときの「社会」も，そうすることによって社会が自己の陣痛を短縮し和らげる，と言うときの「社会」も，いずれもこのような生きた諸個人にほかならない。つまりマルクスは，労働者階級を形成している生きた諸個人の実践的行動が新社会を産むのであり，資本主義社会の「運動の自然法則」の彼らによる認識が，彼ら自身が新社会を産むさいの苦しみを短縮し和らげるのだ，と言ったのである。

それでは，生きた諸個人が資本主義社会の「運動の自然法則」を探り当てる，と言うとき，いったいどういう生きた諸個人がそれを「探り当てる」のか。

それは，じつは同じ一節のなかの次の句によって，すなわち「ある社会が自己の運動の自然法則を探り当てたとしても——そして現代社会の経済的運動法則を暴くことこそこの著作の最終目的である——」という句によって，明示されている。マルクスはここで，「現代社会の経済的運動法則を暴く」という「この著作の最終目的」が達成されるなら，「社会が自己の運動の自然法則を探り当てる」ことになる，と言っている。これは言い換えれば，マルクスが『資本論』を執筆し，出版することによって，それを読む労働する諸個人が広く資本主義社会の「経済的運動法則」を認識するようになる，ということであり，そしてそのような認識をもって行なわれる諸個人による社会変革の実践的行動が，資本主義社会を形成している諸個人が耐えなければならない「産みの苦しみを短縮し和らげる」と言うのである。

このように，『資本論』のなかで自分が行なう資本主義社会の理論的把握と

それの体系的叙述とが，資本主義社会による資本主義社会の認識の，すなわち資本主義社会の自己認識の要であると考えていたマルクスは，まさに「人類の苦しみ」を取り除く新社会の産み落としのさいの「産みの苦しみを短縮し和らげる」ために，『資本論』第1部の仕上げに全力を尽くしたのであった。

　それでは，第1部を刊行したのちに，この『資本論』が，実際に，資本主義社会の「経済的運動法則」を暴くことによって，「産みの苦しみを短縮し和らげる」ような諸個人の変革実践に指針を与えることができた，とマルクスは考えていたのであろうか。

　『資本論』は，現在もなお地球上の大多数の社会で支配的に行なわれている資本主義的生産様式という客体＝対象についての，認識主体すなわち「観察」者かつ「分析」者であるマルクスによる認識結果の叙述である。マルクスは，商品，貨幣，資本という物象的主体の運動を上向的に分析・展開するなかで，物象的関係として現われていて，物象的関係のなかに潜んでいる諸個人の生産諸関係を暴いていく。そのなかでマルクスは同時に，この生産様式自身が，労働する諸個人を，この生産様式を否定する変革主体に鍛えあげていく過程を追跡した。第1部での理論的展開のなかで示された労働する諸個人の発展を，マルクスは端的に，「たえず膨張しながら資本主義的生産そのものの機構によって鍛えられ，一体化され，組織される労働者階級の反抗もまた増大していく」（MEGA II/5, S. 609; MEW 23, S. 790-791）と表現した。この「反抗」の終着点が「収奪者の収奪」である。すなわち，小生産者を収奪することによって成立した資本主義的生産様式が，その発展のなかで，小資本家を収奪して社会的な生産諸条件を大規模に独占する「収奪者」を生みだすが，他方，この生産様式はそれ自身，労働する諸個人を，この「収奪者」を収奪する「墓掘人」にまで発展させ，この「墓掘人」の実践的行動が新社会を「つくりだす」，というのである。そしてこれこそが，マルクスが序文で述べた，資本主義社会による新社会の産み落としにほかならない。

　マルクスは，はるかのちの1879年7月29日に，カルロ・カフィエロ宛の手紙の草案のなかで，カフィエロによる『資本論』第1部についての紹介には，「資本主義的生産の進展によってプロレタリアートの解放にとって必要な物質的諸条件が自然成長的に生みだされる」[1]ということの「証明〔preuve〕」への言

及が欠落していることを指摘し、「この唯物論的な土台〔cette base matérialiste〕こそが批判的革命的社会主義をそれの先駆者たちから区別するのだ」(≪Lettres sur 'Le Capital'≫, Paris 1964, p. 297) と述べた。すなわち、自分は『資本論』第1部で、資本主義社会そのものが「プロレタリアートの解放にとって必要な物質的諸条件」を生みだすことの「証明」を与えたのだ、と晩年のマルクス自身が明言しているのである。

労働する諸個人が「墓掘人」に変身するさい、資本主義社会の「経済的運動法則」を暴く理論的な著作が不可欠の役割を果たさなければならないが、じつは、そのように変身を遂げる諸個人のなかに当のマルクスが含まれている。資本主義社会そのものが、自己自身の「経済的運動法則」を、したがってまたこの社会による新社会の産出の必然性を認識し、それを広く、労働する諸個人に伝えるような個人を、すなわちマルクスを産むことを『資本論』第1部は明らかにした。認識主体が対象を観察し、分析する、という仕方で叙述されている『資本論』での理論的展開が、じつは、このように、それの認識対象のうちにその認識主体そのものを含んでおり、その結果、この理論的展開が同時に、認識主体によるこの認識の必然性とこの認識の深化の過程をも解き明かしている。つまりこの認識は、認識主体が認識主体を認識する、という意味で、まごうかたなき自己認識なのである。

しかし、翻って考えてみれば、マルクスが資本主義社会を科学的に認識することを可能にしたのは、当の資本主義という社会システムとそれの諸矛盾との発展であり、人類が到達していま経験しつつある人類史のこの発展段階である。その意味で『資本論』は、資本主義社会という発展段階にある人類の自己認識であり、人類史という発展段階を歩みつつある自然の自己認識であろう。

マルクスの『資本論』とは、なによりもまず、このような著作である。

---

1) なお、マルクスはこの文章の末尾に、「および、最後には社会革命に行きつく階級闘争」と書いて、これを消している (l. c.)。この句は、文脈から見て「……物質的諸条件」と「が自然成長的に……」とのあいだに入るものと読むのが自然であり、そしてそう読むなら、ここで彼はいったん、「資本主義的生産の進展によって、プロレタリアートの解放にとって必要な物質的諸条件、および、最後には社会革命に行きつく階級闘争が、自然成長的に生みだされる」ということの「証明」、と書いたことになる。注目すべき異文である。

2 『資本論』の対象は「現代社会」である

さきに見たように，マルクスは『資本論』第1巻初版の序文で「現代社会の経済的運動法則を暴くことこそこの著作の最終目的である」と書いた。ここで「現代社会」としているのは「modernな社会〔die moderne Gesellschaft〕」である。だが，ほとんどの既訳では，この語は「近代社会」と訳されている。

「近代」という語で，人びとはどういう時代をイメージするであろうか。歴史の時代区分の用語としては，日本史の通説では，江戸時代を指す近世に続く，明治維新から太平洋戦争終結までの時期が「近代」であり，「現代」に先行する時期である。世界史でも，多くの人びとの普通の語感では，「近代」は「現代よりも前の時代」(ja. wikipedia. org／wiki／近代) であろう。「近代」という語がこのように感じられるなら，「近代社会」という訳語は，日本についても世界についても「現代よりも前の時代」の社会というニュアンスを含むものと受けとめられることになるであろう。マルクスの言う「modernな社会」にはそのようなニュアンスがあるのであろうか。

マルクスが繰り返して「modernな社会」と言っているのは，「資本主義的生産様式にもとづくmodernな社会」(MEGA II/4.2, S. 901; MEW 25, S. 892) の短縮形であり，「modernなブルジョア社会〔die moderne bürgerliche Gesellschaft〕」あるいはまた「資本主義社会」と彼がしばしば呼んだものとまったく同一のものである。言うまでもなく，この社会がmodernであるのは，資本主義的生産様式に先行するもろもろの生産様式にもとづく社会にたいしてであって，マルクスはときどき明示的に，ギリシアやローマの古代社会や中世の封建社会と対比して「modernな社会」と言った。しかし，マルクスにとってこの「資本主義的生産様式にもとづく社会」とはまさに現代の社会以外のなにものでもなく，「現代よりも前の時代」の社会などではありえなかった。

『資本論』でも『経済学批判要綱』以降の諸草稿でも，modernという形容詞は「社会」以外のきわめてさまざまの名詞にかぶせられている。しかし，どんな場合でも，彼が使うmodernという語には，「現代よりも前の時代の」というニュアンスはなく，それの意味は端的に「現代の」ということである。彼はと

きどきmodernを強調してmodernst（最も現代的な）とは言っているが，modernと明確に区別して，それよりもあとにくる，それよりももっとアクチュアルな時期を表現していると見なせるような形容詞は使っていない。だから，『資本論』でも諸草稿でも，modernという語は，そのほとんどが「現代の」と訳すべきものなのである。modernという語を「近代の」と訳すことを原則としている訳者たちでさえも，ときとして，文脈から見て「近代」ではどうしても落ち着きが悪いと感じたところでは，あえて「現代」と訳している，というのが実際のところである。

言うまでもなく，マルクスは資本主義社会を，生成し，発展し，ついには消滅するもの，つまり運動し続けているものと見ていたし，だからまた，それの生成期から彼の眼前に見えている時期までのあいだにも，すでにさまざまの歴史的な変化を経てきているものととらえていた。そうだとすると，そのような資本主義社会について，彼がひたすら「modernな社会」と呼んだのはなぜだったのだろうか。これは奇妙なことではないであろうか。

それは，端的に言って資本主義社会は，自己の諸前提をたえず再生産することによって自己を維持している，先行の諸社会と種差を異にする一つの生きた全体であり，マルクスが使った別の語で言えば，一つの「社会的生産有機体〔gesellschaftlicher Produktionsorganismus〕」（MEGA II/6, S. 109; MEW 23, S. 93）だからである。そのようなものとしての資本主義社会は，どのような形態上の変化・発展を見せようとも，自らが産み落とす新たな社会に席を譲るまでは，自己同一性を保つのであって，この社会を形成している諸個人にとってはつねにmodernなものにとどまる。マルクスは『資本論』で，このmodernな社会のシステムを対象としたのである。そのような「社会的生産有機体」としての資本主義社会の「経済的運動法則を暴くこと」を最終目的とする『資本論』は，資本主義社会が存続しているかぎり，この社会のなかにある諸個人にとって，どこまでいってもmodernな社会についての理論としての意義を持ち続ける。

マルクスのmodernのこのような意味をつかめば，3千年紀に足を踏み入れたいまでも，資本主義社会のなかで生活しているわれわれにとって『資本論』が依然としてわれわれの「現代」についての書であることが明確になる。

『資本論』で例証として挙げられている事実は，最後の草稿である第2部第8

稿の場合でも，1881年までのものである。マルクスは株式資本の発展に注目していて，抜粋ノートでも，鉄道業や銀行業でのそれをはじめとして多くのデータを集めていたが，マルクス死後の株式資本の，したがってまた証券市場の発展は，マルクスの予想できなかった多くの新しい形態を産みだしている。マルクスは資本主義的生産そのものがもたらす独占を「自然的独占」と呼んで資本の独占の成長を予測してはいたが，巨大な独占体による寡占や，架空資本が国境を越えて跳梁する「カジノ資本主義」のような資本主義の末期的症状を見ることはできなかった。

　そこで，『資本論』はこれらの新しい諸形態や諸現象の分析には及んでいないのだから，という理由で，それらの新しいものを見せている最新の時期だけを切り取って，それを「現代」として扱おうという志向が生まれる。そこで，「現代」とはつねに，数百年におよぶ資本主義の歴史から見れば直近の短期間に限られることになる。そしてそのような一つの「現代」が，また新たな「現代」にとって代わられると，それまでの「現代」が過ぎ去った「歴史的な時代」と見なされ，資本主義の一つの「段階」が画された，と言われることになる。「段階」なるものの積み重ね方やそれらの徴表とされるものや時期の区切り方の点でさまざまな個性をもった「段階論」ないし「段階モデル」が構想される。マルクスがまだ知ることのできなかった「現代」は，このような段階論の展開によってはじめてとらえられるのだ，という，こうした皮相な観念は，いま，いたるところに瀰漫している。

　しかし，資本主義的生産が自己の矛盾の深化を一時的に解消するために自己の新たな諸姿態を産出していくのを，資本主義的生産そのものの変質と取り違えて，そのたびに「…資本主義」から「…資本主義」へ，そしてまた「…資本主義」へと，資本主義そのものを区切っていく，あるいは積み重ねていくような「段階論」や「現代資本主義論」は，資本主義社会を「modernな社会」ととらえていたマルクスの『資本論』とは基本的に異なった理論観に立つものである。

　いまわれわれの眼前で，さまざまの醜い姿をさらしながらぬたくっている資本主義社会は，「社会的生産有機体」としては，マルクスが見ていた資本主義社会と本質においてまったくなんの違いもない同一のものである。だから，『資本論』が，マルクスの時代にそのような「社会的生産有機体」の理論的認識

として正鵠を射ていたとすれば，それは3千年紀の現在の資本主義社会にも完全に妥当するものなのである。

3 第1部刊行後のマルクスの課題は「資本の一般的分析」の完結だった

　第1部「資本の生産過程」を含む『資本論』第1巻の初版を刊行したマルクスには，続く第2部「資本の流通過程」および第3部「総過程の諸形象化」を仕上げて，理論的な全3部を完結させることが，次に果たさなければならない課題となった。現に，第1巻の初版では，最後の章の最後の節である「現代の植民理論」(「近代的植民理論」ではない！)のあとに，第2部の「資本の流通過程」への橋渡しとなる一パラグラフを置き，次のように締めくくっていた。

　　「資本主義的生産の直接的な結果は商品——剰余価値を孕んでいる商品ではあるにせよ——である。つまりわれわれは，われわれの出発点であった商品に，そして商品とともに流通の部面に，投げ返されているわけである。しかし，続く次の部〔すなわち第2部〕でわれわれが考察しなければならないのは，もはや単純な商品流通ではなくて，資本の流通過程である。」(MEGA, II/5, S. 619.)

　じっさいマルクスは，多くの手紙のなかで，第2部および第3部のための仕事の進捗や停滞や見通しについて語り，使いたい材料の入手への助力を依頼したりしていた。しかし彼は結局，この両部とも完成させることができず，膨大な諸草稿を残して1883年に死去した。理論の歴史についての第4部のために残されたのは，第1部よりも以前に書かれた『1861-63年草稿』のなかの『剰余価値に関する諸学説』だけであった。

　彼は，すでに1872年刊行の第1巻の第2版で，第2部への橋渡しとなっていた初版での上の一パラグラフを削った。つまり，続く二つの部を含む第2巻を短期間のうちに仕上げることは不可能だと考えて，読者に，とりあえず第1部だけをそれ自体でまとまりのある一つの著作として扱ってもらおうとしたのである。彼のそうした思いをよく伝えるのは，ニコライ・フランツェーヴィチ・ダニエリソーンがマルクスに，1868年9月30日付の手紙で，『資本論』をロシ

ア語に訳すことになったが，第1巻（第1部）の訳書と第2巻（第2部および第3部）の訳書とを同時に出したい，と伝えたのにたいして，マルクスが1868年10月7日付の返信で書いている次の文面である。

「第2巻をお待ちにならないでください。もしかするとその刊行は半年もさきになるかもしれません。フランスや合衆国やイギリスで昨年〔1867年〕（と1866年と）に行なわれたいくつかの公的調査が完了して公表されるまでは，第2巻を完成できないのです。ちなみに申しあげますが，第1巻は一つのまとまった全体〔ein abgeschloßnes Ganzes〕をなしております。」(MEW 32, S. 563.)

じっさい，さきに見たように，『資本論』第1巻に収められている第1部は，資本主義的生産様式の最基底をなす「資本の生産過程」を対象に据え，それを分析・展開することによって「現代ブルジョア社会」の「経済的運動法則」，すなわち生成・発展・消滅の法則を明らかにし，そのなかで，資本主義社会そのものが労働する諸個人を「墓掘り人」に変身させることを示し，それによって諸個人の変革実践に，「人類の苦しみ」を取り除く新社会の「産みの苦しみを短縮し和らげる」ためにはなにをなすべきか，という指針を与えていたのであって，第1部が，そのような意味での「一つのまとまった全体」として，労働する諸個人に早く広く読まれることをマルクスが心から望んでいたことは確かであろう。

けれども，マルクスによって残された第2部および第3部の諸草稿の内容そのものが明かしているように，第1部での叙述は，そのあとにこの両部が続くこと，読まれることを予定していた。だからマルクスは多くの問題について，第1部では読者にいわば「謎」をかけるにとどめており，その「謎」を，続く両部のなかで解いてみせるつもりだったのである。

マルクスは，『資本論』第1巻の校正を進めつつあった1867年6月27日に，エンゲルスに次のように書いた。

「商品の価値はどのようにして商品の生産価格に転化するのか。……この問題に答えることは次のことを前提する。……II 利潤への剰余価値の転化，平均利潤への利潤の転化，等々が述べられていること。これは，資本の流通過程が前もって述べられていることを想定する。というのは，そこ

では資本の回転等々が或る役割を演じるのだからだ。だから、この問題は第3部ではじめて述べることができる。……ところで、もしぼくが、〔俗物や俗流経済学者が第1部だけを見て不可避的に抱くであろう〕この種の疑念のすべてを前もって刈り取ってしまおうと思ったら、弁証法的な展開方法の全体〔die ganze dialektische Entwicklungsmethode〕をだめにすることになるだろう。反対に、この方法がもっている利点は、あいつらにたえずわなを仕掛けて、それが彼らの愚かさの時ならぬ告白を挑発する、ということなのだ。」(MEW 31, S. 312-313.)

　このような「謎かけ」ないし「わな」としては、さらに、第1部で生産過程における価値増殖および蓄積の一般的運動が解明された資本が、もろもろの自立的な個別資本として互いにどのように絡み合って社会的な総再生産過程を形成しているのか、ということ、剰余価値がどのようにして商業利潤や利子や、そしてとくに地代という形態をとるのか、ということ、そして最後に、第1部および第2部で、外観とはまったく異なる本質に還元された資本の運動が、どのようにして三位一体的定式にくくられる転倒した外観を生みだすのか、ということを挙げることができる。マルクスはこれらの「謎」のすべてを、残された第2部および第3部の草稿のなかで、基本的には解き終えていた。

　だから、病気や政治的実践や他の分野への関心などによって頻繁に生じた中断にもかかわらず、第2部の第8稿を擱筆した1881年（死去の2年前）までマルクスが『資本論』の続巻の完成に取り組んでいたのは、まさにこれらの「謎」を解いてみせることによって、第1部の読者たちに負っていた「借りを返す」ためであり、総じて、「弁証法的な展開方法」が当然に要求する、「全体」の最後までの完全な提示を実現するためであった。

　このように『資本論』は、その理論的部分である三つの部が「資本の一般的分析」(MEGA II/4.2, S. 305; MEW 25, S. 245)、「資本主義的生産の一般的研究」(MEGA II/4.2, S. 215; MEW 25, S. 152) として「一つの芸術的な全体」(MEGA III/13, S. 510; MEW 31, S. 132) をなすものだったのである。

　このことから見れば、マルクスの死後、エンゲルスがマルクスの残した諸草稿から、苦心惨憺して第2部および第3部を編集し、第2部を収める第2巻と第3部を収める第3巻とを刊行した功績は不朽のものである。かりに、MEGA

34 I 『資本論』に刻まれたマルクスの苦闘

（完全版『歴史的＝批判的全集』としての『マルクス＝エンゲルス全集』）で両部
の草稿が公刊されるようになる20世紀の第4四半期まで，エンゲルスの手によ
るこの両巻の刊行がなされないままになっていたとしたら，人びとは，第1部
で出されたままだった多くの「謎」を，エンゲルス版で読めるような仕方で自
ら展開し，さらにそれを現状の理論的分析に適用することができていたであろ
うか。実際には，それらの「謎」をめぐる論争や研究は，ほとんど例外なく，
エンゲルス版でのマルクスを前提にして行なわれてきたのである。

　しかし，まさにそうであったがゆえに，他面，マルクスの未完成の草稿を完
成した著作のかたちに仕上げようとする作業のなかでエンゲルスがマルクスの
草稿に加えた——そしてそのことを明示的に示さなかった——手入れがいたる
ところにあって，彼の版からはマルクスの草稿の本当の状態を正確につかむこ
とができないままできていたことが，多くの問題について『資本論』の誤読や
誤解を生むことになり，またそれらに起因する無駄な論争が行なわれたりして
きたのであった。

4 MEGA第II部門の完結ののち，第IV部門諸巻の
　　刊行が待たれる

　このような状態に最終的に終止符を打つのが，MEGA第II部門（『資本論』
とその準備諸労作）の完結である。この部門の残っていた最後の一冊である第
4巻第3分冊（「『資本論』第2部および第3部の諸草稿　1863-1868年」）はまもな
く刊行される[2]。これによって，『資本論』のために執筆され伝存している一
切の文書の刊行が完了する。

　マルクス自身が刊行した『資本論』のすべての版本に加えて，『資本論』の伝
存するすべての草稿を読めるようになるのは，それ自体として書誌学的に画期
的なことである。と同時にそれは，「現代社会」の変革を目指す諸個人にとっ
ては，その全貌をようやく完全に現わす巨木から「資本の一般的分析」という
「一つの芸術的な全体」を彫りだすことができるようになる，という実践的な

2）【MEGA第II部門第4巻第3分冊は2012年に刊行された。】

意味をもつ出来事なのである。

　しかしじつは，草稿のほかに，『資本論』の理解とその執筆過程の追跡とへの手がかりを秘めた膨大な文書が伝存している。ひとつはMEGA第III部門に収められるマルクスの発信書簡および彼宛のエンゲルスや第三者の書簡であり，もうひとつは第IV部門に収められるマルクスの抜粋ノートやメモである。とくに，後者は，かけがえのない貴重な情報源である。草稿の執筆の前に，あるいはそれと並行して作成された，きわめて広い領域にわたるさまざまの文献からの抜粋は，それぞれの時期の書簡とあいまって，草稿そのものでは見えていない，草稿テキストの理解に役だつさまざまの情報を与えてくれるし，また彼が第2部および第3部に盛り込みたいと新たに思いたったものなどを教えてくれる。それらはまた，マルクスが『資本論』執筆のためにますます広い領域を渉猟していたことを示すとともに，土地所有の研究に貴重な材料を提供していたロシアや急速に発展しつつあるアメリカに寄せる彼の強い関心，地質学をはじめとする自然科学の研究など，尽きるところのなかった彼の知的好奇心を顕わにしているのである。いまのところMEGA第IV部門では，第26巻（1878年の地質学関係の抜粋）と第31巻（1877-83年の自然科学関係の抜粋）との二つの巻を除いて，第13巻（『経済学批判要綱』への助走段階で経済学文献から作成された多数の抜粋ノート）以降のすべての巻が未刊である。とりわけそのうちの第13-28巻[3]は，『資本論』の執筆過程の探究にとって豊穣な未開拓の地である。この部門所収の諸巻の刊行が進み，『資本論』の理論的内容の正確な理解と形成史の研究とに資する多くの新たな情報がもたらされるのを期して待ちたい[4]。

3）【そのうちの第14巻は2017年に刊行された。】

4）【第IV部門に収録されるマルクスの抜粋ノートについては，第IV部門第18巻の編集に携わっている日本メガ編集委員会全国グループの作業を踏まえてまとめられた，大谷禎之介・平子友長編『マルクス抜粋ノートからマルクスを読む――MEGA第IV部門の編集と所収ノートの研究――』（桜井書店，2013年）が，抜粋ノートの立ち入った紹介，MEGAへの収録の仕方の紹介，さらにノートの内容についての研究などを含んでいるので，ご参照いただきたい。】

第3章 『資本論』とアソシエーション

　経済理論学会の機関誌『季刊 経済理論』第53巻第4号 (2017年1月) は，『資本論』刊行150年を記念して，特集「『資本論』刊行150年と現代」という特集を組んだ。その論題の一つに「『資本論』とアソシエーション」が予定されていたが，原稿締め切り日のあとに或る事情からこのテーマの論稿が欠けることになり，編集者から，当初執筆をお断りした筆者に穴埋めをするよう要請があった。そこで急遽書き上げたのが本章に収めた拙稿である。このテーマについては，拙著『マルクスのアソシエーション論』(桜井書店，2011年) で立ち入って論じている。

はじめに

　『資本論』全3部のうちマルクスが自分の手で刊行できたのは第1部だけであり，第2部および第3部については多数の草稿を残すにとどまった。それにもかかわらず，第1部のところどころに，第2部および第3部ではじめて論じられうる，あるいは論じられるべき論点が明示または暗示されている。そのことから読み取れるのは，マルクスにとって『資本論』は，これら二つの部が続いてはじめて完結するものだったということである。第1部では，資本主義的生産様式の統括的な (übergreifend) 契機をなす「資本の生産過程」の分析によって，この生産様式の仕組みと運動との根幹が明らかにされるが，それはまだ根幹だけであり，それに第2部での「資本の流通過程」の分析が続くことによって，はじめて資本の再生産の総過程が把握される。第1部および第2部での資本主義的生産の本質の把握にもとづいて，総過程のなかで資本と剰余価値とがとる諸姿態を，抽象的なものから具体的なものへと次々と追っていって，第1部の冒頭で読者と共有した資本主義社会についての表象を本質の現象形態として展開し尽くすこと，これが第3部の課題であった。こうして，「資本の一般的分

析」としての『資本論』が完結するはずであった。

　この全3部で分析されているのは，自己自身の諸前提をたえず再生産することによって存立している，資本主義的生産様式という歴史的な社会的生産有機体である。だから，この生産様式に先行するもろもろの生産様式も，それのあとにくる新たな生産様式も，『資本論』での分析の直接の対象ではない。

　ところが，第1部の末尾には「本源的蓄積」という部分があって，そこでは資本主義的生産様式の歴史的な生成が考察されている。第3部草稿でも，商業資本の理論的分析のあとに「商人資本に関する歴史的事実」，利子生み資本の理論的分析のあとに「資本主義以前」，地代の理論的分析のあとに「資本主義的地代の生成」を置いている。これらはいずれも，それらに先行する理論的分析とは区別される歴史的考察である。

　資本主義的生産様式を対象とする『資本論』が，この対象の理論的分析だけでなく，この対象の歴史的生成に関する歴史的考察を含んでいるのはなぜか。それは，対象の理論的分析が対象存立の歴史的諸条件を所与のものとして行なわれ，それによって対象そのものが把握されるのだが，そこで所与とされていた歴史的諸条件がどのようにして生じたのか，ということが説明されてはじめて対象についての把握が完全なものとなるからである。他方では逆に，対象が理論的に把握されてはじめて先行する諸形態から対象が歴史的にどのようにして生成したのか，ということを叙述することができる。

　このように『資本論』は，資本主義的生産様式の歴史的生成についての考察を含んでいるが，そればかりでなく，さらに，資本主義的生産様式の自己否定による新たな生産様式の産出をも論じている。「本源的蓄積」を締めくくるところに「資本主義的蓄積の歴史的傾向」が置かれていて，そこでマルクスは，「資本主義的生産は自然過程の必然性をもって自己自身の否定を生みだす」(MEGA II/6, S. 683; MEW 23, S. 791) が，この否定は「労働者の個人的所有を再建する」(MEGA II/7, S. 679)，という表現で，資本主義的生産が必然的に自己に代わる新たな生産様式を生みだすことを述べている。しかも，この「歴史的傾向」の最末尾への脚注でマルクスは『共産党宣言』から，ブルジョアジーが「自分自身の墓掘り人」を生産しており，「ブルジョアジーの没落とプロレタリアートの勝利とは避けられない」，と述べた一節を掲げて，ほぼ20年前に彼とエン

ゲルスとが『共産党宣言』で述べた革命への展望を再確認しているのである（MEGA II/6, S. 683; MEW 23, S. 791）。

　資本主義的生産による自己自身の否定が「自然過程の必然性をもって」行なわれるという，また「ブルジョアジーの没落とプロレタリアートの勝利とが避けられない」という，『資本論』第1部の末尾でのマルクスのこのような言明は，明らかに，初版の序文で彼が，「この著作の最終目的」は「現代社会の経済的運動法則を暴くこと」であり，これによって資本主義社会が「自己の運動の自然法則」を探り当てるならば，少なくとも「この社会は」それが新たな社会を産み落とすさいの「産みの苦しみを短縮し和らげることができる」，と述べていた（MEGA II/5, S. 13-14; MEW 23, S. 15-16）ことに対応するものである。

　未来社会へのこのような展望は，「本源的蓄積」以前のところで行なわれてきていた資本主義的生産様式の理論的分析とは無関係に述べられているのではなく，むしろ，そうした分析によって明らかにされた資本主義的生産様式の根幹の全体から得られたものである。

　本稿ではこのことを，『資本論』全3部について，四つの観点から見ることにしたい[1]。

1　資本主義社会はアソシエーションを孕んでいる

　マルクスは，資本主義社会のあとに生まれると彼が考えていた社会を「社会主義」または「共産主義」とも呼んだが，最も多くは「アソシエーション」と呼んだ。そして彼はこのアソシエーションの生成を，きわめてしばしば，資本主義社会による自己の体内に孕んでいるアソシエーションの産出，というメタファーで表現した。マルクスにとってこのメタファーは，外観上の類似をとらえておもしろく言ってみた，といったようなたんなるレトリックではまったくなく，むしろ過程の本質的な内容を鋭く言い表わすのにきわめてふさわしい表現様式だったのであり，さまざまの場面でさまざまの仕方で使われている。いま

---

[1]　本稿の論旨は，拙著『マルクスのアソシエーション論』，桜井書店，2011年，でのそれに若干の改訂を加えたものである。

40　I　『資本論』に刻まれたマルクスの苦闘

上で見た，母体である資本主義社会の「産みの苦しみ」もその一つであるが，のちの『フランスにおける内乱』には，「古いブルジョア社会そのものの体内に孕まれている新しい社会」（MEGA I/22, S. 143; MEW 17, S. 343）という表現が，また『ゴータ綱領批判』にも，「長い産みの苦しみののち資本主義社会から生まれたばかりの共産主義社会」（MEGA I/25, S. 15; MEW 19, S. 21）という表現がある。

　このようにマルクスは，資本主義社会の体内にアソシエーションという新社会が孕まれていると考えていたのであるが，マルクスにとって，それはいったいどのような胎児だったのであろうか。このことを『資本論』での理論的分析のなかから探りだしてみよう。

　マルクスはまず第1部第1章で「商品」を分析しているが，その第4節の「商品の物神的性格とその秘密」で，社会の総労働を形成するどの労働も私的労働として営まれている商品生産のもとでは，労働する諸個人が取り結ぶ生産関係が商品・貨幣という物象相互の関係として現われること，すなわち「人格の物象化」が必然的に生じ，この物象化が諸個人の脳中に「物神崇拝」という転倒的意識をもたらすことを明らかにした。そのさい対比的に，労働が私的労働として行なわれていない社会状態を例示して，そこでは物象化も物神崇拝も生じないことを示している。その最後に掲げられている社会状態が，「共同の生産手段で労働し自分たちの多くの個人的労働力を自分で意識して一つの社会的労働力として支出する自由な人間の結合体〔Verein〕」（MEGA II/6, S. 109; MEW 23, S. 92），すなわちアソシエーションである。ここでは物象化が消滅しているから「人間たちが彼らの労働や労働生産物にたいしてもつ社会的諸連関は，生産においても分配においても，透明で単純なままにとどまる」（MEGA II/6, S. 109; MEW 23, S. 93）。このあとマルクスは，転倒的な意識形態の一つである宗教形態について，「およそ，現実の世界の宗教的な反射は，実践的な日常生活の諸関係が人間にとって相互間および対自然のいつでも透明な合理的連関を表わすようになったときに，はじめて消滅しうる」と言い，それに続けて，「社会的生活過程が」このような「神秘のヴェールを脱ぎ捨てる」ためには，「それが自由に社会的になった人間たちの所産として彼らの意識的計画的な制御のもとにおかれる」必要があることを指摘している（MEGA II/6, S. 110; MEW 23, S. 94）。ここで言われている「自由に社会的になった人間たち」とは，さきの「自由な人間

のアソシエーション」を形成している自由な人間諸個人である。彼らは，私的労働と私的生産とを廃棄して，労働を直接に社会的な労働に，生産を社会的な生産に転化することによって，物質的生産過程を自己の「意識的計画的な制御」のもとに置く。それによってはじめて，「交換者たち自身の社会的運動が彼らにとっては諸物象の運動という形態をもち，彼らはこの運動を制御するのではなくてこれによって制御される」(MEGA II/6, S. 105; MEW 23, S. 89)，という転倒的な事態が消え去るのである。

　マルクスは第3章「貨幣または商品流通」で価値の自立化した形態としての貨幣のもろもろの形態被規定性を把握したのちに，資本主義的生産様式のもとでの統括的な主体である物象すなわち資本の分析に取り掛かる。この分析の核心は，資本がどのようにして自己の増殖分である剰余価値を生産するのか，ということの解明である。それは，第2篇「貨幣の資本への転化」から始まり，第5篇「絶対的および相対的剰余価値の生産」でひとまず完了する。ここでマルクスが明らかにしたのは，なによりもまず，労働する諸個人が労働諸条件から切り離されているために，彼らは自己の労働力を商品として売らなければ生きていくことができないということ，そしてこの労働力の商品化によって，自立化した価値である貨幣が過程を経ていく運動のなかで増殖することができるのであり，剰余価値の生産であるこの価値増殖過程こそが，商品流通という人びとの目に見えている表層の下に隠れている資本主義的生産の秘密なのだ，ということである。つまるところ，労働が賃労働という歴史的な形態をとっているところにすべての根源があるのである。

　労働が賃労働という形態をとることによって，自然にたいする人間の根源的な主体的・能動的な関わりであり，社会の存続を支えている労働が，資本という物象に「包摂」され，労働する諸個人は資本の人格化である資本家の指揮・監督のもとで，他人のために労働しなければならない。さらに，多数の労働する諸個人が共同して計画的に生産する社会的生産過程すなわち協業が，資本が買い入れた労働力を消費する過程となっているために，協業によって労働が生みだす社会的生産力が「資本の生産力」として現われるという転倒が生じる。マルクスは，このような転倒的な形態を受け取っている労働を「疎外された労働」(MEGA I/2, S. 240-245, 369-373; MEW 40, S. 516-521 und MEGA II/4.1, S. 65; 邦訳『直接

的生産過程の諸結果』，国民文庫，1970年，33ページ）と呼んだ。

　マルクスは，資本による剰余価値の生産を解明するなかで，資本主義的生産様式に代わってアソシエーションが登場するならば，資本のもとへの労働の包摂による労働の疎外から生じている，労働する諸個人の苦難が取り除かれることに，理論的展開の要所要所で言及している。

　「労働の実現のために必要な物象的な諸条件が労働者自身から疎外されている」（MEGA II/4.1, S. 78; 邦訳『直接的生産過程の諸結果』，54ページ）という労働する諸個人の状態をマルクスは『経済学批判要綱』で「絶対的窮乏」と呼んだ（MEGA II/1.1, S. 216）。だが，社会の存続を担う労働の主体が，あらゆる客体性を欠いた「絶対的窮乏」の状態にある，というのは明らかにはなはだしい不条理である。マルクスが「疎外」について語るときには，つねに，この疎外という転倒的な状態あるいはこの不条理は，あるところまで進むと必ず「廃棄」される，という含意が込められていた。その「あるところ」とは，疎外が「極度の形態」をとったところである。『経済学批判要綱』でマルクスは次のように言っている。「労働が，すなわち自分自身の諸条件と自分自身の生産物とにたいする生産的活動が，賃労働にたいする資本の関係として現われている，疎外の極度の形態は，一つの必然的な通過点である。だからまたそれは，即自的には，まだ転倒した逆立ちさせられた形態においてにすぎないが，すでに生産の一切の局限された諸前提の解体を含んでいる。それどころかそれは，生産の無制約的な諸前提を生み，つくりだし，したがって，個人の生産諸力が総体的，普遍的に発展するための十分な物質的諸条件を生み，つくりだす」（MEGA II/1.2, S. 417）。つまり，「疎外の極度の形態」はより高い形態への「必然的な通過点」なのである。このように，マルクスにとって，資本主義的生産のもとでの労働すなわち賃労働を「疎外された労働」としてとらえることは，そのもとでの労働する諸個人の「絶対的窮乏」を鋭く告発し，批判するというだけではなく，同時に，この形態を，「アソーシエイトした労働」という労働のより高い形態に到達するための「必然的な通過点」としてとらえることをも含んでいたのである。

　マルクスは，資本がどのようにして剰余価値を生産するのかを分析して，資本による剰余労働の搾取とそのもとでの労働の疎外を明らかにしたのち，第7篇「資本の蓄積過程」で，資本そのものがどのようにして生産されるのか，を

論じる。すなわち資本の再生産と蓄積である。ここで明らかとなるのは，なによりもまず，資本とはじつは他人の剰余労働，つまり他人労働のかたまりなのであって，資本の価値増殖とは他人労働のかたまりによってさらに他人労働を搾取することなのだ，ということである。こうして，商品流通の表層に見えている自由で対等な私的所有者のあいだの関係の奥には，他人の剰余労働のかたまりである生産手段と貨幣とを独占する資本家階級と，他方の，一切の労働条件から切り離された賃労働者階級との関係が潜んでいること，賃労働者はじつは，自由な人格であるどころか，貨幣の鎖で資本につながれた「賃金奴隷」であることが明らかになる。

　ここで，マルクスが第22章のなかでアソシエーションを，「各個人の十全で自由な発展を根本原理とするより高い社会形態」(MEGA II/6, S. 543; MEW 23, S. 618) と呼んだことに注目しておこう。マルクスにとって，人間個人は社会という有機体の分割できない最小単位なのではなく，それぞれの個性や固有の能力をもった個人こそが，社会を形成し，歴史をつくる真の主体なのである。マルクスはかつて『ドイツ・イデオロギー』で，次のように書いた。資本主義的生産様式のもとでは，「諸個人にたいする物象的な諸関係の支配，偶然性による個性のおしつぶし」が「その最も先鋭な，最も普遍的な形態」をとっていて，それらは「現存する諸個人」に，「彼らにたいする諸関係および偶然性の支配の代わりに偶然性および諸関係にたいする彼らの支配を打ちたてるという任務」，つまるところ「社会を共産主義的に組織するという任務」を課しているのだ，と (MEGA I/5, S. 496; MEW 3, S. 424)。だから，「各個人の十全で自由な発展」こそがアソシエーションの「根本原理」であって，「生産者たち自身による生産の意識的・計画的な制御」や「労働者による個人的所有の再建」は，この「根本原理」を実現するための手段なのである[2]。

　さて，マルクスはさらに進んで，第23章で，資本の有機的構成の高度化を伴いながら進行する資本蓄積が労働者階級に及ぼす影響を立ち入って論じている。資本主義的生産様式のもとでは，相対的過剰人口の生産によってつねにさ

---

[2] アソシエーションが個性（個人性）をもった「個人」によって形成されるものであることを強調する必要については，田畑稔『増補改訂 マルクスとアソシエーション』，新泉社，2015年，を参照されたい。

まざまの形態での産業予備軍が存在し，これの促迫によって現役労働者軍は劣悪な労働条件を甘受させられており，そして社会の最底辺には人格を破壊されるほどの極度に劣悪な生活状態におかれている「被救済民」が恒常的に沈澱している。これは，資本主義的生産様式のもとで貫徹する「資本主義的蓄積の一般的法則」の作用の結果なのである。

　以上のように，資本主義的生産様式の理論的分析によって，社会を支えている労働する諸個人の置かれている悲惨な状態が，資本主義的生産様式という社会形態から生じているのだから，労働する諸個人がこの状態から解放されるためには，資本主義的な社会形態を廃棄してアソシエーションを打ちたてなければならない，ということが明らかとなった。

　マルクスは，資本主義的生産過程の理論的分析を終えたところで，すでに触れたように，「本源的蓄積」すなわち資本主義的生産様式の歴史的な生成を考察している。ここでは，資本そのものの分析の出発点では所与のものとして前提していた，労働する諸個人からの労働諸条件の分離が，歴史的にどのようにして生じたのかが描かれている。この過程で「画期」をなすのは，「多数の大衆から伝来の生産手段と生存手段とを奪い取ることによって，彼らをいきなり労働市場に投げ出す変革」であり，この過程全体の基礎はさまざまの権力層による「農村住民」すなわち直接生産者からの地所の「収奪」であった。これによって彼らは，労働力以外には売るものをもたない，「絶対的窮乏」のなかにある無産者となったのであり，この無産者たちを賃労働者に転化することによって，さまざまの仕方で形成されていた，また形成されつつある貨幣財産が資本に転化できたのである。このように，資本の人格化である資本家となった有産者たちは，もともと「収奪者」であった。だから，資本の理論的分析のなかで見てきた，賃労働の廃棄による自由な諸個人のアソシエーションの樹立とは，労働する諸個人がこの「収奪者」から生産手段を「収奪」して，すなわち「収奪者の収奪」によって，もともとは自分たちのものであった労働諸条件を取り戻すことを意味するのである。

　以上のように，『資本論』第1部での資本主義的生産様式の理論的分析とそれに続くこの生産様式の生成の歴史的考察とによって，資本主義的生産のもとでの労働する諸個人の非人間的な状態と苦難との根源が，労働する諸個人からの

労働諸条件の収奪によって生まれた資本主義的生産のもとでの「労働の疎外」にあることが明らかになり，そのことを通じて，「疎外された労働」そのものが，労働する諸個人のこのような状態からの解放は「疎外」の廃棄，すなわち自由な諸個人のアソシエーションの樹立によるほかはないことを示している，ということが明らかとなった。マルクスは，資本主義的生産様式の理論的分析とそれの生成の歴史的考察との両者によって，資本主義社会がアソシエーションという胎児を懐胎していること，そしてその胎児がどのようなものか，ということを明らかにしたのである。

2 資本自身が，自己を否定する諸形態を生みだし，成長させる

　それでは，資本主義的生産はアソシエーションという胎児をどのような形態で懐胎し，胎内でどのような形態で育んでいくのだろうか。じつは，資本主義的生産そのものが，それの発展のなかで同時に，自己を否定する諸形態を生みだし，成長させていくのである。そこで，それらの形態を『資本論』のなかに探ろう。

　資本主義的生産は労働が直接には私的労働として行なわれている商品生産であり，市場に登場する当事者たちは自己の労働によって取得した商品の私的所有者として相互に承認する，という法的関係を取り結んでいる。これによって，資本の人格化である資本家も，資本の私的所有者として社会的に承認されている。そして，社会的総資本を形成しているのは，無政府的に成長し，互いに競争している無数の個別的資本であり，それらのもとでの生産は相互に自立した私的生産である。したがって，私的労働および私的生産，そしてその法的表現である私的所有は，資本にとっての基礎的生産関係であり，資本が拠って立つ基盤である。

　ところが資本主義的生産様式は，それ自身の発展のなかで，私的労働に対立する社会的労働，私的生産に対立する社会的生産，そして私的所有に対立する社会的所有を，さまざまの形態で発展させていく。

　それぞれの個別的資本のもとで現われる，独自に資本主義的な生産方法の

「基本形態」である協業は，多数の労働者の計画的な協働すなわち共同作業として，社会的労働を生みだす。協業の発展した形態であるマニュファクチュア的分業は，社会的労働と社会的生産をさらに発展させる。機械によって労働と自然科学とを結合する大工業では，労働過程の協業的な性格は，労働手段そのものの性質によって命じられた「技術的必然」となる。このように，資本主義的な生産方法として生まれた大工業は，私的労働と私的生産に対立する社会的労働と社会的生産とを発展させていく。

　資本蓄積の進行は，それぞれの個別資本の資本量を大きくし，協業する労働者数を増大させ，社会的生産の規模を拡大していくが，さらに，資本の集中が，個別資本の蓄積からは独立に，社会的労働と社会的生産とを飛躍的に拡大する。そして，諸資本の競争，信用・銀行制度，株式会社が，この資本の集中を大きく促進する。これらの形態は，いずれも資本そのものの諸形態でありながら，資本主義的生産様式の枠内で社会的労働および社会的生産をますます拡大して，私的労働および私的生産を潜在的に否定していくのである。

　とりわけ，信用制度を主要な基礎として生まれる株式会社は，「アソーシエイトした資本家」であり，「資本家のアソシエーション」であって，それは，「資本が生産者たちの所有に，といっても，もはや個々別々の生産者たちの私的所有としての所有ではなく，アソーシエイトした生産者としての生産者による所有としての所有に，直接的な社会所有としての所有に，再転化するための必然的な通過点」であり，「資本主義的生産様式の内部での資本主義的生産様式の廃棄」であり，「資本主義的システムそのもの基礎の上での資本主義的私的産業の廃棄」である (MEGA II/4.2, S. 502-503; MEW 25, S. 452-454)。

　また，賃労働者たちは，「労働者たちがアソシエーションとしては自分たち自身の資本家だという形態」(MEGA II/4.2, S. 504; MEW 25, S. 456) である協同組合工場を創設した。株式会社では対立が消極的に廃棄されているにすぎないのにたいして，ここでは対立が積極的に廃棄されている。

　資本主義的生産様式の内部で進行する以上の過程は，一方では，資本の集積および集中による「少数者の手中への生産手段の集積」であり，「これによって，生産手段は直接的労働者たちの所有として現われることをやめ，まずは資本家たちの私的所有としてではあれ，生産の社会的な諸力能に転化する」が，他方

ではそれは,「協業,分業,および,労働と自然科学との結合」による「労働そのものの社会的労働としての組織化」である。「この両面から資本主義的生産様式は,対立的な形態ででではあれ,私的所有と私的労働とを止揚する」のである (MEGA II/4.2, S. 339; MEW 25, S. 276-277)。

前者の側面について注目すべきは,「資本家たちの私的所有」という外皮の下には,「労働者たちが私的諸個人としてではなく社会的に生産手段を占有しているということ」が隠されていることである。「資本主義的な所有とは,ただ,生産諸条件にたいする労働者たちのこのような社会的所有——すなわち否定された個別的所有——の対立的表現でしかない」(MEGA II/3.6, S. 2144)。だから,法的形態である私的所有によって正当化されている資本主義的な所有という外皮が取り去られれば,この対立的な形態によって覆い隠されていた,アソーシエイトした労働者による生産手段の社会的占有と彼らの社会的労働とが姿を現わすことになる。ここで必要とされている最後の一押しが,「生産手段の集中と労働の社会化」を覆っている「資本主義的な外皮の爆破」(MEGA II/6, S. 682; MEW 23, S. 791) であり,資本によるその胎児の産出なのである。

3 アソシエーションの産み落としを促迫するのは 資本の矛盾である

資本主義的生産様式は,自己の胎内で,社会的労働,社会的生産および生産手段の社会的占有という,私的労働,私的生産および私的所有を否定する諸形態を発展させていく。しかしこれらの形態は,自力で母胎から生まれでてくることができるわけではなく,自己を覆っている「外皮」を「爆破」できるわけでもない。産み落とすのは母体すなわち資本主義的生産様式であり,資本そのものである。資本が自己のなかに育んできた,自己を否定するそれらの形態を新たな生産様式として産み落とすように促迫するのは,資本主義的生産様式に内在する矛盾であり,この矛盾の深化である。

資本主義的生産様式の矛盾とはどういうものか。マルクスによる最も一般的な表現は次のとおりである。「資本主義的生産様式の矛盾は,この生産様式が生産諸力を絶対的に発展させようとする傾向をもちながら,この発展が,資本

48 I 『資本論』に刻まれたマルクスの苦闘

が運動する場である独自な生産諸関係とたえず衝突する，というところにある」(MEGA II/4.2, S. 331; MEW 25, S. 268)。

「生産諸力を絶対的に発展させようとする傾向」と「資本が運動する場である独自な生産諸関係」という矛盾の対立項のうちの前者こそが，この矛盾を深化させる動因である。この動因は，じつは，どんなに苦難を経なければならないにせよ，人類が資本主義的生産様式を必然的な通過点として経験しなければならない，ということによって，資本が自己の存在を正当化する「歴史的な弁明理由」なのであり，歴史のなかで資本主義的生産様式が果たすべき「任務」，「使命」であり，資本主義的生産様式にとっての当為 (Sollen) である (MEGA II/1. 1, S. 241)。マルクスはこの「生産諸力を絶対的に発展させようとする傾向」を「資本の偉大な文明化傾向」と呼んだ。「資本は，このような自己の傾向に従って，自然の神化を乗り越えて突き進むのと同様に，もろもろの民族的な制限および偏見を乗り越え，既存の諸欲求の，一定の限界内に自足的に閉じ込められていた，伝来の充足と，古い生活様式の再生産とを乗り越えて突き進む」(MEGA II/1.1, S. 322)。この傾向こそ，資本に，世界市場を拡大し続け，世界中の人間諸個人を結合して一つの人類にしていくことを強制するものである。

だから，資本の本質的な内在的矛盾とは，自己の歴史的使命を果たそうとする資本自身のこのような傾向が，資本主義的生産という社会的生産の独自の形態と衝突する，ということである。だから，「資本主義的生産様式は，物質的生産力を発展させこれに対応する世界市場をつくりだすための歴史的な手段であるが，それはまた同時に，資本主義的生産様式のこの歴史的任務とこれに対応する社会的生産諸関係とのあいだの恒常的矛盾なのである」(MEGA II/4.2, S. 324; MEW 25, S. 260)。

それでは，生産諸力をどこまでも発展させようとする資本の傾向は，資本主義的生産の制限とどのような仕方で衝突するのか。まず，次のように言うことができる。「資本主義的生産の真の制限は，資本そのものであり，資本とそれの自己増殖とが出発点および終点として，生産の目的として現われる，ということであり，生産はただ資本のための生産だということ，そしてそれとは反対に，生産手段が，生産者たちが形成している社会のために生活過程を拡大し形成するためのたんなる手段なのではない，ということである。だから，これら

第3章 『資本論』とアソシエーション　49

の制限——生産者大衆の窮乏化と収奪という土台にもとづく資本価値の維持および増殖はこれらの制限のなかでしか運動できない——は，資本が自分の目的のために充用せざるをえない生産諸方法，そして生産の無制限な増加に向かって，自己目的としての生産に向かって，労働の社会的生産諸力の無条件的発展に向かって突進していく生産諸方法とは，たえず矛盾することになる。社会的労働の生産諸力の無条件的発展という手段は，既存資本の増殖という制限された目的とたえず衝突することになる」(MEGA II/4.2, S. 324; MEW 25, S. 260)。

　この矛盾をさらに具体的につかむには，『資本論』第3部での，資本主義的生産の総過程で進行する，人びとの目に見えている諸姿態に近づいていく，資本と剰余価値とがとる現象形態の展開を見なければならない。

　『資本論』第3部は，剰余価値がとっている「利潤」という形態の分析から始まる。ここでは，資本による生産の直接的目的および規定的動機としての剰余価値の生産は，個別諸資本による利潤の獲得という形態をとり，資本家によってそのように意識され，資本の行動を決定するものとなっている。そこで，「社会的労働の生産諸力の無条件的発展という手段」と「既存資本の増殖という制限された目的」との衝突は，いまや，生産諸力の発展と「資本家たちの利潤による制限」(MEGA II/3.3, S. 1149) との衝突という具体的な形態をとることになる。「利潤による制限」が資本家たちの目に，だからまた経済学者の目にも，顕わに見えるようになるのは，利潤率が低下していくという現象である。マルクスは，第3部第1稿第3章「資本主義的生産の進展のなかで生じる一般的利潤率の傾向的低下の法則」のなかでこの現象を生みだす法則を解明した。彼が明らかにした法則そのものとは，第1に，資本蓄積の進行に必然的に伴う生産諸力の発展が資本の有機的構成の高度化をもたらし，その結果として，利潤率の低下という現象が生じているのだ，ということ，第2に，この率の低下は，資本量の増大によって利潤量を増大させようとする資本家の衝動を生み，さらに資本蓄積を促進させる，ということ，このような両面的な作用を含むものであった。そのうえで彼は，個別諸資本にとって競争の外的強制法則として貫く資本の内的諸法則が，剰余価値率の上昇と不変資本の諸要素の低廉化とをもたらすので，たえず貫いている利潤率低下の法則そのものの作用は傾向的なものとして現われることを明らかにした。そして，さらに一歩を進めて，両面的な作

50　I 『資本論』に刻まれたマルクスの苦闘

用を含むこの法則に内在する諸矛盾が，諸資本の競争のなかでどのようなかたちで現われてくるのか，ということを分析した。ここに現われてくるもろもろの衝突こそが，資本主義的生産様式の「被制限性」と歴史的に過渡的なものであるという性格とを，人びとの目にさらすことになるのである。「矛盾は，ごく一般的に表現すれば，次の点にある。すなわち，資本主義的生産様式は生産諸力の絶対的な発展への志向を伴っているが，同時に他面では現存する資本の既存の価値の維持とそれの最大限の増殖を目指して努力しているということである。この生産様式の独自の性格は，既存資本の交換価値をこの価値の最大可能な増大に向けられている。それがこの目的を達成するための方法は，利潤率の減少，既存資本の減価，すでに生産されている生産諸力を犠牲としての労働の生産諸力の発展を含んでいる」(MEGA II/4.2, S. 323; MEW 25, S. 259)。

　この矛盾は，資本主義的生産様式が存続するかぎり，繰り返して「社会的労働の生産諸力の無条件的発展という手段」と「既存資本の増殖という制限された目的」との衝突として現われ，そのたびにそれの一時的な解決を見いだしていかなければならない。この衝突と一時的な解決こそが，恐慌による産業循環の終結とその後の新たな産業循環の開始である。資本は，自己の歴史的任務を果たそうとして生産諸力を発展させていくが，そのある点で自己自身の制限にぶつかり，もろもろの矛盾が総合的に爆発して，一時的に「休止する」。資本は，それが胎内に孕んでいる新たな社会を産み落とさないかぎり，この爆発によってその矛盾を一時的に解決しては，そこからまた新たに同じ過程を歩まなければならない[3]。だから，恐慌とは，資本主義的生産様式の痙攣であり，資本主義社会に新たな社会を産み落とすことを促す陣痛である。そしてこの陣痛を引き起こすものは，資本主義的生産様式そのものに内在する矛盾とそれの深化なのである。

---

[3]「矛盾が周期的に恐慌として爆発する」ことについて『資本論』第3部草稿がどのようなことを書いているのかについては，拙著『マルクスの利子生み資本論』第3巻，桜井書店，2016年，260-274ページを参照されたい。

4 アソシエーションを形成するのは
労働する諸個人の実践的行動である

マルクスは『経済学批判』の序言でのいわゆる「唯物史観の定式化」(MEGA II/2, S. 100-101; MEW 13, S. 8-9) で、「社会の経済的構造を形成する生産諸関係の総体が実在的土台であり、その上に一つの法的かつ政治的な上部構造がそびえ立ち、そしてこの土台に一定の社会的意識諸形態が対応する」と述べた。これは「定式化」のなかで欠くことのできない重要な命題であるが、しかし「定式化」の核心はこの命題にあるのではない。いわんや、法的かつ政治的な上部構造と社会的意識諸形態とを一括りにして「上部構造」と呼び、「定式化」の核心が、土台の上にこの「上部構造」が載っているという、社会のいわば組み立てを明らかにしたところにある、と見るのは論外である。マルクスがここで明らかにしたことの肝要は、歴史を形成するのは意識をもった人間諸個人の行動だ、ということは歴史記述家たちも認めるところだが、そのような意識とそれにもとづく彼らの実践的行動とが、じつは「物質的生活の生産様式」によって条件づけられているのだ、というところにある。

マルクスは言う。「社会の物質的生産諸力は、それの発展のある段階で、その内部で社会の物質的生産諸力がそれまで運動してきたところの既存の生産諸関係と、あるいはそれの法的表現にすぎないが、所有諸関係と矛盾するようになる。これらの諸関係は、生産諸力の発展諸形態からその桎梏に転回する。そのとき、社会革命の時期が始まる。」この社会革命は、どのように進行するのか。生産様式における諸矛盾の深化に対応して革命思想という社会的意識形態が生まれ、この思想をもって行なわれる人間諸個人の実践的行動が法的かつ政治的な上部構造を覆す政治革命を引き起こし、それによって打ちたてられた新たな政治権力のもとで、新たな経済的構造を発展させて土台を根本的に変革する経済革命が進行する。こうして、「経済的基礎の変化とともに、巨大な上部構造全体が、あるいは徐々に、あるいは急激に変革される」のである。社会革命のこのような経過を把握するためにこそ、マルクスの次の言明が決定的に重要なのである。「ある個人がなんであるかは、その個人が自分自身のことをど

う思っているかによって判断されないのと同様に，このような変革の時期をその時期の意識から判断することはできないのであって，むしろこの意識を物質的生活の諸矛盾から，社会的生産諸力と生産諸関係とのあいだに現存する衝突から説明しなければならない。」

いまわれわれがここから読み取るべきことは，社会形態の交代をもたらす能動的な力は，「経済的生産諸条件における自然科学的に正確に確認できる物質的な変革」それ自体ではなくて，これによって生みだされる変革の社会的意識諸形態すなわち革命思想をもった諸個人の実践的行動なのだ，ということである。

だから，『資本論』が，「資本主義的生産は自然過程の必然性をもって自己自身の否定を生みだす」と述べたのは，資本主義的生産が「自然過程の必然性をもって」この生産を廃棄することを目指して実践的に行動する労働する諸個人を産み出す，ということを意味していたのである。

そこで，『資本論』がその理論的分析をつうじて，資本による自己自身の否定によるアソシエーションの必然的な産み落としを明らかにしたのだとすると，『資本論』での理論的展開のなかで，資本が資本の廃棄を目指して行動する諸個人を産み出す過程が明らかにされているはずである。じっさいマルクスは『資本論』第1部で，資本主義的生産様式の最深の本質を明らかにしていく理論的展開のなかで，同時に，この生産様式自身が，労働する諸個人を，この生産様式を否定する主体にまで鍛えあげていく過程を明らかにしている。そのような視点から『資本論』を見直してみよう。

諸個人はまず，商品の交換過程で，相互に商品所有者として承認し合う商品の人格化として登場する。貨幣が生成すると，彼らは商品所持者である売り手および貨幣所持者である買い手となる。市場すなわち商品流通の場面では，諸個人は，自己労働のみを所有権原として想定する互いに自由で，法的に平等な人格すなわち私的所有者として互いに関わり合う。

貨幣の資本への転化に進むと，その解明の決定的なカギとして，二重の意味で自由な労働する諸個人が流通場面に登場する。彼らは，労働市場では貨幣所持者である資本家に売り手として関わる労働力所持者であり，商品市場では商品所持者である資本家に買い手として関わる貨幣所持者である。

第3章 『資本論』とアソシエーション　53

　両者が生産過程に入ると，貨幣を資本に転化する価値増殖過程では，労働する諸個人は，労働力の買い手である資本家の指揮のもとで必要労働を超えた剰余労働を強制される生きた搾取材料となる。労働力の売り手としての労働者と買い手としての資本家とのあいだで，商品交換の法則によって保証されている権利から生じる，労働日の限界をめぐる闘いが必至となる。個別的な売り手であるかぎり劣勢をまぬかれないことを経験した労働者たちは，労働者階級として資本家階級に標準労働日を押しつける闘いのなかで，労働組合を結成するなど，アソーシエイトすることを学ぶ。「資本家と労働者との何世紀にもわたる闘争」の結果，標準労働日が制定された (MEGA II/6, S. 274; MEW 23, S. 286) のちにも，彼らはその一般化に向けて「長い期間にわたる階級闘争」(MEGA II/6, S. 285; MEW 23, S. 299) を展開する。いまや「労働者は生産過程に入ったときとは違った様子でそこから出てくる」。すなわち彼らは，「彼らを悩ます蛇にたいする「防衛」のために彼らは団結」し，「階級として，彼ら自身が資本との自由意志的契約によって自分たちと同族とを死と奴隷状態とに売り渡すことを妨げる一つの国法を強要する」までに成長したのである (MEGA II/6, S. 302; MEW 23, S. 319-320)。

　資本のもとへの労働の実体的包摂は，生産過程を変革して，独自に資本主義的な生産様式をもたらす。協業のもとでは，労働する諸個人は，労働に対立する労働諸条件の人格化としての資本家の指揮および監督のもとで剰余労働を搾取される，資本の一つの特殊的な存在様式でしかない。ここでは労働者は，資本によって結合されることによって社会的労働者となっているので，彼らの発揮する社会的生産力は資本の社会的生産力として現われる。このように，彼らの労働は資本によって結合された労働であって，アソーシエイトした労働ではないけれども，しかし，「他人との計画的な協働のなかで，労働者は自分の個人的な諸制限を脱ぎ捨てて，自分の種族能力を発展させる」(MEGA II/6, S. 326; MEW 23, S. 349) のである。

　マニュファクチュア内分業は，労働する諸個人を特定の部分労働に押し込めて奇形化し，資本によって買われないかぎり用をなさないものにする。精神労働は資本によってわがものとされ，多くの労働者がたんなる肉体労働者となる。この過程は，科学を独立の生産能力として労働から切り離し，それに資本への奉仕を押しつける大工業において完了する。

54　Ⅰ　『資本論』に刻まれたマルクスの苦闘

　大工業は，一方では労働者の全面的な可動性を，だからまた全体的に発達し
た諸個人を要求するが，他方では同時に旧来の固定的な分業をたえず再生産す
るという，矛盾を発展させる。大工業のもとでの諸矛盾の発展は，資本主義的
な生産形態の解体と新たな生産形態の形成とを準備するものである。大工業が
発酵させる変革の酵素の主体は労働する諸個人であり，彼らの資本の支配にた
いする闘争は一般化していく。資本は，一方では，新社会の形成に必要な生産
過程の物質的諸条件を準備し，他方では，生産過程における労働する諸個人の
社会的結合を成熟させるのである。

　しかし，このような資本主義的生産過程の前提をなす労働市場での労働力の
売買は，依然として，賃労働者と彼らの外部に存在し続けている資本との自由
な取引という外観を保っており，諸個人の意識はいまだ資本のシステムの全体
を見抜くことができない。これを突破するのが，資本主義的生産過程の再生産
過程としての，しかも社会的な再生産過程としての把握である。

　単純再生産では，資本の人格化である資本家が剰余価値を消費することによ
ってはじめて資本がたえず再生産されるのであって，再生産されている資本は
資本家による剰余価値の消費を表わしているのだということ，そして労働者の
労賃となる可変資本は彼ら自身の生産物のうちの労働ファンドの独自な歴史的
形態にほかならないこと，だから資本・賃労働関係そのものが賃労働者の労働
によってたえず再生産されているのだということが明らかとなる。

　さらに拡大再生産では，蓄積過程での追加資本による剰余価値の取得は，剰
余価値のかたまりによる剰余労働の取得であることが露呈し，商品生産の所有
法則は資本主義的取得の諸法則に転回する。すなわち，労働力の売買を含む商
品流通の部面での，自由で平等な私的所有者のあいだの取引という形態は，他
人労働のかたまりによるさらなる他人労働の取得という資本のシステムの表面
での外観にすぎず，所有は，資本家の側での他人の不払労働を取得する権利と
して，労働者の側では自分自身の疎外された労働にほかならない生産手段にた
いして他人の所有物にたいする仕方で関わる義務として現われる。

　こうして，資本のシステムは自己自身の前提をたえず再生産するシステムと
して成立したが，いまやそれは同時に，自己の矛盾をたえず露呈するシステム，
自己の過渡的性格を顕わにするシステムとして現われている。

第3章　『資本論』とアソシエーション　55

　このシステムの諸矛盾と過渡的性格とが諸個人の前に否定しがたい姿をとって現われるのは『資本論』第3部においてである。さきに見たように，諸資本の競争のなかで利潤率低下法則が貫徹するさいに，同時にこの法則の内的諸矛盾が現われてくるのであって，ここですでに，資本主義的生産様式の矛盾と制限とが人びとの目に見えるものとなっている。だからまた，「資本がとる姿態である一般的な社会的な力と，この社会的な生産諸条件にたいする個々の資本家たちの私的な力とのあいだの矛盾はますます激しく発展していき，この関係の解消を含むものとなる」(MEGA II/4.2, S. 337; MEW 25, S. 274) のである。

　さらに，利潤が利子と企業利得とに，それにともなって資本の人格化が機能資本家と貨幣資本家とに分裂したのち，資本はその過渡的性格をさらに顕わにしてくる。

　信用制度とともに発展する，アソーシエイトした資本家である株式会社のもとでは，生産過程を担う人格は結合されて社会的になった労働者だけであり，資本家は生産過程から余計な人格として消え失せ，たんなる所有者として剰余価値を取得するだけの存在となる。株式資本は「資本主義的生産様式そのものの限界の内部での，私的所有としての資本の廃棄」であり，これは「自己自身を廃棄する矛盾」である (MEGA II/4.2, S. 503; MEW 25, S. 454)。他方，労働する諸個人の側では，協同組合工場にアソーシエイトして，生産過程のなかで生産手段にたいして自分たちに属するものだという仕方で関わる試みが開始される。

　資本主義的生産様式の諸矛盾のこのような発展は，労働する諸個人のなかに，「生産物を自分自身のものだと見抜く」という，そしてさらに「自己の実現の諸条件からの分離を不埒な強制された分離だと判断する」という，「並外れた意識」を生みだすのであって，これは「この生産様式の滅亡への前兆」にほかならない (MEGA II/3.6, S. 2287)。

　マルクスは『資本論』第1部第24章第7節で，第1部での理論的展開のなかで示された以上のような労働する諸個人の発達を，端的に，「たえず膨張しながら，資本主義的生産過程そのものの機構によって鍛えられ，一体化され，組織される労働者階級の反抗もまた増大していく」と表現した。この「反抗」の終着点が「収奪者の収奪」である (MEGA II/6, S. 682; MEW 23, S. 791)。「収奪者の収奪」の目標は，「資本主義時代の獲得物にもとづく，すなわち，協業と土地を

56 I 『資本論』に刻まれたマルクスの苦闘

含めたあらゆる生産手段の共同占有とにもとづく，労働者の個人的所有の再建」（MEGA II/7, S. 679; MEW 23, S. 791）である[4]。

『資本論』第3部の第7篇でマルクスは，資本主義的生産様式の本質が現象するさいの外観であることが明らかとなった三位一体的定式とそのもとでの総運動とを総括したのちに，「むすびとして，みそくそ一切の運動と分解とが帰着していく階級闘争」を論じることを予告していた（1868年4月30日付エンゲルス宛のマルクスの手紙，MEW 32, S. 75）。ここで，労働する諸個人はついに，資本主義的社会システムを転覆させるという確固とした意志をもった階級として登場するはずであった。

このように，資本主義的生産様式の内部で，自覚しアソーシエイトした労働する諸個人が，資本主義的生産様式に代えてアソーシエイトした労働の生産様式を打ちたてるという目的を実現するために行なう，資本主義的生産様式にたいするこのような目的意識的な関わりこそ，資本主義社会という母体そのものの息みであり，アソシエーションを産み落とすための最後の踏ん張りなのである。

おわりに

字数制限で本稿では立ち入ることのできなかったいくつかのことに簡単に触れておこう。

（1）『資本論』第1部初版刊行から150年のいま，そのなかでマルクスが展望していたアソシエーションについて語るとすれば，彼のアソシエーションと20世紀の人類の経験である崩壊した「現存社会主義」とはどのような関係にあるのか，ということに触れないままで終わるわけにはいかないので，一言する。筆者は，党＝国家官僚が掌握している国家による労働諸条件の所有はおよそい

4）「労働者の個人的所有」とはなにか，についてはさまざまの理解があり，論争が行なわれてきた。本稿ではそれに立ち入らないが，拙見は拙著『マルクスのアソシエーション論』で述べている。注目に値する最近のものに，小松善雄「ヨハン・モスト原著 マルクス加筆・改訂『資本と労働』（『マルクス自身の手による資本論入門』）の社会主義＝協同組合的生産様式論」（『オホーツク産業経営論集』第24巻第1号，2015年）がある。

わゆる「人民的所有」などではなく，労働諸条件から切り離された労働する諸個人は，国家に属する企業に労働力を売り，その賃金で国家から生活手段を買い戻して生活する賃労働者だったのであり，彼らの剰余労働は剰余価値として国家資本の強蓄積に振り向けられたのであって，そのような社会は資本主義社会の特殊的形態であり，マルクスのアソシエーションとは似ても似つかない社会だった，と考えている[5]。

（2）『資本論』刊行からすでに150年が過ぎたが，本稿で見てきた，資本主義的生産様式それ自身が産み出し発展させる否定的諸形態も，アソシエーションを産まないではいない資本主義的生産様式の内在的矛盾も，資本を廃棄してアソシエーションを打ちたてようとする労働する諸個人の実践的行動も，それらのすべてが，われわれがいま生活している資本主義社会のなかに実在するのであり，だから，これまで本稿が述べてきたことのすべてがいまの社会にも完全に妥当する。なぜか？　それは，マルクスの「現代」がまさしくわれわれの「現代」だからである。マルクスのmodernは，『資本論』のほとんどの訳書で「近代的」と訳されているが，それはけっして，いま人びとが口にしている「現代」とは区別される，それより前の時期の「近代」などではない。マルクスはまさに資本主義の時代をmodernと呼んだのであり，われわれが生活している社会もマルクスの生活していた社会と同じ資本主義社会という社会的生産有機体なのである[6]。

（3）労働が賃労働の形態にあるかぎり，労働する諸個人は「絶対的窮乏」の状態にあるのであり，劣悪な労働条件のもとで資本の指揮のもとで剰余労働を搾取されている。そこから，殺人的な長時間労働や，サービス残業や，ブラック企業のもとでの過酷な労働や，ワーキングプアや，過労死や，ホームレスや，環境破壊など，労働する諸個人のさまざまな悲惨な問題のすべてが生じているのである。これらの問題のいずれについても，それらの具体的な実相を一つひとつ暴き告発して，とりあえずの改善を勝ちとる闘いが不可欠かつ重要である

5）スターリンのもとで1930年代半ばに成立し1991年に崩壊したソ連の「社会主義」なるものが，実際には，「国家資本主義」と呼ばれるにふさわしいものであったことについては，拙著『マルクスのアソシエーション論』の第II部を参照されたい。

6）【この点については，本書前章を参照されたい。】

ことは言うまでもない。しかしながら，『資本論』を読んだことがあり，これらの問題を根本的に解決するためには資本主義的生産様式を廃棄してアソシエーションを打ちたてなければならないというマルクスの結論に同意しているのではないかと思われる人びと——同意していなかったのなら，ごめんなさい！——が，それにもかかわらず，ヨーロッパ並みにしなければならないとか，新しい福祉国家をつくらねばならない，とかいったレベルの議論は盛んにやっても，資本・賃労働関係の廃棄の必要には言及しようとしない，という光景がわれわれのまえに広がっているのはまことに不思議なことである。

　（4）資本主義はアソシエーションを産むというマルクスの判断は，資本主義という現在の認識にもとづく未来についての認識であるが，ある人びとは，未来についての認識を現在についての認識のように語ったところにマルクスの誤りがあった，などと——「現存社会主義」が崩壊したあとになって——マルクスに難癖をつけている。市場なしには巨大な社会的生産を統御することなど未来永劫できるはずがない，というのは，まぎれもなく未来についての一つの認識であるが，この認識も現在の認識にもとづく未来の認識以外のなにものでもない。未来の認識について問題となるのは，現在の認識が未来を見抜けるほどに深く正確であるかどうか，ということである。われわれは，つねに過去と現在についての認識にもとづいて未来を予知し，それにもとづいて現在の行動を決定しながら生きているし，そうするほかはない。CO_2の排出によるオゾン層の破壊の進行をそのままにしておけるか，南海トラフ巨大地震にどのように備えるか，少子化の急速な進行にどのように対処するかなど，どれをとっても，現在の認識を深めて未来の認識をより正確なものにし，それにもとづいて現在とりうる最善の対策を決定する，という仕方で進むほかはないのである。マルクスの未来社会論の当否も，それが依拠する『資本論』における彼の資本主義的生産の認識が理論的に正しいか否かにかかっている。現代社会における労働が「疎外された労働」という形態にあるという現在についてのマルクスの認識が正しいとすれば，労働する諸個人は，遅かれ早かれ，アソシエーションを打ちたてることによって労働疎外を止揚するであろう，という未来についてのマルクスの認識もまた正しいのである。

第4章　MEGA編集・刊行の現状と展望
──MEGA第II部門の完結に寄せて──

　2012年にMEGA第II部門の第4巻第3分冊が刊行され，第II部門が完結
した。この部門の完結には，1976年に第1巻第1分冊が出てから，36年を
要した。この間に，ベルリンの壁の崩壊，ソ連の解体とソ連共産党の解散，
西ドイツによる東ドイツの吸収などの歴史的大変動があり，そのなかで
MEGA刊行事業も一時は危殆に瀕した。さいわい，アムステルダムの社
会史国際研究所の果断なイニシアティヴと，東ドイツおよびソ連の
MEGA編集者たちのそれへの機敏で真摯な呼応とによって，MEGAの編
集と刊行は，かろうじて中断をまぬかれたのだった。

　本章に収めたのは，MEGA第II部門の完結に寄せて，MEGAの編集・
刊行の現況を紹介した，雑誌『経済』第212号（2013年5月）掲載の拙稿であ
る。この拙稿では末尾でやや重苦しい先行きを見据えていたが，その後
2015年からかなり明るい展望が開けてきたので，「その後に開けた明るい
展望」を書き加えておいた。

MEGAとはなにか

　MEGAと綴って「メガ」と読む。この語は，メガ・シティやメガ・タンカー
の場合の「メガ」とは違って「巨大な」の意味をもたず，ドイツ語のMarx/
Engels Gesamtausgabe（マルクス＝エンゲルス全集）の略語である。実際には
すべての作品を網羅していない「全集」もある（大月書店版の『マルクス＝エン
ゲルス全集』も実際は「著作集」である）が，MEGAは，厳密な考証によって
マルクスとエンゲルスの手によるものと確認された文書を洗いざらい収録する
文字どおりの「全集」である。偉大な思想家や作家（たとえば，ゲーテ，シェ
イクスピア，カント，フィヒテ，シェリング，ヘーゲルなど）についてはその
ような「全集」が編まれてきているが，「編集学」という独自の学問分野が確立

60 Ⅰ 『資本論』に刻まれたマルクスの苦闘

されてくるなかで，著者のすべての仕事を厳密に時間軸に沿って配列し，それ
ぞれの文書の成立史を考証して記述するという原則を貫いた「全集」を「歴史
的＝批判的全集」と呼ぶ慣行が定着してきた。MEGA は，マルクスおよびエ
ンゲルスの正真正銘の「歴史的＝批判的全集」である。

　いま刊行の途次にある MEGA は，厳密には「第2次 MEGA」であり，日本で
はしばしば「新 MEGA」とも呼ばれる。それにたいして「第1次 MEGA」と呼
ばれている最初の MEGA は，ソ連成立後まもなく設立されたマルクス＝エン
ゲルス研究所のもとで企画・編集され，1927年に刊行が開始されたが，最終
的にはスターリンによる編集者たちの非道な殺戮によってとどめを刺され，
1935年に，予定の42巻のうちの12巻（13冊）の刊行を終えたところで中断を
余儀なくされた。

　ソ連では，1953年にスターリンが死んで訪れたつかの間の「雪解け」期に，
マルクス＝レーニン主義研究所の内部で第1次 MEGA の続巻刊行が検討され
たが，まもなく戻ってきた厳しい政治的状況がその具体化を許さなかった。そ
れにたいして，東ドイツの政権党（ドイツ社会主義統一党）は，「ドイツ民族の
偉大な息子たち」の完全版全集の刊行が党の支配を政治的・思想的に正当化す
るものと見て，ベルリンのマルクス＝レーニン主義研究所が新たな MEGA の
刊行計画を練ることを容認した。人的・物的経費の圧倒的な部分を東ドイツ国
家が負担するという条件のもとでソ連共産党もこの計画を最終的に承認したの
で，右の二つの研究所の共同事業として第2次 MEGA の編集が開始された。
1975年からソ連が解体した1990年までに37巻（43冊）が刊行された。

　ところが，1989年のベルリンの壁の崩壊から雪崩を打って進行した東欧の
「現存社会主義」諸国の激変のなかで，刊行主体であった両研究所も解体され
ることになり，MEGA はふたたび中断の危機にさらされた。

　このとき，マルクス＝エンゲルスの文書的遺産の約4分の3を所蔵する社会
史国際研究所（アムステルダム）が MEGA 存続のために敏速に行動を起こし，
ベルリンとモスクワの MEGA 編集者たちがこれに呼応することで，1990年に，
新たな刊行主体として「国際マルクス＝エンゲルス財団」（本拠はアムステルダ
ムで，略称は IMES）が設立された。さらに，1993年には，ベルリン＝ブラン
デンブルク科学アカデミー（略称 BBAW）がそのプロジェクトとして MEGA

編集を採用し，2015年まで，ここで7名の専属編集者が作業に従事できることになった[1]。

1992年までに，旧体制のもとでほぼ編集が完了していた4巻が刊行されたのち，1998年には新体制のもとで編集された最初の巻が刊行され，新聞でも「MEGAの復活」として大きく取り上げられた。編集体制の極度の縮小によって刊行のスピードは落ちたが，それでも2013年の現在までに，全114巻のうちの約半数の60巻が刊行された。

MEGAは，マルクスおよびエンゲルスの手によるものと確認されている文書の一切を収録するために，四つの部門を設けている。第II部門には「『資本論』とその準備労作」，第I部門には，第II部門に収録されるものを除いた「著書，論説，草案」，第III部門には「往復書簡」（彼らへの第三者の書簡や第三者間の関連書簡を含む），第IV部門には「抜粋，メモ，欄外書き込み」が，それぞれ収められる。

各巻はいずれも「テキストの部」と「付属資料の部」とからなっている[2]。「テキストの部」には，オリジナルとの徹底した照合を基礎に厳密なテキスト・クリティークを経て作成されたテキストが収められ，「付属資料の部」には，各巻所収文書についての総合的な「解題」，文書ごとの成立史や典拠文書の状態などの記載，編集学の成果を活かしてテキストへの異文を記載した目録，詳細な「注解」，文献・人名・事項に分けられた索引，などが収められている。

完結した第II部門

ここで，四つの部門のうちから，まず，昨年〔2012年〕完結した第II部門について，収録文書の内容を見ておこう。

第II部門「『資本論』とその準備労作」は，マルクスの主著『資本論』の，マ

1）【ベルリンのアカデミーでは，2018年3月現在，IMES事務局長のフープマンのほか8名の編集者が作業をしている。】

2）【新MEGAではこの二つの部は――伝存蔵書目録の暫定版である第IV部門第32巻を除いて――それぞれ一冊に製本されてきていたが，2015年に刊行された第IV部門第5巻ではじめて，コスト削減のため，二つの部が一冊に収められ，その後2017年に刊行された同部門第14巻も一冊にまとめられた。】

62 I 『資本論』に刻まれたマルクスの苦闘

ルクスおよびエンゲルスの手によって刊行されたすべての版（第1巻の初版〔MEGA第5巻〕，第2版〔同第6巻〕，フランス語版〔同第7巻〕，英語版〔同第8巻〕，エンゲルス編の第3版〔同第9巻〕および第4版〔同第10巻〕，それに，エンゲルス編の第2巻〔同第13巻〕および第3巻〔同第15巻〕）と，これらのための「準備草稿」とを収める。

　「準備草稿」というのは，広い意味で『資本論』の草稿と見なすことができるマルクスの著作および草稿，および，エンゲルスが彼による諸版を仕上げる過程で作成した草稿である。MEGA編集者は，「経済学批判要綱」を『資本論』の最初の準備草稿と見て，これを含む7冊のノートを「1857-1858年の経済学諸草稿」と命名し，第II部門の第1巻に収めた。

　第2巻は，マルクスが当初構想していた『経済学批判』という大著の最初の分冊として刊行された『経済学批判 第1冊』とそれの草稿『経済学批判 原初稿』を収める。

　第3巻には，マルクスが「経済学批判のために」というタイトルを書きつけた23冊の浩瀚なノート（『剰余価値学説史』がこのなかに含まれている）が，「1861-1863年草稿」というタイトルで収録されている（全6分冊）。

　次の第4巻には，マルクスが自分の主著を『資本論』という書名で刊行するための草稿として書き始めたのち『資本論』初版のための最終稿に着手するころまでに書かれた，『資本論』第1-3部の草稿が，「1863-1867年の経済学諸草稿」と名づけられて収録されている[3]。

　第11巻には，マルクスが『資本論』初版の刊行後に執筆した第2部用の草稿（第2稿-第8稿）が，第12巻には，それらを利用してエンゲルスが作成した第2部の編集用原稿が，第14巻には，マルクスが執筆した第3部関連の諸草稿と

---

[3]【3分冊から成るこの巻への所収が予定されていた文書は，当初は，すべて『資本論』第1巻初版（1867年刊行）の印刷用原稿の執筆以前のものと考えられていたので，第1分冊と第2分冊には「1863-1867年の経済学草稿」というタイトルが付けられていた。しかし，第3分冊の編集の過程で，この分冊に収められることになっていた文書の多くの執筆時期が『資本論』第1巻刊行後の1868年にまたがっていることが判明した。そこで，2017年に刊行された第3分冊では，タイトルが「1863-1868年の経済学草稿」に変更された。これによって，第II部門を諸文書の執筆時期によって編成するという原則と，この部門の実際の巻別編成とのあいだに齟齬が生じることになった。】

エンゲルスが第3部編集の過程で作成した諸草稿が，それぞれ収められている。

　このMEGA第Ⅱ部門は，昨年〔2012年〕9月に第4巻第3分冊が刊行されて，その全15巻（23分冊）の刊行が完了した。この部門の完結によって，読者は，マルクスおよびエンゲルスの手によって刊行されたマルクスの主著『資本論』のすべての版とそれに先行する一切の草稿を，原典に忠実なテキストによって読むことができ，また「付属資料」によって，テキスト作成過程でのマルクスおよびエンゲルスの作業の進行状況までもある程度まで見ることができるようになった。この部門の完結が，『資本論』の理論的内容を正確に把握し，より深く研究することを，また『資本論』そのものの成立史を厳密に追跡することを，大きく前進させる，画期的な出来事であるのは明らかであろう。

　なお，第Ⅱ部門の諸巻のうち，国際マルクス＝エンゲルス財団の新体制のもとで編集・刊行されたのは第11-15巻および第4巻第3分冊である。新体制のもとでは編集の国際化が急務であったが，第11巻の編集にはベルリンのカール・エーリッヒ・フォルグラーフのほか，モスクワのリュドミーラ・ヴァーシナと東京の筆者が加わり，また第12巻および第13巻の編集は日本の仙台グループが担当したので，この部門の完結には国際化が一定の役割を果たしたと言えるであろう。

　MEGAの諸巻そのものは，ドイツ語が主要言語で，その他の諸言語（英語，フランス語，イタリア語，ギリシア語，ラテン語，その他）で書かれた文献はそれらの原語のまま引用されているほか，マルクス自身がドイツ語以外の言語を使っているところもあり，だれにでも読めるというものではない。また「付属資料の部」は，この部の仕組みや使われている略号類などをよく理解していないと使いこなすことがきわめてむずかしい。どの巻も，研究者以外の方が利用するのはなかなか困難であろう。そこで，この第Ⅱ部門の内容に興味をもたれる読者のために特記しておきたいのは，この部門の第1-3巻の三つの巻には邦訳があって，すべて日本語で読むことができる，ということである。1981年から1994年にかけて大月書店から刊行された『資本論草稿集』全9巻がそれである。この邦訳では，MEGAのテキストだけでなく，「付属資料の部」に記載されているほとんどすべてを，テキストに注記するなどの仕方で訳出することによって，MEGAが提供した新情報のほとんどすべてに日本語で接するこ

とができるようになっている。MEGAのこのような悉皆的な訳本は国際的に見てもまだ存在しない。中国語版『全集』はMEGAに依拠していることを謳い，MEGAでの「註釈」などを利用してはいるが，MEGAの完訳ではない。いま韓国で，姜信俊 東亜大学教授を中心にした訳者グループがMEGAのなかの重要な巻の翻訳に取り組み始めているが，このなかに第Ⅱ部門の諸巻がどの程度組み込まれるのか，また，それらは各巻の完訳になるのかどうか，その刊行が待たれる[4]。

第3部第1稿を収めているMEGA第4巻第2分冊の邦訳も，桜井書店からの刊行を予定して作業が始められてはいるが，テキストのかなりの部分の訳稿が集まったところで作業がとどこおっており，刊行までにはいましばらく時間が必要である。

第Ⅱ部門の完結を記念して，本年〔2013年〕1月31日に，ベルリンのフリードリヒ・エーベルト財団の講堂でコロキウムと講演の会が開催された。主催者は，いずれも国際マルクス＝エンゲルス財団の構成メンバーである，社会史国際研究所，ベルリン＝ブランデンブルク科学アカデミー，フリードリヒ・エーベルト財団社会民主主義アルヒーフの三者である（国際マルクス＝エンゲルス財団には，このほかに，マルクスおよびエンゲルスの文書的遺産の4分の1を所蔵するモスクワのロシア国立社会・政治史アルヒーフが加わっている）。催しのタイトルは，「カール・マルクスの『資本論』──未完結のプロジェクトの完結したエディション〔刊行物〕に寄せて──」という，ややサビを効かせたものであった。

午後2時から午後6時までが，ハラルド・ブルーム司会によるコロキウムで，休憩をはさんで，前半にカール－エーリッヒ・フォルグラーフ，ロルフ・ヘッカー，筆者，ユルゲン・クチンスキーによる報告とそれにもとづく討論が，後半にレギーナ・ロート，大村泉（ロートによる代読），リュドミーラ・ヴァーシナ，ミヒャエル・ハインリヒによる報告とそれにもとづく討論が行われた。そのあと，午後6時45分から，国際マルクス＝エンゲルス財団理事長のハーフリート・ミュンクラーの短い挨拶ののち，グラーツ（オーストリア）から招請

────────────

4）【姜信俊教授からの情報では，今年（2018年）8月，韓国語版MEGAのプロジェクトに韓国国立研究財団が研究助成金を授与することが決まり，最初の5年間に17巻の刊行が期待できるようになったとのことである。】

されたハインツ・D・クルツが「意図せざる結果の問題——マルクスの経済学に寄せて——」と題して1時間の講演を行なった。この日の出席者は約120名で，その後，四つの新聞にこの催しについてのコメントが掲載された。

その他の三つの部門

さて，「未完結のプロジェクト」の「未完結のエディション」である，第II部門以外の三つの部門の大まかな内容と刊行状況とについて簡単に触れておこう。

第I部門は，第II部門に収録された「『資本論』とその準備草稿」以外の「著書，論文，草案」を収録する。これまでに，予定の32巻のうち20巻が刊行されている。言うまでもなく，邦訳大月書店版『マルクス＝エンゲルス全集』の原書であるMEW（ヴェルケ）版にすでに収録されていた文書のほとんどが収録されるが，そのほかにも，MEW版には収められていなかった多くの文書がはじめて活字となる。ドイツ語以外の言語で発表されたものはその原語でのテキストに拠っており，また新たな考証によって執筆者（マルクスかエンゲルスか第三者か）が修正されたり，それに伴って文書が削られた場合もある。刊行が期待されながら長年にわたって未刊行となってきていた『ドイツ・イデオロギー』を収録する第5巻は，いよいよ今年中に刊行される可能性が高くなっている[5]。

この第I部門の巻で，邦訳されたのは，いまのところ，エンゲルスの『自然の弁証法』を収める第26巻だけである（秋間実／渋谷一夫・訳『自然の弁証法』，新日本出版社，1999年）。

マルクスおよびエンゲルスの往復書簡を収める第III部門は，旧編集体制ではモスクワのマルクス＝レーニン主義研究所がそのほとんどの編集を担当していたので，同研究所の消滅によってモスクワの編集者数が激減しており，新体制のもとでの刊行が非常に遅れている。これまでに，予定の全35巻のうちの第1-13巻の13冊が刊行されただけである。この先も編集の速度を速めるのはむずかしいであろう。

5）【MEGA第I部門第5巻は2017年に刊行され，2016年に刊行された第7巻を含めて，2018年11月現在，第I部門はそのうちの22巻が刊行されている。】

66　Ⅰ 『資本論』に刻まれたマルクスの苦闘

「抜粋，メモ，欄外書き込み」を収める第Ⅳ部門は，第1次MEGAでは独自の部門として構想されていなかったものであって，第2次MEGAの一つの大きな目玉だと言うことができる。抜粋ノートは，エンゲルスのわずかのものを除いて，圧倒的にマルクスによるものである[6]。マルクスは，若いときから身に着けた抜粋の習慣を終生維持して，自然・社会・思想などのあらゆる分野にわたる膨大な抜粋を残した。ここには，著書に結実したものだけでなく著書にならないままに終わった企図や，マルクスがどのような分野にどのような関心を向けていたか，などを示す無数の手がかりが潜んでおり，また『資本論』を補足したり修正したりするために集めていた抜粋など，『資本論』形成史やその後の研究過程にとって手がかりになるものが無数にあると言うことができる。また，マルクスの百科全書家的な関心，とりわけ，数学や自然科学や歴史などにたいする驚くほど広大な好奇心がいたるところに見受けられる。予定の全32巻のうち，12の巻と，マルクスおよびエンゲルスの伝存している蔵書の目録の暫定版（これには両人の欄外書き込みについてのごく簡単な記載がある）である第32巻とが刊行されている。

　第Ⅳ部門については，いま，ベルリンで第30巻の編集が進められているほか，日本の全国グループが第17-18巻，仙台のグループが第14巻[7]の編集を担当しており，またその他若干の巻の編集作業が企画されている。

今後の展望

　さて，さきに触れたように，ベルリン＝ブランデンブルク科学アカデミーのなかに設置されたベルリンMEGA編集委員会によるMEGA刊行は，2015年にプロジェクトの期限が終了し，それまでの成果についての審査が行なわれ，最終的な評価が下される。この評価は成果の質と量とにかかわることになるが，量については，第Ⅱ部門の完結という目に見える指標があるものの，全巻の刊行を目指すとしていた申請時の目標にはほど遠いことは明らかである。そこで，

---

6)【第2章の脚注4を見られたい。】
7)【MEGA第Ⅳ部門第14巻は2017年に刊行された。】

成果の質がどのように評価されるのかが注目される。

　ただ，かりにプロジェクトの再採用ないし延長が認められるとしても，その延長期間のうちに残余の諸巻を刊行し終える展望はまずもてないであろう。それだけではない。申請者の側ではどうすることもできない，科学アカデミーの側での大きな変化が生じてきているのである。

　かつては，プロジェクト申請の受理はかなり閉鎖的であり，古典家の「歴史的＝批判的全集」の類（たぐい）のプロジェクトであれば採用の優先順位が高かったが，アカデミーは近年，申請の門戸を外部に大きく開いて，だれによるどんな企画でも申請できるようにした。そのために，きわめてさまざまの企画が持ち込まれ，しかもそれらの審査のさいには，思いがけない新企画が高く評価されるケースも生じている。他方，古典家の「全集」でも，それらのものとの比較でカットされるものもでてきており，最近では，グリムの『ドイツ語辞典』のプロジェクトが打ち切られ，また『ライプニッツ全集』もそうなる可能性が高いとのことである。

　こうした状況を踏まえて，国際マルクス＝エンゲルス財団の事務局では，2015年に，これまでのプロジェクトの再採用ないし延長を申請するのではなく，「MEGA第Ⅰ部門の完結」という新たなプロジェクトに練り直して申請することを考えているようである。これとてもすんなり認められると楽観視することはできないが，かりにこれがアカデミーによって認められたとしても，第Ⅲ部門および第Ⅳ部門の諸巻の編集はこのプロジェクトの枠外に置かれることになるであろうから，これらの巻の編集作業の継続は困難になるか，継続できても刊行速度が著しく遅くなることが予想される（もっとも日本での編集などはもともとアカデミー・プロジェクトの枠外で行なわれてきているものではあるが）。

　これまで幾度も危機を乗り越えてきた，MEGAの編集・刊行という人類史的な意義をもつ事業の展望に，またもや暗雲がただよい始めているようにも見える。2015年には，雲が切れるのか，嵐になるのか，はっきりしてくるであろう。

【その後に開けた明るい展望】

　2015年にドイツの共同学術会議（GWK）——それ以前の「教育計画・研究助

成のための連邦・諸州会議」に代わって設けられた新組織——は，この年で期限が切れることになっていた，ベルリン＝ブランデンブルク科学アカデミー (BBAW) のMEGA刊行プロジェクトのそれまでの成果に肯定的な評価を下した。この学術会議によって，BBAWから申請されていた新プロジェクト「MEGA。構想を新たにした形態での完結」が，連邦および諸州のアカデミー・プログラムに採用され，申請どおり，この年から16年間，助成を受けることが決まった。

　今回の「新構想」の要は，MEGAの刊行形態をこれまでの印刷された書物の形態を大幅にデジタル化することである。未刊の第Ⅰ部門，第Ⅲ部門および第Ⅳ部門の諸巻のうち，第Ⅰ部門の諸巻は従来どおり書物の形態で刊行するが，第Ⅲ部門については1866年1月以降の往復書簡を収める巻からはデジタルの形態で刊行し，第Ⅳ部門については，ロンドン・ノート，恐慌ノート，農業経済・地理学・化学抜粋ノートは書物形態で刊行するが，それ以外の抜粋はデジタルの形態で刊行する。それとは別に，既刊の諸巻についてもできるだけデジタル化を進めて，ネットで自由に見ることができるようにする。すでに『資本論』およびその草稿についてはかなりのデジタル化したファイルが公開されているが，さらに優先的に第Ⅱ部門の諸文書のデジタル化を進め，以後，ジャーナルに掲載された第Ⅰ部門所収の論評などへと範囲を広げていくことになっている。

　この新構想にもとづく，アカデミー傘下でのこのプロジェクトの2015年から2017年までの進行状況が2017年5月の共同学術会議学術委員会で高く評価されたとのことで，新構想のもとでのMEGA刊行の継続は確保されたとみることができるようである。

　なお，MEGAにとってポジティヴなこの一連の経過には，ドイツ・ユネスコ委員会とアムステルダムの社会史国際研究所とがBBAWの支援を得てユネスコに『共産党宣言』と『資本論』第1巻とを文書遺産「世界の記憶」に登録するよう申請し，2013年6月に採用されたことが大きくプラスに働いたようである。

　いずれにせよ，MEGA事業の先行きは，とりあえず，かなり明るくなったと見てよいであろう。

II

『資本論』第2部・第3部の草稿を読む

第5章 『資本論』第2部第8稿を読む
—— 第8稿全文とMEGA版付属資料 ——

　筆者は1981年に論文「「蓄積と拡大再生産」（『資本論』第2部第21章）の草稿について——『資本論』第2部第8稿から——」（上：『経済志林』第49巻第1号，1981年7月，下：同第2号，同年10月）を発表した。これは，筆者が1980年から1981年にかけてアムステルダムの社会史国際研究所（IISG）で『資本論』第2部第8稿を調査した結果にもとづいて執筆し，滞欧中に発表したもので，『資本論』草稿にかかわる筆者の最初の論稿である。論文そのものの仕上げはボンの寓居で行なったが，アムステルダムのユース・ホステルで，夕食サービス終了後のキッチンに潜入して，その日の調査結果を整理したり，研究所で解読できなかった文字を読み解くことやマルクスの誤記の筋道を見つけだすことに苦吟したりしたことなど，思い出の多い作品である。『資本論』草稿の厳密な解読に本格的に取り組んだのはこのときが初めてだったから，解読できない箇所や誤った解読などがあちこちにあって，のちに『経済志林』（第72巻第4号，2005年）に掲載した同稿の「正誤表」では，膨大な量の訂正箇所を挙げなければならなかった。

　にもかかわらず，その当時は第2部第8稿，とりわけそのうちのエンゲルス版第21章に使用された部分については，一般に入手できる情報はきわめてわずかだったから，2008年にMEGA第II部門第11巻で第8稿の全文が読めるようになるまでは，この拙稿は，第2部第21章に関心をもつ研究者によって，よく読まれ，言及された。

　また，筆者が第2部第8稿を解読して紹介していることをこの拙稿によって知ったモスクワのMEGA編集者たち，とりわけヴィターリ・ヴィゴツキーが，のちに，彼が担当することになっていたMEGA第II部門第11巻第2分冊（これはのちに，第11巻が2分冊ではなく一冊にまとめられることになり，その第11巻の後半となった）に収録される第8稿の編集を依頼してきたのだった。さらにその後，心臓病でMEGAの編集作業を降りたヴィゴツキーに代わって，筆者が第11巻の後半の編集を引き受けることになった。

II 『資本論』第2部・第3部の草稿を読む

　そういうわけで，この拙稿は筆者にとって，研究生活に一つの転機をもたらした作品でもあったから，原型のまま本書に収録することも考えたのだったが，しかし，MEGAで第8稿の全文が読めるようになっているいまでは，旧稿をそのまま本書に収録しても読者に役だつところは少ないと思われるし，また，筆者が編集を担当したMEGA第11巻収録の第8稿は，解読の精度でも内容の解析でも，かつての拙稿より改善されてもいるので，旧稿の代わりに，MEGAに収録されている第8稿そのものの全文を日本語で読めるようにすることにした。

　以下，まず第8稿全文の日本語訳を提供し，それに，MEGAで付属資料として収められている，第8稿の「成立と来歴」の訳文をつけておく。この「成立と来歴」は，筆者の提供した考証材料を利用してカール‐エーリッヒ・フォルグラーフが執筆したものである。筆者と考証上の判断が異なる箇所については第7章で触れる。

　第2部の第8稿を日本語で通して読みたいと考えておられる読者には本稿を役だてていただけるものと考えている。

以下の訳文への凡例

　本章では，まず，『資本論』第2部第8稿の訳文を掲げ，そのあとに，MEGAの付属資料に収められた「成立と来歴」の訳文を収める。

　第8稿の訳出はマルクスの草稿そのものによって行ない，必要に応じて脚注で，MEGA第II部門第11巻（Karl Marx, Friedrich Engels: Gesamtausgabe (MEGA). Abteilung II. Band 11: Karl Marx. Manuskripte zum zweiten Buch des „Kapitals". 1868-1881. Berlin. 2008）所収の，筆者が編集を担当したテキスト „Das Kapital. Zweites Buch: Der Zirkulationsprozeß des Kapitals. (Manuskript VIII)"（以下，MEGA版と略称する）に関説する。MEGA版で使っている独自の記号などについての予備知識を必要としないような記述を心がけた。

　エンゲルス版とは異なる点についての原文の細かい情報をすべて盛り込むのは読者に無用のストレスをもたらすだけだと思われるので，エンゲルス版との関連や相違を本格的に研究しようとされる方にはMEGA版を見ていただくことにし，本訳は，第8稿の最終テキストを通して読めるようにすることを主眼にして作成した。その意味では，本訳は，大月書店版『資本論草稿集』でのよ

うな，付属資料のすべてを訳出するMEGAの完訳ではなく，筆者による編訳である。

【訳文の作成】 第8稿テキストでは，草稿からの訳文をかかげ，それに諸種の注をつける。訳文は，エンゲルス版に利用されている部分については，岡崎次郎氏の訳を土台として使わせていただき，それに自由に手を入れて仕上げる，という仕方で作成した。

本訳では，MEGAでも採用している組版の仕方，すなわち，章や節の冒頭や，タイトル，サブタイトル，行空けなど——第8稿ではとくに多いのが区切り線——に続くパラグラフでは字下げをしない，という方式を踏襲する。

なお，第8稿のなかに出てくる「ポンド」はそのほとんどがポンド・スターリングなので，「スターリング」は省いた（ごく稀に出てくる重量単位としてのポンドは「重量ポンド」と記載する）。

【再生産の表式的記述に用いられる記号類の扱い】 第8稿でマルクスは，社会的総資本の再生産過程を分析するさいに，社会的総生産を，使用価値の観点から生産手段を生産する部門と消費手段を生産する部門とに分けてこの両部門をⅠおよびⅡという記号で表示し，価値の観点から不変資本，可変資本，剰余価値の三つに分けてこれらの価値成分をそれぞれc, v, mという記号で表示した。また，部門Ⅱを生活手段生産部門と奢侈品生産部門に分割するさいには，この両部門をⅡa) およびⅡb) という記号で表示し，さらに，固定資本の補填を含む再生産を分析するさいには，当該年度に固定資本を更新する諸資本の部類と貨幣形態で償却ファンドを積み立てる諸資本の部類とをそれぞれ (1) および (2) という記号で表示した。そのほか，金生産部門にはⅠ(g) という記号を使った。再生産表式は，これらの記号に価値量を表示する数字を加えた諸成分から成るものであるが，それらの記号の順序にはマルクスはまったく無頓着で，初めから終わりまででんでんばらばらである。それぞれの記号にパーレンをつけたりつけなかったり，価値成分を示すc, v, mの記号を価値量を示す数字の上に書いたり，右に並べたり，右下に小さく書いたりするだけでなく，価値成分を示す記号に大文字のC, V, Mを使うこともあり，さらに，部門を示す記号と価値成分を示す記号との先後関係もまったく恣意的と言うほかはない。筆者は，書き方のこれらの違いには意味上の区別はまったくないものと判断している。MEGA版のテキストは——MEGAの性格からして当然に——これらの違った書き方をできるだけ忠実に再現するように組まれているので，これらの書き方の区別に関心をおもちの方——そうしたマルクスの書き方の違いになにか意味があるのではないかと疑っておられる方——には直接にMEGA版に当たっていただくことにして，本訳では，読者の読みやすさを優先し，草稿で

はばらばらのすべての書き方を，エンゲルス版で採用されているのとほぼ同様の一貫した表記の仕方で統一した。すなわち，まず先頭に，部門とその細分を表わす I, II; IIa), IIb); I(1), I(2), II(1), II(2); I(g) などの記号を置き，それに続けて価値量を示す数字と価値成分をしめす c, v, m（これらはすべて小文字で統一する）とを結合したものを置く，という仕方である。

【マルクスが使った大きな角括弧の表示】　マルクスは，なんらかの意味で前後の記述から区切っておきたいと感じた箇所の前後に大きめの角括弧を付ける習慣をもっていたので，MEGA のテキストではそれを特製の角括弧で示しているが，本訳では，『資本論草稿集』（大月書店）などでもそうしているように，マルクスによるこの角括弧は，MEGA 編集者による挿入を示す［ ］（ブラケット）および筆者による挿入を示す〔 〕（キッコー）からはっきりと区別して見分けることができるように，｛ ｝（ブレース）で示した。なお，第8稿では，大きめの角括弧で括ることで単純に前後から区切っているところも多くあるが，それとは別に，かなり長い——数行から数10行にわたる——記述を前後から区分するのに，冒頭に角括弧を置くが，末尾に閉じ括弧を書かず，冒頭の角括弧から該当箇所が終わるところまで左の欄外にギザギザの線を引くという，いささか変わった表示法が頻用されている（MEGA II/11, S. 729 に挿入されている草稿16ページのファクシミリでその一例を見ることができる）。MEGA II/11 ではこのような部分を，すべて，前後が大きめの角括弧で括られたものと見なして処理している。本訳では，そのような箇所は脚注にいちいち記載しておく。

【マルクス（およびエンゲルス）による欄外書き込みの表示】　第8稿には，少数であるが，左右の欄外に線などの書き込みがある。マルクス自身によるものと見られる書き込みを単純化して左右の欄外に示した。エンゲルスによる欄外書き込みは筆者注のなかで説明する。

【MEGA 編集者と筆者による挿入】　草稿のなかでブラケット［ ］で囲んで挿入されているのは MEGA 編集者による補足であり，草稿と各種の注の全体をとおして，キッコー〔 〕で囲んで挿入されているのはすべて筆者による補足である。各種の注における引用のなかでの「／」は改行を意味する。

テキストへの注記には三つのものがある。

【マルクスの原注】　テキストへの注記の第1は，マルクス自身の注である。この第8稿では，ごく初めのところに四つあるだけである。MEGA 版では活字を小さくした脚注として収められているが，本書では，注番号ないし注記号が付されているテキストのパラグラフのあとに，本文と同じ大きさの活字で収める。そこでは，マルクスが書きつけている注番号ないし注記号の前に「〔原注〕」と記し，さらにそれぞれの注の末尾を「〔原注…終わり〕」で示す。

【MEGA付属資料による注記】 テキストへの注記の第2は，MEGA版の「付属資料〔Apparat〕」に収められた「異文目録」，「訂正目録」，「注解」からのものである。テキストのパラグラフごとに，該当箇所の直前に丸付き数字の注番号①②③等々を付し，各パラグラフのあとにこの注番号を付した注を置く。注番号のあとに，「異文目録〔Variantenverzeichnis〕」からのものには「〔異文〕」，「訂正目録〔Korrekturenverzeichnis〕」からのものには「〔訂正〕」，「注解〔Erläuterungen〕」からのものには「〔注解〕」と記載する。なお，本書ではこれらの注をそれぞれ，「異文注」，「訂正注」，「注解注」と呼ぶ。

このうち，「異文目録」に記録されている草稿の異文と「訂正目録」に記載されている編集者による訂正箇所とからは，読者にとって有用かもしれないと筆者が判断した，ごくわずかのものだけを採った。

異文とは，マルクスが執筆中に削除したり，加筆したり，変更したりした箇所であるが，第8稿の場合には，それらのほとんどが書いているその場でなされたもの（「即時異文」と呼ばれる）であって，のちに——少なくとも当該箇所のあとに続くまとまった部分を書き終えたあとに——手入れが行なわれたと見られるものはごくわずかであり，また，大幅な書き直しもわずかである。しかも，手入れの圧倒的な部分は局部的な語句の変更や追加や削除などであって，理論的な内容や文脈にかかわるような最終テキストとの注目すべき違いが読み取れる箇所はほとんどない。そのようなものを訳出して列挙するのは——作業の「悉皆性」を誇示ないし保証するのには役だつとしても——普通の読者には目障りでしかないと判断し，「異文目録」からは，いくらか長いまとまった書き直しか，最終の記述を理解するのに役だつかもしれないと思われるわずかの箇所だけを記載することにした。

「訂正目録」には，MEGAのテキストを作成するさいに編集者が草稿に加筆した箇所が網羅的に記載されている。第8稿では410箇所が挙げられているが，その圧倒的な部分は，スペルの単純な書き間違いや括弧の書き落としなどの，誤りであることの明白な箇所の訂正である。第8稿の場合には，とりわけ，「異文目録」に記載されている異文から引き継がれて残ってしまった要訂正箇所が目だっていて，これだけで73箇所もある。このような箇所をいちいち記載しても，一般の読者には役にたつところはほとんどないと思われるので，「訂正目録」からは，別の読み方ができると考えられる箇所とか，改行に関する箇所とか，区切り線にかかわる箇所など，読者に参考になりうると考えられるわずかの箇所だけを拾って記載することにした。

「注解」はその多くを訳出するが，次のものは省く。第1に，外来語をドイツ語で説明しているもののうち，その外来語がわが国でもよく知られているよう

76　II　『資本論』第2部・第3部の草稿を読む

な場合は省いた。第2に、「注解」には、マルクスによるスミスからの引用がスミスの原文と異なっている場合，その相違がすべて記載されているが，日本語訳文を変える必要がない場合は省いた。第3に、マルクスによる引用文中の強調が原典での強調と異なる場合，「注解」ではその部分を「マルクスによる強調」としていちいち記載しているが，抜粋されている文章への下線による強調は基本的に，原典にある強調を再現しているものではまったくなく，マルクス自身によるものと考えられるので，本書では強調に関するこれらの注解はすべて省いた。

　MEGA版によるこれらの注記では，最初にテキストの該当する記述を掲げ（ここまでの部分の末尾に区切り記号として「]」をつける），そのあとにそれについて説明する，という仕方をとる。

　【筆者による注記】　テキストへの注記の第3は筆者による諸種の注記である。テキストの該当箇所にアラビア数字の注番号 1) 2) 3) 等々を付し，脚注にこの注番号を付した注を置く（以下「筆者注」と呼ぶ）。マルクスの草稿について，適宜，説明しておいたほうがいいだろうと筆者が判断したことを記述する。注番号をおおむねテキストの該当箇所の直前に置き，おおむね，最初にテキストの該当する記述を掲げ（この部分の末尾に「]」をつける），そのあとにそれについて説明する，という仕方をとる。

　MEGAの巻末には，「エンゲルスによるテキストのなかでの線引きおよび下線付けならびに書きつけの一覧」というリストが掲げられていて，このなかには，エンゲルスがマルクスの草稿に書き加えた諸種の書きつけがまとめて記載されている。第8稿についても67箇所での書きつけが挙げられている。これらの書き込みのなかには，エンゲルスが第2部の彼の版のために利用しようとした，あるいは利用しないことにしようとした箇所についてのものや，草稿の構成をわかりやすくするために赤鉛筆で加筆したものや，マルクスの誤記を訂正するつもりで書き込まれたものなど，さまざまのものが含まれている。第8稿とエンゲルス版との関連に関心のある読者には参考になる箇所があるかもしれないので，筆者注のなかで，エンゲルスによるこれらの書きつけのすべてについて説明しておく。

　【強調について】　草稿訳文のなかの一本の下線による強調は，マルクスの草稿での一本の下線による強調であり，MEGAではイタリック体によって示されているものである。ごく稀に見られる2本の下線による強調は，マルクスの草稿での2本の下線による強調であり，MEGAでは隔字体によって示されているものである。筆者注のなかでの筆者の強調は上付きの傍点で示す。

　【草稿のページ番号の記載】　草稿のページ番号は下記の記号で示す。

|372|……　　　ここから372ページが始まる。

……|　　　　ここまでのページが終わる。

（したがって，文章の途中で或るページが終わり，その続きが次のページ
に書かれているときには，……||372|のようになるわけである。）

/374/……　　　ここから374ページの中途にある部分が始まる。

……/　　　　ここまでのページのこのあとにまだなんらかの記述がある
　　　　　　　ことを示す。

　ページの変わり目が文の中途である場合には，あとのページの，草稿の原語
での最初の語の直前をその変わり目と見なす。

　【MEGA版のページ番号の記載】　MEGA版の各ページが始まるところに
411 のようにそのページ番号を記載する。ページの変わり目が文の中途である
場合には，あとのページの，草稿の原語での最初の語の直前をその変わり目と
見なす。

　【エンゲルス版（MEW版）のページ番号の記載】　エンゲルスは，第2部の最
後の草稿である第8稿の記述のほとんどを彼が編集した第2部（1885年）に利
用した。本書のテキストには，エンゲルス版（現行のMEW版）のページ番号
を [359] のように記載する。ページの変わり目が文の中途である場合には，あ
とのページの，草稿の原語での最初の語の直前をその変わり目と見なす。なお，
エンゲルスが大きく手を加えた箇所や飛ばした箇所では，本訳にあってMEW
版にないところがあるので，これらのページ番号は，エンゲルス版の該当箇所
を探すさいの手がかりにすぎないと考えておかれたい。

　【「成立と来歴（MEGA版付属資料から）」について】　第2部第8稿のテキス
トのあとに，MEGA第II部門第11巻の「付属資料の部」から第2部第8稿の
「成立と来歴」および「典拠文書についての記録」を訳出ししておく。ここでの
脚注も筆者によるものである。

『資本論』第2部第8稿

|698| 1) |1| [359] ①第2部第3章〔Ch. III) b. II.)〕

　　①〔注解〕「第2部第3章〔Ch. III) b. II.)〕」〕このタイトルの由来と解しうる意味とにつ
　　いては〔MEGA II/11〕1609ページ〔本書280-281ページ〕を見よ。

2)3)｛①ケネーの経済表は，価値から見て一定の，国民的生産の年間の成果が，
他の諸事情に変化のないかぎり，どのようにして，その単純再生産すなわち同
じ規模での再生産が行なわれうるように流通を通して分配されるか，というこ
とを，わずかの大きな線で示している。生産期間の出発点には，適切に，前年
の収穫がとられている。無数の個別的な流通行為が直ちにそれらの特徴的社会
的な大量運動——機能的に規定された大きな経済的社会階級のあいだの流通
——として総括されている。ここでわれわれの興味をひくのは，総生産物の一
部分が——それは同じ総生産物の他のどの部分とも同じく使用対象としては過
去の年間労働の新たな成果であるのだが——同時に，ただ，同じ現物形態で再
現するもとの資本価値の担い手でしかないということである。この部分は，流
通はしないで，そのままそれの生産者である借地農業者階級の手のなかにとど
まって，そこでふたたび資本としての勤め（つとめ）を開始することになる。年間生産物
のこの不変的な資本部分のうちに，ケネーは不適当な諸要素をも含ませている
が，しかし彼は，彼の視野の狭さのおかげで，すなわち，人間の労働の投下部
面のうちでただ一つ農業だけが剰余価値を生産するのであり，したがって資本

---

1) この草稿1ページのフォトコピーがMEGA II/11，700ページに挿入されている。
2) エンゲルス版はここから本書85ページ25行までを「第19章　対象についての従来の諸論
　述／第1節　重農学派」に利用している。
3) 以下の二つのパラグラフには，冒頭に角括弧があるだけで，末尾には対応する閉じ括弧が
　ないが，パラグラフ全体の左側に（正確には，さらにこの2パラグラフに続く次のパラグ
　ラフの最初の4行目まで），角括弧から続く線が引かれているので，角括弧によって囲ま
　れた記述として扱った。

80　Ⅱ　『資本論』第2部・第3部の草稿を読む

主義的立場にふさわしくただ農業だけが真に生産的な投下部面だ，と見ることで，かえって要点を射当てているのである。経済的な再生産過程は，それの独自の社会的性格がどうであろうと，この領域ではつねに自然的な再生産過程と絡み合っている。自然的な再生産過程の一見して明らかな諸条件は，経済的な再生産過程の諸条件をも明らかにするのであって，ただ流通の手品が引き起こすにすぎない思考の混乱を取り除くのである。

　①〔注解〕ケネーの……総括されている。〕この再生産分析へのマルクスの1867年までの取り組みについては〔MEGA II/11〕33ページ21-22行への4)注解を見よ。1877

4）この注解は次のとおり。『経済表』〕フランソワ・ケネーの『経済表』は1758年にヴェルサイユで匿名書として刊行された。1766年には，〔フランソワ・ケネー〕『農業国民の年々の支出の配分に関する経済表の算術的範式の分析』という表題で，著者自身による注釈が施された『経済表』の版が刊行された（所収：『農業商業財政雑誌』，1766年6月，第5巻，第3部，3-41ページ）。―これらの書についてのマルクスの最初の評価は『哲学の貧困……』，パリ，ブリュッセル，1847年，93ページに見られる。（MEGA①〔第1次MEGA〕第Ⅰ部門第6巻，175ページ19-24行〔邦訳『マルクス＝エンゲルス全集』第4巻，大月書店，1980年，128ページ下段1-10行〕を見よ。）マルクスは次に挙げる3冊の抜粋ノートで〔フランソワ・〕ケネー『経済表の分析』，所収：『フィジオクラシィ……』第1部，パリ，1846年，57-78ページからの抜粋を行なった。〔(1)〕ブリュッセル・ノートの1冊（IISG，マルクス＝エンゲルス遺稿，整理番号B 36）〔MEGA IV/5，285-288ページ〕，〔(2)〕1859-1863年のノートVII（同前，整理番号A 49），〔(3)〕サブノートC，9-11，15-23，および，29-37ページ（ロシア国立社会・政治史アルヒーフ，整理番号f.1, op.1, d.1696）。―カール・マルクス「『資本論』第2部のためのテーマごとに選択された典拠抜粋」，1ページ（MEGA II/4.3〔44ページ〕），および，1862年6月18日付エンゲルス宛のマルクスの書簡および1863年7月6日付エンゲルス宛のマルクスの書簡をも見よ。マルクスは『経済学批判〈1861-1863年草稿〉』（MEGA II/3.2，348，624-656ページ，ならびに，II/3.6，2337-2338ページ）で，ケネーの『経済表』の詳細な分析を行なった。―〔MEGA II/11〕45ページ36行-46ページ10行，638ページ8行-16行，および，698ページ2行-701ページ14行〔本書79ページ5行-82ページ4行〕，を見よ。」

　上の注解の末尾のところで指示されている，MEGA II/11, 45ページ36行-46ページ10行，および，638ページ8行-16行は，それぞれ次のとおりである。

　MEGA II/11, 45ページ36行-46ページ10行（『資本論』第2部第2稿）：「現代の経済学は今日まで，個別資本相互間の絡み合いおよび個別資本と一般的商品流通との絡み合いを，論じるどころか排除してきているのであるが，この無思想な粗雑さは，ドクトル・ケネーの天才的な果敢さを，それだけいっそう輝かしく浮き彫りにしている。研究が必然的に，こちらでのひとかけらの現象の分析とあちらでのひとかけらの現象の分析とにばらばらに分解して，木だけを見て森を見ないような時期に，ドクトル・ケネーはその『経済表』に

第5章 『資本論』第2部第8稿とMEGA版付属資料 81

年にマルクスが行なったケネーの「経済表」の分析については，以下を見よ。カール・マルクス「デューリングの『国民経済学の批判的歴史』への傍注」。所収：MEGA I/27, 137-139, 160-167, 171-176, 179, 198-207, 210ページ，および，213/214ページ；フリードリヒ・エンゲルス『オイゲン・デューリング氏の科学の変革』（『反デューリング論』）。所収：MEGA I/27, 417-423, 433, 498, 511-520ページ。

[360] ①ある体系のレッテルが他の品物などのレッテルと違うのは，それがただ買い手を騙すだけではなくてしばしば売り手をも騙すということである。ケネー自身も彼の直接の弟子たちも，自分たちの封建[5] $\boxed{701}$ 的な付け札の文句をそのとおりに信じていた。今日にいたるまで，われわれの学者先生たちもそうである。②だが，本当は，重農主義体系は<u>資本主義的生産の最初の体系的な</u>③<u>把握</u>なのである。産業資本の代表者——借地農業者階級——が経済的運動の全体をつかさどる。[6] 農耕は<u>資本主義的</u>に営まれる——すなわち，資本家的な借地農業者の企業として，また大規模に営まれる——。土地の④<u>直接の耕作者</u>，——それは賃労働者である，云々。生産はただ使用財を生みだすだけでなくこの財の価値をも生みだすのだが，しかし生産の推進的動機は<u>剰余価値の獲得</u>で

よって，わずかな線だけで，若干の交差線と斜線とを使って，経済的な運動の総体を<u>総括</u><u>し</u>，一つの全体像として具象的に説明することを企てたのである。彼の弟子たちがこの<u>表</u>をさまざまの循環図式に分解しようと試みた諸労作（たとえば<u>アベ・ボドー『経済表の説</u><u>明』</u>を見よ）もまた大きな理論的意味を示している。」

MEGA II/11, 638ページ8行-16行（『資本論』第2部第5稿）：「W′…W′はケネーの経済表の基礎になっている。そして，彼がG…G′（重商主義がそれだけを切り離して固守した形態）に対立させてこの形態を選んだということ，そしてP…Pを選ばなかったということは，偉大な手腕，正しい本能を示すものである。W′…W′ではWが出発点として取り扱われるのだから，個人的消費も，P…Pにおけるのとは違って，あれこれ論じる必要のない自明な前提なのではなく，はっきりと考慮に入れなければならない点となる。同様に，剰余生産物の運動も，あるいは，総価値W′から一部はさまざまの資本部分が補塡され，一部は収入の支出がまかなわれる仕方もそうである。（ノートII，16ページ〔すぐ上に掲げた，MEGA II/11, 45ページ36行-46ページ10行〕を見よ。）」

5) $\boxed{701}$]　MEGAのページがここで2ページ飛んでいるのは，699ページにはエンゲルスによって内容を書きつけたラベルの貼られたノートの表紙の写真が，700ページには第8稿の1ページの写真が挿入されているからである。

6) 農耕は……云々。]　この一節はこのパラグラフのすぐ下に書かれているが，その左側に引かれた「∏」様の線と，ここに書かれた「∏」様のしるしとによって，ここに挿入すべきことが指示されている。

82 Ⅱ 『資本論』第2部・第3部の草稿を読む

あり，この剰余価値が生まれる場所は生産部面であって流通部面ではない。流通によって媒介される社会的再生産過程［の］担い手の役［を演じる］階級のうちで，「生産的」労働の直接の搾取者〔Ausbeuter〕，剰余価値の生産者⑤である資本家的借地農業者は，剰余価値のたんなる取得者とは区別される。}[7]

① 〔注解〕ある体系の……信じていた。] カール・マルクス『経済学批判〈1861-1863年草稿〉』，所収：MEGA Ⅱ/3.2, 344ページ41行-345ページ16行，346ページ36行-348ページ13行，および，361ページ16-18行，を見よ。—1879年4月のマクシム・マクシモーヴィチ・コヴァレフスキー宛のマルクスの手紙を見よ。—「著述家というものは，ある著者が実際に言明していることと，言明するつもりだったこととを見分けなければなりません。それはまさしく哲学上の諸体系にも当てはまります。だからスピノザがなにを彼の体系の礎石と見なしたかということと，実際に礎石をなしているのがなにかということは，まったく別の事柄です。だから，ケネーの何人かの追随者，たとえばメルシエ・ド・ラ・リヴィエールのような人びとが，全体系の本質をその飾り物のなかに見ていたのに，1798年に書物を書いたイギリスの重農学派の人びとがはじめてA・スミスに反対してケネーにもとづきながら土地の私的所有を排除する必要を指摘したということも，驚くにはあたりません。」（MEW 34, S. 506, によって引用。オリジナルは行方不明となっている。）

② 〔注解〕だが……把握なのである。] カール・マルクス『経済学批判〈1861-1863年草稿〉』，所収：MEGA Ⅱ/3.2, 344ページ38-41行；カール・マルクス『資本論〈経済学草稿 1863-1865年〉』，第3部（第1稿），所収：MEGA Ⅱ/4.2, 725ページ38-40行，を見よ。—1877年3月7日付のエンゲルス宛のマルクスの手紙〔MEW 34, 39ページ〕をも見よ。

③ 〔異文〕把握〔Fassung〕] ←「叙述〔Darstellung〕」

④ 〔異文〕直接の] ←「現実の」

⑤ 〔異文〕である資本家的借地農業者] 書き加えられている。

[360] ①再生産過程の分析でのA・スミスの退歩1）がますます目だってくるのは，彼がいつもはケネーの正しい分析にさらに細工を加えて，②たとえばケネーの「原前貸〔avances primitives〕」と「年前貸〔avances annuelles〕」とを「流動」資本と「固定」資本2）とに一般化しているだけではなく，あちこちでまった

7）手稿ではここに三つの十字〔×××〕が書かれている。これは，このあとに，前注を付けた「農耕は……云々。」という一節が書かれたので，この一節のあとの箇所に続くことを示そうとしたものであるが，この一節のあとには，これに対応する三つの十字〔×××〕を書きつけたのち「Obgleich〔……ではあっても〕」という一語を書いただけで中断した。

く③重農学派的な誤りに逆戻りしているからである。たとえば，借地農業者が他のどの種類の資本家よりも大きな価値を生産するということを証明するために，彼は次のように言っている３）。[361] ④「借地農業者の資本ほど，同量の資本で多量の生産的労働を動かすものはない。彼の労働する僕婢だけではなく，彼の労働する畜牛も生産的労働者である。{労働する僕婢にとっては気持のよいご挨拶！} 農業では，自然も人間と一緒に労働する。そして，自然の労働にはなんの費用もかからないのに，それの生産物は，最も費用のかかる労働者の生産物と同じように，それの価値をもっている。農業の最も重要な ‖2‖ 作用は，自然の豊穣性を増加させてもいるが，それよりもむしろ，自然の豊穣性を人間にとって最も利益のある植物の生産にふりむけるように意図されているものと思われる。いばらやくろいちごの生い茂った野原も，しばしば，最もよく耕作されたぶどう園や穀物畑と同じくらい多量の植物を生産することがある。栽培や耕作はしばしば，自然の能動的な豊穣性を活気づけるというよりも，むしろそれを調節するのである。そして，栽培や耕作のすべての労働が済んでしまってからも，まだ仕事の大きな部分が自然のすべきこととして残されているのが常である。だから，労働者と労働する畜牛（！）は，製造業での労働者と同じく，彼ら自身の消費に等しい価値，すなわち彼らを雇用する702 資本に等しい価値をそれの所有者の利潤とともに再生産するだけではなく，それよりもずっと大きい価値を再生産するのである。彼らは，借地農業者の資本と彼の全利潤を超えてさらに土地所有者の地代の再生産をも行なうのが通例である。土地所有者は自然の諸力の使用を借地農業者に貸し付けるのであって，⑤地代は，この自然の諸力の産物と見なすことができる。地代は，これらの力の推定される大きさに応じて，言い換えれば推定される，土地のもつ自然の，または改良された豊穣性に応じて，大きいことも小さいこともある。地代は，人間の仕事と見なすことのできるものをすべて控除または補塡したあとに残る自然の仕事である。それは，総生産物の1/4よりも小さいことはまれで，その1/3よりも大きいことも多い。同じ量の生産的労働が製造業に充用されても，こんなに大きな再生産を行なうことはけっしてできない。製造業では，自然はなにもしないで，すべてのことを人間がやっている。そして，再生産は，いつでも，それを行なう諸能因の強さに比例せざるをえない。それゆえ，農業に使用される資

84　II　『資本論』第2部・第3部の草稿を読む

本は，製造業で使用されるどの資本に比べても，同量の資本でより大量の生産的［労働］を動かすだけではない。それは，また，それによって雇用される生産的労働の量に比べて，一国の土地と労働との年間生産物に，一国の住民の現実の富と収入とに，製造業に使用される資本がつけ加えるよりもずっと大きな価値をつけ加えるのである。」〔第2篇第5章，242，243ページ。岩波文庫新版，II，162-164ページ。〕

①〔注解〕「再生産過程……退歩1）」および原注「1）」］カール・マルクス『資本論』第1巻，第1部，改訂第2版，ハンブルク，1872年，612ページ。（MEGA II/6, 541ページ17-22行，29-34行。）

②〔注解〕「たとえば……資本2）とに一般化している。」および原注「2）」］〔アンヌ-ロベール-ジャック・］テュルゴー『富の形成と分配とに関する省察』，所収：〔アンヌ-ロベール-ジャック・］テュルゴー『新著作集』，ウジェーヌ・デール編，第1巻，パリ，1844年，40ページ。―〔MEGA II/11〕139ページ25-33行をも見よ。

③〔注解〕重農学派的な誤りに逆戻りしている］前出の注解注①，および，カール・マルクス『経済学批判〈1861-1863年草稿〉』，所収：MEGA II/3.2, 354, 357-359ページ，および，363-364ページ，ならびに，〔MEGA〕II/3.3, 981-985ページ，を見よ。

④〔注解〕「借地農業者の……つけ加えるのである。」および原注「3）」］アダム・スミス『諸国民の富の性質と諸原因とに関する研究』，アバディーン，ロンドン，1848年，242-243ページ，を見よ。―本書のマルクス所蔵本は伝存していない。

⑤〔注解〕地代は〔The rent〕］スミスでは，「この地代は〔This rent〕」

〔原注〕1）『資本論』，第1巻，第2版，612ページ，注32〔江夏美千穂訳『第二版資本論』，幻燈社書店，1985年，688-689ページ〕，を参照。〔原注1）終わり〕

〔原注〕2）ここでもまた，何人かの重農主義者たち，ことにテュルゴーが，スミスのために道をひらいていた。〔原注2）終わり〕

〔原注〕3）第2巻第5章（『諸国民の富』）（この書の自用本242ページ）〔原注3）終わり〕

[360] ①重農主義体系の資本主義的性格は，それの最盛期にも，②ランゲとマブリの，他方では自由な小農民土地所有の擁護著たちの，反対論を［呼び］起こした。

① 〔注解〕重農主義体系の……［呼び］起こした。］〔シモン-ニコラ-アンリ・ランゲ〕『民法理論，または社会の基本原理』，第1，2巻，ロンドン，1767年。マルクスはランゲの見解を，カール・マルクス『経済学批判〈1861-1863年草稿〉』，所収：MEGA II/3.2, 657-662ページ，で分析した。—『政治社会の自然的かつ本質的な秩序に関して経済哲学者たちに提示する疑念』，マブリ師著，ハーグ，ロンドン，1768年。マブリは，土地の私的所有を自然権と見る重農学派の考え方の反対者だった。

② 〔注解〕ランゲと……反対論］もしかすると，ここでマルクスが念頭に置いていたのは，名を挙げられている個々の著者たちではなくて，小農民の負担で私的資本主義的な経済領域を強めることを目的にしていた重農主義者たち（テュルゴーたち）の経済的・政治的な諸企画に反対する抵抗だったのかもしれない。

[361] [8]｛アダム・スミスは第2篇第1章で次のように言っている。「種子の全価値もやはり正確に言えば固定資本である。｛つまり，ここでは，資本イコール資本価値である。資本価値は固定された形態で存在する。｝種子は土地と穀倉とのあいだを行ったり来たりはするが，けっして持ち主を取り替えることはなく，したがって正確に言えば流通しないのである。借地農業者は種子の販売によって彼の利潤を得るのではなく，種子の増加によってそれを得るのである。」（186ページ。〔岩波文庫新版，II，22ページ。〕）[362] ①スミスは，ケネーとは違って，不変資本の価値が更新された形態で再現することを再生産過程の重要な契機として見ることをせず，〔ここに〕流動資本と固定資本とについての自分の区別に使えるもう一つの例証を見ているだけだ，という視野の狭さがある。——「原前貸」と「年前貸」とをスミスが固定資本と流動資本と翻訳したことのうちにある進歩は「資本」という語にあり（この概念は，「農業」というその適用範囲をとくに顧慮することに左右されず，一般化されている），そのうちにある退歩は，「固定」と「流動」とが決定的な区別として固定されているということにある。｝|

　① 〔注解〕スミスは……視野の狭さがある。］カール・マルクス『経済学批判〈1861-1863年草稿〉』，所収：MEGA II/3.2, 387-392ページ，および，578-584ページ，〔MEGA〕II/3.3, 802, 864, 1085ページ，ならびに，〔MEGA〕II/3.6, 1739ページ，を見よ。

---

8) 以下のパラグラフには，冒頭に角括弧があるだけで，末尾には対応する閉じ括弧がないが，パラグラフ全体の左側に角括弧から続く線が引かれているので，角括弧によって囲まれた記述として扱った。

86　II　『資本論』第2部・第3部の草稿を読む

|703|3|⁹⁾①A・スミスは第1篇第6章（42ページ）〔岩波文庫新版，I，95-99ページ〕で次のように言っている。

> ①〔異文〕エンゲルスは1884年に，〔草稿〕3ページのこの最初の行の上に鉛筆で「I」と書いた。

「どの社会でも，どの商品の価格も，結局はこれらの三つの部分 {賃金，利潤，地代} のどれかに，または三つのすべてに分解する。そしてどの改良された社会でも，これらの三つのすべてが，多かれ少なかれ，大多数の商品の価格のなかに構成部分として入る。」〔岩波文庫新版，I，95ページ〕¹⁰⁾×) あるいはさらに次のように言う（43ページ〔岩波文庫新版，I，98-99ページ〕）。「賃金と利潤と地代は，すべての交換価値の三つの本来の源泉であるとともに，すべての収入の三つの本来の源泉である。」①われわれは第3部で，「諸商品の価格の構成部分」または「すべての交換価値の構成部分」についてのA・スミスのこのような説をもっと詳しく検討するであろう。重要なのは次のように言われていることである。「このことは，別々に見たどの個々の商品についても言えるのだから，各国の土地と労働との年間生産物全体を構成する総体としてのすべての商品についても言えるにちがいない。この年間生産物の総価格または総交換価値は，同じ三つの部分に分解し，その国の [363] さまざまな住民のあいだに，彼らの労働の賃金としてか，彼らの資本の利潤としてか，または彼らの土地の地代としてか，分配されるにちがいない。」（第2篇第2章，190ページ。〔岩波文庫新版，II，32-33ページ。〕）

> ①〔注解〕われわれは……検討するであろう。〕カール・マルクス『『資本論』〈経済学草稿 1863-1865年〉』，第3部（第1稿），所収：MEGA II/4.2, 857ページ33-40行，および，862ページ12行-866ページ34行，を見よ。

[362]〔原注〕¹¹⁾×)「大多数の商品の価格」という句を読者が誤解しないよう

---

9) エンゲルス版はここから本書96ページ13行までを「第19章　対象についての従来の諸論述／第2節　アダム・スミス／1　アダム・スミスの一般的観点」に利用している。

10) ×)〕エンゲルスはこの注記号の下に赤鉛筆で線を引いている。

11) ×)〕エンゲルスはこの注記号の下に赤鉛筆で線を引いている。

に一言すれば，次のところから，A・スミス自身が〔「大多数」という〕この「制限」をどのように説明するかがわかる。たとえば，「海の魚の価格」には地代は入らないで，労賃と利潤だけが入る。「スコットランドの瑪瑙の価格」には労賃だけが入る。すなわち，「スコットランドの或る地方では，貧民は，スコットランドの瑪瑙の名で知られたあの変化に富んだ小石を海岸で集めることを業としている。①石細工人が代価として彼らに支払う価格は，ただ彼らの労働の賃金だけから成っている。地代も利潤もそれのどの部分をもなしていないのである。」〔岩波文庫新版，I，98ページ〕〔原注×）終わり〕

> ①〔異文〕原文では以下の文は「価格は〔The price〕で始まるが，ここまで書いたところで草稿3ページに余白がなくなったので，マルクスは末尾に12)二つの十字〔××〕をつけ，この脚注の最初の行と本文とのあいだにあった1行分ほどの余白に，冒頭に二つの十字〔××〕をつけたのち，その続きを書き，本文とこの脚注とのあいだに横線を引いた。

　A・スミスは，このように，個別に見たすべての商品の価格をも，「各国の土地と労働との年間生産物」の「総価格または総交換価値」をも，賃労働者と資本家と土地所有者との収入の三つの源泉に，つまり賃金と利潤と地代とに分解しておいてから，それでもやはり，回り道をして第4の要素を，すなわち資本という要素を密輸入しなければならない。それは次のように，総収入と純収入とを区別することによって行なわれる。「ある大きな国の全住民の総収入は彼らの土地と労働との年間生産物の全体を含んでいる。純収入は，第1には彼らの固定資本の，第2には彼らの流動資本の維持費を控除したあとになお彼らが自由に処分できるものとして残る部分を含んでいる。すなわち，彼らが自分の資本に手をつけることなしに自分の消費ファンドに加えることのできる部分，すなわち自分の生計や便益や慰楽のために支出することのできる部分を含んでいる。彼らの実体的な富もやはり彼らの総収入にではなく彼らの純収入に比例する。」（同前，190ページ。〔岩波文庫新版，II，33-34ページ。〕）

　これには次のことをつけ加えておこう。

　1）A・スミスは，ここでは明らかに，単純再生産を論じているだけで，拡

---

12) エンゲルスは，この「××」およびこれに対応する「××」の下に赤鉛筆で線を引いている。

大された規模での再生産——すなわち蓄積——を論じているのではない。彼は，機能している資本の「維持」すなわち"maintaining"のための支出について述べている 704 だけである。「純」収入は，社会なり個別資本家なりの年間生産物のうちの，「消費ファンド」に入ることのできる部分にイコールだが，このファンドの範囲は機能している資本に食い込んでは（encroach upon capital）ならない。つまり，個人的生産物でも社会的生産物でもその一つの価値部分は，賃金にも利潤や地代にも分解しないで，資本〔のままにとどまるのである〕。

　2）A・スミスは，「総」収入と「純」収入との，すなわち粗所得と純所得との区別，という言葉の遊戯によって，自分自身の理論から逃げてしまう。個別資本家も資本家階級全体も，またはいわゆる国民も，生産で費消された〔verzehrt〕資本の代わりに商品生産物を受け取るが，それの価値——この生産物そのものの比例配分的部分で表わされうる——は，一方では，費やされた資本価値を補塡し，したがって所得〔Einkommen，入りくるもの〕を形成する。そして，もっと文字どおりに言えば①Revenue（revenu は revenir，ふたたびくる，の〔過去〕13) 分詞）を，ただしご注意，資本−収入〔Kapital-Revenue〕を，あるいは資本所得〔Kapitaleinnahme〕を形成する。他方では，それの価値は，「その国のさまざまな住民のあいだに，彼らの労働の賃金としてか，または彼らの資本の利潤としてか，または彼らの土地の地代として分けられる」価値成分——日常生活で収入という語で考えられているもの——を形成する。この考え方によれば，全生産物の [364] 価値は，個別資本家にとってであろうと，その国全体にとってであろうと，だれかにとっての所得〔入りくるもの〕を形成するのだが，一方では資本所得〔Kapitaleinkommen〕を，他方ではそれとは違った「諸収入〔Revenue〕」を形成するのである。つまり，商品の価値をその諸成分に分析するときには遠ざけられるものが，裏口から——「収入〔Revenue〕」という語の二義性によって——ふたたび持ち込まれるのである。しかし，「収得」‖4| されうるものは，ただ，生産物のなかにすでに存在している価値成分だけである。②もし資本がもともと，戻ってくるもの〔Revenues〕，収得であるのなら，資本は前もって支出されていなければならない。

13）分詞〕草稿では partings と書かれているが，participle の誤記であろう。

①〔訂正〕Revenue〕——この語はRevenuとも読める。
②〔異文〕以下の一文は書き加えられている。

14){A・スミスは次のように言う。「最低の通常利潤率は，どの資本使用もまぬかれられない随時に生じる損失を償うのに足りるよりも，つねにいくらか高くなければならない。正味の利潤または純利潤を表わすものは，ただこの超過分だけである。」{どんな資本家が利潤という語で必要な資本支出のことを考えるのだろう？}「総利潤と呼ばれるものは，しばしば，この超過分だけではなく，そのような異常な損失のために保留される部分をも含んでいる。」(第1篇第9章，72ページ。〔岩波文庫新版，I，171ページ。〕) このように言うかぎりでは，これは，〔ここでは〕総利潤の部分として見られている剰余価値の一部分が，生産のための保険ファンドを形成しなければならない，ということでしかない。この保険ファンドをつくりだすものは剰余労働の一部分であって，そのかぎりでは剰余労働は直接に資本を生産する，すなわち，再生産のために予定された彼のファンドを生産する。固定資本などの「維持」のための支出について言えば（前に引用した諸箇所を見よ），消費された固定資本を新たな固定資本によって補填することは，705 新たな資本投下をなすものではなく，古い資本価値を新しい形態で更新することでしかない。しかし，固定資本の「修理」について言えば（同じ箇所を見よ），それの費用は前貸資本の価格の一部分をなしている。資本家は，これを一度に投下する必要はなく，資本が機能しているうちにだんだんに必要に応じて投下していき，しかもすでに収得した利潤のなかから投下することができるということは，この利潤の源泉を少しも変えるものではない。この利潤が出てくる価値成分が示しているのは，ただ，労働者は保険ファンドのために剰余労働を提供するのと同じように修理ファンドのためにも剰余労働を提供する，ということだけである。}

---

14) 以下のパラグラフには，冒頭に角括弧があるだけで，末尾には対応する閉じ括弧がないが，パラグラフ全体の左側に，角括弧から続く線が引かれているので，角括弧によって囲まれた記述として扱った。エンゲルスは，このパラグラフの上の左方に，赤鉛筆で短い線を引いている。これは，草稿6ページの8行（本書94ページ21行）にエンゲルスが赤鉛筆で書きつけた「」様のカギまでの箇所を指示するためのものであろう。

90　II　『資本論』第2部・第3部の草稿を読む

15){固定資本に関するA・スミスの説明は，実際には次のことに限られる。すなわち，それは前貸された産業資本のうちの生産過程に固定されている部分であり，または彼が言うように「流通することなしに，あるいは主人を替えることなしに，収入または利潤をもたらす」，{または185ページ〔岩波文庫新版，II，20ページ〕によれば「その使用者の所有にとどまっているか，または同じ姿態をもち続けている」}部分である，ということである。(187ページ〔岩波文庫新版，II，22ページ〕)}}

　次にA・スミスがわれわれに語っているのは，純収入，すなわち独自な意味での収入からは，固定資本は全部除外されなければならないが，また流動資本のうちで固定資本の維持や修理やさらにその更新のために必要な部分も全部除外されなければならず，事実上，消費ファンドとして定められた現物形態をもっていない全[365]資本が除外されなければならない，ということである。

　「固定資本を維持するための全支出は，明らかに社会の純収入から除外されなければならない。職業上有用な機械や工具，彼らの有益な建物などを整備しておくために必要な原料も，これらの原料を必要な形に変えるために必要な労働の生産物も，けっしてこの収入の一部分をなすことはできない。この労働の価格はたしかに社会の純収入の一部分をなすことがある。というのは，そのために雇用される労働者が彼らの賃金の全価値を彼らの直接的消費のために留保される彼らの在庫に繰り入れることがあるからである。しかし，他の種類の労働の場合には，価格も{そしてこの労働に支払われる賃金も}生産物も{この労働が体化される生産物も}この{直接的消費の}在庫に入る。価格は労働者の消費の在庫に入り，生産物は，これらの労働者の労働によって生計や便益や慰楽が増加される他の人びとの消費の在庫に入る。」(第2篇第2章，190，191ページ。〔岩波文庫新版，II，34ページ。〕)

　ここでA・スミスは，生産手段の生産に従事する労働者と消費手段の直接的生産に従事する労働者との非常に重要な区別にぶつかる。前者の商品生産物の価値は，労賃の総額に等しい一成分，すなわち労働力の買い入れに投じられた

---

15)　以下のパラグラフには，冒頭に角括弧があるだけで，末尾には対応する閉じ括弧がないが，パラグラフ全体の左側に，角括弧から続く線が引かれているので，角括弧によって囲まれた記述として扱った。

資本部分の価値に等しい一成分を含んでいる。この価値部分は，物体としては，これらの労働者によって生産された生産手段のある割合の部分として存在する。彼らが労賃として受け取る貨幣は，彼らにとっては収入となるが，しかし，**706** 彼ら自身にとっても他の人びとにとっても，消費できる生産物にはならない。だから，これらの生産物そのものは，年間生産物のうちの，「純収入」——そして，単純な消費の観点から見れば，あらゆる収入が「純収入」だ——がただそれだけに実現されうる社会的消費ファンドを供給するように定められた部分の，どんな要素もなしていないのである。ここでA・スミスがつけ加えるのを忘れているのは，労賃について言えることは，生産手段の価値成分のうちで，剰余価値として利潤と地代という範疇のもとに（まず第1に）産業資本家の収入をなす成分についても言えるということである。このような価値成分も，生産手段のかたちで，すなわち消費できないもののかたちで存在するのである。それは，それが貨幣化されてからはじめて，第2の種類の労働者によって生産された消費手段のうちから，その価格に相当する量を引き上げて，これを産業資本家たちの個人的消費ファンドのなかに移すことができるのである。しかし，そうだとすればなおのこと，A・スミスは次のことを認めなければならなかったはずである。すなわち，年間につくりだされる生産手段の価値のうちで，この生産部面のなかで機能する生産手段——生産手段をつくるのに用いられる生産手段——の価値に等しい価値部分，つまりこの部面で充用される不変資本の価値にイコールの部分は，それがとっている現物 [366] 形態によってだけではなく，それの資本機能によっても，収入を形成するどの価値成分からも絶対に除外されている，ということである。

　第2の種類の労働者——直接に消費手段を生産する労働者——については，A・スミスの規定は十分に正確ではない。すなわち，彼の言うところでは，この種の労働では「価格 {すなわち，生産物の価値部分にたいして労働者が受け取る貨幣，つまり彼の労賃} も生産物も両方とも直接的消費のために留保される在庫に入っていく（go）のであり，価格は {すなわち労賃として受け取られる貨幣は} ‖5‖ 労働者たちの消費在庫に入り，生産物は，これらの労働者の労働によって生計や便益や慰楽が増加される他の人びとの消費の在庫（that of other people）に入る」。しかし，労働者は，自分の労働の「価格」，すなわち自

92　II　『資本論』第2部・第3部の草稿を読む

分の労賃として支払われる貨幣を食って生きていくことはできない。彼がこの貨幣を実現するのは，それで消費手段を買うことによってである。この消費手段の一部分は，彼自身が生産した商品種類から成っていることもありうる。他方，彼自身の生産物が労働搾取者の消費にしか入らないような生産物であることもありうる。

　A・スミスは，このように一国の「純収入」から固定資本をすっかり除外してしまってから，さらに次のように続ける。

　「このように固定資本の維持のための全支出は必然的に社会の純収入から除外されるが，流動資本の維持のための支出はそうではない。この流動資本を構成する四つの部分，すなわち貨幣，食料品，原料，完成 707 品のうち，あとのほうの三つは，……規則的に流動資本から取り出されて，社会の固定資本のなかに移されるか，または直接的消費のために留保され，蓄えられる在庫のなかに移される。それらの消費できる物品｛たとえば穀物，石炭，建物，羊，畜牛，等々｝のうち，前者｛社会の固定資本｝の維持のために使用されない部分は残らず後者｛消費ファンド｝のなかに入って，社会の純収入の一部分となる。それゆえ，流動資本のこの三つの部分の維持は，社会の純収入のうちから，固定資本の維持のために必要な部分のほかには年間生産物のどんな部分も減らさない。」(同前。〔岩波文庫新版，II，36ページ。〕)

　これは，同義反復であることを度外視すれば，流動資本のうちで生産手段の生産に役だたない部分は，消費手段の生産に，つまり年間生産物のうちで社会の消費ファンドになるように定められた部分に入る，ということでしかない。しかし，すぐその次に言っていることは重要である。

　「社会の流動資本は，この点では個人の流動資本とは違っている。個人の流動資本は，まったく彼の利潤からなるほかはない彼の純収入からは完全に除外されていて，それの一部分をなすことはありえない。しかし，各個人の流動資本は，その個人が属している社会の流動資本の [367] 部分をなしているとはいえ，①だからといって，社会の純収入の部分からまったく除外されているということになるわけではない。商人の店にある全商品は，けっして直接的消費に留保された彼自身の在庫のなかに入れられてはならないが，しかし他の人びとの消費在庫に入ることはできる。他の人びとというのは，別のファンドから得

た収入によって，小売商人の資本も自分たちの資本も減らすことなしに，小売商人のためにそれらの商品の価値を彼の利潤といっしょに規則的に補塡してやる人びとである。」（同前。〔岩波文庫新版，II，36-37ページ。〕）

　①〔注解〕だからといって〕スミスの原文では，「だからといって同様に」となっている。

　1）つまり，ここでわれわれは次のことを聞くわけである。すなわち，各個の資本家の固定資本と同様に，またその再生産（機能のことを彼は忘れている）と維持とに必要な流動資本と同様に，消費手段の生産で働いている彼の流動資本もすべて，「ただ彼の利潤からなるほかはない」彼の純収入からは除外されている，と言うのである。（ここでは，彼の利潤イコール彼の純収入，である。）だから，彼の商品生産物のうち資本部分は，彼の収入となる価値成分には分解できないのだ。

　2）各個の資本家の流動資本が社会の流動資本の一部分をなしていることは，各個の固定資本の場合とまったく同じである。

　3）社会の流動資本は，個別流動資本の総計でしかないとはいえ，各個の資本家の流動資本とは違った性格をもっている。個別資本家の流動資本はけっして彼の収入の一部分をなすことはできない。これに反して，社会の流動資本の一部分（すなわち消費できる物品から成っている部分）は，同時に社会の収入の $\boxed{708}$ 一部分をなすことができる。または，スミスが前に言ったように，「年間生産物のうちの社会の純収入の部分をけっして〔減少させることは〕ない」。ここでA・スミスが流動資本と呼んでいるものは，じつは，消費手段を生産する資本家が流通に投じる年間の商品資本なのである。この彼らの年間商品生産物の全体は，消費できる物品から成っており，したがって，社会の純収入（労賃をも含めて）がそれに実現される（支出される）ファンドをなしている。スミスは，商人の店にある物品を例に選ばないで，産業資本家の商品倉庫に貯蔵されている物品を選ぶべきだったであろう。

　もしA・スミスが，前に，彼が固定資本と呼ぶものの再生産を考察したときに，そしていま，彼が流動資本と呼ぶものの再生産を考察するときに，彼の念頭にあった考えのもろもろの断片を総括してみたなら，彼は次のような結論に

94　II　『資本論』第2部・第3部の草稿を読む

達したことであろう。

　[368] 1）社会的年間生産物の一部分は生産手段から成っており，その価値は次のように分けられる。

　一つの価値部分は，ただ，これらの生産手段の生産で費消された〔verzehrt〕生産手段の価値だけであり，したがって，ただ，更新された形態で再現する資本価値だけである。第2の部分は，労働力に投じられた資本の価値にイコールである。すなわち，この生産部面の資本家によって支払われた労賃の総額にイコールである。最後に第3の価値部分が，この部類〔Kategorie〕の産業資本家の利潤と地代との源泉をなしている。|

　|6| 第1の成分，すなわちアダムによればこの部門〔Abtheilung〕で使用される個別資本全体の再生産された「固定資本部分」は，個別資本家のであれ社会のであれ「純収入の部分となることからは完全に除外されている」。それは，つねに資本として機能し，けっして収入としては機能しない。そのかぎりでは，各個の資本家の「固定資本」も社会の固定資本と少しも違ってはいない。しかし，社会の年間生産物中の生産手段から成っている部分の他の価値部分――したがってまたこの生産手段総量の可除部分のうちに存在する価値部分――は，同時に，この生産に参加したすべての当事者にとっての収入，すなわち労働者にとっての賃金，資本家にとっての利潤と地代とをなしているが，これらの価値部分は，社会にとっては収入ではなく資本をなしている。16)といっても，社会の年間生産物は，その社会に属する個別資本家たちの生産物の総計から成っているだけではあるが。これらの価値部分は，たいていはすでにその性質からもただ生産手段として機能できるだけであって，必要な場合には消費手段として機能できるような部分でも，新たな生産の原料ないし補助材料として役だつように定められているのである。しかし，それらがこういうものとして――つまり資本として――機能するのは，それらの生産者の手 **709** のなかでのことではなく，それらの使用者たちの手のなか，すなわち，2）消費手段の直接的な生産者たちの手のなかでのことである。それらの部分は，この生産者たちのた

---

16) といっても……ではあるが。〕エンゲルスはこの文のあとに，赤鉛筆で「」」様のカギを書きつけている。これは，脚注14で触れた，草稿4ページの2行（本書89ページ3行）の上に引いた線に対応するものであろう。

めに，消費手段の生産で費消された資本を（それが労働力に転換されないかぎりで，すなわちこの第2の部門〔Abtehilung〕の労働者の労賃の総額ではないかぎりで）補填するのであるが，他方，この資本，すなわちいまでは消費手段を生産する資本家の手のなかに消費手段の形態で存在する資本は，これはまたこれで——つまり社会的な立場からは——第1のもろもろの部類〔Abtheilung〕の資本家と労働者とが彼らの収入を実現する消費ファンドをなすのである。

[369] もし Ad・スミスがここまで分析を進めていたなら，全問題の解決にほんのわずかに足りないだけだったであろう。内実から見れば彼は問題の解決にあと一歩というところにいた。というのは，彼はすでに，次のことに気づいていたからである。すなわち，一方では，商品資本（社会の年間総生産物はこれから成っている）の一方の種類の或る価値部分は，その生産に従事する個々の労働者や資本家にとっての収入をなしてはいるが，しかし社会の収入の成分をなしてはいないのであり，また，他方の種類の商品資本の或る価値部分は，個別的所有者すなわちこの投資部面で仕事をする資本家にとっての資本価値をなしてはいるが，それにもかかわらずそれはただ社会的収入の一部分でしかない，ということである。

しかし，次のことだけは，これまでに述べたことからもすでに明らかである。

第1に，社会的資本はただ個別的諸資本の総計にイコールであり，だからまた社会の年間商品生産物（すなわち商品資本）もこれらの個別資本の商品生産物の総計にイコールであり，したがって，各個の商品資本に当てはまる商品価値のその諸成分への分解は，全社会の商品資本にも当てはまらなければならないし，また結局は実際にも当てはまるのであるが，それにもかかわらず，これらの要素が産業資本家の観点から見える現象形態とこれらの要素が社会的総再生産過程（流通をも[17]可能的な〔potentialiter〕消費をも含む）で現われる現象形態とは違った形態である。

第2に，単純再生産の基盤の上でも，労働日はただ二つの部分から成っているだけであって，その一方の部分では労働者は可変資本を補填し，事実上は彼

17）可能的〔potentialiter〕 本訳では，potential, potentiell, potentialiter は「可能的」と訳し，virtual, virtuell, virtualier は「潜勢的」と訳す。注意されたい。

の労働力の買い入れのための等価を生産し，第2の部分では剰余価値（利潤，地代など）を生産するのではあるが，それにもかかわらず，ただ労賃（可変資本）と剰余価値との生産が行なわれるだけではなく，新たな資本価値（不変的）の直接的生産も行なわれるのである。すなわち，生産手段（不変資本）の再生産に支出される——そしてその価値が労賃（＝可変資本価値）と剰余価値とに分かれる——日々の労働は，消費手段の生産に支出された不変資本部分を補塡する新たな生産手段に実現されるのである。

710 主要な困難——その最大の部分はこれまでに述べたことによってすでに解決されている——は，蓄積の考察でではなく，単純再生産の考察で現われる。だからこそ，A・スミス（第2篇）の場合にも，またそれ以前には①ケネー（経済表）の場合にも，社会の年間生産物の運動と，流通によって媒介されるその再生産とが問題にされるときには，いつでも単純再生産が出発点に②されるのである。

> ①〔注解〕ケネー（経済表）〕〔MEGA II/11〕33ページ21-22行への注解〔本書80ページ7行-81ページ5行の注解注①を見よ〕，および，698ページ2-10行への注解〔前記注解注①〕，を見よ。
> ②〔異文〕されるのである。〕この文の下に区切り線を引き，そのあとに「われわれは，A・スミス自身の「はっきりしたお許し」を得て……示すことができるのである」と書きかけたのち，これらを消している。〔区切り線を消したしるしはないが，これも消されたものと見なせるであろう。〕

[370] [18)19)] A・スミスのドグマは，各個の商品の，だからまた社会の年間生産物を構成するすべての商品の合計 {彼はどこでも正当に資本主義的生産を前提している} の価格または交換価値（exchangeable value）は，{構成部分〔component parts〕である} 労賃と利潤と地代とから成っている（だが彼は，労賃と利潤と地代とに分解する，"resolves itself into"（190ページ），とも言っている），と言うのであるが，このドグマは，結局，商品価値は＝v＋m，すなわち，イ

---

18) エンゲルス版はここから本書100ページ17行までを「第19章　対象についての従来の諸論述／第2節　アダム・スミス／2　スミスによる交換価値のv＋mへの分解」に利用している。
19) 以下の文の左欄外に鉛筆で「×」印が書かれている。

第5章 『資本論』第2部第8稿とMEGA版付属資料　97

コール・前貸可変資本の価値・プラス・剰余価値，ということに帰着させることができる。──しかも，次の引用が示すように，A・スミスの「はっきりしたお許し」を得て，このように還元することができるのである。|

|7| 製造業では，「労働者が材料 {これは一般化して労働対象と訳すことができる} につけ加える価値は……二つの部分に分解し，その一方は彼らの賃金を支払い，他方は，彼らの雇い主が材料や賃金として前貸した全資本〔stock〕にたいする雇い主の利潤を支払う。」(第1篇第6章，①41ページ。〔岩波文庫新版，I，92-93ページ。〕)──「製造者 (製造業労働者) は彼の雇い主から賃金の前貸を受けるとはいえ，実際には雇い主に少しも費用をかけさせるものではない。というのは，通例この賃金の価値は，彼の労働を加えられた対象の増加した〔improved〕価値のうちに，利潤といっしょに保存される〔reserved〕からである。」(第2篇第3章，221ページ。〔岩波文庫新版，II，109ページ。〕) 資本②(stock) のうち「生産的③労働の維持に」投じられる部分は，「彼④(雇い主) のために資本の機能を果たしてから……彼ら⑤(労働者たち) にとっての収入となる。」(第2篇第3章，223ページ。〔岩波文庫新版，II，113ページ。〕)

①〔注解〕41ページ〕スミスでは，40-41ページ。
②〔注解〕(stock)〕マルクスの挿入。
③〔注解〕労働〔labour〕〕スミスでは，「人手〔hands〕」。
④〔注解〕(雇い主)〕マルクスの挿入。
⑤〔注解〕(労働者たち)〕マルクスの挿入。

20){A・スミスはいま引用した章のなかで次のように明言している。「あらゆる国の土地と労働との全年間生産物は……おのずから二つの部分に分かれる。そのうちの一方の，しばしば最大である部分は，まず第1に，資本を補填することになり，①また資本から引き上げられた食料品や原料や完成品を更新することになり，他方の部分は，この資本〔capital〕の所有者にとって彼の資本〔stock〕の利潤として，またはだれか他の人にとって彼の土地の地代として，収入となることになる。」(222ページ。〔岩波文庫新版，II，112ページ。〕)} われわれ

───────
20) 以下「(222ページ。)」までの箇所には，冒頭に角括弧があるだけで，末尾には対応する閉じ括弧がないが，この箇所の左側に，角括弧から続く線が引かれているので，角括弧によって囲まれた記述として扱った。

が前にＡ・スミスから聞いたところでは，ただ資本の一部分だけが，すなわち「生産的な働き手〔productive hands〕」の買い入れに投じられる部分だけが，同時にだれかにとっての収入となる。この部分――可変資本――は，まず雇い主の手のなかで彼のために「資本の機能」を果たし，それから生産的労働者自身にとっての711「収入に［371］なる」。資本家は自分の資本価値の一部分を労働力に転化させ，まさにそうすることによってそれを可変資本に転化させる。ただこの転化によってのみ，資本のこの部分だけではなく彼の全資本が産業資本として機能するのである。労働者――労働力の売り手――は労賃という形態で労働力の価値を受け取る。彼の手にあっては労働力は，ただ売りものにできるだけの商品でしかなく，それを売ることで彼が生きていく商品，したがって彼の収入の唯一の源泉をなす商品である。労働力が可変資本として機能するのは，ただ，それの買い手である資本家の手のなかででしかなく，しかも資本家は，購買価格そのものをただ見せかけだけ前貸するにすぎない。というのも，それは前もってすでに労働者によって資本家に引き渡されているのだからである。

　①〔注解〕また〔and〕〕スミスでは，「または〔or〕」。

　こうしてＡ・スミスはわれわれに，製造業の生産物の価値はイコールv＋m（ここでは，m イコール 資本家の利潤 である）なのだ，と言ったあとで，次のように言う。農業では労働者は「彼ら自身の消費に等しい価値，すなわち彼らを雇用する資本①（可変資本）に等しい価値をそれの所有者の利潤とともに再生産する」ほかに，――さらに「借地農業者の資本と彼の全利潤とを超えてさらに土地所有者の地代の再生産をも行なうのが通例である。」（第2篇第5章，243ページ。〔岩波文庫新版，II，163ページ。〕）地代が土地所有者の手に入るということは，われわれがここで考察している問題にとっては，まったくどうでもよいことである。それは，彼の手に入る前に，農業者の手のなかに，すなわち産業資本家の手のなかに，存在していなければならない。地代は，だれかにとっての収入となる前に，生産物の一つの価値成分をなしていなければならない。だから，アダム・スミス自身にあっては，地代も利潤も，ただ，生産的労働者が彼自身の労賃すなわち可変資本の価値――この価値を生産的労働者はたえず資本家のために生産物の形態で再生産し，この価値で資本家は労働者に労働者

自身の労働力にたいして支払うのである——といっしょにたえず再生産する<u>剰余価値成分</u>でしかない。

　①〔注解〕（可変資本）〕マルクスの挿入。

　すべての商品の（したがってまた年間商品生産物の）価格は，<u>労賃プラス利潤プラス地代</u>，に分解する，というドグマは，スミスの著書そのものを断続的に貫いている<u>深奥な</u>〔esoterisch〕部分では，どの商品の価値も，したがって社会の年間商品生産物の価値も，<u>v＋m</u>にイコールであり，労働力に投下され労働者によってたえず<u>再生産される資本価値・プラス・労働者が彼らの労働によってつけ加える<u>剰余価値</u>，にイコールである，という形態をとっている。

　A・スミスにおけるこの最後の帰結は，同時に——のちに述べるところを見よ——商品価値が分解しうる諸成分についての彼の一面的な分析の根源をわれわれに示している。①これらの[372]成分の<u>価値規定</u>やそれらの価値総額の<u>限界</u>には，それらが同時に，再生産において機能するさまざまな階|712|級にとってのさまざまな収入源泉をなすという事情は（これについては第3部で立ち戻る），まったく②なんのかかわりもない。A・スミスが，「<u>賃金と利潤と地代とは，すべての交換価値の三つの本来の源泉</u>であるとともに，<u>すべての収入の三つの本来の源泉である</u>。<u>他</u>のすべての<u>収入は</u>究極的にはこれらの源泉のどれかから派生したものである」（第1篇第6章，43ページ〔岩波文庫新版，I，98-99ページ〕）と言うとき，そこにはいろいろな取り違え〔quid pro quo〕が積み重なっているのである。

　　①〔注解〕これらの……かかわりもない。〕カール・マルクス『資本論』〈経済学草稿1863-1865〉』，第3部（第1稿），所収：MEGA II/4.2，863ページ25行-866ページ34行，を見よ。
　　②〔異文〕なんのかかわりもない。〕マルクスはこのあとに，左から約3分の1ほどのところまでの終止線を引いたが，そのあと，この線を無視して，7ページに残っていた空きと8ページのはじめの部分を使って，スミスの収入による価値規定に立ち戻った。そのあとあらためて終止線を引いた〔本書100ページ21行を見よ〕。

　1）労働しようとしまいと<u>直接には再生産</u>に参加しないすべての社会成員は，<u>年間商品生産物のなかの彼らの分けまえ</u>——つまり彼らの消費手段——を，ま

ずもって，‖8‖ ただ，生産物をまず手に入れる諸階級——生産的労働者と産業資本家と土地所有者——の手から引き出すことができるだけである。そのかぎり，彼らの収入は実質的には〔materialiter〕生産的労働者の賃金，利潤，地代から派生したものである。——だからまたそれは，こうした本源的な収入にたいして派生的な収入として現われる。しかし他方，この意味での「派生的な収入」を受け取る人びとは，売春婦や王や聖職者や教授や兵卒などとしての彼らの社会的機能によってこの収入をキャッチするのであって，彼らは，このような自分たちの機能を自分の収入の本来の源泉と見なすことができるのである。

2）そしてここで，アダムのばかげた誤りは頂点に達する！——彼は，商品のもろもろの価値成分とそれらに体化されている価値生産物の総額とを正しく規定すること，そして次にこれらの成分のそれぞれが異なったもろもろの収入源泉をなすことを論証することから始めて，つまり，このようにして価値から諸収入を派生させたのちに，次には——そしてやはりこのほうが彼の場合には優勢な見解なのだが——それとは反対のやり方をして，「諸成分〔component parts〕」としての諸収入を「すべての交換価値の本来の源泉」にしてしまい，こうすることで俗流経済学のために広く門戸を開いたのである。{①われらの「ロッシャー」を見よ。}

　　①〔注解〕われらの「ロッシャー」を見よ。〕ヴィルヘルム・ロッシャーを指すのではまったくなく，オイゲン・デューリングへの当てこすりである。——〔MEGA II/11〕1608ページ〔本書277-278ページ〕を見よ。

———

21)そこで今度は，どのようにしてA・スミスが商品価値のなかから資本の不変価値部分を追い出そうとするか，を見ることにしよう。

　[373]「たとえば穀物の価格では，その一部分は土地所有者の地代を支払う。{この価値成分の出どころは，この部分が土地所有者に支払われて彼にとって地代という形態で収入になるという事情とは関係がないのであって，それは，

21）エンゲルス版はここから本書106ページ8行までを「第19章　対象についての従来の諸論述／第2節　アダム・スミス／3　不変資本部分」に利用している。

他の価値成分（mのうちの）の出どころが，それが利潤として云々，ということと関係がないのとまったく同じである。｝他の一部分は，穀物の生産に雇用された労働者｛および労働する畜牛！と彼はつけ加える｝の賃金すなわち生計費を支払い，第3の部分は借地農業者の利潤を支払う。これら三つの部分は，直接に，または結局，穀物の全価格をつくりあげるように見える①（じっさい，見える〔seem〕のだ！）。｛この全価格は，三つの種類の人格のあいだでのこの価格の分配とはまったくなんのかかわりもない。｝第4の部分が，借地農業者の資本〔stock〕を補填するために，**713** または，彼の労働する畜牛やその他の農具の損耗を補填するために，必要だと思われるかもしれない。しかし，どの農具の価格も……これまたやはり，同じ三つの部分から成り立っているということを考慮に入れなければならない。……だから，穀物の価格は価格②（すなわち労働用具の，たとえば「労働する馬」の価格）を支払い，③維持する｛これらの労働用具の維持，たとえば「労働する馬」の維持のこと，彼が考えているのは，これらの労働用具の機能のために必要な素材，たとえば馬のための餌などである｝であろうが，それでもやはり全価格は，直接に，または結局，同じ三つの部分に，すなわち地代，労働｛と彼が言うのは賃金のことである｝および利潤に，分解するのである。」（第1篇第6章，42ページ。〔岩波文庫新版，I，96ページ。〕）

　①〔注解〕（じっさい，見える〔seem〕のだ！）〕マルクスの挿入。
　②〔注解〕（すなわち労働用具の，たとえば「労働する馬」の価格）〕マルクスの挿入。
　③〔注解〕維持する〕スミスでは，「労働する馬を維持する」。

　以上が，アダムが彼の驚くべき学説を根拠づけるために述べていることの文字どおりのすべてである。彼の論証はたんに同じ主張の繰り返しだけである。たとえば彼は，穀物の価格はv＋mから成っているだけでなく，穀物生産で費消された生産手段の価格からも，つまり借地農業者が労働力に投じたのではない資本価値からも成っている，ということを認めている。しかしアダムが，すべてのこれらの生産手段そのものの価格も穀物の価格と同じくやはりv＋mに分かれる，と言うとき，彼がつけ加えるのを忘れているのは，v＋mのほかにそれらの生産手段自身の生産で費消された生産手段の価格にも分かれるのだ，

102　II　『資本論』第2部・第3部の草稿を読む

ということである。彼はこのようにして，一つの生産部門から別の生産部門へ，そこからまた [374] もう一つほかの生産部門へ行くように指示するのである。商品の全価格が「直接に」，または「結局」（ultimately），v＋m に分解する，ということが空虚な言い逃れでなくなるのは，ただ次のことが論証される場合だけである。すなわち，商品生産物の価格が，直接には c（費消された生産手段の価格）＋v＋m に分解して，言うところの「費消された生産手段」を完全に補塡するにしても，この商品生産物も，結局は，それ自身はただ可変資本（労働力に投じられる資本）の投下だけによって生産される商品生産物によって補塡されるのだ，ということである。もしこれが論証されるなら，その場合には，あとのほうの商品生産物の価格は直接に v＋m にイコールであろう。22)それゆえ，不変の資本部分として機能する前者の商品価格もまた，「結局」，v＋m に分解しうるであろう。すでに見たように，A・スミスはのちに自分で自分の理論を覆しながら，それにもかかわらず，自分のこれらの矛盾に気がつかないのである。しかし，これらの矛盾の源泉は，まさに彼の学問上のもろもろの出発点に求められるべきものである。A・スミス自身も，自分があげた①スコットランドの瑪瑙（めのう）の採集者の例によってこのような論証を与えたと思っていたわけではないが，しかし，彼によれば，この採集者は，1）どんな種類の剰余価値も提供しないでただ彼ら自身の賃金を生産するだけだが，2）生産手段はなにも使わないのである（とはいえ，瑪瑙を運ぶための籠や袋やその他の容器という形態では使うのだろうが！）。|

　　①〔注解〕スコットランドの瑪瑙〕〔MEGA II/11〕703ページ36-41行〔本書87ページ3-8行〕を見よ。スミスでは〔第1篇第6章〕43ページ〔岩波文庫新版，I，98ページ〕。

714/9/ 労働に転換された資本はそれ自身の価値よりも大きい価値を生産する。どのようにしてか？　A・スミスは次のように言う。生産過程のあいだに労働者たちは自分が加工する諸物に価値を刻み込むが，その価値は，彼ら自身の購買価格の等価のほかに，彼らのものにではなく彼らの使用者のものになる

────────────

22) それゆえ……求められるべきものである。〕この一節はこのパラグラフのすぐ下に書かれているが，その先頭に書かれた十字〔＋〕と，ここに書かれた十字〔＋〕とによって，ここに挿入すべきことが指示されている。

剰余価値（利潤と地代）を形成することによってである，と。しかしまた，これが，労働者たちがすることの，また彼らにできることの，すべてである。1日の産業労働について言えることは，全資本家階級によって1年間に動かされる労働についても言える。それゆえ，社会的年間生産物の総価値は，ただ，v＋mに，すなわち，労働者が彼ら自身の購買価格として支出された資本価値を補塡する等価と，それを超えて彼らが彼らの使用者に引き渡さなければならない追加的価値とに，分割されうるだけである。しかし，商品のこの二つの価値要素は，同時に，再生産に参加するさまざまな階級にとっての収入源泉をなしている。すなわち，第1の要素は労働者の収入である労賃をなしており，第2の要素は剰余価値をなしていて，その一部分を産業資本家は利潤の形態で，収入として自分の手に保持し，他の一部分を土地所有者の収入である地代として分け与えるのである。そうなら，もう一つ別の価値成分はいったいどこから出てくるのか？　というのも，年間価値生産物はv＋mのほかにはなんの要素も含んではいないのだから。年間総労働量は，労働力に投じられた資本価値の再生［375］産のために必要な労働と，剰余価値の創造のために必要な労働とに分解されるのだから，そのうえになお——われわれはここでは単純再生産という基盤の上に立っている——，労働力に投じられたのではない資本価値を生産するための労働は，いったいどこから出てくるのか？

　1）A・スミスは，商品の価値を，賃労働者が労働対象23){彼は「材料」と言う。というのも，彼が扱っているのは，それ自身すでに①労働生産物〔を加工する〕製造業だからである。しかしこれは少しも事柄を変えるものではない。労働者がある物につけ加える（そしてこの「つけ加える〔add〕」はアダムの表現である）価値は，価値を「つけ加え」られるこの対象がこのつけ加えとはかかわりがないかどうか，つまりすでにそれ自身価値をもっているかいないかといったことには，まったく関係がない。}につけ加える（add）労働量によって規定する。つまり，労働者は商品形態で価値生産物をつくりだし，この価値生産物は，A・スミスによれば，1）〔第1の部分は〕彼の労賃の等価にイコールであり，

---

23) 以下「まったく関係がない。」までの箇所には，冒頭に角括弧があるだけで，末尾には対応する閉じ括弧がないが，この箇所の左側に，この箇所を大きく囲む線が書かれているので，角括弧によって囲まれた記述として扱った。

104 II 『資本論』第2部・第3部の草稿を読む

だからまたこの部分は彼の労賃の価値の大きさによって規定されている。この価値の大きさの大小に応じて，彼は自分の労賃の価値にイコールの価値を生産または再生産するために大小の労働をつけ加えなければならない。2）労働者は，このように画されている限界を超えて，それ以上の労働をつけ加えるのであり，この労働が，彼を雇用する資本家のために剰余価値を形成するのである。｛この剰余価値が全部その資本家の手に残るのか，それとも少しずつ彼から第3の諸人格に引き渡されなければならないのか，ということによっては，賃労働者がつけ加える剰余価値の質的な｛それが [715] 剰余価値であるという｝規定にも，量的な（大きさの）規定にも，まったくなんの変化も生じない。｝それが価値だということは，生産物のそれ以外のどの価値部分とも同じであるが，それが他の価値部分と違う点は，労働者は前もってそれの等価を受け取っていないし，またあとからも受け取りもしないのであって，他の価値部分とは逆に，この価値は資本家によって等価なしで取得されるのだということである。商品の総価値は，労働者がその商品の生産に支出した労働量によって規定されている。この総価値の一部分は，それが労賃の価値にイコールだということ，つまり労賃の等価だということによって，規定されている。したがって，第2の部分，剰余価値も，必然的に同時に規定されている。すなわち，それは，生産物の総価値・マイナス・労賃の等価である価値部分，にイコールである。つまり，商品の生産中につくりだされた価値生産物のうちの，それに含まれている労働者に労賃として帰する価値部分を超える超過分にイコールか，または労賃が前もってすでに前貸されている場合には，労働者の労賃の等価物をマイナスしたものにイコールなのである。

　　①〔訂正〕労働生産物〔Arbeitsproducte〕このあとに「verarbeitet〔を加工する〕」を補
　　　って読むべきところであろう。エンゲルスもそのように補っている。（MEGA II/
　　　12, 337ページ40行〔MEW 24, 375ページ〕を見よ。）

　2）ある一つの個別的な産業的な事業で各個の労働者によって生産される商品について言えることは，すべての事業部門の年間生産物についても言える。1人の個別的生産労働者の日労働について言えることは，生産的労働者 [376] 階級によって流動させられる年間労働についても言える。この年間労働は，支

出された年間労働量によって規定される総価値を年間生産物のうちに「固定する」（スミスの表現）。そして，この総価値は二つの部分に分かれる。その一方の部分は，年間労働のうち労働者階級が自分の年間賃金の等価を創造し，事実上はこの賃金そのものを創造する大きさによって規定され，他方の部分は，労働者が資本家階級のために剰余価値を創造する追加年間労働によって規定される。つまり，年間生産物に含まれている年間価値生産物は，ただ二つの要素だけから成っている。すなわち，労働者階級が受け取る年間賃金の等価と，年間に資本家階級に提供される剰余価値とから成っている。

　ところで，A・スミスの第1の誤りは，彼が年間生産物価値と年間価値生産物とを同一視している点にある。価値生産物は，過ぎ去ったその1年の労働の生産物だけである。生産物価値は，そのほかに，それ以前の年および一部分はもっと以前の諸年に生産されたすべての価値要素を含んでいる。すなわち〔生産物価値は〕，価値がただ再現するだけの生産手段──‖10｜（価値から見て〔quoad valorem〕）過ぎ去ったその1年に支出された労働によって生産されたのでも再生産されたのでもない生産手段──〔の価値を含んでいる〕。この混同によって，アダムは年間生産物の不変価値部分をもみ消してしまう。この混同そのものは，彼の基本 [377] 的見解のなかにあるもう一つの誤りにもとづいている。すなわち，彼は，労働そのものの二重の〔zweispaltig〕性格，すなわち，労働力の支出として価値をつくるかぎりでの労働と，具体的有用的 716 労働としてももろの使用対象（使用価値）をつくるかぎりでの労働という二重の性格を，区別していないのである。年間に生産される商品の総額，つまり，年間総生産物は，前年に仕事をする有用的労働の生産物である。ただ，充用される社会的労働が，有用的労働種類の多様に枝分かれしたシステムのなかで支出された，ということによってのみ，これらの商品のすべてが存在するのであり，ただこのことによってのみ，それらの商品の総価値のうちに，それらの商品の生産に費消された生産手段の価値が新たな現物形態で再現して保存されているのである。だから，年間生産物の総体は，その年間に支出された有用的労働の結果である。しかし，年間の生産物価値のほうは，ただその一部分だけがその年間につくりだされたものである。この部分こそは，その年間に流動させられた労働の総量を表わす年間価値生産物なのである。

106　II　『資本論』第2部・第3部の草稿を読む

　この分析でアダムが（彼は正しいものへの萌芽をすでに重農学派のもとに見いだしていたにもかかわらず）すべての後継者と同じところまでしか進まなかったということで彼を非難することはできないが，それにしても彼はさらに，混沌のうちをさまよっている。しかもその理由は主として，商品価値一般に関する彼の「深奥な〔esoterisch〕」見解がたえず皮相な〔exoterisch〕見解と交錯していて，そのあいだにときには彼の科学的な本能がふたたび「深奥な」立場を現わすこともあるとはいえ，皮相な見解のほうが彼のもとで幅を利かせているということにあるのである。

　24)25)3）各商品の（だからまた年間生産物の）価値のうち，ただ労賃の等価をなしているだけの部分は，資本家が労賃として前貸した資本にイコールである。すなわち，彼によって前貸された資本の可変成分にイコールである。（または，彼によって前貸された可変資本にイコールである。）前貸 [378] 資本価値のこの成分を，資本家は，賃労働者によって供給された商品の新たに生産された価値成分によって回収する。可変資本が前貸される，ということの意味は，まだ完成していない（なお生産過程にそのままとどまっていなければならない）か，または完成していてもまだ資本家が売っていない生産物のうちの労働者に労賃として帰属する分けまえを資本家が貨幣で支払う，ということであるが，こういう意味で可変資本が前貸されるのであろうと，労働者によってつくられた商品の販売によってすでに受け取った貨幣で資本家がこの分けまえを支払うのであろうと，あるいはまた資本家が借金によってこの貨幣を先取りしたのであろうと，――これらのどの場合にも，資本家は可変資本を支出し，それが貨幣として労働者の手に流れていくのであり，他方，資本家はこの資本価値の等価を自分の商品の次のような価値部分のうちにもっている。すなわち，この価値部分によって労働者は商品の総価値のうちから自分のものになる分けまえを新たに生産したのであり，言い換えればこの価値部分によって労働者は自分自身の労賃の価値を26)生産したのである。資本家は労働者にこの価値部分を，

24）エンゲルス版はここから本書112ページ15行までを「第19章　対象についての従来の諸論述／第2節　アダム・スミス／4　アダム・スミスにおける資本と収入」に利用している。

25）エンゲルスは，以下の文の左欄外に鉛筆で「×」印を書いている。

26）生産したのである。〕この文末はページの右端で終わっているが，エンゲルスはその下に

労働者自身の生産物の現物形態で与えるのではなく，貨幣で支払う。だから，資本家にとっては彼の前貸資本価値の可変成 717 分がいまでは商品形態をとっているのであるが，他方，労働者のほうは自分が売った労働力の等価を貨幣形態で受け取っているのである。こうして，資本家が前貸した資本のうち，労働力の買い入れによって可変資本に転換された部分は，生産過程そのもののなかで，活動する労働力として機能し，またこの力の支出によって商品形態にある新価値として新たに生産される，すなわち再生産される――つまり再生産，すなわち前貸資本価値の新生産！――のにたいして，労働者のほうは，自分が売った労働力の価値または価格を生活手段に，自分の労働力の再生産の手段に支出する。可変資本に等しい貨幣額が労働者の受け取り分，したがって彼の収入をなすが，この収入が続くのは，ただ，彼が自分の労働力を資本家に売ることができるあいだだけである。賃労働者の商品――彼の労働力そのもの――が商品として機能するのは，ただそれが資本家の資本に合体されて，資本として機能するかぎりでのことである。他方，資本家が貨幣資本として労働力の買い入れに支出する資本は，労働力の売り手である賃労働者の手のなかでは収入として機能する。

　ここでは，A・スミスが区別していない，さまざまの流通過程や生産過程が絡み合っている。|

　|11| 第1に。流通過程に属する以下の諸行為。労働者は自分の商品――労働力――を資本家に売る。資本家が労働力を買う貨幣は，彼にとっては価値増殖のために投じた貨幣，つまり貨幣資本である。それは，支出されたのではなく，前貸されているのである。27){これが「前貸」――重農学派の「前貸〔avance〕」――の真の意味であって，資本家がこの貨幣そのものをどこからもってくるかにはなんの [379] 関係もない。}ここでは，ただどんな商品販売でも起こることが起こるだけである。すなわち，売り手は使用財（ここでは労働力）を手放して，貨幣でその価値を受け取る（その価格を実現する）。買い手は自分の貨幣を手放して，その代わりに商品そのもの――ここでは労働力――を受け取る。

――――――――――
　　赤鉛筆で短い線を引いている。これは，エンゲルスが草稿13ページの11行（本書113ページ13行）に赤鉛筆で書きつけた「」」様のカギまでの箇所を指示するためのものであろう。
27) 角括弧で囲まれた以下の一文の左側には，角括弧から続く線が引かれている。

108　II　『資本論』第2部・第3部の草稿を読む

　第2に。いま生産過程では，買われた労働力は機能している資本の一部となっており，労働者自身は，ここでは，この資本のうちの生産手段の現物形態にある諸要素とは区別される，一つの特殊的な現物形態として機能するだけである。労働者はこの過程のあいだに，自分の労働力の支出によって，自分が生産物に転化させる生産手段に価値を，自分の労働力の価値にイコールの価値をつけ加える（〔ここでは〕剰余価値は度外視する）。だから労働者は，資本家が労働者に労賃としてすでに前貸したかまたは前貸するはずの資本部分を，資本家のために商品形態で再生産し，資本家のためにこの資本部分の等価を生産するのであり，こうして，資本家があらためて労働力の買い入れに「前貸」することのできる資本を，資本家のために再生産するのである。

　[718] 第3に。だから商品の販売では，その販売価格の一部分は資本家のために彼の前貸した可変資本を補填するのであり，これによって資本家は労働力を買うことができるようになり，労働者は労働力を売ることができるようになるのである。

　すべて商品の売買では――これらの取引そのものだけが考察されるかぎりでは――，売り手が自分の商品を売って得た貨幣が彼の手のなかでどうなるか，また買い手が買った使用物品が彼の手のなかでどうなるかは，まったくどうでもよいことである。だから，たんなる流通過程が考察されるかぎりでは，資本家の買った労働力が彼のために資本価値を再生産するということも，他方，労働者にとって労働者の労働力の購買価格として手放された貨幣が収入となることも，まったくどうでもよいことである。労働者が取引する物品――すなわち彼の労働力――の価値量は，この価値量が彼にとって「収入」を形成するということによっても，彼の取引物品を使用することがこの買い手のために資本価値を再生産するということによっても，影響されはしない。

　労働力の価値――すなわち労働者の商品の妥当な販売価格――は，――他のあらゆる商品の価値と同じく――，労働力の再生産に必要な労働量によって規定されており，この労働量はここでは，これはまたこれで労働者の必要生活手段の生産のために必要な，すなわち彼の生活の維持のために [380] 必要な労働量によって規定されているのだから，労賃は，労働者が生活するのに頼るほかはない収入になるのである。{この点にはあとで立ち戻る。}

第5章 『資本論』第2部第8稿とMEGA版付属資料　109

労働者が自分の労働力をつねにふたたび新たに販売することができ，したがって生きることができるのは，自分の労働力の販売価格に等しい新価値（商品形態での）をたえず再生産するということによってでしかない。彼の労働力は，この新価値を創造することによって，彼にとって収入の源泉となるのである。しかし，[381] たえず再生産されるこの新価値が彼にとって所得（収入）の源泉となるからと言って，その反対に彼の収入が彼の生産する新価値の一成分（component part）をなすわけではない。彼のつくりだす新価値のうちから彼に支払われる分けまえの大きさが，彼の収入の価値の大きさを規定するのであって，その逆ではないのである。新価値のこの部分が彼にとって収入を形成するということは，ただ，この部分がどうなるかを示し，その使途の性格を示すだけであって，この価値部分の形成にも，ほかのどの価値の形成にもなんの関係もない。他のどの商品の場合にもそうであるように，労働力の場合にも，その価値はその再生産に必要な労働量によって規定されている。この労働量が労働者の必要生活手段の価値によって規定されており，したがって彼の生活諸条件そのものの再生産に必要な労働によって規定されているということは，この商品（労働力）に特有なことではあるが，しかし，それは，役畜の価値がそれの維持に必要な生活手段の 719 価値によって規定されており，したがってこの生活手段を生産するために必要な人間的労働の量によって規定されているということ以上に特有なことではない。

しかし，ここでA・スミスにとってすべての災いを引き起こすのは，「収入」という範疇なのである。彼にあっては，異なった種類の諸収入が，第1に，年間に生産され新たにつくりだされる商品価値の [382]「構成部分〔component parts〕」をなすのであるが，他方では逆に，資本家にとってはこの商品価値が二つに分かれて，その二つの部分が——すなわち，労働の買い入れのさいに貨幣形態で前貸された彼の資本価値（可変資本）の等価と，やはり彼のものではあるが彼にとってはなんの費用もかかっていないもう一つの価値部分，すなわち剰余価値とが——収入源泉を形成する。そのさい，可変資本の等価は新たに労働力に前貸され，そのかぎり労働者の労賃というかたちで彼の収入を形成し，他方の部分——剰余価値——は，資本家のために資本前貸を補填する必要のないものだから，どんな種類の資本価値も形成せず，彼によって消費手段（必需

品や著移品）に支出され，収入として消費されることができる。これらの収入の前提は商品価値そのものであって，この商品価値の諸成分が資本家にとって区別されるのは，ただ，それらの成分が彼の前貸した（可変）資本価値の等価となっているのか，それとも |/12/ この可変資本価値を超える超過分となっているのか，ということによってでしかない。どちらの成分も，商品生産のあいだに支出され，流動化されて労働になった労働力以外のなにものからも成ってはいない。どちらの成分も，「収入」からではなく「支出」から——すなわち労働の支出から——成っているのである。

　2）商品価値が収入の源泉になるのではなくて収入が商品価値の源泉になるのだ，というこの取り違え〔quid pro quo〕のあとでは，商品価値は必然的に異なった種類の収入から「合成された」ものとなる。各種の収入はそれぞれ無関係に規定されていて，これらの収入の価値量の加算によって商品の総価値が規定されるのである。だが，そこで問題になるのは，商品価値の源泉をなすというこれらの収入のそれぞれの価値はどのようにして規定されるのか？ ということである。労賃の場合にはこの規定が行なわれる。というのも，労賃は労働者の商品である労働力の価値であって，この価値は（他のどの商品の価値もそうであるように）この商品の再生産に必要な労働力によって規定されうるからである。だが，剰余価値は，またはスミスではむしろ剰余価値の二つの形態である利潤と地代とは，どのようにして規定されうるのか？ ここにあるのは，ただ無意味な長話だけである。スミスは，労賃と剰余価値（または労賃と利潤）を，商品[28]価値を合成する構成諸部分〔component parts〕として並べてみせたすぐあとで，しばしばそれに代えて，それらは商品価格が分解していく〔dissolve〕諸部分なのだと説明している。しかしこれが意味するのは，前とは逆のこと，すなわち，価格は商品の価値であって，この与えられた価値の異なった諸部分が異なった諸収入の形態で，生産 720 過程に参加する異なった諸人格の手に入るのだということである。これがけっしてこれらの三つの構成部分〔component parts〕から価値を合成するのと同じでないことは，たとえば，私が3本の異なる直線の長さを別々に決め，その次にこの3本の線からそれらの合計の長さに

28）価値〕この上に「価格」と書かれている。

第5章 『資本論』第2部第8稿とMEGA版付属資料　111

等しい第4の直線をつくるのと，他方，一つの直線が与えられていて，私がこ
れをなんらかの目的で三つの別々の長さの部分に分けるのとが〔383〕けっして
同じでない，ということとなんの違いもない。前の場合の〔第4の〕線の長さは，
合計されてその線をつくる三つの線の長さが変われば，まったく変わってしま
う。あとのほうの場合の三つの線の長さは，それらが所与の長さの直線の諸部
分をなしているということによって，はじめから限界を画されているのである。

————

しかし実際には，A・スミスの説明のなかにある正しい点にしっかりと依拠す
るかぎり，すなわち，年間商品生産物（各個の商品でも，日生産物，週生産物，
等々でも同じだが）に含まれている，年間労働によって新たにつくりだされた
価値は，前貸可変資本の価値｛つまりふたたび労働力の買い入れに当てられる，
普通に言えば〔vulgo〕労賃の投下に当てられる価値部分｝・プラス・資本家が
――単純再生産で，またその他の事情が変わらない場合――自分の個人的消費
の手段に実現できる剰余価値，にイコールだ，ということに依拠し，さらに，
A・スミスが，価値をつくるかぎりでの労働すなわち労働力の支出と，使用価
値をつくるかぎりでの労働すなわち有用な合目的的な形態での労働とをごたま
ぜにしている，ということに依拠するなら，彼の全見解は次のことに帰着する
ことになる。どの商品の価値も労働の生産物である。だからまた，年間労働の
生産物の価値または年間の社会的商品生産物の価値もそうである。ところが，
すべての労働は，1）労働者がただ彼の労働力の買い入れに前貸された資本の
等価を再生産するだけの必要労働時間と，2）資本家がなんの等価も支払わな
い価値つまり剰余価値を労働者が資本家に提供する剰余労働とに分かれるのだ
から，すべての商品価値はただこの二つの異なった成分に分解しうるだけであ
り，結局，労賃として労働者階級の収入となり，剰余価値として資本家階級の
収入となる。だが，不変資本価値，すなわち年間生産物の生産のなかで費消さ
れる生産手段の価値について言えば，どうしてこの価値が新たな[29]価値生産物
の価値に入るのかは（資本家は自分の商品を売るときにそれを買い手に負わせ
るのだ，というきまり文句のほかには）言えないのであるが，しかし結局――

————

29）価値生産物］「生産物価値」の誤記であろう。

究極的には〔ultimately〕——，生産手段そのものが労働の生産物なのだから，この価値部分もこれまたやはり，可変資本（労賃 721 に支出される）の等価および剰余価値だけから，必要労働の生産物および剰余労働の生産物だけから成っている。これらの生産手段の価値がその充用者の手のなかで資本価値として機能するとしても，そのことは，この価値が「本源的には」，またその根本にさかのぼってみれば，また別の手のなかで——以前のことではあるが——同じ二つの価値部分に，つまり二つの異なった収入源泉に，分かれうるものだった，ということを妨げるわけではない。

　[384] このなかにある正しい点は，社会的資本の——すなわち個別的諸資本の総体の——運動では，各個の資本について別々に考察されるのとは，すなわち各個の資本家の立場に立ったときに示されるのとは，事柄が違って現われるということである。各個の資本家にとっては，商品価値は，ある不変な要素（スミスの言う第4の要素）と，労賃と利潤および地代（すなわち剰余価値）とに分解する。ところが，社会的な立場から見れば，この第4の要素（不変資本価値）は消えてしまうのである。

　30)「労賃，利潤，地代」という三つの収入が商品価値の三つの構成部分〔component parts〕をなす，というばかげた定式は，A・スミスでは，商品価値がこの三つの成分に"dissolves itself"する，すなわち分解する，という，それよりももっともらしい定式から生まれてくる。しかし，これもまた間違いであって，商品価値は，ただ，使用された労働力の等価・プラス・労働力によってつくりだされた剰余価値，にしか分けられない，と前提したとしても，やはり間違いである。しかし，誤りはここでもまた，もっと深い真実な基礎にもとづいているのである。資本主義的生産は，||13| 生産的労働者が自分自身の労働力を自分の商品として資本家に売り，次にこの労働力が資本家の手のなかでただたんに彼の生産資本の一要素として機能する，ということにもとづいている。この（流通に属する）取引——労働力の売買——の全体が，生産過程を準備するだけではなく，暗黙のうちに〔impliciter〕生産過程の独自の性格を規定している。

---

30) エンゲルス版はここから本書119ページ28行までを「第19章　対象についての従来の諸論述／第2節　アダム・スミス／5　要約」に利用している。

第5章 『資本論』第2部第8稿とMEGA版付属資料 113

使用価値の生産は，また商品の生産でさえも（というのは商品の生産は独立の生産的労働者によっても行なわれるのだから），ここではただ資本家のための，価値の生産，および，より正確に言えば，剰余価値の生産の手段でしかない。だからこそわれわれは，生産過程の分析で，絶対的および相対的剰余価値の生産がどのように，1）1日の労働過程の長さを規定し，2）資本主義的生産過程の社会的および技術的な全様態を規定するか，を見たのである。この生産過程そのもののなかで，価値（不変資本価値）のたんなる維持と，前貸された価値（労働力の等価）の現実の再生産と，剰余価値すなわち資本家がそれにたいして前もって等価を前貸したのでもなくあとから等価を前貸するのでもない価値の生産との区別が現実のものとなるのである。｛というのも，**722** 前もってであれ，事後的にであれ，資本家が生産過程のために支払うどんな価値も，彼にとっては，前貸されているだけだからである。その価値は生産過程そのものに[31]前貸されているのである。｝｛だからこそケネーは，生産資本のすべての要素を正しく前貸〔avances〕と規定しているのである。｝剰余価値——資本家が前貸した価値の等価を超える価値——の取得は，労働力の売買によって準 [385] 備されるのではあるが，生産過程そのもののなかで行なわれる行為であって，生産過程の本質的な契機をなすものであり，だから，この過程の成果すなわち商品生産物の交換または分配のなかではじめて事後的に生じるものではない。｛流通行為をなす準備的行為である労働力の売買は，これはまたこれで，社会的な生産物の分配に先行しその前提になっている生産要素の分配に，すなわち，労働者の商品としての労働力が非労働者の所有物としての生産手段から分離されていることにもとづいている。｝しかしまた，剰余価値のこの取得は，すなわち，価値生産がこのように，前貸価値の再生産となんの等価も補填しない新価値（剰余価値）の生産とに分かれることは，価値そのものの実体や価値生産の性質を少しも変えるものではない。価値の実体は，支出された労働力——労働（この労働の特殊的な有用的性格にはかかわりのないそれ）——以外のなにものでもなく，またどこまでもそれ以外のなにものでもないのであり，そして

---

31) 前貸されているのである。〕 エンゲルスはこの文のあとに，赤鉛筆で「」」様のカギを書きつけている。これは，脚注26で触れた，草稿10ページの30行（本書106ページ26行）の上に引いた線に対応するものであろう。

114 II 『資本論』第2部・第3部の草稿を読む

価値生産は，この支出の過程以外のものではないのである。たとえば，農奴は6日のあいだ労働力を支出する，すなわち6日のあいだ労働するとしよう。彼がこの6労働日のうち，たとえば3日は自分のために自分の畑で働き，残りの3日は自分の領主のために領主の畑で働くとしても，それによってこの支出それ自体の事実にはなんの相違も生じない。彼が自分のために行なう自発的な労働も，彼の領主のために行なう強制労働も，等しく労働である。彼の労働が，それによってつくりだされる価値に関連する労働として，またさらに有用生産物に関連する労働として考察されるかぎり，彼の6日間の労働のあいだにはなんの区別も生じない。相違はただ，6日という労働時間の二つの半分のそれぞれでは彼に労働力を支出させる事情が異なる，ということにかかわるだけである。賃労働者の必要労働時間と剰余労働時間とについてもまったく同じことである。

　生産過程は商品では消えている。その商品の生産に労働力が支出されたということは，いまでは，価値をもっているというそれの物的な属性として現われている。この価値の大きさは，支出された労働の大きさによって測られるのであって，商品価値は，支出された労働以外のものには分解しないし，それ以外のなにものからも成ってはいない。[386] そのかぎりでは，資本家によって生産される商品も，独立した労働者，あるいは労働者集団，あるいは奴隷たちによって生産される商品と少しも違ってはいない。労働生産物の全体もそれの価値の全体も 723 資本家（労働者に向かい合っている）のものである。他のどの生産者もそうであるように，資本家も，商品をまず販売によって貨幣に転化させてからでなければ，それでなにかをやらかすことができない。彼は商品を，まずもって一般的等価の形態に転化しなければならないのである。[385] 私が或る長さの一本の直線を引いたとき，私は，まず，私とはかかわりのないなんらかの諸規則（諸法則）に従ってなされる線引きという行為によって，1本の直線を「生産した」わけである（もちろん私がその前から知っているものをシンボルを使って「生産した」だけであるが）。私がこの直線を三つの部分（これらもなんらかの問題に対応するかもしれない）に分けても，これら三つの部分のそれぞれは相変わらず直線であって，これらの部分からなる直線全体は，[386] この分割によって，直線とは別ななにかに，たとえばなんらかの種類の

第5章 『資本論』第2部第8稿とMEGA版付属資料　115

曲線に，分解されるわけではない。同様に私は，所与の長さの線を分割することで，諸部分の合計が分割以前のその線自身よりも長くなるようにすることもできない。つまり，分割されない線の長さは，この線自体の限界とは無関係に決められたもろもろの部分線の長さによって定められているのではない。その逆であって，部分線の相対的な長さが，それらを部分とする線の限界によって，はじめから限定されているのである。

　貨幣に転化させられる前の商品生産物を考察しよう。それは全部資本家のものである。他方それは，有用な労働生産物としては——使用価値としては——，その全部がすぐ前の労働過程の生産物である。それの価値はそうではない。この価値の一部分は，商品の生産のなかで支出された生産手段の，新たな形態で再現した ‖14‖ 価値でしかない。この価値はこの商品の生産過程のあいだに生産されたものではない。というのも，生産手段はこの価値をもってこの商品の生産過程のなかに入ったのであって，〔この価値は〕この生産過程とはかかわりがないのだからである。新しくなったもの，変わったものは，ただこの価値の現象形態だけである。商品価値のこの部分は，資本家にとっては，彼によって前貸された不変資本のうちの商品生産中に費消された部分の等価をなしている。それは前には生産手段の形態で存在していた。それはいまでは，新たに生産された商品の価値の成分として存在している。この商品が貨幣化されれば，いまでは貨幣として存在するこの価値が，ふたたび生産手段に，すなわち生産過程——同じ生産過程でそれが果たす機能——によって規定されたそれのもとの形態に転化させられなければならない。商品のもつ価値性格は，この価値が果たす資本機能によっては，少しも変えられないのである。賃労働者が資本家に売る労働力の価値は，労働力が生産過程に入る以前に規定されており——そして労働力の売買という流通行為のなかでは[32]固定され〔てい〕る——，支払はのちに行なわれるかもしれないが，しかし労働力の販売価格は，それが入り込む生産過程からは独立に規定されているのである。賃労働者は，彼の機能——彼の労働力の **724** 支出——によって，彼の労働力の使用の代価として [387] 資本家

---

32) 固定され〔てい〕る〕草稿では「固定される〔wird … fixirt〕」となっているが，「固定されている〔ist … fixirt〕」とあるべきところであろう。

が彼に支払わなければならない価値に等しい商品価値を生産する。彼は資本家にこの価値を商品で与え，資本家は彼にこの価値を貨幣で支払う。{この支払が商品の販売の前かあとかということは，ここではまったくどうでもよいことである。継続している生産過程のなかで資本家が労働者に実際に支払うものは，ただ，労働者自身によって以前の生産過程で，あるいは最後の生産過程のあいだにつくられた商品価値からすでに引き離された貨幣でしかない。}商品価値のこの部分が，資本家にとって，労賃に前貸されるべき彼の可変資本の等価でしかないということは，この価値部分が生産過程のあいだに新たにつくりだされた商品価値であって，この価値は，剰余価値と同じく，すでに終わった労働力の支出以外のなにものでもないという事実を，少しも変えない。[380] ①A・スミスが次のように言っているのは（〔第2篇第3章〕7ページを見よ〔岩波文庫新版，II, 113ページ〕），まったく間違いである。資本のうち「生産的労働の維持に」投じられる部分は，「彼②（資本家）のために資本の機能を果たしてから……彼ら③（労働者たち）にとっての収入となる。」資本家が自分の買う労働力の代価を支払う貨幣が彼のために資本の機能を果たすのは，それによって彼が労働力を彼の資本の物象的な諸成分に合体させ，こうすることではじめて，そもそも彼の資本が生産資本として機能できるのだ，というかぎりでのことである。——われわれは以下のような区別をしよう。労働力は労働者の手のなかでは商品である。そして，労働力が労働者にとって「収入」をなす〔constituiren〕のは，彼がそれをたえず繰り返して売ることができるかぎりでのことである。労働力は，売られたあとで，資本家の手のなかで，生産過程そのもののあいだ，資本として機能する。ここで二度役だつものは，労働力である。労働者の手のなかでは，価値で売られる商品として。それを買った資本家の手のなかでは，価値と使用価値とを生産する力として。しかし，労働者が資本家から受け取る貨幣は，彼が自分の労働力の使用を資本家に与えたあとで，労働力がすでに労働生産物の価値のなかに実現されたあとで，はじめて労働者によって受け取られる。資本家はこの価値を，彼がそれを支払う前には，自分の手にもっている。だから，貨幣が二度，すなわち，まず可変資本の貨幣形態として，次に労賃として，機能するのではなくて，労働力が二度機能したのである。第1には，労働力が売られるときに（貨幣は，この過程のあいだ，資本家の手のなかでたんに観念的

第5章 『資本論』第2部第8稿とMEGA版付属資料　117

な価値尺度として作用するだけである），すなわち労働者に支払われるべき賃金の取り決めにさいして，商品として機能した。しかし第2には，この労働力は生産過程ですでに資本として，すなわち使用価値および価値を形成する要素として，資本家の手のなかで機能していた。労働力は，労働者に支払われるべき，彼の労働力の価格の等価を，資本家がそれを労働者に貨幣形態で支払う前に，すでに商品形態で供給していた。だから，労働者は自分で 725 支払ファンドをつくりだして，そこから彼に資本家が支払うのである。だが，それだけではない。労働者が受け取る貨幣は，彼によって，自分の労働力を維持するために，支出される。つまり，──資本家階級と労働者階級とをその総体として見れば──，資本家のために，ただ彼だけが資本家であり続けることができるための道具を維持してやるために，支出されるのである。

①〔注解〕A・スミスが……収入となる。」〔MEGA II/11〕710ページ26-30行〔本書97ページ12-15行〕を見よ。
②〔注解〕（資本家）〕マルクスの挿入。
③〔注解〕（労働者たち）〕マルクスの挿入。

労働力の不断の売買は，一方では，労働力を資本の要素として永久化する。これによって資本が，商品すなわち価値をもつ使用物品の創造者として現われ，これによってさらに [381] 労働力を買う資本部分が，労働力自身の生産物によってたえず生産される。つまり労働者は，自分がそこから支払を受ける資本ファンドをたえず自分でつくりだすのである。労働力の不断の販売は，他方では，たえず繰り返される労働者の生活維持源泉となる。だから彼の労働力が，彼のために所得源泉として機能する収入を手に入れる能力として現われるのである。ここで収入と言うのは，ある一つの商品（労働力）のたえず繰り返される販売によって行なわれる価値の取得にほかならない。この場合には，取得されるこの価値そのものは，ただ，売られるべき商品の不断の再生産に役だつだけである。以上のように見るかぎりでは，A・スミスが，労働者自身がつくりだす生産物の価値のうちで資本家がそれにたいして労賃の形態で労働者に等価を支払う部分は，‖15‖ 労働者にとって収入の源泉になる，と言っているのは正しい。しかし，このことによって商品のこの価値部分の性質や大きさが変わらないのは，生産手段が資本価値として機能することによって生産手段の価値が変わら

118　II　『資本論』第2部・第3部の草稿を読む

ないのとまったく同じであり，あるいはまた，直線が三角形の底辺として機能
したり，楕円の軸として機能することによってはこの直線の性質や大きさが変
わらないのとまったく同じことである。労働力の価値は，この生産手段の価値
が規定されているのとなんの変わりもなく，同じように規定されている。商品
のこの価値部分は，それを構成する独立な一要因としての収入から成っている
のでもなければ，収入に分解されるのでもないが，しかし，労働力の価値は労
働者の手のなかで収入源泉として機能するのであり，労働者の収入の価値量は
商品のこの価値部分によってあらかじめ規定されているのである。私が毎週
mターレルの収入を得ているとしても，この毎週の収入という事情によって
は，このターレルの価値の本性もその価値の大きさも少しも[33]変わるものでは
ないのである。

　[387] 剰余価値などについても同じことが言える。それは，商品の他のあら
ゆる価値部分と同じく，商品の価値部分である。ただ〔違うのは〕，この価値部
分は資本家になんの費用も費やさせることなく資本家のものになるということ
である。——しかし，もしアダムが，すでに商品価値の考察にさいしてひとた
び，再生産過程の全体のなかで商品価値の異なった諸部分にどんな役割が割り
当たるかを考えてみようとしたなら，さまざまの部分が収入として機能してい
るとき，同様に，他の諸部分がたえず資本として機能していることは明らかだ
ったのであり，——そうである以上は彼の論理に従えば，後者の諸部分も商品
価値を構成する諸部分として，あるいは，商品価値が分解していく諸部分とし
て示されなければならなかったはずであろう。

　[726] A・スミスは，「商品生産」一般を「資本主義的商品生産」と同一視して
いる。生産手段ははじめから「資本」であり，労働ははじめから賃労働なので
あって，だからこそ，[388]「有用で生産的な労働者の数は……どこでも，彼
らを働かせるために充用される資本〔capital stock〕の量に比例する」(序文，12
ページ。〔岩波文庫新版，I，21ページ。〕) のであり，一言で言えば，労働過程のさ
まざまの要因——対象的要因と人格的要因——がはじめから資本主義的生産時

---

33) 変わるものではないのである。〕エンゲルスはこのあとに，赤鉛筆で，やや傾いだ縦の線
　　を引いている。

第5章 『資本論』第2部第8稿とMEGA版付属資料　119

代の扮装をまとって現われている。したがってまた商品価値の分析も，一方で，この価値がどこまで投下資本のたんなる等価をなすのか，他方で，それがどこまで，前貸資本価値を補塡することのない「自由な」価値すなわち剰余価値をなすのか，という気配りと直接に一致する。こうして，この立場に立って比べられた商品価値の諸断片が，ひそかに商品価値のそれぞれ自立した「構成諸部分〔component parts〕」に転化し，結局は「一切の価値の源泉」に転化するのである。また，もう一つの帰結は，異なった種類の収入からの商品価値の「構成〔Composition〕」，またはそれに代わる，異なった種類の収入への商品価値の「分解」であり，したがって，収入が商品価値から成っているのではなく，商品価値が「収入」から成っている，ということである。すなわち，商品価値のうちの賃労働者たちによって生産された部分——資本家が労働力を購入するのに，またはむしろ，それを購入したのちに支払うのに，たえず新たに役だつ部分——が，労働者たちの労賃の源泉，つまり労働者たちの収入の源泉になり，まったく同様に，賃労働者にたいする等価なしに彼らによってつくりだされた剰余価値が資本家の収入源泉になるのである。しかし，商品価値または貨幣が資本価値として機能しても，商品価値の商品価値としての性質または貨幣の貨幣としての性質が変わるものではないように，商品価値があとでだれかにとって収入として機能しても，それによって商品価値の性質が変わるものではない。A・スミスが問題にする商品は，はじめから商品資本（それは商品の生産のなかで費消された資本価値のほかに剰余価値を含んでいる）であり，つまり，資本主義的に生産された商品であり，資本主義的生産過程の結果である。だから，この過程が（だからまたそれに含まれている価値増殖過程および価値形成過程も）前もって分析されなければならなかったはずである。この過程の前提が，これはまたこれで商品流通なのだから，この過程の説明はまた，それからは独立な，それに先行する，商品の分析を必要とする。A・スミスが「深奥に〔esoterisch〕」たまたま正しい点を射当てているかぎりでも，いつでも彼はただ商品分析のついでに，すなわち商品資本の分析のついでに，価値生産を考慮するだけなのである。

　さらに，商品価値の，収入として機能する一切の部分が，社会的消費ファンドに予定される年間の労働生産物と一致するということ，したがって年間の収

入は，年間の商品価値のうちのそれぞれの階級の手に帰する分配分が，消費の
ために予定された年間の生産物から彼らに与える **727** 分配分と等しいというこ
と，──このことは，スミスが彼の著書の序文のなかで明言しているところで
ある。

　「大部分の人びとの収入とはなんだったのか，または，……彼らの年々の消
費を供給した……ファンドの性質はなんだったのか，これを説明するのがこの
最初の4篇の目的である。」(12ページ。〔岩波文庫新版，I, 22ページ。〕) そこで，
年間労働によって生産された商品価値はじっさいただ二つの部分に分けること
しかできないのだから，つまり〔年間労働は〕一つには労働者が自分の労働力の
等価をつくりだし，一つには資本家のための剰余価値を生産するのだから，そ
して，前者は労賃として，労働者の収入として機能し，後者は資本家の収入と
して機能するのだから，そして，この二つの種類の収入は，収入である以上は
{そしてこの観点は単純再生産の叙述では正しいものである} どちらも年間の
消費ファンドからの |34)/16/ 相対的な〔すなわち一方の増加は他方の減少となるよう
な〕取り分を表わしていて，この消費ファンドとして実現されるのだから，
──だからどこにも不変資本価値のための余地は，すなわち生産手段の形態で
機能する資本の再生産のための余地は残されていないのである。

　しかしA・スミスが，年々の労働生産物 (あるいは商品生産物) の総価値を
年労働によって新たにつくりだされる35)価値生産物──それは年々の労働生産
物の総価値の一部をなすにすぎない──と等置したのは，彼が，価値を形成す
るかぎりでの労働を労働の有用的な性格から区別しなかったことから，必然的
に生じたことであった。「各国民の年間労働は，各国民が年間に消費するすべ
ての①生活必需品を各国民に本源的に供給するファンドである。{ただし自然
ファンドが，総じて労働の対象的諸要因が与えられている場合だけである。}
そして，この生活必需品は，つねに，労働の直接的生産物から成っているか，
またはこの生産物で他の諸国民から買われたものから成っている。」(序文，11
ページ。『諸国民の富』の冒頭の文。〔岩波文庫新版，I, 19ページ。〕)

---

34) この草稿16ページのフォトコピーがMEGA II/11, 729ページに挿入されている。
35) 価値生産物〕この上に「商品価値」と書かれている。

① 〔注解〕生活必需品〕 スミスでは，「生活必需品および便益品」。

[391] [36] 年間生産物——年間の商品生産物すなわち年間の商品資本——の運動の観点から社会的再生産過程を考察すれば，つまり流通形態

$$W'\_\_G\_\_W...P...W'$$
$$\mid$$
$$g\_\_w$$

$$(W'\_\_G'\_\_W...P...W')$$

を考察すれば，ここでは消費が必ず一役を演じる。というのも，出発点である $W'=W+\Delta W$ すなわち商品資本は，[392] 前貸資本価値（不変資本価値と可変資本価値）と剰余価値とを含んでいるからである。それゆえ，商品資本の運動は生産的消費とともに個人的消費をも含んでいる。他方で，$G\_\_W...P...W'\_\_G'$ は [37] $P...W'\_\_G'\_\_W...P$ の場合と同じく，資本の運動が出発点であり終点である。商品は売られなければならないのだから，この運動にはたしかに消費も含まれてはいるが，商品が売られるものと前 728 提すれば，〔売られたものがそのさきで〕どうなろうと，個別資本の運動にとってはどうでもよいことである。これに反して，W' の運動では，この総生産物のそれぞれの価値部分がどうなるかが示されるのであって，まさにただこのことだけから，社会的再生産の諸条件が認識できるのである。総再生産過程は，資本そのものの再生産過程を含むのと同じく，流通によって媒介される消費過程をも含んでいるのである。

[393] [38][39] ｛単純再生産すなわち不変な規模での再生産は [394] 一つの抽象として現われる。すなわち，一方で，蓄積または拡大された規模での再生産がまったく行なわれないというのは資本主義的基礎の上では奇異な仮定であり，他方で，生産が行なわれるさいの諸関係がどの年にもまったく同じままだとい

36）エンゲルス版はここから本書本ページ18行までを「第20章　単純再生産／第1節　問題提起」の第1・第2パラグラフに利用している。

37）「P...W'__G'__W...P」] MEGAはこれを「P...W'__G'__W...P'」と訂正しているが，この訂正は不要であろう。

38）エンゲルス版はここから本書122ページ16行までを「第20章　単純再生産／第1節　問題提起」の最後のパラグラフに利用している。

39）角括弧で囲まれた以下のパラグラフの左側には，角括弧から続く線が引かれている。

122　II　『資本論』第2部・第3部の草稿を読む

うようなこと（そしてこのことが前提されるのだ）はない，というかぎりで，単純再生産は抽象なのである。前提されるのは，諸商品がとる形態は再生産過程のなかで変わるにしても，与えられた価値の社会的資本は，前年と同じく，ふたたび新たに同じ量の商品価値を供給し，同じ量の諸欲求を満たす，ということである。しかし他方では，蓄積が行なわれるかぎり，単純再生産はつねにそれの一部分をなしており，したがって独立に考察されることができるのであり，蓄積の現実の要因なのである。年間生産物の価値は，使用価値の量が同じままでも減少することがありうるし，使用価値の量が減少しても同じままでありうる。価値量と再生産される使用価値の量とが同時に減少することもありうる。すべてこのようなことは，再生産が前よりも有利な事情のもとで行なわれるか，それとも前よりも困難な事情のもとで行なわれるかということに帰着するのであって，あとのほうの場合は，不完全な再生産——不足した再生産——という結果になることもありうる。すべてこのようなことは，ただ再生産のさまざまな要素の量的な面に触れることができるだけで，これらの要素が，再生産される資本または再生産される収入として総過程で演じる役割に影響することはできない。}

あとに置くべきものの先取り。

[396] [40) {K＝総資本すなわち前貸総資本。c＝不変資本。v＝可変資本。m＝剰余価値。}

　たとえば，次のようであるとしよう。

　I）生産手段生産。$4000c + 1000v$；$K = 5000$。価値増殖率＝100％；そこで，$K = 5000$；$= 4000c + 1000v$。生産手段のかたちで存在している商品生産物＝$4000c + 1000v + 1000m$。年間商品生産物の総価値＝6000。

　[41)] [731] II）消費手段生産。$2000c + 500v + 500m$（＝商品生産物の価値＝3000。

---

40)　エンゲルス版はここから本書123ページ1行までを「第20章　単純再生産／第2節　社会的生産の二つの部門」に利用している。

41)　[731]] MEGAのページがこの前に2ページ飛んでいるのは，728ページに第8稿16ページのフォトコピーが挿入され，その裏の729ページがブランクページとなっているからである。

K＝2500。）

[397] 42)生産手段の現物形態で商品の生産者たちの手もとにある価値 I（v＋m）は，消費手段の現物形態にある IIc と交換される。IIの資本家階級は自分の不変資本を，消費手段の形態からふたたび消費手段の生産手段の形態に，すなわち，それが新たに労働過程の要因としても，また——価値増殖過程との関連では——不変資本価値としても機能することのできる形態に転換した。他方では，労働力（I での）の等価・イコール・Iv と資本家 I の剰余価値とが消費手段として実現されており，生産手段の現物形態から収入として費消される現物形態に転換された。|

|17| しかし，この相互転換は貨幣流通によって媒介されているのであって，[398] この貨幣流通は決定的に重要である。というのも，可変的な資本成分はたえず貨幣形態で，すなわち，貨幣形態から労働力に転換される貨幣資本として，更新されなければならないからである。可変資本は，社会の全面で同時に相並んで営まれるすべての事業部門〔Geschäftszweig〕で，それが部類〔Categorie〕I に属していようと II に属していようと，貨幣資本として——買われた労働力の支払のために——前貸されなければならない。資本家が労働力を買うのは，それが生産過程に入る前であるが，労働力に支払うのは，約束の期限がきてからのことであり，労働力がすでに使用価値の生産に支出された（ここでは年間労働の，実際には週労働などの）あとのことである。生産物価値のうちの他の部分と同じく，生産物価値のうち労働力の支払に支出された貨幣の等価でしかない部分，すなわち可変資本価値を代表する価値部分も，資本家のものである。この価値部分そのもののかたちで，労働者は自分の労賃の等価をすでに資本家に引き渡してしまった。しかし，資本家のために彼の可変資本を新たに労働力の買い入れに前貸できる貨幣資本として回復するのは，ただ，貨幣への商品の再転化——商品の販売——だけである。

　だから〔部門〕I で，資本家は労働者に，生産物 I すなわち労働者が生産した生産手段に含まれる，v 部分としてすでに存在する価値部分にたいするものと

---

42) エンゲルス版はここから本書127ページ15行までを「第20章　単純再生産／第3節　両部門間の転換 I（v＋m）対 IIc」に利用している。

して，たとえば1000ポンド＝1000vを支払った。労働者たちはこの1000ポンド｛これは可変資本の貨幣価値であり，それゆえまた，可変資本が年間商品生産物Ⅰの[43)]価値部分vとして再生産されたものの貨幣価値でもある｝で資本家Ⅱから同じ価値の[44)]生活手段を買い，こうして不変資本Ⅱの半分を貨幣形態に転化させる。資本家Ⅱのほうでは，この1000ポンドで 732 1000ポンドの生産手段を資本家Ⅰから買う。こうして，資本家Ⅰの生産物の一部分として生産手段の現物形態にあった可変資本価値＝1000vがふたたび貨幣に転化していて，いまでは資本家Ⅰの手のなかで新たに貨幣資本として機能することができ，この貨幣資本が労働力に，つまり生産資本の最も重要な要素に，転換されることになる。こういう仕方で，資本家Ⅰの可変資本は，彼らの商品資本の一部分が実現された結果として，彼らの手に貨幣形態で帰ってくるのである。

　だが，商品資本Ⅰのm部分とⅡの不変資本部分のあとの半分との転換に必要な貨幣について言えば，それはさまざまの仕方で前貸されることができる。この流通は現実には両部類〔Categorie〕の個別資本家のあいだで行なわれる無数の別々の売買を含んでいるのだが，どんな場合であっても貨幣はこれらの資本家から出てくるよりほかはない。というのも，労働者たちが流通に投げ入れる貨幣量についてはすでに決着済みだからである。部類〔Kategorie〕Ⅱの或る資本家が，[399]生産資本のほかに手もとにもっている貨幣資本のうちから部類Ⅰの資本家たちのもとで生産手段を買うこともありうるし，反対に部類Ⅰの或る資本家が，資本支出ではなく個人的支出（収入）に向けられる貨幣のうちから，部類Ⅱの資本家たちのもとで消費手段を買うこともありうる。どんな事情のもとでも，なにがしかの貨幣準備が——資本前貸のためであろうと収入の支出のためであろうと——生産資本のほかに資本家の手もとにあるものと前提されなければならない。いま——この場合われわれの目的のためには両者の割合はまったくどうでもよいのだが——貨幣の半分は資本家Ⅱによって彼らの不変資本を補塡するために生産手段の買い入れに前貸され，他の半分は資本家Ⅰによって消費のために支出されると仮定すれば，Ⅱは500ポンドを前貸してそれでⅠ

---

43) 価値〕草稿では「商品」となっており，MEGAもそのままにしているが，「価値」と訂正すべきところである。

44) 生活〕この上に「消費」と書かれている。

から生産手段を買い，こうしてⅡの不変資本の3/4を現物で補塡したことになり，Ⅰはこうして受け取った500ポンドでⅡから消費手段を買い，こうしてⅠの商品資本のうちmから成っている部分の半分のためにw＿g＿wを描いたことになり，Ⅰのこの生産物を消費ファンドのかたちで実現したことになる。この第2の過程によって，500ポンドが貨幣資本としてⅡの手に帰り，Ⅱはその生産資本のほかにこの貨幣資本をもつことになる。他方Ⅰは，自分の商品資本のうちまだ生産物として手もとにあるm部分の半分を当てにして──それが売れる前に──消費手段Ⅱに支出するために500の額の貨幣支出をする。Ⅱは同じ500でⅠから生産手段を買い，こうしてその不変資本の全部を現物で補塡した。全体では4000ポンドの額の商品の転換が2000ポンドの貨幣流通で行なわれたということになるが，この2000ポンドという金額が出てくるのは，ただ，年間生産物の全体がわずかの大きな部分に分けられて一度に転換されるものとして示されるからにすぎない。ここで重 **733** 要なのは，ただ次の事情だけである。すなわち，Ⅱは消費手段の形態で再生産された自分の不変資本をふたたび生産手段の形態に転換したが，それだけではなく，Ⅱが生産手段を買うために流通に前貸した500ポンドもⅡに帰ってくる，ということがそれであり，また，45)Ⅰも，生産手段の形態で再生産した自分の可変資本をふたたびそれの貨幣形態でもっており，新たに直ちに労働力に転換できる貨幣資本としてもっているだけではなく，そのほかに，Ⅰが自分の資本の全剰余価値部分を売るよりも前にそれを当てにして消費手段の買い入れに支出した500ポンドもⅠに帰ってくる，ということがそれである。しかし，それがⅠに［400］帰ってくるのは，この支出がなされたことによってではなく，Ⅰの商品生産物のうちⅠの剰余価値を担う部分があとから売られることによってである。

　どちらの場合にも，不変資本Ⅱが生産物形態からふたたび生産手段の現物形態に，すなわちそれが資本として機能することのできる唯一の形態に，転換されるだけではなく，また同じく，可変資本部分Ⅰが貨幣形態に転換され，そして ‖18‖ 生産手段の剰余価値部分が収入として費消できる〔verzehrbar〕形態に

---

45) Ⅰ] 草稿では「Ⅱ」となっており，MEGAでもそのままにしているが，「Ⅰ」と訂正すべきところである。

転換されるだけではなく，それに加えてさらに，IIには，不変資本のうちのこの額に相当しこれを補填する価値部分——これは消費手段の形態で存在する——を売る前に生産手段の買い入れに前貸した500ポンドの貨幣資本が帰ってくるのであり，またIには，消費手段の買い入れに前もって支出した500ポンドが[46]帰ってくるのである。IIには自分の商品生産物の不変部分を当てにして前貸した貨幣が還流し，またIには自分の商品生産物の剰余価値部分を当てにして前貸した貨幣が還流するが，それはただ，一方の資本家は，商品形態IIで存在する不変資本のほかに，他方の資本家は，商品形態Iで存在する剰余価値のほかに，なおそれぞれ500ポンドの貨幣を流通に投じたからでしかない。彼らは，結局，それぞれの商品等価の交換によって，互いに完全に支払を済ませたのである。彼らが自分の商品の価値額のほかにこの商品転換の手段として流通に投じた貨幣は，それぞれが事前に流通に投じた割合に応じて，流通から彼らに帰ってくる。彼らはこれによっては一文も儲けてはいない。IIは，消費手段の形態で不変資本＝2000を，それにプラスして貨幣の形態で500をもっていたのだが，IIはいま，前と同じく生産手段で2000と500の貨幣とをもっており，同様にIも，前と同じく消費ファンドでの1000の剰余価値と，それにプラスして前と同じく貨幣で500をもっている。——一般的に言えば次のようになる。産業資本家が彼ら自身の商品流通の媒介のために流通に投じる貨幣は，商品IIの不変価値部分を当てにして投じるのであろうと，収入として支出されるかぎりでの，商品に含まれている剰余価値を当てにして投じるのであろうと，彼らが 734 貨幣流通のために前貸しただけの額がそれぞれの資本家の手に帰ってくるのである。{自明なことだが，不変資本価値のうちここで問題になるのは，つねにただ，生産過程のなかで古い形態のまま機能し続けることなく，生産手段から商品生産物に移転する部分だけである。}

　可変資本（Iの）の貨幣形態への再転化について言えば，この可変資本はIの資本家にとってはいまはまず，労働者が彼らに可変資本を引き渡したときの形態で，すなわち商品形態で存在している。彼らは労働者たちにこの可変資本を，労働力の価格として，貨幣形態ですでに支払った。そのかぎり，彼らは，

---

46) 帰ってくるのである。〕エンゲルスはこのあとに，赤鉛筆で，「」」様のカギを書いている。

[401] 彼らの商品生産物のうちの，労働力にたいして貨幣で支払われたこの可変資本にイコールの価値成分をすでに支払った。その代わりに，彼らは商品生産物のこの部分の所有者なのである。しかし，労働者階級のうち彼らによって使用される部分は，この部分自身が生産した生産手段の買い手ではない。この労働者部分は，IIによって生産された消費手段の買い手である。だから，労働力の代価を支払うときに貨幣で前貸された可変資本は，直接に資本家Iの手に帰ってくることはない。それは，労働者たちが行なうもろもろの購買をとおして，労働者仲間に必要であり一般に入手できる商品の資本家的生産者の手に移り，この資本家たちがこの貨幣を生産手段の買い入れに用いることによって——この回り道を通って——はじめて資本家Iの手に帰ってくるのである。

　こうして次のことがわかる。単純再生産では，商品資本Iのうちの価値額$v+m$は（したがって総商品生産物Iのうちでこれに相当する比例配分的部分も），同様にIIの総商品生産物のなかの成分として区分された不変資本cにイコールでなければならないということ，すなわちI$(v+m)$＝IIcでなければならないのである。

　いまIのもとで，まだ考察しなければならないものとして残っているのは，それの不変資本部分——Ic——であろう。これについてはあとで。

　[47)]これにたいして，商品生産物IIの価値についてまだ研究されなければならないのは，そのうちの諸成分II$(v+m)$である。これらの考察は，ここでわれわれが取り扱う最も重要な問題，すなわち，各個の資本主義的商品生産物の価値の$c+v+m$への分解が，さまざまな現象形態によって媒介されるにせよ，年間総生産物の価値に当てはまるのはどのようにしてか，という問題にはかかわりがない。この問題は，一方ではI$(v+m)$対IIcという転換によって，他方では年間商品生産物IのなかのIcの再生産の研究によって解決されている。II$(v+m)$は消費財の現物形態で存在するのだから，また，労働力の支払のために労働者に前貸される可変資本は——だいたいのところ労働者によって——消費手段に支出されなければならないのだから，さらにまた，後者の価値部分

---

47) エンゲルス版はここから本書139ページ9行までを「第20章　単純再生産／第4節　部門IIのなかでの転換　必要生活手段と奢侈手段」に利用している。

mは，単純再生産という前提[735]のもとでは，実際に収入として消費手段に支出されるのだから，それだから，一見して明らか〔prima facie〕なように，労働者は資本家Ⅱから受け取った労賃で彼ら自身の生産物——彼らの労働力の支払にさいして受け取った[402]貨幣価値の価値量に相当する部分——を買い戻すのである。これによって，資本家階級Ⅱは，労働力の支払に前貸した自分の貨幣資本を〔貨幣に〕再転化させる。それは，彼らが労働者にたんなる価値切符で支払ったとした場合と同じである。労働者たちが，自分たちが生産したものであり資本家のものである商品生産物の一部分を買うことによって，この価値切符を実現したとすれば，この価値切符は資本家の手に帰ってくることになるわけだが，ただ〔その場合とここでの場合との違いは〕，ここではこの切符は，価値をたんに表わしているだけではなく，自分の金または銀の肉体のうちに価値をもっている，というだけのことである。貨幣で ‖19‖ 貨幣資本として前貸された可変資本が，労働者階級が買い手として現われ資本家階級が売り手として現われる過程を経て帰ってくる，というこの種の還流については，あとでもっと詳しく研究するであろう。しかしここでは，もう一つ別の点が，このように可変資本がその出発点に還流するということに関連して，論究されなければならない。

　年間商品生産物の部類〔Categorie〕Ⅱはきわめて多様な産業部門〔Industriezweig〕から成っているが，これらの部門はまた——それらの生産物から見て——二つの大きな亜部門〔Abtheilung〕に分けることができる。〔第1の項目——〕消費手段。これは労働者階級の消費に入るものであり，また，必要生活手段であるかぎりでは，たとえその品質や価値から見て労働者のそれとは違っていることもあるにせよ，資本家階級の消費の一部分をもなしている。この亜部門全体を，われわれの目的のためには，必要消費手段という項目のもとに一括することができる。その場合，たとえばたばこのような生産物が生理学的見地から見て必要消費手段であるかないかといったようなことは，まったくどうでもよいのであり，ただ，慣習上，必要消費手段でありさえすればよい。第2の項目〔Rubrik〕——奢侈消費手段。これは，資本家階級の消費だけに入るもの，だから，労働者の手にはけっして入らない，支出された剰余価値でしかありえないものである。第1の項目の場合，これに属する商品種類の生産に前貸された可変資本が，資

第5章 『資本論』第2部第8稿とMEGA版付属資料　129

本家階級IIのうちで必要消費手段を生産する部分に貨幣形態で直接に還流しな
ければならないことは明らかである。彼らは彼ら自身の労働者たちに，労賃と
してこの労働者たちに支払われた資本の額だけ，この必要生活手段を売る。こ
の還流は，資本家階級IIのこの亜部門a) の全体についていえば，直接的であ
る。この還流する可変資本が，この部門a) のさまざまな産業部門の資本家た
ちのあいだに，どんなに多数の取引によって応分に配分されようと，この還流
は直接的である。これらの流通過程の流通手段は，労働者が支出する貨幣によ
って直接に供給される。**736** ところが，亜 [403] 部門b) ではそうではない。
価値生産物のうちわれわれがここで問題にする部分の全体イコールII(v+m)
は，この亜部門では奢侈品の現物形態で，すなわち，生産手段の形態で存在す
る商品価値 Iv と同じく，労働者階級には買えない物品の現物形態で存在する。
この奢侈手段も，かの生産手段も，これらの労働者の生産物であるにもかかわ
らず，労働者階級には買うことができない。だから，この部門で前貸された可
変資本をそれの貨幣形態で資本家的生産者たちに回帰させる貨幣の還流は，直
接的ではありえないのであり，[48]Iv の場合と同じく間接的にならざるをえな
いのである。

　たとえば，前にIIについて仮定したように v=500, m=500 とするが，しか
し可変資本もそれに対応する剰余価値も，次のように分割されるものとしよう。

　亜部門〔Abtheilung〕a) ―― 必要消費手段 v=400, m=400。だから，400v+
400m=800 の価値をもつさまざまな必要消費手段から成る商品量。すなわち，
IIa)（400v+400m）。

　亜部門b) ―― 100v+100m=200 の価値をもつ奢侈手段，すなわち，IIb)
（100v+100m）。

　IIb) の労働者は，自分たちの労働力への支払として貨幣で100を，たとえば
100ポンドを受け取った。彼らはこの貨幣で資本家 IIa) から100の額の消費手
段を買う。そこでこの資本家階級は商品 IIb) を100だけ買い，これによって
資本家 IIb) には彼らの可変資本が貨幣形態で還流する。

---

48) Iv の場合と] 草稿では「Iv の b) の場合と〔b) sub Iv]」となっており，MEGA もそのまま
　にしているが，「の b)」は抹消すべきところである。

IIa) では，すでに 400v が資本家の手のなかにふたたび貨幣形態で存在する
が，1/4 m が IIb)v に引き渡され，その代わりに IIb)m の 100 が受け取られる
ので，かりに IIa) の資本家のところでも IIb) の資本家のところでも必要生活
手段と奢侈品とへの分割が同じであると――どちらもそれぞれ 2/3 を必要生
活手段に，1/3 を奢侈品に支出すると――前提すれば，IIb) は必要生活手段に
66⅔ を，そしてこの亜部門〔Klassenabtheilung〕それ自体によって生産される奢侈
品に 33⅓ を支出することになる。だから，項目 IIb) は最初の 100v のほかに，
亜部門 IIa) に 66⅔ を売らなければならない。それゆえ，亜部門 IIa) の買い入
れの合計はイコール 400/3 である（奢侈品には〔400 の〕1/3 で，イコール 133⅓，
必要消費手段には 266⅔ となる）。しかし，そのような結果にはならないだろう。
部門〔Klasse〕IIb) は必要生活手段 66⅔ を購入しなければならず，部門〔Klasse〕
IIa) が，可変資本 IIb) を補塡する最初の 100 のほかに買い取るのは 33⅓ だけ
であろう。正しい計算は次のようになる。

737

$$
\left.\begin{array}{l}
100 \\
\underline{\text{IIa})\,\text{m}} = 100 \\
100 \\
100
\end{array}\right\}
$$

必要生活手段：ここで奢侈品が 40 パーセント，
すなわち 2/5 であるとすれば，

必要生活手段		奢侈品
60	+	40
60	+	40
60	+	40
60	+	40
= 240	+	= 160

そして，IIb)$\underline{\text{m}}$ = 100 については，同じく，60 の必要生活手段と 40 の奢侈品
となる。

IIa)m が受け取る 160 の奢侈品はそこで次のように実現される。400 のうち，
100 の必要生活手段は［404］奢侈手段で存在している IIb)v と交換され，‖20｜
必要生活手段でのそれ以外の 60 は 60 IIb)m と交換される。この場合，全体の
計算は以下のようになる。

IIa) 400v + 400m；IIb) 100v + 100m.

①1） IIa) 400v は労働者たち IIa) によって食われるが，それは彼らの生産物（必要生活手段）の一部分をなすものである（ここでは1/2）。労働者たちはそれを彼ら自身の亜部門〔Abtheilung〕の資本家的生産者たちから買う。こうして，これらの資本家のもとに400ポンドの貨幣が帰ってくる。すなわち，彼ら自身の労働者たちの労働力の買い入れに前貸された400ポンドの可変資本が帰ってくる。彼らはこれでまた新たに労働力を買うことができる。

> ①〔異文〕次のように書いたのち，消している。「IIa) 100m は労働者たち自身によって食われるが，彼らはそれを，IIb) の資本家的生産者たちによってvとして前貸された100ポンドで買う。これによってこれらの資本家的生産者は彼らの可変資本を貨幣形態で取り戻しており，したがって，労働力の買い入れの更新によって新たな再生産過程を始めることができる。だから，労働力そのものをふたたび売ることができるようになるのは──注意せよ──，ただ，労働者たちが生産する奢侈生産物のうちの彼らの総賃金の価値額だけの部分が，必要生活手段の資本家的生産者たちの消費ファンドに入ることによってでしかないのである。」

2） IIa) 400m のうちで IIb)v にイコールの部分，つまりこの場合には剰余価値 IIa) の1/4は，奢侈品に実現される。過程は次のように進む。労働者は，同じ亜部門 b) の資本家から労賃（彼らの労働力の価格）100ポンドを受け取った。彼らは，それで IIa)m の1/4｛必要生活手段から成っている諸商品｝を買う。IIa)m の資本家はこの貨幣で同じ価値額の奢侈品イコール IIb)v を，すなわち全奢侈品生産〔物〕の半分を買う。こうして，資本家 b) のもとに彼らの可変資本が貨幣形態で帰ってくる。そして，彼らはあらためて労働力を買い入れることによって彼らの再生産を新たに始めることができる。｛b) の不変資本は，資本家 IIa) のそれと同じく，すでに I (v+m) 対 IIc の交換によって補塡されている。｝つまり，労働力そのものが──奢侈品〔生産〕労働者の労働力が──新たに売れるようになるのは，ただ，彼ら自身の生産物のうち彼らの労賃の等価としてつくりだされた部分が資本家 IIa) によって彼らの消費ファンドに引き入れられ，浪費されるということによってでしかないのである。｛同じことは I のもとでの労働力の販売にも当てはまる。というのは，I (v+m) と交換される IIc は奢侈手段からも必要生活手段からも成っており，また，I (v+m) に

よって更新されるものは奢侈手段と必要生活手段との両方の生産手段をなすのだからである。}

738 3) 次は，両部類〔Categorie〕の〔資本家たちの〕交換であるかぎりでの，a) と b) とのあいだの交換である（これまでにわれわれが見たのは，a) における m の一部，および b) における全可変資本である）。われわれは両部門〔Klasse〕のそれぞれ100について，平均的比率として，奢侈品に2/5，生活必需品に3/5，と仮定した。それゆえ，すでに挙げた100のほかに，部門〔Klasse〕の全体に，a) では60がなお奢侈品に，また同じ比率で〔40が〕b) に割り当てられる。

IIa)m は，生活手段のために240および奢侈手段のために160，すなわち240＋160で，400m。

IIb)m は，生活手段のために60および奢侈のために40。この最後の40をこの部門〔Klasse〕は自己の [405] 生産物のうちから消費する（自己の剰余価値の2/5を）。この部門は生活手段のための60を，自己の剰余生産物中の60を a)60m と交換に受け取る。

そこで，IIについては，次のようになる。この場合，a) は必要生活手段のかたちで存在し，b) は消費部分のかたちで存在する。

II)$400v(a) + 400m(a) + 100v(b) + 100m(b)$

運動によって次のように実現される。

II)$500v(a+b)$（$400v(a)$ と $100m(a)$ とに実現されるもの）＋$500m(a+b)$（$300m(a) + 200m(b)$ に実現されるもの）

49){a) と b) とのそれぞれを別々に考察すれば，次のようになる。

	v	m	
a)	$400v(a) + 240m(a) + 100v(b) + 60m(b) = 800$		

	v	m	
b)	$100m(a) + 60m(a) + 40m(b) = 200$		

$= 1000$}

簡単にするために，可変資本と不変資本との割合を前と同じままに固定しておけば（なお，あとで詳しく示すように，そうする必要はまったくない），IIa)400v

---

49) 以下「＝1000」までの箇所には，冒頭に2行にまたがるほどの大きい角括弧があるだけで，末尾には対応する閉じ括弧がないが，この角括弧の右側に書かれている表式の全体を，前後を角括弧によって囲まれた記述として扱った。

にたいしては不変資本は＝1600であり，IIb)100vにたいしては不変資本は＝400であって，IIの二つの亜部門〔Abtheilung〕a）およびb）は次のようになる。

IIa) 1600c＋400v＋400m　計＝2400

IIb) 400c＋100v＋100m　計＝600

そして合計すれば，

2000c＋500v＋500m＝3000|

|21| これに対応して，I 2000(v＋m) と交換される II 2000cのうち，1600は1600の価値額の必要生活手段の生産手段に転換され，400は[50]奢侈手段の生産手段に転換され，また，

739 したがって，I 2000(v＋m) は，これまた，

IIa)800v＋800m＝1600 必要生活手段の生産手段，と，

IIb)200v＋200m＝400 奢侈手段のための生産手段，とに分かれることになろう。

本来の労働手段だけではなく原料や補助材料なども，そのかなり大きな部分がどちらの亜部門〔Abtheilung〕でも同種のものである。しかし，総生産物I(v＋m) の異なった価値諸部分の転換については，この分割はまったくどうでもよいことであろう。I 800v も I 200v も次のようにして実現される。すなわち，労賃が II 1000c に支出され，したがって，労賃として前貸された貨幣資本が帰ってくるときに［406］資本家的生産者Iのあいだに平等に分配され，彼らの出資に比例して，彼らの前貸可変資本がふたたび貨幣で補塡されるということによって，実現されるのである。他方，この資本家たちは均等に（彼らのmの大きさに比例して）IIa)600と IIb)400とを手に入れるであろう。すなわち，

IIa) ＝ IIa)600c から480，そして IIb)c から320＝800 ⎫
　　　　　　　　　　　　　　　　　　　　　　　　　　⎬ 合計＝1000
IIb) ＝ 〃 〃 120，そして IIb)c から80＝200 ⎭

ここで任意にとられているのは，IでもIIでも可変資本と不変資本との割合であり，また，IでもIIでも，さらにIIの亜部門〔Unterabtheilung〕でも，この割

---

50) 奢侈手段の生産手段に転換され，] 文の途中であるが，エンゲルスはここに，赤鉛筆で，「」」様のカギを書いている。

合は同じだということである。これが同じだということについて言えば，ここではそれはただ簡単にするために仮定されただけだから，それぞれ違った割合を仮定しても，問題の諸条件にも問題の解決にも，まったくなんの変わりもない。しかし，<u>単純再生産</u>という前提のもとでは次のことが<u>必要</u>である。1）<u>生産手段の現物形態でつくりだされる，年間労働の新たな価値生産物</u>（これは<u>v＋m</u>に分解できる）は，年間労働のもう一つの部分によってつくりだされ，<u>消費手段の形態で再生産される生産物価値のうちの不変資本価値c</u>にイコールだということ。2）消費手段の形態で再生産される年間生産物の場合には，それの生産のために貨幣形態で前貸される可変資本vを受け取るのが<u>奢侈品〔生産〕労働者</u>であるかぎり，この可変資本vがこの奢侈品生産労働者によって実現されうるのは，<u>必要生活手段のうちの</u>，明らかにそれの<u>資本家的生産者たちのものである彼らの剰余価値を体化している部分</u>だけであり，したがって，奢侈品生産に投じられるvは，必要生活手段の形態で生産されるmのうちの，このvの価値の大きさに対応する部分にイコールであって，奢侈品生産でのこのvが必要生活手段のm部分に実現されることによってのみ，奢侈品の資本家的生産者たちが前貸した可変資本が彼らの手に貨幣形態で帰ってくるということ。これは，<u>I(v＋m)のIIcでの実現</u>とまったく類似の現象であって，ただ〔独自であるのは〕，この第2の場合には，<u>IIb)vが</u> **740** <u>Ia)mのうちの，価値量から見て自分に等しい部分に実現される</u>〔ということ〕だけである。これらの諸関

[407] 係は，年間総生産物の｛それが流通に媒介される年間再生産の過程に現実に入るかぎりで｝どの分配の場合にも，つねに質的に限度を与えるものである。I(v＋m)が実現されうるのは，ただIIcにおいてのみであり，またIIcが生産資本の成分としてのその機能を更新することができるのは，ただこの実現によってのみである。同じく，IIb)vが実現されうるのは，ただIa)mの一部分においてのみであり，またIIb)vが貨幣資本としてのその形態にふたたび再転化できるのは，ただこの実現によってのみである。——これらは，これらの一切が現実に再生産過程そのものの結果であるかぎり（すなわちIIb)の資本家たちがvのための貨幣資本を借り入れるなどのことをしないかぎり），質的に限度を与えるものである。これにたいして量的には，年間生産物のさまざまの部分の諸転換が均衡を保って行なわれることができるのは，ただ，生産が<u>不</u>

変のままであり，価値諸関係が前年と同様に今年も変化がない（したがって現実の価値革命によって変化が引き起こされない）かぎり，すなわち，生産の規模や生産の価値諸関係が不変のままであるかぎりでのことであり，最後に，この厳密な諸関係が対外貿易によって変えられないかぎりでのことである。

　ところで，もしA・スミス流に，I(v＋m) はIIcに分解し，またIIcはI(v＋m) に分解する，とか，または彼がもっとしばしば，そしてもっと愚かに繰り返し言っているように，I(v＋m) はIIcの価格（または価値〔value〕，彼は「交換価値〔value in exchange〕」と言っている）の構成部分〔compornent parts〕をなし，またIIcは価値I(v＋m) の「構成部分〔compornents parts〕」をなしている，とか言うとすれば，同じように，IIb)vはIIa)mに，またはIIa)mはIIb)vに分解する，とか，またはIIb)vはIIa) の剰余価値の「構成部分〔compornent part〕」をなしており，またその逆でもある，とか，言うこともでき，またそう言わなければならないであろう。こうして剰余価値は労賃，ないし可変資本に分解し，また可変資本は剰余価値の一つの「構成部分〔compornent part〕」をなすということになる。じっさい，アダムにはこのようなばかげたことが見いだされるのであるが，それというのも，彼にあっては，労賃は必要生活手段の価値によって規定されており，これらの商品価値は，これまた反対に，それらに含まれている労賃（可変資本）の価値と剰余価値とによって規定されているからである。彼は，‖22｜資本主義的土台の上で1労働日の価値生産物が分割されうる諸断片――すなわち v＋m ――のほうにすっかり気を取られてしまい，そのために次のことをすっかり忘れてしまう。すなわち，単純な商品交換では，さまざまな現物形態で存在する諸等価物が支払労働から成っているか不払労働から成っているかは，どちらの場合でもそれらの生産には等量の労働が費やされるのだから，まったくどうでもよいのだということ，また，Aの商品が生産手段でBの商品が消費手段であるとか，売られたのちに一方の商品は資本成分として機能しなければならないのに反して他方の商品は消費ファンドに入って――アダムの言うところでは――収入として費消される，といったことも，やはりまったくどうでもよいのだということ，――このことをスミスは忘れてしまうのである。個々の買い手が自分の商品をどのように使用するかは，商品 [408] 交換には，つまり流通部面には属さないことであり，商品の価値を変えることはな

い。741 このことは，年間の社会的生産物の流通を分析するときにはこの生産物のさまざまの成分の特定の用途，それらの消費の契機が考慮に入れられなければならないということによっては，けっして変わらないのである。

　さきほど突きとめた，IIb)vとIIa)mのなかのそれの等価部分との転換でも，またそのほかのIIa)mとIIb)mとのあいだでの転換でも，IIa) およびIIb) の個々の資本家であろうと，それぞれの資本家総数であろうと，彼らが自分たちの剰余価値を必要消費対象と奢侈手段とに同じ割合で分割するということは，けっして前提されていない。ある人はより多くをこの消費に支出し，別のある人はより多くをあの消費に支出するかもしれない。単純再生産の基盤の上で前提されているのは，ただ，剰余価値の全部にイコールの価値額が消費ファンドに実現されるということだけである。つまり，すでに見たようなもろもろの限界が与えられているのである。それぞれの亜部門〔Abtheilung〕のなかでは，ある人はより多くをaに費やし，他のある人はより多くをbに費やすかもしれない。しかし，これは互いに相殺できるのであり，全体として見れば，a) もb) もそれぞれ同じ比率で両方の支出をするのである。しかし，価値比率——生産物IIの総価値が二つの種類の生産者a) とb) のあいだで分担される比率——は，だからまた，これらの生産物を供給する生産部門〔Productionszweig〕のあいだのなんらかの量的な割合も，どんな具体的な場合にも必ず与えられている。ただ，例として挙げられる割合が仮定的なものであるだけであり，別の割合が仮定されても，質的な諸契機は少しも変わらない。ただ，量的な諸規定が変わるだけである。しかし，なんらかの事情によって，a) とb) との大きさの割合に現実の変化が生じれば，それに対応して，単純再生産の諸条件も変わることになる。

————

IIb)vがIIa)mのなかの等価部分に実現されるという事情から，次の結論が出てくる。すなわち，年々再生産される生産物の奢侈品部分の価値量が増大するのにつれて，1）それに比例して奢侈品生産に支出される労働力の量が増大し，奢侈品生産に吸収される，ということ，2）IIb)vに前貸された可変資本の，新たに可変資本の貨幣形態として機能する貨幣資本への再転化は，だからまた，労働者階級のなかのIIb) で就業する部分の生存と再生産——彼らにたいする

必要消費手段の供給——は，資本家階級の浪費に，すなわち彼らの剰余価値の大きな部分の奢侈品への転換にかかっており，これによって条件づけられている，ということである。[409]｛すべて恐慌は一時的に奢侈品消費を減少させる。それはIIb)vの貨幣資本への再転化を遅れさせ，停滞させ，部分的にしかできないようにし，だからまた奢侈品〔生産〕労働者の一部分を街頭に 742 放り出すが，まさにそうすることによって，他方では必要消費手段の販売をも停滞させ減少させる。(不生産的労働者たちのことは，すなわち，自分たちのサービスと引き換えに資本家たちの奢侈品への支出の一部分をなし(その範囲までこれらの労働者自身が奢侈品である)，またことに必要生活手段の消費などにも非常に大きく参加する労働者たちのことは，まったく度外視する。)その逆のことが見られるのは，繁栄期，またことに投機の最盛期である。このような時期には，すでにそのほかのいろいろな理由からも，商品で表現される貨幣の相対的価値が(そのほかの現実の価値革命もないのに)下がり，したがって商品の価格が商品自身の価値とは無関係に上がる。——たんに必要生活手段の消費が増えるだけではない。労働者階級(それにはいまではそれの全予備軍が現役として加わっている)も，一時的には，平素は自分の手に入らないような奢侈品の消費に参加し，さらにまた平素は大部分が資本家階級の「必要消費手段」となっているような種類の必要消費財の分けまえにもあずかるのであって，これがまた物価の上昇を呼び起こす。——①恐慌は支払能力ある消費または支払能力ある消費者の不足から生じる，と言うのは，まったくの同義反復である。｛被救済民や「泥坊」のかたちでの消費は別として，資本主義的システムはこれ以外の消費の種類を知らない。｝商品が売れないということは，商品のために支払能力ある買い手が，つまり消費者が見つからなかった(商品を買うのが結局は生産的消費のためであろうと個人的消費のためであろうと)ということにほかならない。しかし，②もしだれかが，労働者階級はそれ自身の生産物のあまりにも少なすぎる部分を受け取っているのだから，この階級の受け取る分けまえがもっと大きくなり，したがってそれの労賃が高く /|23| なれば，この害悪は除かれるだろう，ということによって，この同義反復に③もっと深い根拠があるかのような外観を与えようとするなら，それにたいしては，ただこう言えばよい，——いつでも恐慌を準備するのは，まさに，労賃が一般的に上がっ

て，労働者階級が年間生産物のなかの消費にあてられる部分から受け取る分けまえが実際に大きくなる時期なのだ，と。このような時期は——④健全で「単純な」（！）常識をもつこれらの騎士たちの観点からは——，逆に，恐慌を遠ざけるはずであろう。だから，どうやら，資本主義的生産は善意や悪意にはかかわりのない [410] 諸条件を含んでいて，これらの条件が労働者階級のそのように相対的繁栄をただ一時的にしか，しかもつねにただ恐慌の前ぶれとしてしか許さないようなのである。｝さきに見たように，必要消費手段の生産と奢侈品の生産との比例関係は，51)II(v+m) が，したがってまた52)IIc の分割を条件とする。だからこの分割は，生産の性格と量的諸関係とを根底ま **743** でつかんでおり，生産の総態様を本質的に規定するような契機なのである。

① 〔注解〕恐慌は……同義反復である。〕オイゲン・デューリングの，『国民＝社会経済学教程……』，部分的改訂第2版，ライプツィヒ，1876年，218-231ページ，での恐慌論議への当てつけ。同書のエンゲルスの所蔵本（MEGA IV/32, No. 338，を見よ）には，これらのページに，エンゲルスによる多くの欄外書き込みと並んで，マルクスによるものかもしれない線引きや下線がある。（カール－エーリッヒ・フォルグラーフ『欄外書き込みのある『反デューリング論』』，所収：『マルクス＝エンゲルス年報』第12号，ベルリン，1990年，148-149ページ，を見よ。）——〔MEGA II/11〕742ページ25行への注解〔後出の注解注③〕を見よ。

② 〔注解〕もしだれかが……ということによって，〕前出の注解注①を見よ。

③ 〔注解〕もっと深い根拠があるかのような外観〕デューリングの『国民＝社会経済学教程……』のエンゲルス所蔵本（前出の注解注①を見よ）では，221ページで，次の確言の欄外に線が引かれている。「さて，そういうわけで生産と消費との均衡破壊をあらゆる恐慌の本質だと見なす以上，やはりこの考えをもっと深めることが必要である。」さらにこのうちの「深めること」という語には下線が引かれている。

④ 〔注解〕健全で「単純な」（！）常識をもつこれらの騎士たち〕1877年3月にアブラハム・エンスが『反デューリング論』を批判するために公開した抗議書『常識にたいするエンゲルスの攻撃……』，〔ル・〕グラン－サコネ（スイス），1877年，への当てつけかもしれない。この書はエンゲルスが所蔵していた。（MEGA IV/32, No. 395，を見よ。）

---

51) II〕草稿では「Ib」となっており，MEGAでもそのままになっているが，「II」と訂正されるべきところであろう。

52) II〕草稿では「Ic」となっており，MEGAでもそのままになっているが，「IIc」と訂正されるべきところであろう。

単純再生産は，ことの性質上，消費を目的としている。剰余価値をせしめることが個別資本家たちの推進的動機として現われてはいても，ここでは剰余価値は——その比率的な大きさがどうであろうと——結局，資本家の個人的消費に役だつべきものである。

　単純再生産が一切の拡大された規模での年間再生産の部分，しかもその最も重要な部分でもあるかぎり，そのような推進的動機はやはり致富そのものという動機を伴うとともに，またこれに対立してもいる。事柄は現実にはもっと複雑なかたちで現われる。なぜなら，獲物——資本家の剰余価値——を分け合う仲間たちが，資本家から独立した消費者として現われるからである。

———

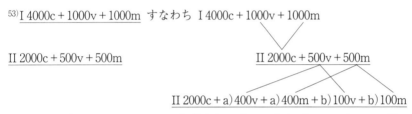

53) I 4000c + 1000v + 1000m すなわち I 4000c + 1000v + 1000m

II 2000c + 500v + 500m

　II 2000c は I 1000v + I 1000m に転換され，すでにかたづいているので，残っているのは，II における次の流通である。

———

　[411] 可変資本に前貸された貨幣資本の直接的還流は，必要生活手段を生産する資本家部門〔Kapitalistenabtheilung〕にとって生じるだけであるが，この還流は，商品流通の経過が正常ならば流通に貨幣を前貸する商品生産者たちのもとに同じ貨幣が帰ってくる，という，以前に述べた一般的な法則が，独自な諸条件によって修正されて現われたものでしかない。{そこから次のことが出てくる。すなわち，〔流通に貨幣を前貸する〕産業資本家の背後に——または総じて商品生

---

53) エンゲルス版はここから本書150ページ20行までを「第20章　単純再生産／第5節　貨幣流通による諸転換の媒介」に利用している。

140　II　『資本論』第2部・第3部の草稿を読む

産者の背後に——だれか貨幣資本家がいて，これがまたこれで産業資本家に貨
幣資本（この語の最も厳密な意味での貨幣資本，つまり貨幣形態にある資本価
値）を前貸する場合には，この貨幣の本来の還流点はこの貨幣資本家のふところ
ろだ，ということである。貨幣は多かれ少なかれ万人の手を経て流通するが，
流通している貨幣の**744**大量は，このような仕方で，銀行などの形態で組織化
され集積された貨幣資本部門〔Abtheilung〕に属するものである。この部門がそ
れの資本を前貸する仕方は，資本がこの部門に貨幣形態で不断に終局的に還流
し，また再支出されることを必然的にする。といっても，この還流はこれはま
たこれで産業資本の貨幣資本への再転化によって媒介されているのではある
が。｝

　　[412] 商品流通にはつねに二つのものが必要である。流通に投じられる諸商
品と流通に投じられる貨幣とである。{①『資本論』第1巻，92ページを見よ。
「流通過程は……直接的な生産物交換とは違って，使用価値の場所変換または
持ち手変換のなかで消えてしまうものではない。貨幣は，最後には一商品の変
態列から脱落するからといって，それで消えてしまうことはない。それは，い
つでも，商品が空けた②流通場所に沈澱する，云々。」}

　　①〔注解〕『資本論』第1巻……云々。〕カール・マルクス『資本論』第1巻，第1部，改
　　　訂第2版，ハンブルク，1872年，92ページ。（MEGA II/6, 137ページ7-11行。）
　　②〔注解〕流通場所に〔an eine ... Circulationsstelle）〕原文のなかの an は『資本論』では
　　　auf。

　　たとえば，IIc と I(v+m) とのあいだの流通では，われわれは，この流通の
ために IIc によって貨幣で500が前貸されると[54]仮定する。——生産者たちの
大きな社会的グループのあいだの流通を構成する無数の流通過程では，ときに
はこのグループの一人が，ときにはあのグループの一人がまず買い手として，
だからほかの一人は売り手として，現われるであろう，——つまり貨幣を流通
に投じるであろう。このことは，個別的な諸事情はまったく度外視しても，す
でに，異なったもろもろの商品資本の生産期間の相違によって，だからまたそ
れらの回転の相違によって，必然的にされている。[55]{この過程ではIIの手に

————————————
54）仮定する。〕エンゲルスはこのあとに，赤鉛筆で，「⌋」様のカギを書いている。

ある500ポンドが貨幣資本として機能する。というのも，IIはその500ポンドを不変資本の現物形態に，生産手段に転換するからである。だが，このことなどについてはのちに述べる。}つまり，IIは500ポンドで同じ価値額の生産手段を ||24| Iから買い，IはまたIIから500ポンドの消費手段を買う。だからこの貨幣はIIに還流するが，この還流によってIIが儲けることはけっしてない。IIはまず500ポンドの貨幣を流通に投じて，そこから同じ価値額の商品を取り出した。次にIIは500ポンドの商品を売って，同じ価値額の貨幣を流通から取り出す。こうして500ポンドは還流する。じっさい，IIはこのようにして500ポンドの貨幣と500ポンドの商品，イコール1000ポンドを流通に投じた。IIは流通から，500ポンドの商品と500ポンドの貨幣とを取り出す。流通は，500ポンドの商品Iと500ポンドの商品IIとの転換のためには，500ポンドの貨幣しか必要としない。だから，他人の商品を買うときに貨幣を前貸した人は，自分の商品を売るときにふたたび貨幣を手に入れるのである。だから，かりにIがまずIIから500ポンドの商品を買ったあとでIIに500ポンドの商品を売るとすれば，500ポンドは，IIにではなくIに帰ってくることになる。しかしIに，労賃に投じられた貨幣が，だから貨幣形態で前貸された可変資本が，この形態で帰ってくるのは，直接にではなく，間接にであり，回り道をしてである。これにたいして，IIには500ポンドの労賃が労働者から資本家に直接に帰ってくる。というのも，売買が同じ人 **745** びとのあいだで繰り返されて，彼らが代わるがわる商品の買い手または売り手としてたえず相対する場合には，この復帰はつねに直接的なのだからである。資本家IIは [413] 労働力にたいして貨幣で支払うが，こうすることによって彼は労働力を自分の資本に合体させるのであり，また，ただ，彼にとっては貨幣資本の生産資本への転化でしかないこの流通事象を経ることによってだけ，彼は自分の賃労働者としての労働者に産業資本家として相対するのである。しかし次には，まず自分の労働力の商人^{あきんど}として売り手だった労働者が，貨幣の持ち手として，商品の売り手である資本家に相対することになる。こうして，労賃に投じられた貨幣が資本家の手に帰ってくるのである。これらの商品の販売に詐取などが含まれていないで，商品と貨幣とで

55）角括弧で囲まれた以下の三つの文の左側に，角括弧から続く線が引かれている。

の等価物どうしが交換されるかぎり，この販売は，資本家が儲ける手段となるような過程ではない。資本家は労働者に，まず貨幣で，次に商品で，と二度支払いはしない。資本家の貨幣は，労働者がそれを資本家のところで商品のかたちで回収すると，資本家の手に帰ってくるのである。

しかし，可変資本に転化した貨幣資本——つまり労賃として前貸された貨幣——は，貨幣流通そのもののなかで主要な役割を演じることになる。なぜならば，さまざまな産業部門〔Industriezweig〕のなかでの諸資本の回転期間がどのように異なっていても，社会の場所的に違う無数の点で同時に——労働者階級はその日暮らしをするよりほかはないので産業資本家に長期の信用を与えることができないから——1週間などのような，かなり短い期間ごとに——つまり相対的に短期間に繰り返される期間ごとに（この期間が短ければ短いほど，この通路を経て流通に投じられる貨幣総額は，それだけ相対的に少なくてよい）——可変資本が貨幣で前貸されなければならないからである。資本主義的生産の行なわれているどの国でも，このような仕方で前貸される貨幣資本が総流通のなかで決定的な割合を占めているが，そのうえ同じ貨幣が——その出発点に還流するまでに——きわめてさまざまな通路を流れ回るのだから，すなわち無数の他の事業のための流通手段として機能するのだから，ますますそうなのである。

————

今度は，I(v+m) と IIc とのあいだの流通を，別の観点から考察してみよう。資本家たち I は労賃の支払に1000ポンドを前貸し，労働者たちはそれで資本家たち II から1000ポンドの生活手段を買い，資本家たち II はこれまた同じ貨幣で資本家たち I から生産手段を買う。そこで，資本家たち I には自分の可変資本が貨幣形態で帰ってくるが，他方，資本家たち II は自分の不変資本の半分を商品資本の形態から生産資本に再転化させた。資本家たち II は，さらに別の500の貨幣を [414] 前貸して，I の **746** もとから生産手段を引き上げる。資本家たち I はこの貨幣を II の消費手段に支出する。こうして500ポンドは資本家たち II の手に還流する。彼らはこの500ポンドを新たに前貸して，商品に転化した自分の不変資本の最後の4分の1をそれの生産的な現物形態に再転化させる。この貨幣はふたたび I に還流し，I はこの貨幣で新たに同じ金額の消費手

段を引き上げる。こうして500ポンドがⅡに還流する。Ⅱの資本家たちは，いまでは以前と同じく500ポンドの貨幣と2000ポンドの不変資本とをもっているが，この不変資本は商品資本の形態からふたたび生産資本に転換されたのである。1500ポンドの貨幣で5000ポンドの商品量が流通させられた。すなわち，1）Ⅰは労働者たちに1000ポンドを1000ポンドの価値額の労働力の代価として支払う。2）労働者たちはその1000ポンドでⅡから生活手段を買う。3）Ⅱは同じ貨幣でⅠから生産手段を買い，それによってⅠには1000ポンドの可変資本が貨幣形態で回復されている。4）Ⅱは500ポンドでⅠから生産手段を買う。5）Ⅰは同じ500ポンドでⅡから消費手段を買う。6）Ⅱは同じ500ポンドでⅠから生産手段を買う。7）Ⅰは同じ500ポンドでⅡから生活手段を買う。Ⅱには500ポンドが還流しているが，これは，Ⅱが自分の2000ポンドの商品とは別に流通に投じたものであり，Ⅱはそれの代わりに商品での等価を流通から引き上げなかったのである。|

/25/ 転換。

1) Ⅰが，1000ポンドの貨幣を労働力の代価として，つまり＝1000ポンドの商品の代価として支払う。

2) 労働者たちが，彼らの労賃でⅡから1000ポンドの金額の消費手段を，つまり＝1000ポンドの商品を買う。

3) Ⅱが，労働者たちから得た1000ポンドでⅠから同じ価値の生産手段を，つまり＝1000ポンドの商品を買う。

こうして，1000ポンドの貨幣が可変資本の貨幣形態としてⅠに還流した。

4) Ⅱが，500ポンドでⅠから生産手段を，つまり＝500ポンドの商品を買う。

5) Ⅰが，同じ500ポンドでⅡから消費手段を，つまり同じく＝500ポンドの商品を買う。

[415] 6) Ⅱが，同じ500ポンドでⅠから生産手段を，つまり同じく＝500ポンドの商品を買う。

7) Ⅰが，同じ500ポンドでⅡから生活手段を，つまり同じく＝500ポンドの商品を買う。

商品＝5000ポンド

56)Ⅱが購買で前貸した500ポンドは彼に帰ってきている。

|747| 結果は次のとおり。

1）Ⅰは可変資本を貨幣形態でもっているが，その額は自分が最初に流通に前貸した1000ポンドである。そのほかにⅠは自分の個人的消費のために1000ポンドを――自分自身の商品生産物で――支出した。すなわち，1000ポンドの価値額の生産手段を売って手に入れた貨幣を支出した。

他方，貨幣形態で存在する可変資本が転換されなければならない現物形態――すなわち労働力――は消費によって維持され，再生産されており，そして，その持ち手の必要な売り物としてふたたび維持されている。

だから，賃労働者と資本家との関係が再生産されている。

2）Ⅱの不変資本は現物で補塡されており，同じⅡが流通に前貸した500ポンドはⅡに帰ってきている。

労働者Ⅰにとっては，流通はこうである，――W＿G＿W。
すなわち，W{Ⅰ労働力(A)}＿G{可変資本Ⅰの貨幣形態1000ポンド}＿W(1000ポンドの額の必要生活手段。〔1000ポンドのGは〕商品（生活手段）の形態で存在する不変資本Ⅱをこの価値額まで貨幣化する。)

―――――

資本家たちⅡにとっては，W＿Gという過程は，彼らの商品生産物の一部分の貨幣形態への転化であって，この貨幣形態から商品生産物は生産資本の諸成分に――すなわち彼らに必要な生産手段の一部分に――再転化される。

生産手段の別の諸部分を買うためのⅡのG（500ポンド）の前貸では，Ⅱcのうちでまだ商品形態（消費手段）として存在している部分の貨幣形態が当てにされている。ⅡのGが買い，ⅠのWが売られる行為G＿Wでは，貨幣Ⅱが生産資本の一部分に転化し，他方，W(Ⅰ)は行為W＿Gを経て貨幣に転化するのであるが，この貨幣はⅠにとっては資本価値の成分を表わしているのではなく，生活手段だけに支出される貨幣化された剰余価値を表わしている。[416]{流通G＿W…P…W′＿G′では，一方の資本家の最初の行為G＿Wは他方の

―――――――――

56) Ⅱ] 草稿では「Ⅰ」となっており，MEGAでもそのままにしているが，「Ⅱ」に訂正されるべきところである。

第5章 『資本論』第2部第8稿とMEGA版付属資料　145

資本家の最後の行為 W＿G｛またはその一部分｝である。この W によって G は生産資本に転換されるのであるが，この W が W の売り手（つまりこの W を貨幣に転換する人）にとって不変資本成分を表わしているか，可変資本成分を表わしているか，それとも剰余価値を表わしているかは，商品流通そのものにとってはまったくどうでもよいことである。｝

　部門〔Klasse〕I は，それの商品生産物の成分 v＋m について言えば，自分が投 **748** じたよりも多くの貨幣を流通から取り出す。第1に，I には1000ポンドの可変資本が帰ってくる。第2に，I は（前記の同ページ，57)転換4）を見よ）500ポンドの生産手段を売る。これによって I の剰余価値の半分が貨幣化された。次に転換6）では，I はふたたび500ポンドの生産手段を，すなわち自分の剰余価値の残り半分を売り，これによって剰余価値の全部が貨幣形態で流通から引き上げられた。つまり，1）貨幣に再転化される可変資本＝1000ポンドが，2）貨幣化される剰余価値の半分＝500ポンドが，3）〔貨幣化される〕剰余価値の残り半分＝500ポンドが，次々に流通から引き上げられ，こうして，貨幣化される 1000v＋1000m の合計＝2000ポンドが流通から引き上げられた。I は（もっとあとで考察する Ic を別とすれば）1000ポンドしか流通に投じなかったのに，その2倍を流通から引き上げたわけである。もちろん，貨幣化された（G に転化した）m は，この貨幣が消費手段に散財されることによって，すぐにまた別の手（II）のなかに消えていく。I は，ただ，自分が商品で投げ入れただけの価値を貨幣で引き上げただけである。この価値が剰余価値だということ，すなわち資本家にとってなにも費用がかかっていないということは，これらの商品の価値そのものをまったくなにも変えはしない。だからそれは，商品流通のなかでの価値転換が問題であるかぎり，‖26‖ まったくどうでもよいことなのである。もちろん，剰余価値の貨幣化は，商品資本がそのもろもろの転換のなかで次々にとっていく他のすべての形態がそうであるように，瞬過的である。それにかかるのは，きっかり，商品 I の貨幣 I への転化と，それに続く貨幣 I の商品 II への転化とのあいだの合い間だけでしかない。

57）転換〕草稿では「回転〔Umschlag〕」となっており，MEGA もそのままにしているが，「転換〔Umsatz〕」と訂正されるべきところである。

回転数が多くなる——または，単純な商品流通についてであれば，流通する貨幣の通流回数が多くなる——と前提すれば，転換される商品価値を流通させるためにはそれだけ少ない貨幣で足りるであろう。この貨幣額は——次々に行なわれる転換の回数が所与であれば——つねに流通する商品の価格総額ないし価値総額によって規定されている。そのさいこの価値総額が，どんな割合で一方の剰余価値と他方の資本価値とから成っているかは，まったくどうでもよいことである。

————

さきの例解のなかで，労賃が1年に4回支払 [417] われるとすれば，4×250＝1000になる。だから，Iv と IIc との流通のためには，また可変資本 Iv と労働力 I とのあいだの流通のためには，250ポンドの貨幣で足りることになる。同じく，Im と IIc とのあいだの流通が4回転で行なわれるとすれば，この流通には250ポンドしか必要でないであろう。したがって全体では，5000ポンドの金額の商品の流通のために，500ポンドの貨幣量ないし貨幣資本しか必要ないであろう。つまり，流通する貨幣の総額としては，この額・イコール・この全資本を貨幣化するのに必要な可変資本の半分・プラス・剰余価値の1/4である。この場合には，**749** 剰余価値は，次々に半分ずつ，2回貨幣化されるのではなく，次々に1/4ずつ4回貨幣化されることになる。

————

取引4）(58)転換）で，IIの代わりにIが買い手として現われ，したがって500ポンドの貨幣を同じ価値量の消費手段に支出するとすれば，その場合には，5）ではIIがその同じ500ポンドで生産手段を買い，6）ではIが同じ500ポンドで消費手段を買い，7）ではIIが同じ500ポンドで生産手段を買うことになり，そこで結局500ポンドは，さきにIIに帰ったように，Iに帰ってくる。この場合には，剰余価値はその資本家的生産者自身が自分の私的消費に支出する貨幣｛この貨幣は予期された収入を，まだこれから売られるべき商品に含まれている剰余価値からの予期された所得を表わしている｝によって貨幣化される

―――――――――

58) 転換］草稿では「回転〔Umschlag〕」となっており，MEGAもそのままにしているが，「転換〔Umsatz〕」と訂正されるべきところである。

のである。この貨幣化は，500ポンドの還流によって行なわれるのではない。I
は，商品I(v＋m)での1000ポンドとは別に，後者〔Im〕の等価を〔流通から〕引
き上げることなしに，貨幣で500を流通に投じたのである。この貨幣化はIの
販売によってはじめて行なわれるのであり，この貨幣化にかかる時間は，いつ
でもただ，この500の商品の販売によって得られた貨幣がまだ新たに消費手段
に支出されていないあいだだけである。

　Iは貨幣（500ポンド）でIIから消費手段を買う。この貨幣はIから支出され
たもので，Iはその代わりに商品IIで等価をもっている。この貨幣は，IIがI
から500ポンドの商品を買うことによって，はじめて還流する。だから，それ
はIが売った商品の等価として還流するのであるが，この商品はIにとってな
にも費用のかからないものであり，したがってIにとって剰余価値をなすもの
であって，このようにして，Iが自分で流通に投じた貨幣がI自身の剰余価値
を貨幣化するのである。Iは自分の第2の購買6）で，同様に，その等価を商
品IIで受け取った。そこでかりにいまIIが7）Iから生産手段を買わないとす
れば，Iはじっさい1000ポンドを消費手段に支払った――自分の剰余価値を
全部収入として消費した――のではあるが，そのうちの500は自分の商品I
（生産手段）で支払い，500は貨幣で支払ったのであって，その代わり，Iはま
だ，自分の商品I（生産手段）で500ポンドを持ち合わせていることになるであ
ろう。

　[418] これにたいして，IIは，自分の不変資本の1/2を商品資本の形態から
生産資本に再転化させたのだが，あとの1/2は貨幣資本の形態にあるのであっ
て，実際には，遊休している貨幣，すなわち機能を中断して待機している貨幣
の形態にあることになる。この状態がいくらか長く続けば，IIは再生産の規模
を1/4だけ縮小しなければならないであろう。ところで，Iがしょい込んでい
る生産手段での500は，商品形態で存在する剰余価値ではない。それは，前貸
された500ポンドの貨幣の代わりにそこにあるもので，その500ポンドはIが
商品形態にある自分の剰余価値1000ポンドのほかにもっていたものである。
貨幣としてであれば，それはいつでも実現可能な形態にあることになるが，商
品としては，それはさしあたりは売ることができない状態にあるのである。次
のことだけは明らかである。すなわち，単純再生産の場合には――IIでは生産

資本の 750 すべての要素が補塡されなければならないのと同じく——Ⅰがはじめに巣立たせた500の金の鳥がⅠに帰ってこなければならない，ということである。

————

ある資本家が（ここでわれわれの前にいるのはまだ産業資本家だけで，これが同時に他のすべての資本家の代表者でもある）貨幣を消費手段に支出するなら，その貨幣は彼にとってはなくなってしまうのであり，①一切の肉体がたどるべき道をたどったのである。それがふたたび彼のもとに還流するとすれば，この還流が起こりうるのは，ただ，彼がそれを商品と引き換えに——つまり彼の商品資本によって——流通から釣り上げるかぎりでのことである。彼の年間総 ||27| 商品生産物（彼にとっては商品資本）の価値と同じく，この総商品生産物のそれぞれの要素の価値，すなわち各個の商品の価値も，彼にとって不変資本価値と可変資本価値と剰余価値とに分解できるものである。だから，諸商品（諸要素として商品生産物を形成している）の一つ一つの貨幣化が，同時に，全商品生産物に含まれている剰余価値のいくらかの取り分の貨幣化でもある。だから，いまここで見ている場合には，資本家自身が貨幣を流通に投じて——しかも消費手段にそれを支出して——，この貨幣で彼の剰余価値が貨幣化される，別言すれば実現される，と言うのは，文字どおりに正しい。ここで貨幣というのは，もちろん，同一の貨幣片のことではなく，資本家がもろもろの私的な必要をまかなうために前もって流通に投じた額にイコールの額の（またはその一部分に等しい額の）現金のことである。

　①〔注解〕一切の肉体がたどるべき道〕旧約聖書，創世記第6章第12節への当てこすり。「神は地をご覧になった。見よ，それは堕落し，すべて肉なる者はこの地で堕落の道を歩んでいた。」

このことは実際には二つの仕方で行なわれる。その事業が当年にはじめて開始されたのなら，資本家が事業所得そのものから自分の個人的消費のための貨幣を支出することができるようになるまでにはかなりの時間が，少なくとも数か月はかかる。だからといって彼は，瞬時でも消費をやめはしない。彼は，これからせしめるはずの剰余価値を当てにして，自分自身に貨幣を前貸する｛自

分のふところからなのか，それとも信用によって他人のふところからなのかは，ここではまったくどうでもよい）。つまり彼は，じっさいのところ，のちに実現されるはずの剰余 [419] 価値の実現のための流通媒介物を前貸する[59]わけである。これにたいして，事業がすでにかなり長く規則的に進行しているのであれば，支払も受け取りも1年のうちのさまざまな時期に分かれている。けれども，資本家の消費だけは絶えまなく続けられるのであって，それはさきだって行なわれ，その大きさは日常の受け取りまたは見積もられた受け取りにたいするある割合に従って算出される。商品がいくらか売れるたびに，1年間に得られるはずの剰余価値の一部分も実現されていく。ところが，もし，生産された商品のなかから1年のうちに売れるのが，その商品に含まれている不変資本価値と可変資本価値とを補填するのに必要な量だけであれば，あるいは，価格が下がったために，年間商品生産物の全部を売ってもそれに含まれている前貸総資本価値しか実現されないとすれば，その場合には，将来の剰余価値を当てにして支出された貨幣の 751 先取り的な性格がはっきりと現われてくるであろう。もしわれわれの資本家が破産すれば，彼の債権者や裁判所は，彼が先取りした個人的支出が彼の事業の規模やこれに慣習的または標準的に相応する剰余価値収入の大きさに釣り合っているかどうかを調べることになる。

　しかし，資本家階級全体について言えば，資本家階級は自分の剰余価値の実現のために｛あるいはまた自分の資本（不変資本および可変資本）の流通のためにも｝自分で貨幣を流通に投じなければならない，という命題は，逆説的でないどころか，全機構の必然的な条件として現われるのである。というのも，ここにはただ，自分の労働力を処分することができるだけの労働者階級と，社会的生産手段をも貨幣をも独占している資本家階級との，二つの階級があるだけだからである。商品流通に必要な，だからまた商品に含まれている剰余価値の実現に必要な貨幣をまず第1に労働者階級が自分の資金から前貸する，と言うとすれば，それこそ逆説であろう。だが，個別資本家がこの前貸をするのは，いつでもただ，自分が買い手として行動するという形態で，すなわち，ただ，

---

59) わけである。] エンゲルスはこのあとに赤鉛筆で「」」様のカギが書き，それをさらに鉛筆でなぞっている。

消費手段の買い入れに貨幣を支出するかまたは労働力であれ生産手段であれ自分の生産資本の要素の買い入れに貨幣を「前貸する」という形態でしかない。彼はいつでも，等価と引き換えにでなければ貨幣を手放さない。彼が流通に貨幣を前貸するのは，彼が流通に商品を前貸するのと同じやり方ででしかない。どちらの場合にも，彼は，貨幣または商品の流通の出発点として行動するのである。

現実の成り行きは二つの事情によってわかりにくくされる。

1）産業資本の流通過程では，商業資本｛商人そのものは「生産物」つまり「商品」は提供しないのだからこの資本の最初の形態はつねに貨幣である｝や貨幣資本が，特殊的な種類の資本家が行なう操作の対象として，現われるということ。

2）剰余価値——それは第1番にはつねに産業資本家の手のなかになければならない——がさまざまな範疇に分かれ，それらの担い手 [420] として，産業資本家のほかに土地所有者（地代）や高利貸（利子）などが現われ，同じく政府やその役人たちや金利生活者たちなどが現われるということ。これらの連中は産業資本家にたいして買い手として現われるのであって，そのかぎりでは産業資本家の商品の換金者として現われる。彼らもそれぞれに「貨幣」を流通に投じるのであり，産業資本家は彼らからこの貨幣を受け取るのである。（これについていつでも忘れられるのは，彼らが貨幣を最初にどんな源泉から受け取ったのか，またたえず繰り返して新たに受け取るのか，ということである。）

———

[446] 60)年間再生産の転換を説明するさいの一つの大きな困難は次のものである。752 a) と b) とへのⅡの細分割は，ここで問題となる点にとっては重要でないので，事柄を表わす最も簡単な形態をとろう。

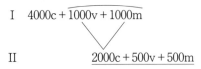

Ⅰ　4000c + 1000v + 1000m

Ⅱ　　　　　　2000c + 500v + 500m

---

60) エンゲルス版はここから本書175ページ6行までを「第20章　単純再生産／第11節　固定資本の補塡」に利用している。

第5章　『資本論』第2部第8稿とMEGA版付属資料　151

これは結局，次のように分解する。

$$I\,4000c + II\,2000c + I\,\overbrace{1000v} + II\,\overbrace{500v} + I\,\overbrace{1000m} + II\,\overbrace{500m} = 6000c + \overbrace{1500v} + \overbrace{1500m}$$

　不変資本のうちの一つの価値部分，すなわち不変資本のうちの本来の労働手段（生産手段の独特な61)部類としての）から成っているかぎりでの価値部分は，労働手段から労働生産物（商品）に移転されている。この労働手段は，生産資本の要素として，しかももとからの現物形態のままで，機能を続ける。この労働手段を使って生産された商品の /|28| 価値要素として再現するのは，すなわち労働用具から労働生産物に移転されるのは，一定の期間にわたってその機能を続けていくうちにこの労働手段が次第に受けていく損耗〔Dechet (Verschleiss)〕，価値喪失である。62){だから，年間再生産についてここで問題になるのは，はじめから，固定資本のうちで1年よりも長い寿命をもつ成分だけである。その諸成分が1年のうちに完全に寿命が尽きるのであれば，それはまた，年間再生産によって全部補填され更新されるべきものだから，問題となる点にはじめから関係がない。機械やその他の比較的長もちのする固定資本の諸形態の場合に起こることがある——またかなりしばしば起こる——のは，本体全体が長命であっても，それのある種の器官は1年のう[447]ちにすっかり補填されなければならないということである。これらは，固定資本のなかの1年のうちに補填されなければならない要素と同じ部類に入る。}

　商品のこの価値要素は，けっして，のちに述べる修理費〔costs of repair〕と混同されてはならない。この価値要素は，商品が売れれば貨幣化され，他の価値要素と同様に貨幣に転化されるが，貨幣に転化したのちに，他の価値要素との区別が現われる。商品の生産に費消された〔verzehrt〕原料や補助材料は，商品の再生産が始まるために{総じて生産過程が連続的な過程であるために}現物で補填されなければならないし，商品の生産に支出された労働力もやはり新たな労働力によって補填されなければならない。だから，商品を売って得られた貨幣は，たえず生産資本のこれらの要素に，貨幣形態から商品形態に，753 ふたたび転換されなければならないのである。たとえば，原料や補助材料がある

---

61)「部類〔Categorie〕」」この上に「部門〔Abtheilung〕」と書かれている。

62）角括弧で囲まれた，以下，このパラグラフの末尾までの箇所には，左側からその下にかけて，大きく包み込むように線が引かれている。

期間ごとにかなり大量に買い入れられ——したがって生産用在庫となっており——，だからある期間中はこれらの生産手段が新たに買われる必要がなく，したがってまた——それらがなくならないあいだは——商品販売から入ってくる貨幣も——それがこの目的に役だつものであるかぎり——積み立てられることができるとしても，事柄は少しも変わらない。それゆえ不変資本のこの部分は，しばらくは，それの能動的な機能が停止した貨幣資本として現われることになる。それは予備資本〔Reservekapital〕ではなくて，貨幣形態で停止している生産資本である。それの更新はたえず行なわれなければならないが，この更新の形態は——流通とのかかわりでは——さまざまでありうる。すなわち，新たな購買｛すなわち生産手段を更新し，補填するための流通操作｝がかなり長い期間をおいて行なわれることもありうる。この場合には一度に大量の貨幣投下が行なわれるが，それに見合った生産在庫ができる。あるいはまた，短い期間ごとに次々に行なわれることもありうる。その場合には次々に続けて少しずつ貨幣が支出され，したがって少量の生産在庫ができる。こうしたことによっては，事柄そのものは少しも変わらない。労働力についても同じである。生産が1年を通して連続的に同じ規模で行なわれる場合には，消費された労働力はたえず新たな労働力によって補填される。労働が（農業でのように）季節的に充用されたり，時期によって違った分量で充用される場合には，それに応じて，買われる労働力の量も小さくなったり大きくなったりする。これに反して，商品の販売によって得られた貨幣が，固定資本の損耗分にイコールの商品価値部分を貨幣化するものであるかぎり，この貨幣が生産資本のうちのこれによって価値喪失が補填される成分に再転化されることはない。それは生産 [448] 資本とは別に沈澱し，生産資本の貨幣形態にとどまるのである。この貨幣沈澱は，不変資本の固定要素がもとからの現物形態のままで生産過程で機能し続ける多かれ少なかれある年数の生産期間が終わるまで，繰り返される。固定要素——建物や機械類など——の寿命が尽きてもはや生産過程で機能することができなくなれば，それの価値は，寿命の尽きた固定要素とは別に，完全に貨幣——貨幣沈澱の総額——のかたちで補填されて存在する，すなわち，固定資本からそれが生産に協力した商品に徐々に移転されていき，商品の販売によって貨幣形態に移った価値として，存在することになる。次に，この貨幣は，固定資本（また

はそれのもろもろの要素，というのは，それのさまざまの要素はそれぞれ寿命が違っているからである）を現物で更新するのに，だから生産資本のこの要素を現実に更新するのに役だつ。つまり，この貨幣は，不変資本価値の一部分の，それの固定部分の貨幣形態なのである。だからこの貨幣蓄 754 蔵は，それ自身，資本主義的再生産過程の一つの要素であって，固定資本がその現物形態の寿命を全うし，したがってそれが全価値を引き渡してしまって，新たに現物で補填されなければならなくなるときまでの，固定資本またはその個々の要素の価値の再生産であり，貨幣形態での積立である。しかし，この貨幣は，寿命が尽きた固定資本の諸要素を補填するためにそれの新たな諸要素に再転化させられるときに，はじめてその蓄蔵貨幣形態を失うのであり，したがって，そのときはじめて，ふたたび能動的に，流通によって媒介される資本の再生産過程に入っていくのである。

　単純な商品流通がたんなる生産物交換と同じではないように，年間商品生産物の転換も，それのさまざまな成分のたんなる交換に分解することはできない。年間商品生産物の転換では，貨幣が独自な役割を演じており，この役割はことにまた，固定資本価値の再生産の様式に現われている。{生産が共同的であって商品生産の形態をもっていないと前提すれば，これとは違った事態が現われるが，これはのちに研究すべきことである。}

　さて，われわれの基本表式に，つまり II $2000c + 500v + 500m$ に戻ろう。消費手段の総額はここでは3000ポンドの価値にイコールとされており，商品総額をなすもろもろの商品要素のそれぞれは，その価値から見れば，$2/3\,c + 1/6\,v + 1/6\,m$ に，すなわち百分比では，||29| $66\frac{2}{3}$％c $+ 16\frac{2}{3}$％v $+ 16\frac{2}{3}$％m に，分かれる。IIのさまざまな商品種類は不変資本をさまざまな割合で含んでいるだろうし，不変資本の固定部分も商品種類によってさまざまだろうし，また，固定 [449] 資本部分の寿命も，したがってまたその年々の損耗，すなわち，固定資本部分が役割を果たすことによって生産される諸商品に比例配分的に移されるそれの価値部分もさまざまだろう。しかしこういうことはここではどうでもよいことである。社会的再生産過程について問題になるのは，ただ，IIとIとのあいだの転換だけであり，IIとIとは，ここではただ，両者の社会的な大量関係のなかで相対しているだけである。それゆえ，商品生産物IIのなかの価

値部分 c の大きさの割合（ここで取り扱われる問題で限度を与えるのはただこれだけである）は，Ⅱに包括されるすべての生産部門を一括した場合の平均的な割合である。

このように，その総価値が 2000c＋500v＋500m に区分される商品種類（そしてその大きな部分が同じ商品種類である）のそれぞれは，その価値から見れば一様に，$66\frac{2}{3}$％ c＋$16\frac{2}{3}$％ v＋$16\frac{2}{3}$％ m である。これは，c，v，m のどれとして現われる商品についても，それぞれの100に妥当する比率である。

$\boxed{755}$ 2000c の諸商品は，価値から見れば，さらに，

1）$1333\frac{1}{3}$c＋$333\frac{1}{3}$v＋$333\frac{1}{3}$m＝2000c

に分けられる。同様に 500v は

2）$333\frac{1}{3}$c＋$83\frac{1}{3}$v＋$83\frac{1}{3}$m＝500v

に分けられる。最後に 500m は

3）$333\frac{1}{3}$c＋$83\frac{1}{3}$v＋$83\frac{1}{3}$m＝500m

に分けられる。

そこで1，2，3のなかの c を合計すれば，$1333\frac{1}{3}$c＋$333\frac{1}{3}$c＋$333\frac{1}{3}$c＝2000 になる。

つまり，3000の価値をもつ商品量Ⅱのなかに含まれている不変資本価値は全部 2000c に含まれていて，500v や 500m にはその一分子も含まれていないのである。v と m とについても相互に同じことが言える。

言い換えれば，商品量Ⅱのなかの，不変資本価値を表わしている――だからまた不変資本の現物形態なり貨幣形態なりに再転換できる――全部分は 2000c のなかに存在しているのである。だから，商品Ⅱの不変価値の転換に関するすべてのことがⅡ2000c の運動に限られているのであり，しかもこの転換は，Ⅰ(1000v＋1000m) とのあいだでしか行なわれえない。

同じくⅠについても，この商品種類の不変価値の転換に関するすべてのことは，Ⅰ4000c の考察に限られなければならない。

[450] そこで，まず

Ⅰ4000c＋1000v＋1000m

Ⅱ2000c＋500v＋500m

第5章　『資本論』第2部第8稿とMEGA版付属資料　155

をとって見れば，商品II 2000c と同じ価値の商品I(1000v + 1000m) との転換は，II 2000c の全部が現物でIの生産した不変資本IIの現物成分にふたたび転換されるということを前提している。しかし，不変資本IIが存在している2000という商品価値は，固定資本の価値喪失分に相当する要素を含んでいて，この要素はすぐに現物で補塡される必要はなく，貨幣に転化すればよいものであり，この貨幣は，固定資本が現物形態で更新されるべき期限がくるまでは蓄蔵貨幣として次第に積み立てられるのである。毎年，あれこれの個別事業で，またはあれこれの産業部門で，固定資本が最期を迎えて補塡されなければならなくなる。同じ個別資本のなかでも，固定資本のあれ **756** これの部分が（というのも部分によって寿命が違うからである）補塡されなければならない。年間再生産を考察する場合——単純な規模で，すなわち蓄積はすべて捨象して考察する場合でも——，われわれは①「そもそもの発端から」始めるのではない。われわれが考察を始めるのは，多くの年の流れのなかの1年であって，資本主義的生産の最初の生まれ年ではない。だから，部門〔Klasse〕IIのさまざまの生産部門に投じられているさまざまの資本は，それぞれ年齢が違うのであって，これらの生産部門で働いている人びとが年々死んでいくように，毎年大量の固定資本がその年のうちに寿命がきて，蓄積された貨幣ファンドから現物で更新されなければならないのである。そうであるかぎり，II 2000c 対 I 2000(v + m) の転換のうちには，商品形態（消費手段としての）から現物要素へのII 2000c の転換が含まれていて，この現物要素は原料や補助材料だけからではなく固定資本の現物要素である機械や道具や建物などからも成っている。それゆえに，2000c の価値のうち貨幣で補塡されなければならない損耗分は，けっして機能している固定資本の大きさとは一致しない。というのも，毎年，固定資本の一部分が現物で補塡されなければならないからである。しかし，この現物での補塡は，この転換に必要な貨幣がそれ以前の年々に部門〔Klasse〕IIの資本家の手のなかで積み立てられていた，ということを前提する。ところが，ちょうどこの前提は，以前の年々について想定されるのと同じく，この年にも[63]妥当する

63）妥当するのである。〕この文でパラグラフが終わり，そのあと1行ほどの空きがある。エンゲルスはここに，赤鉛筆で，やや長めの線を引いている。

のである。|

　①〔注解〕「そもそもの発端から」〔ab ovo〕〕クィントゥス・フラックス・ホラティウス『詩学』147;『風刺詩』I, 3, 6。

|30| I 1000v＋1000m 対 II 2000c の転換のなかでまず第1に注意しなければならないのは，価値額 I(v＋m) には不変価値要素は含まれていないということ，したがってまた，補塡されなければならない損耗分に相当する価値要素，すなわち固定資本｛不変資本の固定的成分｝から v＋m の現物形態である諸商品に移転された〔451〕価値に相当する価値要素は含まれていないということである。これにたいして，IIcのなかにはこの要素が存在する。そして，固定資本の存在にもとづくこの価値要素というこの部分こそ，貨幣形態から現物形態にすぐに転化しないで，さしあたりは貨幣形態のままにとどまるべきものである。そのために，

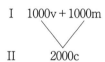

というこの転換のさいに，すぐに次の困難が湧いてくる。すなわち，2000(v＋m) が存在する現物形態の生産手段Iは，したがって2000の価値額であるこの生産手段Iは，2000の価値額の消費手段IIと転換されなければならないのに，言い換えれば，生|757|産手段 I(v＋m) はその全価値額が，消費手段IIでの等価と転換されなければならないのに，他方で，これにたいする消費手段 II 2000c のほうはその価値の全額が生産手段 I(1000v＋1000m) に転換されるのではなく，その価値の一可除部分——すなわち固定資本のうち補塡を必要とする価値喪失分または損耗分に等しい部分——は，さしあたりは貨幣のかたちで沈澱しなければならないので，この貨幣は，ここで考察されている当該1年の再生産期間にはふたたび流通手段として機能しない，という困難である。とはいえ，商品価値 II 2000c の損耗要素を貨幣化するための貨幣は，Iから出てくるよりほかはない。というのも，IIは自分で自分に「支払う」はずはなく，自分の商品を売ることによってこそ支払を受けるのだからであり，また前提によれば，I(v＋m) が全商品額 II 2000c を買うはずだからである。したがって，

Iが，この買いによってIIのためにその損耗分を貨幣化してやらなければならない。しかし，以前に述べた法則に従って，流通に前貸された貨幣は，そのあとで同額の商品を流通に投じる資本家的生産者の手に帰ってくる。IがIIcを買うときに2000の商品のほかになお余分の貨幣額をIIに最終的に（それが転換の操作によってIに帰ってくるということなしに）やってしまうということは，明らかにありえないことである。さもなければ，Iが商品量IIcをその価値よりも高く買う，ということになるだろう。IIが転換で実際に自分の2000cと引き換えにI(1000v＋1000m)を手に入れるなら，IIはそれ以上にIから要求できるものはなにもないのであって，この転換のあいだに流通する貨幣がIとIIとのどちらに帰ってくるのかは，その貨幣をどちらが流通に投じたか，すなわちどちらがさきに買い手として現われたか，によるのである。同時に，この場合，IIはその商品資本の全価値額を生産手段の現物形態に再転化させるのに，他方では，前提によって，IIは自分の商品資本を売ってもその一つの可除部分は，直ちには｛当該年の再生産期間のあいだには｝貨幣から不変（生産）資本の固定成分の現物形態に再転化させないのである。だから，貨幣での差額がIIに入ってくるのは，ただ，IIはIに2000だけ売ったがIからは2000よりも少なくしか，たとえば1800しか買わない，という場合だけであろう。この場合には，Iは[452]貨幣での200によって差額を決済しなければならず，この貨幣はIには帰ってこない。なぜなら，Iが，自分の行なった流通への一時的な貨幣の前貸を，200の価値額だけ商品を流通に投入して流通から取り戻すことをしないからである。このような場合が生じるとすれば，IIには，固定資本の損耗分にあてられる一つの貨幣ファンドが設けられることになるだろう。しかし，他方，Iでは，200の額の生産手段の過剰生産が生じることになり，だからまた，758 表式の土台のすべてが，すなわち，不変な規模での再生産，つまり，さまざまの生産部面のあいだの完全な均衡を前提とする再生産という土台が消え去ってしまうであろう。一方の困難が，それよりもはるかに①②「むかつく」別の困難によって除かれただけのことであろう。

　①〔異文〕むかつく〕ökligereと書いたのち，öklichereに変えた。〔次の注解注を見よ。〕

　②〔注解〕むかつく〔öklichere〕〕ekligereの方言的表現。

この問題には固有の諸困難があり、またこの問題はこれまでおよそ経済学者によって取り扱われたことのないものだから、われわれは問題のあらゆる可能な（少なくとも可能に見える）解決、またはむしろ問題そのものの提起を、順々に見ていくことにしよう。

1）すでに述べた第1の想定は次のとおりである。IIは2000の商品を売るが、Iからは1800の商品しか買わない。商品価値II 2000c のうちには、貨幣で積み立てられる（蓄蔵される）べき損耗補塡分イコール200があると仮定すれば、II 2000c という価値は、Iの生産手段と交換されるべき1800と、貨幣のまま（Iに2000cを売ったあとに）保持されるべき損耗補塡分200とに分かれることになる。または、それの価値について言えば、II 2000c＝1800c＋200c(d) となる (d＝dechet〔損耗〕)。

そこで、次の転換を考察しなければならないことになる。

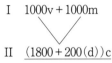

Iv は労働力に支払われる労賃の形態で労働者の手に入った1000ポンドでII 1000c（消費手段）を買う。IIは同じ1000ポンドでI 1000vの生産手段を買う。こうして、資本家Iには彼らの可変資本が貨幣形態で還流し、これで彼らは翌年も同じ価値額の労働力を買うことができる、すなわち、彼らの生産資本の可変部分を現物で補塡することができる。IIは、400ポンドで生産手段Imを買い、またImは同じ400ポンドで消費手段IIを買う。こうして、IIが流通に前貸した400ポンドは資本家IIの手に ‖31‖ 帰ったが、それはただ売った商品の等価として帰っただけである。Iは400ポンドでIIから消費手段を買い、IIはIから400ポンドの生産手段を買い、こうしてこの400ポンドはIに還流する。そこで、これまでの計算は次のようになる。

Iは商品で1000v、および、同じく商品で1000mを流通に投じ、さらに、労賃として1000ポンドとIIとの転換のための400ポンドとを流通に投じる。[453] 転換が終わったあと、〔Iは、〕貨幣での1000vと、800IIc（消費手段）に転換された800mと、貨幣での400ポンドとをもっている。

IIは、商品（消費手段）での1800cと、貨幣での400ポンドとを流通に投じ

る。転換が終わったあと，商品Ⅰ（生産手段）での $\boxed{759}$ 1800 と，貨幣での 400 ポンドとをもっている。

いまそのほかになお

Ⅰの側には 200m が（生産手段のかたちで）あり，

Ⅱの側には 200c(d) が（消費手段のかたちで）ある。

前提によれば，Ⅰは 200 ポンドで価値額 200 の消費手段 Ⅱc を買う。ところが，Ⅱはこの 200 ポンドをしまっておく。というのは，200c(d) は補塡されるべき損耗分であり，したがってすぐにふたたび生産手段に転換されることができないからである。だから Ⅰ200m は売れないことになり，剰余価値Ⅰの 1/5 が実現されることができなくなり，生産手段の現物形態から消費手段の現物形態に転換されることができなくなる。

このことは，単純な規模での再生産という前提に矛盾するだけではない。それはそもそも 200c(d) の貨幣化を説明するのに役だつ仮定ではまったくない。それが意味するのは，むしろ，この貨幣化が説明しようのないものだということである。どのようにして 200c(d) が貨幣化されるのかが論証できないために想定されるのが，Ⅰが親切にもそれを貨幣化してやるのだ，ということなのだが，Ⅰがそうするわけは，そうしないと自分自身の 200m を貨幣化できないからだ，というのである。こんなことを転換機構の正常な操作だと考えるのは，200c(d) を定期的に貨幣化するために毎年 200 ポンドが天から降ってくる，と想定するようなものである。

ところが，そのような仮定のばかばかしさがすぐには目につかないのは次のような場合である。すなわち，Im が，ここでいま見ているのとは違って，それの本源的な定在様式で現われるのではなく——すなわち生産手段の価値の成分として，つまりそれの資本家的生産者が販売によって貨幣に実現しなければならない商品の価値の成分として現われるのではなく——，資本家のパートナーたちの手のなかにあるものとして現われる場合，たとえば土地所有者の手のなかにある地代として，あるいは貨幣の貸し手の手のなかにある利子として現われる場合である。だが，もし，諸商品の剰余価値のそうした部分——産業資本家が地代や利子として自分以外の剰余価値の共同所有者たちに引き渡さなければならない部分——が，いつまでも商品そのものの販売によって実現される

ことができないとすれば，地代や利子の支払もおしまいになり，したがって，土地所有者や利子収得者も，地代や利子を支出することによって年間再生産の一定部分の任意の貨幣化のために①「救いの神」として役だつことはできなくなる。また，いわゆる不生産的な労働者である官吏や医師や弁護士など，また[454] そのほかにも，経済学者たちが自分では説明できないことを説明するのに「世間の人びと〔general public〕」という形態で彼らのお役にたつ人びと，すべてのこれらの人びとの支出についても，事情は同じである。

　①〔注解〕「救いの神」〔dei ex machina〕] 機械からの神々，すなわち，思いがけず偶然にわざとらしく現われて厄介ごとを解決してくれるもの。古代の劇場では，機械仕掛けによって舞台に登場した神々がドラマのなかの厄介ごとに割り込んで，それを解決した。

　760 また，ⅠとⅡとのあいだでの——資本家的生産者そのもののこの二つの大きな部門〔Abtheilung〕のあいだでの——直接の転換に代えて商人を媒介者として引き込んでも，だからまた，商人の「貨幣」ですべての困難をかたづけようとしても，やはりどうにもならない。たとえば，いまの場合で言えば，Ⅰ200m は結局のところ最終的にはⅡの産業資本家に売り渡されなければならない。ところが，それは何人もの商人の手を通ったとしても，最後の商人は——仮定によれば——Ⅱにたいして，Ⅰの資本家的生産者がはじめにあったのと同じケースにあるのであって，彼らはⅠ200m をⅡに売ることができないのである。そして，動きのとれなくなった商人がⅠとの同じ過程をやりなおしてみることもないであろう。ここでわかるように，われわれの本来の目的から離れて見ても，社会的再生産過程をいきなりそれの複雑な具体的な形態のままで分析の対象にしたときに「科学的」な説明の外観を与えようとして使われるもろもろの逃げ口上〔faux fuyant〕を避けるためには，再生産過程をその基本形態——そこでは事柄をあいまいにする介在物はすっかり除かれている——において考察することがどうしても必要なのである。

　こうして，再生産（単純な規模でのそれであろうと拡大された規模でのそれであろうと）が正常に経過する場合には，資本家的生産者が流通に前貸した貨幣はそれの出発点に帰らなければならない｛そのさいこの貨幣は自分のものなのか借りたものなのかはまったくどうでもよいことである｝という法則は，

II 200c(d) がⅠの前貸した貨幣によって最終的に貨幣化される，という仮定を決定的に排除してしまう。

2）われわれは1）のもとでは次のことを前提した。

a）Ⅰが労賃として支払った1000ポンドは労働者たちによって同じ価値額の $\underline{IIc}$ に支出されるということ，すなわち，彼らがそれで消費手段を買うということ。

ここで $\underline{I\ 1000v}$ がⅠから貨幣で前貸されるということは事実の確認でしかない。労賃は，資本家的生産者たちがそれぞれ貨幣で支払わなければならない。この貨幣は次には労働者たちによって生活手段に ||32| 支出され，また [455] 生活手段の売り手たちにとって，彼らの不変資本を商品資本から生産資本に転換するさいにふたたび流通手段として役だつ。しかも，それは多くの水路（小売商人や家主や徴税人，また，労働者たち自身にとっても必要な不生産的労働者たち，たとえば医師など）を通って流れ，したがって，ただ一部分だけが直接に労働者たちの手から資本家階級Ⅱの手に流れていく。この流れは多かれ少なかれ停滞することがありうる（それゆえ，資本家の側で貨幣準備が必要となる）。すべてこのようなことは，この基本形態では考察に入らない。

761 b）前提したのは，一度は，ⅠがⅡから買い入れるために別の400ポンドを前貸して，この貨幣がⅠに還流すること，またもう一度は，ⅡがⅠから買い入れるために400を前貸して，それがⅡに還流することだった。このような〔Ⅰおよび II の両者が交互に前貸するという〕前提がなされなければならないのは，資本家階級Ⅰか資本家階級Ⅱかのどちらかが一方的に商品転換に必要な貨幣を流通に前貸する，と仮定することのほうが，かえって，得手勝手だからである。

ところで，1）のもとで明らかにされたように，[64] II 200c(d) を貨幣化するためにⅠが追加貨幣を流通に投じるという仮定がばかげたものとして退けられなければならないのだから，残るのは明らかに，外観上もっとばかげたものに見える次の仮定だけである。すなわち，Ⅱ自身が，固定資本の損耗分を補填すべき自分の商品の価値成分を貨幣化するための貨幣を流通に投じる，という仮

64）II 200c(d)〕草稿では「II 200m(d)」となっており，MEGAでもそのままとなっているが，mはcと訂正されるべきところである。

定である。たとえば，Aの紡績機械が生産中に失う価値が縫い糸の価値部分として再現する。〔この縫い糸が貨幣に転化されれば，〕一方で，彼の紡績機械が損耗によって価値として失うものが，他方で貨幣として彼の手に積み立てられるというわけである。いま，Aはたとえば200ポンドで綿花をBから買い，したがって貨幣で200ポンドを流通に前貸するとしよう。Bはこの同じ200ポンドでAから糸を買い，この200ポンドが次にはAにとって紡績機械の損耗を補填するためのファンドとして役だつ。そこで結局次のようなことになってしまうであろう。すなわち，Aは，彼の生産やその生産物やその販売のことを度外視すると，紡績機械の価値喪失分を自分自身に支払うために200ポンドをふところにしているということ，すなわち，彼が最後に新しい紡績機械を買えるようになるためには，彼は自分の紡績機械の価値喪失分200ポンドのほかにさらに別の200ポンドを貨幣で年々自分のふところから追加しなければならない，ということである。

　しかしこのばかばかしさは，ただ外観上そのように見えるだけである。部門〔Klasse〕Ⅱに属する資本家たちの固定資本は，それぞれ再生産の期限がまったくさまざまに違っている。一方の資本家たちにとっては固定資本は全部現物で補填されるべき時期に達している。他方の資本家たちにとっては固定資本がこの段階に達するまでには多かれ少なかれまだ時間がある。あとのほうの部類〔Abtheilung〕の全員に共通なことは，彼らの固定資本が現実には再生産されないということ，[456]すなわち現物で更新されるとか同種の新品によって補填されるとかしないで，その価値が次々に貨幣で積み立てられていくということである。前のほうの部類の資本家は，かつて事業の開始のさいになにがしかの貨幣資本を携えて市場に登場し，それを一方では不変資本の固定部分ならびに流動部分に転化させ，他方では労働力に，すなわち可変資本に転化させたときと，まったく（ないし，ここではどちらでもかまわないのだが，部分的に）同じ状態にある。事業開始のときと同じく，いままた彼はこの貨幣資本を流通に前貸しなければならない。この状態は，不変資本の流動部分についても可変資本についても，部門〔Klasse〕Ⅱの総資本家にとって続くものである。

　[762]だから，ⅡがⅠとの転換のために流通に投じる400ポンドのうちの半分は，[65)]Ⅱの資本家のうち，自分の流通する生産手段を自分の諸商品によって

第5章 『資本論』第2部第8稿とMEGA版付属資料 **163**

〔更新する〕ほかに，自分の固定資本を自分の貨幣を使って現物で更新する資本家の手から出てくるものと前提し，他方，資本家IIの残り半分は，自分の貨幣ではただ自分の不変資本の流動部分を現物で補塡するだけで自分の固定資本を現物で更新することはしないものと前提すれば，還流する400ポンド（Iがそれで消費手段を買いさえすれば還流する）がIIのこれら二つの部類〔Abtheilung〕のあいだに前とは違った仕方で分配されるということには，まったく[66]なんの矛盾もない。この400ポンドは部門〔Klasse〕IIに還流するのであるが，同じ人びとの手に還流するのではなく，この部門〔Klasse〕のなかで違った仕方で分配され，この部門のなかの一つの部分から別の部分に移るのである。

IIの一方の部分は，生産手段Iからの，結局は自分の商品によって埋められる部分のほかに，200ポンドを現物での新たな固定資本要素に転換した。IIのこの部分がこのようにして——事業を始めたときのように——支出した貨幣は，ある年数のうちにようやく少しずつ，この固定資本で生産されるべき諸商品の損耗価値成分として，流通からIIのこの部分に還流するのである。

これにたいして，IIの他方の部分は，Iから200ポンドで商品を買ってはいないのであって，IがIIのこの部分に支払う貨幣は，IIの第1の部分が固定資本要素を買うために投じたその貨幣なのである。IIの一方の部分は自分の固定資本価値を，ふたたび，更新された現物形態でもっているが，他の部分は，もっとあとで自分の固定資本を現物で補塡するために，まだその価値を貨幣形態で積み立てている最中なのである。

これまでの諸転換が行なわれたあとにわれわれの出発点となるべき状態は，双方に残っている転換されなければならない商品，すなわちIでは400m，IIでは400cである。800という額の [457] これらの商品の ||33| 転換のためにIIが400を貨幣で前貸すると仮定しよう。400の半分イコール200は，どうあっても，IIcのうちの，損耗価値として200を貨幣で積み立てていて，それをいままた自分の固定資本の現物形態に再転化させなければならない部分によって，支出されるよりほかはない。

---

65) IIの〕この句は行の左端にあるが，エンゲルスはこの句の左の欄外に鉛筆で「#」様のしるしを書いている。

66) なんの矛盾もない。〕このあとにエンゲルスは赤鉛筆で「」」様のカギを書いている。

164 II 『資本論』第2部・第3部の草稿を読む

　不変資本価値，可変資本価値，剰余価値——IIの商品資本の価値は（Iのそれと同じく）この三つに分けられうる——を，商品II（ないしI）そのもののそれぞれ特殊的な比例配分部分で表わすことができるのとまったく同様に，不変資本価値のなかでも，固定資本の現物形態にはまだ転換されないで，まだ漸次に貨幣形態で再現する価値部分も，これまた，やはりそのような仕方で表わすことができる。IIの或る量の商品（ここでは残りの半分イコール200）は，ここではまだこの損耗価値の 763 担い手でしかないのであり，この価値は転換によって貨幣として沈澱しなければならない。{IIのうちの，固定資本を現物で更新する第1の部分は，固定資本の損耗価値のうちの一部分を商品量のうちの損耗〔相当〕部分によってすでにそのように〔貨幣に〕実現しているかもしれない——ここで商品量として現われているのはそれの残りだけである——が，それでもまだこの資本部分〔すなわち「まだ漸次に貨幣形態で再現する価値部分」〕にとっては200の貨幣がこれから実現されなければならない。}

　さて，この残りの操作でIIが流通に投じる400の第2の半分（＝200）について言えば，それはIから不変資本の流動成分を買うのである。この200の一部分は，IIによって，すなわち，固定価値成分を現物で更新しない部分だけによって流通に投じられるのでもかまわない。

　だから，この400ポンドでIから引き出されるのは，1）固定資本の諸要素だけから成っている200の額の諸商品と，2）IIの不変資本の流動部分の現物要素だけを補塡する200の額の諸商品とである。いまではIは，自分の年間商品生産物を全部売ってしまったが，その1/5はいま貨幣形態でIの手にある。ところが，この貨幣は貨幣化された剰余価値であって，収入として消費手段に支出される。だからIは，この400でIIの全商品残部イコールIIの年間生産物の1/5を買う。だからこの貨幣は，IIの商品を引き出すためにIIに還流するのである。

　ここで三つの前提を置いてみよう。1）IIのもとに商品としてまだ残っている400のうちのある分量が部分(1)と部分(2)とのために——たとえば半分ずつ——不変資本の流動部分のいくらかの分量を補塡しなければならない，という場合。2）部分(1)はすでにその全商品を売っており，したがって部分(2)がまだ400を売らなければならない，という場合。3）部分(2)が損耗価値を担う

200のほかは全部売ってしまっている，という場合。

[458] そこで次のような分割になる。

a）IIc（部分(1)100＋部分(2)300），最後の300のうち200は損耗分。この場合には，いまIが商品IIを引き出すために返してくる400の貨幣のうち，部分(1)が投下したのは300である。すなわち，200は固定資本要素の現物をIから買ったときに投下した貨幣であり，100は，転換のための，すなわちIとの自分の商品交換のための貨幣である。ところが，部分(2)は，やはりIとの自分の商品転換のために，400のうちたった1/4しか前貸していない。

つまり，400の貨幣のうち，部分(1)は300を，部分(2)は100を前貸した。

しかしこの400は，次のように還流する。

部分(1)にはそのうち100が，つまり部分(1)が前貸した貨幣のうちの1/3だけが還流する。しかし，部分(1)は，ほかの2/3については，200の価値ある更新された固定資本をもっている。この200の価値ある固定資本要素と引き換えに，部分(1)はIに貨幣を渡したが，そのあとで商品を渡してはいない。この200に関しては，部分(1)は（Iにたいして）ただ買い手として現われるだけで，あとから売り手としてはふたたび現われることはない。したがって，この貨幣が部分(1)に還流することはありえない。もし還流するとすれば，部分(1)はIから 764 固定資本要素を無償でもらったことになるであろう。部分(1)は，自分が前貸した貨幣の1/3に関しては，まず自分の不変資本の流動成分の買い手として現われた。その同じ貨幣でIは部分(1)から100の価値ある残りの商品を買う。だから，この貨幣はIIの部分(1)に還流する。なぜならば，部分(1)はまず買い手として現われたすぐあとで商品の売り手として現われるからである。もしこの貨幣が還流しないとすれば，IIはIに100という額の商品と引き換えにまず貨幣で100を渡し，次になおそのうえに商品で100を渡したことになり，したがって自分の商品をIにくれてやったことになるであろう。

これにたいして，100を貨幣で投下した部分(2)には，300が貨幣で還流する。そのうち1/3は，部分(2)が買い手として100の貨幣を流通に投じてからまた売り手としてそれを回収するからであり，200は，部分(2)が200の価値額の商品の売り手として機能するだけで買い手としては機能しないからである。だから，この貨幣はIには還流できないのである。だから，固定資本の損耗分は，IIの

166 II 『資本論』第2部・第3部の草稿を読む

部分(1)が固定資本要素を買うときに流通に投じた貨幣によって支払が済んでいる。しかし，この貨幣は，部分(1)の貨幣としてではなく，Iに属する貨幣として，部分(2)の手に入るのである。|

|34|b) II <u>貨幣での200 (部分(1))c + (商品での400 (部分(2))c。</u>

部分(1)は自分の商品を全部売ったが，<u>貨幣での200は，自分の不変資本の固定部分の転化した形態であって</u>，この成分を部分(1)は<u>現物で更新し</u>なければならない。だから，部分(1)はここではただ単純に買い手として現われるだけで，自分の貨幣の代わりに，同じ価値〔459〕額の固定資本の現物要素としての<u>商品Iを受け取る</u>のである。<u>部分(2)</u>は，最大限として（IとIIとのあいだの商品転換のためにIから貨幣が前貸されない場合には）ただ<u>200</u>だけを流通に投じればよい。というのも，部分(2)は，その商品価値の半分については，ただ<u>Iへの売り手</u>であるだけで，<u>Iからの買い手</u>ではないからである。

部分(2)には流通から400が帰ってくる。〔そのうちの〕200は，部分(2)が買い手としてそれを前貸したあとで200の商品の売り手としてそれを回収するからであり，200は，部分(2)が200の価値ある商品をIに売るだけで，それに代わる商品等価をIから取り戻さないからである。

c) II <u>貨幣で200 (部分(1)および商品で200)c + (商品で200 (部分(2))c。</u>

この前提のもとでは，<u>部分(2)は少しも貨幣で前貸する必要はない</u>。なぜなら，部分(2)は，Iにたいしては，<u>買い手として機能することはまったくなく</u>，ただ売り手として機能するだけであり，したがってIが買いにくるのを待っていればいいのだからである。

<u>部分(1)は400を貨幣で前貸する</u>。200はIとの商品転換のために，<u>200はI</u>からのたんなる買い手として。

200の貨幣で部分(1)は固定資本要素を買うのである。

Iは200の貨幣で部分(1)から<u>200の商品</u>を買い，これによって，部分(1)には，自分がこの商品転換のために前貸した200の貨幣が還流してくる。また，Iは別の200（やはり部分(1)から受け取ったもの）で部分(2)から<u>200の商品</u>を買い，これによって部分(2)にはそれの<u>固定資本損耗分が貨幣で沈澱する</u>。

765 Iが残っている商品の転換のために200の貨幣を前貸すると前提しても，事柄は少しも変わらないであろう。Iがまず<u>200の商品</u>を部分(2)から買うとす

れば——前提によれば部分(2)が売るべき商品の残りはもはやこれだけである——, この200はⅠには帰ってこない。というのも, 部分(2)がふたたび買い手として現われることはもうないからである。しかしこの場合, Ⅱの部分(1)は買うための貨幣としての200と, これから転換するべき商品として200とをもっており, 全体では400をⅠから交換によって受け取らなければならない。そこで<u>200の貨幣</u>がⅡの部分(1)からⅠに帰ってくる。この200をふたたびⅠがⅡの部分(1)から200の商品を買うために投下しても, Ⅱの部分(1)が400の商品の残り半分をⅠから買えば, この200はまたⅠに帰ってくる。Ⅱの部分(1)は, たんなる買い手として, 200の貨幣を投下した。この200ポンドは部分(1)には帰らないで, 最終的にⅡの部分(2)を貨幣化するのであり, 他方, Ⅰには, 商品転換のために投下された貨幣200が, Ⅱの部分(2)の手を経てではなく, Ⅱの部分(1)の手を経て還流したのである。Ⅰの商品400の代わりに400の額の商品等価がⅠに帰ってきた。800の商品の転換のためにⅠが前貸した200ポンドの貨幣も, やはりⅠに帰ってきた。——こうして, 万事めでたし〔all right〕である。

————

[460] 次の転換, すなわち,

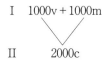

という転換のさいの困難は, 残額の転換のさいの困難に帰着させられた。

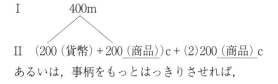

あるいは, 事柄をもっとはっきりさせれば,

　Ⅰ　<u>(200＋200)m</u>
　Ⅱ　<u>(200 (貨幣) ＋200 (商品))c＋(2)200 (商品) c</u>

[67]Ⅱの(1)cでは200 (商品) が[68]Ⅰ200m (商品) に転換されるのであり, また,

---

67) Ⅱ] 草稿では「Ⅰ」と書かれている。エンゲルスは鉛筆で「Ⅱ」に訂正している。

168   II 『資本論』第2部・第3部の草稿を読む

これらの商品400（I＋II）の転換で流通する貨幣は，それを前貸したIまたはII
に還流するのだから，IとIIとのあいだでの転換のこの全要素は，実際には，
ここでわれわれが取り扱っている問題の要素ではない。これを言い換えてみる
と，I 200m と II（1）200c（商品）の転換では貨幣は支払手段として機能し，購
買手段としては，だからまた，最も狭い意味での「流通 ‖35‖ 手段」としては
機能しないと想定するなら，明らかなことは，商品I 200m と 766 [69] II（1）200c
とは価値額が同じなのだから，200の価値ある生産手段が200の価値ある消費
手段と交換されるのだ，ということであり，貨幣はここでは観念的に機能する
だけであって，どちらかの側から差額決済のための貨幣が現実に流通に投じら
れる必要はない，ということである。だから，II（1）200c（商品）の等価として
のI 200m をIとIIとの両側で消してしまったときに，はじめて問題が純粋な
かたちで現われるのである。

　{ついでながら。同じ価値額の生産手段Iと消費手段IIとがIとIIとのあい
だで転換されるかぎり，次のことは明らかである。ここで貨幣が支払手段とし
て機能するときには，どちらの側でも，差額が貨幣で清算されることはない。
この転換では貨幣はただ観念的に機能するだけで，一文の貨幣も現実に支払手
段として流通に投げ入れられることはない。このことから，次のように言える。
同じ転換が，次々と続いていく現金売買の形態で行なわれるとしても——だか
ら流通手段として現実に機能する貨幣によって媒介されるとしても——，転換
の形態のこのような変化によっては，貨幣の量的諸規定にはまったくなんの変
化も生じない。相変わらず，Iの200の商品がIIの200の商品と変換される。
どちら側も，他方より多くを与えることも，受け取ることもない。つまり，流
通手段としてこの転換を媒介した貨幣は，それを前貸した側にたえず還流しな
ければならないのであり，あるいは一般的に言えば，流通する貨幣は，IとII
のそれぞれが貨幣を前貸した比率に応じて両者のそれぞれに還流するのである。
両者の側のそれぞれが流通する貨幣の1/2を前貸したのなら，それぞれに流通
する貨幣の1/2が還流する，等々である。一方の側が流通する貨幣の全部を前

68）I］草稿では「II」と書かれている。エンゲルスは鉛筆で「I」に訂正している。
69）II（1）200c］草稿では「I（1）200c」となっており，MEGA もそのままにしているが，IはII
　　と訂正されるべきところである。

貸したのなら，その貨幣はそっくり，流通からこの側に還流する。}

つまり，互いに差し引きしあう同じ価値の両方の商品額（ⅠとⅡ）を消去したあとに転換の残額が残っていて，このなかに問題が純粋に現われてくる。すなわち，

$\begin{cases} Ⅰ & 200m \\ Ⅱ & \underline{(1)貨幣での200c} + \underline{(2)商品での200c} \end{cases}$

ここでは次のことが明らかである。Ⅱ(1)cは貨幣（200）で自分の固定資本の諸成分Ⅰ200mを買い，これによってⅡ(1)cの固定資本は現物で更新されており，また200にイコールの剰余価値Ⅰは商品形態（生産手段，しかも固定資本の要素）から貨幣形態に転化している。この貨幣でⅠはⅡ(2)c（消費手段）を買うのであって，Ⅱにとってのその結果は，部分(1)の不変資本の固定的部分が現物で更新されて（再生産されて）いるということであり，もう一つの部分が貨幣で沈澱するということである。そして，この沈澱は，この部分もまた現物で更新されるまで，毎年続くのである。

767 [461] ここでは，明らかに次のことが前提条件である。すなわち，不変資本Ⅱのうち，一方の，それの価値から見て全部が貨幣に再転化し，だからまた現物で更新されなければならない固定成分は，不変資本のうち，他方の，まだもとの現物形態のままで機能を続けていて，それの損耗分――それの作用によって生産される商品にそれが移していく価値喪失分――が，さしあたりは貨幣で補填されればよい固定成分に等しい，ということである。これによれば，このような均衡が，不変な規模での再生産の法則として現われていることになる。このことを言い換えれば，Ⅱcの流動成分として規定されている生産手段の生産に向けられ，そしてⅡcの固定成分として規定されている生産手段の生産に向けられる分業〔労働の分割〕の比率が，Ⅰでは不変のままだ，ということである。

これをもっと詳しく検討する前に，まず，(1)cがイコール(2)cでなければどうなるか，を見なければならない。前者のほうが大きいことも小さいこともありうる。この二つの場合を順々に仮定してみよう。

1）Ⅰ $\underline{200m}$

    Ⅱ $\underline{(1)貨幣での^{70)}220c}$ および $\underline{(2)200c（商品での）}$

170 　II 『資本論』第2部・第3部の草稿を読む

II(1)c は200の貨幣でI 200m を買い，I がこの貨幣で商品[71]II(2)200c を買う。これによって (2)c（貨幣で沈澱すべき固定資本成分）は貨幣化される。

だが，貨幣での (1)20c は固定資本の現物に再転化できなくなっている。|

|36| この不都合は，I の残額を200ではなく220とし，したがってI 2000 のうち1800ではなく1780だけが以前の転換によってかたづいているとすることで，取り除くことができるように見える。この場合には次のようになる。

　I 　220m

　II (1)貨幣での 220c + (2)200c（商品での）

II(1)c は220の貨幣でI 220m を買い，I は200でII(2)200c の商品を買う。だが，この場合，I の側に貨幣で20ポンドが残っている。これは剰余価値の一部分だが，これをI は貨幣として持ち続けることができるだけで，消費手段に支出できない。

　これでは，困難がII(1)c から Im に移されただけのことである。

　今度は，II(1)c がII(2)c よりも小さい場合を仮定してみよう。

　2）I）200m

　　II）(1)180c（貨幣で）+ (2)200c（商品（消費手段）で）

　[462] II(1)c は180の貨幣でI 180m を買う。[72]I は 180 でII(2)c を買う。I 20m が売れないで残る。同じく，II(2)20c が貨幣に転化できないことになる。

　768 I の残額をイコール180としてみても，どうにもならないだろう。そうすればI には余りが残らないだろうが，II(2)c のうちの20という余りがやはり売れずに残り，貨幣に転化できないだろう。

　第1の場合，すなわちII(1)c＞II(2)c の場合には，II(1)c の側に貨幣での余りが残って，固定資本に再転化することができない。または，Im の残りがII(1)c に等しいとすれば，貨幣での同額の余りが Im の側に残って，消費手段に転化することができない。

---

70) 220c］MEGAでは「200c」と誤植されている。

71) II(2)200c］草稿では「I(2)200c」となっており，MEGAでもそのままになっているが，I はIIと訂正されるべきところである。

72) I］草稿では「II」となっており，MEGAでもそのままになっているが，IIはI と訂正されるべきところである。

第5章 『資本論』第2部第8稿とMEGA版付属資料　171

　第2の場合，すなわち II(1)c＜II(2)c の場合には，I 200m と II(2)c との側に貨幣での不足が生じ，そして両方の側にこれと同額の商品の余りが残る。または，Im の残りがイコール II(1)c だとすれば，II(2)c の側に貨幣での不足と商品での余りとが残る。

　Im の残りがつねに II(1)c にイコールだとすれば――というのは，注文が生産を決めるものとし，また，不変資本 II のうちの，今年は固定資本成分のほうがより多く，翌年には流動資本成分のほうが[73]より多く，I によって再生産されるようなことがあっても，再生産には変化がないものとするのだから――，第1の場合に I(1)m が消費手段に再転化できるのは，ただ，I がそれで II の剰余価値の一部分を買う場合，したがって，この一部分が費消されないで II によって貨幣として蓄蔵される場合だけであろう。また，第2の場合に手を貸してくれるのは，ただ，I 自身が貨幣を支出する場合，つまりわれわれが除いた第1の仮定の場合だけであろう。

　/37/[74] もし II(1)c が II(2)c よりも大きければ，Im のうちの余りの貨幣を実現するためには外国商品の輸入が必要である。もし II(1)c が II(2)c よりも小さければ，逆に，IIc の損耗部分を生産手段に実現するために商品 II（消費手段）の輸出が必要である。このように，どちらの場合にも，対外貿易が必要である。

　/36/ 不変な規模での再生産を考察するために，すべての産業部門の生産性，したがって各部門の商品生産物の比例配分的価値関係も変化しない（不変のまま）と仮定するとしても，それでも，最後に述べた二つの場合，すなわち II(1)c が II(2)c よりも大きいかまたは小さい場合は，このような場合が無条件に現われてくることがある拡大された規模での生産（蓄積）にとっては，やはり興味のあるものであろう。

————————

————————

73）より多く〕草稿では「多かれ少なかれ」となっている。
74）もし……必要である。〕このパラグラフは，草稿の次ページすなわち37ページの最下部に書かれているが，その先頭に書かれた「×ここは36ページに」という指示と，ここに書かれた「×（37ページの下部を見よ）」という指示とによって，ここに挿入すべきことが指示されている。エンゲルスはこの指示を鉛筆で囲んでいる。

172 II 『資本論』第2部・第3部の草稿を読む

[463] ①34 [ページ] (線の下部) の問題については，一般に，次のことが注意
されねばならない。

① [注解] 34 [ページ] (線の下部) の問題] [MEGA II/11] 765ページ18-25行 [本書167
ページ17行-25行] を見よ。

単純再生産の或る年に——すべての他の事情が，だからことに労働の生産性
も変わらないと前 769 提して——，IIc の固定要素のうち，前年に寿命が尽き
たのよりも大きい部分の寿命が尽きて，だからまた前年よりも大きい部分が現
物で更新され，再生産されなければならない場合には，固定資本のうち，まだ
寿命が尽きるまでの道程にあって，しばらくは貨幣で補塡されていかなければ
ならない部分は，同じ割合で減少する。というのも，前提によって，IIで機能
している固定資本部分の総額は (価値総額も) 変わらないのだからである。し
かし，これには次のような事情が伴っている。第1に，Ic の総生産は変わらな
いままなのだから，商品資本Iのうちの IIc の固定資本の諸要素から成る部分
が大きくなるが，IIc の流動成分から成る部分は小さくなる。そのうちの一部
分が増大すれば他の部分は縮小するのであり，また逆ならば逆である。しかし
他方で，IIの総生産も同じ大きさのままである。だが，こういうことは，IIの
原料や半製品や補助材料 (すなわち不変資本IIの流動的諸要素) が減少する場
合にはどうして可能だろうか？ 第2に，貨幣形態で回復された固定資本IIの
うちの，貨幣形態から現物形態に再転化させられるためにIに流れていく部分
が大きくなる。だから，商品Iと商品IIとのたんなる転換のためにIとIIとの
あいだで流通する貨幣とは別に，Iにより多くの貨幣が流れていくが，この貨
幣は，相互的商品転換を媒介するのではなく，ただ一方的に購買手段の機能で
‖37‖ 機能する貨幣である。しかし，同時に，IIc のうちの，損耗分の価値補塡
の担い手である商品量，すなわちIの商品とではなくただIの貨幣と交換され
なければならない商品量IIは，それに比例して減少したであろう。IIからIに
たんなる購買手段として流れていく貨幣が大きくなり，IIの商品のうち，Iが
立ち向かってたんなる買い手として機能しなければならない商品は少なくなる
であろう。そこで，Im ——というのは Iv はすでに商品IIに転換されたからで
ある——のうちの，商品IIに転換されることができずに貨幣形態に固着してい

第5章　『資本論』第2部第8稿とMEGA版付属資料　173

る部分が大きくなるであろう。

　（これとは逆の場合，すなわち，再生産の或る年に，固定資本IIの寿命が尽きるケースのほうが少なく，反対に損耗部分のほうが大きい，という場合については，これ以上立ち入る必要はない。{①30ページを見よ。}）

　　①〔注解〕30ページを見よ。〕〔MEGA II/11〕756ページ22行-758ページ4行〔本書156ページ4行-157ページ27行〕を見よ。

　こうして，不変な規模での再生産にもかかわらず，恐慌——生産恐慌——が生じることになるであろう。

————

一言で言えば，単純再生産が行なわれていて諸事情が不変な場合，したがってことに労働の生産力も総 [464] 量も強度も不変な場合に，寿命の尽きる（更新されなければならない）固定資本と，もとの現物形態のままで働き続ける（ただ損耗補塡分だけ商品に価値をつけ加える）固定資本とのあいだに，<u>不変な割合</u>が前提されないなら，ある場合には，**770** 再生産されなければならない IIc の流動成分の量が不変のままでも，再生産されなければならない固定成分は増大するであろう。そこで，<u>総再生産Iが増大しなければならないか，または</u>（貨幣関係は別としても）再生産の<u>不足</u>が生じるであろう。

　他方では，もし現物で再生産されなければならない固定資本の大きさの割合が減少し，したがって，固定資本のうち貨幣で補塡されればよい成分が同じ量で増大するなら，Iによって再生産される不変資本IIの流動成分の量は不変のままでも，再生産されなければならない固定成分の量は減少し，そこで，総生産Iの減少が生じるか，または，前の場合に不足が生じたように，75) 今度は<u>余分</u>が，しかも<u>貨幣化できない余分</u>が生じることになる。

　第1の場合にも，生産性や長さや強度の増大によって同じ労働がより多くの生産物を供給し，だからそれによって，第1の場合の不足がカバーされることがありうるであろうが，このような変化は，Iのある生産部門から別の生産部

————

75) 今度は<u>余分</u>が，しかも<u>貨幣化できない余分</u>が生じることになる。〕エンゲルスは，パラグラフ末尾のこの行と次のパラグラフとのあいだの左端に，鉛筆で，×印の右下端を右方に延ばしたようなものを書きつけている。

門への労働と資本との移動なしには生じないし，このような移動はすべて一時的な攪乱を引き起こすであろう。しかし第2に（労働の長さや強度が増すかぎりは），Ⅰはより多くの価値をⅡのより少ない価値と交換しなければならないことになり，したがってⅠの生産物の減価が生じるであろう。

逆の場合には，Ⅰが生産を縮小しなければならない（それはこの生産にたずさわる労働者と資本家とにとって恐慌を意味する）か，あるいは過剰を供給することになり，これもまた恐慌を意味する。それ自体としては，このような過剰は害悪ではなく，むしろ利点である。だが，資本主義的生産では害悪なのである。

対外貿易はどちらの場合にも助けになりうるであろう。第1の場合には貨幣形態で固着している商品Ⅰを消費手段に転換するために，第2の場合には商品での過剰を売り捌くために。しかし対外貿易は，ただ諸要素を（価値から見ても）補塡することを意味するだけでないかぎりでは，ただ諸矛盾をいっそう広い部面に移して，諸矛盾のためにいっそう大きな活動範囲を開くだけである。

再生産の資本主義的形態を度外視すれば，事柄は次のことに帰着する。すなわち，固定資本（ここでは消費手段の生産で機能しているそれ）のうちの，寿命が尽きかけている，だからまた現物で補塡されなければならない部分の大きさは，来る年ごとに［465］変わる，ということである。ある年にこの部分が（人間の場合で言えば平均死亡率を超えて）非常に大きければ，次の年にはおそらくそれだけ小さくなるであろう。だからといって，消費手段の年間生産のために必要な原料や半製品や補助材料の量は――その他の事情を不変と前提すれば――減りはしない。だから，生産手段の総生産は，一方の場合には増加し，他方の場合には減少することにならざるをえないであろう。この事態をまぬかれるためには，継続的な（相対的）771 過剰生産によるよりほかはない。すなわち，一方では固定資本が，直接に必要であるよりもいくらかより多く生産されることによって，他方，そしてことに，年間の直接必要量を超える原料（とくに生活手段のそれ）などの在庫によって。この種の過剰生産は，社会によるそれ自身の再生産の対象的手段の制御と同じことである。ところが，資本主義社会のなかでは，それは無政府的な要素なのである。

固定資本についてのこの例解は――再生産の規模が不変な場合には――適切

である。①生産における固定資本と流動資本との不比例は，恐慌を説明するために経済学者たちが愛用する論拠の一つである。このような不比例は固定資本がただ維持されるだけの場合にも起こりうるし，また起こらざるをえないということ，──これは彼らには耳新しいことなのである。すなわち，それは，理想的な正常生産を前提する場合にも！，すなわちすでに機能している社会的資本の単純再生産の場合にも！，生じうる，ということである。|

①〔注解〕生産における……一つである。〕この点については，カール・マルクス『経済学批判〈1861-1863年草稿〉』，所収：MEGA II/3.3, 1120-1121ページ，を見よ。

|38|[76]3) これまでは一つの契機がまったく考慮の外に置かれていた。すなわち，金銀の年間再生産である。──たんなる，奢侈品，金めっきなどの材料としてのそれらについてここで特に述べる必要がないことは，どれかほかの生産物についてその必要がないのと同じであろう。これにたいして，金銀は貨幣材料として，したがってまた可能的な貨幣として重要な役割を演じる。ここでは簡単にするために，「生まれながらの」貨幣としてただ金だけをとることにしよう。

[77]{年間金生産の総額は，やや古い報告によれば，800,000-900,000重量ポンド・イコール・372-418百万ターレルだった。①②1870年に為替問題を契機にして行なわれた最近の計算によれば，420,000重量ポンド（その価値は195百万ターレル）にすぎない。（ベームの『地理学便覧』，第4巻，1872年。）そのうち，

オーストラリア	約127百万ターレル
カリフォーニア	〃 90　〃
メキシコ	〃 35　〃
ロシア	─ 22　〃
南アメリカ	─ 20　〃

---

76) エンゲルス版はここから本書187ページ8行までを「第20章　単純再生産／第12節　貨幣材料の再生産」に利用している。

77) 貴金属の生産に関する，以下の「参照すること。」までの箇所には，冒頭に角括弧があるだけで，末尾には対応する閉じ括弧がないが，パラグラフ全体の左側に，包み込むように角括弧から続く線が引かれているので，角括弧によって囲まれた記述として扱った。

オーストリアとそのほかのヨーロッパ ― 13-14百万ターレル

③年間銀生産は3.3百万重量ポンドでその価値は99百万ターレルと見積もられている。そのうち，

メキシコ　約1,140,000重量ポンド

ペルーが　― 190,000 〃

チリが　― 160,000 〃

オーストリアが90,000，ロシアが50,000，ザクセンが62,000，プロイセンが70,000，

等々を供給している。ここでは，カリフォーニア等々が欠けている。④もっと新しい報告を参照すること。}

①〔注解〕1870年に……欠けている。〕Fr〔フランツ〕・X〔クサヴァ〕・ノイマン〔・フォン・シュパララルト〕「生産，世界交易，および，交通手段についての概説」，所収：『地理年報……』，E〔エルンスト〕・ベーム編，第4巻，ゴータ，1872年，493-497ページ。

②〔注解〕1870年に……1872年。〕同前，495ページ。

③〔注解〕年間銀生産は……と見積もられている。〕同前。

④〔注解〕もっと新しい報告を参照すること。〕第2部の編集のさいにエンゲルスはマルクスによる記載を，アドルフ・ゼートベーアの『貴金属生産……』，ゴータ，1879年からのもっと新しい記載と取り替えた。（カール・マルクス『資本論』第2部，フリードリヒ・エンゲルスによる編集用原稿，1884-1885年，所収：MEGA II/12，433ページ9-18行，および，そこへの注解，を見よ。）――エンゲルスは，貨幣制度とりわけ複本位制の諸問題に興味をもち，1879年11月に抜粋をしたが，これにはマルクスの要望もあったのかもしれない。（社会史国際研究所，マルクス＝エンゲルス遺稿，整理番号J34。）1882年5月10日付のエードゥアルト・ベルンシュタイン宛の手紙でエンゲルスは次のように言明した。「近ごろの諸変動についての資料としては，ゼートベーア……を参照してください。ゼートベーアは，この方面における第一流の権威であって，ドイツの鋳貨改革の父です――彼は1/3ターラーの「マルク」をすでに1840年以前から提唱していたのです。」

[466] 資本主義的生産の諸国のうちでは，合衆国だけが金銀 772 生産国である。ヨーロッパの「資本主義」諸国はその金（および銀）をオーストラリア，合衆国，メキシコ，南アメリカ，ロシアから受け取っている。

―――――

第5章 『資本論』第2部第8稿とMEGA版付属資料　177

しかしわれわれは金鉱山を，いま年間再生産の分析の対象としている資本主義的生産の国のなかに移すことにする。そしてそれは，次の理由からである。

資本主義的生産はおよそ対外貿易なしには存在しない。しかし，ある所与の規模での正常な年間再生産が生じているなら，すなわちそのような再生産が想定されるなら，それと同時に次のことも想定されている。すなわち，対外貿易はただ国内の物品を使用形態すなわち現物形態の違う物品と取り替えるだけで，価値の割合は変えないということ，したがってまた生産手段と消費手段という二つの部類〔Categorie〕が互いに転換する価値の割合をも，またこれらの部類のそれぞれの生産物の価値が分解できる不変資本と可変資本と剰余価値との割合をも変えない，ということである。だから，年間に再生産される生産物価値を分析するときに対外貿易を引き入れることは，ただ混乱を招くおそれがあるだけで，当の問題にもその解決にも，なにか新たな契機をもたらすようなものではない。だから，対外貿易はまったく捨象されなければならないのであって，ここでは金もまた，年間再生産の直接的要素として——交換によって外から輸入される商品要素としてではなく——取り扱われなければならない。

金の生産は，金属生産一般と同じく I に，すなわち生産手段の生産を包括する部類〔Categorie〕に属する。年間の生産をイコール 30 と仮定しよう（きわめて過大に見積もっているのは便宜上のことである）。この価値が $20c + 5v + 5m$ に分解できるものとする。20c は，Ic の他の要素と交換されるべきもので，この点はあとで考察されるが，I $5v + 5m$ は，[78] IIm の諸要素（消費手段）と交換されるべきものである。

[467] I 5v について言えば，どの産金業も，なによりもまず労働力を買うことから始めるが，この購買は，他のあらゆる事業がそうするように，自分で生産した金ででではなく，現に国内にある貨幣の一部分で行なう。労働者たちはこの 5v で II から消費手段を買い，II はこの貨幣で I から生産手段を買う。かりに，II が I から 2 だけの金を商品材料など（II の不変資本の成分）として買うとすれば，2v は採金業者 I に貨幣（すなわち流通に属していた貨幣）で帰ってく

---

78) IIm〕草稿では「II(v＋m)」と書かれており，MEGA はこれを「IIc」としているが，IImとあるべきところである。

る。もしⅡがそれよりほかにはⅠから材料を買わなければ，Ⅰは自分の金を貨幣として流通に投じることによってⅡから買う。というのも，773 金はどんな商品でも買うことができるからである。〔普通の買いと〕違う点は，ただ，ここではⅠが売り手として現われないでただ買い手としてだけ現われる，ということだけである。Ⅰの産金業者は自分の商品をいつでも売り捌くことができるのであり，彼らの商品はつねに直接に交換可能な形態にある（金鉱の持ち手をⅠ(g) と呼ぶことにしよう）。|

|39| ある紡績業者が5v を自分の労働者たちに支払い，それにたいして労働者たちは——剰余価値は別として——紡糸での生産物イコール5を紡績業者に供給する，と仮定しよう。労働者たちはこの5でⅡc から買い，Ⅱは貨幣での5でⅠから買い，こうして5v が貨幣で紡績業者に還流する。

ところが，ここで想定した場合には，Ⅰ(g) は（すでに以前から流通に属していた）5v で，自分の労働者たちに5を前貸する。労働者たちはこの貨幣を生活手段に支出する。しかし，2だけがⅡからⅠ(g) に帰ってくる。しかし，Ⅰ(g) は，あの紡績業者（工場主）とまったく同じように，再生産過程を新たに始めることができる。というのは，Ⅰ(g) の労働者たちは金で5をⅠ(g) に供給し，Ⅰ(g) は2を売って3を金でもっており，したがって，ただそれを鋳貨に換え（あるいはそれを銀行券に転化し）79) さえすれば，直接に，Ⅱの媒介なしに，自分の全可変資本をふたたび貨幣形態で自分の手にもつのだからである。

しかし，すでに年間再生産のこの最初の過程で，潜勢的または可能的に流通に属する貨幣量に変化が起こっている。われわれの仮定では，Ⅱc はⅠ(g)2v を材料として買い，Ⅰ(g)3v は可変資本の貨幣形態としてふたたびⅠのなかで投下されている。したがって，新たな金生産の前にあった貨幣量のうちから3がⅡのなかにとどまっていて，Ⅰに還流していない。前提によればⅡは金材料にたいする自分の必要をすでに満たしている。3は蓄蔵貨幣としてⅡの手にとどまっている。[468] この3はⅡの不変資本の要素になることができないのだから，さらに，Ⅱはすでに前から労働力を買うのに十分な貨幣資本をもってい

---

79) さえすれば，] エンゲルスはこのあとに，鉛筆で「注42ページ」と書いている。「42ページ」は草稿の42ページを指すのであろう。

たのだから，さらにまた（摩滅要素は別として），IIc の一部分と交換されるこの追加の I(g)3 は，IIc のなかでは機能を果たす必要がなく｛それは，ただ，II(1)c が II(2)v よりも小さいという偶然の場合に，それだけ摩滅要素をカバーするのに役だつことができるだけであろう｝，しかも他方｛ちょうど摩滅要素だけを別として｝，全商品生産物 IIc が生産手段 I(v＋m) と交換されなければならないのだから，──そういうわけだから，この貨幣 I(g)3 は IIc から IIm に，（いまこの IIm が必要生活手段として存在するか奢侈手段として存在するかにかかわりなく）移されなければならないのであって，その代わりに，それに相当する商品価値が IIm から IIc に移されなければならないのである。結果は，剰余価値の一部分が蓄蔵貨幣として積み立てられるということである。

　再生産の第2年にも，年間に生産される金のうちから同じ割合が引き続き材料として利用されるとすれば，ふた $\boxed{774}$ たび2は I(g) に還流し，3v は現物で補塡されるであろう（3はふたたびⅡのなかで蓄蔵貨幣として遊離させられるであろう），等々。

　可変資本について一般的に言って，他のどの資本家もそうであるように，[80]I(g) の資本家も可変資本をたえず貨幣で労働の買い入れに前貸ししなければならない。このvについて言えば，Ⅱから買わなければならないのは，資本家 I(g) ではなくて彼の労働者である。だからここでは，資本家 I(g) が買い手として現われるという仮定，つまり，Ⅱが先手をとらずにこの資本家がⅡに金を投じるという仮定はとりようがない。しかし，Ⅱが資本家 I(g) から材料を買って自分の不変資本 IIc を金材料に転換しなければならないかぎりでは，I(g)v の部分が，Ⅰの他の資本家たちに還流するのと同じ仕方で，Ⅱから資本家 I(g) に還流する。そしてそうならないかぎりは，資本家 I(g) は自分のvを直接に自分の生産物のなかから金で補塡する。しかし，貨幣として前貸されたvがⅡから I(g) に還流しないのと同じ割合で，Ⅱではすでにその前にもっていた通貨〔Circulation〕の一部分が（ⅠからⅡに流れてきてⅠに帰らないので）蓄蔵貨幣に転化させられ，そのためにⅡの剰余価値の一部分は消費手段の形態に支出さ

---

80) I(g)〕草稿では「II(g)」と誤記されており，MEGA でもそのままになっているが，訂正されるべきところである。

れないことになる。新たな金鉱の開発や古い金鉱の再開はたえず行なわれるのだから、〔I(g) によって〕v に投下される貨幣の一定の部分は、いつでも、新たな金生産の前から存在していて (I(g) の労働者の手を経て) II に投げ入れられる貨幣量の一部分をなしており、そして、この貨幣量がII から I(g) に帰ってこないかぎり、それはII で貨幣蓄蔵の要素になるのである。

　I(g)m について言えば、この場合には、I がつねに買い手として現われることができる。彼は自分の m を貨幣として流通 IIc に投じ、その代わりに消費手段 IIc を引き出す。II では、これは一部分が材料として消費され、したがって、生産資本 II の成分 c の現実の要素として機能する。そしてそうならないかぎりでは、これはこれで (IIm のうちの貨幣としてとどまる部分として) [469] 貨幣蓄蔵の要素になる。ここでわかることは――のちに考察しなければならない I(g)c はまだ別にするとしても――、単純再生産の場合でさえも、ここでは言葉の本当の意味での蓄積は、すなわち拡大された規模での再生産は排除されているとはいえ、それにもかかわらず貨幣積立または貨幣蓄蔵が必然的に含まれている、ということである。そして、このことが年々継起的に繰り返されるのだから、これによって、資本主義的再生産を考察するさいに出発点となる前提、すなわち、再生産の開始のさいに商品転換に対応する量の貨幣手段が資本家階級 I および II の手にあるという前提は、説明がつくのである。こうした積立は、流通貨幣の摩滅によって消滅する金を差し引いても、なお行なわれるものである。

　言うまでもないことだが、資本主義的生産が年を経るのにつれて、あらゆる方面で積み立てられる貨幣量はますます大きくなり、したがって、年々の新たな ||40| 金 775 生産がこの貨幣量につけ加える追加分は、絶対量から見れば大きなものでありうるにしても、それの割合はますます小さくなる。さらに一般的に、①トゥクになされた反対論、すなわち、貨幣を流通に投じる出発点が結局のところ総じて資本家階級自身だと見なければならないのに、年間生産物のうちからどの資本家も剰余価値を貨幣で引き出すということ、すなわち、自分が投げ入れるのよりも多くの貨幣を流通から取り出すということが、どうして可能なのか？ という反対論に関連して、以下のことを指摘しておこう。

第5章 『資本論』第2部第8稿とMEGA版付属資料　181

①〔注解〕トゥクになされた反対論……可能なのか？〕〔MEGA II/11〕320ページ32-34
　行，および，それへの注解。

　1）ただ一つの前提，すなわち，そもそも貨幣が，年間再生産量のさまざま
な要素を転換するのに十分なだけ現存する，という前提は，商品価値の一部分
が剰余価値から成っているということによっては，けっして影響を受けない。
かりに，全生産が労働者自身のものであり，したがって彼らの剰余労働がただ
彼ら自身のための剰余労働であって資本家のための剰余労働ではないとしても，
流通する商品価値の量は同じであって，それの流通のためには，ほかの事情に
変わりがなければ，同じ貨幣量が必要であろう。だから，どちらの場合にも問
題はただ，この総商品価値を転換するための貨幣はどこからやってくるのか？
ということだけであって，剰余価値の流通のための貨幣はどこからやってくる
のか？ ということではけっしてないのである。すでに見たように，資本家の
一部は，以前にたんなる支出として消費手段に支出した貨幣を，事業が軌道に
乗れば，自分の剰余価値を貨幣化するのに役だつ貨幣として，ふたたび取り戻
す。さらに，すでに見たように，一般的に言って（つまり事業をようやく始め
ようとしている資本家は別として），資本家階級は，可変資本や不変資本その
ものを流通に投げ入れるのと同様に，剰余価値を貨幣化するための貨幣を流通
に投げ入れるのである。この同じ貨幣が，一方の手から他方の手へとたえず流
れ出ては，ふたたびたえず流れ入るあいだ，商品生産物のさまざまな部分を貨
幣化するために入れ替わり立ち替わり役だつのである。
　[472] 2）どの産業資本も，創業のさいには，それの固定成分全体のために
一度に貨幣を流通に投げ入れるが，それがこの成分をふたたび流通から引き出
すのは，ただ，一連の年数のあいだ，自分の年間生産物を可除部分ごとにだん
だんと売っていくことによってでしかない。だから，最初は，流通から引き上
げるよりも多くの貨幣を流通に投じるのである。そしてこれが，総資本が現物
で更新されるたびに繰り返され，自分の固定資本を現物で更新しなければなら
ない或る数の資本について，毎年繰り返され，固定資本の修理が行なわれるご
とに，固定資本のたんに部分的な更新が行なわれるたびに，少しずつ繰り返さ
れる。だから，一方では，流通に投げ込まれるよりも多くの貨幣が流通から引

182　II　『資本論』第2部・第3部の草稿を読む

き上げられるが，他方では，その反対のことが行なわれるのである。

　[473]81)3）一方で，他の資本家たちが——固定資本での投下を度外視して
も——労働力や不変資本の流動的要素の買い入れのさいに投じたよりも多くの
貨幣を流通から引き出すのにたいして，他方で，金銀を生産する資本家たちは
——{せいぜいごくわずかの損耗分（これは Ic のもとではじめて考察されるべ
きものであり，776 これと自分の貨幣蓄蔵と）は控除して}——，貨幣だけを
流通に投げ入れ（原料として役だつ金銀は別とする），商品だけを流通から引
き上げる。不変資本（損耗部分を除いて），可変資本のかなり大きな部分，全
剰余価値{場合によっては彼ら自身の手のなかに積み立てられる蓄蔵貨幣を除
く}が，貨幣として流通に投げ込まれるのである。

　[472]2）には，さらに次のことを付け加える必要がある。産業部門のうち
でも，生産期間（労働期間とは区別される期間としての）がかなり長い期間に
わたる部門ではどの部門でも，この期間のあいだに [473] 資本家的生産者は，
一部は充用労働力への支払のために，一部は費消される生産手段の買い入れの
ために，たえず貨幣を流通に投げ入れる。このようにして，生産手段は直接に，
消費手段は，自分の労賃を支出する労働者によって間接に，商品市場から引き
上げられる。また消費手段は，けっして消費をやめない資本家自身によって直
接に商品市場から引き上げられるが，そのさいこれらの資本家は，この期間中
に同時に商品での等価を市場に投げ入れることはしない。この期間中には，彼
らが市場に投じた貨幣が，それに含まれている剰余価値をも含めての商品価値
の貨幣化に役だつ。この契機は，発達した資本主義的生産では，株式会社など
によって営まれる長期的な企業の場合に非常に重要になってくる。たとえば鉄
道やドックや都市の大建築物などの建設，鉄船の建造，大規模な土地干拓，運
河の建設などの場合がそれである。

　[474]この叙述では，貴金属貨幣の専一流通が前提されており，またこの流
通のうちでも現金（現生による）売買というそれの最も簡単な形態が前提され
ているが，他方，たんなる金属流通の基礎の上でも，貨幣は支払手段として機

────────────

81) エンゲルスは，以下の二つのパラグラフの左側に，鉛筆でやや乱暴に，包み込むように線
　を引いている。

能することができるし，また歴史的に現実に支払手段として機能してきたのであり，またこうした基礎の上で信用システムとそれの機構の特定の諸側面が発達してきたのである。

　このような前提を置くのは，たんに方法上の考慮だけからではないのであって，そのことの重要さはすでに次のことにも現われている。すなわち，‖41|①トゥク（とその学派）もその反対者たちも，彼らの論争ではいつでも——銀行券流通を論じるさいに——純粋な金属流通という仮定に立ち戻ることを余儀なくされた，ということである。彼らは，「あとの祭り的に」〔post festum〕そうすることを余儀なくされたのだったが，そのさいそれを非常に皮相的にやったのであり，そしてそれは必然的であった。なぜなら出発点が，分析のなかの一つの付随点という役割しか演じていないからである。

①〔注解〕トゥク（とその学派）も，その反対者たちも，彼らの論争では〕言われているのは，トマス・トゥクを代表者とする「銀行理論」といわゆる「通貨原理」（「通貨理論」）とのあいだの論争である。「通貨理論」の支持者たちは，リカードウの貨幣数量説を受け継ぎ，そこから貨幣的景気理論なるものをつくりあげた。彼らは，イングランド銀行券の発行高を，イングランド銀行の準備蓄蔵貨幣額における〔この額によって決まる〕法定額に制限し，そうすることで銀行券発行高を金属貨幣の国際的流出入ないし為替相場に結びつけることを要求した——この要求は1844年のイギリスの銀行法成立によって実現された——。このような仕方で達成されると主張されたのは，一枚の銀行券がつねにその券面の言い表わすのと同量の貨幣金属を代表するということだけでなく，銀行券流通がリカードウの是認した純粋金属流通の諸法則に従うのだ，ということであった。「通貨理論」のもろもろのつくりものはいわゆる「銀行理論」の支持者たち——とりわけ，トマス・トゥク，ジョン・フラートン，および，ジェイムズ・ウィルスン——によって論駁された。マルクスによる彼らの論争の研究については，以下のもの見よ。カール・マルクス「抜粋とメモ。1849年9月-1851年6月」（MEGA IV/7），「抜粋とメモ。1851年3月-6月」（MEGA IV/8），『経済学批判。第1分冊』（MEGA II/2, 240-245ページ），ならびに，『資本論〈経済学草稿1863-1865〉』，第3部（第1稿）（MEGA II/4.2, 483〔拙著『マルクスの利子生み資本論』第2巻，桜井書店，2016年，223-226ページ〕，505-519ページ〔同前，第3巻，97-145ページ〕，および，566-568ページ〔同前，第4巻，66-70ページ〕）。——これについてのもっと詳しいことは，以下のものを見よ。クラウス・フリッケ，ヴォルフガング・ヤーン「1850-1853年のマルクスのロンドン抜粋ノート」，所収：『マルクス＝エンゲルス研究紀要』，マルティーン・ルッター大学（ハレ＝ヴィッテ

184 II 『資本論』第2部・第3部の草稿を読む

ンベルク）編，ハレ，第2号，1976年，60-78ページ。ブリギッテ・アルンホルト
「1850-1853年のロンドン抜粋ノートにおける，マルクスの，通貨原理および銀行
理論との対決」，所収：『マルクス＝エンゲルス研究紀要』，マルティーン・ルッタ
ー大学（ハレ＝ヴィッテンベルク）編，ハレ，第8号，1979年，32-37ページ。リュ
ドミーラ・ヴァーシナ「ロンドン・ノート（1850-1851年）におけるカール・マルク
スによる貨幣理論の仕上げ」，所収：『マルクス＝エンゲルス年報』，第6号，ベル
リン，1983年，148-172ページ。

　777 しかし，自然発生的な形態で示された貨幣流通——そしてこれがここで
は年間再生産過程の内在的な契機である——の最も単純な考察によっても，次
のことがわかる。

　a）第1に，発展した資本主義的生産を，したがって賃労働制度の支配を前
提すれば，明らかに，貨幣資本が，それが可変資本の前貸されるさいにとる形
態であるかぎり，一つの主要な役割を演じる。賃労働制度が発展するにつれて，
すべての生産物は商品に転化し，したがってまた——いくつかの重要な例外は
あるにしても——すべての生産物がその運動の一段階として貨幣への転化を通
らなければならない。流通貨幣量は，諸商品のこの貨幣化のために十分でなけ
ればならない。そして，この流通貨幣量の最大の部分は労賃の形態で，すなわ
ち，可変資本の貨幣形態として産業資本家によって労働力への支払に前貸され，
労働者たちの手では——一般的に言って——ただ流通手段（購買手段）として
のみ機能する貨幣の形態で，供給される。このようなことは，どの隷農制度
（農奴制を含めて）の土台の上でも優勢な，そして隷農制諸関係または奴隷制
諸関係が混じっていてもいなくても，多かれ少なかれ原始的な共同体の土台の
上ではいっそう優勢な，現物経済にたいしては，まったく対立的なものである。

　①奴隷制度では，労働力の買い入れに投じられる貨幣資本は固定資本の貨幣
形態の役割を演じるのであって，この固定資本は奴隷の活動的生活期間にただ
漸次的に補塡されていくだけである。それだから，たとえばアテナイ人のあい
だでは，奴隷所有者が自分の奴隷の産業的使用 [475] によって直接に引き出す
か，または他の産業的使用者への奴隷の賃貸（たとえば鉱山労働用として）に
よって間接に引き出す利得は，ただ前貸貨幣資本の利子（および償却）としか
見なされないのであって，それは，資本主義的生産で産業資本家が剰余価値の

一部分・プラス・固定資本の損耗分を自分の固定資本の利子および補填分として計算するのとまったく同じであり，これはまた，固定資本（家屋や機械など）を賃貸する資本家の場合とまったく同じである。{たんなる家内奴隷は，必要な用役を果たすものであろうと，ただ奢侈の誇示に役だつだけのものであろうと，ここではもちろん問題にならない。彼らは今日の家事使用人階級に相当するものである。} しかし奴隷制度の場合にも，それは――発達したギリシア諸国家やローマでのようにそれが農業や製造や航運業などで生産的労働の支配的形態であるかぎり――現物経済の要素を保存している。奴隷市場そのものが，その「労働力商品」の供給をつねに戦争や海上略奪などによって受けており，この略奪もなんらかの流通過程に媒介されるものではなく，直接的な肉体的強制による他人の労働力の現物取得なのである。②合衆国においてさえ，北部に位置する中間地帯――北部の 778 賃労働諸州と南部の奴隷諸州とのあいだの地帯――が，奴隷市場に投じられる奴隷そのものが年間再生産の一要素となっていた南部のための奴隷飼育諸州〔slave breeding states〕となったあとでも，長期にわたってそれだけでは足りず，アフリカとの奴隷貿易がさらに長いこと市場を満たすために営まれていたのである。

①〔注解〕奴隷制度では……前貸貨幣資本の利子（および償却）としか見なされない〕ここでマルクスが引き合いに出しているのは，アテナイの経済史についての当時の標準的な労作であったフィリップ・アウグスト・ベック『アテナイ人の財政』全4巻の第1巻，ベルリン，1817年，78-79ページ，であって，そこには次のように書かれている。「奴隷は，占有の点から見ればほかのどんな所有物とも同じである。それは抵当に入れることができ，担保にとることができる。彼らは主人のために出来高払いで労働するか，主人に支払われるべき貨幣と引き換えに自立して労働する。あるいは彼らは，鉱山でだけでなく，そのほかの作業のためにも，さらに外国の作業場においてさえも賃貸され，あるいは賃貸料と引き換えに貸し奉公人として賃貸されるのであって，……奴隷主はこのような賃貸料を船隊で働く奴隷からも徴収した。この種の収益は，家畜の場合と同じく，資本と古代には非常に高かった利子とを同時に入手しなければならなかったために，ことの本質上，きわめて大きくなければならなかった。というのも，奴隷たちは，歳をとるとともに彼らの価値を失い，彼らの死とともに，それに注ぎ込まれた貨幣は消尽された金額になるのだからである。」マルクスは1817年版のこの箇所をすでに1850年に「ロンドンノート」の第4冊で抜粋していた。（MEGA IV/7, 245-246ページ。）

②〔注解〕合衆国においてさえ……営まれていたのである。〕北部諸州では奴隷への需要はわずかだったが，プランテーション経営が確立していた南部諸州ではそうではなかった。すでに，アメリカ合衆国の建国が実現したときにも，それは奴隷制が許容されていたことを前提としていた。1808年に議会ではじめて，大西洋での奴隷貿易禁止の支持者が勝利を収めたが，この禁止はその後繰り返して骨抜きにされ，〔この骨抜きは〕政府による対抗措置が一応のものでしかないことによって助長された。密輸入された奴隷の数についての見積もりはまちまちだが，それでも，1861年までに年々少なくとも1000人の奴隷が合衆国に運び込まれたと言ってもよいであろう。この国のなかでの甚だしい増大——1810年に100万人だった奴隷の数は1860年にはほとんど400万人にまで増大した——はなによりもすでにこの国で生活している奴隷の高い出生率に帰することができる。奴隷制の禁止そのものは，1865年に南北戦争が終結したのちにようやく発効した。（リトゥルフィールド，ロビンスン，ルイス「奴隷貿易」，所収：『アフリカ・アメリカの文化・歴史百科事典』，2483-2485ページ。）

{奴隷制は，アメリカインディアンなどの場合に見られたが，そこでは奴隷制そのものはある種の自然経済システムの要素をなしていただけだった。}

b）年間生産物の転換（資本主義的生産の土台の上での）のさいには，<u>貨幣の自然発生的な流出および還流</u>が生じる。固定資本はそれの全価値量が流通に前貸されるが，それは多年の期間にわたって漸次的に少しずつ流通から引き上げられる。だから，固定資本の貨幣形態での復元は，年々の貨幣蓄蔵によって行なわれるのであるが，この貨幣蓄蔵は，その本質から見て，それと並行的に行なわれる，毎年の新たな金生産にもとづく貨幣蓄蔵とはまったく違うものである。商品の販売によって流通から貨幣が回収される以前に貨幣で前貸されなければならない{だからまた前もっていつも新たに<u>積み立て</u>られていなければならない}資本は（また剰余価値も），諸商品の生産期間の長さが異なるのに応じて{商品生産物（それの生産地）と販売市場との距離の相違にもとづく，流通諸部面に属するだけの相違は別としても}，さまざまである。同様に，還流の大きさや周期などは——したがって不変資本の諸要素を買い入れる時期（長期か短期か）などは——，<u>生産在庫</u>の状態またはその相対的な大きさに応じて，事業ごとに，また同じ事業部門でも［476］個別の資本家ごとに，さまざまである。——以上はすべて再生産年度のなかでのことである。

自然発生的な運動のこれらのさまざまな<u>契機</u>が，信用システムのもろもろの

機械的な利用〔mechanical appliances〕にも貸付可能な資本そのものの釣り上げ〔fishing〕にも計画的に ||42| きっかけを与えるようになるためには，ただ，これらの契機が経験によって気づかれて，人の注目するところになりさえすればよい。

————

もちろん，そのうえになお，（他の事情が正常であれば）連続的に同一の規模で生産が行なわれる事業と，農業のように季節によってさまざまに違う量の労働力を充用するのが当たり前の事業との区別も加わってくる。

————

779 ①かなりの量の金地金が……所有者たちによって直接にサン・フランシスコの鋳造所に運ばれる。（『大公使館書記官報告書』，第3部，1879年，337ページ。）（ドラモンド氏による報告。）

> ①〔注解〕かなりの量の……運ばれる。〕［ヴィクタ・アーサ・ウェリントン・］ドラモンド「1878年6月にいたる財政年度についての，合衆国の外国交易についての報告」，所収：『駐在諸国の商工業等に関するイギリス大公使館書記官報告書……』，第3部，ロンドン，1879年，337ページ。

[82)]3）のちに，

I　　1000v＋1000m

II　　　　2000c＋500v＋500m

と単純再生産の全体構造〔Gesammtbau〕とに立ち戻るという留保をつけて，いまはまず I 4000c に目を向けよう。

　［435］年間の全再生産，言い換えれば今年の全年間生産物は，今年の年労働の，今年の有用的労働の生産物である。しかしこの総生産物の価値は，この価値のうちの年労働——今年に支出された労働力としての——が体化されている価値部分よりも大きい。今年の価値生産物——今年のあいだに商品形態でつくりだされた価値——は，生産物価値よりも，すなわちこのまる1年のあいだに

————

82）エンゲルス版はここから本書205ページ9行までを「第20章　単純再生産／第10節　資本と収入　可変資本と労賃」に利用している。

188　II　『資本論』第2部・第3部の草稿を読む

生産された商品量の総価値よりも小さい。年間生産物の総価値から，年間生産物に当該の年間労働によってつけ加えられた価値を引いて得られる価値の差額は，現実に再生産された価値ではなくて，ただ新たな定在形態で再現しているだけの価値である。それは，年間生産物よりも前から存在する価値から年間生産物に移転された価値であり，今年の社会的労働過程でいっしょに働いた不変資本の諸成分の耐久度に応じてその日付が早かったり遅かったりする価値であり，前年に，あるいもっと何年も前に，この世に生まれた生産手段の価値からやってきた価値である。どうであれ，それは，以前の年々の生産手段から当該年の生産物に移転された価値なのである。

　われわれの表式をとれば，これまでに考察した，IとIIとのあいだでの諸要素の転換とIIのなかでの運動とが行なわれたあとは，次のようになっている。

I　4000c＋1000v＋1000m（IIc の再生産である消費手段
　　　　　　　　　　として実現されている）

　　　　　　　　　　　　　　　　＝6000　　価値総額＝9000

II　2000c（I(v＋m) との転換によって再生産されている）
　　　　　　　　　　＋500v＋500m＝3000

[436] ここで，新たに生産された，だからまた現実に再生産された価値として〔現われているの〕はII 2000c およびII 1000(v＋m)＝3000 だけであり，他方では，実現された姿態でのI 2000(v＋m) は，新たな生産物形態でふたたび現われている価値である。年生産物のこれらの要素の総価値はイコール5000である 780 {イコール I 2000(v＋m)＋II 2000c＋II 1000(v＋m)}。このうち，3000 だけが新たに（当該の年労働によって）生産された価値であり，2000 は，以前に年間生産のなかで費消された生産手段の価値のうちの移転された価値である。3000 という価値のほかには，当該の年労働は価値としてはなにも生産していない。この3000が年労働の年間価値生産物の全部なのである。

　年労働のうち（部類〔Categorie〕I で支出された）の2/3は，不変資本IIを，それの価値量から見ても，またそれの現物形態をも，新たに生産した。つまり，社会的に見れば，年間に支出された労働の2/3は，IIc に適した現物形態に実現されている新たな不変資本価値をつくりだした。だから，社会的年労働の過半の部分は，消費手段の生産に支出された不変資本価値を補填するための新た

第5章 『資本論』第2部第8稿とMEGA版付属資料　189

な不変資本（生産手段として存在する資本価値）の生産に支出されたのである。
①ここで資本主義社会を未開人から区別するものは，シーニアの考えるのとは
違って，未開人の特権であり未開人の特性は，収入すなわち消費手段に分解で
きる（転換されうる）成果を自分にもたらすことのない或る時間のあいだ自分
の労働時間を支出する，ということにあるのではなくて，両者の区別は次の点
にある。

　　①〔注解〕ここで……ということにある〕Ｎ〔ナッソー〕・Ｗ〔ウィリアム〕・シーニア
　　『経済学の根本原理』，既刊・未刊の講義からジャン・アリヴァベーヌ仏訳，パリ，
　　1836年，342-343ページ。―〔MEGA II/11〕562ページ25-31行，および，391ペー
　　ジ39-40行への[83]注解，ならびに，カール・マルクス『資本論』第1巻，第1部，改
　　訂第2版，ハンブルク，1872年，619ページ（MEGA II/6，547ページ14-18行），
　　を見よ。

　a）資本主義社会は，それが処分できる年労働のより多くを生産 ||43| 手段
の（つまり不変資本の）生産に使用するが，これは賃金の形態でも剰余価値の
形態でも収入には分解できないもので，ただ資本として機能することが[84]でき
るだけである。
　b）未開人が弓や矢や石槌や斧や籠などをつくるとき，彼は，これに使われ
た時間は消費手段の生産に使われたのではないということ，つまり自分は生産
手段にたいする自分の必要を満たしたのであって，ただそれだけのことなのだ，
ということを，まったく正確に知っている。①{そのうえ，未開人は，時間の

83）この注解は次のとおり。「シーニアは次のように教えを垂れる。「未開人が弓をつくるとき，
　　彼はある勤労に従事するのだが，節制を行なうのではない。」（〔『資本論』〕第1部〔初版〕，
　　582ページ〔MEW 23, 623ページ〕。）」」カール・マルクス『資本論』第1巻，第1部，ハン
　　ブルク，1867年，582ページ。（MEGA II/5, 481ページ7-8行。）―マルクスによる次の2
　　冊の抜粋ノートでの，シーニアの著作『経済学の根本原理』からのこの箇所の抜粋を見よ。
　　〔1〕〕ブリュッセル・ノート第2冊（MEGA IV/3, 171ページ1-5行）での，および，〔2〕〕
　　マルクスが『資本論』第1部での引用を行なうのに使った引用ノート，11ページ（IISG,
　　マルクス＝エンゲルス遺稿，整理番号Ａ52）。―Ｎ〔ナッソー〕・Ｗ〔ウィリアム〕・シーニ
　　ア『経済学の根本原理』，Ｎ・Ｗ・シーニアの既刊・未刊の講義からジャン・アリヴァベ
　　ーネ仏訳，パリ，1836年，342-343ページ。
84）できるだけである。〕エンゲルスは，この行の下にまず鉛筆で左端から短い線を引き，さ
　　らに赤鉛筆で，それに重ねてかなり長い線を引いている。

190　Ⅱ　『資本論』第2部・第3部の草稿を読む

浪費 [437] にたいしてまったく無関心だ，という経済上の罪を犯しているのであって，たとえば，E・B・タイラの言うところでは，1本の矢を仕上げるのにまる1か月も費やしてしまうのである。}

①〔注解〕{そのうえ，……費やしてしまうのである。}〕E［エトワド］・B［バーネット］・タイラ『人類の原史と文明の発達についての研究』，H・ミュラーによる英語からの翻訳，ライプツィヒ［，1866年］，240ページ。「ウォリス氏が……発見したところでは，少なくとも，4インチから8インチの長さで直径が1インチの，でこぼこの水晶の滑りやすい円筒が，リオ・ネグロのきわめて低級な種族によって加工され，それらに穴が開けられている。それらは，フンボルトがそう考えたのではないかと思われるのとは違って，高度な機械的熟練の結果ではなく，野蛮人たちが1本の矢を仕上げるのにまる1か月も費やしてしまうように，時間の消費にはまったく無頓着に行なわれている，最も簡単で最も粗野な作業の結果なのである。」タイラがここで関説しているのは次のものである。アルフレッド・ラッセル・ウォリスの『アマゾンとリオ・ネグロでの旅の物語，および，アマゾン川流域の気象，地質，および自然史についての記録』，ロンドン，1853年，および，1814年にパリで刊行された，アレクサンダー・フンボルトおよびエメ・ボンプランの『新大陸の赤道地方での旅』の第2巻。―マルクスの所蔵本では，この章句の欄外には青鉛筆で線が引かれている。(MEGA IV/32, No. 1339.) ―〔MEGA II/11]85)567ページ30-33行，86)35-39行への87)注解を見よ。

---

85)　567ページ30-33行]『資本論』第2部第5稿6[a]ページのこの箇所は次のとおり。「同様に，ロッキー山脈の西方のインディアンたちにはこの悪徳商法は白人たちから切り離すことができない彼らの生まれながらの属性だと思われていて，彼らはすべての白人をシュウォップ（swopすなわち交換）と呼ぶほどである(2)。」

86)　35-39行]これは前注に掲げた文章の末尾につけられたマルクスの原注 (2) で，次のとおり。「(2) これらのインディアンたちは，交換されるべき物品の等価性および交換の行為でのそれらの位置変換という，交換の〔二つの〕規定的契機を，まず両手の人差指（等しいもの）を高く掲げ，次にこれらを胸の前で斜めに交差させること（同等なものの位置変換）によって示すのである（タイラ〔Tyler〕『Primitive etc.』〔このタイトルについては次注を見られたい。〕）」

87)　この注解は次のとおり。「E［エドワド］・B［バーネット］・タイラ〔Tyler〕『人類の原始史および文明の発展に関する研究』，H・ミュラーによる英語からの翻訳，ライプツィヒ［，1866年］，49ページ。そこでは，「交易」ないし「交換」を表わす，インディアンの身ぶり言語について，次のように書かれている。「両手の人差指を胸の前で交差させよ。キャプテン・バートンは，この身ぶりは，交易を好むことからロッキー山脈の西方に住むインディアンたちにシュウォップ（swopすなわち交換）と呼ばれるアメリカ人たちを，または総

第5章　『資本論』第2部第8稿とMEGA版付属資料　191

①いまはやりの観念——｛俗物および一部の経済学者たちは，この観念によって，理論的な困難を，すなわち現実の〔real〕関連の理解を，かたづけてしまおうとする｝——，すなわち，一方にとって資本であるものは他方にとっては収入であり，またその逆でもある，とする観念は，部分的には正しいにせよ，それが一般的に主張されるときには，たちまちまったくの間違いになる。つまりそれは，年間再生産に伴って進行する全転換過程の完全な誤解を含んでおり，したがってまた部分的には正しいことの事実的基礎についての誤解を含んでいるのである。そこでわれわれは，この観念の部分的な正しさの基礎をなしている事実的諸関係をまとめてみることにしよう。そうすれば同時に，これらの関係の間違った把握も明らかになるであろう。

　①〔注解〕いまはやりの……誤解を含んでいるのである。〕〔MEGA II/11〕365ページ17
　　行-366ページ12行，および，434ページ17-21行，を見よ。—カール・マルクス
　　『資本論〈経済学草稿 1863-1865年〉』，第3部（第1稿），所収：MEGA II/4.2, 862ペ
　　ージ19行-863ページ24行，および，865ページ18-29行，をも見よ。

___

じてすべての白人たちを指すのにも役だっている，と言う。この身ぶりのバートンによる説明はほとんど理解できない。しかしジェイムズ博士は，一種の省略形を意味するこの身ぶりの要が，両方の人差指を高く掲げ，それらを胸の前で斜めに互いに交差させて，それらが位置を変えるようにするところにあるのであり，これよりも明白に〔表現〕できるものはなにもない，と述べている。タイラ〔Tylor（Tyler）〕が言及しているのは，リチャド・フランシス・バートン『聖人たちの都，ロッキー山脈を越えてカリフォーニアへ』，ロンドン，1861年，および，エドウィン・ジェイムズ編『ピッツバーグからロッキー山脈への冒険の報告，1819年および20年の』，フィラデルフィア，1823年，である。—上に引用した章句はマルクスの所蔵本のなかで鉛筆でしるしがつけられている。（ロシア国立社会・政治史アルヒーフ，整理番号 f. 1, op. 1, d. 4088. MEGA IV/32, Nr. 1339を見よ。）／この注2）〔この前の脚注86を見よ〕を書くのにマルクスは，彼が十分に研究し，数多くの欄外書き込みを施していた所蔵本に依拠した（〔上記の〕所蔵本を見よ）。引用は遠回しでありながら，マルクスにとって重要だったのは，明らかに，原書のなかにはない，交換物品の等価性の側面であった。『Primitive etc.』という彼の出典表示の意味するところははっきりしない。イギリスの有名な人類学者エドワド・バーネット・タイラが行なった上記の諸研究の対象を意味する含蓄のある圧縮タイトルだったのかもしれない。けれども，また考えうるのは，マルクスが，タイラ〔Tylor〕のもっとのちの主著である『原始文化〔Primitive Culture〕：神話学，哲学，宗教，芸術，そして，慣習』，全2巻，ロンドン，1871年，にまなざしを向けながらこのタイトルを書いた，ということである。なお，この書のなかには上記の箇所は見あたらない。—〔MEGA II/11〕780ページ27-30行〔上のテキストのなかの注解注①をつけた一文〕を見よ。」

192　II　『資本論』第2部・第3部の草稿を読む

[781] 1）可変資本は資本家の手のなかでは資本として機能し，労働者の手の
なかでは収入になる（として機能する）。

可変資本は，まず，貨幣資本として資本家の手のなかにあるが，それが貨幣
資本として機能するのは，資本家がそれで労働力を買うことによってである。
それが資本家の手のなかに貨幣形態のままでとどまっているかぎり，それは，
貨幣形態で存在する所与の価値以外のなにものでもなく，だから不変量であっ
て可変量ではない。それは，ただ可能的にのみ可変資本である――まさにそれ
の労働力への転換能力によって――。それがはじめて現実の可変資本になるの
は，それの貨幣形態を脱ぎ捨てたのちのことであり，それが労働力に転換され
て，この労働力が資本主義的生産過程で生産資本の成分として機能するように
なってからのことである。

まず，資本家にとっての可変資本の貨幣形態として機能した貨幣は，次には，
労働者の手のなかで，彼が生活手段に転換する彼の労賃の貨幣形態として，し
たがって，彼が自分の労働力をたえず繰り返し売ることから引き出す収入の貨
幣形態として，機能する。

ここに見られるのは，ただ，買い手――ここでは資本家――の貨幣が彼の手
から売り手――ここでは労働力の売り手すなわち労働者――の手に移っていく
という単純な事実だけである。可変資本が，資本家にとっては資本として，労
働者にとっては収入として，二重に機能するのではなく，同じ貨幣が，はじめ
は資本家の手のなかに彼の可変資本の貨幣形態として（したがって可能的な可
変資本として）存在し，次に資本家がそれを労働力に転 [438] 換すれば，労働
者の手のなかで，売られた労働力の等価として存在するのである。しかし，同
じ貨幣が売り手と買い手の手のなかでさまざまの用途に役だつということは，
どの商品売買にも付き物の現象である。

88){ちなみに，弁護論的な経済学者たちが事柄を間違って説明していること
は，次のようにすれば最もよくわかる。すなわち，眼中におくのはただ，資本
家である買い手の側での流通行為 G――A（＝G――W）（貨幣の労働力への転換）と，

---

88) 以下のパラグラフのうち，草稿43ページに書かれている部分の左側には，角括弧から続
　　く線が引かれている。

売り手である労働者の側でのA＿G（＝W＿G）（労働力という商品の貨幣への転換）だけにして，それからあとに起こることはさしあたり問題にしないことにすればよいのである。彼らは次のように言う。同じ貨幣がここでは二つの資本を実現するのだ。買い手――資本家――は，自分の貨幣資本を生きている労働力に転換し，この労働力を自分の生産資本に合体させる。他方，売り手――労働者――は，自分の商品――労働力――を貨幣に転換してこの貨幣を収入として支出し，まさにそうすることによって自分の労働力をたえず新たに繰り返して売ることができるようになり，またそのようにして自分の労働力を維持することができるようになる。だから，彼の労働力そのものが，商品形態にある彼の資本なのであって，そこからたえず彼にとって彼の収入が湧いてくるのだ，と。労働力は彼の能力（たえず更新される再生産的な能力）ではあるが，彼の資本ではない。労働力は，彼がた **782** えず売ることのできる，また彼が生きていくためにたえず売らなければならない唯一の商品であって，これが資本（可変資本）として働くのは，ただ，その買い手の，すなわち資本家の手のなかでだけである。ある人が，たえず繰り返して新たに自分の労働力を，すなわち自分自身を第三者に売ることを強制されているということは，かの経済学者たちの言うところでは，彼が資本家であることを証明するのだが，そのわけは，彼がいつでも売るべき「商品」（自分自身）をもっているからなのである。この意味でならば，奴隷もまた資本家である。といっても，奴隷は第三者によって商品として ‖44‖ これを最後に売り渡されてしまうのではあるが。それでも，この商品の――労働奴隷の――の性質は，その買い手が毎日新たに繰り返してそれに労働させるだけでなく，たえず新たに繰り返して労働できるようにそれに生活手段をも与える，ということを伴っているのである。――①（マルサスへの手紙のなかの）シスモンディとセーを参照せよ。｝

① 〔注解〕「（マルサスへの……参照せよ。」J〔ジャン〕-C〔シャルル〕-L〔レオナール〕・シモンド・ド・シスモンディ『経済学新原理……』，第1巻，パリ，1827年，90ページ。「だから，労働者が所得としてもっているのは労働だけである。〔かつて〕彼らはそれを小麦と交換し，この小麦はそこで彼らにとっての所得となり，彼らはそれを，実体の消失を招くことなく，消費できたのに，〔いまでは〕彼らの労働は，彼らの雇い主にとっての資本となるのである。雇い主は次にそれを生産物と交

換する。彼の商人に渡すものが毛織物だったとしよう。この交換は彼らのあいだでは資本との交換として行なわれ，両方とも自分のものを，ただしこれまでとは違った形態で確保する。最後に商人はその毛織物を，それで衣服を作ろうと欲している消費者に売り渡す。消費者は，それを彼の所得で買ったのである……。」91ページ。「彼〔労働者〕が生活資料を生きるために必要とするにたいして，工場主は労働を利益を得るために求める。」ジャン・バチースト・セー『マルサス氏への手紙．経済学の諸主題，とくに商業の一般的停滞の原因について』，パリ，1820年，37ページ。
89)「労働者の所得をかたちづくるものは，けっして，ド・シスモンディ氏が主張するところの，企業家の資本ではありません。企業家の資本が消費されるのは作業場のなかでであって，労働者の家庭のなかでではありません。労働者の家のなかで消費される価値は別の源泉をもっています。それは労働者の勤労能力の生産物です。企業家はこの労働を買うために彼の資本の一部を提供します。買ったのであるから，彼はそれを消費します。他方，労働者の側では，彼の労働と交換して得た価値を消費するのです。交換のあるところ，かならずそれぞれつくりだされかつ相互にとりかわされるところの二つの価値が存在し，つくりだされた二つの価値があるところ，かならず二つの消費が存在することができ，そして事実存在するのです。」シスモンディにたいする論争のなかでセーが言及したのは，シスモンディの『経済学新原理』の初版，パリ，1819年，だった。──しかし，ここでマルクスの念頭にあったのは，明らかに1827年の第2版だった。というのも，〔さきに挙げた〕91ページでの当該箇所は初版にはなかったのだからである。

2）だから，転換

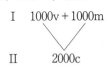

では，一方にとって<u>不変資本</u>であるもの（Ⅱ 2000c）が，他方にとっては<u>可変資本と剰余価値</u>，つまり総じて<u>収入</u>になるのであり，また，<u>一方にとって可変資本と剰余価値</u>，つまり総じて<u>収入</u>であるもの（Ⅰ 2000(v＋m)）が，他方にとっ

---

89) 以下の，セーの書の37ページからの引用は，MEGA版（MEGA Ⅱ/11, 1727ページ）では，誤ってセーのものではなく，シスモンディの書の91ページからの次の引用が掲げられている。「彼〔労働者〕が，彼の労働と生活資料との交換について工場主と交渉するとき，彼の条件はつねに不利であり，それは工場主が労働を必要とする以上に，はるかに彼は生活資料を必要としており，自分でそれを得ることができなくなっていたからである。」

ては不変資本（II 2000c）となるのである。

　この転換を，まず，労働者の立場から見てみよう。

　Ｉの総労働者は自分の労働力をＩの総資本家に1000で売った。総労働者Ｉはこの価値を，労賃の形態 [439] で支払われる貨幣で受け取る。この貨幣で労働者Ｉは，IIから同じ価値額の消費手段を買う。資本家IIは労働者Ｉに，ただ商品の売り手として相対するだけで，それ以外のなにものとして相対するのでもない。{労働者が自分自身の資本家から買う場合，たとえば II 500v の場合でも，同じことである。}彼の商品——労働力——が経ていく流通形態は，たんなる欲望充足を，消費を目指した単純な商品流通の形態，すなわち，W（労働力）_G_W（消費手段II）という形態である。この流通過程の結果は，労働者が資本家Ｉのために自分を労働力として維持したということ，また，彼がこれからもそういうものとして自分を維持するためにたえず新たに A(W)_G_W という過程を繰り返さなければならない，ということである。彼の労賃は消費手段に実現されるのであって，それは収入として支出され，そして（労働者階級を全体として見れば），たえず収入として支出されるのである。

　次に資本家に移ろう。IIの全商品生産物は消費手段から成っている。つまり，年間の消費に入るべき，すなわち，だれかのために，ここで考察している場合には総労働者Ｉのために，収入の実現に役だつべき，もろもろの物から成っている。ところが，資本家IIにとっては，その商品生産物の一部分——2000c——は，783 いまは〔まだ〕彼の生産資本の不変資本価値が彼の商品に転化した形態にあるのであって，それは，この商品形態から生産資本の不変部分として働くほかはない現物形態に再転化させられなければならない。資本家IIがさしあたり成し遂げたのは，90)商品生産物（消費手段）として再生産された彼の不変資本価値の半分（＝1000）を労働者Ｉに売ることによって，貨幣形態に再転化させた，ということである。{したがってまた，不変資本価値IIのこの第1の半分に転換されたのは，可変資本Ｉではなくて，労働力の売り手のものにな

---

90) 商品生産物（消費手段）として再生産された彼の不変資本価値の半分（＝1000）］原文はd. Hälfte（＝1000）seines als Theil seines als Waarenproduct（Consumtionsmittel）reproducirten constanten Kapitalwerths であるが，このうちのals Theil seines はマルクスの消し忘れであろう。

っていた貨幣——Iにとっては労働力との転換で貨幣資本として機能した貨幣
——である（労働力の売り手にとってはこの貨幣は資本を表わしているのではなく，貨幣形態での収入を表わしている，すなわち，消費手段の購買手段として支出されるのである）。}労働者Iから資本家IIに流れてきた貨幣1000は，生産資本IIの不変要素として機能することはできない。それはまだIIの[91]資本の貨幣形態でしかないのであって，これから不変資本IIの固定成分か流動成分かに転換されなければならない。だからIIは，労働者たち——自分の商品の買い手としての——から得た貨幣でIから1000の生産手段を買う。こうして，IIの不変資本価値が現物で，すなわち新たに生産資本IIの要素として機能できる現物形態で，[440] 更新されていることになる。この場合，IIにとっての流通形態は，W__G__W であった。

〔すなわち，〕1000の価値額の消費手段__貨幣（1000）__1000の価値額の生産手段〔である。〕

ところが，W__G__W はここでは資本運動である。Wは労働者に売られてGに転化し，これが生産手段に転換される。それは，商品からこの商品の物質的形成要素への再転化である。他方，資本家IIがIにたいしてただ商品の買い手として機能するように，資本家IはここではIIにたいしてただ商品の売り手として機能する。最初にはIは，可変資本として機能すべき1000の貨幣で1000の価値ある労働力を買った。だからIは，自分の1000v（貨幣形態での）の等価を受け取った。この貨幣はいまでは労働者のものであり，労働者はそれをIIからの購買に支出する。この貨幣——Iが労働力の購買で支出した貨幣——はIIの金庫に流れ込んで，Iに属することをやめたのであって，この貨幣をIが取り戻すことができるのは，ただ，‖45‖ 同じ価値額の商品を売ることによってふたたびそれを釣り上げることによるほかはないのである。

Iは最初に，可変資本部分として機能すべき1000という貨幣額をもっていたが，それがそうしたものとして機能するのは，同じ価値額の労働力に転換されることによってである。ところが，労働者は生産過程の結果として6000の

91）資本〕草稿では circulirendes Kapital（流動資本）となっているが，circulirendes はマルクスの消し忘れであろう。エンゲルスは鉛筆で criculirendes を消して Waaren に（すなわち「流動資本」を「商品資本」に）訂正している。

第5章 『資本論』第2部第8稿とMEGA版付属資料　197

価値ある商品量（生産手段）を I に供給したのであって，それの1/6すなわち
I 1000v は，価値 784 から見れば，貨幣で前貸された可変資本成分の等価であ
る。この可変資本価値は，貨幣形態にあったときと同じく，いまそれの商品形
態にあっても，可変資本としては機能しない。それは，ただ，生産過程のあい
だに機能する労働力への転換が行なわれたのちにのみ，はじめて可変資本とし
て機能できるのである。可変資本価値は，貨幣としては，ただ可能的に可変資
本だっただけだが，直接に労働力に転換できる形態にあった。この同じ可変資
本価値は，商品としては，まだ可能的な貨幣価値でしかない。それは，商品の
販売によってはじめて，最初の貨幣形態で回復されるのであって，この回復は，
II が I から1000だけ買うことによって行なわれるのである。

　この場合，I の流通運動は，

1000v（貨幣）＿W（労働力）＿1000v（商品で）＿1000v（貨幣で），

つまり，G＿W．W＿G．（＝G＿A … W＿G）である。

　[92]｛生産過程そのものは流通部面には属さず，年間再生産のいろいろな要素
の相互転換のなかには——この転換は生産資本のすべての要素の再生産を，す
なわちそれの不変要素の再生産をも可変要素すなわち労働力の再生産をも含ん
ではいても——現われない。この転換のすべての担い手は，ただ [441] 買い手
としてだけ，または売り手としてだけ現われるか，あるいは同時にこの両方と
して現われる。労働者たちはここ〔II との転換〕ではただ商品の買い手として現
われるだけであるが，資本家は交互に，商品の買い手として，また売り手とし
て現われるのであり，また一定の限界のなかでは，一方的に商品の買い手とし
てのみ現われるか，または，一方的に商品の売り手としてのみ現われる。｝

　結果は次のとおり。I は，自分の資本の可変価値部分を，ふたたび，直接に
労働力に転換されうる貨幣形態で，すなわち，それが現実に I の生産資本の可
変要素となっている唯一の形態でもっている。他方で，労働者はいま，ふたた
び商品の買い手として現われることができるために，前もってふたたび商品の
売り手として，自分の労働力の売り手として，現われなければならない。

　II 500v について見ると，同一の生産部門〔Productionsklasse〕の総資本家と総

92）角括弧に囲まれた以下のパラグラフの左側には，角括弧から続く線が引かれている。

労働者とのあいだの流通過程は，それが一方の資本家の総数と他方の労働者の総数とが総量としての互いのあいだの連関として考察されるときには，媒介された形態ではなくて媒介されない形態で現われる。

　資本家Ⅱは500vを，同じ価値額の労働力の買い入れに前貸するが，ここでは資本家が買い手であり，労働者は売り手である。次に労働者が，自分の労働力を売って得た貨幣を携えて，自分自身の生産した商品の一部分の買い手として現われる。ここでは労働者が買い手であり，資本家が売り手である。労働者は，資本家が彼の労働力を買ったときに彼に支払った貨幣を，|785| 商品資本Ⅱの一部分すなわち500v（商品での）で資本家に補塡してやった。いま資本家は，労働力に転換する前に貨幣形態でもっていた自分のvを商品形態でもっている。他方，労働者は，自分の労働力の価値を貨幣に実現しており，自分の消費をまかなうために彼自身が生産した消費手段の買い入れに——収入として——支出することで，この貨幣を実現する。これは，貨幣での労働者の収入と，労働者自身が商品形態で再生産した，資本家の商品成分500vとの交換である。こうして，この貨幣は，資本家Ⅱに彼の可変資本の貨幣形態として帰ってくる。ここでは，貨幣形態にある等量の収入価値が，商品形態にある可変資本価値を補塡するのである。

　資本家は，自分が労働力を買うときに労働者に支払った貨幣を，それと等価の商品量を同じ労働者に売ることで，労働者から取り戻す，ということによって，儲けるわけではない。もし資本家が労働者に，労働力を買うときにまず500を支払い，そのほかにまた，自分が労働者に生産させた500の価値ある商品量を与えるとすれば，彼は事実上，労働者に2回支払うことになるであろう。反対に，もし労働者が資本家のために，自分の労働力の価格500の代わりに，商品での等価500を生産するだけで，そのほかにはなにも生産しないとすれば，資本家はこの操作のあとにも，その前とまったく同じ状態にあるであろう。資本家ははじめ貨幣で500をもっていた。それで労働力を購入する。この労働力は，資本家のために500の商品を生産し，次にこの商品を〔労働力の代価だった〕500の貨幣で資本家から買い取る。つまり，資本家はまず貨幣で500を，次には商品で500を，そして最後にふたたび貨幣で500をもつ，というわけである。だが，［442］労働者は3000の生産物を再生産したのであり，生産手段を新たな

第5章　『資本論』第2部第8稿とMEGA版付属資料　199

生産物に転化させることによって生産物の不変価値部分すなわちそれに費消された生産手段の価値イコール 2000 を維持したのであり，そのほかに，この所与の価値に II 1000（v＋m）という価値を |93〕|48| 付け加えたのである。①{資本家は貨幣での 500 の還流によって剰余価値を手に入れるのだ，という意味で，資本家が儲けるかのような観念については，デステュット・ド・トラシのところで見よ。}

　　①〔注解〕資本家は……のところで見よ。〕〔アントワーヌ・ルイ・クロード・〕デステュット・ド・トラシ『イデオロギー要論』，第4部および第5部，パリ，1826年。〔MEGA II/11〕94）435-443ページ，および，436ページ29-32行への95）注解を見よ。

　労働者 II の側からの II 500v の価値の消費手段の買い入れによって，資本家 II には，さっきまで彼が商品でもっていた 500 という価値が，ふたたび貨幣で，すなわち彼が最初にこの価値を前貸したときの形態で帰ってくる。この取引の直接の結果は，他のあらゆる商品販売と同じく，商品形態から貨幣形態への所与の価値の転換である。これに媒介されて貨幣がその出発点に還流するということも，少しも特別なことではない。かりに，資本家 II が 500 の貨幣で資本家 I から商品を買い，次に自分からも 500 の額の商品を I に売ったとすれば，やはり 500 の貨幣が彼の手に **786** 還流したであろう。この 500 の貨幣は，ただ 1000（I 500 および II 500）の商品量の転換に役だっただけで，以前に述べた一般的法則に従って，この商品量の転換のために貨幣を流通に投じた人の手に還

93）|48|〕ここで草稿のページ番号が2ページ（46-47ページ）飛んでいるのは，この2ページがのちの「II）蓄積，または，拡大された規模での生産」の冒頭部分（本書205ページ10行-210ページ24行）に使われているからである。マルクスは，45ページを書き終えて次のページに移るとき，誤ってノートの紙を2枚めくってしまったために，ノートの見開きのこの2ページが書かれないままに残されることになったが，このことに気づいた彼は，「II）」を書き始めるのにまずこの2ページを使ったのである。後出の筆者注100および107を参照。

94）435-443ページ〕『資本論』第2部第2稿の164-167ページで，エンゲルスはこの部分を彼の版の「第20章　単純再生産／第13節　デステュット・ド・トラシの再生産論」に利用した。

95）この注解は次のとおりである。「〔アントワーヌ・ルイ・クロード・〕デステュット・ド・トラシ『イデオロギー要論』，第4・5部，パリ，1826年，239ページ。……―マルクスによるデステュット・ド・トラシの見解の分析については，カール・マルクス『経済学批判〈1861-1863年草稿〉』，所収：MEGA II/3.2, 589-599ページを見よ。」

流したであろう。

　だが，資本家IIに帰ってきた500の貨幣は，同時に，貨幣形態にある更新された可能的な可変資本である。なぜか？　なぜか？　貨幣が，したがってまた貨幣資本が，可能的な可変資本であるのは，ただ，それが労働力に転換されることができるからであり，またそのかぎりでのことなのである。資本家IIに500の貨幣が帰ってくるということには，労働力IIが市場に帰ってくるということが伴っている。両者が対立する両極に帰ってくるということは――だから500の貨幣がただ貨幣としてだけではなく貨幣形態にある可変資本として再現するということも――同じ一つの手続きを条件としている。貨幣（500）が資本家IIの手に帰ってくるのは，彼が労働者IIに500の額の消費手段を売ったからであり，したがって，労働者が自分の労賃を支出して，自分（家族を含めて）を，したがってまた自分の労働力を維持したからである。このさきも生きていくために，そしてこのさきも商品の買い手として現われることができるために，彼は新たに自分の労働力を売らなければならない。だから，資本家IIに500の貨幣が帰ってくるということは，同時に，労働力が500の貨幣で買える商品として帰ってくるということ（ないし，労働力がそのような商品であり続けるということ）であり，それゆえにまた，500の貨幣が可変資本の貨幣形態として，または500の可変資本が「可能的な」可変資本として，帰ってくるということなのである。

　I 1000v と II 1000c との転換の場合には，可変資本が，それが最初に登場したときの形態で復帰するのは，II 500v の場合のように単純ではない。それが最初に登場したときの形態とは，「可能的な」「可変資本」である貨幣資本としての形態であるが，貨幣資本がそうしたものであるのは，ただ，それにたいして労働力がふたたび商品として相対して現われ，この商品の購買によってそれが自分自身を労働力に転換できるかぎりででしかない。

　まず可変資本の貨幣形態として資本家Iの手のなかで機能する同じ貨幣額1000が，次には労賃の貨幣形態として，だからまた労働者の手のなかで消費手段IIの購買手段として機能し，それから資本家IIの手のなかで彼の不変資本の半分の貨幣形態として，それゆえIIの資本家が生産手段Iを買うための購買手段として機能し，それによって最後に可変資本Iの更新された（還流した）

貨幣形態として機能する。結果は IIv の場合と同じであり，資本家 I について見ても，還流のてこがいまや貨幣から商品に転換されている可変資本価値の販売であるというかぎりで，IIv の場合と同じである。{奢侈手段から成る部類〔Categorie〕II について言えば，IIb)v については事情は Iv とまったく同じである。}けれども，労働者が〔消費手段を〕，自分の労働力を売る相手の $\boxed{787}$ 資本家的生産者から直接に買うのか，それとも，別の資本家部類〔Kapitalistenkategorie〕から買うので，回り道を通ってはじめて前者の資本家の手に貨幣が帰ってくるのか，というかぎりで，[443] 違いがある。労働者階級はその日暮らしだから，買うことができるあいだは買う。資本家の場合，ここではたとえば II 1000c の場合はそうではない。資本家はその日暮らしではない。彼の資本のできるだけの価値増殖が彼の推進的動機である。それゆえ，たとえばなんらかの種類の事情が生じて，そのために資本家 II にとって，自分の不変資本をすぐに更新するよりも少なくとも一部分はもうしばらく貨幣形態のままでもっているほうが有利だと思われるならば，II 1000c（貨幣での）の I への還流は遅れるのであって，資本家 I は，準備金をもっている場合にだけ，同じ規模で仕事を続けることができることになる。{総じて，貨幣での可変資本価値の還流の遅速にかかわらず，中断なしに仕事を続けることができるためには，貨幣での予備資本〔Reservekapital〕が必要なのである。}

　年間再生産のさまざまの要素の転換を研究しなければならないのであれば，過ぎ去った年労働の，終わっているこの〔過ぎ去った〕年の労働の結果を研究しなければならない。この年間生産物という結果をもたらした生産過程は，われわれの背後にある（過ぎ去っており，それの生産物のなかに埋もれてしまっている）。だから，その生産過程に先行する，またはそれと並んで進む（並行する）流通過程は，可能的な可変資本から現実の可変資本への転換は，すなわち ‖49‖ 労働力の売買は，なおさらのことである。労働市場は，ここでいまわれわれに見えている商品市場の一部分をなしてはいない。労働者はここではすでに，自分の労働力を売ってしまっただけではなく，剰余価値などのほかに自分の労働力の価格の等価物を商品で渡してしまった。他方，彼は自分の労賃をポケットにもっており，転換が行なわれているあいだ，ただ商品（消費手段）の買い手として現われるだけである。しかし他方では，年間生産物は新生産のす

202　II　『資本論』第2部・第3部の草稿を読む

べての要素を含んでいなければならず，生産資本のすべての要素を，したがっ
てまたことにその最も重要な要素である可変資本を回復しなければならない。
そして，実際にわれわれが見たように，転換——可変資本にかかわる転換——
の結果として次のことが現われるのである。すなわち，商品の買い手として
——自分の労賃の支出によって——，またこの商品の消費によって，労働者は，
自分の売らなければならない唯一の商品である労働力を維持し，再生産する。
その結果，この労働力を買うときに資本家が前貸した貨幣が〔444〕資本家の手
に帰ってくるように，労働力も，この貨幣と転換できる商品として，労働市場
に帰ってくるのである。そしてその結果として，ここではとくにI 1000v を考
えるなら，次のようになる。

　788 資本家Iの側には1000v（貨幣での）が，これにたいして労働者Iの側に
は1000の価値ある労働力があり，したがって全再生産過程Iがまた新たに始
まることができる。これが転換過程の一方の結果である。

　他方，労働者Iの労賃の支出は，1000c だけの消費手段をIIから引き上げ，
それゆえ 1000c を商品形態から貨幣形態に転化させた。そしてIIは，Iから商
品 1000v を買うことによって，1000をこの貨幣形態からIIの不変資本の現物
形態に再転化させる（これによって，Iにはその可変資本価値がふたたび貨幣
形態で還流する）。

　可変資本Iは[96]二つの転化を経るが，これらの転化は年間生産物の転換では
現われない。一方はまったく現われないし，他方も暗示的に現われるだけであ
る。1）第1の形態は1000v（貨幣での）であって，これが同じ価値額の労働力
に転換される。この転換そのものはIとIIとの商品転換に現われることはない
が，それの結果は，労働者階級（I）が1000の貨幣を携えて商品販売者IIに相
対するということのうちに現われる。｛これは[97]〔労働者IIが〕500の貨幣を携え
てII 500v の商品販売者に相対するのとまったく同じである。｝2）第2の形態
は，可変資本が現実に変化し，すなわち可変資本として機能し，所与の価値に
代わって価値創造力が現われる，そのときにそれがとる唯一の形態であるが，

96）二つの〕エンゲルスは鉛筆で「三つの」に訂正している。
97）〔労働者IIが〕エンゲルスもここに，鉛筆で，「労働者IIが」と書き加えている。

この形態はもっぱら，われわれの背後にある生産過程に属するものである。

3）第3の形態は，可変資本が生産過程の結果として自分が可変資本であることを実証した，そのときにそれがとる形態であって，それは，年間価値生産物 I(1000v＋1000m) または I 2000(v＋m) である。可変資本の最初の価値イコール1000（貨幣での）に代わって，商品でのその2倍の価値——イコール2000——が現われた。だから，商品での可変資本価値イコール1000は，生産資本の要素としての可変資本によってつくりだされた価値生産物の半分でしかない。商品での I 1000v は，I の総資本のうちの，I によって最初に 1000v（貨幣）として前貸された可変部分（それの使命から見て）の正確な等価物である。とはいえそれは，商品形態にあっては，ただ可能的に貨幣である（それの販売によってはじめて貨幣になる）だけであり，だからましてや，直接に可変的な貨幣資本ではない。それがついにこのような貨幣資本になるのは，商品 I 1000v が IIc に売られることによってであり，同時に労働力が，買える商品として，I 1000v（貨幣）が転換していくことのできる材料として，再現することによってである。

　[445] すべてこれらの転変が進んでいくあいだ，資本家 I はいつでも可変資本を自分の手のなかに保持している。すなわち，1）貨幣資本として，2）自分の 789 生産資本の要素として，3）自分の商品資本の価値部分として（つまり商品価値で），4）ふたたび貨幣で。そしてこの貨幣に，この貨幣が転換していくことのできる労働力がふたたび相対するのである。{労働過程の進行中に資本家が可変資本を自分の手のなかにもっているのは，活動しつつある，価値を創造しつつある労働力としてではあるが，所与の価値としてではない。けれども，資本家はつねに，労働者の力がすでに長短の一定時間働いたのちに労働者に支払うのだから，労働者に支払う前から彼は，この力によってつくりだされたそれ自身の補填価値ならびに剰余価値をすでに自分の手にもっているのである。}

　可変資本はつねになんらかの形態で資本家 I の手のなかにとどまっているのだから，可変資本がだれかにとっての収入に転換される，と言うことはけっしてできない。I 1000v（商品）は，むしろ I がそれを II に売ることによって貨幣に転換されるのであって，それはこの II のために，II の不変資本の半分を現物

で補塡してやるのである。

　収入に分解するのは可変資本Ⅰつまり 1000v（貨幣での）ではない。この貨幣は，Ⅰがそれを労働力に転換してしまえば，可変資本Ⅰの貨幣形態としては機能しなくなるのであって，それは，他のどの商品の買い手の貨幣も，彼がそれをある売り手の商品に転換してしまえば，彼の持ち物を代表しなくなるのと同じことである。労賃として受け取られた貨幣が労働者階級の手のなかで経ていくもろもろの転換は，可変資本の転換ではなくて，貨幣に転化した，この階級の労働力の価値の転換である。それは，労働者自身がつくりだした商品生産物Ⅰ 2000（v＋m）の転換が，資本家のものである商品の転換でしかないのとまったく同じことである。しかし，資本家は ||50| ——そして彼の理論的通訳である経済学者はなおさらのこと——，労働者に支払った貨幣が相変わらず自分の（すなわち資本家の）貨幣だという妄想からなかなか抜け出ることができない。もし資本家が金生産者であれば，可変価値部分——すなわち彼のために労働の購買価格を貨幣で補塡する商品での等価——そのものが，直接に貨幣形態で現われるのであり，したがってまたそれは，還流なしに，新たに可変貨幣資本として機能できる。というのも，労働者は生きるためにたえず自分の労賃を支出しなければならず，それによって自分の労働力を維持し，たえず新たに販売できる商品として維持するの[98]だからである。ところで，Ⅱの労働者について言えば——奢侈〔品生産〕労働者を度外視するかぎり——，500v そのものが，労働者の消費に向けられた商品として存在するのであって，総労働者として見られた労働者がこの商品を，自分が労働力を売った相手である同じ総資本家から直接にふたたび買うのであるが，このことは，資本家ⅠおよびⅡが直接に互いの商品を売買するが，しかし貨幣はつねにこの転換のために貨幣を前貸した人の手もとに還流する，という場合と同じである。商品資本Ⅱの可変価値 **790** 部分は，その現物形態から見れば，労働者階級Ⅱの消費にあてられるべき消費手段から成っている。しかしこの形態で支出されるのは，可変 [446] 資本ではない。それは労賃であり，労働者の貨幣であって，それは，この消費手段に実

98）だからである。〕エンゲルスはこのあとに，鉛筆で，「」」様のカギを大きくしたようなものを書いている。

現されるというまさにそのことによって，II 500v をそれの貨幣形態で回復するのである。可変資本 II は，不変資本 II 2000c と同じく，消費手段として存在する。前者も後者も収入に分解することはない。収入に分解するものは，どちらの場合にも，労賃である。

しかし，一方の場合に，収入として労賃が支出されることによって，II 1000c が（またこの回り道を通って I 1000v が），また同じく II 500v が，したがって不変資本も可変資本も（可変資本の場合には直接の還流または間接の還流によって），ふたたび可変貨幣資本として回復される，ということは，年間生産物の転換における[99]重要な事実なのである。|

[485] [100] |46| 先取り。①II) 蓄積，または，拡大された規模での生産。

①〔異文〕II)〕——書き加えられている。

[101] [485] [102] 1 ）①第1巻では，蓄積が個々の資本家については次のように現われることを明らかにした。すなわち，彼の商品資本を貨幣化するさいに彼はこの商品資本のうち剰余価値を表示する（つまり剰余生産物によって担われている）部分をそれによって貨幣に転化させるが，それを彼はふたたび彼の生産資本の現物諸要素に再転化させるというように現われるということ，つまり実際には，現実の蓄積イコール拡大された規模での再生産，ということである。し

---

99) 重要な事実なのである。] このあと，草稿の50ページのほぼ半分が，書かれないままに残された。その理由は，次注で触れるように，マルクスはここで「蓄積，または，拡大された規模での生産」という新たな区分の執筆に取り掛かるのに，まず，空白のまま残されていた46-47ページを使うことにしたからである。

100) |46|] 草稿のページ番号が50ページからここで46ページに戻っているのは，マルクスが，前出の訳注93に記したように，誤って紙を2枚めくったために飛ばされて空白となっていた46-47ページをここで埋めることにしたためである。彼は，このことがわかるように，ここに「先取り〔Anticipirt〕」と書き，47ページの末尾には「この先は51ページ」，そしてその51ページの先頭には「47ページからの続き（47ページを見よ）」と書いた。

101) エンゲルス版はここから本書209ページ16行までを「第21章 蓄積と拡大再生産」の冒頭部分に利用している。

102) 1)] エンゲルスは，赤鉛筆で，丸く囲んでいる。

206　II　『資本論』第2部・第3部の草稿を読む

かし，個別資本の場合に現われることは年間再生産でも現われざるをえないの
であって，それは，われわれが単純再生産の考察で見たように，——個別資本
の場合に——それの固定成分が積み立てられた貨幣として次々に沈澱していく
ということが年間の社会的再生産でも現われるのとまったく同じである。

　①〔注解〕第1巻では……明らかにした。〕カール・マルクス『資本論』第1巻，第1部，
　　改訂第2版，ハンブルク，1872年，586-609ページ。（MEGA II/6, 534ページ13行-
　　536ページ5行。）

　ある個別資本が500で，年間剰余価値が100（つまり商品生産物は400c＋
100v＋100m）だとすれば，600が貨幣に転化され，そのうちの400cはふたた
び前貸不変資本の現物形態に，100vは労働力に転換され，そして——蓄積の
場合には（蓄積だけが行なわれるものとすれば），100mがそれに加えられる。
それは商品形態から貨幣形態に転換されたことによって，さらに生産資本の現
物諸要素への転換によって追加不変資本に転化させられる。791 そのさい次の
ことのが前提されている。1）100mが年間に次々に貨幣として積み立てられ，
しかも，機能している不変資本の拡張のためであろうと，新たな産業的事業の
創設のためであろうと，この額で十分である（技術的諸条件に対応している）
ということ。しかしこの過程が行なわれうるようになるまでには，つまり現実
の蓄積——拡大された規模での生産——が始まることができるようになるまで
には，もっとずっと長いあいだにわたる剰余価値の貨幣への転化と貨幣での積
立とが必要だということもありうる。2）拡大された規換での生産が事実上す
でにあらかじめ始まっているということが前提されている。というのは，貨幣
（貨幣で積み立てられた剰余価値）を［486］生産資本の諸要素に再転化させる
ためには，これらの要素が商品として市場で買えるものとなっていることが想
定されているからである。その場合，これらの要素が既製の商品として買われ
るのでなく注文であつらえられるものとしても，なんの違いもない。これらの
要素の代価が支払われるのは，これらの要素が現に存在するようになってから
のことであり，またどのみち，これらに関して現実の拡大された規模での再生
産がすでに行なわれてからのこと，言い換えれば可能的に再生産の諸要素が現
に存在するようになってからのことである。というのは，この場合には，この

第5章　『資本論』第2部第8稿とMEGA版付属資料　207

再生産が現実に行なわれるためには，ただ，注文という起動力，すなわち商品の存在に先行する商品の購買とその先取りされた販売とが必要であるだけだからである。この場合には一方にある貨幣が他方での再生産を呼び起こすのであるが，それは，貨幣がなくてもこの再生産の可能性があるからである。というのは，貨幣それ自体は現実の再生産の要素ではないからである。

[103]2）たとえば資本家Ａが，1年が経過するあいだに（または技術的諸条件によってはそれ以上の年数にわたって）次々に商品生産物の諸部分——その総計が彼の年間商品生産物をなす——を売っていく場合には，それにつれて彼は，商品生産物のうち剰余価値の担い手——剰余生産物——である部分をも，つまり彼が商品形態で生産した剰余価値そのものをも，次々に貨幣に転化させ，そうしてこの貨幣をだんだん積み立てていき，こうして可能的な新貨幣資本が形成されていく。ここで可能的というのは，それが，生産資本の諸要素に転換されるべき使命をもっているからである。しかし実際には，彼はただ単純な蓄蔵貨幣形成を行なうだけであって，それは現実の再生産の要素ではない。そこでの彼の仕事は一見したところ，流通している貨幣を次々に流通から引き上げていくことだけであるが，この場合もちろん，こうして彼が厳重にしまい込んでしまう流通貨幣がそれ自体なお——流通に入る前に——ある蓄蔵貨幣の一部分であったことが排除されているわけではない。可能的な新たな貨幣資本であるこのようなＡの蓄蔵貨幣が追加的な社会的富でないのは，かりにそれが消費手段に支出される場合にそうでないのと同じである。それは通流から引き上げられた貨幣であるから，その前は通流のなかにあったのであって，以前にすでに蓄蔵貨幣の成分として蓄えられていたことがあるかもしれないし，[792]貨幣化された労賃だったり，生産手段やその他なんらかの商品を貨幣化したことがあったかもしれないし，もろもろの不変資本部分や資本家の収入を流通させたかもしれない。それが新たな富でないことは，ちょうど貨幣が，単純な商品流通の立場から見て，それが1日に10回回転して10個の別々の商品を実現したからといって，それがいまもつ価値のほかにその10倍の価値をもつということにならないのと同じである。諸商品は貨幣がなくても存在するのであり，ま

---

103) 2）] エンゲルスは，赤鉛筆で，丸く囲んでいる。

た貨幣そのものは，1回転しようと10回転しようと，もとのままである（むしろ摩滅によってマイナスになる）。ただ金生産においてのみ——金生産物が||47| 剰余価値の担い手である剰余 [487] 生産物を含んでいるかぎり——新たな富（可能的貨幣）がつくりだされるのであり，また，新たな金生産物がそっくり流通に入るかぎりでのみ，それは可能的な新貨幣資本の貨幣材料を増加させるのである。

　このような，貨幣形態で積み立てられた剰余価値はけっして追加的な新たな社会的富ではないにもかかわらず，それが新たな可能的貨幣資本を表わしているのは，その積立の目的とされる機能のためである。①{新たな貨幣資本が剰余価値の漸次的な貨幣化によるのとは異なる仕方で生じることがありうることは，のちに見るであろう。}

> ①〔注解〕{新たな貨幣資本が……のちに見るであろう。}〕考えられているのは信用による貨幣資本の形成である。——〔MEGA II/11〕794ページ7-11行〔本書211ページ4-8行〕，および，カール・マルクス『資本論〈経済学草稿 1863-1865年〉』，第3部（第1稿），所収：MEGA II/4.2, 440ページ20行-441ページ2行〔拙著『マルクスの利子生み資本論』第1巻，248ページ7行-249ページ6行〕，471ページ5-26行〔同前，第2巻，168ページ24行-171ページ1行〕，および，584ページ2行-587ページ12行〔同前，第3巻，505ページ10行-515ページ3行〕，を見よ。

　貨幣は，商品を売ってもそのあとで買わないことによって，流通から引き上げられて蓄蔵貨幣として蓄えられる。したがって，このような操作を一般的に行なわれるものと考える場合には，買い手がどこからやってくるのかがわからないように見える。というのも，この過程では——そしてどの個別資本も蓄積過程にあることができるのだからこの過程は一般的に行なわれるものだと考えなければならない——だれもが積み立てるために売ろうとするが，だれも買おうとしないのだからである。もしも年間再生産のさまざまの部分のあいだの流通過程を直線的に進行するものだと考えるとすれば——これが間違いなのである，というのはこの過程はどれもみな互いに反対の方向に進むもろもろの運動からなっているのであって，このことには例外はほとんどないからである——，売らずに買う金（または銀）生産者から始めなければならないことになり，また，次のようなことを前提しなければならないことになる。すなわち，他のす

べての人びとがこの生産者に売る，ということ。年間の社会的剰余生産物の総計（剰余価値の担い手）が彼のところに移り，他の資本家の全部は，生まれながらに金として存在する彼の剰余生産物を（したがってまた彼の剰余価値の金になった現物〔Naturalvergoldung〕を）自分たちのあいだで比例配分的に分け合うのだ，ということ（というのは，金生産者の生産物のうち彼の機能資本を補塡しなければならない部分は，すでに拘束されており処理されているのだから）。彼の剰余生産物は他の資本家の全部が自分たちの年間剰余価値を金化するための材料を引き出すファンドであるということ。したがって，金として生産されるこの剰余価値は，価値の大きさから見れば，まず蓄蔵貨幣という形態で蛹化しなければならない社会的な年間剰余価値の全体にイコールだということ。これらの前提はまったくばかげていて，一般的な同時的貨幣蓄蔵を宣言すること以外にはなんの役にもたたず，これによっては，生産そのものは（金生産者の側以外では）一歩も前進しないであろう。

793 われわれは，この外観上の困難をさらに詳しく解決する前に，まず部門〔Klasse〕I（生産手段の生産）での蓄積と部門II（消費手段の生産）での蓄積とを区別しなければならない。部類〔Kategorie〕I から始めよう。

104)[488] 105)3）部門Iを構成している多数の産業部門でのもろもろの資本投下も，それぞれの特殊的産業部門内部でのさまざまな個別的資本投下も，{それらの規模，技術的諸条件など，市場諸関係などをまったく度外視しても}それぞれの年齢，すなわち機能期間に応じて，それぞれ，剰余価値が次々に可能的な貨幣資本〔moneycapital〕に転化していく過程のさまざまな段階にあることは明らかであって，それは，この転化がそれらの資本の機能資本の拡大のためであろうと新たな産業的事業における貨幣資本〔Geldcapital〕の投下のためであろうと──〔これらは〕「拡大された規模での生産」の二つの形態〔である〕──，変わりはない。このことから出てくるのは，それらのうちの一部分は適当な大きさに成長した自分の可能的な貨幣資本をたえず生産資本に転化させているが，すなわち，積み立てられた，剰余価値の貨幣化によって積み立てられた貨幣で

---

104) エンゲルス版はここから本書216ページ10行までを「第21章　蓄積と拡大再生産／第1節　部門Iでの蓄積／1　貨幣蓄蔵」に利用している。
105) 3）〕エンゲルスは，赤鉛筆で，丸く囲んでいる。

210　Ⅱ　『資本論』第2部・第3部の草稿を読む

生産手段——不変資本の追加的諸要素——を買っているが，他方，他の一部分はまだ自分の可能的な貨幣資本の積立をやっている，ということである。つまり資本家たちは，この二つの部類のどちらかに属して，一方は買い手として他方は売り手として——そして両方のそれぞれがどちらか一方だけの役割を担って——互いに相対しているのである。

　たとえば，Aは600（＝400c＋100v＋100m）をB（これは2人以上の買い手を代表していてもかまわない）に売るとしよう。Aは600の商品を売って600の貨幣に替えたが，そのうち100は剰余価値を表わしており，彼はこれを流通から引き上げる，すなわち貨幣として積み立てる。しかし，この100の貨幣は，ただ100の剰余価値の貨幣化，つまり100という価値の担い手であった剰余生産物の貨幣形態でしかない。この貨幣蓄蔵は生産ではまったくないのであり，したがってまたもともとけっして生産の増分ではない。資本家の行為は，この場合にはただ，100という剰余生産物の販売によってせしめた貨幣を流通から引き上げてそれをしっかりと手もとに差し押えておくということだけである。この操作は，Aの側でだけでなく，流通表面の多数の点で他の資本家A′，A″，A‴等々からも行なわれるのであって，彼らはみな同様にせっせとこの種の貨幣蓄蔵に励むのである。貨幣が流通から引き上げられて多数の個別的な蓄蔵貨幣または可能的貨幣資本として[106]凝固するこれらの多数の点については，それらは貨幣を不動化して，長短の期間にわたって貨幣の流通手段としての可動性を奪うので，〔それらは〕流通の障害であるように見える。だが，単純な商品流通の場合でも，それがまだ資本主義的商品生 |794| 産にもとづいていなかったにもかかわらず，貨幣蓄蔵は行なわれているのだということをよく考えてみなければならない。[489] 社会のなかに現存する貨幣量は，そのうち現に流通のなかに|107||51| ある部分よりもつねに大きい，——といってもこの貨幣量は

---

106) 凝固する〕この上に「積み上げる」と書かれている。

107) |51|〕ここで草稿のページ番号が47ページから51ページに飛んでいるのは，マルクスが，前出の訳注93および100に記したように，「Ⅱ) 蓄積，または，拡大された規模での生産」の冒頭部分の執筆に，誤って紙を2枚めくったために飛ばされて空白となっていた46-47ページを使ったのち，その続きを，すでに単純再生産の分析の末尾が書かれていた48-50ページのあとの51ページに書いたためである。彼は，このことをわかるようにするために，この直前の47ページ末尾に「この先は51ページ」，そしてこの51ページの先頭には

第5章 『資本論』第2部第8稿とMEGA版付属資料　211

事情に応じて増えたり減ったりするのではあるが。われわれはここで，同じ蓄
蔵貨幣，同じ貨幣蓄蔵をふたたび見いだすのであるが，しかし今度は，資本主
義的流通過程に内在的な一契機として見いだすのである。

　108)①{信用制度の内部でこれらすべての可能的資本が，銀行などの手に集積
されることによって「貸付可能資本〔loanable Capital〕」，貨幣資本となり，しか
ももはや受動的な資本にではなく，また②未来音楽としてではなくて，能動的
で「wuchernする」資本109)（ここではWucherは増大する〔Wachsen〕という意味
である）になるとすれば，その満足のほどが知れるというものである。}

　①〔注解〕{信用制度の内部で……知れるというものである。}〕〔MEGA II/11〕792ペー
　　ジ15-17行〔本書208ページ9-11行〕，および，そこへの注解〔本書208ページの注解
　　注①〕，を見よ。
　②〔注解〕未来音楽］実現がはるかな未来のことであったり，いまの時点では空想的
　　でしかないようなもの。この概念が口にされるようになったのは1850年以降のこ
　　とで，リヒャルト・ヴァーグナーの著書『未来の芸術作品』，ライブツィヒ，1850
　　年，を当てこすっていた。この書のなかでヴァーグナーは，「三月前期」の類似の
　　諸理念に関わって音楽劇の一類型を構想し，これがさかんな論議を巻き起こした。
　　ヴァーグナーによれば，それはすべての芸術を一体化したものであるべきだったが，
　　当時，これに賛同する人びとのあいだに，論争的に用いられた「未来音楽」という
　　概念が広まった。ヴァーグナーは1861年に著書『「未来音楽」。あるフランスの友へ
　　の書簡。彼のオペラ韻文作品の散文訳への序文として』（ライプツィヒ）を刊行した。
　　　マルクスは，第2部のテキストの仕事をしている時期に，なんどもヴァーグナー
　　と「未来音楽」に言及した。マルクスは，ピョートル・ラヴローヴィッチ・ラヴロ
　　ーフが彼に送ってきた，未来における国家の機能についての論文を読んで，1876
　　年8月19日にカールスバートからエンゲルスに次のように書いた。「ここでは，バ
　　イロイトにおける未来音楽の絶え間ない太鼓の音以来，いまでは一切が未来なの

───────────

　「47ページからの続き（47ページを見よ）」と書いた。
108) このパラグラフには，冒頭に角括弧があるだけで，末尾には対応する閉じ括弧がないが，
　　パラグラフ全体の左側に，角括弧から続く線が引かれているので，角括弧によって囲まれ
　　た記述として扱った。
109)（ここではWucherは増大する〔Wachsen〕という意味である）〕Wucherには「暴利，高
　　利」，wuchernには「暴利をむさぼる，高利を取る」という意味もあるので，マルクスは，
　　ここではそのような意味ではなく，「増殖」，「増殖する」という意味であることを言った
　　のであろう。

だ。」それから少しのちの1876年8月末または9月初めに彼が娘のジェニー・ロンゲに書いた手紙では，次のように書かれている。「どこへ行っても，ヴァーグナーをどうお考えですか，という質問に悩まされている。」1877年1月21日に彼はヴィルヘルム・アレクサンダー・フロイントに宛てて，とりわけトルコ，セルビア，および，モンテネグロのあいだの戦争を念頭に置いて，世の中にはリヒャルト・ヴァーグナーの未来音楽よりもずっとだいじなことが数々あるのに，とぼやいた。エンゲルスは，当時，オイゲン・デューリングに反対する自分の哲学的論文を準備し，発表を始めていた〔こられはのちに『反デューリング論』にまとめられた〕が，彼はマルクスのヴァーグナーにたいする懐疑的な態度に同調した。1877年2月9日に彼は『フォーアヴェルツ』で，ヴァーグナーとデューリングの文筆的コンポジション〔作曲，合成〕との類似を当てこすった。「われわれは，デューリング氏が，自分を尊貴なものと評価している点においてだけでなく，未来のコンポニスト〔合成者，作曲家〕としての資格でも，『ニーベルンゲンの指輪』の作者と立派に肩を並べていることを，お祝いしてよいであろう。」（「オイゲン・デューリング氏の科学の変革と哲学」VII，所収：『フォーアヴェルツ』第17号，1877年2月9日，2ページ第3欄，および，3ページ第1欄，所収：MEGA I/27, 278ページ20-22行。〔MEW 20, 70ページ。〕）

　しかし，Aがこの蓄蔵をなしとげるのは，ただ，彼が——彼の剰余生産物に関しては——引き続いてただ<u>売り手</u>として現われるだけであとから<u>買い手</u>としては現われない，というかぎりでのことである。したがって，このように<u>剰余生産物</u>——貨幣化されるべき彼の剰余価値を担うもの——<u>を次々に生産していくことが彼の貨幣蓄蔵の前提</u>なのである。<u>部門Iの内部だけでの流通を考察している当面の場合</u>には，<u>剰余生産物の現物形態</u>は，それを一部分とする総生産物の現物形態と同様に，<u>部門Iの不変資本の一要素という現物形態</u>である，すなわち<u>生産手段の生産手段</u>という範疇に属する。それが買い手であるB，B′等々の手のなかでどうなるか（どのような機能に役だつか）は，すぐに見るであろう。

　しかし，ここでまずしっかりつかんでおかなければならないのは次のことである。Aは貨幣——剰余価値にかかわる——を（積み立てるために）流通から引き上げるのに，他方で彼は，<u>商品を流通に投げ入れておきながらそれに代わる別の商品を流通から引き上げない</u>のであって，このことによってB，B′等々のほうでは，<u>貨幣を流通に投げ入れてその代わりにただ商品だけを流通か</u>

ら引き上げることができるようになるのである。当面の場合には，<u>この商品は</u>その現物形態（ならびにその用途）から見て，B，B′の<u>不変資本の要素</u>——固定要素であれ流動要素であれ——として<u>入る</u>ものである。このあとのほうのことについては，110)剰余生産物の買い手であるB等々に掛かり合うときに，もっと詳しく述べよう。

111){ついでに，ここでふたたび，次のことを述べておこう。以前（単純再生産の考察のところで）と同様に，ここでふたたびわれわれは次のことを見いだす。<u>年間生産物のさまざまな成分の転換</u>，すなわちそれらの<u>流通</u>{これは同時に，<u>もろもろの資本成分の回復</u>——単純な規模での，または拡大された規模での資本の再生産，しかもさまざまな規定性における資本（不変資本，可変資本，固定資本，流動資本，貨幣資本，商品資本）の再生産——でなければならない}は，われわれがⅠ）〔単純再生産〕のところで，たとえば固定資本の再生産のところで見たのとまったく同様に，けっして，<u>あとから行なわれる販売によって補われるたんなる商品購買</u>，または [490] <u>あとから行なわれる購買によって補われるたんなる販売</u>を前提していない。したがって，経済学，ことに重農学派やA・スミス以来の自由貿易経済学〔freetrade economy〕が前提しているような，<u>実際にはただ商品対商品の転換が行なわれるだけだということを前提してはいない</u>のである。単純再生産のところで **795** 見たように，<u>たとえば不変資本</u>Ⅱc の固定諸成分の周期的更新{——（その総資本価値はⅠ(v+m)の諸要素に転換される），それは，固定資本の最初の出現〔と更新〕との中間期間には，つまりその機能期間の全体にわたって，まだ更新されないで以前の形態のままで働き続けるが，<u>他方ではそれの価値がだんだん貨幣として沈澱していく</u>——}は，Ⅱc のうち貨幣形態から現物形態に<u>再転化する固定部分のたんなる購買</u>を前提するが，この購買には Im の<u>たんなる販売</u>が対応する。他方ではそれは，<u>Ⅱc のたんなる販売</u>（すなわち Ⅱc のうち貨幣として沈澱する固定価値部分の販売）を前提するが，この販売には Im の<u>たんなる購買</u>が対応する。この場合に

---

110) 剰余生産物の……詳しく述べよう。] 本書216ページ11行以下を見よ。

111) 以下，本書216ページ10行目までの箇所には，冒頭に角括弧があるだけで，末尾には対応する閉じ括弧がないが，草稿51ページから52ページにかけてのこの箇所の左側に，角括弧から続く線が引かれているので，角括弧によって囲まれた記述として扱った。

214　II　『資本論』第2部・第3部の草稿を読む

転換が正常に行なわれるためには，たんなる購買（IIc の側からの）が価値の大きさから見てたんなる販売（IIc の側からの）にイコールだということ，また同様に，Im から IIa)c へのたんなる販売が IIb)c からの Im のたんなる購買にイコールだということが前提される。同様にここでは，Im のうちの貨幣蓄蔵をする部分である A，A′〔等々〕のたんなる販売が，Im のうちの，蓄蔵貨幣を追加生産資本の諸要素に転化させる部分である B，B′ 等々〔のたんなる購買〕と均衡を保っている，ということが前提される。

　購買のあとに販売が，また販売のあとに購買が同じ価値額で続いて行なわれるということによって均衡がつくりだされるかぎりでは，購買のさいに貨幣を前貸した側への，112)ふたたび買う前にまず売ったほうの側への貨幣の還流が行なわれる。しかし，商品転換そのもの——年間生産物のさまざまな部分のそれ——に関する現実の均衡は，互いに転換される諸商品の価値額が等しいということを条件とするのである。

　しかし，たんに一方的な諸変態，すなわち一方では大量のたんなる購買，他方では大量のたんなる販売が行なわれるかぎり——そしてすでに見たように資本主義的な基礎の上での年間生産物の正常な転換はこれらの一方的な変態を必然的にする——，均衡はただ，一方的な購買の価値額と一方的な販売の価値額とが一致することが前提されている場合にしか存在しない。商品生産が資本主義的生産の一般的形態だということは，貨幣が流通 [491] 手段としてだけでなく貨幣資本として資本主義的生産において演じる役割を含んでいるのであり，またそのことは，単純な規模のであれ拡大された規模のであれ再生産の正常な転換の，正常な経過の，この生産様式に特有な一定の諸条件を生みだすのであるが，均衡は——この生産の姿態形成は自然発生的であるので——それ自身一つの偶然だから，それらの条件はそっくりそのまま，①不正常な経過の諸条件に，恐慌の諸可能性に一転するのである。|

　　①〔異文〕不正常な経過の諸条件に，恐慌の諸可能性に] ←「不正常な経過の，恐慌の諸条件に」

---

112) ふたたび買う前にまず売ったほうの側への] これは，「ふたたび売る前にまず買ったほうの側への」の誤記であろう。

|52| 同様にすでに見たことであるが，Iv と IIc のうちの対応する価値額との転換のさい，たしかに IIc にとって最終的には，同じ価値額の商品 Iv による商 **796** 品Ⅱの補塡が行なわれるのであり，したがって資本家Ⅱの側から見れば，この場合には自分の商品の販売があとから同じ価値額の商品Ⅰの購買によって補われる。①このような補塡（第1部を参照せよ）がたしかに行なわれる。しかし，資本家ⅠとⅡとの相互の商品のこの転換では，この両者による交換が行なわれるのではない。IIc はその商品をⅠの労働者階級に売り，後者は前者に一方的に商品の買い手として相対し，前者は後者に一方的に商品の売り手として相対する。IIc はⅠの労働者階級から入手した貨幣を携えて，一方的に商品の買い手として資本家Ⅰに相対し，この後者は前者に Iv について一方的に商品の売り手として相対する。ただこの商品販売によってのみ，Ⅰは最終的に自分の可変資本をふたたび貨幣形態で，貨幣資本の規定のもとに，再生産するのである。資本Ⅰは，Ⅱには（Iv について）一方的に商品の売り手として相対するが，自分の労働者階級には彼らの労働力を買うときに一方的に商品の買い手として相対する。また，労働者階級Ⅰは，資本家Ⅱには一方的に商品の買い手として相対するが，資本家Ⅰには一方的に商品の売り手として，つまり自分の労働力の売り手として，相対する。

①〔注解〕このような補塡（第1部を参照せよ）〕カール・マルクス『資本論』第1巻，第1部，改訂第2版，ハンブルク，1872年，92ページ，および，94ページ。（MEGA Ⅱ/6, 137ページ14行，および，139ページ34行，を見よ。）

労働者階級Ⅰによって労働力がたえず販売されるということ，可変価値部分が資本家たちの商品資本の一部分から貨幣資本へと回復されること，資本家たちの不変資本の一部分が彼らの商品資本の一部分から彼らの不変資本の自然形態へと補塡されること，——これらは互いに条件と成り合っているが，しかし非常に複雑な過程によって媒介されるのであって，この過程は実際には次の三つの互いに絡み合いながら互いに独立に進行する流通過程を含んでいる。

1）　労働者Ⅰの側では，$A\_\_G(=W\_\_G)$，資本家Ⅰへの彼らの労働力の販売。$G\_\_W$（資本家Ⅱの諸商品の購買）。したがって，$A\_\_G(Ⅰ)...G\_\_W$ (Ⅱ)。結果——A（労働力）を維持し，ふたたび労働市場Ⅰで商品として

216 II 『資本論』第2部・第3部の草稿を読む

〔売りに出すことができる〕。

2) 資本家IIの側では，W＿G（労働者Iへの彼らの商品の販売）...G＿W（資本家Iの諸商品Ivの購買）。結果——彼らの不変資本の一部分の，現物形態への回復。

3) 資本家Iの側では，G＿A（労働力Iの購買）...W＿G（彼らの商品の一部分（すなわち労働者Iによって新たに創造されたI(v+m)のうちのv部分）の，資本家IIへの販売）。結果——彼らの可変資本価値の，商品資本Iの価値部分から可変貨幣資本としての回復。

　過程そのもののもつ複雑さが，そっくりそのまま，不正常な経過にきっかけを113)与えるのである。}

　114)剰余生産物——剰余価値の担い手——は，剰余価値の取得者である資本家Iにとってはなんの費用もかからない。それを手に入れるために彼らはどんな種類の貨幣も［492］商品も前貸する必要はない。彼らは自分の不変資本と可変資本のほかにはなにも前貸しない（すなわち 797 買わない）。115){前貸(avance)は，重農学派の場合にそうであるように，生産資本の諸要素に実現される価値の一般的形態である。労働者が支払を受けるのは，どんな事情のもとでも，彼の労働力がすでに生産過程で働いたあと，つまりそれがすでに資本家のために商品に実現されたあとでしかない。生産期間の長さや生産物の性質に応じて，商品の販売（これは注文での生産の場合には労働過程が始まる以前にすでに行なわれていることがありうる）は，労働がすでに完成生産物か未完成生産物かに実現されてすでに支払われたのちに，長短さまざまの期間にわたって行なわれるのであるが，このことは，このような「前貸」の範疇的規定を何一つ変えるものではない。}労働者は，資本家たちのために自分の労働によって彼らの不変資本を維持してやる116)だけではなく，また彼らのために可変

---

113) エンゲルスは，この文の末尾の行と次のパラグラフとのあいだの左方に，青鉛筆で，線を引いている。

114) エンゲルス版はここから本書224ページ7行までを「第21章　蓄積と拡大再生産／第1節　部門Iでの蓄積／2　追加不変資本」に利用している。

115) 角括弧で囲まれた，以下の「なにひとつ変えるものではない。」までの箇所の左側に線が引かれ，さらに，最後の行の下には囲むように横線が引かれている。エンゲルスはその左側に，赤鉛筆で線を引いている。

第 5 章 『資本論』第 2 部第 8 稿と MEGA 版付属資料　217

資本価値を，それに相当する新たに創造された，商品の形態にある価値部分に
よって補填してやるだけではなくて，自分の剰余労働によって彼らに，剰余生
産物の形態で存在する剰余価値を引き渡すのである。この剰余生産物を次々に
売っていくことによって，資本家たちは蓄蔵貨幣，追加的な可能的貨幣資本を
形成する。いまここで考察している場合には，この剰余価値は，はじめから，
生産手段の生産手段というかたちで存在している。この剰余生産物は，ⅠのB，
B′，B″ 等々の手のなかではじめて追加不変資本として機能する（しかしそれ
は，潜勢的には，それが売られる以前から，Ⅰの貨幣蓄蔵者A，A′，A″ 等々
の手のなかで追加不変資本である）。これは，Ⅰの側での再生産の価値の大き
さだけを見るならば，単純再生産の限界の内部でのことである。というのは，
この潜勢的な追加不変資本（剰余生産物）をつくりだすのに追加資本が動かさ
れたわけでもなく，また単純再生産の基礎の上で支出されたのよりも大きい剰
余労働が支出されたわけでもないからである。‖53‖ 違うのは，ここではただ，
充用される剰余労働の形態だけであり，その特殊的な役だち方の具体的な性質
だけである。この剰余労働は，Ⅱのために機能すべき，またそこでⅡcとなる
べき生産手段の生産にではなくて，生産手段Ⅰの生産手段に支出されたのであ
る。117){単純再生産の場合には，剰余価値Ⅰの全部が収入として支出され，し
たがって商品Ⅱに支出されるということが前提された。したがって剰余価値Ⅰ
はこの場合には，Ⅱcをその現物形態でふたたび補填すべき生産手段だけから
成っている。ところで，Ⅰのある種の生産諸部門の生産物は，生産手段として
Ⅱに入るのではなく，Ⅰそれ自身のなかでのみふたたび生産手段として役だつ
ことができるものである。これらの部門の生産物は，価値から見れば他のあら
ゆる部門の生産物と同様にc＋v＋mに分解できる。では，追加不変資本Ⅰの
ために素材を提供することのない単純再生産を前提した場合に，このmはどう
いうことになるのだろうか？　これはⅠのもとで，単純再生産のところで考

---

116) だけ〔nur〕] 草稿ではnur durchとなっているが，durchを消し忘れたのであろう。エン
　　　ゲルスも赤鉛筆で消している。
117) 以下のパラグラフ末尾までの箇所には，冒頭に角括弧があるだけで，末尾には対応する
　　　閉じ括弧がないが，パラグラフ全体の左側に，角括弧から続く線が引かれているので，角
　　　括弧によって囲まれた記述として扱った。

察すべきことである。}

798 つまり，そこから出てくるのは，単純再生産——たんに価値の大きさだけから見れば——の内部で，拡大された規模での再生産の，現実の資本蓄積の，物質的実体〔Substrat〕がつくりだされる，ということである。この物質的実体はまったく単純に（当面の場合），直接に生産手段の生産に支出された剰余労働Ⅰ，すなわち潜勢的剰余不変資本Ⅰの創造に支出された，労働者階級Ⅰの剰余労働である。だから，ⅠのA，A′，A″等々の側での潜勢的な新追加貨幣資本の形成——追加的にまったく貨幣を支出することなしに形成された彼らの[493]剰余生産物を次々に売っていくことによっての——は，生産手段Ⅰの追加的生産のたんなる貨幣形態なのである。

したがって，潜勢的追加貨幣資本の生産は，ここでは118)①{追加貨幣資本は，あとで見るように，まったく別の仕方でも形成されうる}，生産過程そのものの一現象，すなわち生産資本の特定の形態の，あるいはむしろそれの諸要素の特定の形態の生産という現象のほかにはなにも表現していない。

　　①〔注解〕{追加貨幣資本は，あとで見るように，まったく別の仕方でも形成されうる}〕〔MEGA II/11〕792ページ15-17行への注解〔本書208ページの注解注①〕を見よ。

だから，潜勢的追加貨幣資本の大規模な生産——流通表面の多数の点での——は，潜勢的追加生産資本の多方面での生産の結果かつ表現にほかならないのであって，この潜勢的追加生産資本の成立そのものは産業資本家の側からの「追加の」貨幣支出を少しも前提してはいない。

この潜勢的追加生産資本がⅠのA，A′，A″等々の側で次々に潜勢的貨幣資本（蓄蔵貨幣）に転化していくということは，彼らの剰余生産物が次々に売れていくこと，つまり購買によって補足されない一方的な商品の販売が次々に行なわれることを条件とするのであって，このような転化は，流通から次々と貨幣が引き上げられ，それに応じて蓄蔵貨幣が形成されることによって行なわれるのである。この貨幣は——金生産者が買い手である場合は別として——けっして貴金属の富の追加を前提しておらず，ただ，通流のなかにある貨幣の機能

118）角括弧で囲まれたこの一文の左側に線が引かれている。

第5章 『資本論』第2部第8稿とMEGA版付属資料　219

の変化を前提するだけである。それは，ついさっきまでは流通手段として機能していたが，いまでは蓄蔵貨幣として，潜勢的には形成されつつある新貨幣資本として，機能する。だから，追加貨幣資本の形成と一国にある貴金属の量とはけっして互いに因果関係にあるものではないのである。

　そこから，さらに次のことが出てくる。すなわち，一国内で——ここではⅠのもとで——機能している生産資本（剰余生産物の，また剰余労働の作り手である，それに合体された労働力を含めて）がすでに大きければ大きいほど，また労働の生産力が発展しており，したがってまた生産手段の生産の急速な拡張のための技術的な手段が発達していればいるほど——それゆえ剰余生産物の量も（価値から見てもこの価値を表わす使用価値の量から見ても）大きければ大きいほど——，それだけまた，1）潜勢的追加生産資本（ⅠのA, A′, A″等々の手のなかで剰余生産物の形態にある）も大きいのであり，また，2）貨幣に転化した **799** 剰余生産物つまり潜勢的追加貨幣資本（ⅠのA, A′, A″〔等々〕の手のなかにある）の量もそれだけ大きい，ということである。[119]①{だから，たとえばフラートンが，資本の，つまりは貨幣資本の過剰生産については知ろうとしながら，普通の意味での過剰生産については何一つ知ろうとしないのは，これまた，最良のブルジョア経済学者たちでさえも彼らのシステムの機構をまったくわずかしか理解していないことを証明しているのである。}

　　①〔注解〕{だから……証明しているのである。}〕カール・マルクス『経済学批判〈草稿1861-1863年〉』，所収：MEGA II/3.3, 1120ページ15行-1122ページ4行，を見よ。そこでは，フラートンについて同様のことが言われている。「資本のプレトラそのものは，最もすぐれた経済学者たち（フラートンのような）によって主張され，……。」（1121ページ8-9行。）—マルクスは，このことに関連して，『資本論』第3部第1稿でもフラートンに言及している。（MEGA II/4.2, 331ページ2-6行，を見よ。）—ジョン・フラートン『通貨調節論……』，ロンドン，1844年，165ページ。[120]「資

---

119) 角括弧で囲まれた以下の一文の左側には線が引かれており，最後の行の下にも包み込むように線が引かれている。

120) フラートンの書の165ページからの以下の引用は，MEGA II/11の注解では，誤って，その冒頭の，次の部分だけが掲げられている。「じっさい，最近の諸事件を見ると，資本の周期的な破壊は，いかなる市場利子率の存在によっても不可欠な条件となってしまったのではないかと疑いたくなるぐらいであろう。」

本の周期的な破壊は，いかなる市場利子率の存在にとっても不可欠な条件となってしまった。そしてそのような観点から考察すると，この恐るべき災厄を，われわれはいつもこれほどの不安と憂慮とをもって予期するようになっており，しかもそれを回避することをこれほど切望しているにもかかわらず，この災厄は，成長しすぎて肥大化した富裕の自然的かつ必然的な矯正策にすぎず，現在のような体質のわれわれの社会システムが，絶えず繰り返してその存続を脅かすプレトラから時おり自分自身を救いだし正常で健全な状態を取り戻すことを可能にする，治癒力にすぎないのかもしれない。」この箇所は，カール・マルクス『経済学批判要綱』で引用され，その欄外に線が引かれている。所収：MEGA II/1.2, 713ページ16-25行。

[494] 注意せよ。——資本家 I によって直接に生産され取得される剰余生産物は，||54| 現実の資本蓄積の，すなわち拡大された規模での再生産の実体的な〔real〕土台である——それは実際には〔actuell〕B, B′, B″ 等々の手のなかではじめてかかるものとして機能する——が，他方では逆に，それは，貨幣蛹（さなぎ）になっている状態では——蓄蔵貨幣としては，そしてたんに，次々と形成されていく潜勢的貨幣資本としては——絶対的に不生産的なものであって，この形態で生産過程に並行はするが，しかし生産過程の外部に横たわっている。それは資本主義的生産の死重（dead weight）である。121) {潜勢的貨幣資本として積み立てられているこの剰余価値を利潤のためにも「収入」のためにも使用できるものにしようという病的欲求は，信用システムと「①有価証券〔Papiercher〕」とにその努力の目標を見いだす。これらのものによって貨幣資本は，別の形態で，資本主義的生産システムの経過と発展とに，まことに巨大な影響を与えることになるのである。}

　①〔注解〕有価証券〔Papiercher〕 利子生み証券の方言的表現。

　一方では，すでに機能している資本の大きさは {それゆえこの大きさに対応する，潜勢的貨幣資本に転換された剰余生産物の相対的な大きさは} 次のことを前提する。すなわち，すでに機能している資本の規模の拡大は，また潜勢的貨幣資本の規模の大きな拡大をも要求するということ，したがって，絶対的に

─────────────
121) 角括弧で囲まれたパラグラフ末尾までの箇所には，冒頭に角括弧があるだけで，末尾には対応する閉じ括弧がないが，パラグラフ全体の左側に線が引かれているので，角括弧によって囲まれた記述として扱った。

第5章　『資本論』第2部第8稿とMEGA版付属資料　221

はるかにより大きな量の潜勢的貨幣資本が貨幣蛹という不生産的な状態に入り込んだままでいる，ということである。

他方では，年間に再生産される潜勢的貨幣資本の大きさが絶対的に増大する場合には，またその分割〔Segmentation〕もそれだけ容易になる。すなわち，同じ資本家の手によって（追加の新事業に投下される）にせよ，別のいくつかの手（家族成員など）によってにせよ，それだけ速く新たな資本として投下されるのである。ここで貨幣資本の分割というのは，それがまったく切り離されて新たな貨幣資本として新たな自立した事業で投下されることを意味している。

剰余生産物の売り手であるⅠのA，A′，A″等々にとっては，この剰余生産物は生産過程の直接の結果であって，この生産過程は単純再生産の場合にも必要な，不変資本と可変資本との前貸のほかにはなにもそのほかの流通行為を前提しないのであり，さらに彼らは，拡大された規模での再生産の実体的〔real〕土台を供給し，事実上，潜勢的追加不変資本をつくりだすのであるが，これにたいしてⅠのB，B′，B″〔等々〕は違った事情にある。1）彼らの手によってはじめて，ⅠのA，A′，A″等々の剰余生産物は実際に追加不変資本[122]{というのは，われわれはさしあたり，生産資本の他方の 800 要素である追加労働力，したがって追加可変資本のほうは，まだ考慮の外においているのだから｝として機能する。2）だが，この剰余生産物が彼らの手に入ってくるためには流通行為が必要なのであって，彼らはこの剰余生産物を買わなければならない。

1）についてここで注意しておかなければならない――この点にはのちに立ち入らなければならない――のは，ⅠのA等々によって生産される剰余生産物（潜勢的追加不変資本）の一大部分は，今年生産されても来年（またはもっとあとで）はじめて実際にⅠのB等々の手で産業資本として機能 [495] することができる，ということである。

2）については，この流通過程のために必要な貨幣はどこからやってくるのか？ が問題になる。

ⅠのB，B′，B″等々の生産する諸商品（諸生産物）がそれ自身ふたたび現物で彼らの生産過程に入るかぎりでは，その分だけ彼ら自身の剰余生産物の一部

122）角括弧で囲まれた以下の一節の左側に線が引かれている。

分が直接に（流通過程による媒介なしに）彼らの生産資本に移転され，またここでは不変資本の追加要素として入ることは自明である。しかしまた，その分だけ，彼らはⅠのA，A′等々の剰余生産物を貨幣化する立場にはないわけである。

それはさておき，あの貨幣はどこからやってくるのか？　知ってのとおり，彼らは各自の剰余生産物を売ることによって，A，A′等々と同様に自分の蓄蔵貨幣を形成してきたのだが，いまや彼らは目標点に，つまり123)蓄蔵貨幣として積み立てられた彼らのたんに潜勢的な追加貨幣資本がいよいよ実際に〔effective〕追加貨幣資本として機能するという目標点に達したのだ。しかし，これでは，ただぐるぐる回りをしているだけである。いま，ⅠのAたちが貨幣を流通から引き上げ，その代わりに諸商品を流通に投げ入れる。ⅠのBたちがまずもってそれを行ない，今度は彼らが，貨幣を流通に投げ入れて，彼らの商品を引き上げる。これではわれわれは，ただ，ⅠのBたちが以前に引き上げた貨幣がどこからやってくるのか，という問題にたちいたるだけである。

けれども，われわれがすでに単純再生産の考察から知っているように，ⅠとⅡとの資本家たちの剰余価値（ないし剰余生産物）を転換するためには，彼らの手のなかに，ある量の貨幣がなければならない。以前の場合には，収入への支出，消費手段への支出に役だっただけの貨幣が，資本家たちが各自の商品の転換のために前貸した度合いに応じて，彼らのもとに帰ってきた。今度も同じ貨幣がふたたび現われるのであるが，しかし今度はその機能が違っている。ⅠのAたちとBたちは，剰余生産物を追加的な潜勢的貨幣資本に転化するための貨幣を代わるがわる供給しあうのであり，また，新たに形成された貨幣資本を購買手段として代わるがわる流通に投げ返すのである。

ここで前提されているただ一つのことは，国内に存在する貨幣量だけで（通流速度，等々が前提されているものとして）貨幣蓄蔵のためにも実際の流通のためにも十分だということである，――これは，‖55‖すでに見たような，単純な商品流通の場合にも満たされていなければならない前提と同じものである。

---

123) 蓄蔵貨幣として積み立てられた彼らのたんに潜勢的な追加貨幣資本〕原文は ihr virtuelles als Schatz aufgehäuftes nur virtuelles zusätzliches Geldkapital であるが，ihr のあとの virtuelles は消し忘れであろう。エンゲルスは鉛筆でこの語を消している。

ここで違っているのは蓄蔵貨幣の機能だけである。ただし，[801] 現存貨幣量が以前よりも大きくなければならない。なぜならば，1）資本主義的生産ではすべての生産物が｛すでに述べた例外はあるが｝商品として生産され，したがって貨幣への蛹化を経なければならないからである。2）資本主義的生産の土台の上では，商品資本の量もその価値の大きさも，絶対的により大きいだけではなくて，はるかに大きな速度で増大するからである。3）つねに膨張していく可変資本がたえず貨幣資本に転換されなければならないからである。4）生産の拡大に歩調を合わせて新たな貨幣資本の形成が進行するので，これらの資本の蓄蔵貨幣形態のための材料も存在しなければならないからである。――このことは，信用システムでさえも金属を主とする流通を伴っているような，資本主義 [496] 的生産の最初の段階〔phase〕にはそっくりそのまま当てはまるのであるが，それは信用システムの最も発達した段階〔phase〕にさえ，ここでも信用システムの土台は相変らず金属流通であるので，そのかぎりで当てはまるのである。

　このあとのほうの場合には，一方では追加的金生産（貴金属の生産）が，それが交互に豊かになったり乏しくなったりするかぎり，かなり長い期間についてばかりでなく非常に短い期間のうちにも諸商品の価格に攪乱的な影響を及ぼすことがありうる。他方では全信用機構〔Creditmechanismus〕が，あらゆる種類の操作や方法や技術的設備〔Einrichtung〕によって，現実の金属流通を（相対的に）たえず増大していく最少限度に制限しようとたえず努めている。――それと同時に，全機構の精巧さも，またそれがいっそう大きな危険にさらされることも，ともに手を携えて進んでいくのである。

　さまざまな立場にあるⅠのB，B′，B″等々の潜勢的な新貨幣資本が能動的な貨幣資本として働き始めると，彼らが彼らの生産物（彼らの剰余生産物の諸部分）を互いに買い合いまた売り合わなければならないこともありうる。そのかぎりでは，剰余生産物の流通に前貸された貨幣は――正常な経過の場合には――，さまざまな立場にあるⅠのBたちがそのような貨幣を各自の商品の流通のために前貸したのと同じ割合で，彼らのもとに還流する。[124]｛この場合，

---

124) 角括弧で囲まれたパラグラフ末尾までの箇所には，冒頭に角括弧があるだけで，末尾に

224　II　『資本論』第2部・第3部の草稿を読む

貨幣が支払手段として流通するのなら，相互の売買が一致しないかぎりでその差額だけが支払われればよい。しかし，どこででもまず最初に，最も単純な形態（本源的な形態）での金属流通を前提することが重要である。なぜなら，そうすることによって，流出や還流や差額決済など，要するに信用システムのもとで意識的に規制されるもろもろの経過として現われるすべての契機が，信用システムから独立に存在するものとして現われるからであり，事柄が，反省された形態で現われる以前に自然発生的な形態で現われるからである。}

125)これまでは追加不変資本だけを問題にしてきたので，今度は追加可変資本の考察に転じなければならない。

126)①『資本論』（第1部）云々で，資本主義的生産の土台の上では労働力がつねに備えられていること，また，使用労働者数すなわち労働力の量を増やさなくても 802 必要なときに必要なだけより多くの労働が流動させられうることを，詳しく説明した。それゆえ，さしあたりはこの点にこれ以上立ち入る必要はなく，むしろ，新たに形成された貨幣資本のうち可変資本に転化できる部分はそれが転化するべき労働力をつねに見いだすことができる，と仮定しなければならない。

　　　①〔注解〕『資本論』（第1部）云々で……詳しく説明した。〕カール・マルクス『資本論』第1巻，第1部，改訂第2版，ハンブルク，1872年，588-603ページ，を見よ。（MEGA II/6, 523-534ページ。）

127){①同様に［497］（第1部で）説明したように，ある限界のなかでは，所与の資本が蓄積によらないでその生産量を拡大することもできる。しかしここで

　　　は対応する閉じ括弧がないが，パラグラフ全体の左側に線が引かれており，さらに最後の行では包み込むように右方に線が引かれているので，角括弧によって囲まれた記述として扱った。
125)　エンゲルス版はここから本書225ページ17行までを「第21章　蓄積と拡大再生産／第1節　部門Iでの蓄積／3　追加可変資本」に利用している。
126)　エンゲルスはこのパラグラフの左側に，鉛筆で2本の線を引いている。
127)　このパラグラフには，冒頭の角括弧も対応する閉じ括弧もないが，パラグラフ全体の左側に線が引かれ，最初のところと最後のところでは右方に包み込むよう線が引かれているので，角括弧によって囲まれた記述として扱った。

は独自な意味での資本蓄積が問題なのであり，したがって拡大された規模での生産は剰余価値の追加資本への転化を条件としており，したがってまた再生産あるいは生産の拡大された資本基盤〔Kapitalbasis〕を条件としているのである。}

　①〔注解〕同様に（第1部で）……できる。〕カール・マルクス『資本論』第1巻，第1部，改訂第2版，ハンブルク，1872年，626-627ページ，を見よ。（MEGA II/6, 552ページ33行-553ページ33行。）

　金生産者は自分の金のかたちでの剰余価値の一部分を潜勢的な貨幣資本として蓄積することができる。それが必要な大きさに達すれば，彼はそれを直接に可変資本に転換することができる（これにたいして他の生産者たちはその前に自分の剰余生産物を売らなければならない）のであり，同様にそれを直接に不変資本の諸要素に転換することもできる。それにもかかわらず，後者の場合にはやはり，彼の不変資本の物質的な諸要素が彼の前になければならない。その場合，これまでの叙述で仮定されているように各生産者が在庫品を形成しながら作業したのち自分の商品を市場に出すのでもいいし，あるいは注文によって作業するのでもかまわない。どちらの場合にも生産の実体的な〔real〕拡大——すなわち剰余生産物——が，一方の場合にはすでに存在するものとして，他方の場合には潜勢的に提供可能なものとして，前提されているのである。

　[128)129)]4）これまでわれわれは，ⅠのA，A′，A″等々が彼らの剰余生産物をⅠのB，B′，B″等々に売ることを前提してきた。しかし，ⅠのAたちが，ⅡのBたちへの販売によって自分の剰余生産物を貨幣化する，と仮定しよう。このことはただ，ⅠのAたちがⅡのBたちに生産手段を売るが，そのあとで消費手段を買わない，ということによってのみ，つまりAたちのほうからの一方的な販売によってのみ行なわれうる。ところで，Ⅱcが商品資本の形態から不変資本の現物形態に転換されうるのは，|①|57| Ⅰv だけではなく Ⅰm の少なくとも一部分もまた Ⅱc（これは消費手段の形態で存在する）の一部分と転換されることによってのみ可能であり，それゆえいまAたちが自分の Ⅰm を貨幣化

128）エンゲルス版はここから本書230ページ16行までを「第21章　蓄積と拡大再生産／第2節　部門Ⅱでの蓄積」に利用している。

129）4)］エンゲルスは，赤鉛筆で，丸く囲んでいる。

するのは，この転換が行なわれないことによって——IのAたちが自分のIm
の販売で手に入れた貨幣を，商品IIcの購買で〔商品に〕転換する代わりに，流
通から引き上げる場合〔にはそうなる〕——なのであるが，そのかぎりでは，Iの
Aたちのほうではたしかに潜勢的追加貨幣資本の形成が行なわれるが，しか
し他方ではIIのBたちの不変資本のうち価値の大きさから見てそれに等しい
一部分が，不変資本（生産資本の不変部分）の現物形態に転換されることがで
きないまま，商品資本の形態で動きがとれなくなっているわけである。換
[498] 言すれば，Bたちの商品の一部分が——そして，一見して明らかに〔pri-
ma facie〕，この部分が売れなければBは自分の不変資本を全部は生産的形態に
再転化させることができないのに 803 ——売れなくなったのであり，それゆえ
また，Bたちに関しては過剰生産が生じるのであって，この過剰生産は同じく
Bたちに関しては「再生産」を——不変な規模での再生産でさえも——妨げる
のである。

①〔異文〕|57| 〕ページづけのさいにマルクスは56を飛ばした。

　この場合には，IのAたちの側での追加の潜勢的貨幣資本はたしかに剰余生
産物（剰余価値）の貨幣化された形態であり，したがって生産の指標〔Index〕で
はあるが，しかし剰余生産物（剰余価値）をそのものとして見れば，それは単
純再生産の現象であって，まだ拡大された規模での再生産の現象ではない。不
変な規模でのIIcの再生産が行なわれるためにはI(v+m) は {ここではこのこ
とはいずれにしても m の部分にかかわることなのであるが} 最終的には IIc と
転換されなければならないのである。IのAたちは，自分の剰余生産物をIIの
Bたちに売ることによって，それに相当する不変資本価値部分をIIのBたち
に現物形態で供給したのであるが，しかし同時に，流通から貨幣を引き上げる
ことによって——自分の販売をそのあとでの購買で補完しないことによって
——価値から見てそれに等しい，IIのBたちの商品部分を売れなくしたので
ある。だから，社会的総再生産——それは資本家IをもIIをも一様に含んでい
る——に目を向けるならば，IのAたちの剰余生産物が潜勢的貨幣資本に転化
するということは，価値の大きさから見てそれに等しい商品資本（IIのBたち
の）が生産資本（不変資本）に再転化できないということを表現している。つ

まり，拡大された規模での生産を潜勢的に表現しているのではなく，単純再生産の阻害を，それゆえ単純再生産における不足を表現しているのである。IのAたちの剰余生産物の形成や販売はそれ自身単純再生産の現象なのだから，ここでは単純再生産そのものの基礎の上で，次のような相互に制約しあう諸現象が見られるのである。すなわち，部門〔Klasse〕Iでの潜勢的追加貨幣資本の形成{それゆえIIの立場から見ての過少消費}。IIでの，生産資本に再転化できない商品在庫の固着，したがって相対的過剰生産（IIにとっての）。過剰な貨幣資本（I）と再生産における不足（II）。

　この点についてここでこれ以上詳しく論じることはしないで，次のことを述べておこう。単純再生産の叙述では，全剰余価値（IおよびII）が収入として支出されることが前提されていた。しかし実際には，収入として支出されるのは剰余価値の一部分であって，他の部分は資本に転化するのである。現実の蓄積はこの前提のもとでのみ行なわれる。蓄積は消費を犠牲にして行なわれるのだ，というのは――［499］このように一般的に言うのであれば――それ自身，資本主義的生産の本質に矛盾する幻想である。というのは，この幻想は，資本主義的生産の目的および推進的動機は消費であって，剰余価値の獲得と資本化すなわち蓄積ではない，と前提しているからである。そのほかこの点に関連する諸問題は，いま，部門〔Klasse〕IIでの蓄積がどのようにして行なわれうるのか，を見ることによって，さらに 804 明らかになるであろう。

　130)5）部門〔Klasse〕IIでの蓄積。

　131)a）IIcについての第1の困難――すなわち商品資本IIの成分から不変資本IIの現物形態への再転化――は，単純再生産に関するものである。前にあげた次の表式をとってみよう。

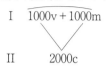

　いま，たとえば1000/2m すなわちI 500m，つまり剰余生産物Iの半分がふ

---
130) 5)] エンゲルスは，赤鉛筆で，丸く囲んでいる。
131) a)] エンゲルスは，赤鉛筆で，「L」様のカギをつけている。

たたびそれ自身不変資本として部類〔Kategorie〕Ⅰに合体されるとすれば，Ⅰの剰余生産物のうちⅠに保留しておかれるこの部分は，Ⅱcのどの部分をも補填できない。それは消費手段には転換されないで（そしてこの場合，ⅠとⅡとのあいだの流通のこの部分〔Abtheilung〕では，Ⅰ1000v によるⅡ1000c の補填とは違って，現実の相互的交換，つまり諸商品の双方的場所変換が行なわれる），Ⅰそのもののなかで追加生産手段として役だつべきものである。それはこの機能をⅠとⅡとで同時に果たすことはできない。あるいは，別の言い方をすれば，資本家は，自分の剰余生産物の価値を消費手段に支出すると同時にその剰余生産物を ||58| 自分で生産的に消費すること，すなわち自分の生産資本に合体することはできない。だから，Ⅱ2000c と転換可能なのは，Ⅰ2000(v＋m) ではなく，ただⅠ1500(v＋m) だけ，つまりⅠ(1000v＋500m) だけである。すなわち，Ⅱ500c は，その商品形態から生産資本（不変資本）Ⅱに再転化①できないのである。したがって，Ⅱでは過剰生産が生じることになり，その大きさはちょうどⅠで行なわれた，生産Ⅰの規模の拡大のための過程に対応することになる。Ⅱでの過剰生産はもしかするとⅠにも強く反作用して，そのために労働者たちⅠがⅡに支出した1000の還流さえも部分的にしか行なわれず，したがってこの1000が可変資本の形態で資本家たちⅠの手に帰ってこ[132]ないかもしれない。――Ⅰのこの資本家たちは不変な規模での再生産においてさえも，そしてもちろんそれを拡大しようと試みるだけでも，非常に妨げられていると感じることになる。またそのさい考えるべきことは，Ⅰでは単純再生産が行なわれただけだということ，[500] 表式Ⅰに見られる諸要素が――たとえば来年といった将来の拡大を目的として――違うように配列ないし配置されて〔arrangirt od. gruppirt〕いるだけだということである。

　　①〔異文〕できないのである。〕このあとに，「いま，この窮地から抜け出そうとして，次のようにしてみる人があるかもしれない，すなわち」と書いたのち，消している。〔次パラグラフの冒頭を見よ。〕

　この困難を回避するために，次のようにしてみる人があるかもしれない。――

---

132) ない〔nicht〕〕草稿ではnichtが二度書かれている。エンゲルスは鉛筆で，あとのほうのnichtを消している。

資本家Ⅱの商品倉庫に寝ていて直接 805 には生産資本に転換されないⅡ500c
は，過剰生産であるどころか，逆に再生産の必要な一要素を表わしているので
あって，この要素をわれわれは無視してきたのだ。すでに見たように，一つに
はⅠそのものの内部での新たな貨幣資本の形成を可能にするためには，一つに
は徐々に消耗されていく固定資本の価値を過渡的に貨幣形態で確保するために，
貨幣の蓄え〔Geldvorrath〕が多数の点で積み上げられなければならず，したがっ
て流通から引き上げられなければならない。他方では——表式の示すところで
は，すべての貨幣とすべての商品が一見して明らかに〔de prime abord〕もっぱら
資本家ⅠおよびⅡの手のなかにあって，ここには商人も貨幣取扱業者〔Geld-
händler〕も銀行業者も，またただ消費するだけで直接には商品生産には関与し
ない諸階級も存在しないのだから——，再生産にとっては，その機構を動かし
ておくために，商品在庫がここではそれの各生産者の手のなかでたえず形成さ
れるということも，同様に不可欠なのだ。だから，資本家Ⅱの倉庫に寝ている
Ⅱ500c は，再生産に含まれている消費過程の連続性を媒介する，ここでは或
る年から次の年への移行を媒介する，商品在庫（消費手段での）を表わしてい
るのだ。この消費ファンドは（それはまだ，その売り手であると同時にその生
産者でもある人の手にあるが），今年ゼロにまで下がって次の年にはゼロから
始めるというわけにはいかないのであって，それは今日から明日に移る場合に
もそうはできないのと同じことだ。このような商品在庫の形成は——たとえそ
の大きさは変わるにせよ——たえず新たに行なわれなければならないのだから，
われわれの資本家的生産者Ⅱは，自分の生産資本の一部分が一時は商品形態の
まま固着していても自分の生産過程を続行できるだけの貨幣予備資本をもって
いなければならないのだ。そのうえ彼らは，前提によれば，商人的全業務と生
産業務とを兼ねており，したがってまた彼らは，再生産過程の諸機能がさまざ
まな種類の資本家のあいだで独立化している場合には商人の手にあるはずの追
加貨幣資本をも，思うように処分できなければならないのだ。

　これにたいしては次のように答えなければならない。1）このような在庫形
成——およびその必要性——は，資本家Ⅰについても資本家Ⅱについても言え
ることである。たんなる商品販売者として見れば，彼らはただ，それぞれ違っ
た種類の商品を売るということによって互いに区別されるだけである。商品Ⅱ

での在庫は，それ以前からの商品Ⅰでの在庫を想定する。この在庫を一方の側で無視するのなら，われわれは他方の側でもそれを無視しなければ［501］ならない。だが，それを両方の側で考察に入れてみても，問題は少しも変わらない。2）今年は来年のための商品在庫（Ⅱの側）を抱えて終わるのと同様に，今年は前年からⅡに引き渡された商品在庫で始まった。だから，年間再生産——806 それの最も抽象的な表現に還元されたそれ——の分析では，われわれは商品在庫をどちらの側についても無視しなければならない。われわれは，全生産〔物〕を，したがって今年が商品在庫として来年に引き渡すべきものを今年の分とすることによって，同時にまた他方では，今年が去年から受け取った商品在庫を今年の分から引き去るのであり，こうして実際に1平均年の総生産物を分析の対象として眼前にもつことになるのである。3）いま避けようとしているこの困難が単純再生産の考察では生じなかったという事情は，とりもなおさず，ここでの問題がⅠの諸要素の再配列〔Rearrangement〕，違った配置〔Gruppirung〕（再生産に関しての）だけに起因する一つの独自な現象にあることを証明している。この別の配置〔Andersgruppirung〕なしには，およそ拡大された規模での再生産は行なわれえないのである。|

|59|[133] さて，次の表式によって再生産を考察しよう。

a)
$$\text{I} \quad 4000c + 1000v + 1000m = 6000$$
$$\text{II} \quad 1500c + 376v + 376m = 2252$$

合計 = 8252

まず第1に気づくのは，年間の社会的［生産物価値］の総額が8252で，表式Ⅰ）でイコール9000だったのに比べて小さくなっているということである。表式Ⅰ）よりもはるかに大きい額を取ること，たとえば次のようにすることもできないことはない。

$$\text{I} \quad 40{,}000c + 10{,}000v + 10{,}000m = 60{,}000$$
$$\text{II} \quad 15{,}000c + 3760v + 3760m = 22{,}520$$

合計 = 82,520

---

133) エンゲルス版はここから本書240ページ3行までを「第21章　蓄積と拡大再生産／第3節　蓄積の表式的叙述」の冒頭の部分に利用している。

第5章 『資本論』第2部第8稿とMEGA版付属資料　231

〔しかしながらa）で〕表式Ⅰでの額よりも小さい額を選んだのは，次のことが目につくようにするためにほかならない。すなわち，拡大された規模での再生産（これはここでは，より大きな資本投下で営まれる生産のことである）は生産物の絶対的大きさとは少しも関係がないということ，この再生産は，所与の商品量について，ただ，所与の生産物のさまざまな要素の違った配列〔Arrangement〕，あるいは，違った機能規定を前提するだけであり，したがって価値の大きさから見れば単純再生産にすぎない，ということである。単純再生産の所与の諸要素の量ではなくてそれらの質的規定が変化するのであって，この変化が，そのあとに続いて行なわれる拡大された規模での再生産の物質的前提なのである。

[502] 可変資本と不変資本，等々の割合を変えて，表式a）を別のかたちで，とりわけ次のように描くこともできないことはない。

$$\left.\begin{array}{l} Ⅰ \quad \underline{4000c + 875v + 875m = 5750} \\[2mm] Ⅱ \quad \underline{1750c + 376v + 376m = 2502} \end{array}\right\} \text{合計} = 8252$$

b）

807 こうするとすれば，表式は単純な規模での再生産のために配列された〔arrangirt〕ものとして現われ，したがって剰余価値は全部収入として支出されてしまい，蓄積は行なわれないことになる。

表式a）で現われようとb）で現われようと，どちらの場合にも年間生産物の価値の大きさは同じであって，ただ，一方の[134]b）の場合には年間生産物の諸要素の機能配置〔Funktionsgruppirung〕がふたたび同じ規模での再生産が開始されるようになっているのに，他方の[135]a）ではその機能配置が拡大された規模での再生産の物質的土台をなしているだけである。

[501] [136]①{このことは，『資本論』第1部で [502] 別の諸観点から検討した

---

134) b）〕草稿では「a）」と書かれている。エンゲルスは鉛筆で「b）」に訂正している。

135) a）〕草稿では「b）」と書かれている。エンゲルスは鉛筆で「a）」に訂正している。

136) このパラグラフには，冒頭の角括弧も末尾の対応する閉じ括弧もないが，パラグラフ全体の左側に線が引かれているので，角括弧によって囲まれた記述として扱った。この左側の線の左には「×」というしるしが書かれている。MEGAはこれらの線としるしを一括して欄外書き込みと見なし，このパラグラフを角括弧によって囲まれた記述として扱っていない。

232　II　『資本論』第2部・第3部の草稿を読む

ジェイムズ・ミルとS・ベイリとのあいだの資本蓄積に関する争い，すなわち産業資本の大きさが不変な場合のそれの作用の拡張可能性に関する争いに，きっぱりと決着をつけるものである。この点には，あとで立ち帰らなければならない。}

　　①〔注解〕このことは……決着をつけるものである。〕カール・マルクス『資本論』第1巻，第1部，改訂第2版，ハンブルク，1872年，633-636ページ，を見よ。(MEGA II/6, 558ページ12行-560ページ24行。) ―ジェイムズ・ミル『経済学綱要』，ロンドン，1821年。― [サミュエル・ベイリ]『貨幣とその価値の転変……』，ロンドン，1837年，58ページ，および，70ページ。― [サミュエル・ベイリ]『貨幣とその価値の転変……』からのマルクスの抜粋，所収：MEGA IV/7，398ページ38行-399ページ5行，および，400ページ2-9行をも見よ。

　[502]　さて，表式[137]a) をもっと詳しく分析しよう。IでもIIでも剰余価値の半分が，収入として支出されないで蓄積される，すなわち追加資本の要素に転化させられる，と前提しよう。I 1000m の半分イコール500はいずれか一方の形態で蓄積される（すなわち追加生産資本として，または潜勢的追加貨幣資本としてとどめられる）のだから，$I(1000v + 500m)$ だけが収入として支出される。それゆえここでは，IIc の正常な大きさとして現われるのも1500だけである。$I\,1500(v + m)$ と II 1500c とのあいだの転換は，単純再生産の過程としてすでに述べたから，それ以上研究する必要はない。同様に I 4000c も考察に入らない。というのも，新たに開始される再生産（それは今度は拡大された規模で行なわれる）のための再配列〔Rearrangement〕も同様に単純再生産の過程としてすでに論究したからである。

　したがって，ここで研究しなければならないものとして残っているのは，

　I 500m

　II 376v + 376m

であって，それらが一方では両方のそれぞれの側での内部関係にかかわるかぎりで，他方では両方の側のあいだでの運動にかかわるかぎりで，研究する必要がある。IIでも同じく剰余価値の半分が蓄積されることが前提されているのだ

---

137) a)〕草稿では「b)」と書かれている。エンゲルスは鉛筆で「a)」に訂正している。

から，ここでは188が資本に転化することになり，そのうちの[138]1/4の47が可変資本で，これを概数計算のために48とすれば，不変資本に転化されるべき188－48＝140が残る。

[503] [139] b) われわれはここで一つの新しい問題にぶつかるのであるが，ある種類の諸商品が他の種類の諸商品と交換されるのが常だ，同じように，商品が貨幣と交換され，その貨幣がまた別の種類の商品と交換されるのが常だ，という日常的な理解にとっては，このような問題があるということだけでも奇妙だと思われるにちがいない。／

|808| |60| II 140m は，Im の諸商品のうちのそれと同じ価値額の一部分によって補塡されることによってのみ，生産資本に転化されることができる。{Im のうち IIm と転換されるべき部分が，生産 I にも生産 II にも入ることのできる生産手段か，それとも実際の生産手段としてはもっぱら生産 II にだけ入ることができる生産手段か，このどちらかから成っているのでなければならないことは自明である。}この補塡は II の側からの一方的な購買によってのみ行なわれることができる。というのは，まだこれから考察されるべき剰余生産物 I 500m はその全部が I の内部で蓄積に役だつことになっているのであり，したがって商品 II と交換されることはできないからである。換言すれば，それが I によって同時に蓄積もされ食われもするということはありえないからである。したがって，II は I 140m を現金で買わなければならないが，しかもそのあとで自分の商品を I に売ることによって彼のもとにこの貨幣が還流するということなしにそうしなければならないのである。しかもこれは，毎年の新たな再生産のたびに——それが拡大された規模での再生産であるかぎり——たえず繰り返される過程なのである。そのための貨幣源泉は II のどこで湧き出るのか？

それどころか II は，新たな潜勢的貨幣資本の形成のためには，すなわち，現実の蓄積に伴っていてこの蓄積の条件を（資本主義的な基礎の上では）なしており，実際にはまず単純な蓄蔵貨幣形成として現われる，そのような，新たな

138）1/4] 部門 II の v：c が 376：1500＝1：4 なので，それに合わせて「1/4」としたのであろうが，188 を 1：4 に分けるには「1/5」にすべきところだった。もしそうしたならば，以下の数字も，概数計算で，可変資本が38，不変資本が150となったはずである。

139）b)] エンゲルスは鉛筆で「L」様のカギをつけている。

234　II 『資本論』第2部・第3部の草稿を読む

潜勢的貨幣資本の形成のためには，まったく不毛の地のように見える。

　まず第1に II 376v がある。労働力に前貸されたこの376の貨幣資本は，商品IIが買われることによって，貨幣形態にある可変資本という形態でたえず資本家IIのもとに帰ってくる。このようにたえず繰り返し出発点——資本家のふところ——から離れてはまたそこに帰ってくるということは，この循環のなかで運動する貨幣をけっして①増やしはしない。だからこれは貨幣蓄積の源泉ではない。この貨幣はまた，蓄蔵貨幣の形態で潜勢的な新貨幣資本を形成するために流通から引き上げられることもできないのである。

　だが，待て！　ここにはなにか②掠め取り〔Schmu〕はできないものか？

　　①〔異文〕増やしはしない。〕このあとに「だが，待て！」と書いたのちに，消している。〔次のパラグラフの冒頭を見よ。〕
　　②〔注解〕掠め取り〔Schmu〕〕イディッシュ語での盗賊隠語的な表現で，公正ではないなにかのこと。「掠め取りをする〔Schmu machen〕」とは，不公正な仕方で利益を得ること。

　部門〔Klasse〕IIは，それが充用する労働者たち——それは同時に彼らの労働力を充用する——が同時に直接に，彼ら自身の生産した商品をふたたびまたこの部門から買わなければならないという点で，部門Iよりも有利な立場にあることを忘れてはならない。部門IIは，労働力の買い手であると同時に，彼らが充用する労働力の所有者への商品の売り手なのだ。[140) 1)]　したがって，部門IIは，第1に——そしてこれは部門Iの資本家にも共通なことなのであるが——，容易に賃金をその正常な平均水準よりも低く押し下げることができる。これによって，可変資本の貨幣形態として機能している貨幣の一部分が遊 [504] 離させられる。そして，もしもこの同じ過程がたえず繰り返されるならば，部門IIでの蓄蔵貨幣形成の，したがってまた潜勢的な追加貨幣資本の形成の，一つの809 正常な源泉になることができるのだが。われわれはもちろん，正常な形成を問題にしているここでは，偶然のあれこれの掠め取り〔Schmu's〕とはなんのかかわりもない。また，忘れてならないのは，現実に支払われる正常な労賃

───────────────

140) 1)〕この「1)」は，以下の文の2行目の左端にあとから書き加えられている。エンゲルスはこの文の前に赤鉛筆で「┌」様の書き込み（改行記号）を書いている。

第5章　『資本論』第2部第8稿とMEGA版付属資料　235

（それは，他の事情が変わらないかぎり，可変資本の大きさを規定する）はけっして資本家の善意によって支払われるものではなく，与えられた事情のもとで支払われなければならないものなのだということである。これで，いまの説明の仕方はかたづいている。376v を部門IIが支出すべき可変資本として前提している以上，いまわれわれがぶつかっている問題を説明するのに，IIが前貸するのは376v ではなくて，もしかしたら350v でしかないかもしれない，などという仮定を，にわかにこっそりと持ち込んではならないのである。

　2）だが他方で，部門IIは——全体として見れば——，労働力の買い手であると同時に，同じくふたたび自分自身の労働者に自分の商品を売る売り手でもある，という点で，部門Iよりも有利である。そしてこれをどのように利用することができるかということ——名目上は正常な労賃を支払いながら事実上は①②同じ労働者からその一部分を相応の商品等価なしにくすねてふたたび取り返す，あるいは盗み返すことができるということ，これを一部は現物支給制度〔Trucksystem〕によって，一部は流通媒介物の変造（法的にはあるいは捕えられるものでないかもしれないが）によってやってのけることができるということ——，③これについてはどの工業国にもだれにでもわかるもろもろの材料がころがっている。[141]たとえば，イギリスや合衆国に。この機会にこれを適当な例をあげてもう少し詳しく説明すること。これは1）で述べたのと同じやり方であって，ただそれが変装され回り道をして実行されるだけのことである。だから，ここでも1）の場合と同様に退けられなければならない。ここで問題になるのは現実に支払われる労賃であって，名目的に支払われる労賃ではないのである。

　①〔注解〕同じ労働者から……盗み返すこと……これを一部は現物支給制度によって〕賃金の支払の全部または一部を現物または商品券で支払う仕組みで，労働者たちはそのさいさらに，雇い主のもつ工場付属の店で，たいていは法外に高い値がつけられた商品を買わなければならない。—〔MEGA II/11〕818ページ35-39行〔本書256

───────────────
141）たとえば，イギリスや合衆国に。〕この一句の前に「T」様のしるしが付けられ，あとに「×」印が書かれ，さらに左の欄外に「T」様のしるしと「×」印とが書かれている。これらのしるしは，草稿の次の61ページの最上部に書かれている「×」（ここで，私の持ちまえの「寛容さ」で，シェフレを引用してもよい。）という一文，および，67-68ページの，左の欄外に線が引かれたドラモンドについての記述に対応するものではないかと思われる。

236　II　『資本論』第2部・第3部の草稿を読む

ページ6-10行〕，を見よ。

②〔注解〕同じ労働者から……盗み返すこと……これを……一部は流通媒介物の変造
……によって〕もしかすると，ここでマルクスが示唆したつもりでいたのは，彼が
『資本論』第1巻のなかで，官庁による公衆衛生に関する報告にもとづいて，トラッ
クシステムに関連して，食料品の変造，とりわけロンドンのパン屋の大きな一部分
〔「アンダーセラーズ」と呼ばれる部分〕に見られるパンの変造について報告していた
記述だったのかもしれない。労働者たちは，賃金の支払日までの期間が長いために，
余儀なく，たいていはとくに彼らのために焼かれたパンを，その粗悪さを知りなが
ら信用で買うことで，賃金の支払日まで，信用を与えてくれるパン屋に縛られてい
るのである。(MEGA II/6, 190ページ13-42行〔MEW 23, 188ページ，注51〕，を見
よ。)

　1870年代，日刊紙ではたえず食料品の変造とそれにたいする公衆衛生官庁およ
び立法機関による対応とについて報じられた。たとえば，1877-1878年度の社会民
主党機関紙『フォーアヴェルツ』では，繰り返して，食料変造が近代の「搾取形態」
として非難されていた。(たとえば，H〔ハインリヒ〕・フォーゲル「帝国議会の目
の前での食料の変造」，所収：『フォーアヴェルツ』第78号，187年7月5日，1ペー
ジ第1-2欄，を見よ。)

③〔注解〕これについては……詳しく説明すること。〕マルクスはもっとあとの〔第8
稿の〕67-68ページで，アメリカ合衆国でのトラックシステムのきわめて洗練され
た形態として一つの実例を挙げている。(〔MEGA II/11〕818ページ5行-819ページ
30行〔本書254ページ24行-257ページ15行〕を見よ。)もしかすると，マルクスが
1877年10月19日にフリードリヒ・アードルフ・ゾルゲに或る刊行物を調達するよ
う頼んだのは同じ目的だったのかもしれない。「周知のように金融貴族たちに封建
的に隷属しているペンシルヴァニアの炭坑夫たちの状態についての〔……〕一種の
青書（公式のものかどうかはわからない）〔……〕。この刊行物の入手はぼくにとっ
てたいへん重要なのだ……。」とくに，バート・ノイエナールでの療養から1877年
9月末に戻っていた彼が10月に，留守中の新聞に目を通したときに読んだ『フォー
アヴェルツ』の一論文が，この依頼をしようとマルクスに思いたたせたのかもしれ
ない。1877年8月5日の読者欄での，合衆国でのごく最近の力ずくの労働者暴動に
触発されて寄せられたH〔ヘルマン〕・シュリューターの投稿は次のように書いて
いる。

　「ペンシルヴァニアの炭坑労働者は悲惨な暮らしを送っている。彼らに加えられ
ているのは，とことんまで昂じたブルジョアジー支配のもたらすあらゆる種類の搾
取である。賃金をぎりぎりに押し下げるだけでは足りず，それに加えて，ペンシル
ヴァニアの炭坑で最高度にまで完成されたトラックシステムによって，陰険きわま
りない仕方で特別に搾取されている。ペンシルヴァニアの炭坑地方では，労働者を
中世の農奴と同様に土地に縛りつけているコッテジシステムが一般的である。同時

に炭坑の所有者でもある鉄道会社……が，炭坑地方の地所の一切を手中に収めた。労働者向けの家屋（コッテジ）が建てられ，労働者たちはその代金を少しずつ分割払いで支払わなければならない。しかもこの代金が，そうでなくてもわずかの彼らの賃金から週ごとに差し引かれるのである。労働者は，そのような家屋を持っているために，他の雇い主を探すことができない。……労働者は，彼が長い年月をかけて代金を支払ってきた彼の家屋を失いたくなければ，雇い主である石炭王の意のままになるほかはなく，この連中が求めるままの低賃金でこの連中のために労働しなければならないのである。」（「北アメリカでの「ストライキ」について」，同前，第91号，1ページ第2欄。）ホーボーケンにいた『フォーアヴェルツ』の発送係だったゾルゲは，1878年8月，マルクスに『ペンシルヴァニア州内務長官の年次報告』第3部第4巻，1876年第6号，1877年，を送った。（1878年8月17日付ゾルゲ宛のマルクスの手紙を見よ。〔マルクスの所蔵本は〕MEGA IV/32, No. 26.）マルクスは，すでに『資本論』第1巻で，官庁による公衆衛生報告にもとづいて，トラックシステムおよびコッテジシステムの諸形態，とりわけイングランドの炭坑でのそれらを指摘していた。（カール・マルクス『資本論』第1巻，第1部，改訂第2版，ハンブルク，1872年，161，493，694-696ページ，を見よ。（MEGA II/6, 190ページ 42-50行，450ページ 25-29行，および，606ページ5行-607ページ21行。））エンゲルスもまた，この時期に繰り返してトラックシステムに取り組んだ。たとえば彼は1875年4月に，社会民主党機関誌『フォーアヴェルツ』のために書いた連続論文『亡命者文献』で，ロシアにおけるトラックシステムの利用についてのいくつかの例を挙げた。（MEGA I/24, 416-419ページ，を見よ。）エンゲルスはそのさい，マルクスの蔵書にあったN・フレローフスキー［すなわち，ロシアの経済学者ヴァシーリー・ヴァシーリエヴィッチ・ヴェルヴィ］の『ロシアにおける労働者階級の状態』，サンクト-ペテルブルク，1869年，に依拠した。（〔マルクスの蔵書〕MEGA IV/32, No. 123，を見よ。）マルクスはこの書の94ページで，労働者への現物での支払についてのフレローフスキーの記述の欄外に線を引き，「トラックシステム」と書きつけた。この欄外書き込みにのちに下線を引いたのはおそらくエンゲルスであろう。エンゲルスは1878年6月に，社会民主党機関誌『フォーアヴェルツ』での『反デューリング論』シリーズのなかでも，同様に，「ドイツでもよく知られている」トラックシステムに言及した。（フリードリヒ・エンゲルス『オイゲン・デューリング氏の科学の変革』，所収：『フォーアヴェルツ』第75号，1878年6月28日，付録，1ページ第2欄。MEGA I/27, 462ページ39-41行。）

　要するに，資本主義的機構の客観的な分析にあっては，この機構に依然として法外に付着しているもろもろの汚点を理論的な困難を除くための逃げ道として利用してはならないのである。①ところが奇妙なことには，私にたいするブ

ルジョア的批判者の大多数は，私が『資本論』の第1の部分〔すなわち第1部〕のなかでたとえば，資本家が労働力の現実の価値を支払うというほとんど資本家がやらないことを仮定することによって，まるでその資本家にたいして不法なことでもしたかのようにわめくのである！ ‖61|[142] ×）（ここで，私の持ちまえの「寛容さ」で，シェフレを引用してもよい。）

　①〔注解〕ところが奇妙なことには……シェフレを引用してもよい。）〕マルクスの『アドルフ・ヴァーグナー著『経済学教科書』への傍注』，第1巻，第2版，ライプツィヒ，ハイデルベルク，1879年』を見よ。7ページ。「ついでながら，私はたとえば労働力の価値の規定にあたっては，その価値が現実に支払われるということから出発しているが，これは実際にはそうではないのだ。シェフレ氏は『資本主義』云々のなかで，この点をとらえて「気まえがいい」とか，それに類することを言っている。」（IISGマルクス＝エンゲルス遺稿，整理番号B 164.〔MEW 19, 360ページ。〕）――ここでマルクスが言及しているのは，明らかに，アルベルト・エーベルハルト・フリードリヒ・シェフレの『資本主義と社会主義，とくに事業および財産の形態に留意して』，テュービンゲン，1870年，338-339ページ，にある次の章句である。「現実の労働日が所与だとすれば，資本家が彼の利得を増大させうるのは，賃金を必要な生計費よりも引き下げる――あるいは，労働日を短縮することなしに，より安価な労働維持費を，だからまたより廉価な賃金を導入する――ことによって，あるいは，技術や管理の改善によって同じ労働時間の生産性を高めることによってである。マルクスは前者のケースを，これが規則的かつ継続的に生じうるものではないという理由で，論じていない。このケースを無視することによって，マルクスは，党人として，科学的な自己否定を証明しているのだ。というのも，少なくとも，たび重ねて，また長期にわたって，かつかつにも足りない賃金によって，労働世界で積み上げられてきた養育資本が搾り取られうるのであり，人間の消尽が長く続くのだからである。」――〔アルベルト・エーベルハルト・フリードリヒ・シェフレ〕『社会主義の核心』，ゴータ，1875年，15ページ。「だからマルクスは，主体的に資本獲得を盗みと呼ぶことなど，まるで考えない。……労働者は，――ほかでもない，リベラルなこの国民経済学の教説に従えば――平均して，彼の日労働の完全な収益価値を受け取ってはおらず，それよりもはるかに少なく，つまり日々の必要な生活必需品を貨幣賃金のかたちで受け取るだけだと言うのだ。……彼が生活必需品を超えて財の価値として生産するもの（言うところの「剰余価値」）を資本家はふところにしまい込むのであり，剰余価値は日々したたり落ちて「資本海綿に吸い取られ」，資

---

142)　×）（ここで……引用してもよい。）〕前出の筆者注141を見よ。

本家の利得となるか，増加された資本となると言うのだ。」─マルクスは，その所蔵本（〔マルクスの所蔵本〕MEGA IV/32, No. 1185, を見よ）のなかの「「資本海綿に吸い取られ」」というところに鉛筆で下線を引き，欄外に疑問符をつけた。─シェフレのこの二つの書はヴァーグナーが引用している。─〔MEGA II/11〕[143] 593 ページ 31 行への注解を見よ。

こういうわけで，すぐ前に述べた目的のためには II 376v ではどうすることもできないのである。

しかし II 376m のほうはもっと疑わしいようである。ここでは，同じ部門の資本家たちだけが相対していて，自分たちが生産した消費手段を互いに買い合い互い 810 に売り合っている。この転換に必要な貨幣は，流 [505] 通手段として機能するだけであって，正常な経過の場合には，当事者たちがそれを流通に前貸した程度に応じて彼らのもとに還流してたえず繰り返し同じ軌道を走らなければならない。

この貨幣を流通から引き上げ，こうして媒介的に潜勢的な追加貨幣資本を形成するために蓄蔵貨幣を形成することは，ふた通りの道によってだけ可能であるように見える。

その一つは，資本家 II の一部分が他の部分をだまして貨幣を掠め取ることに成功することである。新たな貨幣資本の形成のためには，われわれの知っているように，あらかじめ通流媒介物が拡大されていることはけっして必要ではない。どの方面かで貨幣が流通から引き上げられて蓄蔵貨幣として蓄えられると

---

143) この注解は次のとおりである。「生活し，消費しなければならない〔läbe u. consummire〕〕lebe u. consumire をシュヴァーベン・アレマン方言で言ったもの。これは，だれかこの地方出身の著者ないし人物への皮肉をこめた当てこすりかもしれない。該当するかもしれない人物の一人に，シュトゥットガルトの経済学者で社会学者のアルベルト・エーベルハルト・フリードリヒ・シェフレがいる。シェフレの著作『社会主義の真髄』，ゴータ，1875 年，についてマルクスは，1877 年 1 月 21 日付のフェルディナント・フレックレスへの手紙で，茶化して次のように書いた。「これには，はからざるこっけいさが充満しています。すなわち，一方ではこの小著は，著者自身もほのめかしているように，とくにプロテスタント派の坊主向けに書かれているのですが，この連中はやはり社会主義とのいちゃつきを彼らの競争相手のカトリック派だけにまかせてはおけないのです。他方ではシェフレ氏は，生粋のシュヴァーベン人式想像力をもって，じつに丁重に未来の社会主義的至福 1000 年治世を描き出していますが，これはたぶん悠々自適の小市民の完璧な王国，カール・マイアー一家しか住めないパラダイスとなるのでしょう。」」

いうことのほかにはなにも必要ではない。この貨幣が盗まれたものであり，したがってまた資本家IIのある部分のもとでの追加貨幣資本の形成がはっきりした貨幣損失と結びついているということが，云々，云々。

――――――

144) A) 単純再生産の表式

I $\quad \underline{4000c + 1000v + 1000m = 6000}$

$\left.\vphantom{\begin{matrix}a\\b\end{matrix}}\right\}$ 合計 = 9000

II $\quad \underline{2000c + 500v + 500m = 3000}$

B) 拡大された規模での再生産のための出発表式

I $\quad \underline{4000c + 1000v + 1000m = 6000}$

$\left.\vphantom{\begin{matrix}a\\b\end{matrix}}\right\}$ 合計 = 9000

II $\quad \underline{1500c + 750v + 750m = 3000}$

BのIで，剰余価値の半分イコール500が蓄積されると仮定すれば，われわれがまず受け取るのはII 1500c と取り替えられるべきI 1000v + 500m すなわちI 1500 である。この場合にはBのIに 4000c + 500m が残り，この後者の500m が蓄積されることになる。{I 1000v + 500m が II 1500c と置き換えられる〔substitution〕のは単純再生産の過程であって，すでに単純再生産のところで論じた。}

I 500m のうち400は不変資本に転化し100は可変資本に転化すると仮定しよう。このように資本 [506] 化されるべき 400m の〔Iの〕内部での転換はすでに論究した。つまり，それはそのまま Ic に合体されることができるのであり，そこでわれわれは，B) のI として，I 4400c + 1000v + 100m を受け取ることになる。

①B) のIIのほうでは，蓄積のためにI から I 100m を買い，それが今度はIIの追加不変資本になるが，他方，IIが支払う貨幣は，Iの追加可変資本の貨幣形態に転化 811 される。そこで，B) のI は，4400c + 1100v（貨幣で）= 5500 となる。

――――――

144) エンゲルス版はここから本書248ページ6行までを「第21章 蓄積と拡大再生産／第3節 蓄積の表式的叙述／1 第1例」に利用している。

①〔異文〕ここに，「Ⅰ 400 の追加不変資本のための可変資本はすでに貨幣形態で，400m を不変資本に転換した資本家たちⅠの手のなかにある」と書いたのち，消している。

　BのⅡは，いまでは不変資本として <u>1600c</u> をもっている。これを処理するためにはⅡは 50v を貨幣で労働力の買い入れのために追加しなければならない。したがってⅡの可変資本は 750 から 800 に増大する。そこで<u>BのⅡ</u>は次のようになる。

　B）Ⅱ <u>1600c＋800v</u>＋50m（50 の追加可変貨幣資本のための在庫として）＋100m（追加のⅠ100v のための在庫として）＋最後に <u>600m</u>（これはⅡ〔の資本家〕自身の消費ファンドになる）

　じっさい，BのⅡでは，その全生産物が蓄積のために必要な形態で整えられるためには，<u>剰余価値のうち，前よりも 150 だけ大きい部分が必要消費手段の形態で再生産されなければならない</u>。拡大された規模での再生産が現実に始まれば，Ⅰの可変貨幣資本 100 は，Ⅰの労働者階級の手を経て，Ⅱに還流する。これにたいしてⅡは 100m（商品在庫にある）をⅠ〔の労働者階級〕に引き渡し，同時に，商品在庫にある 50 をⅡ自身の労働者階級に引き渡す。BのⅡの<u>消費ファンド</u>になる 600m を引き去ると，蓄積のために<u>変えられた配列</u>〔Arrangement〕は次のようになる。

$$
\left.
\begin{array}{l}
\text{B）　Ⅰ　} \underline{4400c＋1100v\,貨幣＝5500} \\[2mm]
\text{Ⅱ　} \underline{1600c＋800v\,貨幣＝2400}
\end{array}
\right\} ＝7900
$$

$$
\underline{6000c＋1900v}｜ \qquad ＋Ⅱ\,\underline{150\,必要生活手段}での商品在庫
$$

他方，<u>B）の生産</u>は次の配列で始まったのであった。

　Ⅰ　<u>4000c＋1000v</u>

$$
＝\underline{5500c＋1750v}　合計＝\underline{7250}｜
$$

　Ⅱ　<u>1500c＋750v</u>

|62| われわれの出発点であった <u>9000 の生産物</u>は，<u>再生産</u>のために，用途から見て，また貨幣取引を考慮しないとして，次のように準備されている。

　かつては

242　II 『資本論』第2部・第3部の草稿を読む

A)　I　$4000c + 1000v + 1000m = 6000$

　　II　$1500c + ^{①}750v + 750m = 3000$

$\left.\begin{array}{c} \\ \\ \end{array}\right\} = \underline{9000}$

①〔訂正〕「750〔v〕+ 750〔m〕」──草稿では 500 + 500 と書かれている。

812〔いまでは〕

B)　I　$4400c + 100v (+ 1500 消費ファンドで) = 6000$

　　II　$1600c + \underline{800v (+ 600 消費ファンドで)} = 3000$

$\left.\begin{array}{c} \\ \\ \end{array}\right\}$ 合計 $= 9000$

［507］いまこの土台の上での現実の蓄積が現実に行なわれれば，われわれは次のものを受け取ることになる。

　I　$\underline{4400c + 1100v + 1100m}$

　II　$\underline{1600c + 800v + 800m}$

I では同じ比率で蓄積が続けられ，したがって 550m が収入として支出され，550m が蓄積されるものとしよう。まず I 1100v が II 1100c によって補塡され，同様にして II でも（I 550m と II 550c との交換によって[145]）実現が行なわれなければならず，したがって合計は I 1650(v + m) である。しかし補塡されるべき〔II の〕不変資本はイコール 1600 だけであり，したがって，50 の不足額が II 800m から補われなければならない。これが行なわれれば（貨幣はここではさしあたり意識的に度外視しておく），この取引の結果として次のものが残ることになる。

　I　$\underline{4400c + 550m}$（しかし消費ファンドとして II 1650）

　II　$\underline{1650c}$（つまり上述の取引によって 50 が追加されている）$+ \underline{800v}$（貨幣で，というのは商品は労働者の消費ファンドになったのだから）$+ 750m$

しかし，v : c（II での）の割合がもとのままならば，50 の追加された不変資本にたいして同じくさらに 25v が必要であり，$\underline{750m}$ から取られなければならない。したがって，次のようになる。

───────────────

145))〕草稿でも MEGA でも欠けている。

第5章 『資本論』第2部第8稿とMEGA版付属資料　243

II　$\underline{1650c} + \underline{800v}$（貨幣で）$+ \underline{25v}$（商品で）$+ ^{①}\underline{700m}$

①〔注解〕700m〕$^{146)}$「725m」とあるべきところ。以下の記述では，先行する数字の読み違えや計算の誤りが頻出するが，そのようにして計算がかなり長く続けられている箇所では，編集者による訂正は行なわない。

Iでは$\underline{550m}$が資本化されなければならない。以前の比率がそのままであれば，そのうち$^{147)}\underline{412\frac{1}{2}}$が$\underline{不変資本}$になり，$\underline{137\frac{1}{2}}$が$\underline{可変資本}$になる。この$137\frac{1}{2}$は結局は$^{148)}$II $700m$から汲み出されるべきものであり，II $700m$のうち$^{149)}$II $562\frac{1}{2}m$があとに残される。しかしIIは，新たな$^{150)}137\frac{1}{2}$の不変資本にたいして$\underline{追加可変資本}^{151)}\underline{68\frac{3}{4}を必要とする}$のであって，これを$^{152)}$II $562\frac{1}{2}m$から取り出すと，$^{153)}493\frac{3}{4}$が残される。こうして，$\underline{現実の転換}$〔Transposition〕と$\underline{可能}$$\underline{的な転換}$とが済んだあとで，われわれは次のものを受け取ることになる。

I　$^{154)}\underline{4812\frac{1}{2}c} + 1237\frac{1}{2}v$ および $(\underline{1650消費ファンドで})$

II　$^{155)}\underline{1787\frac{1}{2}c} + 868\frac{3}{4}v + {}^{(156)}\underline{493\frac{3}{4}m}$ IIの消費ファンドで）

---

146)「725m」〕MEGAの注解では誤って「750m」となっている。マルクスは以下の記述で，この誤った数字を前提にして計算を行なっている

147) $412\frac{1}{2}$が不変資本になり，$137\frac{1}{2}$が可変資本になる。〕部門Iのc：vは4：1だったのだから，「440が不変資本になり，110が可変資本になる」とすべきところだったが，1/4を可変資本とし，残りを不変資本として計算したためか，c：vを3：1にしてしまっている。以後の計算はこれらの数字を前提にして進められる。なお，エンゲルスはこの2箇所を，鉛筆でそれぞれ，「440」および「110」に訂正し，次の文のなかの「$137\frac{1}{2}$」も「110」に訂正している。

148) II $700m$〕「II $725m$」とあるべきところだが，前出の誤った数字を引き継いでいる。エンゲルスはこの数字を訂正していない。

149) II $562\frac{1}{2}m$〕エンゲルスは鉛筆で「$562\frac{1}{2}$」を「590」に訂正している。つまり，彼が訂正しなかった「II $700m$」を前提にしているわけである。

150) $137\frac{1}{2}$〕エンゲルスは鉛筆で「110」に訂正している。

151) $68\frac{3}{4}$〕エンゲルスは鉛筆で「55」に訂正している。

152) II $562\frac{1}{2}m$〕エンゲルスは「$562\frac{1}{2}$」を鉛筆で「590」に訂正している。

153) $493\frac{3}{4}$〕エンゲルスは鉛筆で「535」に訂正している。

154) $4812\frac{1}{2}c + 1237\frac{1}{2}v$〕エンゲルスは鉛筆で，「$4812\frac{1}{2}$」を「4840」に，「$1237\frac{1}{2}$」を「1210」に訂正している。

155) $1787\frac{1}{2}c + 868\frac{3}{4}v$〕エンゲルスは鉛筆で，「$1787\frac{1}{2}$」を「1710」に，「$868\frac{3}{4}$」を「855」に訂正している。このうち「$868\frac{3}{4}$」は，マルクスのそれまでの数字を前提にしても「$893\frac{3}{4}$」となるべきところである。つまり，追加可変資本の25vを落としてしまっているのである。

244 Ⅱ 『資本論』第2部・第3部の草稿を読む

[508] 事態が正常に進行すべきであれば，Ⅱでの蓄積が加速されなければならない。なぜならば，Ⅰ(v＋m) がⅡに転換されなければならないかぎり，このⅠ(v＋m) が Ⅱc よりも大きくなってしまうからである。

―――――

もう一度同じ道筋で先に進めば，拡大された規模での現実の再生産が行なわれると，次のようになる。

813 Ⅰ　$4812\frac{1}{2}c + 1237\frac{1}{2}v + 1237\frac{1}{2}m =$ [157]$7287\frac{1}{2}$ ⎫
　　　　　　　　　　　　　　　　　　　　　　　　　　　　⎬　合計＝[158]10,812
　Ⅱ　$1787\frac{1}{2}c +$ [159]$868\frac{3}{4}v + 868\frac{3}{4}m = 3525$ ⎭

　まずⅠによって収入として支出されるべきものは（同じ比率が前提されるならば），$1237v$ プラス m の半分イコール$618\frac{3}{4}$，合計[160]$1856\frac{1}{2}$である。これはまたもや Ⅱc よりも69だけ大きい。（つまり，前に比べると超過〔overlapping〕が増大している。）

　これを$868\frac{3}{4}m$ から引き去らなければならないが，そうすると[161]$799\frac{3}{4}$が残る。これは，69の追加[162]不変資本のために Ⅱm からさらに[163]$34\frac{1}{2}$を引き去ることを前提しており，そこで[164]Ⅱ$834\frac{1}{2}m$ が残る。

―――――

しかし，以後の計算は，またしても，この誤った数字を前提にして続けられることになる。

156) $493\frac{3}{4}m$〕エンゲルスは鉛筆で「735」に訂正している。この「735」は「535」の誤記であろう。

157) $7287\frac{1}{2}$〕左辺の価値量の合計は「$7287\frac{1}{2}$」である。エンゲルスは鉛筆でそのように訂正している。

158) 10,812〕正確には「$10,812\frac{1}{2}$」である。

159) $868\frac{3}{4}v + 868\frac{3}{4}m$〕このなかの「$868\frac{3}{4}$」という数字は，前出の誤った数字にもとづいている。

160) $1856\frac{1}{2}$〕エンゲルスは鉛筆で「$\frac{1}{2}$」を消している。正確には「$1856\frac{1}{4}$」となるべきところである。

161) $799\frac{3}{4}$〕エンゲルスは鉛筆で「800」に訂正している。これは概数にしようとしたものであろう。

162) 不変〕エンゲルスは鉛筆で「可変」に訂正している。この訂正は誤りであり，ここは「不変」でなければならない。この訂正に関連するものと思われるが，エンゲルスは鉛筆で，直前の「69の」の前後に丸括弧をつけている。

163) $34\frac{1}{2}$〕エンゲルスは鉛筆で「35」に訂正している。

164) Ⅱ$834\frac{1}{2}m$〕「$834\frac{1}{2}$」は，先行する数字からすれば「$765\frac{1}{4}$」のはずであるが，$34\frac{1}{2}$を$799\frac{3}{4}$から引くべきところを$868\frac{3}{4}$から引いたためにこの数字になったのであろう。エンゲルス

第5章 『資本論』第2部第8稿とMEGA版付属資料　245

さらに I で [165]$618\frac{3}{4}$m が資本化されなければならない。[166]そのうち<u>不変資本</u>は[167]$463\frac{5}{16}$で可変資本は[168]$154\frac{11}{16}$である。この後者が IIm から引き去られて，II $679\frac{13}{16}$m が残る。しかし，$154\frac{11}{16}$の追加された不変資本にたいして，IIはさらに[169]$77\frac{14}{16}$の可変資本を必要とするのであり，そこで$601\frac{5}{16}$が残る。|

|63| そこで資本は次のようになる。

I 　[170]$5275\frac{31}{48}$c $+ 1392\frac{3}{16}$v

$$= 9659\frac{1}{3}$$

II 　$2011\frac{3}{16}$c $+ 981\frac{1}{8}$v

そして，割合が変わらないままで I と II とで<u>再生産</u>が行なわれると，次のようになる。

I 　$5275\frac{31}{48}$c $+ 1392\frac{3}{16}$v $+ 1392\frac{3}{16}$m

$$= {}^{[171]}12{,}032\frac{31}{48}$$

II 　$2011\frac{3}{16}$c $+ 981\frac{1}{8}$v $+ 981\frac{1}{8}$m

Im の半分はイコール$696\frac{3}{32}$である。これを Iv といっしょにすると$2088\frac{9}{32}$となる。これは IIc よりも$77\frac{5}{32}$だけ多い。これを IIm から引き去らねばならない。すると II $904\frac{1}{32}$m が残る。さらに IIm から，$77\frac{3}{32}$の追加不変資本のために[172]$25\frac{73}{96}$〔の追加可変資本〕を引き去らなければならない。そこで II $878\frac{26}{96}$m

---

　　は鉛筆で「765」に訂正している。

165）$618\frac{3}{4}$m〕エンゲルスは鉛筆で「617」に訂正している。

166）そのうち<u>不変資本は$463\frac{5}{16}$で可変資本は$154\frac{11}{16}$である。</u>〕マルクスはここでも，4：1であったはずの c：v を3：1にしてしまっている。

167）$463\frac{5}{16}$〕エンゲルスは鉛筆で「$\frac{5}{16}$」を消している。

168）$154\frac{11}{16}$〕エンゲルスは鉛筆で「155」に訂正している。

169）$77\frac{14}{16}$の可変資本を必要とするのであり，そこで$601\frac{5}{16}$が残る。〕「$77\frac{14}{16}$」は正確には「$77\frac{11}{32}$」であり，そうだとすれば，「$601\frac{5}{16}$」は「$601\frac{15}{32}$」でなければならない。「$77\frac{14}{16}$」という数字を前提するとしても，その場合には「$601\frac{15}{16}$」が残ることになるはずである。

170）$5275\frac{31}{48}$c $+ 1392\frac{3}{16}$v〕正確には「$5275\frac{13}{16}$c $+ 1396\frac{3}{10}$v」とあるべきところである。そしてそれを前提すれば，両部門の資本の合計も「$9659\frac{1}{3}$」ではなくて「$9664\frac{17}{40}$」のはずである。この合計は，ここでのマルクスの数字を前提しても「$9660\frac{7}{48}$」となるはずである。しかしこのあとも，この誤った数字にもとづいて表式がつくられていく。

171）$12{,}032\frac{31}{48}$〕左辺の価値量を前提しても，合計は「$12{,}032\frac{31}{48}$」ではなくて，「$12{,}033\frac{11}{24}$」となるはずであった。

172）$25\frac{73}{96}$〕この数字は，部門 II の c：v を3：1とした結果生じたものである。部門 II の c：v は当初2：1であった。

が残る。

Ⅰでは$696^{3}\!/_{32}$が資本化されなければならない。この場合，[173]可変資本には$174^{3}\!/_{128}$，不変資本には$522^{15}\!/_{128}$である。したがって，ⅡmからさらにⅠvのための$174^{3}\!/_{128}$を引き去らなければならない。したがってⅡ$878^{26}\!/_{96}$m マイナス $174^{3}\!/_{128}$イコール〔……。〕

分数部分はどうでもいいのだからこれを切り捨てればイコール704である。だがさらに174だけ多い不変資本のためにⅡが必要とする可変資本はイコール87である。これを同じくⅡmから引き去らなければならない。残りは617mである。すると，（すべての分数部分を切り捨てれば，）われわれは次のものを受け取ることになる。

814 [①] Ⅰ $\quad$ $5797c + 1566v + 1566m$

$\quad$ Ⅱ $\quad$ $\underline{2262c + 1093v + 1093m}$

①〔異文〕ここに次のように書いたのち，消している。

Ⅰ $\quad$ $5797c + 1566v$ $\quad$⎫

$\qquad\qquad\qquad\qquad$⎬ 総資本 $= 11,718$

Ⅱ $\quad$ $3262c + 1093v$ $\quad$⎭

$\qquad$ $\underline{9059 + 2659}$

ふたたび同じ仕方で再生産が行なわれれば，次のようになる。

前と同様の手続きを取れば，次のようになる。（Ⅰmの半分である783については，概数計算をするために784とする。）そこでこうなる。

Ⅰ $\quad$ $\underline{(5797 + 588)c + (1566 + 196)v} = 6385c + 1762v(+ 消費ファンドで2349)$

Ⅱ $\quad$ $\underline{(2262 + 88 + 196)c + {}^{(174)}1566 + 44 + 98)v} + (消費ファンドで\underline{863m})$

$\quad$（つまり，87c の代わりに〔概数計算をするために〕88c としてある。）

それゆえ，資本Ⅱでは，$2546c + 1708v$ となる。

したがって，次のようになる。

---

173) 可変資本には$174^{3}\!/_{128}$，不変資本には$522^{15}\!/_{128}$である。〕ここでも部門Ⅰのv：cを1：3にしてしまっている。

174) 1566〕「1093」とあるべきところであるが，部門Ⅰの原可変資本の額（1566）を誤って使ってしまったのであろう。

I $\underline{6385c + 1762v}$

$\left.\begin{array}{l}\\\\\\\end{array}\right\}$ 合計 = 12,401（一方，最初の総資本は6000であった。）

II $\underline{2546c +}$ [175)]$\underline{1708v}$

$\underline{8931c + 3470v}$

同じ仕方で再生産を続ければ，われわれは次のものを受け取る。（1762の半分を概数計算のために$\underline{880}$とする。）

I $\underline{6385c + 1762v + 1762m}$

II $\underline{2546c + 1708v + 1708m}$

（したがって，[176)]880のうちの$\underline{220}$が可変資本として，660が不変資本として資本化されなければならない。）（この場合われわれは

I のために，$\underline{6385c + 660c = 7045c}$

および，$\underline{1762v + 220v = 1982v}$ とを受け取ることになる。）|

|64| そこでこうなる。

I $\underline{7045c + 1982v}$（＋消費ファンドで $\underline{2644}$〔これが2643でないのは〕なぜなら，さきに超過分〔overlap〕を[177)]$\underline{97ではなくて98}$としたからである。）

II [178)]$\underline{2684c +}$ [179)]$\underline{1818v}$（＋消費ファンドで，$\underline{m}$ での（IIv は度外視されている）[180)]$\underline{1232m}$）総資本はいまや，[181)]$\underline{9729c + 3800v = 13,529}$ という額になる。

この場合には，$\underline{可変資本}$は不変資本にたいする比率で1/3をはるかに越えている。（かりに1/3だとすれば3243となる。）

最初は1500であった$\underline{可変資本}$が$\underline{2倍以上}$に増大し，最初は$\underline{6000}$であった不変資本は，$\underline{半分}$以上増大した。可変資本は，$\underline{1500から3800}$に，$\underline{2倍以上}$に増大した。

---

175) $\underline{1708v}$「1708」は，前出の「1866v」の誤記を前提にした数字である。

176) $\underline{880のうちの220が可変資本として，660が不変資本として資本化されなければならない。}$ ここでも，部門Iのv：cは1：3とされている。

177) $\underline{97ではなくて98とした}$「87ではなくて88とした」の誤記であろう。

178) $\underline{2684c}$「2684」は「2864」の誤記であろう。

179) $\underline{1818v}$ この数字には，部門IIでの追加可変資本49v（すなわち，I(v + 1/2 m) と IIc との差額98によるIIの追加不変資本98c に対応する可変資本）が抜けている。これを含めれば1867となるべきところである。

180) $\underline{1232m}$ 前注に記した49vを含めて計算すると，正確には「1231m」となる。

181) $\underline{9729c + 3800v = 13,529}$ この式は前出の注178および179に記した数字にもとづいている。

なお，[182]はじめ<u>可変資本</u>対<u>不変資本</u>は1500：6000［＝］3：12＝1：4であったが，いまでは＝<u>3800：9729＝1：2²¹²⁹/₃₈₀₀</u>となっている。これは，<u>資本主義的生産の進行とは矛盾している。</u>

815 剰余価値は最初は，Ⅰで＝500，Ⅱで＝600，合計<u>1100が消費</u>された。

それはいま，Ⅰでは[183]784，Ⅱでは1232，合計2016である。[184]ほとんど2倍になっている。というのは，もし2倍だったら＝<u>2200</u>のはずだから。

[185]————————

もう一度だけ，<u>商品資本9000</u>の最初の区分として次のものを取ってみよう。

Ⅰ　①4500c＋1000v＋1000m

Ⅱ　②1800c＋350v＋350m

- ①〔異文〕4500c］「5000c」をこのように変えている。この変更は明らかにあとになって行なわれたものである。というのは，これに続く論述はもとの数値にもとづいて行なわれているからである。
- ②〔異文〕1800c＋350v＋350m］「1500c＋250v＋250v」をこのように変えている。この変更は明らかにあとになって行なわれたものである。というのは，これに続く論述はもとの数値にもとづいて行なわれているからである。

Ⅰでは，<u>vはcに対して＝1/5</u>であり，総資本6000に対して＝1/6である。Ⅱ

---

182) はじめ……となっている。］ｖ：ｃが1500：6000であったのは「A）単純再生産の表式」であって，「B）拡大された規模での再生産のための出発表式」では，部門Ⅱのｖ：ｃを1：4から1：2に変更したのだから，総資本のｖ：ｃもすでにその時点で1750：5500（＝1：3⅐）に低下していたのである。しかも，その後の計算では，第2年度以降，部門Ⅰの蓄積はつねに1：3の資本構成で行なわれてきたのだから，総資本の構成が低下するのは当然のことであった。もし，部門Ⅰのｖ：ｃを1：4，部門Ⅱのｖ：ｃを1：2とし，部門Ⅰの蓄積率を50％として計算を――ミスを犯すことなく――続けていたならば，「出発表式」で1：3⅐であったｖ：ｃは，翌年度には1：3³/₁₉に上昇したのち，それ以後はこの比率は変化しないままだったはずである。

183) 784］これまでの計算では「882」となるはずだった。この「784」という数字は前年度（第5年度）の数字であった。「882」としていれば，次の合計も「2114」となるはずだった。

184) ほとんど2倍になっている。］前注に記したように正しい計算を続けていたなら，「ほとんど1.5倍」になるところであった。

185) ————————］エンゲルスは，この区切り線の下から草稿64ページの下端までと，次の65ページの上端から，本書251ページ19行までとに，青鉛筆で線を引いている。この部分はエンゲルス版には取り入れられなかった。

では，vはcに対して＝250：1500＝1/6であり，総資本1750に対して＝1：7である。

総可変資本（I 1000v＋II 250v）は総不変資本＝6500に対して，＝1250：6500＝125：650＝25：130＝5：26＝1：5⅕である。

そして，[186]総可変資本1250は総資本7750に対して，＝125：775＝5：27＝1：5⅖である。

————————

①その理由がどうであれ剰余価値率が変化するが，[187]そのほかのすべての比率はIでもIIでも同じままである，という例として，次のものを取ってみよう。

　①〔異文〕ここに，次のように書いたのち，消している。
　　「I　　4500c＋900v＋900m
　　II　2000c＋350v＋350m
　　このような，I(v＋m) が＝1800でしかなく，これよりもII 2000cのほうが大きいという配列は，次のような過程が先行した結果として生じることがありうる。すなわち，さきにわれわれがいつでも，IがIIよりも高い比率で剰余価値を蓄積する，と仮定していたように，IIがIそのもの以上に，Iののちの（生産的）蓄積に参加する，という過程である。」

　①I　　4135c＋827v＋1238m
　II　1800c＋360v＋640m

　①〔異文〕ここに，次のように書いたのち，消している。
　　「I　4000c＋800v＋1200m
　　II　2000c＋400v＋600m

[188]まず，I(827v＋973m)＝II 1800c〔の転換〕が行なわれる。

————————————————————

186) 総可変資本……である。〕このなかの数値は，本書前ページの異文注①および②が付された数字にも，そこで挙げられている修正前の数字にも対応していない。それはむしろ，本ページ9行目以下の異文注①に記されている抹消部分の数値に対応している。

187) そのほかのすべての比率はIでもIIでも同じままである〕この新たな表式では，両部門ともv：cは1：5となっているのだから，けっして「同じまま」ではない。

188) まず……行なわれる。〕ここでは，部門Iの蓄積率をまず与えるというこれまでの仕方とは異なり，IIcの価値量によってIm中の資本家の消費ファンドの価値量を決めている

250　II　『資本論』第2部・第3部の草稿を読む

そこで，次のようになる。

　I　4135c＋827v（貨幣で）＋①265m＋（1800（v＋m）消費ファンドで）

　II　1800c（不変資本の現物形態で）＋360v＋650m（IIでのmの率は9v：16m
である。）

　①〔訂正〕265m〕[189)] 草稿では「365m」と書かれている。

　Iでの剰余価値の率は1：1½よりもやや低い。

　[190)] IIは〔追加不変資本として〕Imから100を買い，[191)] それに〔IImから〕20vを追
加する。そこでIIは①1900c＋380vとなる。（だから，II 640mは[192)] 620mに縮
小される。）／

　①〔異文〕1900c＋380v〕はじめ「1820v＋847v」と書いたのち，このように変えた。

　|65|①[193)] Iにはまだ265mがある。これは[194)] 212c＋53vに転化されなければ
ならない。）

　（後者の53はIIから買わなければならない。）

───────────────

　　（1800（IIc）－827（Iv）＝973（Im））のである。

[189)] 草稿では「365m」と書かれている。〕しかし，このあとの計算で前提されているのは
　　「265m」である。

[190)] IIは〔追加不変資本として〕Imから100を買い〕これは，さしあたり残っているI 265m
　　から買い，としなければならないが，そうすると部門Iには165mしか残らないことにな
　　る。ところが，すぐあとに見るように，マルクスは265mを部門Iの蓄積分と考える。も
　　しそうであるなら，この100は部門Iから買うことができないはずである。

[191)] それに〔IImから〕20vを追加する。〕こうして，部門IIが120mの蓄積を行なうことにな
　　るが，この蓄積額はIIが任意に取ったことになっている。それではこの例では部門IIの蓄
　　積率が部門Iの蓄積率を決定しているのかと言うと，そうでもない。このあとで，部門I
　　での蓄積によって部門IIでさらに蓄積をしなければならない，ということになっているの
　　である。

[192)] 620m〕だが，部門IIは，部門Iから100の生産手段を買うだけで，部門Iに100mの消
　　費手段を売らない，というのでないかぎり，II 640mから20vだけでなく100cをも引き
　　去らなければならず，またそうすれば，「620m」ではなく「520m」となるはずである。こ
　　のあとも「620」を前提にして計算が行なわれる。

[193)] Iにはまだ265mがある。〕前注に記したように，部門IIが部門Iから100mを買ったの
　　だから部門Iには165mしか残っていないはずであるが，マルクスは，その100mとは無
　　関係に265mを部門Iでの蓄積ファンドとするのである。

[194)] 212c＋53v〕ここではv：cを4：1にしてしまっている。

第5章 『資本論』第2部第8稿とMEGA版付属資料　251

①〔異文〕ここに次のように書いたのち，消している。「Iでは212cが蓄積され，これには42⅖vが必要である。〔改行〕だから，IIではさらに42⅖c＋10⅗v〔が必要である〕。〔改行〕それゆえ全体では，620から63⅗が差し引かれて，残るのはIIm＝556⅖である。これが消費ファンドに入る。」

IIは，Iでまだ現物で在庫していた①I 53vを充用するために，10⅗vをさらに追加しなければならない。

①〔訂正〕I 53v〕草稿では「I 53c」と書かれている。

816[195) したがって，まだ存在しているII 620mから63⅗が差し引かれて，556⅖が残る。

したがって，いまや次のようになる。

I　4135c＋212c＋827v＋53v（＋消費ファンド1800）

II　1953c＋[196)370⅗v（＋556⅖m 消費ファンド）

したがって，

I　4347c＋880v

II　1963c＋370⅗v

が，再生産が行なわれれば，

I　4347c＋880v＋[197)1320m

II　1953c＋370⅗v＋[198)656⅓m

[199)をもたらす。

[200)[509] 9000の年間生産物の一切が商品資本として資本家階級（ここではま

195）したがって……残る。〕マルクスは，ここでふたたび，部門Iでの蓄積率によって部門IIの蓄積率を決めている。

196）370⅗v〕ここでは，100cの追加不変資本に必要な20vの追加可変資本が忘れられている。これを含めれば「300⅗v」となるところである。マルクスは，これに続く次年度の表式でも，この20vを忘れている。

197）1320m〕最初の剰余価値率を前提すれば「1317」なにがしになるはずである。

198）656⅓m〕最初の剰余価値率を前提すれば「634」となるはずである。

199）をもたらす。〕MEGAではこの下に，位置が曖昧な横線が引かれているが，草稿にはこの線はない。エンゲルスはここに，青鉛筆で，線を引いている。

200）エンゲルス版はここから本書261ページ16行までを「第21章　蓄積と拡大再生産／第3節　蓄積の表式的叙述／2　第2例」に利用している。

だ産業資本家階級）の手にあり，可変資本と不変資本との一般的な平均比率が①1：5であるような形態をとっているものと仮定しよう。これまでの仮定に比べて，すでにv：cの比率が低下している。このような比率が前提するのは，1）資本主義的生産が，またそれに対応して社会的労働の生産諸力がすでに著しく発展しているということ，2）生産規模がそれ以前からすでに著しく拡大されているということ，3）労働者階級のなかに相対的過剰人口を生みだすような変化のすべてが発展しているということである。

　①〔訂正〕1：5〕草稿では「1：6」と書かれている。

a）I　　$5000c + 1000v + 1000m$
　　II　　$1430c + 285v + 285m$
かりに次のようであったとすれば，
　　I　　$5000c + 1000v + 1000m$
　　II　　$1500c + ①300v + 300m$

　①〔訂正〕300v＋300m〕草稿では250v＋250mと書かれている。

　この場合には，$1000v + 500m = 1500$ が II $1500c$ と直接に転換されるところである。
　もし〔IIが〕$1428\frac{4}{7}c + 285\frac{5}{7}v + 285\frac{5}{7}m$ であるなら，IIでのv：cは正確に①1：5となるが，分数部分を避けるためにcは1430であるとする。したがって，同じことが生じるときには，そうでなければつねにこの比率が堅持される。ついでに言えば，Iにおけるv：cの比率とIIにおけるそれとが異なりうるのは，IおよびIIの内部で個々の事業部門におけるv：cの比率がさまざまでありうるのと同様である。このあとのことが，IとIIとのそれぞれにとってのこの平均比率が出てくることを妨げないのと同様に，IとIIとのそれぞれにとってのこの平均構成の相違は，全体をとってみれば，これまたIおよびIIをまとめたものについての，つまり社会的総資本についての平均比率が出てくることを妨げるものではない。たとえば，②Icが＝ 201) 4200，IIcが＝1800であり，I

201）4200〕このすぐあとの記述からすると，「2400」をこのように誤記したのではないかと思

第5章　『資本論』第2部第8稿とMEGA版付属資料　253

でのｖ：ｃの比率が＝1：6，Ⅱでのそれが＝1：4であれば，[202]各100のｖについてはｃ（ⅠおよびⅡ）は500である。というのは，Ⅰが2400c＋400vであり，Ⅱが1600c＋400vであり，したがって**817** 2400c＋1600cすなわち[203]4000cにたいして800vであり，全体についてはｖ：ｃは1：5だからである。

①〔訂正〕1：5〕草稿では「1：6」と書かれている。
②〔異文〕Icが＝4200，Ⅱcが＝1800であり〕←「Icが＝5000，Ⅱcが＝1500であり」

いま，Ⅰ{すなわち資本家階級Ⅰ}が1/2 m＝500を消費し，他の半分を蓄積するとしよう。この場合には，<u>1000v＋500m＝1500</u>がⅡ1500に転換される。[204]Ⅱではｃは1430でしかないから，1500の額にするために，285mのなかから70を追加しなければならない。こうしてⅡ285mから70が差し引かれて，<u>Ⅱ215m</u>が残る。そこでわれわれは次のものを受け取る。

b)　Ⅰ　<u>5000c＋500m</u>（＋消費ファンドで1500）

　　Ⅱ　<u>(1430＋70)c＋285v＋215m</u>

ここではⅠ70m〔すなわちⅡ70c〕は直接にⅡcに合体されるので，これは，この追加不変資本を動かすための可変資本として70/5＝14を必要とする。したがってこの14がふたたびⅡ215mから差し引かれて，Ⅱ201mが残り，そこでこうなる。

　　Ⅱ　<u>1500c＋299v＋201m</u>[205]

[509]Ⅰ(v＋1/2 m)対Ⅱ1500cの転換は単純な再生産の過程であり，そのかぎりではもうかたづいている。とはいえ，ここでいくつかの独自[510]性を述べておく必要がある。というのは，ここではⅠ(v＋1/2 m)はⅡcによってでは

われる。

202)　各100のｖについてはｃ（ⅠおよびⅡ）は〔für je 100 v c(Ⅰ u. Ⅱ)〕〕MEGAはこのうちの「ｖ」を「von」を略した「v.」と読んでいるが，これはvariables Kaptal（可変資本）の略字のｖと読むべきであろう。
203)　4000cにたいして800vであり〕MEGAはこれを「4000c＋800v」に訂正しているが，この訂正は誤りであろう。
204)　Ⅱでは……追加しなければならない。〕つまり，部門Ⅱでの追加不変資本の価値量を部門Ⅰでの追加不変資本の価値量によって決めているわけである。
205)　表式の展開はここでいったん中断されているが，草稿68ページでこれに続く展開が行なわれている（本書258ページ27行を見よ）。

なく，IIc プラス IIm の一部分によって補填されるのだからである。

　蓄積を前提すれば，Iv+m は IIc よりも大きいのであって，単純再生産でのように IIc に等しいのではないということは，自明である。というのは，1) I はその剰余生産物の一部分をそれ自身の生産資本に合体させ，それを不変資本に転化させるのであり，したがって，同時に消費手段IIによってそれを補填することはできないからである。|

　①|67|2) I は自分の剰余生産物から，IIのなかでの蓄積に必要な不変資本を供給しなければならないのであって，それはまったく，IIがIに，Iの剰余生産物のうちI自身が追加資本（不変資本）として取得する部分のために，必要<u>追加可変資本</u>を供給しなければならないのと同じだからである。言うまでもなく，現実の追加可変資本は追加労働力から成っている。たとえばいまの場合，資本家 I は，奴隷所有者でもあればしなければならないように，自分が使用する追加労働力のためにIIから必要生活手段を<u>在庫として買ったり貯め込んでおいたりはしない</u>。IIと取引するのは，労働者たち自身である。しかしこのことは，資本家の立場から見れば追加労働力の消費手段は彼が必要な場合に追加する労働力を生産し維持するための手段でしかなく，したがって彼の可変資本の現物形態でしかないということを，妨げるものではない。資本家自身がさしあたって行なった操作，ここではIが行なったそれは，追加労働力を買うために<u>必要な新たな貨幣資本を蓄え</u> 818 たことだけである。彼がこの追加労働力を取り入れてしまえば，この貨幣はこの労働力にとっての商品IIの購買手段となるのであり，したがって，IIには労働力のための消費手段が見いだせるようになっていなければならないのである。

　①〔異文〕|67|] ページづけのさいにマルクスは66を飛ばした。

206)｛ついでに。資本家殿（と彼の新聞）は，労働力が自分の貨幣を支出する仕方や，労働力がこの貨幣を実現する商品IIについては，しばしばご不満であって，これを機会に彼は哲学を語り，文化を談じ，博愛を説く。

_____

206) ここから草稿68ページ7行（本書257ページ15行）までは，冒頭の角括弧も対応する末尾の閉じ括弧もないが，左側に線が引かれており，最後の行の下には囲み込むように線が引かれているので，角括弧によって囲まれた記述として扱った。

①たとえば「合衆国の外国貿易，1878年6月30日にいたる財政年度」についてのドラモンド氏（ワシントン駐在イギリス公使館書記官）の報告のなかで，彼は次のように言っている。──②『ザ・ネイション』は先だっての1879年10月に興味ある一論説を掲載したが，そこにはとりわけ次のように書かれている。

① 〔注解〕「たとえば」から次のパラグラフの末尾（「……404ページ。」）まで］［ヴィクタ・アーサ・ウェリントン・］ドラモンド「合衆国の外国交易に関する……報告」，所収：『駐在諸国の商工業等に関するイギリス大公使館書記官報告書』，1879年5月，ロンドン，1879年，404ページ。
② 〔注解〕『ザ・ネイション』は先だっての1879年10月に興味ある一論説を掲載した］「報告」の404ページ。「『ネイション』は非常に重要な記述で終わっている。」
「報告」の取り扱っている時期は1879年5月末までなのだから，ここで言われているのは，ダブリンの週間紙『ザ・ネイション』の1878年のどれかの号でしかありえない。いずれにせよ，マルクスのこの記載はおそらく，彼がこの論説を確認しようとしたことを示すものであろう。

「労働者は文化の点で発明の増大についていけないできている。いろいろな物がふんだんに彼らの手に入るようになったが，彼らはその使い方を知らないし，したがってまたそれらの物のための市場をつくりださない。{資本家はだれでも，労働者に自分の商品を買わせたいと思っている。}労働者が自分と同額の稼ぎをする牧師や弁護士や医師と同じだけ多くの楽しみを望んではならないというような理由はなにもない。207)（じっさい，この種の弁護士や牧師や医師は，「多くの楽しみ」への「欲望」をもてば，これを実証するがままにさせておくにちがいない！）ところが労働者はそれらを望もうとはしない。問題は相変わらずどのようにして労働者を［511］消費者として合理的で健全な方法で向上させるべきか，ということであるが，これはけっして容易な問題ではない。というのは，労働者の野心はせいぜい自分の労働時間の短縮を望むだけであるし，扇動家たちも，労働者の精神的道徳的能力の改善によって彼の状態を向上させることよりも，むしろ労働時間の短縮のほうに彼を扇動するからである。」（『駐在諸国の商工業等に関するイギリス大公使館書記官報告書』，ロンドン，1879年，404ページ。）

---

207)（じっさい……ちがいない！）]丸括弧で囲まれたこの一文はマルクスによる挿入である。

256　II　『資本論』第2部・第3部の草稿を読む

　長い労働時間は，「労働者の精神的道徳的能力の改善によって彼の状態を向上させ」て彼を「合理的な消費者」にするはずの「合理的で健全な方法」の秘密らしい。資本家の商品の「合理的な消費者」になるためには，労働者はなによりもまず——といっても扇動家！がそれを妨げるのだが——自分自身の労働力を「非合理的」に反健康的に自分自身の資本家に「消費」させることから始めなければならないのだ！　①資本家の言う「合理的な消費」がなんであるかがわかるのは，彼が直接に自分の労働者たちの消費取引に手を出すほど厚かましい場合，——つまり現物支給制度〔Trucksystem〕の場合である。（労働者への住宅供給，したがって彼の資本家が家主（地主）でもあるというのも，現物支給制度の多くの分野のなかの一つである。）

　　①〔注解〕資本家の言う……分野のなかの一つである。）〕〔MEGA II/11〕809ページ17-
　　　20行への注解〔本書235-236ページ注解注①②〕，および，809ページ21-23行への注
　　　解〔本書236-237ページ注解注③〕，を見よ。

　この同じドラモンド，その美しい魂が労働者階級向上のための資本家的な企図に夢中になっている彼は，同じ 819 報告書のなかでなかんずく①ロウエル・アンド・ロレンス・ミルズの模範綿業工場についてわれわれに物語ってくれる。女工たちの賄いつき宿舎は，工場を所有している会社のものである。その女管理人たちはじっさい「会社お雇いの女執事」なのであって，会社が彼女たちに宿舎規則を授けている。女工が夜の10時よりも遅く宿舎に帰ることのないように，会社の専属警吏がおかれている。（410ページ，411ページ。）だが，ここにその逸品を引いておこう。「特別の警吏が，これらの規則への違反を防ぐために地所を巡回する。」規則から例をとれば，女工は会社の所有地以外のどこかに宿をとってはならない（各戸が約10ドルの家賃を会社にもたらす）し，また夜の10時以降に出入りすることも許されない。そしていまわれわれは栄光に満たされた「合理的な消費者」を見ることになる。「しかしながら，最良の設備をもつ賄いつき女工宿舎の多くには常置のピアノがあるので，少なくとも，10時間の絶え間ない機織り労働のあとで実際の休息よりもむしろ単調さから逃れることを必要とする女工たちのあいだでは，音楽や唱歌や舞踊が彼らのかなりの注意を集めている。」（412ページ。）しかし，どのようにして労働者を合

理的な消費者に仕上てあげるかの大秘密はこれからである。ドラモンドは，②ターナーズ・フォールズ（コネティカット・リヴァーにある）の刃物工場についてわれわれに物語ってくれる。この工場はいまシェフィールドでイギリス人と ‖68‖ 競争しており，ドラモンド氏はとくにこの会社を訪れたのである。「会社の会計課長」のオウクマン氏は，アメリカの刃物（とく [512] に食卓用の刃物類）が品質においてイギリスの刃物に優っているということをドラモンド氏に語ったのち，次のように続ける。「価格についても私たちはイギリスを打ち負かすつもりです。私たちはすでに今日，品質ではイギリスに先んじています。それは人も認めています。しかし，私たちはもっと価格を下げなければなりません。そしてそれは，私たちがもっと安い価格で鋼を手に入れ，私たちの労働をもっと安くした瞬間にできるのです。私たちは労働をもっと安くしなければならないのです！」（同上，427ページ。）労賃の引き下げと長い労働時間，これこそ，労働者を「合理的な消費者」の栄位に引き上げて，文化と発明の増大とによって「ふんだんに彼らの手に入るようになった物」のための「市場をつくりだす」ための，「合理的で健全な方法」の核心なのである！〉

① 〔注解〕ロウエル・アンド・ロレンス・ミルズの模範綿業工場〕 ボストンからやってきた商人フランシス・キャボト・ロウエルはニュー・イングランドに機械織機を導入し，はじめて，綿布の製造とそれのその後の加工とを一つ屋根のもとに結合した。彼はさらに，地元農民の未婚の娘たちを集めて社宅に住まわせ，労働力の新しい集団にしてあげた。この目的のために彼は1814年にウォルサムで，パトリク・T・ジャクスンおよびネイサン・アプルトンとともに「ボストン製造会社」を設立した。のちに「ボストン・アソーシエイツ」とも呼ばれたこの企業者たちは，さらに一連の工場を，とりわけ大河を原動力に利用できたロウエルおよびロレンスに工場を建設した。新たに設立されたものの一つが，アモスおよびアボトのロレンス兄弟によって1831年に設立された「ロレンス製造会社」だったのである。資本の大部分を出資したのはジャクスンとアプルトンだった。1821年にロウエルにあったのは1ダースそこそこの住宅だったが，1837年にそこのいくつもの工場で働いていたのは約6000人の女性労働者と1800人の男性労働者であって，毎週100万ヤードに近い織物を生産していた。（ロバト・F・ダルゼル『進取のエリート起業家——ボストン・アソーシエイツと彼らがつくった世界——』，ケンブリッジ，マサチューセッツおよびロンドン，1987年，47ページ。）1850年ごろには「ボストン・アソーシエイツ」は合衆国の綿生産のほぼ5分の1を支配していた。彼らはほかの経済領域

258　II　『資本論』第2部・第3部の草稿を読む

にも進出し，とりわけ，「ボストン・アンド・ロウエル鉄道」やニューイングラン
ドのその他の鉄道路線の建設に関与した。
　　けれども，「ロウエル式労働システム」による女性の就業は，すでに1830年代お
よび1840年代に危機に陥った。激化した競争の圧力に，かの企業者たちは賃金の
切り下げと労働時間の延長とで対応したが，これにたいして，主としてアメリカの
女性労働者たちはストライキと労働組合への結集とによって抵抗した。彼らはたい
てい成果をかちとることができないままに終わり，その結果，彼らはたびかさねて，
フランス，カナダ，イタリア，および，アイルランドからの移民女性労働者たちに
取って代わられることになった。（ダルゼル『進取のエリート起業家……』，45-49
ページ，テレサ・アモット，ジュリー・マサイ『人種，ジェンダー，および，労働。
合衆国における多文化女性史』，ボストン，1991年，96-111ページ，を見よ。）」
②〔注解〕ターナーズ・フォールズ（コネティカット・リヴァーにある）の刃物工場〕
　　おそらく，マサチューセッツのターナーズ・フォールズにある「ジョン・ラッセル
刃物工場」のことであろう。この工場は，1834年に「グリーン・リヴァー工場」と
して設立され，高価な食器類を生産していた。この企業は1870年には，水力原動
機をもつ新たな工場建物で400人の労働者を雇用していた。

　Iが II の追加不変資本を自分の剰余生産物のなかから供給しなければならな
いのと同様に，II はこれと同じ意味でIのための追加可変資本を供給する。可
変資本に関するかぎりでは，II は，自分の総生産の，したがってまたとくに自
分の剰余生産物のより大きな部分を必要消費手段の形態で再生産することによ
って，Iのために，また自分自身のために蓄積するのである。
　拡大する資本基礎の上で生産が行なわれる過程では，$I(v+m)$ イコール
IIc・プラス・剰余生産物のうち資本としてふたたび合体される部分・プラス・
II での生産拡大のために必要な追加不変資本部分，でなければならない。そし
てこの拡大の最小限は，それなしにはI自身での蓄積（実体的〔reell〕蓄積）が
実行できないという拡大である。
　820 ところで，208) b) で考察した事例に帰れば，この事例の特徴は，IIc が
$I(v+1/2\,m)$ よりも，すなわちIのうち消費手段に転換されるべき部分——収
入として支出される部分——よりも小さいということ，したがって，I 1500(v

---

208) b) で考察した事例に帰れば，〕ここで，草稿66ページの下方（本書253ページ18行）で
　中断されていた表式の展開の続きに戻っている。

第5章 『資本論』第2部第8稿とMEGA版付属資料　259

＋m）をそのように転換するために，剰余生産物IIの一部分（＝70）がそれに
よって直ちに市場を受け取る（実現される）ということである。IIc＝1430につ
いて言えば，それは，IIでの単純再生産が行なわれうるために，同じ価値額の
I(v＋m)によって補塡されなければならない（他のすべての事情が変わらなけ
れば）のであり，そのかぎりではここではもうこれ以上考察する必要はない。
それを補うII70mのほうはそうでない。Iにとってはたんなる，消費手段に
よるI1500の補塡であり，たんに消費を目的とする商品交換であることが，II
にとっては――単純再生産の内部でとは異なり――，たんにそれの不変資本が
商品資本の形態からそれの現物形態に再転化することではなくて，直接の蓄積
過程なのであり，IIの剰余[513]生産物の一部分が消費手段の形態から追加不
変資本の形態に転化することなのである。Iが70の貨幣（剰余価値の転換のた
めの貨幣準備）でII70mを買ったときに，もしもIIがそれにたいしてI70m
を買わずに70を貨幣資本として蓄積するとすれば，この貨幣資本は――ふた
たび生産に入る生産物の表現ではないにせよ――たしかにつねに追加生産物の
（ほかならぬ，それを可除部分とする剰余生産物IIの）表現ではあるが，しか
しIIの側でのこの貨幣蓄積は，同時に，生産手段の形態にある売れないI70m
の表現でもある。つまり，IIの側で再生産が同時には拡大されないことに対応
して，Iでの相対的過剰生産が生じることになる。しかしこのことは度外視し
よう。Iからきた70の貨幣がIIの側からのI70mの購入によってIに帰ること
がまだ行なわれないか，またはまだ部分的にしか行なわれない期間を通じて，
貨幣での70は，その全部または一部分が，IIの手にある追加貨幣資本として
の役を演じる。（そしてこのことは，IとIIとの商品が互いに補塡され合うこ
とによって貨幣がその出発点に還流する以前の，両者のあいだのどの転換につ
いても当てはまる。）しかし貨幣は，ここではただ一時的にこの役を演じるだ
けである――事態が正常に経過するかぎりでは。ところで，信用システムでは
一時的に遊離させられた追加貨幣がすべて直ちに能動的に追加貨幣資本として
機能することになっているのであって，そこでは，このようなただ一時的に自
由になっている貨幣資本が轡をはめられることがありうる。たとえばそれは，
Iでの新たな諸企業のために役だつことができるのであって，そうでなければ
それはこのIそのもののなかで，他の諸企業のまだ固着している剰余生産物を

260　Ⅱ　『資本論』第2部・第3部の草稿を読む

流動させなければならなかったところだ，ということがありうるのである。

　b）についてさらに言っておかなければならないのは，Ⅰ70mを不変資本Ⅱにつけ加えるためには，同時に 821[209]可変資本を14だけ拡大することが必要だということである。このことは，――Ⅰで剰余生産物Ⅰが直接に資本Ⅰに再合体される場合とまったく同様に――Ⅱでの再生産が引き続き資本化を進める傾向をもって行なわれているということ，したがって剰余生産物のうち必要生活手段から成っている部分が拡大されるということを前提している。|

　/69/①c）9000という生産物は，Ⅰ500mが資本化されるべきであれば，再生産のために次のような配置〔Vertheilung〕を取らなければならない。

　①〔異文〕ここに次のように書いたのち，消している。
　　「b）はこうである。
　　　Ⅰ　5000c＋500m
　　　Ⅱ　1500c＋299v＋201m
　　c）Ⅰ500m＝416c＋83⅓v
　　　これを417c＋83v＝500としよう。すると，Ⅰ5417c＋1083vとなるが，いままだ現物形態でⅠ83mが残っており，これがⅡ83mによって補填される。
　　　後者がⅡ201mから引かれるとⅡ118mが残る。さらにⅡcにⅠ83mが合体されるとⅠ583cとなり，83の追加のⅡcに83/5v＝16⅗が必要となるが，これを16とすれば102mが残る。その結果，われわれは次のものを得る。
　　c）Ⅰ5471c＋1083v＋（消費〔手段〕で）」

〔転換の前は〕（ただ商品だけを考察するかぎり）こうであった。

b）　Ⅰ　5000c＋500m{（＋1500の商品在庫）（＋1000v（貨幣））}{＋100　Ⅰの
　　　　　　ための追加可変資本のための貨幣}＝7000の商品 ｜ ⎫ ⎬ Ⅰ および Ⅱ の
　　　　　　　　　　　　　　　　　　　　　　　　　　　　　　　　⎭ 総計＝商品で
　　　Ⅱ　1500c＋299v＋201m　合計，商品での2000　　　　　　　　　　の9000

転換のあとには次のようになる。

c）　Ⅰ　[210]（5000c＋400m）c（Ⅰ）＋（1000＋100（mⅡ））v（＋商品在庫1500）

209）可変資本を14だけ拡大することが必要だ」〕この「14」という数値は，後出の注215で触れる，ばらの紙片のなかでの計算にもとづくものであろう。本書272ページ5行を見よ。

210）（5000c＋400m）c（Ⅰ）＋（1000＋100（mⅡ））v〕上掲の異文注①に記されている抹消部分では，部門Ⅰの蓄積ファンドが，原資本の構成と同じく5：1に，つまり416c：83⅓vに分

（商品だけを計算すれば，$5500 + 1500 = 7000$）

II　$(1500c + 100m)c(II) + (299v + {}^{211)}19m)v(II) + ({}^{212)}182m)(= 2000)$

それゆえ，c）はこうなる。

　I　$5400c + 1100v$

　II　$1600c + 318v(+82) = 2000$

　資本 I は，最初 $5000c + 1000v = 6000$ であったが，いまでは $5400c + 1100v = 6500$ であり，500 だけ増加している。すなわち[213]$1/5$ だけ増加している。

　資本 II は最初 $1430c + 285v = 1715$ であったが，いまでは $1600c + 318v = 1918$ であり，203 だけ，すなわち[214]$1/8$ 以上増加している。やはり，蓄積は II では I でよりも急速に進んだが，その理由は I では剰余価値の $1/2$ が資本化されたのに，II では $2/3$ 以上が資本化されたためである。[215]

　したがって，同じ規模での再生産が行なわれるとすれば，その結果は次のようになる。

　I　$5400c + 1100v + 1100m = 7600$
　　　　　　　　　　　　　　　　　　　　　 合計 $= 9836$
　II　$1600c + 318v + 318m{}^{①} =$

① 〔異文 =〕ここに「2336」と書いたのち，消している。〔左辺の価値量の合計は「2236」である。マルクスは誤りを直すつもりで消したのち，正しい数値を書かなかったのであろう。〕

　けられていたが，それを抹消して書かれたここではそれが $400c : 100v$ に，つまり原資本とは違って $4 : 1$ に分けられている。

211) $19m$]　$100c$ のための v は，$c : v$ が $5 : 1$ なのだから，20 となるはずである。「19」とされた理由は推定できない。

212) $182m$]「$82m$」とあるべきところであり，続くすぐあとの表式ではそうしている。

213) $1/5$]「$1/12$」とあるべきところである。

214) $1/8$ 以上]　実際には $1/8$ にわずかに足りない。1715 の $1/8$ は約 214 である。

215) 草稿 65 ページで始められ（本書 251 ページ 20 行を見よ），いったん中断したのちにこの 69 ページでふたたび続けられているこのたびの表式展開には，関連する記述のある一枚の紙片が残されている。MEGA は第 8 稿の末尾に，第 8 稿に属するものとして，この紙片の内容を収録している（本書 271 ページ 21 行以下を見よ）。このなかでは，前出の注 211 に記した「19」は「約 18」とされているが，ここでも，なぜ「20」でなかったのかは不明である。

262 II 『資本論』第2部・第3部の草稿を読む

 I 1100v＋550m＝II 1600c＋50m〔という転換が行なわれれば〕，その結果は次のようになる。

 I 　5400c＋550m {＋1650（II）消費ファンド}

 II 　1650c＋318v＋268m（すなわち318－50）

 [216]I 400m（Ic に合体される）には60の可変資本が必要であるとしよう。それが II 268m から差し引かれる，すなわち II 268m－60＝208。[217]IIc に付加される I 100m は 20v を必要とするとしよう。それが[218]I 260m から差し引かれて I 240m が残る。そのほか，IIc に合体される I 50m のためには 10v が必要であるとしよう。これが IIm から差し引かれて，残りは250になる。こうしてわれわれは次のものを受け取る。

 822 I 　[219]5800c＋1160v（＋1500消費ファンド）＝①8460

 　　　　　　　　　　　　　　　　　　　　　　　　　　　②10,860

 II 　[220]1800c＋348v（＋250m）＝2400

---

216) I 400m ……としよう。] 部門 I での蓄積ファンドは550であり，これを5：1に分ければ458⅓c と 91⅔v になるはずである。ここで言うように400c とすれば，5：1では――「60」ではなくて――80が追加可変資本になるはずであり，しかもその場合にはさらに70m が部門 I に残ることになる。いずれにせよ，ここでの「400」と「60」という数字がどこからきたのか，理解しがたい。このうちの「400」は，前年度の部門 I の追加不変資本の数字を誤って取ったのではないかと推定する。

217) IIc に……としよう。] ここでは，100c：20v と c：v の比率は正しく取っているが，しかし，そもそも I 100m の100という数値がどこからでてきたのかがわからない。マルクスのこれまでのやり方からすれば，直前の I での追加可変資本と同額の60でなければならない。これも，前年度の部門 I の追加可変資本の数字を誤って取ったのではないかと推定する。

218) I 260m] この数字の出どころもわからない。前行の「208」を読み誤ったとでも考えるほかはない。

219) 5800c＋1160v] これらの数字は次のようにして生じたものと推定する。（今年度の原資本5400c＋1100v）＋（前出の注216で見た400c＋60v）＝5800c＋1160v。

220) 1800c＋348v] これらの数字は次のようにして生じたものと推定する。「I 1100v＋550m＝II 1600c＋50m」という転換が行なわれたのちの部門 II の資本，すなわち前出の本文中の「II 1650c＋318v……」を基礎にし，これに前出の注217で見た追加資本100c＋20v と，さらにそのあとに記されている 50c＋10v とを加える。こうすることで，1800c＋348v となる。言うまでもなく，この操作も混乱している。最後の 50c はすでに最初の転換ののちの 1650c に含まれていたはずなのである。

① 〔訂正〕 8460〕 草稿では「8400」と書かれている。

② 〔訂正〕 10,860〕 草稿では「10,800」と書かれている。

$$\left.\begin{array}{l} \underline{資本 = \mathrm{I}^{221)} 7960 (c+v)} \\[2em] \underline{同上 = \mathrm{II}\, 2148 (c+v)} \end{array}\right\} \quad 合計 = \underline{10,108}$$

そして再生産が行なわれれば，次のようになる。

I 　$\underline{5800c} + \underline{1160v} + \underline{1160m}$

II 　$\underline{1800c} + 348v + 348m^{222)}$

この場合には，Iが1/2の剰余価値だけを蓄積するのだとすると，IIcと〔転換されるの〕は$\underline{\mathrm{I}\,1740}(v+m)$（＝1160v＋580m）だけである。したがってIIcには60の余剰が残る。これはIから買われなければならない。そのさい，前よりも大きい可変資本が必要でないのであって，われわれは次のものを受け取ることになる。

I 　$\underline{5800c} + {}^{①}\underline{520m}$

II 　$\underline{1800c} + 348v + 848m$

① 〔訂正〕 520m〕 草稿では「500m」と書かれている。

$^{223)}$Iは Ic に合体される$\mathrm{I}\,400m$ のために 60v を必要とする。（それが$\mathrm{II}\,348m$から差し引かれて）$\underline{\mathrm{II}\,288m}$ が残る。そこで，Iは次のようになる。

I 　$^{224)}\underline{6200c} + \underline{1220v}$

IIは追加の$^{225)}$100c のために 20v を必要とする。それが$^{226)}$288m から差し引

---

221) 7960〕この数値は，前出の注219をつけた「5800c＋1160v」の合計6960を書き誤ったものと推定する。

222) MEGAでは，ここに「②」という丸付き数字が組まれているが，たんなる誤植である。

223) 以下では，「IはIcに合体されるI 400mのために60vを必要とする」とされ，また，「IIは追加の100cのために20vを必要とする」とされている。これらは前年度で行なわれたのとほぼ同じ手続きであるが，まったく混乱していると言うほかはない。

224) 6200c＋1220v〕これらの数字は，今年度の資本5800c＋1160vに，前出の注216で見た追加資本400c＋60vを加えたものである。

225) 100c〕草稿では「100v」となっており，MEGAもそのままにしているが，vをcと訂正すべきところである。

264　II　『資本論』第2部・第3部の草稿を読む

かれて，$II^{227)}$208m が残り，そこで，IIは次のようになる。

　　II　$^{228)}$1900c＋368v（II）$\boxed{＋208m}$

　　総資本 I＋II（c＋v）＝9688$\rfloor$

$|70|\ ^{229)}\ [515]\ ^{230)}$｛つまり，次のようないくつかのケースがあるわけである。

単純再生産の場合。I（v＋m）＝IIc（両者は互いに補填し合う。）

　蓄積の場合。この場合には，なによりもまず問題になるのは$^{231)}$蓄積率である。これまでの事例では，Iでの蓄積率がつねに不変であって，Im/2が蓄積されるものと仮定した。しかし，m×3/4だけが拡大された生産で蓄積され，m/4は貨幣で蓄積されるものとした。

　そのさい，次の三つのケースが生じた。

　1）I（v＋1/2 m）＝IIc。このIIcはI（v＋m）よりも小さい。（これはつねにそうでなければならないのであって，そうでなければ，Iは蓄積しないことになる。）

　$\boxed{823}$2）I（v＋1/2 m）＞IIc。この場合には，IIが（c・プラス・mの一部分）によってI（v＋1/2 m）を補填することによって，補填が行なわれる。したがってこの額は $^{(232)}$v＋1/2 m）である。この場合，この転換はIIにとってはその不変資本の単純再生産ではなくて，すでに，IIの剰余生産物のうちIIが生産手段Iと交換する部分だけの大きさの不変資本の蓄積であり，同時にまた，IIがそれに応じて自分の可変資本を自分自身の剰余生産物から補充することを含んでいる。

226）228m］248m のはず？？

227）208m］これは228m のはず？？

228）1900c＋368v］これらの数字は，今年度の資本1800c＋348v に，前出の注217で見た追加資本100c＋20v を加えたものである。

229）エンゲルス版はここから本書267ページ16行までを「第21章　蓄積と拡大再生産／第3節　蓄積の表式的叙述／3　蓄積が行なわれる場合のIIc の転換」に利用している。

230）ここから草稿の70ページの下から5行（本書266ページ28行）までの箇所は，冒頭に角括弧があるだけで，末尾には対応する閉じ括弧がないが，左側に角括弧に続けて線が引かれているので，角括弧によって囲まれた記述として扱った。

231）草稿にはここに，「そしてそのさいまず問題になるのは」という不要な句が消されないまま残っており，MEGA もそのままにしている。

232）v］草稿ではc となっている。エンゲルスは鉛筆で「v」に訂正している。

3）I（v + 1/2 m）＜IIc。この場合には，IIはこの転換によっては自分の不変資本をすっかりは再生産していないのであって，不足分のためにIから買わなければならない。しかし一方では，そのために〔Iでの〕可変資本のそれ以上の蓄積が必要になるわけではない。というのは，IIの不変資本は，その大きさから見れば，この操作によっていまはじめて，すっかり再生産されるのだからである。

　他方，この転換によって，Iの資本のうちただ追加貨幣資本を積み上げてきただけの部分は，すでにこの種の「蓄積」の部分を完了した。そこで上述の事例（この前のページの終わり）は次のようになる。もし以前と同様に[233]1/5が貨幣資本に転化され，[234]4/5が現実に蓄積されるのであれば，したがって[235]580のうち[236]1/5が，つまり[237]116が貨幣蓄積に〔向けられ〕，[238]464が現実に蓄積されるのであれば，[239]116のうちすでに[240]50が貨幣化されているのであって，その残りは[241]66であり，これがまだ金めっきされなければならない。

　1）単純再生産では，たとえばわれわれがすでに見た，

　　I　4000c + 1000v + 1000m

　　II　2000c + 500v + 500m

の事例がそうであるように，I$^{(242)}$（v + m）= ^{243}IIc であって，この場合には単純再生産が行なわれる。このことは，資本主義的生産とは両立しないだけではない。｛このことは，たとえば，10-11年の産業循環のなかで，ある年の総生産がしばしば前年等々のそれよりも小さく，したがって前年等々に相応した単純

233）1/5〕エンゲルスは鉛筆で「1/6」に訂正している。

234）4/5〕エンゲルスは鉛筆で「5/6」に訂正している。

235）580〕エンゲルスは鉛筆で「587」に訂正している。

236）1/5〕エンゲルスは鉛筆で「1/6」に訂正している。

237）116〕エンゲルスは鉛筆で「98」に訂正している。

238）464〕エンゲルスは鉛筆で「489」に訂正している。

239）116〕エンゲルスは鉛筆で「98」に訂正している。

240）50〕エンゲルスは鉛筆で「45」に訂正している。

241）66〕エンゲルスは鉛筆で「53」に訂正している。

242）v + m〕草稿では「c + v」となっている。エンゲルスは鉛筆で「c」を「v」に訂正している。

243）II〕草稿では「I」となっている。エンゲルスは鉛筆で訂正している。

再生産さえも行なわれない，ということを排除するものではない。} 毎年人口の自然増がある場合には，単純再生産が行なわれうるのは，たとえば1500mによっていっしょに消費する不生産的な僕婢が次々と増加していくかぎりでのことである。この場合には，逆に資本の蓄積は，つまり現実の資本主義的生産〔real capitalistic production〕は不可能である。したがって，資本主義的蓄積という[516] 事実は，I(v＋m)＝II 2000c を排除するのであり，したがって後者は前者を排除するのである。とはいえ，資本主義的蓄積が行なわれる場合でも，以前の一連の生産期間に行なわれたいくつかの蓄積過程の進行の結果として，IIc がI(v＋m) に等しい場合だけでなく，それよりも大きいという場合が徐々に起こってくるかもしれない。これはIIでの過剰生産であって，それはただ大きな崩落によって調整され，その 824 結果として資本はIIからIに移ることになるであろう。——不変資本の一部分がそれ自身再生産的である場合，たとえばジャガイモ栽培等々で種子のために再生産される場合にも，I(v＋m) の連関にはなんの変わりもない。IIのこの部分がI(v＋m) と IIc とのあいだでの転換に関して問題にならないのは，そのさいに Ic が問題にならないのと同じことである。また，IIの生産物の一部分がふたたび生産手段としてIに入ることができても，これもまた少しも事柄を変えるものではない。その場合には，直接に〔生産資本の〕諸要素としてIに入ることができるものは，IとIIとの相互の価値の転換を考える場合には，IIから取り除いておかなければならないだけのことである。

　したがって，資本主義的生産では，I(v＋m) が IIc に等しいことはありえないのであり，言い換えれば，相互の転換でこの両者が一致することはありえないのである。

　これに反して，I(m/x) を Im のうちIが収入として支出する部分だとすれば，I(v＋m/x) は IIc に等しいことも，それよりも大きいことも，小さいこともありうる。しかし，I(v＋m/x) はつねにII(c＋m) よりも小さくなければならない。しかも，IIm のうちの，どんな場合にも資本家階級IIが自分で食わなければならない部分だけ，より小さくなければならないのである。}

　注意しておく必要があるのは，蓄積についてのこの叙述では，不変資本の価値は，それが商品資本の価値のうちの，それの助力によって生産された部分で

第5章 『資本論』第2部第8稿とMEGA版付属資料　267

あるかぎりでは，正確には示されていないということである。新たに蓄積され
た不変資本の固定部分は，ただ徐々にかつ周期的に，これらの固定的要素その
ものの性質に応じてさまざまな仕方で商品資本のなかに入るだけである。それ
ゆえ，原料，半製品等々が商品生産に ‖71‖ 入る場合には，商品資本のかなり
大きい部分が流動不変成分と可変資本とから成っている。（しかし，このよう
な取り扱い方ができるのは，流動成分の回転のためである。すなわち，流動部
分がそれに交付された固定資本の価値部分といっしょに1年のうちに何回も回
転して，供給される商品の総額が，年間の生産に入る総資本の価値にイコール
だ，ということが仮定されているのである。）[517] しかし，機械経営に補助材
料だけが用いられて原料が用いられない場合には，労働要素イコールvが商
品資本のなかでより大きく（商品資本の成分として）現われなければならない。
利潤率では――固定成分が周期的に生産物に交付する価値の多少にかかわりな
く――剰余価値が総資本にたいして計算されるのにたいして，周期的に生産さ
れるそれぞれの商品資本の価値については，不変資本の固定部分は，ただ，そ
の消費によって平均的に価値を生産物そのものに交付するかぎりで，算入され
るべきものである。

　244)245){IIにとっての本源的な貨幣源泉は，IIcの一部分と交換される，Iの
金生産I(m+v) である。ただし，金生産者が 825 剰余価値を生産手段に転化
させるかぎりでは，このI(m+v) はIIに入らない。他方，このような貨幣の
蓄積（金生産者自身の側での）が最終的には拡大された規模での再生産にいた
るかぎりでは，金生産の剰余価値のうち収入として支出されない部分は追加可
変資本としてIIに入って，ここで新たな貨幣蓄蔵を促すか，あるいはまたIか
ら買うための新たな手段を直接に――直接にふたたびIに売ることなしに――
与えるのである。金生産者が IIc と交換するI(v+m) からは，IIのある種の生
産部門が原料等々として，要するにその不変資本の諸要素として――あるいは
むしろこれらの要素の再補塡のために――必要とする金部分が差し引かれる。}

――――――――――――

244) エンゲルス版はここから本書268ページ23行までを「第21章　蓄積と拡大再生産／第4
　　節　補遺」に利用している。
245) このパラグラフには，冒頭の角括弧も対応する末尾の閉じ括弧もないが，パラグラフ全
　　体の左側に線が引かれているので，角括弧によって囲まれた記述として扱った。

268　II　『資本論』第2部・第3部の草稿を読む

　IとIIとの関係のなかでの一時的な——拡大再生産に先行する——貨幣蓄蔵のための要素は，次のような場合にのみ，生じる。Iにとっては，Imの一部分がIIの追加不変資本のためにIIに一方的に売られる場合にのみ，生じる。IIにとっては，同じことがIの側で追加可変資本について行なわれる場合に生じる。同じくIIにとっては，Iによって収入として支出される剰余価値の一部分がIIcによって補塡されず，したがってIIm部分にまで及び，この部分がそれによって直ちに貨幣化される場合に生じる。もしI(v＋m/x)がIIcよりも大きければ，IIcはその単純再生産のためには，IImのうちからIが消費してしまったものをIからの商品によって補塡する必要はない。

　問題になるのは，IIの資本家たちの交換——IImに関連できるだけの交換——の内部でどの程度まで貨幣蓄蔵が行なわれうるか，ということである。すでに述べたように，IIの内部で直接的蓄積が行なわれるのは，IImの一部分が直接に可変資本に転[518]化される（IでImの一部分が直接に不変資本に転化されるのとまったく同様に）ということによってである。IIのさまざまな事業部門のなかでも，また同一の事業部門のさまざまの構成員（消費する構成員）についても，蓄積の年齢階層はさまざまであるが，必要な変更を加えれば，Iの場合とまったく同様に説明される。一方のものはまだ蓄蔵の段階にあって，買うことなしに売り，他方のものは拡大再生産の時点（沸騰点）に達している（売ることなしに買う）。追加可変貨幣資本はもちろんまず第1に追加労働力に支払われる。しかしこの労働力は，貨幣蓄蔵をしつつある人びと（労働者の消費に入る追加消費手段の所有者）から生活手段を買う。彼らの貨幣蓄蔵の程度に応じて，貨幣は彼らの手から出発点に帰ってこないで，彼らが貨幣を蓄蔵するのである。|

826 246) |76|①「洞穴の堆積物のなかに，しばしば，多数の火打石，石芯，石片や，不完全な，または未完成の道具があることから推測できるように，悪天候のときには彼ら（洞窟の狩人たち）はたぶん，住いにとどまって，彼らの時間を道具の製造に使ったのであろう。しかし，芸術家の種族は少なくともときに

---

246) 草稿の72-75ページには，ページ番号があるだけで，なにも書かれていない。

は原野を放浪した。このことがわかるのは，貝殻のあるピレネーのさる洞穴で発見されたもろもろのしるしや大きな鯨類の絵画によってであって，それらのあるものは，大西洋岸からやってきたものであり，ほかのあるものは地中海からやってきたものである。このことから推測できるのは，旧石器時代のトナカイ狩人たちはときおり海岸を訪れて，岸辺の住人たちと一種の交易を行なっていたのだろうということである。」(A・ジーキ『先史時代のヨーロッパ』，20ページ。)

①〔注解〕「洞穴の堆積物のなかに……『先史時代のヨーロッパ』，20ページ。)〕ジェイムズ・ジーキ『先史時代のヨーロッパ。地質学的スケッチ』，ロンドン，1881年。丸括弧で括られている箇所はマルクスによるもの。—マルクスは，1880年12月に刊行された(『イギリス書籍目録，1880年』，ロンドン，1881年，30ページ，を見よ)この著作から，ノート第XI冊，ロンドン，1876-1881年，5ページ，および，101-128ページ，に抜粋した。(RGASPI，整理番号，1. 1, op. 1, d. 2940.)

―――――

資本の円環過程〔Kreisprocess〕をその最も簡単な形態で取ろう。$\overset{1}{G}$＿$\overset{2}{W}$... P ...$\overset{3}{W'}$＿G'。過程 G＿W と過程 W'＿G' については，たんなる形態を見れば，W'＿G' は W＿G と異ならず，また，買い手にとって G＿W である第1の過程は，売り手にとっては W＿G である。量的に見ても，商品はその価値で売られる，つまり G＝W，と前提されているのだから，自立的な流通行為としての W'＿G' は＝W＿G である。W' および G' にとっての '' が示しているのは，ただ，それらが第1の流通行為 G＿W における W および G と量的に異なっていることだけであって，W'＿G' が自立的な流通行為だということによってではない。[131] というのも，第1の G＿W と同じく，W'＿G' では，買い手にとってもそれにたいする売り手にとっても，買い手にとっては貨幣形態から商品形態への，売り手にとっては商品形態から貨幣形態への，一方にとっては貨幣から商品への，他方にとっては商品から貨幣への，同じ価値の転態でしかないのだからである。ここにあるのは，ただ，商品流通の両変態 G＿W および W＿G であって，この場合にはそれらの順序はまったくどうでもよいことなのである。このなかで変化するものはなにか。それは，同じ価値の，一方の形態から他方の形態への，商品形態から貨幣形態への，および，貨幣形態から商品形態への

転態だけである，――つまり一つの状態変化〔Zustandsänderung〕である。商品がその価値で売られるとすれば，価値の大きさは，買い手の手にあっても売り手の手にあっても変わらない。ただその存在形態〔Daseinsform〕が変わっているだけである。言い換えれば，同じ価値がある状態が変わったのである。商品がその価値で売られないとしても，転換される諸価値の総額はもとどおりで変わらない。一方の側でのプラスは他方の側でのマイナスである。

　ところで，変態 W＿G と G＿W は，買い手と売り手とのあいだで行なわれる取引である。彼らは互いに，取引をまとめるのに時間を必要とする。ことに，ここでは互いに相手を騙そう（騙取しよう）とする闘いが行なわれるので，ますますそうである。ここでは事業家たちは互いに 827 対立しているので，①「ギリシア人とギリシア人とが出会えば値切りの闘いが始まる〔when Greek meets Greek, then comes the huck of war〕」のである。この状態変化は，買い手と売り手との互いの行為によって媒介されているのだから，そのさい彼らは時間と労働力とを使わなければならないが，しかしこれは，価値をつくりだすために必要なのではなく，[132] 一方の形態から他方の形態への価値の転換を引き起こすために必要なのであって，このことは，互いにこの機会に乗じて余分な価値量を取得しようとする試みがなされても，少しも変わらない。この労働が（双方の悪い意図のために増大したとしても）価値をつくりだすものでないことは，訴訟事件のために労働がなされてもそれは係争の価値量を，係争物の価値量を増やすものでないのと同じである。この労働――これが全体としての資本主義的生産過程の一つの必然的な契機であることは，この過程が流通を含んでいるか，それとも流通に含まれているかにかかわりない――は，熱を起こすために用いられる材料の燃焼労働のようなものである。この燃焼労働は，燃焼過程の一つの要素ではあるが，熱を発生させるものではない。たとえば，石炭を燃料として消費するためには，それを酸素と化合させなければならないし，またそのためには石炭を固形からガス状に変えなければならない（炭酸ガスのなかでは石炭はガス状になっている）のであり，だから，物理的な存在形態の変化または状態の変化を起こさなければならない。新たな化合が行なわれる前に，結合されて一つの固体になっている炭素分子の分離が，そして新たな結合が，行なわれなければならず，そしてこれには，いくらかの力の支出が必要で

あるが，これは熱に転化するのではなくて燃焼熱から出て行く。それだから，もし商品生産者が資本家でなくて現実の生産者であるならば，彼らが商品の売買に費やす時間は彼らの労働時間から削減される時間なのであって，それだからこそ，彼らは昔からこのような仕事を祝祭日まで延ばそうとしたのである。

> ①〔注解〕「ギリシア人とギリシア人が出会えば値切りの闘いが始まる〔when Greek meets Greek, then comes the huck of war〕」」ナサニエル・リー『女王のライヴァル，または，アレクサンダー大王の。悲劇』第4幕からの次の一節を言い換えて引用。「ギリシア人たちがギリシア人たちといっしょになって始まったのは白熱の闘いだ！〔When Greeks joint'd Greeks then was the tug of war!〕」

　商品売買が資本家たちの手のなかで占める範囲，規模は，もちろん，価値を創造せず，それの使命にしたがって価値の形態変換を媒介するだけのこのような労働を，価値を創造する労働に転化させることはできない。また，このような化体の奇跡は，位置を置き換えること〔Transposition〕によっても行なわれることは|247)[77]|できない。すなわち，産業資本家たちがあの「燃焼労働」を自分でしないで，彼らから支払を受ける第三者たる人格の専業にすることによっても，行なわれることはできない。この第三者たる人格は，もちろん，ただ資本家に気に入られようとして自分たちの労働力を役だてるのではないであろう。また，地主の地代徴収人や銀行の小使にとっても，自分たちの労働が地代の価値量や別の銀行に袋で運ばれる金貨の価値量をびた一文も増やすものでないということは，どうでもよいことなのである。|

828 |〔第8稿〕65ページおよび69ページにかかわるばらの紙片〕

　Ⅱについては次の計算〔が必要だ〕。最初はこうだ。
　　Ⅱ　①$1430c + 285v + 285m = 2000$

> ①〔注解〕$1430c + 285v + 285m = 2000$〕〔MEGA II/11〕816ページ19行〔本書252ページ

---

247)[77]]　この第8稿77ページは第8稿のノートの裏表紙の内側に書かれているが，ノンブルは書かれていない。このページのフォトコピーがMEGA II/11, S. 895ページに挿入されている。

272　II　『資本論』第2部・第3部の草稿を読む

10行〕を見よ。

　IIは$\underline{1430c + 70m = 1500}$をIに売り，その代わりにI1500を受け取る。しかしmについては，IIがもっているのはいまでは285−70＝215だ。だから，IIがいまもっているのは①$\underline{1500c + 285v + 215m = 2000}$だ。②しかし，70cには追加の$\underline{可変資本}$が，つまり$\underline{70/5 = 14}$が必要だ。したがって，この14がIImから差し引かれて，IIvに加えられる。その結果，IIは

　　　　③$\underline{1500c + 299v + 201m = 2000}$

となる。

　　①〔注解〕1500c + 285v + 215m = 2000〕〔MEGA II/11〕817ページ7行〔本書253ページ
　　　13行〕を見よ。
　　②〔注解〕しかし，70cには追加の可変資本が，つまり70/5＝14が必要だ。〕〔MEGA
　　　II/11〕817ページ8-9行〔本書253ページ14-15行〕，および，820ページ36行-821ペー
　　　ジ1行〔本書260ページ2-4行〕を見よ。
　　③〔注解〕1500c + 299v + 201m = 2000〕〔MEGA II/11〕817ページ11行〔本書253ペー
　　　ジ18行〕，および，821ページ11行〔本書260ページ25行〕を見よ。

　Iは100の貨幣でIIから買う（100v）。これが201から差し引かれて，201のうちから101が残る。IIはこれにたいしてI100mを買い，201のうちから残るのは101だ。IIは100のために約18の可変資本を必要とし，この18が101から差し引かれて83が残る。つまり，

　　　　$\underline{1600c + 299v + 101m}$

となったあと，

　　　　①$\underline{1600c + 317v + 83m = 2000}$

②となるわけだ。|

　　①〔注解〕1600c + 317v + 83m = 2000〕〔MEGA II/11〕821ページ18行〔本書261ページ5
　　　行〕を見よ。
　　②〔異文〕となるわけだ。〕この紙片にはこのほかに若干の副次的な，加算，減算，乗
　　　算，除算を含む計算式が書かれている。

273

MEGA版付属資料から

|1606|

『資本論』第2部
資本の流通過程
（第8稿）
起筆は早くとも1877年2月，擱筆は遅くとも1881年春
（〔MEGA II/11〕698-828ページ〔本書79-272ページ〕）

成立と来歴

エンゲルスが「第8稿」と略称した（この点については後述），76ページのこの
文書は，マルクスがいずれは『資本論』第2部第3篇のなかに組み込もうと考え
ていたさまざまの論述ないし論証の集まりである。エンゲルスは，マルクスが
この草稿を書いているときに彼にとって大事だったのは，完全なものを仕上げ
ることではなく，主として，第2稿，とりわけそれの第3章（同草稿340-522ペ
ージ）ではまだ獲得していなかった新たなもろもろの観点を書きとめ，展開す
ることだった，と見て，この草稿を，「対象を準備的に取り扱ったもの」と呼
んだ。エンゲルスの見るところでは，叙述にはあちこちに論理的な中断があり，
ところどころで論述が切れており，終わりのほうはまったく断片的なものにと
どまっていた。エンゲルスは，それでもマルクスの言おうとしたことは「あれ
これの仕方で」このなかで述べられている，と書いた（エンゲルス「[カール・
マルクス『資本論』第2部……ハンブルク，1885年，への]序文」，8ページ；
MEGA II/13〔8ページ〕〔MEW 24, 12ページ〕）。マルクスによる第8稿の執筆は，た
ぶん，1877年2月にはもう始まっており，最後の書きつけが行なわれたのは
1881年春だったのであろう。

　じっさい，第8稿の組み立てを見ると，きっぱりとした思いをもって第2部

の引き締まったテキストを書き上げようとして書かれたものではなく——もし
そのようなテキストを仕上げるつもりだったら，そのような場合にマルクスが
いつもそうしていたように，綴じられたノートではなくて，差し替えが自由な
ばらの全紙を使ったはずである——，材料集めのつもりで始めた作業が，どこ
かの時点で，対象の内容に関わっていくなかで，第2部を主題とする論述にな
っていった，といった印象を受ける。そのほかの論証や論争や抜粋をあれこれ
書きつけるなかで，次第に草案の輪郭がはっきりするようになっていったので
ある。このような経過から，この草案は，二つの部分に分けることができるも
のとなった。すなわち，一つは，1877-1878年に，エンゲルスによる「オイゲ
ン・デューリング氏の科学の変革」の批判（『反デューリング論』）の執筆をマ
ルクスが手伝うさいに，それとの関連で書きつけたもろもろの記述の部分（草
稿1ページからおそらく23ページまで，〔MEGA II/11〕698ページ2行-743ペー
ジ21行〔本書79ページ5行-139ページ17行〕，を見よ）であり，もう一つは，1879年
から1881年にかけて行なわれたもろもろの包括的な研究に関連して書かれ，
またそれらの研究からの影響を映しだしているもろもろの論究の部分（草稿
23-77ページ，〔MEGA II/11〕743ページ23行-828ページ18行〔本書139ページ19行-
272ページ23行〕，を見よ）である。マルクスは，それぞれかなり独立している，
論理的に（当初はまだ）互いに繋がり合っていない数多くの論述を，たいてい
はページの幅いっぱいに引かれた線で終わらせたり，互いに区切ったりした。
そうした線を引くのに定規を使うこともめずらしくなかった。そのように区切
られた記述のなかには，前後とは無関係の孤立した思いつき（〔MEGA II/11〕778
ページ35-38行〔本書186ページ32行-187ページ4行〕を見よ）や，ついでに書きつ
けられた文献（〔MEGA II/11〕779ページ1-3行〔本書187ページ10-12行〕を見よ）も
ある。

[1607] 第8稿はこのようにしてできあがったものだったから，マルクスはこの
草稿に起筆の日付を書かなかったし，あらかじめタイトルを書きつけておくこ
ともしなかった。第8稿が書かれているノートをマルクスが使い始めたのは，
1877年1月に彼がデューリングの諸労作，とりわけ『国民経済学と社会主義と
の批判的歴史』に取り組み始めた（MEGA I/27, 131-214ページを見よ）あとで
あり，まず1ページに，フランソワ・ケネーの「経済表」がもつ理論上の重要

性を素描した（〔MEGA II/11〕698ページ1-28行〔本書79ページ5行-80ページ6行〕，および，701ページ1-14行〔本書81ページ8行-82ページ4行〕を見よ）。このコメントは角括弧で括られており，それによって本筋の論述の「副産物」であることが示唆されてはいるが，書かれている内容は，「重農主義体系は<u>資本主義的生産の最初の体系的な把握なのである</u>」（〔MEGA II/11〕701ページ2-3行〔本書80ページ10-11行〕）とする重農主義にたいする最上級の評価であった。1877年3月7日にマルクスがエンゲルスに，自分の書いた「デューリングの『国民経済学の批判的歴史』への傍注」を送るとき，マルクスはまさに，経済学的思考のこの段階について，この「傍注」に持たせようとした伝達の力を次のように制限していた。——重農学派を「<u>資本および資本主義的生産様式</u>の最初の方法的な……<u>解明</u>者として」取り扱う，というぼくの「独特なやり方」を，これを「説明する機会を」まだ持ってもいないのに，「こいつ〔デューリング〕にあからさまに嫁入りさせようとは思わなかった」[1]（MEGA I/27, 1003ページ）。マルクスは，『資本論』第2部のどこかでこの独特なやり方を「説明する機会」を持とうと思っていたのだったが，第8稿の冒頭での上記の評価こそ，その実現に向けて踏み出す第一歩だったのである。

　一つの書きかけからわかるように，マルクスはそれに続けて「経済表」についての説明を書くつもりだった〔本書81ページ脚注6および82ページ脚注7を見よ〕。けれども，彼が実際にそのあとに書いたのは，賃金，利潤，地代の総計として価値を規定することから生じた，再生産過程の考察におけるアダム・スミスのもろもろの先見，前進，後退についての自己了解であった（草稿1-2ページ。〔MEGA II/11〕701ページ15行-702ページ38行〔本書82ページ26行-85ページ25行〕を見よ）。マルクスは脚注のなかで，すでに1872年に第1部第2版で，第2部の

1）1877年3月7日にマルクスはエンゲルスに次のように書いた。「重農学派を取り扱うぼくの独特なやり方——すなわち資本および資本主義的生産様式の最初の方法的な（ペティなどのように単に臨機的ではない）<u>解明</u>者として）彼らを取り扱うというやり方——を，もちろんぼくはこいつ〔デューリング〕にあからさまに嫁入りさせようとは思わなかった。これを一度あけすけなことばで言ってしまえば，ぼくの観点は，ぼくがそれを説明する機会をもたないうちに，拙劣な連中に取り入れられてすぐに改悪されるかもしれない。だからこそ，君に送った覚え書〔Exposé〕〔「デューリングの『国民経済学の批判的歴史』への傍注」〕のなかではこの点に触れていないのだ。」（MEW 34, 30ページ。）

第3章でそのような論述を行なうことを予告していたことを確認した（〔MEGA II/11〕701 ページ 37 行〔本書84 ページ 20-21 行〕，および，MEGA II/6, 541 ページ 18-22 行〔MEW 23, 617 ページ〕を見よ）。「傍注」のなかでマルクスがこの論点も詳論しないままにしておこうとしたのには，このような理由があったのである（MEGA I/27, 207 ページ 31 行-208 ページ 11 行を見よ）。草稿3ページでの，スミスのドグマとの論争に終わる，スミスについてのこの最初の章句は，明らかに，その前にあるケネーについての章句よりも明るい色のインクで書かれているが，このインクは，1877年2月末から3月初めにかけて「傍注」を書くときに使われたインクと同じものである。

　第8稿の冒頭の諸ページが材料集めという性格を持っていたことを裏づけるのは，マルクスがノートの2枚目の紙葉をこのノートから切り取ったとき，その裏側がどうなっていたかは不明だが，少なくともその表側にはなにかが書かれていた，という事情である[2]。ノートに残された切れ端の幅はかなり広い[3]が，これはおそらく，マルクスがこの紙葉を切り取ったのが，ノートの表紙と綴じとが切り取りによって生じた機械的な負荷にまだ耐ええた時期，つまりはノートの使い始めの時期だったことを意味するのであろう。マルクスはこの紙葉の表面に，彼が『反デューリング論』のために1877年春にエンゲルスに渡した，「所得種類および所有賃料についての，スミスおよびロートベルトゥスからの抜粋」に関する草案（MEGA I/27, 215-216 ページを見よ）を書いたのかもしれない。第8稿のノートに残された切り口の切れ 1608 端はこのテキストの一部をなすものなのである[4]。この紙葉を取り去ったあとで，マルクスははじめて，ノートのそれ以降のページに，3ページ以下の通しページ番号を書き込んだ。

---

2) ノートに残された切れ端には，3箇所に，インクで書かれた文字の断片が見られるのである。

3) 乱雑にちぎったあとに4.5mmから6.5mmの切れ端が残っている。

4) この「抜粋」のフォトコピー（IISG, Marx-Engels-Nachlaß, Sign. A 106/A 26）を見ると，手稿は，きれいに切られた2分の1の全紙に左右両端をきちんと空けて書かれており，切り取られたさいに左端が欠けているような箇所は見られず，「切り口の切れ端はこのテキストの一部をなすもの」と見ることができるような対応する切り口も見られないのであって，フォルグラーフによるこの推定はなんらかの錯誤であろう。

第5章 『資本論』第2部第8稿とMEGA版付属資料　277

　第8稿の最初の諸ページには，すぐに，デューリングへの当てこすりや「傍注」に関連する事柄を操る言葉遊びがいくつも見られるが，こうしたものは，これらの章句が1877年に書かれたものと推定することを可能にする。すでに1ページに見られる「経済表」についての説明のなかで，「再生産過程の一見して明らかな諸条件」はそれの解釈のさいの「思考の混乱を取り除く」，と言われている（〔MEGA II/11〕698ページ24-25行〔本書80ページ4-6行〕）のは，「事柄そのものが思考の歩みを規定している」ことによって生じる「諸混乱」というデューリングの文言にたいする，隠されてはいるが明らかな論駁である。マルクスはデューリングのこの文言を，すでに「傍注」の草案で引用していた（MEGA I/27, 165ページ13-15行を見よ）。第8稿の6ページでマルクスは，スミスについての自分の論述の正当性を，「A・スミスの「はっきりしたお許し」を得て」という奇妙な言い回しで表現した（〔MEGA II/11〕710ページ16行〔本書97ページ2-3行〕）。この皮肉の出どころは同じく「傍注」とその草案とのなかにもあって，マルクスはそれらのなかで繰り返して，「デューリング氏のお許しを得て」という言い回しを使っていた（MEGA I/27, 155ページ25行，165ページ16行，191ページ34行，および，200ページ22行）。「傍注」の草案のなかではそれは，思考の歩みの「混乱」というデューリングのさきの文言の直後に書かれている（同前，165ページ13-16行を見よ）。

　第8稿の8ページではマルクスは，「こうすることで俗流経済学のために広く門戸を開いた」と彼の言う，スミスの所得による第3の価値規定についての要約のなかで，「{われらの「ロッシャー」を見よ}」と書いている（〔MEGA II/11〕712ページ25行〔本書100ページ16-17行〕）。ここで「ロッシャー」と言われているのはヴィルヘルム・ロッシャーではなく，これもまたデューリングへの当てこすりなのである。マルクスは「傍注」で，繰り返して，デューリングは名を挙げることなくロッシャーを利用している，と言い，またマルクスは，デューリングとの論争を終えるさいに——スミスの価値理解を取り上げるつもりなど端<ruby>端<rt>はな</rt></ruby>からない，とデューリングを軽くあしらったあと——，理論史上の問題を論じる学徒たちが依拠すべきだったのは，コピーのデューリングではなくオリジナルのロッシャーだった，と断言している（MEGA I/27, 145ページ17-20行，146ページ39行-147ページ1行，160ページ14-31行，184ページ2-6行，およ

278 II 『資本論』第2部・第3部の草稿を読む

び，208ページ29行-209ページ3行）。エンゲルスは『反デューリング論』でマルクスの論証を取り上げてデューリングの所得による価値規定を論じたのち，デューリングは「まさに自分の社会主義を最悪の種類の俗流経済学の学説」という土台の上に築いたのだ，とデューリングを非難した（同前，381ページ38-39行）。

　マルクスは1877年9月末から10月にかけて『資本論』第1巻のドイツ語第3版のための準備作業を行なった。ドイツ語第2版の内容に加えるべき変更の目録5)のなかに，彼は一方で，1977年3月7日に彼がエンゲルスに，『反デューリング論』のなかで指示しておくことを勧めていた，『資本論』第1部フランス語版のなかにある重農学派の学説についての三つのコメント6)を取り入れた

5）ここで「ドイツ語第2版の内容に加えるべき変更の目録」とされているのは，MEGA第2部第8巻に収録されている「『資本論』第1巻のための変更の一覧」であるが，これはドイツ語第3版のために作成されたものではなく，MEGAの同巻でそれに続いて収録されている「『資本論』第1巻のアメリカ版のための変更の一覧の草案」および「『資本論』第1巻のアメリカ版のための変更の一覧」と同じく，アメリカ版（英訳）のために作成されたものであった。

6）マルクスは，1877年3月7日付エンゲルス宛の手紙で次のように書いていた。「デューリングにたいしては，『資本論』〔第1部〕のなかの次の二つの箇所を指示しておくのが，おそらく適当だろう。ぼくはそれらの箇所をフランス語版から引用しておく。というのは，それらの箇所は，フランス語版では，ドイツ語の原文のなかにあるのと比べて，たんに示唆的でしかないということがより少ないからだ。／経済表について。／「年間再生産は，年間生産のファンドだけを考えれば，きわめて容易に把握される過程であるが，そのすべての構成要素が市場を通らなければならない。市場では諸資本と諸収入との運動が交錯し，混じり合って，一つの一般的な運動——社会的な富の流通——となり，それは観察者の目を惑わし，研究にたいして非常に複雑な問題を提起する。重農学派が，彼らの経済表において，流通から生じるとおりの年間再生産の姿を与える最初の試みをなしたということは，彼らの大きな功績である。彼らの説明は多くの点において彼らの後継者たちの説明よりももっと真理に接近している。」（〔フランス語版〕258, 259ページ〔江夏・上杉訳『フランス語版資本論』下，法政大学出版局，1979年，244-245ページ〕。）／「生産的労働」の規定について。／古典派経済学も，つねに，本能的にせよ，意識的にせよ，生産的労働の特徴はそれが或る剰余価値をもたらすということである，と考えていた。古典派経済学による生産的労働の定義は，この経済学が剰余価値の分析を進めるのにつれて，変化している。たとえば，重農学派は，ただ農業労働だけが生産的である，と言っている。なぜそうであるのか？　ただ農業労働だけが剰余価値をもたらすからであって，重農学派にとっては剰余価値はただ地代という形態においてのみ存在するのである。」（〔フランス語版〕219ページ〔江夏・上杉訳『フランス語版資本論』下，152ページ〕。）／「重農学派は剰余価値の秘

第5章 『資本論』第2部第8稿とMEGA版付属資料　279

（マルクスからエンゲルスへ，1877年3月7日，および〔MEGA II/11〕1369ペー
ジを見よ；MEGA II/8, 10ページ18-23行，13ページ26-30行，および，807ペー
ジ，ならびに，〔MEGA〕I/27, 1003ページ，を見よ）。彼は他方で，スミス
の『諸国民の富』1848年版の第2篇第3章から一つの引用を書きつけた
（MEGA II/8, 12ページ9-15行，を見よ）が，それは第8稿の7ページにも見い
だされる（〔MEGA II/11〕710ページ22-26行〔本書97ページ8-11行〕）。「変更の一
覧」で「the manufacturer」という語のあとに「(er meint 1609 den Manufaktur-
arbeiter)」と書いたように，マルクスは第8稿でもこの語のあとに「(der Manu-
facturarbeiter)」と書いてこの語を説明している。このことが意味しているの
は，この二つのテキスト箇所がほとんど同じ時期に書かれたということである。
明らかにマルクスはこの引用箇所を第8稿から「変更の一覧」に取り入れたの
である。次の事実もこのことを裏づける。すなわち，あとから整理されたテキ
ストではきわめてしばしばそうであるように，マルクスは「一覧」では時間の
節約のために多くの記載を略記したという事実である。スミスからのさきの引
用のさい，マルクスは第8稿では「221ページ」と記載しているのに，「一覧」
にはページが記載されていない。もしマルクスが1877年秋に「一覧」のなかで
この引用をするのに，じかに『諸国民の富』の1848年版に当たったのだったら，
彼が該当ページを記載したのは確実であろう。

　だから，第8稿の1ページから16ページまでは，マルクスが1877年に行なっ
ていた諸作業との多くの相互的な関連を示しているのであり，したがってまた
これらは，第8稿の執筆が1877年春に始められたという推定を裏づけるのであ
る。しかし，そのあとに続くページも，さらにまた，デューリングとの論争と
のかかわりを明示している。たとえば，22-23ページには『国民＝社会経済学
教程……』におけるデューリングの経済恐慌の解釈への，間接的ではあるが，
かなりはっきりとわかる当てこすりがあり（〔MEGA II/11〕742ページ18-38行，

　を見抜かなかったとはいえ，彼らにとっても，剰余価値は「彼」（その所有者）「が買った
　のではないのに彼が売るところの一つの独立な，自由に処分されうる富である」（テュル
　ゴー）ということだけは明らかだった」（『資本論』〔第1部〕，ドイツ語第2版，554ページ
　〔MEW 23, 556ページ〕。）そして，剰余価値は流通からは生じえなかったということ（同前，
　『資本論』，141-145ページ〔MEW 23, 172-175ページ〕）。」（MEW 34, 39-40ページ。）

280 II 『資本論』第2部・第3部の草稿を読む

および，742ページ18-20行・25-29行・35-36行への注解〔本書137ページ20行-138ページ7行，および，138ページ注解注①〕，ならびに，742ページ25行〔本書137ページ28-29行〕，を見よ），加えて，23ページには，デューリングの追従者で1877年にエンゲルスの『反デューリング論』にたいする抗議文を執筆したアブラハム・エンスへの当てこすりがある（〔MEGA II/11〕742ページ33-34行〔本書138ページ2-3行〕，および，そこへの注解〔本書138ページ注解注④〕を見よ）。いずれにしても，草稿16ページにある「あとに置くべきものの先取り」という中間タイトル——内容的なタイトルではなく，なにかを先取りすることを示すためのメモ——もまた，マルクスがこの時点ではまだ，主としては，再生産諸表式に取り組むことはしておらず，まだ，ほかの，しかし再生産の諸問題に触れてはいるもろもろのテーマに取り組んでいたことを示唆している。

　おそらく，書き下ろしの方向がはっきりと定まったところで，マルクスはノートの1ページに，このノートでなにを取り扱うのかをはっきりさせることができる包括的なタイトルとして「Ch. III) b. II.)〔第2部第3章〕」と書きつけたのであろう（〔MEGA II/11〕698ページ1行〔本書79ページ2行〕）。これを書いたとき，彼は以前から使い慣れていた指示の書き方をそのまま使ったのである。たとえば1865年の第2部第1稿には，同じような「Buch II, ch. III〔第2部第3章〕」への指示がいくつもある（MEGA II/4.1, 172ページ12行〔中峯・大谷他訳『資本の流通過程——『資本論』第2部第1稿——』大月書店，1982年，46ページ下段最終行〕，34行〔同訳，47ページ下段12行〕，および，291ページ26-27行〔同訳，185ページ下段15行〕，を見よ）。第1部の第6章「直接的生産過程の諸結果」では，ある箇所で次のように言っている——「これについてのもっと詳しいことは，再生産過程についてのCh. III. Buch II〔第2部第3章〕に属する」（同前，114ページ18-19行〔岡崎訳『直接的生産過程の諸結果』，国民文庫，1970年，120ページ16-17行〕）。そして，1864-1865年の第3部第1稿では，その第7章「諸収入（諸所得）とその諸源泉」でマルクスは，この時点ではやっと断片的に仕上げられたばかりだった第2部第1稿の第3章を振り返って，「これでわかるように，ここで立てられた問題はすでに，再生産過程の考察で解決されている（Buch II, ch. III〔第2部第3章〕）。われわれはここでそのことに立ちもどる，なぜなら１）当時は……」（MEGA II/4.2, 857ページ33-35行），と書いた。その数ページのちに，彼は次のように要約した。

「われわれは Buch II, ch. III〔第2部第3章〕で分析を行なった」（MEGA II/4.2, 864ページ17-18行）。ここであらためて言及しておくに値するのは、マルクスが第1巻第2版（1872年）で、第2部第3章で論じようとしているものを指示していた、ということである（MEGA II/6, 541ページ18-22行〔江夏美千穂訳『第二版資本論』、幻燈社書店、1985年、688ページ4-6行〕を見よ）。だから、日本の文献で、『資本論』第2部第3章を指すのか、そうではなくてスミスの『諸国民の富』の第2篇第3章を指すのか、という議論が行なわれている、包括タイトル「Ch. III) b. II)」のうちの「Ch. III)」が、『資本論』第2部の第3の部分（これが Abschnitt と書かれているのか Kapitel と書かれているのかというのは、ここではどうでもよいことである）を指していることは明らかであって、それはスミスの著作の「章〔Chapter〕」を指すものではないのである。

　1610 第8稿のその先の諸部分をそれぞれどの時期にマルクスが書いたのかは、確実に推定できない。彼の往復書簡にもこれについての手がかりはない。彼は1879年4月10日にニコライ・フランツェーヴィチ・ダニエリソーンに、幸いなことに、ロシアと合衆国から手に入れた多くの最新の材料が、いまやっている諸研究を、出版のために打ち切らないでさらに継続する、そのための口実を与えてくれている、とあからさまに打ち明けた〔MEW 34, 372ページ〕。彼はその1年後の1880年6月27日に、フェルディナント・ドメラ・ニーウェンホイスへの手紙で自分の考えを伝えたが、そのさい彼は、第2巻は現在の政治的状況のもとではドイツで刊行することはできない、と付け加えた〔MEW 34, 447ページ〕。エンゲルスはこれとは違って、ヨハン・ベッカーに宛てた1879年9月24日付の手紙で、マルクスは「見たところ非常に元気そうな健康状態」なので「おそらく順調に」『資本論』の第2巻の仕事ができるだろう、と楽観的な観測を述べていた〔MEW 34, 415ページ〕。しかし1879年12月19日には、エンゲルスはベッカーに、第2巻はゆっくりと進んではいるけれども、マルクスがもう一度ほんとうに健康を回復しないかぎり、それは「おそらくいまよりも早く進むことはない」だろう、と書いた〔MEW 34, 432ページ〕。

　第8稿のあちらこちらのいくつかの記述については、そのときどきに使われた出典を手がかりにして、それぞれの執筆時期をほぼ推定することができる。たとえばマルクスはノートの42ページで『……商工業等に関するイギリス大公

282 II 『資本論』第2部・第3部の草稿を読む

使館書記官報告書, 1879年5月, ロンドン, 1879年』に言及している (〔MEGA
II/11〕779ページ1-3行〔本書187ページ10-12行〕)。この報告書が刊行されたのは
1879年末だったから, マルクスがこれを抜粋したのは1880年よりも前ではな
かった (RGASPI, Sign. f. 1, op. 1. d. 4032 [7]; MEGA IV/28)。つまり, あとから
書き加えられたものではない3行のこの出典メモは, おそらく1880年のもので
ある。ただしこのメモは前後のテキストとはまったく関連がない。草稿54ペ
ージでマルクスは, 剰余価値を利潤としても収入としても利用可能にしようと
いう欲求がその努力の目標を見いだすのは信用システムおよび「Papiercher」
においてである, と要説した (〔MEGA II/11〕799ページ14-19行〔本書220ページ
17-22行〕)。マルクスは1878年3月から5月にかけてカウフマンからの抜粋を行
なった (〔MEGA II/11〕1574ページ[8]を見よ) が, そのさい, 「Profitchemachen
〔儲けを稼ぐ〕」ための有価証券を意味する「Papiercher」という言葉をしばしば
書いていた (IISG, Marx-Engels-Nachlaß, Sign. B 140, S. 4, 27 または32, および,
B 141, S. 8, 35 od. 41, を見よ)。マルクスは第8稿の60ページの最下部に次のよ
うに書いている。彼のブルジョア的な批判者たちは, 彼が『資本論』第1巻で
行なっていた, 労賃を労働力の価値どおりの支払だとしておく想定は実際とは
違っている, と言って彼を非難している, と〔本書237ページ33行-238ページ4行〕。
それに続けてマルクスは61ページに次のように書いた。「ここで, 私の持ちま
えの「寛容さ」で, シェフレを引用してもよい」 (〔MEGA II/11〕809ページ30-35
行〔本書238ページ4-5行〕)。マルクスは, 1879年に刊行されたアドルフ・ヴァー
グナーおよびエルヴィン・ナッセの『経済学教程』について彼が同年に書いた
「傍注」でほとんど同じことを述べたが, ここでもシェフレに言及している
(〔MEGA II/11〕809ページ30-35行への注解〔本書238ページ6行-239ページ5行の注解

---

7) いまは1920年代に作成されたコピーだけがロシア国立社会・政治史アルヒーフに所蔵さ
れているこの文書は, ほぼ1880-1881年にマルクスが作成した抜粋ノートで, このなかに
『商工業等に関するイギリス大公使館書記官報告書』第3部, 「商業篇」第14号, 1879年,
からの抜粋が含まれている。

8) これは「『資本論』。第2部。資本の流通過程。(諸断片 IV)」の「成立と来歴」のなかのペ
ージで, ここには, この文書「諸断片 IV」が書かれている, イラリオーン・イグナーチエ
ヴィチ・カウフマン『銀行業の理論と実際』からの抜粋ノート第3冊についての書誌的事
項が詳説されている。

注〕を見よ）。ごく近い時期に書かれたこの二つのコメントは，どちらも1880年よりも前に書かれたものではないであろうが，第8稿での記述のほうはあとから書き加えられた可能性もある。マルクスは1枚のばらの紙葉に，草稿65ページおよび69ページでの再生産表式にかかわる計算に関連する，若干の副次的な計算を書いた（〔MEGA II/11〕828ページ1-13行〔本書271ページ22行-272ページ23行〕）。この紙葉には，マルクスが1881年2月-3月にヴェラ・イヴァーノヴナ・ザスーリッチに宛てて手紙を書くさいに使った紙と同じ製紙工場の商標の透かしがある[9]。この点からも，第8稿が1880-1881年に書かれたという時期推定を |1611| 受け入れることができる。この手紙に使われた紙と同じ紙をマルクスはすでに1877年に「傍注」に使っていたが，ここではこのことを考慮する必要はない。というのも，第8稿のなかの，この副次計算の関連箇所は，1880年よりも前に書かれることができなかったものだからである。

　マルクスは，ノートの67-68ページで，単純再生産での転換諸関係の記述のあいだに，「合理的な消費者」としての労働者たちについての辛辣な批評を挿入した（〔MEGA II/11〕818ページ5行-819ページ30行〔本書254ページ24行-257ページ15行〕を見よ）。そのさい彼は，さきに触れた『商工業等に関するイギリス大公使館書記官報告書，ロンドン，1879年』からの引用を行なった。だから，この批評——これにもあとから書き込まれたものと見るべき特徴はない——とそれに続く記述は1880年，またはそれ以後に書かれたのである。この執筆時期の推定は，この批評の直前にある，草稿61ページから始まる単純再生産表式についてのもろもろの論述にも妥当するものである。

　草稿71ページに書かれた，部門Iと部門IIとのあいだの転換の経過についてのマルクスの諸論述で第8稿は終わる（〔MEGA II/11〕825ページ38行〔本書268ページ23行〕を見よ）。草稿72ページから75ページまでにはなにも書かれていない。76ページの最上部には，ジェイムズ・ジーキの著書『先史ヨーロッパ』，ロンドン，1881年，からの一つの引用がある（〔MEGA II/11〕826ページ1-10行〔本書268ページ24行-269ページ7行〕）。この引用は，それの内容の点では第8稿と

9）ばらの紙葉の紙種とザスーリッチ宛の手紙に使われた紙の紙種とが同じものであることについては，拙稿「『資本論』第2部第8稿の執筆時期について」，『経済志林』第65巻第4号，1998年，122-124ページ，を見よ。

はなんの関連もないが，執筆時期については，次のような手がかりを提供していることを見過ごしてはならない。すなわち，ジーキのこの著書が実際に刊行されたのは1880年12月だった[10]から，マルクスは1881年より以前にはこの書物を手にすることができず，だから抜粋することもできなかった，ということである。ジーキのこの書からの抜粋がノートXI（〔MEGA II/11〕1326ページ[11]）を見よ）のなかに含まれている。このノートXIは，マルクスが1877年3月末から4月中旬にかけて，第2部の第1-4稿から「利用すべき諸箇所」（〔MEGA II/11〕525-548ページを見よ）を書くさいに使ったノートである。ただし，ジーキの著書の20ページから抜粋された第8稿のここでの記述はノートXIでの抜粋のなかには含まれていない。だから，マルクスはここでの抜粋をノートXIでのジーキからの抜粋よりも前に書いたわけだが，もしかするとそれは，ノートXIでジーキの書よりも前に抜粋されている他のどれかの出典からの抜粋のあとだったのかもしれない。

　マルクスが最後に，ノートの76ページの残りの部分とノートの表紙裏とに書き付けをしたのは，たぶん，同じく1881年であった。そこでマルクスは，商品と貨幣との変態を，燃焼過程のさいの素材の転換と同じく，力の消費を必要とする，状態の変更として考察している（〔MEGA II/11〕826ページ12行-827ページ42行〔本書269ページ15行271ページ20行〕を見よ）。マルクスにこの興味深い比較をするようにしむけたのは，第8稿に先行した化学に関する研究（MEGA IV/31を見よ）のようである。

マルクス（1880年6月27日付フェルディナント・ドメラ・ニューエンホイス宛

10）毎年イギリスで刊行される書物を記載した "The English Catalogue of Books" の1880年版によれば，表紙には1881年と記載されているジーキのこの書が実際には1880年の12月に刊行されていたことがわかる。拙稿「『資本論』第2部第8稿の執筆時期について」，『経済志林』第65巻第4号，1998年，119ページ，を見よ。

11）これは「『資本論』。第2部。資本の流通過程。以前の叙述（第1-4稿）のうちの利用すべきテキスト諸箇所」の「典拠文書の記録」のなかのページで，この「典拠文書の記録」には，当該文書「利用すべき諸箇所」が書かれている，マルクスが「ノートXI（1876年）……」とした抜粋ノートについての書誌的事項が詳説されている。指示されているこのページには，「利用すべき諸箇所」が7-21ページに書かれているこのノートの101-126ページにジーキの『先史ヨーロッパ』からの抜粋があることが記されている。

のマルクスの手紙を見よ）とは違って，オットー・マイスナーは明らかに，社会主義者法が『資本論』の第1巻に続く諸巻の刊行にとっての障害だとは思っていなかった。マイスナーは1880年3月20日にマルクスに問い合わせた。——「長いあいだ，あなたからなにもご連絡がありません。第2巻はどうなっていますか，今年のうちに印刷を始められる見通しはありますか？」それから1年半後の1881年10月22日に，マイスナーはもう一度，マルクスに同じ質問を書き送った。マルクスがどのように答えたのかはわかっていない。第8稿を中断した直後にマルクスが第2部にかかわる問題に取り組んだことを示す二つのメモが残されている。一つは，拡大された規模での再生産表式についての次の書きかけである。

1612
$$|\text{I } 4000c + 400v(m) + 1000v + 100v(m) + 500m$$
$$= \langle 5500 \rangle 4400c + 1100v + 500m = 1600$$
$$= 6000$$
$$1000 \qquad\qquad\qquad |$$

このメモは，たぶん，マルクスが1881年7-8月に，パリ近郊アルジャントゥーイに住んでいた娘ジェニー・ロンゲのところに滞在したとき，その機会を利用して国立図書館で仕事をしたときに書かれたものであろう。このときの作業から残されているのは，いくつかの抜粋ノートのほか，ばらの，しかし通し番号がつけられた4枚の全紙だった。そのうちの「1）」から「3）」までの全紙には文献に関する記載があり，全紙「3）」[12]には，『1789年の3部会〔États-généraux〕の選挙』，ラオン，1872年，という刊行物——この文献は，1789年の革命に先だつフランス史についての抜粋と文献についてのメモとを含んでいる2冊のノート（RGASPI, Sign. f. 1. op. 1, d. 4097, および，IIGS, Marx-Engels-Nachlaß, Sign. B 165, を見よ）と関連している——からの一つの章句と上記のメモとが書かれている[13]。これらの全紙と2冊のノートとの紙種とサイズは合致しており，使われた筆記具も同様である。上記のメモは青鉛筆で書かれているが，マ

---

12) MEGA II/11 では「4）」と誤記されている。
13) このページのフォトコピーが MEGA II/11, 896 ページに挿入されている。

ルクスはまたこの青鉛筆を，2冊のノートのうちの1冊で下線を引くのにも使った。（RGASPI, Sign. f. 1. op. 1, d. 4097を見よ。）

　マルクスの娘婿ポール・ラファルグの遺文書のなかには，ごく小さなサイズにまでなんべんも折りたたまれていた紙片が保存されている。これはおそらく，マルクスが1881-1882年にラファルグのもとに残しておいたものであろう。それには，次に示す，資本変態および資本の価値構成（有機的構成）についてのメモが書かれている（〔MEGA Ⅱ/11〕897ページおよび898ページに挿入されているこの紙葉の表裏ページの挿入フォトコピー14)を見よ）。

$$|C)\qquad\qquad C^{50}\ V^{50}\ \textit{100}$$
$$C^{60}\ V^{40}$$
$$\mathrm{I})\ \overbrace{G\_W\_P\_W'}\_G'\qquad\qquad C^{70}\ V^{30}$$
$$C^{75}\ V^{25}$$
$$\overbrace{\qquad\qquad\qquad}^{m}$$
$$\mathrm{II})\ P\_\overbrace{W'\_G'\_W}\_P'(P)$$
$$\mathrm{III})\ \overbrace{W'\_G'\_W}\_P\_W'(W^m)$$

$$\textit{450}^{I}\ P\_\overbrace{W'\_G'\_W}\_P$$
$$P\_W'$$
$$\overbrace{\qquad\qquad\qquad}^{m}$$
$$P\_\overbrace{W+\Delta W\_G+\Delta G}\_\_\_\_\_W\_P$$
$$P\_W'\_G'\_W'\_P'|$$

$$W$$
$$C\quad V$$
$$480\_60\,|\,\overbrace{60}=600\ \pounds$$

$$\boxed{1613}\ \Big|\frac{m}{v}\qquad\frac{m}{v}$$
$$\frac{m}{C}=\text{▲}\qquad\frac{m}{C}=\frac{m}{c+v}$$
$$\frac{m}{c+v}=\frac{m}{C}=$$

エンゲルスは，1883年にマルクスの遺稿を整理するさい，第8稿が書かれてい

---

14) この紙葉の表ページのフォトコピーがMEGA Ⅱ/11, 897ページに，裏ページのフォトコピーが898ページに，それぞれ挿入されている。

るノートの表紙[15]にラベルを貼って，次のタイトルを書いた。——「『資本論』第2部。第3章。一国の総流通の姿態，など。現代の経済表。〔Kapital Buch II. Kapitel III. Gestaltung der Gesammt-Circulation eines Landes etc. Tableau économique moderne.〕」このときは，エンゲルスは文書に番号をつけることも執筆時期を推定することもしなかった。エンゲルスは，マルクスによって遺された第2部の諸草案の内容を調べたのちに，はじめて，この原稿の執筆時期を「1878年」と推定した（1884年6月29日付エードゥアルト・ベルンシュタイン宛のエンゲルスの手紙〔MEW 36, 172ページ〕）。エンゲルスは1885年に第2巻への序文でこの草稿を「第8稿」として紹介した（MEGA II/13, VIページ〔MEW 24, 12ページ〕）が，彼はすでにそれ以前に，1884-1885年に彼が作成した第2部の編集用原稿のなかで，この草稿をこの番号で呼ぶことを決めていた（MEGA II/12所収の編集用原稿での採録草稿についての記載，たとえば，〔MEGA II/12〕322ページ36行，362ページ39行，または，401ページ39行，を見よ）。エンゲルスは，第8稿が，事実上，第2部のために書かれた最後の草案だったことを示唆しはしたが，しかし序文では，このテキストが書かれた時期を特定しなかった。彼は，第2巻の第3篇を編集するさいにこの草案の大部分を使用した（MEGA II/12, 922-934ページ）。

　1894年，エンゲルスが『反デューリング論』の第2篇第10章に新たに手を加えたとき，彼は「現代の経済学全体がいまだに解決できずにいるスフィンクスの謎，つまりケネーの「経済表」を，マルクスが解明しているくだり」を「できるだけ完全に，またことばどおりに再録する」（MEGA I/27, 498ページ17-19行〔MEW 20, 15ページ〕）ことにしたが，そのさい彼が，ケネーについての記述のある第8稿をあらためて調べてみたかどうかはわからない。第8稿が書かれたノートの表紙は，マルクスの死後，ノートから切り離されて，ロンゲ家（パリ）の手もとに落ち着いた。1929年9月，モスクワのマルクス＝エンゲルス研究所の通信員アリックス・ギランが，ロンゲ家と接触を始めた（1929年9月10日付アリックス・ギラン宛のエルンスト・ツォーベルの手紙，および，同年10月7日付マルクス＝エンゲルス研究所宛のアリックス・ギランの手紙，を見

15）この表紙のフォトコピーがMEGA II/11, 699ページに挿入されている。

288　II　『資本論』第2部・第3部の草稿を読む

よ）。かなり長かった折衝ののち，ギランは1936年初めに，ロンゲ家に所蔵されていたマルクス一家の書簡および文書の目録を作成した（1936年1月10日付マルクス＝エンゲルス研究所宛のアリックス・ギランの手紙，アリックス・ギラン『ロンゲ家から購入の書簡および文書の目録』，パリ，1936年1月9日，を見よ）。このなかには，「厚紙のノートの表紙に貼られた白い紙片」および「内側にマルクスの筆跡で7行のメモがある，表側と同じ表紙」（同前，紙葉6）という記載がある。ノートの表紙に貼られたラベルについて，ギランはこう記している。――「ラベルにはこう書かれている。――『資本論』第2部第3章。一国の総流通の姿態，など。現代の経済表」。1936年1月にマルクス＝エンゲルス研究所は，マルクス一家の往復書簡とともに，第8稿所収のノートの表紙をも入手した[16]。

　この草稿は初めて公刊される。

<u>1614</u>　　　　　　　　　典拠文書についての記録

a）第8稿

自筆での書き下ろし。原手稿：社会史国際研究所マルクス＝エンゲルス遺稿，整理番号〔コピー〕A 68/〔オリジナル〕B 130. 表紙：ロシア国立社会・政治史アルヒーフ，整理番号f. 1. op. 1. d. 2753.

　書録の素材　糸で綴じられた筆記用ノート。38紙葉（76ページ）。普通の厚さの，青い罫線が引かれた，158×198mmのサイズの白紙。透かしは，

　　HENRY MEAD

　　　　　LONDON

ならびに，26mm間隔の線。厚いボール紙でできた，ノートの表紙，外側は黒，内側は白，無地。サイズは198×314mm。表側の表紙の上に貼られた，白い，

16）筆者は，MEGA第II部門第11巻の編集作業のために，1997年9月から11月にかけてモスクワのロシア国立社会・政治史アルヒーフ（旧ソ連共産党中央委員会所属アルヒーフ）で資料調査を行なったが，そのさい，ここに所蔵されていた，表と裏の表紙だけが残っている文書（RGASPE, Sign. f. 1. op. 1. d. 2753）が『資本論』第2部第8稿に使われたノートの表紙であることをはじめて確認した。この経緯については，拙稿『資本論』第2部第8稿の執筆時期について」（『経済志林』第65巻第4号，1998年），98-112ページ，を見られたい。

いまはひどく変色した，無罫の，サイズ72-76mm×125mmの紙葉からなる紙片。それとは別に，サイズ180×112mmの，やや変色した，無地の紙からなる1枚の白い紙葉。透かしは，

　　　　［HAMM］　OND
　　　［MANUFAC］　TURING
　　　　［STATI］　ONER

ならびに，26mm間隔の線。

　状態　かなり良好，しかしノートの表紙は離れてしまっており，ノートの第2紙葉は切り取られている。1ページは，表紙がはずれたあとで変色を被った。個々の紙葉は良好に保たれている。

　筆者　マルクス，エンゲルス

　筆記具　褐色ににぶく輝く黒インク，鉛筆，青鉛筆，赤鉛筆，および，茶色の鉛筆。

　書き込み状況　だいたいはページ全体が書き込まれている。2ページおよび71ページは3分の2がブランク，50ページは半分がブランク，72-75ページはブランク。裏表紙の内側ページには7行が書き込まれている。エンゲルスによる，赤鉛筆での下線，青鉛筆での済みじるし，ならびに，鉛筆での訂正（「欄外書き込み……目録」，1748-1751ページ，を見よ。）ばらの紙葉は，表ページに半分書き込まれている。〔貼り付けられた〕紙片へのエンゲルスによる書き込みは，赤鉛筆で，下線が引かれているか，あるいは，囲まれている。

　ページづけ　第2紙葉が切り取られたあとに，3ページから，通して1-76のページ番号が書かれている，そのさい，56ページと66ページは飛ばされている。

　他人の手によるメモ　すべてのページに鉛筆でCSと書かれており，マルクスによるページ番号は鉛筆でなぞられている。ほとんどすべての紙葉にIISG〔社会史国際研究所〕のスタンプが押されている。1ページに鉛筆で整理番号のB130が書かれている。ばらの紙葉には，写真整理番号のHJ 94とIISGのスタンプが，裏面には文書保管上のメモ「B 130へ，65ページのあと」が書かれている。〔表紙に貼られた〕紙片と裏表紙の内側ページにはRGASPIのスタンプが押されている。

290　II　『資本論』第2部・第3部の草稿を読む

b）拡大された規模での再生産についてのメモ

自筆での書き下ろし。原手稿：ロシア国立社会・政治史アルヒーフ，整理番号
f. 1. op. 1. d. 4096.

　書録の素材　サイズ180×224/225mmの白い，堅い紙の1全紙，180×112/
112.5mmに折られている。

　状態　良好に保存されている，やや変色。

　1615 筆者　マルクス

　筆記具　鉛筆（〔HJ 94という〕メモ），黒インク。

　書き込み状況　1ページのみ。

　ページづけ　最初の全紙ページに「4）」。

c）資本の諸変態についてのメモ

自筆での書き下ろし。原手稿：フランス共産党アルヒーフ＝セーヌ・サン・ド
ゥニ（ボビニィ）分局アルヒーフ。ポール・ラファルグ所蔵品，整理番号：第
4箱，ファイル40（個人的回想録）。

　書録の素材　20×21-21.5cmの，白い，堅い紙の1枚の小さい全紙，なんべ
んも折られている。

　状態　良好に保たれている。外側の面は黄褐色に変色。

　筆者　マルクス。

　筆記具　黒インク。

　書き込み状況　折る前に，両面に書かれている。

　他人の手によるメモ　折ったあと，外側の面の上部に青鉛筆で「K. M.」と書
かれている。

編集テキストは自筆での書き下ろしに従う

第6章 『資本論』第2部・第3部草稿の執筆時期について
——四共筆者への批判——

　本章に収めるのは，"International Review of Social History", vol. XXVIII, part 1, IISG, Amsterdam, 1983 に掲載された拙稿 „Zur Datierung der Arbeit von Karl Marx am II. und III. Buch des ‚Kapital'" の訳文である。その内容は『資本論』第2部および第3部のいくつかの草稿の，また個々の草稿内部の諸部分の執筆順序や執筆時期の推定にかかわるもので，直接には，MEGA 第II部門の編集に携わっていたヴィゴツキー，ミシケーヴィチ，チェルノフスキーおよびチェプレーンコの四共筆者による，「1863-1867年におけるマルクスの『資本論』執筆の時期区分について」というタイトルの共同論文への批判だった。その後，四共筆者と筆者とのあいだでの幾たびかの応答を経て，最終的に，四共筆者がすべての論点で筆者の主張を受け入れ，それらがMEGA 第II部門での諸草稿成立史についての記述に取り入れられることになった。筆者は拙稿の内容や発表後の経緯などをいくつかの論稿に書いてはきたが，多くのドイツ語文献がこの拙稿に言及しているのにたいして，独文であるために日本ではこれまでほとんど言及されてきていないように思われる。そこで，本書をまとめることになったこの機会に，その訳文を収録することにした。もともとは原稿を日本語で書き，それを独訳したのだったが，その日本語原稿が見あたらないので，独文の拙稿から新たに訳出した。ちなみに，この拙稿を "International Review of Social History" に投稿したさいに生まれたIISGのユルゲン・ローヤーンとの交わりが，のちに，国際マルクス＝エンゲルス財団 (IMES) 発足のさい，財団の編集委員会への筆者の参加に導いたのだった。

　以下，やや長文になるが，四共筆者の見解とそれへの筆者の批判との内容および経過を紹介しておこう。

　『資本論』第3部の現行版 (エンゲルス版) にはところどころに第2部への参照指示があるが，それらは第2部の現行版 (エンゲルス版) への指示である。だから読者は，あたかもマルクス自身が第2部現行版を目の前に置いてそれらの指示を書いたかのようにイメージしていたであろう。とこ

292   II 『資本論』第2部・第3部の草稿を読む

ろが，第2部エンゲルス版に使われたマルクスの第2部草稿の一切が，第3部エンゲルス版の圧倒的な部分に使われたマルクスの第3部第1稿よりもあとに書かれたものだった。すぐあとに述べるように，マルクスは第3部第1稿の執筆の途中で第2部第1稿を書いたのだから，第3部第1稿のうちのこの第2部第1稿に着筆する前の部分を執筆しているときにはまだ第2部の草稿はなかったのであり，第2部第1稿を書き終えたあとにマルクスが手にできた第2部草稿はこの第1稿でしかなかった。しかも，エンゲルスは第2部を編集するときにこの第1稿はまったく使わなかったのだから，第3部エンゲルス版に見られる第2部への指示のすべてが，エンゲルスが自分の判断で，マルクスの後年の諸草稿での記述にコーディネートしたものだったのである。

　じつは，この『資本論』第2部第1稿と第3部第1稿とがそれぞれいつ書かれ，両者の前後関係はどうだったのか，ということは，マルクスが〈1863-1865年に『資本論』全3部を含む「第3の草稿」を書いた〉とする，MEGA編集者の当初からの判断の当否にかかわる重い意味をもっていた*1)。

　MEGA第II部門諸巻の刊行は，1976年，「要綱」の前半を収める第1巻第1分冊と「1861-1863年草稿」を収める第3巻のうちの第1分冊との刊行から始まり，1980年までに，第3巻第2-5分冊と，「経済学批判原初稿」および『経済学批判。第1冊』を収める第2巻とが刊行された。第1-3巻の刊行が終われば，次には，1863-1867年の諸草稿を収める第4巻の刊行にかからなければならない。そこで，編集者たち，とりわけ第II部門の編集を主導していたモスクワML研の編集者たちは，この第4巻に収める諸草稿の執筆時期を確定しようと，精力的に考証作業を進めることになった。あたかも1980年に，MEGA編集のアウトサイダーであったボールドゥイレフという研究者が，ML研では通説となっていた「第3の草稿」執筆説を真っ向から否定する論文を発表した*2)ので，MEGA編集者たちは，これに

────────────

＊1) 第2部第1稿は，1974年に，モスクワのマルクス＝レーニン主義研究所によってロシア語訳が刊行され，その後，草稿の解読文による日本語訳（中峯・大谷他訳『資本の流通過程──『資本論』第2部第1稿──』，大月書店，1982年）が刊行されたのちに，ようやく1988年にMEGA第II部門第4巻第1分冊の一部としてその原文が公刊された。第3部第1稿はMEGA第II部門第4巻第2分冊ではじめて公刊された。そのうち第5章のテキストは筆者が全文を訳出している（拙著『マルクスの利子生み資本論』，桜井書店，2016年）。

第6章 『資本論』第2部・第3部草稿の執筆時期について　293

反論するとともに，1863-1867年の諸草稿について考証的裏づけを伴った
自分たちの見解を発表することになった。これが，1981年に発表された，
ヴィゴツキー，ミシケーヴィチ，チェルノフスキーおよびチェプレーンコ
という四共筆者による「1863-1867年におけるマルクスの『資本論』執筆の
時期区分について」というタイトルの共同論文である＊3)。この論文は，
MEGA第4巻の三つの分冊に収められる諸草稿の執筆時期と順序とを，
推定の根拠を挙げて明確に示した，きわめて重要な文献であった。

　この論文の考証のポイントは次の三つだった。

　①マルクスは，1863年7月に「1861-1863年草稿」の筆を擱いたのち，
遅くとも8月前半までに『資本論』第1部用の原稿を，当時彼が最初の章
にしようと考えていた「貨幣の資本への転化」の章から書き始め，この
作業を1864年の夏まで続けた。

　②彼はこの夏の終わりごろに第3部の執筆にかかった。最初に第2章
から書き始めたが，その途中で，第3部の前に第2部を書いておく必要
があると感じて，第3部の執筆を中断し，第2部の草稿（第1稿）を書い
た。1865年の前半にこの第2部を終えて，ふたたび第3部に戻り，この
年の年末に最後の章の冒頭を書いたところでこの仕事を中断した。

　③だから，マルクスは1863-1865年に『資本論』の全3部の最初の草稿
を書いたのであり，この全体を『資本論』の「第3草稿」と見なすことが
できる。

　同じ1981年に，この論文の執筆者の一人であるチェプレーンコは論文
「マルクス『資本論』第2部第1-4稿の執筆時期推定をめぐる問題に寄せて」
で，第2部の諸草稿についてさらに立ち入った考証を発表した＊4)。翌

＊2) Болдырев, И., "Работа К. Маркса над «Капиталом» в 1863-1867 гг.," «Вопросы эконо-
мики», № 2. 1980.（中野雄策訳「1863-1867年におけるマルクスの『資本論』執筆」，『世界
経済と国際関係』第50集，1980年.）ベルリンではJ・コンラートがほぼ同じ見解を発表し
た (Conrad, J., „In welchen Etappen entstand das Manuskript des Hauptwerkes von Karl
Marx?" Beiträge zur Marx-Engels-Forschung, Heft 6. 1980)。

＊3) Выгодский, В./Л. Миськевич／М. Терновский／А. Чепуренко, "О периодизации работы
К. Маркса над «Капиталом» в 1863-1867 гг.," «Вопросы экономики», № 8. 1981.（中野雄
策訳「1863-1867年におけるК・マルクスの『資本論』の執筆の時期区分について」，『世界
経済と国際関係』第56号，1982年。)

＊4) Чепуренко, А., "К вопросу о датирофке I-IV рукописей второй книги «Капитала» К.
Маркса,"«Научино сообщение и докменты по марксоведению», Москва, 1981.

294　II　『資本論』第2部・第3部の草稿を読む

1982年に同じ四共筆者は『マルクス＝エンゲルス年報』に，上記の共同論文と同じタイトルで，ただし内容的には上のチェプレーンコ論文での考証と結論とを加えて，ドイツ語で発表した＊5）。モスクワおよびベルリンの両ML研MEGA編集部の機関誌だった『年報』への掲載は，MEGA第II部門第4巻の編集とそこでの成立史についての記述はこれにもとづいて行なわれるであろうことを意味していた。

筆者は，1980年から1982年にかけてアムステルダムの社会史国際研究所でマルクスの第2部と第3部の草稿を調査する機会をもったが，この共同論文が発表された1981年11-12月にモスクワに滞在し，ML研で共同論文の執筆者のヴィゴツキー，ミシケーヴィチおよびチェプレーンコの三氏の知遇を得た。しかし，まだ彼らの論文は読んでおらず，このときは立ち入った議論ができなかった。翌1982年3月に帰国してこれらの論文を読んだところ，そのなかに納得できない考証，また一部は明らかに単純な過誤にもとづく考証が含まれていることを知った。筆者は，同年から発表し始めていた，第2部・第3部諸草稿についての拙稿でそうした問題点にも言及したが，日本語では彼らに読んでもらうことができないので，拙見を前記のドイツ語拙稿にまとめて社会史国際研究所の機関誌"International Review of Social History"に投稿し，その1983年第1号に拙稿が掲載された。モスクワには拙稿の原稿を送っておいた。

ここでの論点は三つだった。

①共同論文が，第2部第4稿のあとに書かれた清書だとしている断稿は，逆に，第4稿の直前に書かれたもので，第4稿のほうが，これを見ながら書き始められたものである。

②共同論文は，第2部第1稿の表紙に書かれている第2部のプランを，第1稿執筆前に書かれたものだとして考証を進めているが，このプランは，もっとあとの，第4稿の断片や第4稿が書かれた時期に書き付けられたものである。

③以上の2点を前提にし，さらに第3部第1稿での記述を仔細に調べれば，共同論文での結論，すなわち，第2部第1稿が書かれたのは，第

＊5）Miskewitsch, L. /M. Ternowski/A. Tschepurenko/W. Wygodski, „Zur Periodisierung der Arbeit von Karl Marx am „Kapital" in den Jahren 1863 bis 1867", Marx-Engels-Jahrbuch, Bd. 5, Berlin 1982.

第6章 『資本論』第2部・第3部草稿の執筆時期について　295

3部第1稿の早くても246ページよりもあと，遅くても276ページよりも前だった，という推定は，早くても182ページのあと，遅くても243ページの前，と訂正しなければならない。

モスクワから間もなく，①には同意する，②および③には直ちには同意できないが，その理由はかくかくしかじかである，という手紙がきた。これにたいする反論を含む拙見を手紙で書き送ったが，それへの回答は1984年に，手紙でではなく論文のかたちで与えられた。アントーノヴァ，シュヴァルツおよびチェプレーンコの共同論文「1863-1865年の『資本論』第3草稿——公刊を控えての概観——」[*6]がそれである。その4年後の1988年に，ベルリンML研刊行の『マルクス＝エンゲルス研究論集』に，この共同論文の全論旨を追認する，マンフレート・ミュラーの論文「『資本論』第3部のための1864-1865年のマルクスの草稿について」[*7]が掲載された。いずれも，筆者の批判のすべてを承認し，それにもとづいて執筆時期の推定を行なったものであった。そして，このミュラー論文が出た1988年に，『資本論』第2部第1稿を収録するMEGA第Ⅱ部門第4巻第1分冊が刊行され，その「付属資料」のなかでの成立史の記述はあらゆる点で筆者の考証と結論とに合致するものであった[*8]。

執筆時期について，共同論文と筆者とで異なった推定が生じたのはどういうことによってであったのか。

第1に，モスクワの編集者が第2部第4稿の前に書かれた断稿を第4稿の清書稿だと考えたのは，じつは，4ページからなる断稿のフォトコピーと第4稿の最初の4ページのフォトコピーとがどこかの時点で入れ替わってしまい，この状態のフォトコピーを使って考証を進めたためであった。社会史国際研究所にあるオリジナルを見れば，両者に使われている用紙の紙質とサイズの違いから，このような入れ替えはすぐに気づくことができるのであるが，モスクワはフォトコピーしかもっていないために，この単純ミスが見逃されていたのである。

[*6] Antonowa, I./W. Schwarz/A. Tschepurenko, „Der dritte „Kapital" - Entwurf von 1863-1865 - Ein Überblick vor der Veröffentlichung", Marxistische Studien (Jahrbuch des IMSF), Nr. 7, 1984.

[*7] Müller, M., „Über Marx' Entwurf zum dritten Buch des „Kapitals" von 1864/1865", Beiträge zur Marx-Engels-Forschung, Nr. 25, 1988.

[*8] MEGA II/4.1, S. 560-562.

296　II　『資本論』第2部・第3部の草稿を読む

　第2に，共同論文は，第2部第1稿の表紙に書かれたプランを第1稿執筆前に書かれたものと判断して考証を進めていた。しかしこのプランは，のちに，マルクスが第4稿にかかろうとしていた時期に書き込まれたものであった。そのことを示す手がかりを一つだけ挙げておこう。第1章（資本の流通）の表題が，第1稿では Der Umlauf des Capitals，第4稿直前の断稿では Die Cirkulation des Kapitals であり，第4稿では，マルクスはまずこの断稿でのものと同じものを書いたのちに，それを Der Umlauf des Kapitals に変更した，という経過がある。これを踏まえると，第4稿直前の断稿と，第4稿と同じく Die Cirkulation des Kapitals と書かれている表紙プランとは，この二つの草稿を書いた時期に，しかし第4稿で Der Umlauf des Kapitals に変更する以前に，書かれたものだと推定できるのである。のちに MEGA 第II部門第4巻第3分冊で，第1稿の表紙とされていた全紙がじつは第4稿の表紙であったことが考証された。

　第3に，マルクスが第3部第1稿の執筆を中断して第2部第1稿を書いたのは，第3部第1稿のどこを執筆していたときだったのか，ということについての共同論文の推定の根拠は次のようなものであった。彼らはまず，第3部第1稿の256ページに，第2部の流通費に関する節として第1章の§3を挙げている記述を見つけた。これは，第1章の「4）」で流通費を論じている第1稿の本文とは一致しないが，第1章の「3）」が「流通費」となっている，いま触れた第1稿の表紙プランと合致している。そこで，表紙プランが第1稿の前に書かれたと判断していた彼らは，この事実は，第3部のここでは，まだ第1稿の本文は書かれていなかったことを示す，と考えたのである。しかし，上に述べたように，表紙プランは第1稿の前ではなくて，その後に書かれたものだから，この事実は，彼らの判断とは逆に，第3部のこの箇所を書いているときには，すでに書き終えていた第1稿とは異なる新しいプラン（第1稿表紙プラン）を構想していたこと，つまり，このページはむしろ，これよりも前に第2部第1稿がすでに書かれていたことを示しているのである。共同論文は，この誤った上限を前提し，第3部第1稿のこのあとの部分から，第2部第1稿がすでに書かれていたということを示す箇所を探し求めて，それを275ページとしたのであった。しかし，彼らが上限と見たものがじつは下限を示すものだったのだから，必要だったのはむしろ，この下限よりも前のどこかに上限を見いだすことであった。筆者は，第3部の182ページに書き込まれた，「市場の概念は，そ

の最も一般的なかたちでは，資本の流通過程についての篇で展開されなければならない」*9），という文言に注目した。第2部第1稿ではその第1章第1節のなかで市場の概念がきわめて一般的なかたちで論じられているのだから，第3部でのこの記述は，第2部第1稿がまだ書かれていなかったことを示唆しているのである*10）。

　このような執筆時期の推定作業を経て，第Ⅱ部門の第4巻第1分冊に収められる第2部第1稿と第2分冊に収められる第3部第1稿との関係が明確となり，「付属資料」での成立史の記述の骨格が固まったのであった。

はじめに

　いま進められつつある新MEGAの刊行はマルクス＝エンゲルス研究に強い刺激を与えている。MEGA第Ⅱ部門の諸巻は，マルクスの主著『資本論』を詳しく研究して，その理解を深めることを可能にしている。MEGAの編集・刊行に合わせてMEGAの編集者たちによって発表された幾多の興味深い論稿は，それらのなかで『資本論』の成立史ならびにそれの理論的内容の一連の重要な諸問題を解明しており，それによってわれわれの知見も拡げられつつある。

　そうした論稿のなかでとくに注目に値するのは，ラリーサ・ミシケーヴィチ，ミハイル・チェルノフスキー，アレクサンデル・チェプレーンコ，ヴィターリ・ヴィゴツキーの四人の筆者〔以下，「四共筆者」と呼ぶ〕による「1863年から1867年にかけての時期におけるカール・マルクスの『資本論』執筆の時期推定に寄せて」[1]である。四共筆者はこの論文で，第1部の形成史に比べると研究

＊9）MEGA II/4.1, S. 255.

＊10）以上の，第2部第1稿および第3部第1稿の執筆時期をめぐる議論の経過については，拙著『マルクスの利子生み資本論』，桜井書店，2016年，第2巻の補章4を参照されたい。

1）L. Miskewitsch/M. Ternowski/A. Tschepurenko/W. Wygodski, Zur Periodisierung der Arbeit von Karl Marx am „Kapital" in den Jahren 1863 bis 1867〔エリ・ミシケーヴィチ，エム・チェルノフスキー，ア・チェプレーンコ，ヴェ・ヴィゴツキー「1863-1867年におけるマルクスの『資本論』執筆の時期区分について」〕. In: Marx-Engels-Jahrbuch, Bd. 5,

298　II　『資本論』第2部・第3部の草稿を読む

されることの少なかった，『資本論』第2部および第3部の形成史を立ち入って論じている。彼らは両部の形成史の概要を明らかにし，そうすることで，この領域での研究をさらに進めるための基礎をつくりだした[2]。

　それでも，なおいくつかの点で，さらに立ち入って検討されるべき問題が残されているように思われる。私は1980年から1982年にかけて，社会史国際研究所で『資本論』第2部および第3部のもろもろの原草稿を調査したが，そのさい，いくつかの点で，四共筆者によって示された結論とは異なる結論に到達した[3]。これらの論点のうちの二つを取り上げて，ここで論じることにしたい。

第2部の「第4稿」とそれ以前に書かれた断稿

　なによりもまず，四共筆者が依拠している原典にかかわる一つの問題を指摘しなければならない。四共筆者は，第2部の「第4稿」の執筆時期を論じたあと，次のように書いている。

　　Berlin 1982, S. 294-322. この論文の内容は，すでに，次の二つの論稿でロシア語で発表されていた。В. Выгодский, Л. Миськевич, М. Терновский, А. Чепуренко, О периодизации работы К. Маркса над《Капиталом》в 1863-1867 гг.,《Вопросы экономики》, № 8, 1981, стр. 97-107.〔邦訳：ヴェ・ヴィゴツキー，エリ・ミシケーヴィチ，エム・チェルノフスキー，ア・チェプレーンコ「1863-1867年におけるマルクスの『資本論』執筆の時期区分について」，中野雄策訳，『世界経済と国際関係』第56号，1982年〕，および，А. Ю. Чепуренко, К Вопросу о датировке I-IV рукописей второй книги "Капитала" К. Маркса, «Научно сообщения и документы по марксоведению»〔ア・ユ・チェプレーンコ「K. マルクスの『資本論』第2部の第1-4稿の時期推定をめぐる問題に寄せて」〕, ИМЛ при ЦК КПСС, Москва, 1981, стр. 78-97.

2）日本では佐藤金三郎がすでに1971年に次の見解を公表していた。「はじめの3部を「理論的な部分」とし，結びの第4部を「歴史的・文献的な」部分とする『資本論』全4部の構想は，1863年夏から翌1864年末までの間の比較的早い時期にすでにでき上がっていたのであり，しかも，マルクスは，この構想にもとづいて，1863年夏から1865年12月末までの約2年半の間に，全6章から成る第1部の原稿，全3章から成る第2部の「第1稿」，および，全7章から成る第3部の「主要原稿」を，つまり『資本論』の「理論的部分」全3部の原稿を書き上げたのである。」（佐藤金三郎「『資本論』第3部草稿について（2）」，『思想』，第564号，1971年，128ページ【所収：『『資本論』研究序説』，岩波書店，1992年，164ページ】。）

3）筆者が到達した結論については，日本語で刊行された次の論文で立ち入って論じた。大谷禎之介「『資本論』第3部第1稿について」，『経済志林』第50巻第2号，1982年10月【所収：『マルクスの利子生み資本論』第1巻，桜井書店，2016年，補章2】。

第6章 『資本論』第2部・第3部草稿の執筆時期について　299

「さらに，第2部に属するもので，エンゲルスが『資本論』第2部への序文で言及していない，マルクスがページ番号をつけなかった一つの原稿が伝存している。それは明らかに，マルクスが「第4稿」の第1章の書き出しを清書したものである。

このテキストには，執筆の時点を——間接的にでも——十分に正確に確定することを許すような手がかりはまったくない。しかし，この草稿のテキストには，ページ番号のない1枚の全紙——おそらくは表紙——がつけられていて，それにはマルクスがインクで書いた，「15日か，16日か？トゥッシーの誕生日は？」というメモと，鉛筆で書かれた，「チェルヌィシェフスキーは1864年に鉱山行きの刑に処せられた。フレローフスキー」というメモとがある。」[4]

どうやら，四共筆者はここで，二つの草稿を取り違えているようである。私が草稿を調べたところによれば，四共筆者が「マルクスが「第4稿」の第1章の書き出しを清書したもの」と呼んでいる草稿は，それの表紙ともども，実際には「第4稿」そのものの書き出しと見るべきものであり，他方，四共筆者が「第4稿」と呼んでいる草稿の最初の4ページのほうが，「第4稿」以前に書かれた，「第4稿」とは区別されるべき断片とされるべきものである。この二つの草稿のどちらも，社会史国際研究所に所蔵されている。

研究所所蔵のマルクス＝エンゲルス遺文書〔Marx-Engels-Nachlaß〕の，いま使われている新たな目録〔Inventar〕には，「第4稿」【MEGA II/4.3, S. 286-363】は，A 65という整理番号のもとに，次のように登録されている。

A 65　『資本論』第2部。「資本の流通過程」。第4稿，
　　　　1867-1870年，ドイツ語，英語，フランス語，34ページ，二つ折り判。

この草稿は，27 mm間隔の平行線の透かしがある同じ紙種の，寸法が203×321 mmの34枚の二つ折り判全紙（68ページ）からなっている。一度折られた全紙（二つ折り判の紙葉が2枚）が表紙となっており，その4つのページにはペ

4）Miskewitsch/Ternowski/Tschepurenko/Wygodski, Zur Periodisierung ...〔前出，ミシケーヴィチ，チェルノフスキー，チェプレーンコ，ヴィゴッキー「1863-1867年におけるマルクスの『資本論』執筆の時期区分について」〕, *a.a.O.*, S. 314.

ージ番号がつけられていない。15の全紙には1から58まで順にページ番号が
つけられているが，49ページのほかにさらに49aページがあり，ページ番号が
つけられていない最後のページにはなにも書かれていない。4ページと5ペー
ジとのあいだに，一度折られた全紙（二つ折り判の紙葉2枚）が挿入されてい
る。この全紙の4ページのうち，最初のページだけが書かれており，このペー
ジには「5」というページ番号があるが，そのほかの3ページにはなにも書か
れていない。二つある5ページのテキストを比べて容易にわかるのは，挿入さ
れたほうの5ページのテキストが，当初の5ページのテキストの新たな書き換
えだ，ということである。このことから，当初の5ページのテキストにさらに
手を加えるために，マルクスがのちにこの全紙を挿入したものと考えられる。
表紙となっている4ページの全紙には，最初のページにだけ書かれている。鉛
筆で書かれた草稿番号の「IV)」があり，それと並んで，「15日か，16日か？
トゥッシーの誕生日は？」というメモがある。右のふちと平行に，「チェルヌ
ィシェフスキーは1864年に鉱山行きの刑に処せられた。フレーロフスキー」と
書かれている。書かれているすべてのページに鉛筆で「NT」という記号があ
るが，これはたぶん，1920年代にモスクワのマルクス＝エンゲルス研究所の
ためのフォトコピーを作成するさいにつけられたものであろう。

　それでは，四共筆者によって「マルクスによって清書された「第4稿」の第1
章の冒頭」と呼ばれている草稿は，社会史国際研究所のどこにあるのだろう
か？　それを見つけるためには，社会史国際研究所に所蔵されているすべての
第2部草稿を丁寧に点検してみなければならない。というのも，研究所の目録
には，そのような草稿について手がかりとなるようなものはなにもないからで
ある。

　社会史国際研究所には第2部の「第5稿」【MEGA II/11, S. 556-660】も所蔵されて
いる。それは，目録では整理番号A 66のもとに，次のように登録されている。

　　A 66　『資本論』，第2巻，第5稿：「資本の循環過程」，

　　　　　1877年，ドイツ語，英語，フランス語，44¼ページ。

　ところが，この整理番号のもとにはまったく別の三つの草稿が収められてい
て，じつは，そのうちの，エンゲルスが表紙に「第5稿。(1875年またはそれ
以後)」と書いている第1のものだけが，目録にある「第5稿」なのである。第2

のもの【MEGA II/11, S. 552-555】は，「第5稿」以前に書かれた，第2部の第1篇第1章の二つの書き出しを含み，エンゲルスがそのうえに「第5稿に。最初の書き出し」と書きつけた一つの断片である。

第3のもの【MEGA II/4.3, S. 32-43】は，旧目録では，整理番号 A 47 のもとに次のように登録されていた。

A 47 「第2部。第1章。」（第4稿1。）

4ページ。二つ折り判。

目録には，この記載以外に，他のどの諸草稿とのつながりを示唆するものはなにもない。この草稿は，寸法が210.5×343mmの，28mm間隔の平行線の透かしがある，一度折られた全紙からなっている。4ページのすべてが書かれており，そして，すべてのページに鉛筆で「NV」という記号が書き込まれている。研究所ではいまは「第5稿」というタイトルのもとに保存されているが，最初のページにある表題とマルクスの書体とから推測されるのは，この草稿は，「第5稿」に属するものでも，また「第6稿」に属するものでもない，ということである。それに書かれている表題は次のとおりである。

第2部。資本の流通過程〔Zweites Buch. Der Cirkulationsprozeß des Kapitals〕。

第1章。資本の流通〔Erstes Kapitel. Die Cirkulation des Kapitals〕。

1）資本の諸変態〔1) Die Metamorphosen des Kapitals〕

つまり，ここでは第2部はまだ，篇（Abschnitt）に区分されておらず，章（Kapitel）に区分されている。さらにマルクスはこの草稿を，第2部の「第5稿」以降の草稿でのようにラテン書体ででではなく，ドイツ書体で書いている。第1稿から第4稿までの草稿と比較してわかるのは，「第4稿」の書き出しがこの断片の書き直しとなっている，ということであり，だからこれは「第4稿」以前に書かれたにちがいないということである。「第4稿」に使われている紙の紙種は，その紙質と寸法とから見て，断片の紙とは明らかに異なっている。だから，社会史国際研究所で，両草稿の初めのほうの何ページかが入れ替わってしまっている，といったことはまったく考えられないのである。

以上のところから推測できるのは，次のことである。

1）四共筆者が「ページ番号のない1枚の全紙――おそらく表紙――」と呼んだ全紙は，いま触れた「第4稿」そのものの表紙である。

302 II 『資本論』第2部・第3部の草稿を読む

2）四共筆者が「マルクスによって清書された「第4稿」の第1章の冒頭」と呼ぶものは，これもまた，ほとんど確実に4ページからなる，「第4稿」そのものの書き出しである。

3）四共筆者によって「第4稿」の書き出しと見られている4ページは，「第4稿」とは区別されるべき，「第4稿」以前に書かれた断片であって，それは，社会史国際研究所で「A 66 第5稿」のもとに一緒にされている三つの草稿のうちの第3のもののことである[5]。

おそらく，モスクワのマルクス＝レーニン主義研究所で，「第4稿」の表紙およびその書き出しのフォトコピーと断片のフォトコピーとが，いつの時点でか作業中に，誤って入れ替えられてしまったのであろう。

この推論は，これまでに推定されている「第4稿」の執筆時期についてはなにも触れるところがない。けれども，この推論によって，「「第4稿」の第1章の未完のまま残された書きかけの執筆時期の推定」[6]という問題はなくなる。というのは，次のような理由からである。四共筆者は，「第4稿」の執筆時期を推定するさいに，それの「1ページ」にある「『資本論』第1巻への指示」，ならびに，「2ページ」にある「「188ページとそれ以下」という指示」に依拠している[7]。しかし，これらのページは，四共筆者が考えていたのとは違って，実際には，「第4稿」にではなく，断片に属するものなのだから，四共筆者の「第4稿」の執筆時期についての推論は，じつは，「第4稿」についてではなく断片について妥当するものである。こうして，断片の執筆時期を推定する必要はなくなっている。「第4稿」そのものの執筆時期推定について言えば，四共筆者が，「第4稿」の51ページに『資本論』第1巻の553ページからの引用があることを根拠にして行なっている推定には，ここで指摘した二つの草稿の入れ違いはまったく影響を与えない。というのも，この51ページは実際に「第4稿」に属す

5）【この草稿は，2012年に刊行されたMEGA II/4.3に，„Zweites Buch. Der Zirkulationsprozeß des Kapitals. Anfang des ersten Kapitels“という表題のもとに収録されている。編集者（Carl-Erich Vollgraf）はこの草稿を，マルクスが『資本論』第1巻を刊行したのち，第2部の印刷用原稿に取り掛かろうとした最初のもので，おそらくは1867年10月に執筆されたものと推定している（MEGA II/4.3, S. 542）。】

6）Ebd., S. 318.

7）Ebd., S. 313.

るものだからである。

　だから，四共筆者の次の推論は，「第4稿」の執筆時期の推定を変えないだけではなく，その前に書かれた断片の執筆時期の推定を変えることもない。すなわち，「こういうわけで，「第4稿」の全部を1867年の6月から8月までの時期に書かれたものとすることができる。」[8]つまり，どちらの草稿もマルクスによって同じ時期に書かれたのである。両草稿の執筆のこうした順序とその時期の推定とを前提して，第2の争点に移ろう。

第2部のためのプランと第2部第1稿

　四共筆者は，第3部の「主要草稿」と第2部の「第1稿」とを分析して，両者の関連について次の結論に到達した。すなわち，マルクスは，第3部への作業を中断して，第2部の「第1稿」を書き上げ，そののちまた第3部の作業に戻った，という結論である。マルクスが第2部の執筆のために第3部の作業を中断した，という推定はまったく説得的であるが，それにたいして，第3部の草稿のなかのそうした中断が生じた箇所についての四共筆者の推定には疑わしい点がある。

　四共筆者は，マルクスは第3部の草稿の執筆を，早くても256ページ以降の，遅くても275ページ以前のどこかで中断した，と考える。なぜ，早くても256ページ以降なのか？

　　「マルクスは，第3部の草稿の243ページおよび256ページで，〔第2部の〕「第1稿」の第1章のなかの，流通費に当てられている第3節を指示している。このことから明らかとなるのは，マルクスがここで言及したのは〔「第1稿」そのものではなくて〕第2部のプランだった，ということである。というのも，流通費は「第1稿」では第4節で論じられているのだからである。このことが意味しているのは，われわれの考えるところでは，マルクスは第3部への作業を中断したのが早くても256ページだった，ということである。」[9]

---

8) Ebd., S. 314.

304 II 『資本論』第2部・第3部の草稿を読む

では，なぜ，遅くとも275ページ以前なのか？

「マルクスはこの第2部草稿〔第1稿〕の38ページで，貨幣資本としての金銀がどのように機能するのか，という問題の考察は第3部の第4章に属する，と書いているが，しかし〔そのさい〕，この問題がそもそも『資本論』で叙述されるのかどうか，という疑念を表明している。にもかかわらず，第3部の草稿では〔その問題が〕第4章のなかの275ページから278ページで論じられている。このことが意味するのは，〔ここでは〕すでにマルクスが，第3部の草稿の作業を中断して第2部を執筆しようと決めていた，ということである。この決断が行なわれたのは，第3部の草稿の275ページから278ページまでが書き上げられる前であった。言い換えれば，マルクスは〔第2部の〕「第1稿」を，第3部草稿の256ページを書いたときと275ページを書いたときとのあいだの時期に執筆したのである。」[10]

ここではまず，早くても256ページ以降，という前者の推論の正否を吟味しよう。この主張が成り立つのは，ただ，「第2部のプラン」が実際に，第2部の「第1稿」の執筆の前に書かれていた場合だけである。筆者たちは次のように書いている。

「マルクスが単独の1紙葉に，次に掲げる第2部のためのプランを書いたのは，明らかに，この部〔第1稿〕の作業を始める前であった。

　　第1章。資本の流通。
　　第2章。資本の回転。
　　第3章。

初めの二つの章は，このプランでは節〔Paragraph〕に下位区分されている。マルクスが第3章に「流通と再生産」というタイトルをつけたのは，第2部の「第1稿」を書いているなかでであって，また同じくそのなかで，この章の構造を仕上げたのである。」[11]

だが，そもそも，このプランが第2部第1稿に着筆する前に書かれたというのは，明らかなことであろうか？　そうではない。その逆である！　むしろこの

---

9) Ebd., S. 308.
10) Ebd.
11) Ebd., S. 300.

プランは，マルクスが「第1稿」を書き終えたあとに書いた，と推定されるべきものなのである。まず，「第1稿」のテキストのなかにある，初めの二つの章の表題を見てみよう。

第2部。資本の流通過程。〔Zweites Buch. Der Circulationsproceß des Capitals.〕

第1章。資本の循環。〔Erstes Capitel. Der Umlauf des Capitals.〕

　1）資本の諸変態。〔1）Die Metamorphosen des Capitals.〕

　2）流通時間。〔2）Die Circulationszeit.〕

　3）生産時間。〔3）Die Productionszeit.〕

　4）流通費。〔4）Circulationskosten.〕

第2章。資本の回転。〔Zweites Capitel. Der Umschlag des Capitals.〕

　1）流通時間と回転。〔1）Umlaufszeit u. Umschlag.〕

　2）固定資本と流動資本。回転循環。再生産過程の連続性。〔2）Fixes u. circulirendes Capital. Umschlagcyclen. Continuität d. Reproductionsprocesses.〕

　3）回転と価値形成。〔Umschlag u. Werthbildung.〕[12]

これにたいして，マルクスは第2部のためのプランを，「単独の紙葉に」次のように書いた。

第2部。資本の流通過程。〔Zweites Buch. Der Cirkulationsprozeß des Kapitals.〕

第1章。資本の流通。〔Erstes Kapitel. Die Cirkulation des Kapitals.〕

　1）資本の諸変態：貨幣資本，生産資本，商品資本。〔1）Die Metamorphosen des Kapitals: Geldkapital, Produktives Kapital, Waarenkapital.〕

　2）生産時間と流通時間。〔2）Produktionszeit und Umlaufszeit.〕

　3）流通費。〔3）Cirkulationskosten.〕

第2章。資本の回転。〔Zweites Kapitel. Der Umschlag des Kapitals.〕

　1）回転の概念。〔Begriff des Umschlags.〕

---

12) マルクス＝レーニン主義研究所，モスクワ，f. 1, op. 1, d. 1802, 1. 2, 23, 25 verso, 29, 31, 35 verso, 51. 邦訳作成のために大月書店がソ連邦共産党中央委員会付属マルクス＝レーニン主義研究所から提供された草稿フォトコピーによる。【MEGA II/4.1, S. 140, 202, 209, 222, 231, 245, 290. 邦訳：中峯・大谷他訳『資本の流通過程——『資本論』第2部第1稿——』，大月書店，1982年，9, 79, 90, 105, 114, 130, 184ページ。】

306 II 『資本論』第2部・第3部の草稿を読む

2）固定資本と流動資本。回転循環。〔2）Fixes Kapital und Cirkulirendes Kapital. Umschlagscyclen.〕

3）回転時間が生産物形成および価値形成ならびに剰余価値の生産に及ぼす影響。〔3）Einfluß d. Umschlagszeit auf Produkt- u. Werthbildung u. Produktion d. Mehrwerths.〕

第3章。〔Drittes Kapitel.〕[13]

この二つの文面の書記法を丁寧に見くらべれば，次の相違に気づくことができる（イタリック体に注目されたい）。

„Circulationsproceß" に対する „Cirkulationsprozeß";

„*C*apital" に対する „*K*apital";

„*C*apitel" に対する „*K*apitel";

„Cir*c*ulation" に対する „Cir*k*ulation";

„Produ*c*tionszeit" に対する „Produ*k*tionszeit";

„Cir*c*ulationskosten" に対する „Cir*k*ulationskosten";

„cir*c*ulirendes *C*apital" に対する „Cir*k*ulirendes *K*apital".

第2部の「第1稿」でも「第3稿」でも第3部の「主要草稿」[14]でも，マルクスは前者の書記法を使った，すなわち彼は，Cirkulation ではなくて Circulation 等々と書いた。しかし，第2部の「第4稿」とその前に書かれた断片，そして「第2稿」では，彼は第2の書記法を使った。すなわち彼は，Circulation ではなく Cirkulation 等々と書いたのである。私の見るところでは，書記法上のこの

---

13) Ebd., l. l.【MEGA II/4.1, S. 139. 邦訳，8ページ。なお，旧稿執筆時には「第1稿」の表紙と見なされていた全紙（4ページ）は，その後，誤って「第1稿」と一緒にされていたもので，もともとは「第4稿」の表紙だった，という考証にもとづいて，MEGA II/4.3 収録の「第4稿」に表紙として再録された（MEGA II/4.3, S. 285）。】

14) エンゲルスは『資本論』の第3巻への序文で第3部の草稿について次のように書いている。「第3部のためには，たった一つの，しかも欠けたところのまったく多い最初の草案があっただけだった。」（カール・マルクス／フリードリヒ・エンゲルス『著作集〔Werke〕』第25巻，ベルリン，1964年，8ページ。）しかし，そのあとで彼はこの「草案」を「主要原稿」と呼んでいる（同前，11-12ページ）。というのは，このほかにさらに三つの小さい草稿（「第2稿」，「第3稿」および「第4稿」）があって，それらはいずれも，第1章「費用価格と利潤」の書き出しとなっているからである。同じ序文でエンゲルスは，そのうちの，彼が第1章に使った二つ（「第2稿」および「第3稿」）を，「二つの，二つ折り判8ページの書き直しかけたもの」（同前，12ページ）と呼んでいる。

第6章 『資本論』第2部・第3部草稿の執筆時期について　307

変化が生じたのは，『資本論』第1巻初版のための印刷用原稿ないしそれのゲラ
を扱っていた時期である。というのも，この第1巻初版でマルクスは統一的に
後者の書記法を採用したのだからである[15]。この変化の時期がどうであれ，第
2部の「第1稿」以前にマルクスがこの新しい書記法を使ったとは考えにくい。
だから，書記法上のこの違いからすれば，さきの第2部プランは，早くても，
第2部の「第3稿」のあとに書かれたものだ，ということになる。

　さて，今度は，第2部プランと「第1稿」とを，その内容の点から対比してみ
よう。

　第1。もしプランがさきに書かれ，草稿がそのあとに書かれたのだったとす
れば，プランの第1章の「2）生産時間と流通時間」という節が，のちに「第1
稿」で二つの節に，すなわち「2）流通時間」および「3）生産時間」に分けら
れた，ということになるはずである。けれども，注目する必要があるのは，
「第1稿」ではマルクスは，第3節の冒頭にまず「資本の回転」という表題を書
き，これをあとから「生産時間」に変更した，という事実である[16]。この変更
をたんなる書き誤りの修正と見なすことはできない。この第3節の49ページに
ある脚注でマルクスは次のように書いている。

　　「§2で流通時間を考察したのと同じやり方で，第1章の§3の全部で生産
　　時間を単純に考察するのではないのか，これが疑問だ。だから，どのみち
　　第2章が「資本の回転」と題されているのだから，資本の流通〔Umlauf〕の
　　この特定の形態にかかわるすべてのことは第2章に含め，第1章も「資本
　　の流通〔Umlauf〕」と題されているのだからこの章では資本の流通〔Umlauf〕

---

15) ただし，マルクスは第1巻の初版では，この統一の作業を徹底しては行なわなかった。た
　　とえば，序文および目次と第2章の第3節以降では「Cirkulation」となっているが，第1章
　　から第2章第2節までは「Circulation」となっている。このことには留意しておく必要があ
　　るであろう。ちなみに，ドイツ文字〔いわゆるひげ文字〕で印刷されたマルクスの労作
　　『経済学批判。第1分冊』でも，すでに「Kapital」，「Kapitel」，「Cirkulation」，「Produktion」
　　等々の書き方が使われていたことも興味深い。【マルクスは印刷用の原稿を作成するさい
　　には，日常使っていた書記法とは違うややドイツ語風の書記法を使おうという意識をもっ
　　ていたのである。このことは，本稿での考証には影響がないと考えられるが，書記法の違
　　いによって執筆時期を推定するさいには考慮に入れられる必要がある。】
16) 草稿の46ページ。マルクス＝レーニン主義研究所，F. 1, op. 1, d. 1802, 1. 25 verso.【MEGA
　　II/4.1, S. 209 und 598. 邦訳，90ページ。】

の一般的諸契機だけを分析する〔ようにすべきか〕。こうするのがたしかに最善のように思える。」[17]

　つまりマルクスは、はじめは第3節で、生産時間についての本来の諸問題だけでなく、資本の回転の一般的規定をも与えていたのである。しかし、上の脚注からわかるように、彼はそれについて反省して、「回転」の概念は第2章「資本の回転」の冒頭で明らかにすることにしたのである。このことに見合うように、彼は第2章の「（1）流通時間〔Umlaufszeit〕と回転」と題された最初の節の冒頭で次のように書いた。「さて、前章の第3節で先取りして回転の一般的概念について述べたことを、ここにもってこなければならない。」[18]このことが第3節のある部分の位置を第2章に置き換えることを意味していたのはもちろんである。以上のことからは、マルクスに、第1章の第3節を「生産時間」とし、第2章を「資本の回転」とする、という篇別構成にすべきだということがはっきりとしたのは、彼が第1章の第3節を書いているなかでのことであった、という結論を引き出さなければならない。

　そもそも、「第1稿」に着筆する以前に、マルクスがすでに第2章を「資本の回転」とする、というプランをもっていたのかどうかということさえ、疑わしいのである。彼は28ページで書いている。「この規定の重要性は、資本の回転のところ（本章の§3）で明らかになる。」[19]この記述は、彼が第1章第3節の表題をはじめ「資本の回転」と書いたのち、それを「生産時間」に変更した、という事実と完全に対応している。マルクスが、まず第1章第3節に「資本の回転」という表題をつけ、そしてそのあとにさらにもう一度、この同じ表題を第2章の表題とする、というようなプランをもったことがあった、などというのは、きわめて考えにくいことである。このように言えるとすれば、マルクスが第2章に「資本の回転」というの表題をつけることを決めたのは、どんなに早くても、第1章第3節の表題を変更したときだったということになる。つまるところ、「第1稿」に着筆する以前に上で見たような第2部の詳細なプランをマルクスが頭のなかにもっていたとはほとんど考えることができない。

---

17) Ebd., 1. 27.【MEGA II/4.1, S. 216. 邦訳，96-97ページ。】
18) 草稿の57ページ，ebd., 1. 31.【MEGA II/4.1, S. 231. 邦訳，114ページ。】
19) Ebd., 1. 15 verso.【MEGA II/4.1, S. 181. 邦訳，58ページ。】

第6章　『資本論』第2部・第3部草稿の執筆時期について　309

　第2。「第1稿」では第1章第1節の表題は，ただ「資本の諸変態」とされているだけであるのにたいして，さきに見たプランでは，「資本の諸変態：貨幣資本，生産資本，商品資本」となっている。マルクスは「第1稿」では，ただ細目を挙げることをしなかっただけだ，と考えられるかもしれない。だが，「第1稿」の第1章第1節をしっかりと読めば容易にわかるように，マルクスは，まさにこの節を書いているさなかに，資本の三つの形態規定，とりわけ商品資本の形態規定を，次第に仕上げていったのである。

　「第1稿」では，マルクスは循環形態の第2のものとして，資本が生産諸要素から出発して生産諸要素に戻ってくる形態を挙げている。

　　「第2の循環：$\overset{1)}{W}$。（生産手段の形態にある商品。過程のなかにある$\overset{2)}{W}$。直接的生産過程。——$W'\underset{\;}{\overset{3)}{\_G\_}}W$　すなわち，生産された諸商品の貨幣への転化，および，生産された諸商品の諸商品（労働過程の諸要因）への再転化。

　　つまり，$\overset{1)}{W}$。——$\overset{2)}{過程}$。——$W'\overset{3)}{\_G\_}W$。」[20]

　この形態は，こののちの第2部諸草稿ではなくなっている。マルクスが「第1稿」でこの形態を，他の三つの循環形態と並ぶ一つの循環形態としたのは，彼が$G\_W(A+Pm)$におけるWを「商品資本」と呼んでいたことと関連している。

　　「〔……〕商品資本は，WおよびW'として，過程の前提およびその結果として，前貸および回収として，二重に現われる。」[21]

　　「貨幣資本が転化した姿である商品資本Wは，労働過程の実体的な諸要因を表現しており，したがって，生産過程から結果として出てきて資本の流通の第2の段階をこれから通過しなければならない商品資本W'の素材的な存在諸条件を表現している。」[22]

　けれども，マルクスはのちに，この把握について考え直したのであろう。彼

20）草稿の4ページ。ebd., l. 3 verso.【MEGA II/4.1, S. 145. 邦訳，15ページ。】マルクスはこのあと，18-19ページでこの形態を詳論している。ebd., l. 10 verso, 11.【MEGA II/4.1, S. 164-166. 邦訳，25-27ページ。】

21）草稿の5ページ。ebd., l. 4.【MEGA II/4.1, S. 147. 邦訳，17ページ。】

22）草稿の6ページ。ebd., l. 4 verso.【MEGA II/4.1, S. 147. 邦訳，18ページ。】

310 II 『資本論』第2部・第3部の草稿を読む

は，29ページでは，すでに明白に，資本の三つの形態の相違を次のように定式化したのである。

　「商品資本と貨幣資本とは，本来的な流通部面の内部にある資本を，生産資本としての，つまり本来的な生産部面の内部における資本の存在形態としての自己から区別するところの，資本の二つの形態である。両形態は，ここでやや詳細に規定しておかなければならない。」[23]

　彼はこのあと，まず，「商品資本。W′__G」というタイトルのもとに，W′の特徴的な規定を論じた。そして彼はいまや，次のように書くのである。

　「したがって，厳密な意味での商品資本とは，もっぱら資本によって生産された商品の形態にあって商品として機能しつつある商品のことである。すなわち商品として売られなければ（前貸資本としての資本との関連で言えばその貨幣形態が回復されなければ）ならない，その第1の変態をやりとげなければならない，そういう形態にある資本のことである。」[24]

　このあと，彼はすでに，さきの形態 W__P__W′__G′__W を挙げることなく，ただ三つだけの循環形態，すなわち，貨幣資本の循環，生産資本の循環および商品資本の循環を挙げている[25]。以上のようなこの節での叙述によれば，マルクスはまさにここでの叙述にもとづいて，「資本の諸変態」という表題にさらに「貨幣資本，生産資本，商品資本」という細目をつけ加えることを決めたのだ，と推定することができるのである。

　第3。さらに，もっと明白な手がかりがある。それは，一方での，「第4稿」のなかの表題，他方での，さきに触れた，「第4稿」の前に書かれた断片である。この断片にマルクスは，まず，次の表題を書いた【MEGA II/4.3, S. 32】。

　第2部。資本の流通過程。

　　第1章。資本の流通〔Cirkulation〕。

　　　1）資本の諸変態。[26]

---

23) Ebd., 1. 16.【MEGA II/4.1, S. 182. 邦訳，59ページ。】

24) 草稿の32ページ，ebd., 1. 17 verso.【MEGA II/4.1, S. 186. 邦訳，65ページ。】

25) Ebd.【MEGA II/4.1, S. 190. 邦訳，66-67ページ。ただし，ここでの三つの循環形態は草稿の32ページの下半に，上半部とは明らかに別のものとして書かれているので，あとから——といっても，第1章を書き終わる以前に——書き加えられたのかもしれない。】

26) マルクス＝エンゲルス遺文書，社会史国際研究所，A 66（旧目録ではA 47），草稿の1ペ

第6章 『資本論』第2部・第3部草稿の執筆時期について　311

　そして，同じページの下半に，彼はもう一度，次のように書いた【MEGA II/
4.3, S. 35】。

　　　1）資本の諸変態：貨幣資本，商品資本，生産資本[27]。

　このあとに書かれた「第4稿」のテキストのなかの各所に，マルクスは次の
それぞれの表題を書いた。

　　第2部。資本の流通過程。

　　第1章。資本の流通〔Umlauf〕。

　　　1）資本の諸変態：貨幣資本，生産資本，商品資本。【以上：MEGA II/
　　　　　4.3, S. 286.】

　　　2）生産時間と流通時間〔Umlaufszeit〕。【MEGA II/4.3, S. 325.】

　　　3）流通費。【MEGA II/4.3, S. 332.】

　　第2章。資本の回転。【MEGA II/4.3, S. 353.】

　　　1）回転の概念。【MEGA II/4.3, S. 353.】

　　　2）固定資本と流動資本。（設備資本と経営資本。）[28]【MEGA II/4.3, S.
　　　　　357.】

　これらの表題を見てすぐにわかるのは，断片と「第4稿」とに書かれたこれ
らの表題が，第2章第2節には「回転循環」ではなく，括弧に括られた「設備資
本と経営資本」とあることを除いて，基本的に，さきの第2部プランでの表題
と合致していることである。

　ただ，念のために触れておくべきことがある。それは，第1章の表題が，
「第1稿」では「資本の流通〔Umlauf〕」であったのにたいして，さきの第2部プ
ランでは「資本の流通〔Circulation〕」であり，断片では，表記に違いがあるだけ
の同じ「資本の流通〔Cirkulation〕」となっているのに，「第4稿」では，またもや
「資本の流通〔Umlauf〕」となっている，という点である。「第4稿」のこの表題
は，マルクスがここでもまだ「第1稿」での表現を保持していたことを示して
いるように見える。しかし，実際には「第4稿」で，マルクスはまず「資本の流

　　　－ジ。【MEGA II/4.3, S. 32.】

27）Ebd.【MEGA II/4.3, S. 35.】

28）Ebd., A 65, 草稿の1, 30, 35, 50, 53の各ページ。【第2部の「第4稿」はMEGA II/4.3に収録
　　されている。MEGA II/4.3, S. 286, 325, 332, 353, 357.】

312　II 『資本論』第2部・第3部の草稿を読む

通〔Cirkulation〕」と書き，そのあとで「流通〔Cirkulation〕」を「流通〔Umlauf〕」に書き変えたのである。つまり，これらの草稿のなかの第1章の表題の変遷は次のとおりである。

　　　「資本の流通〔Umlauf〕」　　　　「第1稿」
　　　「資本の流通〔Cirkulation〕」　第2部プラン
　　　　　　　　　　　　　　　　　　「第4稿」の断片
　　　　　　　　　　　　　　　　　　「第4稿」の最初の案文
　　　「資本の流通〔Umlauf〕」　　　「第4稿」の第2の案文

　以上のところから，プラン，断片，「第4稿」は，この順序で書かれたと考えることができる。プランが「第4稿」の前に書かれたと推定できるのは，一方では，プランの第2章第2節の表題が「第1稿」でのそれとほぼ同じであり，他方，もしマルクスが「第4稿」のあとにプランを書いたのであれば，プランはおそらく，いま置かれている[29]「第1稿」のところにではなく「第4稿」のところに置かれていただろうと考えられるからである。

　さて，最後に，以上のように推定できるとしたとき，次の疑問にはどのように答えることができるだろうか。すなわち，マルクスは第2部のプランで，なぜ最後の第3章については，その表題もその内容もまったく書かなかったのだろうか，という疑問である。というのも，四共筆者はこのことを次のように説明しているのだからである。「第3章は，第2部の「第1稿」の作成のさいに〔ここではじめて〕「流通と再生産」という表題を受け取り，それと同時にマルクスはこの章の構造を仕上げたのである。」[30]つまり，プランを書いているときには，まだ第3章の表題は決まっておらず，だからまた「この章の構造」は仕上げられていなかったから，「第3章」としか書かれなかったのだ，というわけである。「第3章」としか書かれなかった理由については，いろいろな推測をすることが

---

29)　四共筆者は次のように書いている。「単独の紙葉に書かれた第2部のためのプランは，第2部の「第1稿」と一緒に保存されている。」前出，ミシケーヴィチ，チェルノフスキー，チェプレーンコ，ヴィゴツキー「執筆時期推定によせて」，299ページ。【「第4稿」を収録したMEGA II/4.3の編集者（Carl-Erich Vollgraf）は，いま「第1稿」の前に置かれている，このプランが書かれている「表紙」は，もともとは「第4稿」の前にあったものが，どこかの時点で誤って「第1稿」のころに移されてしまっていたのだ，と推測している。】

30)　Ebd., S. 300.

第6章　『資本論』第2部・第3部草稿の執筆時期について　313

できるけれども，なんとしても考慮に入れられなければならないのは，マルクスはすでに，「第1稿」の，第3章が終わったあとの最後のページに第3章のプランを書いていた，ということである。

第2部の「第1稿」と第3部の「主要草稿」

　第2部を書くためにマルクスが第3部の作業を中断したのは早くても「主要草稿」の256ページ以降だ，という四共筆者が推定するさいの論拠は，次のとおりである。256ページでマルクスは「第1稿」の第1章のなかの流通費を論じている第3節を指示しているが，これは第2部のプランの篇別構成には対応しているけれども，「第1稿」のテキストでの篇別構成には対応していない。プランは「第1稿」の前に書かれたのだから，この指示が証明するのは，この指示を書いたときには，プランだけがあって第2部の「第1稿」はまだなかったということだ。だから，マルクスは早くても256ページのあとに「第1稿」に着筆したのだ[31]。しかし，いまではわれわれはこれにたいして，次のように言わなければならない。「第1稿」はプランの前に書かれたのだから，256ページのこの指示は，このときにはマルクスがすでに「第1稿」のテキストでの篇別構成——「第1章3）資本の回転」ないし「第1章3）生産時間」——を変更して，「第4稿」のなかでも「第2稿」のなかでも確立している新たな篇別構成——「第1章3）流通費」——を確定していた，ということを証明しているのだ，と。

　第2部のプランが「第1稿」のあとに書かれたのであれば，四共筆者が，「第1稿」がまだ書かれていなかったことを証明するものとしている「主要草稿」の243ページおよび256ページでの指示は，その逆に，マルクスは少なくともここではすでに「第1稿」の第1章を書き終えていたことの証明であろう。マルクスがどの時期かに第2部の「第1稿」と第3部の「主要草稿」とを並行して書いていた，といった考えにくいことを度外視すれば，マルクスが「主要草稿」の243ページを書いたときにはすでに第2部の「第1稿」の全部が書かれていた，と推定しなければならないのである。

31）Ebd., S. 308.

314　II　『資本論』第2部・第3部の草稿を読む

　ただし，四共筆者による次の結論は争う余地のないものに思われる。

　「第3部の第2章のなかの164ページには，われわれのテーマにとって示唆するところの多い，次の覚え書きが見られる。「第2部から想起されるのは，ここでは流通時間のなかに生産時間が包括されている，ということである，というのも，資本が，資本の素材的諸要素への貨幣の転化から，生産物の貨幣への再転化までに（それゆえまた，剰余価値の実現までに）あるときにとるどの局面も，資本の総流通または資本の回転の一局面をなしているのだからである。流通時間が利潤率にどの程度影響するか——この問題はここでは詳細に研究しないでおく［というのは，第2部はまだ書かれていないが，そこでこの問題が特別に考察されるはずだからである］。」【MEGA II/4.2, S. 225.】このことがあらためて証拠だてているのは，マルクスは第2部の「第1稿」を第3部の第2章を書いたあとに書き上げたのだ，ということである。」[32]

　かりに，上記のマルクスからの引用のなかの角括弧［　］で括られた文章がなかったとしても，四共筆者と同じ結論に達することができるであろう。というのは，第1に「流通時間」および「生産時間」はすでに第2部の「第1稿」のなかでかなりはっきりと論じられていたし，第2に，流通時間が利潤率にどの程度影響するか，という問題は，とりわけそれの第2章でかなり立ち入って論じられているのだからである。このことからわれわれは，「第2部はまだ書かれていない」というマルクスの上の文章が実際に意味しているのは，「第1稿」がまだ書かれていなかったということだった，と結論できるのである。

　これと似た手がかりとなる点がもっとあとのところにある。第3部の「主要草稿」の182ページには次のような覚え書きがある。「{市場の概念は，その最も一般的なかたちでは，資本の流通過程についての箇所〔Abschnitt〕で展開されなければならない。}」[33]だが，「市場の概念」は第2部の「第1稿」の32-33ページで，まさに「その最も一般的なかたちで展開され」ているのである[34]。だか

32）Ebd., S. 307-308.

33）マルクス＝エンゲルス遺文書A 80，草稿の182ページ。【MEGA II/4.2, S. 255.】

34）マルクス＝レーニン主義研究所，f. a, op. 1, d. 1802, 1. 17 verso, 18.【MEGA II/4.1, S. 189-191. 前出邦訳，65-68ページ。】

ら，マルクスがこの箇所を書いているときには第2部の「第1稿」はまだなかった，と推定されなければならない。

こうして，われわれは総括的に，次のように言うことができる。すなわち，マルクスは第3部の「主要草稿」の182ページのあと，しかし243ページよりも前のどこかで，その執筆を中断して，第2部の「第1稿」を書いたのだ，と。

第7章 『資本論』第2部仕上げのための苦闘の軌跡
——MEGA第Ⅱ部門第11巻の刊行に寄せて——

　前章へのまえおきでも触れたように，筆者は，モスクワのMEGA編集者からの依頼でMEGA第Ⅱ部門第11巻に収録する『資本論』第2部第8稿の編集を引き受けて，その作業を進めていたが，第11巻の後半（第2部第2稿よりあとの諸稿）の編集を担当していたヴィゴツキーが重い心臓疾患で作業ができなくなったので，彼の担当作業をそっくり引き継いだ。その作業は容易なものではなかったが，ほんらいは筆者がやらなければならなかったきわめて多くの作業を第11巻の共編者であったフォルグラーフとヴァーシナが処理してくれて，なんとか編集を完結させることができた。

　また，共編者の話し合いで筆者は付属資料（Apparat）冒頭の「解題〔Einführung〕」の執筆を担当することになった。これは，実質的にはマルクスの『資本論』第2部執筆の全過程のなかに第2稿以降の*1)草稿のすべてを位置づけるべき作業だったから，何度も改稿を繰り返して，ようやくなんとか仕上げたのだった。ただ一つ心残りとなったのは，予定の刊行日が迫った2007年12月というどんづまりの段階でフォルグラーフが筆者の原稿に手を加えた箇所のなかに同意できないところが生じていたが，電子メールでのやりとりで十分に議論をして書き換えてもらうだけの時間的余裕がなく，時間切れでそのままになり，書物に収められた「解題」には筆者の意にそわない箇所がいくつか残ったことである。

　MEGA第Ⅱ部門第11巻は2008年3月に刊行された。編集作業がまだ終わっていなかった2007年のうちに，雑誌『経済』の編集部から，MEGAのこの巻についての紹介を書くよう依頼を受けていた。そこで，刊行後の2008年秋に，本章収録の拙稿を一気に書き上げて，11月に入稿し，同誌の翌2009年の3月号，4月号，5月号の3回に分けて掲載された。

＊1）ここで「第2稿以降の」としているのは，第1稿については，これを収めたMEGA第Ⅱ部門第4巻第1分冊の「序文〔Einleitung〕」および「成立と来歴」ですでに編集者による考証が行なわれていたからである。

318　II　『資本論』第2部・第3部の草稿を読む

はじめに

　2008年3月に，筆者が編集作業の一端を担ったMEGA第II部門第11巻（本章では，以下，本巻と呼ぶ）が刊行された[1]。本巻に収められているのは，マルクスの『資本論』第2部の諸草稿のうち，1868年以降に執筆された草稿ないし断稿である[2]。

　マルクスの残した『資本論』草稿群のうち第2部のための草稿と見ることができるのは，エンゲルスが彼の『資本論』第2巻の「序文」で第1稿-第8稿と呼んだ八つの草稿のほか，いくつかの断片的な草稿ないし書きかけである。このうち，1865年に執筆された最初の草稿すなわち第1稿は，1988年に刊行されたMEGA第II部門第4巻第1分冊ですでに公表されており[3]，その邦訳も刊行されている[4]。今回刊行された本巻は，「『資本論』第2部草稿（1868-1881年）」というタイトルのもとに，第2稿，第5稿-第8稿，およびこの時期に書かれたいくつかの断稿を収録している。目下編集中で数年後に刊行されるはずの第II部門第4巻第3分冊には，第3稿，第4稿，およびいくつかの断稿が収録される

---

1 ）MEGA (Marx-Engels-Gesamtausgabe). Hrsg. von der Internationalen Marx-Engels-Stiftung Amsterdam. Abt. 2: „Das Kapital" und Vorarbeiten. Bd. 11: Manuskripte zum zweiten Buch des „Kapitals" 1868 bis 1881. Bearbeitet von Teinosuke Otani, Ljudmila Vasina und Carl-Erich Vollgraf. Berlin. Akademie Verlag. 2008.

2 ）ただし，後述するように，未刊のMEGA第II部門第4巻第3分冊に収められる第2部草稿の一部は，本巻に収録されたいくつかの草稿と並行的に執筆された可能性が高く，したがってそのような草稿には1868年以降に書かれた箇所があると見られる。【その後2012年に刊行されたMEGA II/4.3では，この分冊に収録された15の文書のうち，三つの文書が1868年に書かれたものと推定されており，五つの文書が1868年にかけて書かれた可能性があるものと推定されている。】

3 ）MEGA (Marx-Engels-Gesamtausgabe). Hrsg. von der Internationalen Marx-Engels-Stiftung Amsterdam. Abt. 2: „Das Kapital" und Vorarbeiten. Bd. 4: Karl Marx Ökonomische Manuskripte 1863-1867. Teil 1. Das Kapital (Ökonomisches Manuskript 1863-1865) Zweites Buch (Manuskript I). Berlin. Dietz Verlag. 1988. この分冊には，そのほか，「第6章　直接的生産過程の諸結果」および『価値，価格，利潤』が収録されている。

4 ）中峯照悦・大谷禎之介他訳『資本の流通過程──『資本論』第2部第1稿──』，大月書店，1982年。MEGA当該巻が未刊行だったので，この邦訳は，マルクス＝レーニン主義研究所（モスクワ）から提供された草稿解読文および草稿フォトコピーによって行なわれた。

ので，それによって，マルクスが第2部のために執筆した一切の草稿の公刊が
完了する。またそれとともに，MEGAの第II部門「『資本論』とその準備草稿」
も完結する[5]。

　本巻に収録された諸文書のうち，全体の半分を超える大部の第2稿は，マル
クスが第2部に予定していた三つの部分（この第2稿までは「章」であったが，
そののちは「篇」となった）のすべてを含む最も浩瀚な草稿であり，第5稿-第
7稿は，第1篇の書き上げのためのマルクスの苦闘を記録したものであり，第8
稿は，第3篇の拡大再生産の部分を含む第2部の――そして総じて『資本論』の
――最後の草稿であって，いずれもエンゲルスが彼の『資本論』第2巻の編集
に当たって利用したものである。彼が利用した第2部草稿のうち本巻に含まれ
ていない第4稿と，彼が利用しなかった，主として抜粋からなる第3稿との二
つだけは，第II部門第4巻第3分冊の刊行までその公表を待たなければならな
い[6]が，しかし本巻の刊行によって，マルクスの第2部草稿の圧倒的部分を原
文のまま読むことができるようになったわけである。

　それでは，本巻によって第2部の草稿を読むのとエンゲルス版で第2部を読
むのとでは，なにが違うのであろうか。最も重要であるのは，エンゲルス版で
は，マルクスが第2部を仕上げることを目指して苦闘するなかで次第に獲得し
ていった理論的な前進の軌跡を読み取ることがきわめて困難だ，ということで
ある。

　エンゲルスは，マルクスが残した第2部用の諸草稿を利用して，第2部の彼
の版を編集し，1885年に『資本論』第2巻として刊行した（以下，エンゲルス編の
この巻を「エンゲルス版」と略称する）[7]。

---

5 ）【第4巻第3分冊は2012年に刊行され，これをもって第II部門は完結した。MEGA (Marx-
　　Engels-Gesamtausgabe). Hrsg. von der Internationalen Marx-Engels-Stiftung Amsterdam.
　　Abt. 2: „Das Kapital" und Vorarbeiten. Bd. 4: Karl Marx Ökonomische Manuskripte 1863-
　　1868. Teil 3. Bearbeitet von Carl-Erich Vollgraf unter Mitwirkung von Larisa Mis'kevič†.
　　Akademie Verlag. Berlin. 2012.】
6 ）【このどちらも，前注で触れた第4巻第3分冊に収められている。】
7 ）この版のためにエンゲルスが準備した編集用原稿はMEGA第II部門第12巻に，1885年に
　　刊行されたエンゲルス版はMEGA第II部門第13巻に，それぞれ収められている。どちら
　　も日本MEGA編集委員会の仙台グループによって編集されたものである。MEGA (Marx-
　　Engels-Gesamtausgabe). Hrsg. von der Internationalen Marx-Engels-Stiftung Amsterdam.

320　II　『資本論』第2部・第3部の草稿を読む

　マルクスは娘のエリナに，自分の残したものをエンゲルスが「「しかるべき
もの」にするはずだ」と言い残していた (MEGA II/13, S. 8.30-32; MEW 24, S. 12)。そ
してエンゲルス自身も，「草稿はぼくの手で彼の意を体して刊行できるだろう」
(1883年8月30日付ベーベル宛の手紙，MEW 36, S. 56) と言い，自分にとって「いちば
ん切迫した任務」であるこの仕事には「私のすべての時間を捧げなければなら
ない」(1884年1月26-28日のあいだに書かれたチャールズ・フィッツジェラルド宛の手紙の
草案，MEW 36, S. 90) と考えていた。そうしたエンゲルスの編集方針の基本は，
彼の序文のなかに次のように書かれている。

　　「なんとかしてできたかぎりでは，私は自分の仕事をいくつもの改訂原稿
　のうちからただ選び出すことだけに局限した。そして，いつでも，現存す
　る原稿のうちの最後のものを以前のものと比較しながら基礎にするように
　した。そのさい，ほんとうの困難，すなわちたんに技術的なものとは違っ
　た困難を呈したのは，第1篇と第3篇だけだったが，しかしそれは小さな
　困難ではなかった。私はこのような困難をただただ著者の精神において解
　決しようと努めたのである。」(MEGA II/13, S. 8.33-39; MEW 24, S. 12.)

　マルクスの多数の雑多な草稿から，一つのまとまった著書の体裁をもつ第2
部をつくりあげようという目的を実現するために，エンゲルスに採ることがで
きる方法としては，これしかなかったのであろう。エンゲルスの編集が，「困
難をただただ著者の精神において解決しようと努めた」きわめて良心的な作業
であったことは確かである。

　また，エンゲルスは序文で，手もとにあるすべての第2部草稿について，執
筆時期の順にそれぞれの内容と状態とについて記述し，序文の末尾と本文のな
かの脚注で，彼の版のどこにマルクスのどの草稿を使ったか，ということを記
載した。これらを手がかりにすると，第4稿，第5稿，第6稿，第7稿，第8稿
という，違う時期に書かれた五つの草稿から編まれた第1篇では，諸草稿がほ
ぼ新しい順に積み重ねられており，第2篇では，まず第4稿を使い，そのあと

　　Abt. 2: „Das Kapital" und Vorarbeiten. Bd. 12: Kritik der Politischen Ökonomie. Zweites
　Buch. Redaktionsmanuskript von Friedrich Engels. 1884/1885. Berlin. Akademie Verlag.
　2005; Bd. 13: Kritik der Politischen Ökonomie. Zweiter Band. Hamburg 1885. Berlin.
　Akademie Verlag. 2008.

に，それよりもあとに書かれた第2稿を利用しており，第8稿と第2稿とから仕上げられた第3篇では，第8稿のほとんど全部を土台にし，そのあちこちに第2稿の諸部分を挿入する，という仕方でまとめられていることがわかる。

このようにして仕上げられたエンゲルス版から，利用された草稿ごとに記述を選別して読むことによって，草稿のあいだの理論的な到達度の違いを見ることは，まったく不可能ではなかったが，きわめて困難であった。とりわけ，第8稿と第2稿とが交互に利用されている第3篇ではそうであった。また，第8稿だけが利用できた「第21章　蓄積と拡大再生産」では，エンゲルスがマルクスの記述にさまざまの手を加えたことによって，草稿におけるマルクスの思考の流れがほとんど見えなくなってしまっている。のちに見るように，マルクスが表式を利用しながら思考を重ねた「5）　部門IIでの蓄積」の部分を，エンゲルスは，「第2節　部門IIでの蓄積」と「第3節　蓄積の表式的叙述」と「第4節　補遺」との三つの節に分けたが，これによって，マルクスがここで行なった研究の筋道がほとんど見えなくなっている。マルクスはこの「5）」のなかで，エンゲルス版でそう見えるのとは違って，両部門間の過不足のない相互補塡のもとで順調に進行する拡大再生産の過程を示すような表式を描こうと苦心惨憺したのではまったくなかった。マルクスは，浮上した困難を打開する道を探るために表式を利用しただけだった。ところがエンゲルスは，そのマルクスの作業を，彼の作成した，過程の順調な進行を示す表式——第4節の「第1例」と「第2例」——と入れ替えることによって，マルクスの問題解決の過程をまったく見えないものにしてしまったのである。それによって，マルクスの「経済表」にとってかわった「再生産表式」の眼目が，貨幣的な契機を排除して商品資本の諸要素を表示する点にあるかのような，さらに，それが分析の手段であるよりも，あたかも分析の対象ででもあるかのような誤解が広まることになった。このような結果になったのは，エンゲルス自身が序文で書いた「著者の拡大された視野」(MEGA II/13, S. 8.15-16; MEW 24, S. 12) の要がどういう点にあったのか，そして第8稿の「II）蓄積，または，拡大された規模での生産」でマルクスがなにを明らかにしようとして苦闘したのか，ということを，エンゲルスが十分に理解できなかったためであろう。

本巻ではじめて完全なかたちで公表される，第2稿から第8稿にいたるマル

322　II　『資本論』第2部・第3部の草稿を読む

クスの草稿を読み，研究することによって，読者がこの時期のあいだのマルク
スの苦闘の軌跡を追い，彼の理論的前進の一齣一齣をたどることができるよう
になったことは，マルクスの理論の理解を格段に深める大きな意義のある出来
事であり，本巻の編集に携わったわれわれにとっても大きな喜びである。

　本稿では，このような観点に立って，とくに本巻所収の諸草稿から読み取る
ことのできるマルクスの理論的な前進の過程に焦点を当てて，読者に本巻につ
いての情報を提供したい[8]。

1　本巻所収の第2部草稿

　本巻は，MEGA の他巻と同じく，著者[9]執筆の文書そのものを収める「テ
キストの部」と，テキストに関連する編集者作成の諸資料を収める「付属資料
の部」との2冊からなっている。

　まず，本書の「テキストの部」（全828ページ）に収められている草稿ないし
断稿の一覧を掲げよう。

〔I〕資本論〈経済学草稿1868-1870年〉。第2部　資本の流通過程（第2稿）

〔II〕資本論第2部のための諸草稿。1876-1881年

　　資本論。第2部　資本の流通過程。以前の叙述（第1-4稿）のうちの利用す
　　べきテキスト諸箇所〔本章では，以下，「利用すべき諸箇所」と呼ぶ〕

　　資本論。第2部　資本の流通過程。第1篇。書き出し（断稿I）

　　資本論。第2部　資本の流通過程。第1篇（断稿II）

　　資本論。第2部　資本の流通過程。第1篇（第5稿）

　　資本論。第2部　資本の流通過程。第1篇（断稿III）

　　資本論。第2部　資本の流通過程。第1篇（第6稿）

8）念のために書いておくが，筆者は，マルクスの理論活動の過程が，彼が最後に到達した最
　も発展した，最も高い地点に向かっての一方的な前進の過程だった，そうであったはずだ，
　と思い込んでいるのではまったくない。しかし，本稿で以下述べるように，『資本論』第2
　部を完成するための苦闘の軌跡は彼のもろもろの理論的前進が刻まれたものとなっている，
　と筆者は判断している。

9）本巻の場合はすべての文書の著者がマルクスであるが，エンゲルスによる書き込みなども
　記録されている。

第7章　『資本論』第2部仕上げのための苦闘の軌跡　　323

資本論。第2部　資本の流通過程。第1篇（断稿IV）

資本論。第2部　資本の流通過程。第1篇（第7稿）

資本論。第2部　資本の流通過程。（第8稿）

　MEGA第II部門の当初の計画では，この第11巻のテキストは，上の〔I〕を収める第1分冊と，上の〔II〕を収める第2分冊との，二つの分冊に分けて刊行される予定であった。しかし，1999年に，それ以降の刊行冊数を減らすための検討が行なわれるなかで，この両分冊を1冊に統合することが決められ，上掲の両分冊が本巻の「テキストの部」1冊に収められることになった。マルクスは，「利用すべき諸箇所」を執筆するときに，それまでに書かれていた草稿を四つのまとまりに整理し，それぞれの表紙に「I」-「IV」と書き付けたが，エンゲルスはこの番号を四つの「草稿」への番号と見なして，それらを「第1稿」-「第4稿」と呼び，さらに，この整理以降にマルクスが書いた草稿を，執筆時期についての彼の推定に従って「第5稿」-「第8稿」と呼んだ。上掲リストで「第2稿」および「第5稿」-「第8稿」としているのは，エンゲルスによるこうした命名に従っている。そのほかの，「利用すべき諸箇所」および「断稿I」-「断稿IV」という呼び名は，本巻の編集者が命名したものである。

　MEGAでは，テキストとして収録する文書は，原則として，執筆時期順に配列することになっている。本巻でも収録文書をその原則にもとづいて配列すべきところであるが，上掲の〔II〕の草稿ないし断稿の配列は，厳密に言うと執筆時期の順になっていない。その理由は，第1に，第5稿のなかに，「利用すべき諸箇所」を書くまえに書かれた部分と，それを書いたのちに書かれた部分とがあり，第2に，第8稿のなかにも，「利用すべき諸箇所」を書くまえに書かれた部分と，第7稿よりもあとに書かれた部分とがあることによる。第5稿と第8稿とをそれぞれまとまった一つの草稿として収録するために，まず「利用すべき諸箇所」を置き，そのあとに「利用すべき諸箇所」以降に書かれた部分の執筆時期によって第5稿と第8稿とを配列した，と考えていただきたい[10]。

---

10) ただし，編集作業の実際の経過に即して言えば，〔II〕に収められる諸文書の当初推定されていた執筆時期はまさに上記の収録順のとおりだったのであるが，この順序に従って編集されたテキストの部がほぼ完成したのちに，付属資料作成のための執筆時期についての厳密な再検討のなかで，第5稿と第8稿のどちらにも「利用すべき諸箇所」よりもまえに書か

324 II 『資本論』第2部・第3部の草稿を読む

　本巻の「付属資料〔Apparat〕の部」（全1008ページ）では，巻頭に「解題」が置かれ，続いて収録文書のそれぞれについて「成立と来歴」，「異文目録」，「訂正目録」[11]，「注解」が掲げられ，そのあとに「索引および目録」が付けられている。「索引および目録」には，「エンゲルスがテキストのなかに書き入れた目印線および下線ならびに書き付けの目録」，「文献索引」，「付属資料で利用された諸典拠，および，使用諸文献の目録」，そして「事項索引」が収められている。この巻の付属資料が千ページを超える大冊となったのは，テキストの異文——すなわち，削除，挿入，変更など——がきわめて多数で，それらを記載する「異文目録」の合計が600ページを超えているためである[12]。

　巻頭の「解題〔Einführung〕」は，読者によるテキストの読みこなしを手助けすることを目的にして，本巻の収録文書の内容と特徴，他の諸巻との関係，文書の配列，成立の経緯，『資本論』形成史における各文書の位置と意義などを解説している。「解題」の最後に付けられている「編集者例言〔Editorische Hinweise〕」では，本巻の編集上の特色，とりわけ，本巻に収録された文書の独自性から，MEGAの現行の「編集基準」（1993年）から乖離して本巻で独自に採用された記載方法[13]が述べられ，その最後に，編集作業に当たった担当者が示さ

れた部分があることが新たに確認されたのであった。

11)「訂正目録〔Korrekturenverzeichnis〕」というのは，解読した草稿をテキストとして掲げるさいに，編集者がテキストに手を加えた箇所をリストアップしたものである。それらは，書き忘れた括弧を補うといったまったく単純なものから，単語のスペルの誤記を訂正するものや，さらには，明らかに誤って別の語を書いている場合まで，多様である。たとえば，印刷ページで128ページの第8稿について見ると，別の解読が可能である語についての記載を除いて，400個以上の訂正が記載されている。第8稿のように，マルクスの健康状態が極度に悪い時期に書かれた草稿では，当然に訂正すべき箇所が多くなる。

12)【だから，この巻の邦訳を『資本論草稿集』（大月書店）と同じように，テキストにすべての付属資料をパラグラフごとに注記するという仕方で作成するのは不可能である。そのようにして膨大な「異文注」をつけても，日本の読者にはほとんど役だちようがないからである。】

13) そのような記載方法のなかから，本巻ではじめて採用されたものをいくつか挙げてみよう。
　（1）「編集基準」では，著者がテキストの置き換えを指示したり，のちに別の箇所に書いたものを前のほうに挿入するように指示したりしていて，それが一義的にどこであるかがわかるときには，それらの指示やもとの位置を示すことなく，置き換えたり，挿入したりできる，としている。これまでの諸巻では，そうした方法が取られてきた。本巻では，そのような場合，すべて，著者の指示の文言や記号を残したうえで，移された章句がどこ

第7章　『資本論』第2部仕上げのための苦闘の軌跡　325

れ[14]，さらに謝辞が記されている。

からどこまでかがわかるように，その前後を↑および↓という特殊な括弧で括った。

　(2)　マルクスはときどき，ある語または語群のうえに，訂正というよりも可能な別の表現として別の語または語群を書き付けている。そのような場合，「編集基準」では，もとの語または語群のあとに「\」という記号をつけ，そのあとに新たな語または語群を記載することになっている。しかし，たとえばEisenbahnという語の上にZahl der trains per railwayと書き加えられているとき，「編集基準」の規定に従ってEisenbahn\Zahl der trains per railwayとしたのでは，書き加えられた語がZahlだけなのか，それともそのあといくつかの語を含むのか判然としない。そこで本巻では，一語の上に一語が書かれた場合以外の場合には，書き加えられた語群の前後を上と同じ↑および↓という特殊な括弧で括った。たとえば，上の場合には，Eisenbahn\↑Zahl der trains per railway↓と記載されている。

　(3)　商品の変態や資本の変態を表わすために，マルクスは，商品，貨幣，生産過程を示すW，G，Pを実線や点線でつなぐ独特の式を考案した。たとえば，W＿G＿WやG＿W … P … W′＿G′などである。ここで変態の過程を示す実線は，マルクスのすべての草稿で——またエンゲルスの編集用草稿でのエンゲルスの筆跡でも——，各文字の並び線（つまりピリオッドと並ぶ線）の位置に書かれている。しかし，刊行された著書『経済学批判　第1分冊』でも『資本論』の各版でも，この実線は，W—G—Wのように，ダッシュで印刷された。これはおそらく印刷技術の制約によるものだったのであろう。そしてそのために，一般に，マルクスがもともとこのように書いていたのだと考えられてきている。本巻では，MEGAでははじめて，草稿でのマルクスの書記法を再現するために，変態の過程を示す実線をすべて並び線に，すなわちピリオッドと同じ高さの位置に置くことにした。本稿でもそれを再現して，W—G—WやG—W … P … W′—G′ではなく，W＿G＿WやG＿W … P … W′＿G′のように記載する。

14)　この部分は以下のとおりである。

　「1930年代に〔旧マルクス＝レーニン主義研究所で〕行なわれた諸手稿の解読は，1980年代に，ゲーリー・コヴガンキン（旧マルクス＝レーニン主義研究所，モスクワ，故人）ならびに大谷禎之介（1876-1881年の諸草稿）によって点検され，本巻の編集作業中にその全部がカール－エーリッヒ・フォルグラーフ（ベルリン＝ブランデンブルク科学アカデミー）によっていま一度検査された。当初MEGA第II部門第11巻第1分冊として構想された本巻の第1の部分の編集準備は，はじめはアレクサンデル・チェブレーンコおよびヴィターリ・ヴィゴツキー（故人）のもとで行なわれた（どちらも旧マルクス＝レーニン主義研究所，モスクワ）。のちにリュドミーラ・ヴァーシナがこの分冊の責任を引き受け，当初エレーナ・ヴァシチェンコの支援を受けた（どちらもロシア国立社会・政治史アルヒーフ）。他方で大谷禎之介（法政大学，東京）が第11巻第2分冊の責任者となった。1999年に，国際マルクス＝エンゲルス財団の編集委員会が，MEGAの規模を縮小する流れのなかでこの2分冊を1冊にまとめることを決め，リュドミーラ・ヴァーシナと大谷禎之介との両研究者がそれぞれ，本巻の二つの部分のための草案を作成した。カール－エーリッヒ・フォルグラーフが本巻の全体を推敲し，最終の編集事務の作業に携わった。レギーナ・ロートは第6稿および第7稿のテキストとその異文をさら

326 II 『資本論』第2部・第3部の草稿を読む

　各文書についての「成立と来歴」は，当該文書の執筆時期および順序や他文書との関連などを，根拠を示しながら考証的に記述しており，本巻の収録文書の研究にとって不可欠の情報を数多く含んでいる。

2　本巻所収の草稿に先行する第2部諸草稿

　上掲の各草稿の内容に立ち入るまえに，本巻所収の第2稿に着手するまでの，マルクスによる『資本論』第2部の執筆について，簡単に概観しておこう。

(1) 第1稿
　マルクスは，第2部にはまだまったく手をつけないまま，1864年の夏に，第

　　　に推敲した。守健二 (東北大学，仙台) は，ユルゲン・ユングニッケル (ベルリン) の援助を得て事項索引を作成し，他方，ハンノ・シュトラウス (ベルリン＝ブランデンブルク科学アカデミー) は人名索引のなかの人名注釈を完成した。大谷禎之介が解題を執筆した。本巻の諸部分の点検にローゼマリー・グリーゼおよびウルリヒ・バーゲル (どちらもベルリン)，ゲラルド・フープマン，マンフレート・ノイハウスおよびクリスティーネ・ヴェックヴェールト (すべてベルリン＝ブランデンブルク科学アカデミー) が参加した。ギリシア語のテキスト箇所はマットイス・ハイル (ベルリン＝ブランデンブルク科学アカデミー) がチェックした。労力のかかる電子データ処理の仕上げおよび植字技術的な仕上げは，テキストの部についてはクラウディア・ライヒェルが，付属資料の部についてはヘンリエッテ・ネッツォルトが責任を負った (どちらもベルリン＝ブランデンブルク科学アカデミー)。」(MEGA II/11, S. 904-905.)
　　　ここでの記述について，二つのことを述べておきたい。
　　　第1に，「1980年代に……大谷禎之介 (1876-1881年の諸草稿) によって点検」された，と記されているが，筆者は1980-1981年に第8稿の拡大再生産に関する部分を解読して，それを1981年に拙稿にまとめて発表したのであって，第8稿の解読文に接したのは1990年にMEGAに収録するテキストの作成を引き受けたのちである。また，それ以外の「1876-1881年の諸草稿」の解読文を受け取って「点検」したのは，この部分の編集を引き受けた1995年以降であった。
　　　第2に，ここには「大谷禎之介が解題を執筆した」と記されていることについてである。たしかに筆者が解題の草案を執筆したのであるが，その後，共同編集者のヴァーシナおよびフォルグラーフの修正意見を受けてあちこちを大きく書き直したものに，最後にフォルグラーフが仕上げの筆を加えた。この仕上げ作業の段階は，入稿の最終期限に迫られたために，三者のあいだの意見交換を十分に行なうことができないまま完了せざるをえなかった。その結果，この「解題」は，筆者の意にそわない記述があちこちに見られるものとなっている。本稿での記述は，「解題」の内容にとらわれずに，筆者の見解に従って行なう。

3部の執筆に取り掛かった。そのなかで彼はあちこちで第2部に言及すること
になったが，おそらくそのたびに，第2部をまだ書いていないことの不都合を
感じたのであろう。彼は，1865年の前半に，第3部の執筆を中断して，第2部
の最初の草稿を書いた。マルクスはのちに「利用すべき諸箇所」をまとめるさ
いに，この草稿の表紙に「Ⅰ」と書き付け，「利用すべき諸箇所」ではこれを
「ノートⅠ」と呼んだ。この「ノートⅠ」は，エンゲルスの呼び方に従って「第
1稿」として，さきに触れたようにMEGA第Ⅱ部門第4巻第1分冊に収録され，
すでに公表されている[15]。この草稿は，マルクスの言うところでは，なにより
もまず「諸範疇の確定」を狙ったもので，推敲のための異文もわずかであるほ
か，脚注もほとんどつけられていないという典型的な作業稿であるが，『資本
論』第2部の形成史のなかで，第2部の三つの構成部分（第2稿までは第1-3章，
それ以後は第1-3篇）のすべてを含むマルクスの最初の草稿として，きわめて
重要な位置を占めている。

(2) 第3稿と第4稿

1866年から1867年にかけてマルクスは，『資本論』の第1部を収めるその第1
巻の完成と校正とに専心したが，そのなかで当然にも，第2部および第3部で
取り扱われるべき諸問題についても，しばしば熟慮を迫られたことであろう。
第1巻の校正が完了したのちの1867年8月末以降，とりわけ1868年に入ってか
ら，マルクスは第2部および第3部のための材料を書き付けたノートを作成し
た。彼はのちに，「利用すべき諸箇所」をまとめるときに，このノートの諸部
分を，「第2部に属するもの」と「第3部に属するもの」と書き付けられた紙表
紙にくるんで二つに仕分けしたが，前者にはとりわけ，『1861-1863年草稿』を
執筆するさいに作成された「サブノート」からまとめられた材料[16]が含まれて
いた。マルクスは「第2部に属するもの」の表紙に「Ⅲ」と書き付け，のちに
「利用すべき諸箇所」で「ノートⅢ」と呼んだ（エンゲルスは第2部への彼の序
文でこれを第2部の第3稿と呼んだ）。このなかには，アダム・スミスの『諸国

---

15)【前出の注3）および注4）を参照。】

16)【MEGA第Ⅱ部門第4巻第3分冊に「『資本論』第2部のためのテーマごとに選ばれた典拠抜
　　粋」（MEGA II/4.3, S. 44-56）として収められた。】

民の富』からの固定資本と流動資本との区別についての抜粋[17]，費用価格，利潤，利潤率，資本の回転などのあいだの関連についての記述[18]，また，固定資本および流動資本の諸問題についてのかなり長い論述[19]などが含まれている。この草稿はエンゲルス版の第2部には利用されなかった。

この時期に書かれたものにもう一つ，この第3稿とは異なり，第2部のテキストとして書き始められた草稿がある。マルクスが表紙に「IV」と書き付け，のちにエンゲルスがこれによって第4稿と呼んだこの草稿は，第1章と第2章の2番目の項目までを含む58ページのものである[20]。この草稿は，その一部がのちに見る第2稿の執筆と並行して，あるいは絡み合いながら執筆されたもので，その執筆時期を正確に確定することが困難であるため，いまのところ大まかに1868年に書かれたものと推定されているだけである。目下フォルグラーフのもとで進められている第II部門第4巻第3分冊の編集作業のなかで，もっと正確な推定がなされるかもしれない[21]。この草稿は，手稿を見るかぎり，エンゲルスが彼の序文で書いているように，「第2稿よりも形式が完全」であって，「印刷できるまでに仕上げられている」という印象を与えるもので，エンゲルスはこれを彼の版の第1篇と第2篇とに利用した。

以上の第3稿および第4稿は，MEGA第II部門第4巻第3分冊に収録されるが，本巻所収の第2稿に直接に先行する，あるいは一部並行する第2部草稿である。

---

17)【MEGA第II部門第4巻第3分冊に「アダム・スミス『諸国民の富』第1篇からのコメントつき抜粋」のうちの「第1篇第4章　諸商品の価格の構成諸部分について」および「第1篇第9章　資本の利潤について」(MEGA II/4.3, S. 367-371) として収められた。】

18)【MEGA第II部門第4巻第3分冊に「剰余価値率と利潤率，利潤率の諸法則，費用価格と資本の回転について」のうちの「VII) 費用価格，利潤，利潤率，および，資本の回転」の部分 (MEGA II/4.3, S. 140-172) および「回転および費用価格への利潤率，年利潤率，一般的利潤率，等々についての諸研究」の部分 (MEGA II/4.3, S. 201-234) として収められた。】

19)【MEGA第II部門第4巻第3分冊に「剰余価値率と利潤率，利潤率の諸法則，費用価格と資本の回転について」のうちの「固定資本と流動資本」の部分 (MEGA II/4.3, S. 172-201) として収められた。】

20)【MEGA第II部門第4巻第3分冊に「第2部　資本の流通過程（第4稿）」(MEGA II/4.3, S. 285-363) として収められた。】

21)【MEGA第II部門第4巻第3分冊でも，「1868年春に起筆後，何度かの中断を差し挟んで，もしかすると1868年末に擱筆」とされている。】

3　第2部第2稿について

　さて，本巻のテキストの前半，約60％を占めるほどの浩瀚な第2稿を見よう。

　1868年の春にマルクスは，新たに第2部全体の草稿を書き上げる作業に着手した。この作業の産物が第4稿および第2稿であるが，第2稿のほうは，マルクスが第2部の編成として構想していた三つの部分（この当時は三つの章）の全部を含んでおり，同じく三つの章を含む第1稿の全面的な書き直しとなっている。しかし第2稿は，執筆中に次第に，印刷のための仕上げ稿からはほど遠い，まったくの作業稿になっていき，しかも，第3章の途中で，おそらくは1871年の年央に執筆が中断された。

　当然のことではあるが，第2稿は，なによりもまず「諸範疇の確定」を意図していた第1稿に比べてはるかに豊富な内容を含み，理論的にもさまざまの点で大きく前進している。ここではマルクスは，さまざまの公的文書や文献を使って，イギリスだけでなく他の多くの国々での流通過程に関するもろもろの事実を集めて，それらが示す一般的な傾向をつかむ努力をするとともに，それらを例証として利用する準備を行なった。

　［第1稿にたいする理論的な前進］　第2稿が第1稿から理論的に前進したと見ることができるのは，次の諸点である。

　［a　資本循環論と資本回転論における前進］　第1稿でマルクスは，資本の循環の諸形態として，(1) 貨幣資本が始点かつ終点となる循環，(2) 生産資本の諸要素となるべき買い入れられた商品が始点かつ終点となる循環，(3) 生産資本が始点かつ終点となる循環，(4) 商品資本が始点かつ終点となる循環，の四つを挙げ，これらを，流通過程での変態を示すG＿WならびにW＿Gおよび生産過程での実体的な変態を示す＿P＿という記号を組み合わせて図式的に表示した。そのさい彼は，第2の循環における，生産資本の諸要素となるべき買い入れられた商品の形態にある資本をも「商品資本」と呼んでいたので，第2の循環も第4の循環もともに「商品資本の循環」であった。しかし，叙述を進めていくなかでマルクスは，循環のなかで資本がとる形態としては，生産要素として買い入れられた商品の形態にある資本を生産資本から区別して「商品資

330　II　『資本論』第2部・第3部の草稿を読む

本」と呼ぶ必要はなく，「商品資本」という語は，貨幣に転化すべき商品の形態
にある資本についてのみ用いるべきだと考えるようになる。これは，循環形態
について言えば，上記の第2の循環は他と区別されるべき独自の循環をなすも
のではなく，第3の生産資本の循環に吸収されるべきものであることを意味し
ていた。第1稿にもこのことを示唆する――ただし，あとからメモ的に書き加
えられたものではないかと思われる――書き込みがあるが (MEGA II/4.1, S. 190.
5-12)，第2稿では，資本の循環はもはや最初から，貨幣資本の循環，生産資本
の循環，および商品資本の循環，の三つの形態として叙述されている。

　マルクスは第2稿で，資本の運動を，資本が次々に新たな形態をとっていく
諸変態の循環としてとらえることの重要性を強く意識するようになる。社会的
総資本は，それぞれがそうした循環を経ていく個別諸資本の総体であり，社会
的総再生産過程は，個別諸資本の運動の絡み合いとして進行する。第2稿でマ
ルクスは，そうした絡み合いとしての社会的総資本の再生産過程を第3章で分
析するまえに，まずもってそれの要素をなす個別資本の運動形態を資本の循環
および回転として純粋に把握しようと努めている。マルクスは第1稿では，
『1861-1863年草稿』での記述を引き継いで，可変資本は収入として支出される，
つまり可変資本は労働者の手に移って収入となる，と書いていた (MEGA II/4.1,
S. 305.33-35 und S. 319.36-39)。それにたいして第2稿でマルクスは，可変資本はあ
くまでも資本が循環のなかでとる形態にとどまるのであって，それの貨幣形態
から生産要素すなわち労働力の形態に転化するとき，それに対応して労働者の
側では労働力が貨幣形態に転化するけれども，可変資本そのものが労働者の手
に移るわけではない，ということを明確にした。つまり，資本の循環的運動と
労働力の変態運動との二つを区別したうえで，それらが貨幣および商品の位置
変換によって媒介されるのだ，ということをはっきりと把握したのである。

　第2稿および第4稿の第2章でマルクスは，固定資本と流動資本との区別を
最終的に明確にした。その前提の一つは，第1部の執筆のなかで達成された，
労働は一方で，抽象的労働として対象化して新価値となるが，他方では具体的
労働として，労働対象を生産物に形態変化させるとともに，生産手段の価値を
生産物に移転し維持する，という価値増殖過程における労働の二重性の作用の
明確化である。これによって，不変資本の価値の全部的移転と部分的漸次的移

転との区別にもとづいて，不変資本のうちの固定資本の運動の独自性が最終的に確定され，それにたいして，同じ価値還流形態をもつ流動不変資本と可変資本とが流動資本[22)]として区別されることになった。その上でマルクスは第2稿で，固定資本の構成部分と価値移転とについて，もろもろの修理労働の細分化にまで立ち入って論じた。彼は，議会の調査や定期刊行物，さらに専門家による書物などから多くの経験的な材料を集めたが，とくに鉄道業からのデータに注目した。また，ケネーからジョン・ステューアト・ミルにいたるまでの固定資本および流動資本に関する理論を立ち入って論評した。

[b　償却ファンドを蓄積ファンドに流用することの可能性についての問題の解決]
マルクスは長年にわたって，積み立てられつつある固定資本の償却ファンドを蓄積ファンドに流用して生産を拡大することができるか，という問題にこだわってきていた。彼は第2稿の第2章で，鉄道業についての文献を抜粋したのちに，固定資本の摩損とその補填とについて次のような一般化を行なった。(1)個々の資本家は，固定資本の性質と事業経営の種類とが部分的な更新を許すものであるかぎりは，償却ファンドを生産の拡大のために投下できる。(2)こうした生産拡大は，社会的に見れば拡大された規模での再生産だが，個別資本にとっては，剰余価値を資本に転化することなしに，回転期間を短縮することで価値増殖を増大させることになる。(3)耐久期間が終わってはじめて補填できるような固定資本だけでなく，償却分がこうした仕方で生産の拡大に役だつ場合でも，償却ファンドは蓄積ファンドとして利用することはできない。こうして彼は，長年こだわってきた問題を解決した。

[c　資本と資本との，資本と収入との，収入と収入との交換，という考え方の放棄]
第2稿の第3章での社会的総再生産過程の分析は，一方では，このあとですぐ述べるように，貨幣流通を捨象した流通を論じたのちに，それを伴う流通を分析する，という二段構えの構成を第1稿から引き継いでいたことによる制約を

---

22) 第2稿の第2章でマルクスは，流動資本に，それまで使っていたcirkulirendes Capitalの代わりに，一時的に，flüssiges Capitalという語を使った。この章では，前者はただ，スミスまたはリカードウにおけるcirculating capitalとの関連で使われているだけである。しかし彼は，この章のあとでは，後者を使うのをやめて，もっぱら前者を使った。エンゲルスは第2部の編集のさいに，このことを考慮に入れて，後者を使わなかった。

残していたが，第1稿の第3章での分析に含まれていた大きな難点を乗り越えるものであった。

第1稿の第3章の最初に置かれた二つの項目は，「1　資本と資本との交換，資本と収入との交換，および，不変資本の再生産」および「2　収入と資本。収入と収入。資本と資本。（それらのあいだの交換）」である（MEGA II/4.1, S. 301-344）。この表題からも読み取れるように，マルクスはここでは，社会的総再生産過程の運動の核心を，商品形態をとった資本および収入が持ち手を変える三つの「交換」に見ていた。こうした把握には，少なくとも，三つの難点がある。

第1に，資本家も労働者もこれらの取引で，自分の資本または収入を，そのような規定性において相手に引き渡すのではなく，相手に引き渡すものはたんなる商品または貨幣でしかない。どちらの側も，これらの取引によって自分の資本または収入の形態を商品から貨幣へ，あるいは貨幣から商品へと変換するだけであり，彼らはけっして自分の資本や収入を手放すわけではない。

第2に，消費手段生産部門の労働者たちは，この部門の資本家から貨幣形態で労働力の対価である賃金を受け取り，この賃金でこの部門の資本家から商品資本の一部をなす商品を買い入れるのであって，彼らが，資本家から受け取ったそれぞれの生産物（消費手段）を互いに交換するのではない。同じく，生産手段生産部門の労働者たちは，この部門の資本家から貨幣形態で労働力の対価である賃金を受け取り，この賃金で消費手段生産部門の資本家から商品資本の一部をなす商品を買い入れるのであって，彼らが，生産手段生産部門の資本家から受け取った，生産手段の形態にある商品を，消費手段生産部門の資本家のもつ消費手段の形態にある商品と交換するのではない。

第3に，このような表現においては，資本家のもとでの可変資本の貨幣形態での前貸による貨幣資本の労働力への転化と，その可変資本の貨幣形態での還流という，社会的総再生産過程における決定的な契機がすっぽり抜け落ちてしまう。

要するに，第1稿ではまだ，過程を進行する資本価値が形態を変換していく運動としての「資本の循環」と，さまざまの異なった使用価値形態をもつ商品相互間の「実体的な素材変換」とが明確に区別されておらず，そのかぎりで，古典派に見られた，無区別による混同がまだ完全に克服されていなかったので

ある。第2稿の第3章では，こうした「交換」への言及はわずかとなっている。第2稿は，少なくとも，こうした表現をほとんど払拭したという点で前進を示していた。

　[d　再生産表式の登場]　第2稿の第3章でマルクスは社会的総再生産過程の分析に，はじめて，いわゆる再生産表式を使った。彼はすでに第1稿でも，その直後に書かれた第3部第1稿の第7章でも，社会的総再生産を二つの部門に分割し，各部門の総商品資本を三つの価値成分に分割して，それら相互の転換を言葉によって説明していたが，第2稿の第3章では，彼は，二つの生産部門の総商品資本を，2行の，不変資本（c），可変資本（v），剰余価値（m）からなるc＋v＋mで表示し，六つの要素のそれぞれの価値量をそれに書き添えるという仕方で，社会的再生産の基本的諸要素とそれらのあいだの転換を直感的につかめるようにしたのである。この再生産表式は，彼が『1861-1863年草稿』および1863年7月6日付のエンゲルス宛の手紙のなかで示した，単純再生産を前提する「再生産過程の表」（MEGA II/3.6, S. 2274）または「総再生産過程の経済表」（MEGA II/3.6, S. 2283）の核心を凝縮して図示するものであるとともに，拡大再生産にも適用できる拡張性をもった表示方式であって，のちに第8稿でもさまざまの仕方で利用されることになった。

　[e　第3章の課題についての新たな視点]　第1稿の第3章は「流通と再生産」という包括的な表題をもっていたが，この章の課題についての第1稿の各所での言及と第3章のあとに書き付けた章別編成などから，マルクスがもともとこの章で，第1章および第2章でなされた「流通と再生産」についての形態的な考察を踏まえて，第3章では「流通と再生産」の「実体的な諸条件」を論じようと考えていたことは明らかである。第4稿でも彼は，第3章では「さまざまの資本の諸変態の実体的な〔reell〕関連」を論じるつもりだと書いている（第4稿27ページ）[23]が，この考えを受け継いで，第2稿では第3章に「流通過程および再生

23）【「実際に単純な商品流通のところですでに分析されたこの形態的〔formell〕側面だけでなく，さまざまの資本の諸変態の実体的な〔reell〕関連もが，だから実際に社会的総資本の再生産過程の諸要素としての個別的諸資本の諸循環の関連もが保持される場合には，それらの叙述はこの篇の第3章ではじめてすることができる。それは，貨幣および商品のたんなる形態変換からは明らかにされえないのである。」（MEGA II/4.3, S. 320.16-24.）】

産過程の実体的諸条件」という表題をつけた。第1稿で頻出するこの「実体的〔realまたはreell〕」という形容詞でマルクスが考えていたのは，資本の循環に即して言えば，W＿Gが，商品形態から貨幣形態への資本のたんなる「形態的〔formalまたはformell〕」な変態であるのにたいして，生産過程での変態は，生産手段および労働力という特定の使用価値をもつ生産諸要素が特定の使用価値をもつ生産物に形態変化するという変態であり，したがってまたG＿Wも，貨幣がそのような特定の使用価値をもつ生産諸要素に転化するという変態だということであって，こうした意味でG＿Wおよび＿P＿は，ともに実体的な変態なのである。このように，「実体的」とは，使用価値にかかわる，という意味であった[24]。だから，第3章が明らかにすべき「再生産の実体的諸条件」とは，社会的再生産の進行のために，使用価値の観点から区別される生産諸部門のあいだで，使用価値を異にする生産物が相互に転換されるのに必要な諸条件，ということであった。マルクスは，社会の生産諸部門を生産手段生産部門と消費手段生産部門との二つの部門に分割し，両部門の内部補塡と両部門間での相互補塡とによって再生産が進行するために必要な諸条件，諸法則がどのようなものであるか，ということを明らかにしなければならないと考え，これを「再生産の実体的諸条件」と呼んだのである。第2稿の第1章では，価値増殖過程での価値量の変化（増大）をも「実体的変化」と呼ぶことによって，この「実体的」という概念は価値の量的変化をも含むものに拡張されたが，しかし，第3章での社会的総再生産過程における「実体的諸条件」の要が，生産諸部門間の転態を制約する使用価値的諸条件であることに変わりはなかった。第2稿の第3章の表題は，このことを表現していたのである[25]。

　しかし第2稿の第3章では，第1稿の第3章ではまだ十分に意識されていなかった見地を基本に据えることになった。すなわち，第1に，商品資本→貨幣資本→生産資本→商品資本，と形態を変化させていく資本の循環過程。第2に，商品資本のうちの剰余価値を表わす部分→貨幣→資本家の個人的消費手段，と形態を変化させていく資本家の収入（剰余価値）の変態。そして第3に，労働

---

24)【「実体的」という形容詞の意味については本書次章で立ち入って論じる。】

25)【本書の次章では，「実体的諸条件」についてのマルクスの論述の意味とその変化とについて立ち入って述べているので，参照されたい。】

力→貨幣→必要生活手段，と形態を変化させていく労働者の労働力の変態，この三つの循環ないし変態が互いにどのように絡み合って社会的総再生産過程を形成しているのか，ということを，商品資本の循環を基礎に据えて全面的に考察する，という見地である。第2稿の第3章の各所でマルクスは，社会的総再生産過程をこの視点から考察しようと努めた。

　[第2稿第3章における二段構えの叙述方法による制約]　以上のように，第2稿の叙述はさまざまの点で第1稿にたいして理論的な前進を示しているが，しかし，社会的総再生産過程を考察する第3章では，第1稿から引き継いだ枠組みに制約されて，新たに得られた上記の視点を十分に生かすことができなかった。その枠組みとは，社会的総資本の総再生産過程の考察を，単純再生産および拡大再生産のそれぞれについて，まず貨幣流通を捨象して叙述し，そのうえで，その捨象した貨幣流通を（あるいは貨幣流通を導入した再生産を）叙述する，という二段構えの構成である。この構想は，すでに1863年に『1861-1863年草稿』のなかに現われていた（MEGA II/3.6, S. 2258.26-27）が，第1稿のなかでいくどか言及された（MEGA II/4.1, S. 314.26-30 und S. 359.5-6）のちに，それが第2稿の第3章の構成として姿を現わしたのである。彼は第2稿の表紙に書き付けた項目編成のなかで，この章の「1）社会的に考察された，可変資本，不変資本，剰余価値」を「A）単純な規模での再生産」と「B）拡大された規模での再生産。蓄積」とに分け，これらをまたそれぞれ「媒介する貨幣流通を無視した」叙述 a と「媒介する貨幣流通を伴う」叙述 b とに分けた（MEGA II/11, S. 4.17-24）。マルクスは第3章で，「A）単純な規模での再生産。（貨幣流通を無視して叙述）」を書いたのちに，「b）〔ママ〕媒介する貨幣流通の叙述」に転じたが，ここでさまざまな記述を試みたのちに叙述を中断した。だから，第2稿の第3章では，拡大再生産はまったく分析されなかった。

　いま見たように，社会的総資本の再生産は，両生産部門における商品資本の循環（W′_G_W … P … W′），資本家の剰余価値の変態（w_g_w），労働者の労働力の変態（W(A)_G_W）の3者の絡み合いによって進行する過程である。この過程に即してみると，貨幣は，流通手段として機能することによってこの絡み合いを成り立たせる媒介環であり，この三つの変態運動のなかの不可欠の形態である。貨幣流通を捨象するというのは，これらの変態運動のなかの

貨幣形態を度外視し，流通手段としての貨幣による絡み合いの媒介を度外視するということである。その結果として，すべての変態 W＿G＿W は，商品が直接に他の商品に転化する過程 W＿W として観察されることになり，それら相互の絡み合いを成立させるものは商品と商品との交換だということになる。

このような方法の難点は，とりわけ第Ⅰ部門と第Ⅱ部門とのあいだでの諸変態の絡み合い，とりわけ，第Ⅰ部門の資本家と労働者とのあいだでの労働力の売買によって媒介される両部門間の相互補塡の把握において明らかとなる。

この相互補塡は，第Ⅱ部門の商品資本の不変資本価値の一部の生産資本（生産手段）への転化，すなわちこの部門の資本家による第Ⅰ部門からの生産手段の購買によって開始される[26]。これによって第Ⅰ部門の商品資本の可変資本価値が貨幣形態に転化する，すなわち，前年度に前貸されたこの部門の可変資本が貨幣形態で還流するのである。そこで第Ⅰ部門の資本家は，生産過程の進行とともに次第に（たとえば週ごとに）労働者に労働力の対価である賃金を後払いしていく。これは，貨幣形態での生産過程への可変資本の前貸である。労働者は，後払いで次第に（たとえば週ごとに）受け取る賃金によって，第Ⅱ部門の消費手段を購買し，これを消費することによって労働力を再生産する。つまり労働者のもとでは，労働力→貨幣→消費手段という変態を経て，労働力が再生産される。第Ⅱ部門では，これによって，商品在庫として手持ちしている商品資本（消費手段）のうちの不変資本価値の一部分が次第に（たとえば週ごとに）貨幣形態に転化する。すなわち，第Ⅰ部門からの生産手段の購買に前貸した貨幣額（流通手段）が，年度末までにすべてふたたび貨幣形態で還流するのである。

ところが，このような仕方で行なわれるもろもろの転態を媒介する貨幣流通

26）第Ⅰ部門と第Ⅱ部門とのあいだの転態がここから始まらなければならないのは，第1に，両部門とも各年度に，なによりもまず，商品資本の一部を生産手段に転化しなければならないからであり，第2に，可変資本の前貸は一挙にではなく，次第に（たとえば週ごとに）行なわれなければならないからである。マルクスは，第8稿での拡大再生産についての彼の表式展開のさいに，つねに，新たに前貸されるべき資本を示す表式で，両部門とも，不変資本はすでに生産資本（生産手段）の形態に置き，可変資本は貨幣資本（貨幣）の形態にあるものとしている。つまり，彼は第Ⅱ部門の資本家による生産手段の購買から両部門間の転態が始まると想定しているのである。

第7章 『資本論』第2部仕上げのための苦闘の軌跡　337

を度外視してしまえば，第Ⅰ部門の生産手段と第Ⅱ部門の消費手段とが交換されることによって，前者の生産手段が消費手段に，後者の消費手段が生産手段に転換されるという，両部門間の超歴史的な補塡関係を把握することはできても，第Ⅰ部門の資本家による可変資本の貨幣形態での前貸，すなわち労働者からの労働力の購買と，第Ⅰ部門の労働者による第Ⅱ部門の消費手段の購買という，第Ⅰ部門の労働者と第Ⅱ部門の資本家とのあいだでの相互転態とが，すなわち資本主義的生産のもとでの両部門間での転換の二つの決定的な媒介契機が後景に退かざるをえない。

　素材変換だけを考察するという前提のもとで，第Ⅰ部門と第Ⅱ部門とのあいだの転換の上記の転態を叙述するとすれば，あたかも，第Ⅰ部門の資本家が，可変資本価値を表わす自分の生産手段と交換に，第Ⅱ部門から，自分自身が消費するのではない消費手段を入手し，それを可変資本として前貸する（すなわち労働者に労働力の対価として引き渡す）かのように叙述するほかない。実際にマルクスは，第2稿の第3章で過程をそのように描き（MEGA II/11, S. 406.23-407.4），次の結論に達した。「だから彼らは――ここで行なっている，貨幣流通を度外視する，という想定のもとでは――資本の可変的部分を消費手段の形態で前貸するほかない。」(MEGA II/11, S. 406.31-34.) この想定のもとでは，両部門間の転換は，第Ⅰ部門の資本家と第Ⅱ部門の資本家とのあいだで行なわれるだけで，第Ⅰ部門の資本家と労働者とのあいだでの転態は第Ⅰ部門内部だけで行なわれることになり，両部門間の転態の媒介環である，第Ⅰ部門の労働者による第Ⅱ部門の商品の購買は完全に消え失せることになる。

　このような不都合が生じるのは，媒介する貨幣流通を度外視して素材変換だけを叙述する，という方法そのものが，根本的な難点を内包しているからである。その難点とは，ほんらい貨幣形態で前貸されるほかはない可変資本を，貨幣流通を度外視して論じなければならない，という矛盾である。さらに一般的に表現すれば，貨幣流通を度外視して社会的再生産過程を考察するというのは，資本がその循環過程でとる諸形態から貨幣資本という形態を，だからまた資本の貨幣形態での前貸および還流を度外視してそれを考察する，ということである。たしかに，貨幣流通を度外視することは，社会的再生産過程を構成するさまざまの部分運動を把握するさい，過程の理解にとって役だつことがある。し

かし，諸資本の変態と諸収入の変態との絡み合いの総体としての社会的総資本の再生産過程では，貨幣は，素材変換を媒介する流通手段としてだけでなく，前貸され還流してくる貨幣資本として機能するのであって，この総再生産過程の考察で貨幣流通を度外視するというのは，同時に，貨幣資本として機能する貨幣の運動をも度外視する，ということにならざるをえない。

　また，剰余価値から貨幣形態で積み立てられた蓄積ファンドの資本としての前貸によって開始される拡大再生産の分析では，貨幣の運動を捨象して叙述できることはほとんどわずかなことにとどまらざるをえない。第2稿第3章で拡大再生産の叙述にまで進まなかったのも，ここに一つの原因があったとも考えられる。後述するように，こうした二重の叙述方法という枠組みは，のちの第8稿で完全に取り払われることになるのである[27]。

4　第2部第5稿–第7稿における資本循環論仕上げのための苦闘

　第2稿の執筆を中断したのは1870年だったと見られるが，マルクスはその後長い期間，第2部のための作業に戻ることができなかった。1876年10月になって，マルクスはようやくふたたび第2部の執筆に着手した。彼は，1872年の『資本論』第1巻第2版で，初版での7章編成を7篇編成に組み換えたが，この先例に合わせて，これ以降は第2部も，3章編成から3篇編成に変更した。このあと1880年までに，第5稿–第7稿で，資本循環論についての第1篇を仕上げる努力を繰り返した。

　第1篇の主要な課題は，個別資本が価値増殖を目的として通過していく自立的な循環過程を分析して，そのなかで資本がとる諸形態規定ならびにそれらの形態の循環そのものの形態を明らかにするとともに，資本の本来的流通過程 W—G—W が資本にとっての制限——流通時間および流通費——をなすことを明らかにすることである。古典派経済学者たちはこのような問題を立てることができなかった。それは彼らが，流通当事者のあいだでの商品と貨幣との持ち手変換に目を奪われて，資本の運動と商品および貨幣の運動とを，だからまた

---

27)【以上の論点については本書の次章も参照されたい。】

資本流通と一般的商品流通とを明確に区別せず，その結果，資本の変態および循環を独自の問題として考察しなかったからである。彼らは，生産資本の循環を分析したものの，貨幣資本の循環を，だからまた資本としての貨幣の前貸および還流を見のがした。その結果，彼らはまた，ケネーとは異なり，商品資本の循環の見地に立って社会的総再生産過程を考察することができなかった。第5稿-第7稿でマルクスが繰り返して苦心惨憺したのは，古典派のそうした欠陥を完全に克服するような仕方で資本循環の叙述を仕上げることであった。

　1876年秋に第5稿に着手することから始まったマルクスのこの作業は，最後の部分の書き付けが1880年の前半あたりと見られる第7稿の擱筆まで続いたが，この時期の諸草稿のなかからその軌跡を読み取るのは容易ではない。それぞれの草稿のなかに，あとの時期になって書き加えられた箇所があり，しかもそれが複雑に交錯しているからである。細部でのそのような交錯を無視して，各草稿の執筆時期を，マルクスの書簡や使用文献などによって推定すると，おおよそ次のような経過が読み取れる。

　マルクスは1876年の秋に，第1篇の資本循環論を含む第5稿を書き始めたのち，中休みによる叙述の途切れの跡を残しながらこの作業を続けたが，1877年の春に叙述を中断した。この作業には各ページの上半部が使われた。付属資料のなかの第5稿の「成立と来歴」ではこの部分を第5稿の「原初稿〔Urtext〕」と呼んでいる。この原初稿の特徴は，すでに第1稿，第4稿，第2稿と，繰り返し行なった以前の叙述をほとんど見返すことをしないままにその大部分が書かれたと思われることである。ようやく最後の諸ページのところで，第2稿と第4稿とでの以前の叙述への言及が現われる。マルクスはおそらくこのあたりで，以前の叙述をあらためて読み直し，そのなかで利用できる記述を確かめておく必要を感じたのであろう。1877年3月末ごろから4月半ばにかけてマルクスは，冒頭に「まず私の古い諸ノートへのたんなる指示」と書き付けた，以前の諸草稿のなかの利用すべき諸箇所への指示ないし摘要を作成した。エンゲルスはこれについて，彼の版への序文で，「1877年3月末には，第2部の新しい書き上げの基礎として前記の四つの草稿〔すなわち第1稿-第4稿〕から指示や覚え書きがつくられた」と言い，「最後の改訂のための覚え書き」と呼んでいるが，これがさきに挙げた「利用すべき諸箇所」である。この文書は，エンゲルスの

340　II　『資本論』第2部・第3部の草稿を読む

記述でその存在は知られていても，その内容はこれまでどこででも紹介された
ことがなく，本巻ではじめて公表されるもので，本巻の収録文書のなかでもと
くに注目されるべきものの一つである。

　マルクスはおそらくこの摘要に取り掛かるさいに，以前の諸草稿を四つに分
け，それぞれにつけた表紙にI-IVと書き付けた。マルクス自身は，「利用すべ
き諸箇所」でもそのあとでもこれらを「ノートI-IV」と呼んでいて，第2部草
稿のI-IVと考えていたわけではなかったが，のちにエンゲルスがこれらを第1
稿-第4稿と呼び，そのあとに続く草稿と見られるものを第5稿-第8稿と呼ん
だので，ふつう，第2部草稿としては第1稿から第8稿までである，と考えられ
てきている。マルクスは，この四つの草稿に目を通して，同じテーマを取り扱
っている記述を比較し，あらかじめ書いておいた見出しのもとに，のちの叙述，
とりわけ第1章のために使える，あるいは使おうと考えた箇所を書き付けた。
この作業のなかでも，以前の叙述への反省やのちの叙述への指示がなされてお
り，示唆するところが多い。なかほどの「ノートII」というタイトルをつけた
ところに，マルクスは「この第2の叙述が基礎に置かれなければならない」と
書き付けている (MEGA II/11, S. 539.2)。「この第2の叙述」というのは「ノートII」
を指しているものと考えられるが，あるいは，第1稿と区別して，そのあとの
諸草稿，とりわけ第4稿および第2稿の全部を指していると見ることもできる
かもしれない。いずれにしても，この一文が書き付けられたのは，目の前に，
第1稿-第4稿および，まだ「原初稿」だけが書かれている第5稿および後述の
第8稿第1層の冒頭部分があるだけのときであって，第1稿-第8稿のすべてが
・書き終えられたあとではなかったことに注意が必要である。第8稿を含むすべ
・ての草稿を目の前に置いて，第2稿を基礎にすべきだとマルクスが書いたわけ
・ではないのである。

　彼は1877年の4月下旬から7月末にかけて，この「利用すべき諸箇所」を参
照しながら，ブランクとなっていた第5稿の各ページの下半部に，以前の叙述
から多くの箇所を，「原初稿」への「追補」または「注」のかたちで書き加えた。
この作業は，多少の置き換えや書き換えがあるものの，きわめて多くの異文を
含む「原初稿」とは異なり，ごくわずかの異文を含むだけの，書き写しを主体
とするものであった。このように，第5稿は，「利用すべき諸箇所」よりもまえ

に書かれた「原初稿」と，それよりもあとに書かれた「追補」および「注」という，二つの層からなっているのである。

マルクスは1877年10月26日に，この日付を書き付けて，第1篇の第1章を新たに起草する試みを始めた。それが断稿IIIであるが，おそらくは彼の体調不良も原因となって，4ページにも満たないこの断稿のなかで，抹消，書き直し，置き換え，そしてまた抹消といった悪戦苦闘を重ねたあげく，中断した。この断稿のすぐあと，10月末から11月にかけて書かれたと見られるのが第6稿である。これもあらためて第1篇第1章の書き出しを試みたものであるが，17ページの草稿に，それへの異文を記載した本書の異文目録が60ページを超える大きさとなっていることからもうかがわれるように，マルクスが良くない体調を押して懸命に仕事を進めようとしていたことを示すものとなっている。

これに続く第7稿は，マルクスによる「1878年7月2日」という日付があるが，おそらく，翌日または翌々日にはもう執筆を止めたと見られる。これも第1篇第1章の書き出しの新たな試みであったが，その最後の試みとなった。この草稿も，印刷のための仕上げ稿からはほど遠いものであった。すでにそれの2ページから，ページの上半部にテキストを書き，下半部を注などのために空けておく，という書き方をやめて，ページの全部を使ったことにも見られるように，自己了解のための記述に終わった。なお，本巻の「成立と来歴」では，この草稿の執筆時期が「1878年7月初旬から1880年初頭ないし中葉のあいだ」とされていて，擱筆が「1880年初頭ないし中葉」となっているが，これは，1880年の前半に書き加えられたことが確かな箇所がこの草稿のなかに含まれているからである。

　[資本循環論における理論的前進]　第5稿-第7稿における資本循環論との格闘のなかでマルクスが獲得した成果としては，とくに次の二つのことを挙げることができる。

　[a　貨幣資本が果たす貨幣機能と資本機能との明確な区別]　マルクスは第5稿-第7稿のなかで，資本の循環過程と一般的商品流通との区別および関連を明確に叙述しようと努めた。そのポイントは，なによりもまず，貨幣であると同時に資本でもある貨幣資本について，それが果たす貨幣機能と資本機能との区別および関連を厳密に把握すること，とりわけG＿WにおけるGが貨幣として果

たす機能を同時に資本としての機能にするものはなにか，ということを明確に述べることであった。第7稿でマルクスは，大要，次のように書いた。

　　貨幣資本がもろもろの貨幣機能を果たすことができるという能力は，貨幣資本が貨幣であることから生じるが，G＿W におけるGの貨幣機能を資本機能にするものは，資本がその循環のなかで貨幣機能を果たす段階と他の諸段階，とりわけ資本が生産過程で価値増殖する段階との関連である。つまり，G＿W が労働力および生産手段への貨幣の転換であるかぎりで，貨幣機能は同時に資本機能となることができる。しかし，貨幣が労働力を購買できるのは，買い手が生産手段の所持者である資本家であり，売り手が生産手段から切り離された労働力しかもたない労働者であるという，「買い手と売り手とが相対するときの両者の経済的根本条件の相違」すなわち「彼らの階級関係」があるからである。「この関係の定在こそが，たんなる貨幣機能を資本機能に転化させることができる。」(MEGA II/11, S. 693. 12-26.)

　他方，W′＿G′ については，第6稿でマルクスは，資本価値プラス剰余価値という価値関係を表わしている W′ の貨幣への転化は同時に商品資本の貨幣資本への転化であって，商品の貨幣への転化である商品流通の単純な過程 W＿G に資本機能の刻印を押すものは，この価値関係なのだ，と述べた (MEGA II/11, S. 677.13-678.32)。

　以上の叙述で注目されるのは，ここではマルクスは徹底して，個別資本の自立的な循環運動そのものに注目し，貨幣と商品との位置変換によってそれと絡み合う商品流通の側での形態運動を度外視していることである。のちに触れるように，ここに，資本循環論における古典派の貨幣ベール観の最終的な脱却を見ることができる。

　また，一般的商品流通の事象を資本循環における機能的に規定された一部分にする諸契機ないし諸関係が明確にとらえられたことによって，同時に他方では，資本循環の部分を成していない一般的流通の諸過程がそれとして明確にとらえられた。すなわち，生活手段の個人的消費によって労働力の再生産を媒介する W＿G＿W も，資本家が貨幣形態にある剰余価値を個人的消費のために支出する g＿w も，ともに一般的商品流通のうちの資本の循環の外部にある部

分であることが明確にされた。これによって，社会的総資本の総再生産過程に
おけるそれらの過程と資本循環との絡み合いを厳密に分析する前提がつくりだ
された。こうしてここでマルクスは，労働者の生活手段を可変資本と見たり，
賃金の支払を資本の収入への転化と見たりするという，古典派の残滓を完全に
払拭するのである。

　[b　商品資本の循環の独自性の明確化]　まえに触れたように，商品資本の循環
は，第2稿ではすでに最初から資本の三つの循環形態の一つとされていたが，
他の二つの循環形態にたいするこの形態の独自性はまだ完全にはとらえられて
いなかった。マルクスが，ケネーの経済表の基礎を成しているのは生産資本の
循環と商品資本の循環だ，と述べていた (MEGA II/11, S. 33.20-23) のも，その一
つの表現であった。彼は第5稿では，この誤りを訂正して，「W′... W′〔商品資本
の循環〕はケネーの経済表の基礎となっており，彼が G ... G′〔貨幣資本の循環〕に
対立させてこの形態を選んだということ，そして P ... P〔生産資本の循環〕を選ば
なかったということは，偉大な正確な手腕を示すものである」(MEGA II/11, S.
638.8-11) と述べた。この訂正は，商品資本の循環の独自性を明確に把握するこ
とから生じたものであった。その独自性は次の点にあった。商品資本の循環の
場合にだけ，商品が生産資本の前提として現われる。すなわち，商品の生産手
段および労働力への転換は，流通過程 W__G__W の全体を含んでおり，この
過程の結果なのである。そこで，商品資本の循環そのものが，この循環を「も
ろもろの個別資本の総計すなわち資本家階級の総資本の運動形態として考察す
ることを要求するのであって，この運動では各個の産業資本の運動はただ一つ
の部分運動として現われるだけで，この部分運動はまた他の部分運動と絡み合
い，他の部分運動によって制約されるのである」(MEGA II/11, S. 636.16-25)。この
ように，第5稿での資本循環の分析のなかで，商品資本の循環を，資本家の個
人的消費による彼の人格の再生産をも，労働者の個人的消費による，商品とし
て売られねばならない労働力の再生産をも含む，社会的総資本の総再生産過程
として考察することを，この循環形態そのものが要求すること，すなわち第3
篇の課題が明確に提示されたのである。

　資本循環論における以上の二つの点での進歩こそが，のちの第8稿における
新たな段階での社会的総資本の総再生産過程の分析を準備したのであった。

344　II　『資本論』第2部・第3部の草稿を読む

　[デューリング批判の諸作業と第5稿「原初稿」の執筆との関連]　第8稿について述べるまえに，第5稿の「原初稿」の執筆と，マルクスがエンゲルスとともに携わったデューリング批判の諸作業との関連ないし交差について触れておこう。第2部の諸草稿は，マルクスのほかのさまざまな作業と絡み合いながら執筆されたので，こうした絡み合いの痕跡は，わかるかぎり各草稿の「成立と来歴」に記載されているが，本巻所収の諸草稿では，このデューリング批判の作業との交差は，特記すべき重要な意味をもっているのである。

　マルクスが第2稿の執筆に取り掛かる1868年春よりもまえに，この年の1月から3月にかけて，彼はデューリングの諸著書に取り組み，抜粋を行ない，また繰り返しエンゲルスと意見を交換した。第2稿のなかにも，デューリングへの言及が見られる。一箇所では『資本論』へのデューリングの書評に直接に言及し（MEGA II/11, S. 32.34-36），一箇所では，デューリングの三つの著作のなかに見られる章句を意識しながら，「ケアリ氏のドイツの崇拝者たち」という言い回しでデューリングに触れている（MEGA II/11, S. 79.34）。

　1870年代の前半にデューリングがドイツの社会民主党や労働組合のなかで影響力を強め，その著作のなかで『資本論』を貶める言辞を弄するようになって，マルクスはデューリングの著述と人物とを徹底的かつ包括的に批判する必要を感じ，この仕事をエンゲルスに依頼した。これによって生まれたのが『反デューリング論』である。マルクス自身も，1876年から1877年にかけて，エンゲルスのこの作業をさまざまの仕方で手助けした。これらの手助けは，一方では，第2部のためのマルクスの作業を中断させて，第2部草稿にその痕跡を残したが，他方では，そのなかで第2部執筆にさまざまの刺激を与えるとともに，新たな記述のきっかけをつくることになった。だから，1988年に刊行された MEGA の第I部門第27巻（MEGA I/27, S. 131-216）に収録されている，マルクスが『反デューリング論』のために書いた文書，エンゲルスに提供した文書，またそれのために彼が準備した文書の執筆は，第2部の諸草稿，とりわけ第5稿および第8稿の執筆と交差しており，これらの草稿の執筆時期やその諸部分の執筆順序などの推定に重要な手がかりを提供してくれる。かつて共同編集者として第I部門第27巻の編集に携わったことのある，本巻の共同編集者フォルグラーフが，本巻の編集中にこの交差をあらためて詳細に調査し，執筆時期

第7章 『資本論』第2部仕上げのための苦闘の軌跡　345

の考証にかかわる多くの重要な事実を発掘した。それによって本巻の付属資料では，諸草稿，とりわけ第5稿および第8稿について，これまで推定されていた執筆時期を多くの点で修正することになった[28]。

さきに第5稿について述べたさいに，「原初稿」の途中に中断の痕跡があることに触れたが，この中断は，マルクスが1877年1月または2月に，『反デューリング論』執筆を手助けするために生じたものであった。彼は「デューリングの『国民経済学の批判的歴史』への評注」(MEGA I/27, S. 180-209) を書いて，3月5日にエンゲルスに送った。この年の夏に彼は，かつて取り組んだケネーら重農学派の『経済表』に取り組み，8月8日に，『反デューリング論』のためにケネーの『経済表』の簡略化した叙述を，若干の「傍注」とともにエンゲルスに送った (MEGA I/27, S. 210-214)。これらの作業のなかでは彼は，第5稿の「原初稿」がそうであったように，第2稿を見ることはしないで，はるか以前の『1861-1863年草稿』執筆時のサブノートCを参照している。この時期にマルクスがエンゲルスに提供した叙述では，1877年3月7日付のエンゲルス宛の手紙から読み取れるように，マルクスはケネーについての自分の本当の評価，すなわち「資本および資本主義的生産様式の最初の方法的な解明者」(MEW 34, S. 39) という評価を，わざと読み手には見えないようにしていた。彼は『資本論』第2部のなかで，はじめて十分な論拠を挙げてケネーの偉大さを本格的に示そうと考えていたのである。

彼はこの中休みののちに「原初稿」の最後の諸ページを書いたのであるが，これらのページには，一方では，ケネーとその『経済表』とにかかわる内容が

---

28) これらの修正は，筆者がこれまでいくつかの拙稿で述べてきた執筆時期推定のうちのいくつかの部分の修正を迫るものである。とくに第8稿に，着筆の時期が1877年に遡る部分が含まれていたことを筆者ははじめて知らされた。拙稿「『資本論』第2部第8稿の執筆時期について」(『経済志林』第65巻第4号，1998年) での，第8稿の起筆時期についての推定は訂正されなければならない。また，拙稿「『資本論』第2部・第3部草稿の執筆時期について」(『季刊 経済理論』第42巻第4号，2006年) での記述のうち，第2部草稿についての部分は，本巻での考証によってあちこちが修正されなければならない。こうした変更の必要は，MEGA第II部門第4巻第3分冊の編集作業が進むなかでさらに生じる可能性がある。【じっさい，2012年に刊行された第4巻第3分冊では，本稿で記した執筆時期とやや異なる執筆時期が推定されている草稿があるが，著しい相違ではないのでいちいち記載することとはしない。】

346　II　『資本論』第2部・第3部の草稿を読む

あって，その直前の作業とのつながりを示すとともに，他方では，それが第2稿への指示と第2稿および第4稿への内容的な対比となっていて，マルクスがここで，第2部のための以前の諸ノートつまり第1稿-第4稿を読み返し，利用することの必要を感じたことを示している。そこで，この直後にマルクスは，「利用すべき諸箇所」を作成したのであった。

5　第2部第8稿について

(1) 第8稿の第1層

　さて，次に，第2部の最後の草稿である第8稿について述べよう。

　第8稿が時期を隔てた二つの時期に書かれたことにはすでに触れたが，その最初の部分は，じつはまさに，いま見たデューリング批判の作業に関連して1877年に着手され，1878年までのあいだに書かれたものであった（以下，この部分を「第1層」と呼ぶ）。このあと，少しあいだを置いて，1879年から1881年にかけて，第2の部分が書かれた（これを「第2層」と呼ぼう）。第8稿のどこまでが第1層で，どこからが第2層であるかは，確言できるほどの手がかりはないが，筆者は，第1層は，草稿12ページの横線（MEGA II/11, S. 720.12【本書111ページ7行】）までの部分ではないかと考えている[29]。

　抜粋ノートのなかに書かれた一部の断稿以外の他の諸草稿の執筆には，ばらの紙葉が使われたのにたいして，第8稿は，綴じ糸で綴じられた，堅い表紙をもつノートに書かれている。このことは，第1層を書き出したときには，第2部の仕上げ用の草稿として書き始めたのではなかったことを示唆しているが，第1層のそのあとの部分も，のちに書かれた第2層も，仕上げ用の草稿としてではなくて自己了解のために書き続けられたもの，というその性格をよく示し

---

29) 本稿ではその根拠を詳述するだけの余裕がない。本巻の「成立と来歴」は，第1層を，草稿の23ページ（MEGA II/11, S. 743.21【本書139ページ17行】）までであろうとしている（MEGA II/11, S. 1606【本書274ページ】）。この推定は，デューリングへの当てこすりのあるところところまでを第1層と見ようとすることに拠っている。しかし，デューリングへの当てこすりは第2層にあってもおかしくはないのであり，時期推定の論拠にできるほどのものではないであろう。【本章末尾に「補論」をつけて，筆者が第1層の末尾を草稿12ページの横線の前ではないかと推定した根拠を述べる。】

ている。

　ノートの1ページには，理論史におけるケネーの位置を素描して，「重農主義体系は資本主義的生産の最初の体系的な把握」(MEGA II/11, S. 701.2-3【本書81ページ10-11行】)だ，という最高級の評価を与えている。この章句は，いま触れたばかりの，第2部のために保留していたケネーの本当の評価を書き付けておこうとしたのではないかと考えられる。マルクスがこれに脚注をつけようとしていたこと[30]から，彼がケネーについてさらになにかを書こうとしたことが推測されるが，しかし彼はこの章句をそれだけで中断した。そのあとに，ケネーと対比してのアダム・スミスの退歩と進歩とについての章句が書かれているが，最後のパラグラフで「重農主義体系の資本主義的性格」(MEGA II/11, S. 702.20【本書84ページ27行】)に触れているところから，このスミスへの論及がケネーとの関連で書かれたものであることがわかる。

　スミスについてのこの部分 (MEGA II/11, S. 701.15-702.38【本書82ページ26行-85ページ25行】)に使われたインクは，その前後のインクとは違うもので，さきに触れた，マルクスが3月5日にエンゲルスに送った，1877年2月末から3月初旬のあいだに書いたと見られる「評注」に使われたインクと酷似している。ここから推定できるのは，直前のケネーについての章句が書かれたのが，彼が1877年の1月にデューリングの『国民経済学と社会主義の批判的歴史』に取り組み始めたのち，彼がエンゲルスに送ったこれへの「評注」を書いた1877年の2月末以前だったのではないかということである。第8稿の「成立と来歴」のタイトルで，第8稿の着筆を「早くとも1877年2月」としているのはこの推定に拠っている。なお，マルクスがこの第1層を書いているときに彼の頭のなかにたえずデューリングの影がちらついていたことは，この層のあちこちに，あれこれの仕方でデューリングへの当てこすりが見られることからも明らかである[31]。

　これにたいして，それに続くスミスについての記述は，「社会的総再生産過程（流通をも可能的な〔potentialiter〕消費をも含む）」(MEGA II/11, S. 709.28-30【本書

---

30) 本書82ページ脚注7を見られたい。
31) これらの当てこすりは「成立と来歴」に詳述されている (MEGA II/11, S. 1608-1609【本書277-280ページ】)。

95ページ23-24行）についてのスミスの把握についての正面きっての分析と評価
であり，しかもここでは，「スミスのドグマ」（MEGA II/11, S. 710.8【本書96ページ
21行】）の誤謬の根源を衝くと同時に，スミスは「内実から見れば彼は問題の解
決にあと一歩というところにいた」（MEGA II/11, S. 709.11-12【本書95ページ8-9行】）
という高い評価をスミスに与えている。ここで注目されるのは，この部分につ
けられた脚注のなかに，「読者が誤解しないように」という語句（MEGA II/11, S.
703.35【本書86ページ24行-87ページ1行】）や，「われわれは第3部で……もっと詳し
く検討するであろう」（MEGA II/11, S. 703.7-9【本書86ページ11-13行】）という語句が
あること，そしてまた，もっとあとでは「これについては第3部で立ち戻る」
（MEGA II/11, S. 711.39-40【本書99ページ14行】）と書かれていることである。これら
は，マルクスがなにがしかの程度において，すでにこの部分で，第2部草稿の
一部を書きつつある，という意識をもっていたことを示唆している。

(2) 第8稿の第2層

　草稿の12ページには，前後を区切る横線があり，これに続く部分（MEGA II/
11, S. 720.13-727.27【本書111ページ8行-120ページ27行】）でマルクスは，第1層でスミ
スについて書き付けた自分の記述を読み返しながら，スミスの社会的総再生産
過程についての理論についてあらためて総括的なまとめを書こうとしている。
1879年から書き始められた第8稿の第2層は，12ページのこの横線から始まっ
たのであろう。

　この第2層全体のなかで，大きな見出しと見ることができるものが二つある。
一つは草稿16ページにある，「あとに置くべきものの先取り〔Anticipirtes für das
Spätere〕」（MEGA II/11, S. 728.31【本書122ページ17行】）であり，もう一つは46ページ
にある，「先取り〔Anticipirt〕。II) 蓄積，または，拡大された規模での生産」
（MEGA II/11, S. 790.14-15【本書205ページ10行】）である。第8稿が書かれているノー
トの最後の76ページからノートの裏表紙にかけて，1ページ半ほどの章句
（MEGA II/11, S. 826.1-827.41【本書268ページ24行-271ページ20行】）があるが，これが
第3篇に属するものでないことは明らかである。「先取り。II) 蓄積，または，
拡大された規模での生産」という見出しは，その直前の71ページの末尾
（MEGA II/11, S. 825.36【本書268ページ23行】）までのすべての部分を包括するものと

第7章 『資本論』第2部仕上げのための苦闘の軌跡　349

みることができ，そのなかには，さらにそれの下位の小見出しと数字による区分とがある[32]。

　「II）蓄積，または，拡大された規模での生産」に先行する「I）」の見出しは書かれていないが，これが「I）単純再生産」であったことは，「II）」のなかの諸所の記述（MEGA II/11, S. 790.21-26, 794.30-795.1, 803.32-33, 807.21-26 und 810.27-28【本書205ページ17行-206ページ4行，213ページ6-18行，227ページ10-11行，232ページ18-22行，および，240ページ16-18行】）から明白である。そこで問題となるのは，見出しが書かれていないその「I）単純再生産」は，どこから始まっているのだろうか，ということである。このことを考えるさいにヒントとなるのは，第2稿の第3章で，単純再生産および拡大再生産の分析に取り掛かる前に，「a　個別的および社会的に見た生産物の価値成分」というタイトルのもとで，スミスとそれ以降の論者たちの見解の検討が行なわれていた（MEGA II/11, S. 348.4-368.3）という事実である。マルクスはここ，すなわち第8稿の第2層でも，単純再生産の叙述に入る前に諸学説の鳥瞰と批判とを行なっておこうとして，まず，第1層での論述を読み返しながらスミスについて論じたのだ，と見ることが可能である。

　それでは，内容から見て明らかに単純再生産の分析にすでに取り掛かっていると考えられる部分の冒頭に，なぜ，「あとに置くべきものの先取り」という見出しが書かれているのであろうか。これについて考えられるのは，マルクスはスミスの見解の検討のあとに，さらにスミス以降の論者たちの見解の検討を書くべきだと考えていたが，それをあと回しにして単純再生産の叙述に取り掛かったが，結局，その諸学説批判に戻らないままに終わった，ということである。こう見ることができるとすれば，「あとに置くべきものの先取り」のところから（おそらくはそれよりも二つ前からのパラグラフ（S. 727.28-728.30【本書121ページ2行-122ページ16行】）を含めて）単純再生産の分析が始まっているということになる。

　こうして，マルクスは第2層で，第1に，スミスから諸学説の検討を始めたが，第2に，スミスだけで中断して単純再生産の分析に入り，そのあと第3に，

32）エンゲルスは，彼の第2部の第3篇第21章「蓄積と拡大再生産」を，この「II）」をほとんど全部利用し，それに，彼に必要と思われた第2稿の第3章での記述を挿入するという仕方で編集した。

350 II 『資本論』第2部・第3部の草稿を読む

拡大再生産の叙述を行なったのである。

なお，この第8稿の1ページの行頭には，「第2部第3章〔Ch. III) b. II.)〕」（MEGA II/11, S. 698.1【本書79ページ2行】）という見出しがあとから書き込まれているが，マルクスはおそらく，このノートに書きつつあるものが第2部第3篇にかかわるものであることがはっきりしたどこかの時点で，これを書き込んだのであろう[33]。

(3) 第2稿第3章にたいする第8稿第3章の理論的前進

この第8稿は，第2稿の第3章での叙述とは，どのような点で区別されるのか。どのような理論的な前進を遂げたのであろうか。

[スミスのドグマについての**最終的な総括**]　マルクスは社会的総再生産過程についてのアダム・スミスの見解を，『1861-1863年草稿』，第2部第1稿，第3部第1稿，第2部第2稿と，繰り返して検討し，批判してきた。そして，ここ第8稿の第1層から第2層の最初の部分での，「スミスのドグマ」（MEGA II/11, S. 710.8【本書96ページ21行】）に帰結した理論上の難点に焦点をおいた今回の論述は，マルクスのこれまでのスミス批判の総仕上げと見ることができるものとなったのである。

マルクスは，スミスが「混沌のうちをさまよっている」そもそもの理由は，「商品価値一般に関する彼の「深奥な〔esoterisch〕」見解がたえず皮相な〔exoterisch〕見解と交錯していて，そのあいだにときには彼の科学的な本能がふたたび「深奥な」立場を現わすこともあるとはいえ，皮相な見解のほうが彼のもとで幅を利かせているということにある」（MEGA II/11, S. 716.16-20【本書106ページ4-8行】）と言う。そして皮相な見解において「すべての商品の（したがってまた年間商品生産物の）価格は，労賃プラス利潤プラス地代，に分解する，というドグマ」として現われているものは，「スミスの著書そのものを断続的に貫いている深奥な部分では，どの商品の価値も，したがって社会の年間商品生産物の

---

33) 「成立と来歴」で述べられているように（MEGA II/11, S. 1609【本書280ページ12行-281ページ11行】），さまざまの箇所でのそれ以前のマルクスの指示の仕方から見ても，この見出しが，スミスの『諸国民の富』の第2篇第3章を指すものではなくて，『資本論』第2部第3篇を指すことは確実である。

価値も，v＋m にイコールであり，労働力に投下され労働者によってたえず再生産される資本価値・プラス・労働者が彼らの労働によってつけ加える剰余価値，にイコールである，という形態をとっている」(MEGA II/11, S. 711.29-35【本書99ページ4-9行】)。これが，「A・スミスにおける……最後の帰結」(MEGA II/11, S. 711.36【本書99ページ10行】)であって，スミスの深奥な部分におけるこの「帰結」を，すなわちこのv＋m のドグマを，根底から批判することが必要であった。

　マルクスは，スミスが区別していない労働そのものの二重の性格を，商品流通の表面に現われる単純な商品の分析によってつかみだした。そして，資本の価値増殖過程の分析のなかで，労働力の使用価値である労働が，具体的有用的労働の側面において，生産手段を生産物に形態変化させるとともに，抽象的人間的労働の側面において生産物のなかに新たな価値を，しかも労働力の価値を再生産するだけでなく，それに加えて剰余価値をも新たに生産することを明らかにした。そのさい，スミスのドグマの批判にとって決定的な意味をもったのは，マルクスが，生産手段を生産物に形態変化させる具体的有用的労働は，過去の抽象的人間的労働の対象化である，生産手段に含まれている旧価値を，そっくり生産物のなかに移転することを明確にしたことであった。これによって，「有用的労働の生産物」(MEGA II/11, S. 716.3【本書105ページ22行】)である社会的な年間総生産物の場合にも，具体的有用的労働のこの働きによって，「それらの商品の総価値のうちに，それらの商品の生産に費消された生産手段の価値が新たな現物形態で再現して保存されている」(MEGA II/11, S. 716.6-8【本書105ページ25-26行】)のである。こうして，生産物価値が，前年度までの過去の人間的労働の対象化である，生産手段からの移転価値（旧価値）と，今年度の人間的労働（必要労働プラス剰余労働）の対象化である価値生産物（新価値）との両者から成っていることが明確になり，「彼が年間生産物価値と年間価値生産物とを同一視している」という「A・スミスの第1の誤り」(MEGA II/11, S. 715.30-31【本書105ページ9-10行】)が完膚なきまでに暴かれたのである。そのうえでマルクスは，資本の循環過程，労働者のもとでの労働力の再生産の過程，そして資本の人格化である資本家の個人的消費の過程，という三つの過程をそれぞれ独立の運動として正確に把握し，これらの「A・スミスが区別していない，さまざまの流通過程や生産過程が」どのように「絡み合っている」(MEGA II/11, S. 717.19-20【本

書107ページ17-18行』）のか，ということを，そしてまた，これらの過程が，流通手段と蓄蔵貨幣という異なった機能を果たす貨幣の運動に媒介されて絡み合っている次第を，社会的総資本の流通過程としての社会的総再生産過程の分析によって鮮明にした。これによって，スミスのドグマの誤りと，このドグマが生まれ，またたえず再生産されている原因とが根底から明らかにされたのである。

マルクスはこの第8稿で，スミスの分析の方法の根本的な欠陥を衝いて，スミスの価値論を次のように総括的に批判している。

「A・スミスが問題にする商品は，はじめから商品資本……であり，つまり，資本主義的に生産された商品であり，資本主義的生産過程の結果である。だから，この過程が（だからまたそれに含まれている価値増殖過程および価値形成過程も）前もって分析されなければならなかったはずである。この過程の前提が，これはまたこれで商品流通なのだから，この過程の説明はまた，それからは独立な，それに先行する，商品の分析を必要とする。A・スミスが「深奥に」たまたま正しい点を射当てているかぎりでも，いつでも彼はただ商品分析のついでに，すなわち商品資本の分析のついでに，価値生産を考慮するだけなのである。」(MEGA II/11, S. 726.27-38.【本書119ページ19-28行。】)

これはまさに，マルクスのスミス価値論批判の理論的到達点と言うべきものであった。

のちに述べるように，マルクスは第8稿で，第2稿の第3章でもまだ残っていた，社会的総再生産過程をまずなによりも商品と商品との転換と見る，古典派の貨幣ベール観を最終的に脱ぎ捨てた。これは，スミス批判を理論的実践によって完遂したことを意味していた。

［「実体的諸条件」の解明から社会的総再生産過程の考察への課題の転換］
第8稿では，第3篇の課題について，第2稿で獲得されていた「[e　第3章の課題についての新たな視点]」【本書333ページ18行以下】が考察の全体を貫くようになった。ここにはもはや，第2稿までの，社会的再生産における「実体的素材変換」にかかわる「実体的諸条件」という文言はどこにも見ることができない。

第8稿の第3篇の課題は，個別諸資本の諸変態相互間の，またそれらと一般的商品流通との絡み合いを論じることによって，社会的総商品資本の循環を，

さまざまの個別資本の総計すなわち資本家階級の総資本である社会的資本の運動形態としても，また社会的資本によって生産される剰余価値または剰余生産物の運動形態としても，考察すること，そしてこの考察のなかで，年々の再生産のさまざまの要素の転換を分析して社会的再生産の諸条件を摘出する，というところにある。約言すれば，社会的総商品資本の流通過程としての社会的総再生産過程を分析することである。この点から見て，エンゲルスが彼の版の第3篇に与えた「社会的総資本の再生産と流通」というタイトルは，この第8稿の内容を表現するのに適切なものであったと言うことができる。

　[社会的生産の二つの部門の呼び方の変更]　マルクスは第2稿までは，消費手段生産部門を第Ⅰ部門とし，生産手段生産部門を第Ⅱ部門と呼んでいた。すでに『1861-1863年草稿』に見られる両部門のこの順序は，三つの収入源泉を価値構成部分と見るスミスのドグマを検討して批判するさいにとられたものであった。すなわちマルクスは，スミスの思考を一歩一歩追いかけて，まず消費手段生産部門の商品生産物の価値構成部分を分析し，そのあとで，それらの転換の道をたどって，生産手段生産部門の価値関係および転換関係を分析したのである。

　マルクスは第8稿では，両部門のこの呼び方を逆にして，生産手段生産部門を第Ⅰ部門とし，消費手段生産部門を第Ⅱ部門とした【第8稿では「部門〔Categorie, Klasse, Abtheilung〕Ⅰ」および「部門Ⅱ」とされている】。この逆転した順序が表式のか̇た̇ち̇で現われるのは，第2層の単純再生産の本格的な分析に入る入口のところである（MEGA II/11, S. 728.35-731.2【本書122ページ21行-123ページ1行】）。しかしこの順序は，第1層におけるスミスの見解の検討のなかにすでに登場していた。彼は，「社会的年生産物の一部分は生産手段から成っており，その価値は次のように分けられる」と書いたのちに，これらを生産する諸部門を「第1の部門」と呼び，それにたいして，消費手段を生産する部門を「第2の部門」と呼んだのである（MEGA II/11, S. 708.17-709.5【本書94ページ2行-95ページ6行】）。

　マルクスがこのように第8稿で両部門の呼び方と表式での順序を逆転させた理由について，日本では研究者のあいだでさまざまの見解が披瀝されてきているが，ここでは，この新しい順序が，もとの順序よりもはるかに合理的であることを述べるにとどめる。

354 II 『資本論』第2部・第3部の草稿を読む

第1に，商品資本の循環では，商品資本の諸要素によって生産資本の諸要素を，すなわち生産手段の形態にある不変資本および労働力の形態にある可変資本を，補填することが肝要である。生産資本がc＋vで表わされ，商品資本の価値がc＋v＋mで表わされるのであれば，資本の構成諸部分の補填を論じるさいにも，まず生産手段生産部門の生産物による両部門のcの補填を論じ，次に，消費手段生産部門の生産物による労働力の再生産を通じての両部門のvの補填を論じるのが納得のいく順序である。

第2に，第8稿での拡大再生産の表式を展開するさいに，生産の出発点で不変資本はすでに必要な生産手段の形態に転換されているのにたいして，可変資本は貨幣形態にあって，次第に前貸されるものと想定されている。つまり，なによりもまず，両部門で不変資本が現物形態で補填されなければならないのである。この点から見ても，新たな順序はまったく事態相応的である。

第3に，同じことを別の面から見ることになるが，拡大再生産の場合，両部門での蓄積の物質的基礎である追加生産手段が生産手段生産部門で生産されていなければならない。この点からも，生産手段生産部門を第I部門とすることは合理的なのである。

　［二重の叙述方法の放棄と貨幣運動の全面的な組み入れ］　第1稿でも第2稿でも，社会的再生産の総運動のなかで貨幣が果たす役割が，基本的には，「素材変換を媒介する貨幣流通」という見地から考察され，したがってもっぱら流通手段としての機能に限定されていたのにたいして，第8稿では，総運動のなかで貨幣が果たすさまざまの独自な役割が明確に把握され，分析されるにいたった。マルクスにとって，いまでは，社会的総再生産過程の分析を，「貨幣流通を捨象した叙述」と「媒介する貨幣流通を伴う叙述」との二段構えで行なうという以前の叙述方法で遂行できないことは明らかであった[34]。第8稿の第3章では，マルクスは最初から貨幣の運動を組み入れて再生産過程の進行を観察

---

34) エンゲルスが彼の序文で，「第2稿ではまず再生産がそれを媒介する貨幣流通を顧慮することなく取り扱われ，次にはこれを顧慮してもう一度取り扱われていた」が，第8稿では「このようなことをなくして，一般にこの篇全体を著者の拡大された視野に対応するように書き直すことが必要だった」（MEGA II/13, S. 8.14-16; MEW 24, S. 12）と書いたのには，十分な根拠があったと言うべきである。

第7章　『資本論』第2部仕上げのための苦闘の軌跡　355

している。ここでの，社会的総再生産過程における貨幣の運動ないし役割についての分析では，とくに次の諸点が重要である。

　[a　可変資本の貨幣形態での前貸および還流の重要性の強調]　マルクスは第8稿で，資本主義的生産では貨幣形態での可変資本の前貸とそれの貨幣形態での還流とが決定的な契機をなすこと，だからまた，社会的総資本の再生産過程の考察でも，この前貸および還流の分析が決定的に重要であることを強調した[35]（MEGA II/11, S. 731.18-33【本書123ページ13-25行】）。だから生産手段，消費手段，労働力という商品の相互間の「素材的転換」を考察することで満足しているわけにはいかない。貨幣を媒介にしたこれらの転換が，可変資本の貨幣形態での前貸および還流とどのように絡み合っているのか，ということがつかまれなければならないのである。だから，総再生産過程の分析が商品資本の循環にもとづいて行なわれるとしても，そのさい貨幣資本の形態にある可変資本の循環が，総じて貨幣資本の循環が考慮に入れられなければならないということになる。貨幣資本の循環と商品資本の循環とは時間的にずれており，しかも不変資本の前貸および還流と可変資本の前貸および還流とは，これまた時間的にずれているのだから，これが——のちに拡大再生産のところで現われてくるように——事態を複雑にし，叙述に一連の難しさをもたらすことになる。

　[b　資本の前貸および還流と流通手段の前貸および還流との区別および関連の分析]　貨幣資本の循環における最初の段階であるG＿Wは，それ自体としては一つの「流通行為」であるが，なによりもまず，価値増殖を目的として貨幣資本を生産資本の諸要素に転態する流通行為であり，のちのW′＿G′によって還流すべき資本の「前貸〔Vorschuß〕」である。この，生産過程への不変資本および可変資本の前貸が，「資本の前貸」の「範疇的規定」であって，マルクスは，ケネーおよび重農学派が「前貸〔avance〕」をそのようなものとして規定したことをきわめて高く評価している（MEGA II/11, S. 717.21-26, 721.40-722.9, 796.41-797.11 und 799.33-36【本書107ページ19-24行，113ページ10-14行，216ページ14-23行，および，221ページ9-12行】）。

35）このことを早くから指摘していたのは伊藤武氏である。それらの論稿は，伊藤武『マルクス再生産論研究』（大月書店，2001年）に収められている。

356　II　『資本論』第2部・第3部の草稿を読む

　ところが，この同じ流通行為 G＿W が，同時に，「資本の前貸」とは区別されるべきもう一つの「前貸〔Vorschuß〕」でもありうるところから，「難問〔perplexity〕」（MEGA II/4.1, 151.29【中峯照悦・大谷禎之介他訳『資本の流通過程──『資本論』第2部第1稿──』大月書店，1982年，23ページ】）が生じる。もう一つの「前貸」とは，社会的総再生産を媒介する流通手段を資本家階級のうちのだれかが流通過程に前貸しなければならない，という意味での「前貸」，すなわち流通過程への流通手段の前貸である。

　マルクスは第8稿の第2層で，資本の前貸から区別されるべきこの流通手段の前貸について，繰り返して説明した（MEGA II/11, S. 733.36-734.1 und 751.4-21【本書126ページ17-21行，および，149ページ18行-150ページ6行】）。

　社会的総生産物すなわち総商品資本の構成諸部分の転換あるいは相互補塡を媒介する流通手段としての貨幣は，総商品資本の諸部分の持ち手である個別資本家たちの手もとにあるほかはない，つまり，彼らは商品資本のほかに，準備貨幣資本または鋳貨準備の形態で貨幣をもっているのである。彼らのこの貨幣が再生産の諸要素の諸転換あるいは補塡を媒介し始めるのは，彼らがこの貨幣で商品を買うこと，すなわち G＿W を行なうことによってである。この G による購買が，彼による流通過程への流通手段の前貸である。けれども彼らのこの購買すなわち G＿W は，じつは彼らの商品資本の総変態すなわち W＿G＿W のうちの第2の変態をなす G＿W なのであり，彼らはこれを，第1の変態 W＿G に先行させて行なうのである。だから彼らは，そのあとに行なわれる第1の変態 W＿G によって，前貸したのと同額の貨幣額を回収する。これが，彼が前貸した流通手段の彼のもとへの還流であり，彼はこれによって，ふたたび手もとに前貸したのと同額の準備貨幣資本または鋳貨準備を取り戻すことになる。

　ここで注意が必要なのは，G＿W がつねに，同時に流通手段の前貸であるわけではない，ということである。資本家が自己の商品資本の一部である商品の販売 W＿G によって入手した貨幣で商品を買う購買 G＿W は，流通手段の前貸にはならない。この貨幣のなかに含まれる彼の収入すなわち剰余価値の支出である g＿w もそうはならない。また，労働者の労働力の変態 W(A)＿G＿W では，労働力の販売が必ず先行するのであって，労働者が流通手段を前貸する

ことはありえない。だから，G＿W が同時に流通手段の前貸となるのは，W＿G＿W の第2の変態 G＿W が第1の変態 W＿G よりも前に行なわれ，あとからW＿G によって補われる場合だけなのである（MEGA II/11, S. 766.18-25, 795.18-21, 800.27-32, 801.25-28 und 809.37-810.5【本書168ページ22行-169ページ1行，214ページ8-11行，222ページ15-19行，223ページ25-28行，および，239ページ8-13行】）[36]。

　このように，社会的総再生産過程では資本の前貸および還流と流通手段の前貸および還流とが複雑な仕方で絡み合っているので，両者を概念的に区別したうえで，その絡み合いを明晰に把握するには抽象力の弛みない緊張が必要である。マルクスは第8稿で，貨幣流通によって媒介された資本の運動と資本の運動との絡み合い，資本の運動と収入の運動との絡み合い，収入の運動と収入の運動との絡み合いを分析しているが，そのさいの一つの力点は，資本の前貸・還流と流通手段の前貸・還流とを明確に区別したうえで，両者が絡み合って現われる複雑な過程を明らかにするところに置かれていたのである[37]。

　[c　社会的総再生産過程における二つの貨幣運動の明確な区別]　再生産過程の諸要素の転換を媒介するために流通手段として前貸される貨幣は，もっぱら流通手段として機能し，資本家の準備貨幣資本ないし鋳貨準備としてつねに流通の内部にとどまっている。けれども，貨幣が資本主義的生産において役割を演じるのは，たえざる運動のなかでだけではない。流通領域の外部には貯水池が存在していて，過剰となった流通手段はそのなかに流れ込み，流通の必要に応じてふたたびそこから引き出される。資本運動のさまざまの契機から生まれ，さまざまの運動によってふたたび現実資本に転化されるこの貯水池にある貨幣は，遊休貨幣資本の形態ないし蓄蔵貨幣の形態にある。流通の停滞の結果として生じる遊休貨幣資本の非自発的な形成を度外視すれば，遊休貨幣資本の形成と解

---

36)　流通過程に前貸された流通手段がそれを前貸した資本家の手に戻ってくることをマルクスは「法則」と呼んでいる（MEGA II/11, S. 743.23-27【本書139ページ19-23行】）。この「法則」は，日本の研究者のあいだでしばしば「貨幣還流法則」と呼ばれているものである。

37)　流通手段の前貸と資本の前貸との区別および関連を，第2部の草稿を読むことができないという条件のもとで，1966-1967年に先駆的に解明したのは久留間健氏である。氏の『貨幣・信用論と現代』（大月書店，1999年）の「第II部　流通手段の前貸と資本の前貸」に収められた諸論稿は，この問題についての第8稿でのマルクスの考察を読み取るのに，依然として導きの糸として役だつものである。

消を伴う資本運動は，固定資本の償却ファンドおよび資本の蓄積ファンドの積立と，積立完了後のそれらの生産過程への前貸である。どちらの場合にも逆方向の運動が生じる。すなわち，一方では，流通過程にある貨幣が一方的な販売行為によって流通過程の外部で遊休資本すなわち蓄蔵貨幣として沈澱し，他方では，貨幣貯水池のなかで遊休していた資本すなわち蓄蔵貨幣が一方的な購買行為によって流通に入る。前者の場合には流通手段が蓄蔵貨幣に転化し，後者の場合には蓄蔵貨幣が流通手段に転化する（MEGA II/11, S. 798.21-32【本書218ページ21行-219ページ4行】）。そのさい重要なことは，償却ファンドの場合でも蓄積ファンドの場合でも，二つの貨幣の流れのあいだの量的均衡をもたらするような法則も機構もないということである。

　［d　固定資本の償却ファンドの積立と現物での更新との分析］　第8稿でマルクスははじめて，社会的総再生産過程における固定資本の補塡を立ち入って論じた。ここでの問題の要点は，すべての個別資本が同時に固定資本の償却だけを行なうなら，大量の流通貨幣すなわち準備貨幣資本が蓄蔵貨幣すなわち遊休貨幣資本に転化することによって，貨幣に転化できない商品生産物が生まれることになり，「さまざまの生産部面のあいだの完全な均衡を前提とする再生産」という「表式の土台のすべてが，……消え去ってしまうであろう」，という「困難」（MEGA II/11, S. 757.38-758.3【本書157ページ22-27行】）を解くことである。この問題の解決の手がかりは，実際には資本家たちのうちには，一方に，固定資本の償却のために貨幣を積み立てている資本家がいるが，同時に他方に，固定資本の更新期を迎えて積み立ててきた貨幣資本を流通に投げ入れて生産手段を買う資本家がいるという事実にある（MEGA II/11, S. 761.25-41【本書162ページ14-28行】）。償却ファンドの積立を行なう一方的販売の総額，すなわち，蓄蔵貨幣に転化される流通手段の量と，償却ファンドの投資による一方的購買の総額，すなわち，流通手段に転化される蓄蔵貨幣の量とが一致すれば，再生産過程は正常に進行しうる。しかし，両者が一致する必然性はないので，固定資本の償却と更新という社会的再生産の契機は，同時に再生産過程を攪乱させる契機でもある。

　［e　社会的総再生産過程における金生産の分析］　マルクスは第8稿で，貨幣材料となる金の社会的再生産を分析した。金はその生産源から一般商品との直接的交換によって社会的再生産の過程を媒介する流通部面に入ったのち，流通手段

第7章　『資本論』第2部仕上げのための苦闘の軌跡　359

として機能し，また蓄蔵貨幣貯水池に沈澱するが，流通部面を徘徊する鋳貨の形態にあるとき，たえざる摩滅をまぬかれない。また，蓄蔵貨幣の増大や流通必要金量の増大とともに一国内にある金量は増大しなければならない。しかし，貨幣としての金は，商品生産という生産の社会的形態から生じる社会にとっての流通費であり，商品生産一般の空費である。蓄蔵貨幣貯水池に沈澱している貨幣も，「絶対的に不生産的なものであって，この形態で生産過程に並行はするが，しかし生産過程の外部に横たわっている」(MEGA II/11, S. 799.12-13【本書220ページ15-16行】)。この空費は，資本家たちが共同で負担せざるをえないのであって，この負担は，彼らのそれぞれが剰余価値の一部をたえず貨幣に転化し，それを流通界に拠出するという仕方で行なわれるほかはない。そこで，資本家たちのそれぞれはどのようにして自分の剰余価値を，金生産資本家の商品資本である金に転換するのか，また金生産資本家のほうも，どのようにして自分の資本を生産諸要素に転化し，自分の収入を消費手段に転換するのか，という問題が生じる。マルクスはここではじめて，金生産部門とその他の生産諸部門とのあいだの転換運動を分析した。そのさい彼は，金生産をいわば「流通機械」としての貨幣の原料を生産する生産部門として第Ⅰ部門に含めた。この分析には補填関係の説明に舌足らずの部分があったけれども，金生産部門を第Ⅰ部門に含めることによって，生産手段生産部門における拡大再生産のための潜在的な追加貨幣資本の本源的な源泉を確定することができたのであった。

6　第8稿における拡大再生産の分析の内容と特色

　第1稿および第2稿での第3章の叙述にたいする，第8稿での第3篇の叙述の最大の特色は，ここではじめて，第1稿以来の残されていた課題であった拡大再生産の分析が行なわれたことである。さきに見たように，第8稿の第2層のなかの，見出し「先取り。Ⅱ）蓄積，または，拡大された規模での生産」(【本書205ページ10行】)から草稿71ページ(【本書268ページ23行】)までが，拡大再生産の考察に当てられている。

　エンゲルスは彼の版の第3篇を編集するさい，第8稿をほとんど全部利用し，これに足りないと考えられた箇所を第2稿から補う，という仕方をとった。し

たがって，彼の版の第3篇によっても，第8稿のかなりの部分は，草稿の内容をほぼ読み取ることができる。ところが，この「II）蓄積，または，拡大された規模での生産」の部分，とくにマルクスが「5）部門IIでの蓄積」というタイトルを書き付けた箇所（MEGA II/11, S. 804.3【本書227ページ20行】）以降のところでは，エンゲルスがマルクスの草稿にきわめて大きく手を入れたために，草稿でのマルクスの叙述の流れをそのまま読むことがほとんどできなくなってしまっている。エンゲルスが挿入した見出しは，マルクスの叙述の内容と大きく食い違っており，エンゲルス版第3篇第21章におけるいわゆる「拡大再生産の表式」の展開の部分では，草稿でのマルクスの探究の過程がまったく見えなくなっている。

だから，MEGAの本巻でこの部分がもとのかたちで原文のまま読めるようになったことは，マルクスの拡大再生産論を正確に理解するうえできわめて重要な意義をもっている[38]。ここでは，この部分でのマルクスの叙述の大きな筋道を，とくに注目すべき箇所を紹介しながら概観し，そのうえで，マルクスがここでなにをしようとしたのか，なにをつかんだのか，なにを明らかにしたのか，を述べることにしよう。

なお，そのまえに，この部分の冒頭に書かれた見出しの先頭に書かれている「先取り」という語がなにを意味するのか，ということを考えておきたい。

「II）蓄積，または，拡大された規模での生産」は，第8稿の第2層のなかの草稿46-47ページ，続く48-50ページを飛ばして，そのあとの51-71ページに書かれているが，その冒頭の46ページの最上部にある見出しは，「先取り。II）蓄積，または，拡大された規模での生産」[39]となっている（MEGA II/11, S. 790.14-15【本書205ページ10行】）。ここに「先取り」と書かれているのはなぜであろうか。

38）ただし，1981年に筆者がこの部分のドイツ語原文にその日本語訳を添えて紹介したので，これを利用してこられた日本の研究者には，MEGAの本巻のこの部分はすでになじみのものとなっている。「「蓄積と拡大再生産」（『資本論』第2部第21章）の草稿について——『資本論』第2部第8稿から——」上・下，『経済志林』，第49巻第1号，1981年7月，第49巻第2号，1981年10月。【本書第5章冒頭の解題を参照。】

39）このなかの「II）」はあとから書き加えられたものである。また，「拡大された規模での生産」は，マルクスの用語法に従えば，「拡大された規模での再生産」と読むべきところであろう。マルクスは，また，これを簡単に「拡大再生産」とも呼んでいる。

草稿の45ページまで書き続けられてきた単純再生産についての記述は，この「先取り」が書かれている46-47ページを飛ばして，48ページに続き，50ページの上半部で終わっている。ところが，45ページの末尾に「48ページに続く」という指示はなく，48ページの先頭には「45ページからの続き」という指示はない (MEGA II/11, S. 785.28【本書199ページ3行】)。マルクスがここでページの飛びを意識していたのであれば，これらの指示を書き付けるのが彼の普通のやり方である。飛ばされた46-47ページはノートの見開きの2ページだから，彼はたぶん，誤って紙を2枚めくってしまったのである。彼はおそらく，すぐにはこのことに気づかないまま書き続け，単純再生産の記述を50ページのなかばで終わらせた。そしてそのあと彼は，この飛ばされた46-47ページを「蓄積，または，拡大された規模での生産」の書き出しに使った。このことをわかるようにするために，46ページ冒頭の見出し「蓄積，または，拡大された規模での生産」のまえに「先取り」と書き (MEGA II/11, S. 790.14【本書205ページ10行】)，47ページの末尾には「この先は51ページ」，そしてその51ページの先頭には「47ページからの続き (47ページを見よ)」と書いた (MEGA II/11, S. 794.2-3【本書210ページ24行への筆者注107を参照】)。だからここでの「先取り」という語は，さきの草稿16ページ (MEGA II/11, S. 728.31【本書122ページ17行】) に見られた，「あとに置くべきものの先取り」における「先取り」の場合とは違って，ノートページが前後していることを示すためのものでしかなく，叙述の内容についてのものではないと考えられるのである。

(1) 第8稿の拡大再生産論展開の筋道とポイント

[1-4での問題提起ととりあえずの解答]「II) 蓄積，または，拡大された規模での生産」には，区分のための五つのパーレン付き数字「1)」-「5)」(以下，パーレンを省き，1-5とする) があり，その5にだけは「部門IIでの蓄積」というタイトルがつけられている。

1では，現実の蓄積すなわち拡大再生産が開始されるための前提は，一方で，貨幣形態で積み立てられてきた剰余価値が，資本に転化できるだけの十分な大きさに達していること，他方で，現実の蓄積に必要な生産手段が市場で買えるようになっていることだ，と述べられる。注意すべきは，ここでは，拡大再生

産がまだ始まっていないところで，それが始まるために存在すべき前提はなにか，を論じているのだ，ということである。言い換えればここで，単純再生産のもとで，どのようにして，この二つの前提条件が先行的につくりだされうるのか，という問題が立てられたのである。

　2では，現実の蓄積に先行する貨幣形態での剰余価値の積立が社会的に一般的に行なわれるものと考えると，剰余価値を表わす商品の買い手がどこからやってくるのか，わからないように見え，また，年間再生産のさまざまの部分のあいだの流通過程が直線的に進行するのだと考えるなら，そのような買い手は金生産者以外にないかのように見えることを述べる。つまり，この2は，蓄積のための潜勢的貨幣資本の積立とそれについての外観上の困難を指摘している。

　続いて，第Ⅰ部門の剰余生産物の一方的販売による可能的貨幣資本の形成がどのようにして行なわれるかを，3でまず，この販売が第Ⅰ部門の内部で行なわれる場合について，次の4で，それが第Ⅱ部門への販売によって行なわれる場合について論じる。

　マルクスは3でまず，一方には流通から貨幣を引き上げて蓄蔵貨幣の形態で可能的貨幣資本を形成する資本家たちがあるとすれば，他方には蓄蔵貨幣の形態にあった貨幣資本を流通に投げ入れて機能資本に転化する資本家たちがあるのであって，前者による一方的な販売の価値額と後者による一方的な購買の価値額とが等しければ再生産過程は正常に経過することを述べ，こうして，第Ⅰ部門の内部で可能的貨幣資本の形成が可能であることを明らかにした。そのさい彼は，そうした均衡が成立するのは偶然でしかないのだから，正常な経過の諸条件はそっくりそのまま不正常な経過の諸条件に，恐慌の諸可能性に一転することを合わせて指摘している。

　しかし，彼がここではじめて解明した最大の問題は，単純再生産の内部で，どのようにして拡大再生産のための物質的土台が生み出されうるのか，ということである。生産を現実に拡大するためには，なによりもまず，蓄積される剰余価値が，現実の蓄積に必要な現物形態をもつ生産手段に転化できなければならない。それは，第Ⅰ部門で，可能的貨幣資本を形成するために一方的に販売される剰余生産物の現物形態が，そのように変化することによって，単純再生産の内部で可能となるのである。3では，第Ⅰ部門での可能的貨幣資本の形成

のための剰余生産物の一方的販売が，この部門の内部で行なわれるものと仮定されたが，4では，この販売が第Ⅱ部門の資本家にたいして行なわれる場合を考察する。この場合には，第Ⅰ部門の資本家が第Ⅱ部門の資本家に第Ⅱ部門用の生産手段を販売して得た貨幣を可能的貨幣資本として積み立てるので，第Ⅱ部門は第Ⅰ部門に，不変資本を表わす消費手段を売ることができず，第Ⅱ部門では消費手段の過剰生産が生じることになる。マルクスはこの3および4で，蓄積を目的とした第Ⅰ部門の流通行為および生産行為の変更によって，単純再生産が正常に経過するような両部門の諸要素の配置がどのような影響を受けるか，再生産にどのような困難がもたらされるか，ということを明らかにした。

　このように，マルクスは拡大再生産の考察を，どのようにして拡大再生産の開始——エンゲルスはこれをきわめて適切に「単純再生産から拡大再生産への移行」(MEGA II/12, S. 458.34-35; II/13, S. 461.31-32) と表現した——が行なわれうるか，そのさいに生じる困難はなにか，ということから始めているのである。拡大再生産の開始とは蓄積率がゼロからプラスに転じることであるから，第1に，諸要素の配置の変更が必要だということと，第2に，この変更は第Ⅱ部門での過剰生産をもたらすということとは，必要な変更を加えれば，すでに蓄積が進行しているさいに蓄積率が上昇する場合にも妥当するのであって，マルクスは3および4での分析によって，蓄積率が変動する場合一般についても示唆を与えているのである。

　[「5）部門Ⅱでの蓄積」での考察の歩み]　マルクスは，このように第Ⅰ部門での蓄積を，正確に言えば，現実の蓄積のために行なわれるここでの準備過程とそれがもたらす諸結果とを考察したのち，次に，「5）部門Ⅱでの蓄積」に移る。これ以下の叙述は，第8稿のなかでもとくに，エンゲルスが彼の序文で書いている「病状の重圧にたいするむりやりな挑戦の痕跡」(MEGA II/13, S. 8. 5-6; MEW 24, S. 12) がきわめて顕著に見られるところで，「論理的な連続はしばしば中断され，所々に論述の切れたところがあり，ことに終わりのほうはまったく断片的である」(MEGA II/13, S. 8.26-28; MEW 24, S. 12)。このなかに含まれる表式の展開のところでは，数字の書き誤り，見間違い，誤った計算などがいたるところに見られる。しかし，エンゲルスが言うように，たしかに，「マルクスの言おうとしたことは，あれこれの仕方でこのなかに述べられている」(MEGA

II/13, S. 8.29-30; MEW 24, S. 12）と言いうる。

　　［a　「困難」の確認］　この5では，まず，4の末尾でつかみ出された「困難」，すなわち，「諸要素が——たとえば来年といった将来の拡大を目的として——違うように配列ないし配置されているだけ」（MEGA II/11, S. 804.32-35【本書228ページ21-23行】）であるような，Iでの生産規模拡大のための過程が，IIでは，それと同じ大きさの過剰生産をもたらす，という困難が確認される。

　　［b　表式を利用した蓄積の進行過程の考察］　続いてマルクスは，両部門で蓄積の準備が行なわれ，両部門で現実の蓄積が進行する過程を，表式を利用しながら考察する。この表式展開の試みは5回繰り返されている。この5回の展開の試みは，それぞれ異なった仕方で行なわれており，引き出されている結論も異なっており，3回目と4回目のそれは，未展開のまま中途で打ち切られている。先入見をもたずにこれらの展開の内容を追うならば，われわれに見えてくるのは，マルクスがここでやろうとしたのは——エンゲルス版がわれわれに与えてきた印象とは違って——何年にもわたって進行する拡大再生産の過程を表式の形態で記述しようとする試みだったのではなくて，表式の助けを借りてそのような過程の進行を分析しようとする試みだったということである。マルクスは，斉一的な仕方で連年の表式を仕上げるために展開を繰り返したのではなく，再生産の諸要素，再生産にかかわる諸条件をさまざまに変更して，その結果を確かめようとしているのである。

　　そのような観点に立って，この5回の表式展開を見ると，マルクスは1回目の試みを行なうなかで，それまで彼にまだはっきりとは見えていなかった重要な内的関連に気づき，それを生かす仕方で2回目の試みを行なうが，勘違いや計算の誤りから，表式の展開が思いがけない結果をもたらしたために展開を中断したこと，3回目および4回目のスムーズに進められない展開もそれぞれ中断したのち，5回目の表式展開を3年度の期首まで進めたところで，得られた結果を一般化して記述したことがわかる。

　　［c　1回目の試み——「一つの新しい問題」と解決の挫折］　草稿の59ページで，マルクスは，「次の表式によって再生産を考察しよう」（MEGA II/11, S. 806.13【本書230ページ17行】）と言って，次の「表式a」を示し，両部門での蓄積についての検討を始める。

$$\text{I} \quad \underline{4000c + 1000v + 1000m = 6000}$$

a) 　　　　　　　　　　　　　　　　　　　合計 = 8252

$$\text{II} \quad \underline{1500c + 376v + 376m = 2252}$$

　このすぐあとで，マルクスは拡大再生産の開始について，さきに3および4で明らかにしたことを一般化して，きわめて重要な確認を行なっている。すなわち，拡大再生産の開始は，「所与の生産物のさまざまな要素の違った配列あるいは違った機能規定を前提するだけ」であり，ここで変化するのは再生産の諸要素の「質的規定」であって，この変化がそのあとに続いて行なわれる拡大再生産の「物質的前提」なのだ，ということである（MEGA II/11, S. 806.25-34【本書231ページ1-10行】）。そして，単純再生産のための配列をもった表式と拡大再生産の出発のための表式（いわゆる出発表式）とを比べて，「一方のb）の場合には年間生産物の諸要素の機能配置がふたたび同じ規模での再生産が開始されるようになっているのに，他方のa）ではその機能配置が拡大された規模での再生産の物質的土台をなしているだけである」（MEGA II/11, S. 807.5-8【本書231ページ20-23行】）と言い，続けて，「このことは，『資本論』第1部で別の諸観点から検討したジェイムズ・ミルとS・ベイリとのあいだの資本蓄積に関する争い，すなわち産業資本の大きさが不変な場合のそれの作用の拡張可能性に関する争いに，きっぱりと決着をつけるものである」（MEGA II/11, S. 807.9-12【本書231ページ24行-232ページ3行】）と書いている。これによって，さきに1のところで立てられた，現実の蓄積すなわち拡大再生産が開始されるための前提が，どのようにして単純再生産のもとでつくりだされることができるのか，という問題に明快な解答が与えられたことになる。

　そのうえでマルクスは，両部門とも剰余価値の半分を蓄積するものとし，両部門間の転換のうち，I（1000v + 500m）とII 1500c との転換と，第I部門内部でのI 4000c の転換とを，検討済みとして度外視し，残る，I 500m とII（376v + 376m）のそれぞれの内部での，また両者の間での，蓄積のために必要な転換を研究する。その結果，彼は，第II部門は第I部門の剰余生産物から，蓄積のための追加不変資本として140の生産手段を買うが，第I部門が，受け取った貨幣を蓄積を準備する可能的貨幣資本として流通から引き上げるので，第II部門はその剰余生産物のうちの140を貨幣化することができない，という事態

366　II　『資本論』第2部・第3部の草稿を読む

を見いだす。そこで，彼は言う。

　　「われわれはここで一つの新しい問題にぶつかるのであるが，ある種類の
　諸商品が他の種類の諸商品と交換されるのが常だ，同じように，商品が貨
　幣と交換され，その貨幣がまた別の種類の商品と交換されるのが常だ，と
　いう日常的な理解[40]にとっては，このような問題があるということだけで
　も奇妙だと思われるにちがいない。」(MEGA II/11, S. 807.35-38.【本書233ページ
　4-8行。】)

　この問題は，なぜ，「新しい問題」なのであろうか？

　まず，これまですでにマルクスは，単純再生産の分析で，固定資本の償却お
よび更新から必至となる一方的販売および一方的購買を見ただけではなく，直
前の拡大再生産の分析の3で，蓄積ファンドの形成および解消から必至となる
一方的販売および一方的購買を見ていたのだから，ここでの問題は，単なる，
一方的販売による貨幣蓄積と一方的購買による現実的蓄積との量的不一致とい
う問題でないことは明らかである。

　またこれは，すでに4のなかで論じられた，第I部門が一方的販売によって
手にした貨幣を流通から引き上げることによって，第II部門の商品を売れなく
する，という困難でもない。そこでは，第I部門はまだ現実的蓄積を行なって
おらず，第II部門からの貨幣を可能的貨幣資本として沈澱させる，ということ
の結果として第II部門で起こる「困難」が問題であった。こうした「困難」は，
再生産過程の進行のなかでなんらかの仕方で解消されていくほかはないし，実
際に，第II部門の縮小などによって解消されていくのである。

　じつは，ここでの問題が「新しい問題」であるのは，第I部門がすでに現実
的蓄積を開始しているなかで生じた問題だからである。すなわち，第I部門が，
剰余価値500を追加資本として現実的蓄積に前貸するという前提のもとで生じ
ている問題なのである。第I部門は500mのうちの一部360mをImcすなわ
ち追加不変資本として生産資本に転化している。そして，この追加不変資本と

---

40)　この，「ある種類の諸商品が他の種類の諸商品と交換されるのが常だ，同じように，商品
　が貨幣と交換され，その貨幣がまた別の種類の商品と交換されるのが常だ，という日常的
　な理解」とは，貨幣をもっぱら流通手段と見なす，古典派経済学以来の貨幣ベール観にほ
　かならない。

第7章 『資本論』第2部仕上げのための苦闘の軌跡　367

追加労働力とからなる追加生産資本によって，現実に生産過程を拡大する。マルクスは，そのさいにこの問題が生じることを見いだして，「新しい問題」と呼んだのである。

しかし，そうだとすると，第Ⅰ部門は追加労働者に賃金を支払わなければならないのではないだろうか。そして，労働者がこの賃金で第Ⅱ部門の消費手段を買うのではないだろうか。もしそうであれば，第Ⅰ部門が自部門の追加労働者に支払ったこれだけの価値額が第Ⅱ部門に戻ってくるのだから，これによって「自分の商品をⅠに売ることによって彼のもとにこの貨幣が還流する」ということになるはずである。マルクスは，このことを見逃したのであろうか。

じつは，この1回目の試みでマルクスは，追加可変資本による追加労働力の購買について，労働者が今年度に支払われる賃金で買うのは第Ⅱ部門の来年度の商品生産物だ，とする想定を置いていたのである。この想定は，ここで突然に現われたものではなくて，じつは，すでに先行する単純再生産の分析のなかに登場していた想定であって，それがここで追加労働力に適用されたのであった。彼は，単純再生産のところで次のように書いた。

「年間再生産のさまざまの要素の転換を研究しなければならないのであれば，過ぎ去った年労働の，終わっているこの〔過ぎ去った〕年の労働の結果を研究しなければならない。この年間生産物という結果をもたらした生産過程は，われわれの背後にある（過ぎ去っており，それの生産物のなかに埋もれてしまっている）。だから，その生産過程に先行する，またはそれと並んで進む（並行する）流通過程は，可能的な可変資本から現実の可変資本への転換は，すなわち労働力の売買は，なおさらのことである。労働市場は，ここでいまわれわれに見えている商品市場の一部分をなしてはいない。労働者はここではすでに，自分の労働力を売ってしまっただけではなく，剰余価値などのほかに自分の労働力の価格の等価物を商品で渡してしまった。他方，彼は自分の労賃をポケットにもっており，転換が行なわれているあいだ，ただ商品（消費手段）の買い手として現われるだけである。」(MEGA II/11, S. 787.16-29.【本書201ページ19-30行。】)

すなわち，マルクスは，年間生産物のさまざまの要素の転換のさいには，労働者は，前年の流通過程での労働力の販売によって得た「自分の労賃をポケッ

368　Ⅱ　『資本論』第2部・第3部の草稿を読む

トにもっており，転換が行なわれているあいだ，ただ商品（消費手段）の買い手として現われるだけ」だ，と言う。ここでは，労働者は前年の労働力の販売によって得た労賃で，今年，労働者の前年の労働によって生産された生産物の一部を買い戻す，と想定されているである。

　単純再生産の場合には，この想定のもとで年々の再生産が繰り返されるとしても，なんの「問題」も「困難」も生じることはない。だからマルクスはそこでは，この想定そのものについてそれ以上立ち入って論じることをしていなかった。

　しかし，この想定が，拡大再生産のさいの資本家による追加労働力の購買と追加労働者によるその対価としての賃金による商品（消費手段）の購買とに適用されるならば，独自の「新しい問題」が生じることになる。

　この想定のもとでは，追加労働者は，今年に資本家が追加労働者に支払った賃金で，翌年，今年の労働の結果である商品生産物の一部を買い戻す。だから，第Ⅰ部門が追加生産手段と追加労働力とによって，今年，現実の蓄積を開始したにもかかわらず，追加労働者は，賃金の支払が行なわれた今年は，その賃金で，前年度の労働によって生産された第Ⅱ部門の商品生産物は買わないのである。だからこそ，第Ⅱ部門から第Ⅰ部門に，追加生産手段の購買で支払われた140の貨幣は，第Ⅰ部門で追加労働力の購買で追加労働者に賃金として支払われたとしても，今年度中は，追加労働者はこの貨幣で第Ⅱ部門から消費手段を買わないのであり，したがってこの貨幣が第Ⅱ部門に還流してくることはないのである。他方で，その結果，前年度の労働によって生産された第Ⅱ部門の商品生産物のうち，剰余価値を表わす一部分が実現できないまま，第Ⅱ部門の手に残らざるをえない。

　このように，単純再生産においては問題を生むことのなかった想定が，拡大再生産に適用されることによって「新しい問題」を生んだ。しかも，同じ想定のもとで年々の蓄積が行なわれていくかぎり，年々の新たな蓄積がつねにこの同じ「問題」を生まないではいない。すなわち，第Ⅱ部門の商品生産物のうちの剰余価値を表わす一部分の実現を不可能にするのである。そこでマルクスは，「しかもこれは，毎年の新たな再生産のたびに——それが拡大された規模での再生産であるかぎり——たえず繰り返される過程なのである。そのための貨幣源泉はⅡのどこで湧き出るのか？」(MEGA Ⅱ/11, S. 808.13-16【本書233ページ21-23

行〕）という問いを立てたのであった。

　マルクスはこの問題に答えようとして，第Ⅱ部門のなかのどこかになにか貨幣源泉がないか，あちこち探し回ったのち，この1回目の試みを中断した。

　念のために言えば，表式aを利用して分析するときに，マルクスは，これ以後の展開とは違う，もう一つの独自の想定をしていた。それは，両部門の蓄積率をそれぞれ独立に50％として表式を展開しようとしたことである。のちの考察のなかでマルクスがはっきりと確認するように，両部門のあいだでの転換が過不足なく進行するという想定，すなわち正常な経過の想定のもとで，与えられた前年度の商品生産物の諸要素の配置にもとづいて，再生産過程を表式として展開するためには，第Ⅰ部門の蓄積率を先行的に決定し，それによる諸要素の配置の変更に合致するように第Ⅱ部門の蓄積率を決定するほかはない。さきに見た，第Ⅰ部門が蓄積を行なうために可能的貨幣資本を形成することによる第Ⅱ部門での過剰生産というのも，単純再生産の状態から第Ⅰ部門がプラスの蓄積率をとるときに，両部門のあいだでの転換が過不足なく進行するためには，第Ⅱ部門ではマイナスの蓄積率，つまり生産規模の縮小が必至となるということだったのである。この最初の表式展開のさいには，マルクスはこの事実にまだ気づいていなかったので，両部門の蓄積率を任意に50％としたのであった。このあとの2回目以降の表式展開では，マルクスは，第Ⅰ部門の蓄積率を先行的に50％としたうえで，これに従属的に対応するように，第Ⅱ部門の蓄積率を決定している。マルクスは，この1回目の考察のなかで，過不足のない転換を前提した正常な経過のもとでは，第Ⅰ部門の蓄積率によって第Ⅱ部門の蓄積率が条件づけられていることを知ったのであろう。

　ただし，さきの「新しい問題」が生じたのは，蓄積率をこのようにして設定したことからではなかった。というのは，さきの問題は，第Ⅱ部門が蓄積のために第Ⅰ部門からなんらかの生産手段を買い，第Ⅰ部門がそれと引き換えに第Ⅱ部門から受け取る貨幣をそっくり自己の手中にとどめおくかぎり，蓄積率のいかんにかかわらず，年々必ず生じるものだからである。

　〔d　2回目の試み──追加労働者の賃金支出についての新たな想定。「資本主義的生産の進行とは矛盾している」→中断〕　マルクスは，あらためて，「A）単純再生産の表式」と，「B）拡大された規模での再生産のための出発表式」とを書き（MEGA

370　II　『資本論』第2部・第3部の草稿を読む

II/11, S. 810.17-23【本書240ページ5-12行】)，後者を出発点にして，拡大再生産の進行過程を考察する。さきにも述べたように，今度は，第I部門の蓄積率を50％とし，第II部門については，与えられた表式の諸要素のあいだの転換が許すような大きさの蓄積率を決定する，という方法をとっている。

　今回の試みで決定的に重要なのは，マルクスが，追加労働者による消費手段の購買について，追加労働者は労働力の対価として今年受け取った賃金で，今年のうちに，前年の労働によって生産された商品生産物の一部を買い戻す，という，前回の試みでとった想定とは異なる想定をとったことである。この想定も，じつは，かつて第2稿における再生産の分析でマルクスがすでにとっていた想定であった。これは，マルクスが第2稿第3章の「b) 媒介する貨幣流通の叙述」のなかで，消費手段生産部門（第2稿ではまだこれが第I部門であった）の内部での資本家と労働者とのあいだでの転換について，次のように書いたところから，誤解の余地なく読み取ることができる。

　　「つまり，この取引の終わりには，部門Iの資本は，ふたたび100ポンド・スターリングの貨幣を携えて部門Iの労働者に相対し，部門Iの労働者は，ふたたび100ポンド・スターリングの労働力の売り手として部門Iの資本に相対するのである。だから，ここでのように，消費手段を生産する部門Iの資本が毎年1回だけ回転する場合には，今年の，たとえば1870年の生産物は，来年の1871年の全年を賄うのに足りなければならない。他方，1871年には1872年に必要なものが生産されることになるのであり，1870年には1869年の生産物が消費されたのである。この想定では，すべての生産物について，ただ，農産物の一部分にとって現実に生じていることだけが前提されている。こういう状況のもとでは，たとえば1870年に，この年の経過中に，部門Iの資本家が労働者に100ポンド・スターリングを支払い，労働者がこれで，彼ら自身が前年の1869年に生産した消費手段の一部分を買い戻す。この購買によって100ポンド・スターリングは，1870年のうちに部門Iの資本家に還流する。部門Iの資本家は，ふたたび1871年に，この100ポンド・スターリングで労働者に支払いを行なう，すなわち労働者は，ふたたび1871年に，この100ポンド・スターリングと引き換えに，彼らが1870年[41]に生産した消費手段の一部分で支払いを受

けるのである。／今年に消費される消費手段の一部分は，実際には，つねに，前年から受け継がれた商品在庫として存在する。」(MEGA II/11, S. 426. 16-33.)

要するに，労働者は，今年の生産のための労働力にたいして資本家が労働者に支払う賃金で，今年，前年の労働によって生産された商品生産物 (消費手段) の一部を買い戻し，これによって翌年に売ることができる労働力を再生産するのである。

この場合，第 I 部門の資本家による追加労働者からの労働力の購買と，この追加労働者による第 II 部門の資本家からの消費手段の購買とは，次のように進行する。①資本家は，生産過程が開始されてから，週等々の一定期間の労働が終わった時点で追加労働者に賃金を支払う。②生産過程の進行とともに，追加労働者は毎週等々に，賃金として受け取った貨幣を支出して消費手段を買い，その消費によって労働力を再生産する。③第 I 部門の追加労働者は，労働力を再生産するために必要な消費手段を，生産過程の進行とともに次第に買っていくのだから，第 II 部門の資本家は，当該年度の生産過程が終了するまでは，自分の商品資本 IIc のうちのこの部分を次第に貨幣化するのであって，第 II 部門の資本家の側では，生産過程が終了するまでは，つねにまだ売れていない商品在庫を抱えている。④このように，第 I 部門の資本家の側では，準備資本の形態，貨幣の形態で言えば鋳貨準備の形態にある可変貨幣資本を，生産過程の進行とともに次第に支払い，第 II 部門の資本家の側では，商品在庫の形態をとっている商品資本を，生産過程の進行とともに次第に貨幣化していく，ということになる。

この想定のもとでは，もはや，第 II 部門の商品生産物を実現することの困難も，第 II 部門が追加生産手段の購買に前貸した流通手段の還流の困難も生じないのであり，したがって，こうして 1 回目の試みでの「一つの新しい問題」そのものが消えたのであった[42]。

---

41)「1870 年」は草稿では「1871 年」と誤記されている。ちなみに，この引用のなかでマルクスが「今年の，たとえば 1870 年の」と記しているところから，第 2 稿のこの箇所を書いていたのがおそらく 1870 年だろうと推定できるのである。

42) マルクスが，1 回目の試みで把握した問題を 2 回目の試みで解決した過程について，その

372　II　『資本論』第2部・第3部の草稿を読む

　この2回の試みのなかでマルクスは，抽象的にはそれまですでに十分に承知していたはずの次の二つのことを，具体的に生じた困難を解決する過程で，あらためて痛感したにちがいない。すなわち，第1に，拡大再生産の分析では，単純再生産の分析のさいには問題にならなかったような，再生産過程におけるもろもろの関連を，新たに問題として設定し直し，立ち入って解明する必要がある，ということ，そして第2に，社会的総資本の再生産過程のなかでの，可変資本の貨幣形態での前貸とそれの貨幣形態での還流という，資本の循環における決定的に重要な契機を正確に把握するためには，もはや商品資本の循環という視点からの考察では十分ではなく，貨幣資本の循環の視点からの考察も必要となるのであって，この二重の視点からの分析が要求される，ということである。

　ところで，この2回目の表式を使った拡大再生産の進行過程の展開で注目されるのは，表式のなかの数値を添えた項目に，生産手段または消費手段の形態にある価値額のほかに，貨幣形態にある価値額が，要するに貨幣が，繰り返して登場していることである。しかもそのさいしばしば，資本価値額のほかに「在庫」，「商品在庫」，「消費ファンド」が書き添えられている。つまり，マルクスは資本の循環運動のなかのそれぞれの段階における諸要素を表式として書き表わし，それを使って循環運動を追っているのである。

　マルクスはこの2回目の表式展開のなかで，現実の蓄積が行なわれた結果としての両部門の毎年の商品資本を表示したのちに，今年度の拡大された規模での再生産に必要な諸要素の転換の結果としての，両部門の不変資本と可変資本とを示している。そのさい彼は，現実の蓄積が開始されるさいの資本を，不変資本については，生産手段という，すでに生産資本の要素に転化された形態で示しているのにたいして，可変資本については，貨幣形態で示している。このように可変資本を貨幣の形態で示しているのは次の二つの理由による。第1は，資本家は可変資本をつねに貨幣形態でもっていて，生産過程に貨幣形態で前貸しなければならないということである。しかしながら，第2に，可変資本の生

──────────

　　基本的な筋道を読み取っていたのは，前畑憲子氏の「いわゆる「拡大再生産出発表式の困難」について」（『岐阜経済大学論集』第28巻第1号，1994年）である。

産過程への前貸は，資本家が労働者の労働力を1週間ごと等々の一定期間ごとに買い入れ，この時間極めの労働力の対価としての賃金は，労働者の労働が終わったのちに支払われるという仕方で行なわれるのであって，このような，資本主義的生産の本質にかかわる賃金の支払形態はつねに前提されていなければならない。だから，労働者が労働力の対価として受け取る賃金によって自己の消費手段を買い入れるのは，生産過程が開始されたのちに漸次的に行なわれていくのであって，第Ⅱ部門のもとにある労働者用の消費手段は，はじめは商品在庫の形態をとっており，労働者による購買によってそれが次第に減少していって，生産過程が終わる年度末に商品在庫は完全になくなるのである。

マルクスはここでは，両部門の不変資本については，今年度の期首に完全に生産手段の形態に転換されるのであって，これらの生産手段は商品在庫の形態をとらない，としているのにたいして，両部門の可変資本については，期首ではまだ貨幣形態にあるのであって，生産過程が，したがって現実の蓄積過程が開始され，進行していく過程で，それが次第に賃金として支払われ，その賃金で消費手段の形態にある商品生産物が次第に貨幣化されていく，と考えている。前者は第Ⅰ部門の商品生産物であり，後者は第Ⅱ部門の商品生産物である。だから彼は，第Ⅰ部門の商品生産物は期首に行なわれる流通過程によって直ちに買い取られて貨幣に転化されるのにたいして，第Ⅱ部門の商品生産物のうち，労働者の必要生活手段となる部分については，生産過程が始まるときにはそのすべてが商品在庫の形態をとっており，生産過程の進行とともに，それが次第に減少して，貨幣化されていく，と考えているのである[43]。

このように，ここでのマルクスの2回目の表式展開は，社会的総再生産過程の分析にとって，きわめて重要な新たなステップを刻むものであった。

さて，マルクスはこの2回目の表式展開の試みを，5年度末まで進め，6年度の資本を示したところで中断する。マルクスがここで展開を中断した理由は，

---

[43] 両部門の不変資本のうち原材料に転形すべき部分については，第Ⅰ部門のもとにある商品在庫から，生産過程の進行するなかで次第に買われていく，という想定を行なうことも可能である。しかし，可変資本の場合には，第Ⅱ部門のもとにある商品在庫から，生産過程の進行するなかで次第に買われていくほかはないが，原材料については，期首に一括して買われると想定することも十分に可能であって，ここに両者の決定的な違いがある。この違いが表式展開のなかで上記のように表現されているのだと考えることができる。

次の記述のなかに読むことができる。

　　　「なお，はじめ可変資本対不変資本は 1500：6000［＝］3：12＝1：4 であ
　　ったが，いまでは＝3800：9729＝1：$2^{2129}\!/_{3800}$ となっている。これは，資
　　本主義的生産の進行とは矛盾している。」（MEGA II/11, S. 814.33-35.【本書248ペ
　　ージ1-3行。】）

　マルクスは，拡大再生産の繰り返しのなかで資本の有機的構成が下がった，
という結果を見て，こんなはずはない，どこかでミスを犯したのだろう，と考
えたのである。実際には，v：c が 1500：6000＝1：4 であったのは「A）単純
再生産の表式」（MEGA II/11, S. 810.17-20【本書240ページ5-8行】）であり，それに変
更を加えた「B）拡大された規模での再生産のための出発表式」（MEGA II/11, S.
810.20-23【本書240ページ9-12行】）では，第II部門のv：cを1：4ではなく，1：2
としていたのだから，総資本のv：cもすでにその時点で1750：5500＝1：3$\frac{1}{7}$
に低下していた。しかも，その後の計算では，第2年度以降，第I部門での蓄
積はつねに1：3の資本構成で行なわれているので，総資本の資本構成が低下
するのは当然なのである。もし，第I部門のv：cを1：4，第II部門のv：c
を1：2とし，第I部門の蓄積率を50％として，ミスを犯さずに計算を続けて
いたならば，「出発表式」では1：3$\frac{1}{7}$ であったv：cは，翌年度には1：3$\frac{3}{19}$
に上昇し，その後はこの比率が毎回維持されていたはずであった。

　［e　3回目および4回目の試み——「病状の重圧にたいするむりやりな挑戦」］　そこ
でマルクスは，「もう一度だけ，商品資本9000の最初の区分けとして次のもの
を取ってみよう」（MEGA II/11, S. 815.6-7【本書248ページ8行】）と言って，IIの資本
構成を 1500c＋750v から 1800c＋350v に上昇させた表式を書いてみたが，こ
れも気に入らず，すぐに中断する（3回目の試み）。続けて，「その理由がどう
であれ剰余価値率が変化するが，そのほかのすべての比率はIでもIIでも同じ
ままである，という例として，次のものを取ってみよう」（MEGA II/11, S. 815.18-
19【本書249ページ8-9行】）と言って，今度は剰余価値率を変えた表式を書いてみ
る（4回目の試み）。マルクスの「同じまま」という言明にもかかわらず，資本
構成も変えたうえで，①IIc の価値額に合わせて Imk の価値額を決め，②
IIma の価値額と Ima の価値額とを任意に取り，③Ima の価値額に合わせて
IIma の価値額を決める，という，これ以前とは異なる仕方で諸要素の配置を

第7章　『資本論』第2部仕上げのための苦闘の軌跡　375

変えている。処理には混乱と計算の誤りがいたるところに見られる。まさに
「病状の重圧にたいするむりやりな挑戦」の産物であって，マルクスは，第1年
度末のところで，この試みも中断した。

　[f　5回目の試み──I(v+1/2 m)＞IIc]　マルクスは，力を振り絞って，最後
の挑戦を試みる。この5回目の試みでの表式の特徴は，両部門の諸要素の価値
について，このあとでのコメントや総括につながるような量的関係が意識的に
設定されていることである。すなわち，第I部門が50%の蓄積率で蓄積をす
るという前提のもとで，消費手段に転換すべきI(v+1/2 m) が，生産手段に
転換すべきIIc よりもI(v+1/2 m) −IIc だけ大きい，という量的関係である。
その結果，生産手段の形態にあるI(v+1/2 m) が消費手段に転換できるため
には，第II部門がこの差額I(v+1/2 m) −IIc だけ，生産手段の形態にある第I
部門の剰余生産物を買って，蓄積のためにそれだけの追加不変資本を前貸する，
と想定する。つまり，両部門が蓄積を行なうのであるが，こういう仕方で第II
部門の蓄積率を決定しているわけである[44]。この想定での拡大再生産の進行過
程の観察にもとづいてコメントや総括が行なわれる。今度の展開は，第3年度
での蓄積のための配置の変更を行なったあとの資本を示すところまでで打ち切
られている。この展開の中途でマルクスは，両部門間の転換について「いくつ
かの独自性を述べておく必要がある」(MEGA II/11, S. 817.13-14【本書253ページ20-21
行】) としてコメントを書き付けた (MEGA II/11, S. 817.16-818.4【本書254ページ2-22
行】)。このコメントは，これまでの拡大再生産の展開についての中間的総括と
言うべきもので，その内容はきわめて重要である。

　[g　コメント──拡大再生産の展開についての総括]　マルクスはすでに1872-

───────────

44) ここでマルクスは，第I部門が第II部門からI(v+1/2 m) −IIc だけの消費手段を買い，
　　第II部門がそれによって得た貨幣で第I部門から同じ価値額の生産手段を買うという相互
　　の転換を想定している。そのさい彼は，もし第II部門が第I部門から得た貨幣を貨幣資本
　　として蓄積するという場合を仮定し，その場合には，「IIの側での再生産が同時には拡大
　　されないことに対応して，Iでの相対的過剰生産が生じることになる」が，「しかしこのこ
　　とは度外視しよう」(MEGA II/11, S. 820.21-23【本書259ページ17-19行】) と言う。「この
　　ことを度外視」できるのは，第II部門のなかに，一方で貨幣的蓄積を行なう資本家があっ
　　ても，他方で貨幣形態で蓄積してきた剰余価値を追加不変資本として前貸する資本家があ
　　るからだと考えられる。しかし，言うまでもなく，この両者が一致する必然性はまったく
　　ないのだから，これもまた再生産過程の攪乱の可能性の一部をなすことになる。

376　II　『資本論』第2部・第3部の草稿を読む

1875年刊行の『資本論』第1部フランス語版のなかで，社会的総資本が生産する総剰余生産物について，それが追加生産手段と追加労働力のための追加生活手段とを含んでいなければならない，と述べていた（MEGA II/7, 504.29-37. 江夏・上杉訳『フランス語版資本論』下巻，法政大学出版局，1979年，234ページ5-9行）。社会的総資本を生産手段生産部門の諸資本と消費手段生産部門の諸資本とに分割すれば，言うまでもなく，生産手段生産部門で生産された剰余生産物が両部門の追加生産手段を，消費手段生産部門で生産された剰余生産物が両部門の追加労働者のための追加生活手段を，それぞれ含んでいなければならない，ということになる。ここでのコメントとは，このことを確認し，それをさらに具体的に述べているものなのである。

　マルクスは，第1に，蓄積を前提すれば，$I(v+m)>IIc$であることは自明だと言い，その理由として，第I部門の剰余生産物が両部門の追加不変資本となる生産手段を供給しなければならない，と言う。だから，第I部門の剰余生産物が含んでいる，両部門での追加生産手段となりうる価値額が，必然的に両部門の蓄積率を制約する。また，一方の部門の蓄積率が高くなれば，他方の部門の蓄積率は低くならざるをえない。マルクスはここで，第I部門の剰余生産物に含まれる，両部門のための追加生産手段の価値額が，両部門での蓄積を制約していることを明確に指摘しているのである。この価値額は，わが国でしばしば「余剰生産手段」と呼ばれているものにほかならない。マルクスは，1回目の試みで両部門の蓄積率を50％としたうえで拡大再生産への移行を試みて行き詰まった，その原因をここで明示的に反省しているのである。

　マルクスは，第2に，第II部門の剰余生産物が両部門の追加労働者のための追加生活手段を供給しなければならない，ということを述べる。そのさい，彼はまず，可変資本について言うかぎり，蓄積のために第I部門がしなければならない操作は，追加労働力を買うための貨幣資本を蓄えることだけであって，生産過程が始まってから支払われた賃金で，第I部門の労働者が消費手段を買っていくのだが，第I部門の追加労働者が消費手段を買うことができるためには，第II部門にそのための商品在庫がなければならない，と言う。続いて，この「商品在庫」が意味するのは，第II部門が，第II部門での追加労働力のための追加消費手段だけでなく，それに加えてさらに，第I部門での追加労働力の

ための追加消費手段をも供給するのだ，と述べる。このように，マルクスはこ
こで，第Ⅰ部門の剰余生産物が両部門の追加生産手段を供給しなければならな
いのと同じく，第Ⅱ部門の剰余生産物が追加労働力のための追加消費手段を供
給しなければならない，ということを指摘するとともに，とくに後者では，追
加消費手段はまず商品在庫の形態をとり，生産過程の進行とともに次第に買わ
れるという仕方で供給されるのだという「独自性」をも指摘しているのである。

　最後にマルクスは，追加生産手段と追加消費手段との供給源泉としての剰余
生産物についての以上の把握を踏まえて，両部門間の転換が正常に経過するた
めに必要な条件を次のようにまとめる。

　　　「拡大する資本基礎の上で生産が行なわれる過程では，$\mathrm{I}(v+m)$ イコー
　　ル IIc・プラス・〔第Ⅰ部門の〕剰余生産物のうち〔第Ⅰ部門の不変〕資本として
　　ふたたび合体される部分〔すなわち Imc〕・プラス・Ⅱでの生産拡大のために
　　必要な追加不変資本部分〔すなわち IImc〕，でなければならない。そしてこ
　　の拡大の最小限は，それなしにはⅠ自身での蓄積（実体的蓄積）が実行で
　　きないという拡大である。」（MEGA II/11, S. 819.36-41.【本書258ページ22-26行。】）

　これを等式で示せば，$\mathrm{I}(v+m)=\mathrm{IIc}+\mathrm{Imc}+\mathrm{IImc}$ である。右辺の $\mathrm{Imc}+$
IImc が，さきに見た両部門での蓄積を制約する追加生産手段の価値額である。
そして，$\mathrm{Im}=\mathrm{I}(mc+mv+mk)$ なのだから，両辺から Imc を差し引けば，$\mathrm{I}(v$
$+mv+mk)=\mathrm{II}(c+mc)$ となる。これが，通常「拡大再生産の条件」と呼ばれ
ているものである。第8稿のこの中間的総括の末尾に，マルクス自身がこの
「拡大再生産の条件」を明示的に記していたことは銘記されるべきであろう。

　［h　これまでの考察からの帰結］　以上のコメントのあと，マルクスは，5回目
の展開を，次年度の蓄積のための第3年度の資本の組み換えを行なったところ
で，表式を利用した拡大再生産の考察を終える。そして，「つまり，次のよう
ないくつかのケースがあるわけである」（MEGA II/11, S. 822.23【本書264ページ4行】）
と言って，両部門の諸要素のあいだの量的関係についてこれまでの考察のなか
で得られた帰結をまとめている。

　単純再生産の場合には，$\mathrm{I}(v+m)=\mathrm{IIc}$ であり，両部門間でこの両要素の相
互補塡が行なわれる。

　蓄積の場合について，マルクスは，「なによりもまず問題になるのは蓄積率

378 II 『資本論』第2部・第3部の草稿を読む

である」(MEGA II/11, S. 822.27【本書264ページ6-7行】)と注意したうえで,Iの蓄積率をつねに50%と仮定して進めてきたこれまでの考察のなかで,第I部門と第II部門との商品生産物の価値額の量的関係に三つのケースがあったことを指摘する。第1は,$I(v+1/2\,m)=IIc$ の場合で,この場合には,第I部門だけが蓄積し,第II部門では単純再生産が行なわれる。第2は,$I(v+1/2\,m)>IIc$ の場合で,この場合には,第II部門で,$I(v+1/2\,m)-IIc$ の価値額の追加不変資本の蓄積と,それに対応する価値額の追加可変資本の蓄積が行なわれる。第3は,$I(v+1/2\,m)<IIc$ の場合で,この場合には,第II部門が単純再生産を行なうためだけでも,$IIc-I(v+1/2\,m)$ の価値額の生産手段を第I部門から買わなければならない。しかし,すでに4でマルクスが述べていたように,第I部門はこの生産手段を供給できないので,「相対的過剰生産 (IIにとっての)」と「再生産における不足 (II)」が生じることになる (MEGA II/11, S. 803.29-30【本書227ページ7-8行】)。

　そしてここで,「資本主義的蓄積という事実」(MEGA II/11, S. 823.32【本書266ページ5-6行】)は,$I(v+m)=IIc$ を,つまり単純再生産を排除するのであって,「資本主義的生産では,$I(v+m)$ が IIc に等しいことはありえないのであり,言い換えれば,相互の転換でこの両者が一致することはありえない」(MEGA II/11, S. 824.10-11【本書266ページ21-23行】)ことが強調される。ただし,この点について,マルクスが次の二つの留保をしていることにも注意が必要である。第1は,「このことは,たとえば,10-11年の産業循環のなかで,ある年の総生産がしばしば前年等々のそれよりも小さく,したがって前年等々に相応した単純再生産さえも行なわれない,ということを排除するものではない」(MEGA II/11, S. 823.24-28【本書265ページ19行-266ページ1行】)ということである。第2に,「資本主義的蓄積が行なわれる場合でも,以前の一連の生産期間に行なわれたいくつかの蓄積過程の進行の結果として,IIc が$I(v+m)$ に等しい場合だけでなく,それよりも大きいという場合が徐々に起こってくるかもしれない。これはIIでの過剰生産であって,それはただ大きな崩落によって調整され,その結果として資本はIIからIに移ることになるであろう」(MEGA II/11, S. 823.33-824.1【本書266ページ7-12行】)。この後者の記述は,現実の再生産過程の分析にとって第2部第3篇の再生産論がもつ意義を示唆している。すなわち,現実の社会的総生

第7章　『資本論』第2部仕上げのための苦闘の軌跡　　379

産過程では，両部門の個別諸資本がさまざまの条件の変化に対応してそれぞれ独立に決定する蓄積率こそが独立変数であって，このような「以前の一連の生産期間に行なわれたいくつかの蓄積過程の進行の結果として」，両部門の商品生産物の総価値額も諸要素の価値額もたえず変動するが，第2部第3篇における再生産論は，そのような社会的総再生産過程の変動のなかで IIc と I(v+m) とのさまざまの量的乖離がもたらす異なった諸結果を明らかにすることによって，この変動を分析する方法を示しているのだからである。

　[i 「貨幣源泉」問題への最終的コメント]　マルクスは，蓄積についてのこの叙述では，固定資本がもたらす独自の諸問題は捨象してきたので，これについては「正確には示されていない」(MEGA II/11, S. 824.18【本書267ページ1行】) ことを注意したあと，最後のまとめを行なっている。ここは，エンゲルスが彼の版の第21章で「IV. 補遺」(MEGA II/13, S. 485-486) としている箇所に当たる。内容的には，「5) 部門IIでの蓄積」で提起していた基本的な問題の一つ，すなわちIIにとっての「貨幣源泉」はどこにあるのか，という問題についての最終的なコメントである。三つのことが述べられている。

　第1は，「IIにとっての本源的な貨幣源泉は，IIc の一部分と交換される，Iの金生産 I(m+v) である」(MEGA II/11, S. 824.38-39【本書267ページ17-18行】)，ということである。すでに単純再生産のところで行なわれた貨幣材料の再生産の分析のさいに，金生産は第I部門に属するものとされていたのだから，第I部門にとっての本源的な貨幣源泉がこの部門の金生産であることは自明であり，そしてそのことは，拡大再生産の分析の3のところでも触れられていた (MEGA II/11, S. 802.12-16【本書225ページ7-11行】)。それだけでなく，そこではまた，第II部門の生産物である消費手段の一部が，第I部門に属する金生産部門の v+m を表わす金と交換されること (第II部門の側からは消費手段の販売) によって，金に転換されることも明らかにされていた。要するに，IにとってもIIにとっても，本源的な貨幣源泉は金生産なのであって，貨幣材料の再生産の分析においてすでに明らかにされていたこのことが，ここであらためて確認されているのである。

　第2は，拡大再生産に先行する一時的な貨幣蓄蔵のための貨幣源泉のうち，第I部門と第II部門との関係のなかで生じるものである。このなかで生じる第

Ⅰ部門にとっての貨幣源泉は，Ⅱm の一部分が部門Ⅱでの追加不変資本の形成のために第Ⅱ部門に一方的に売られる場合だけである。第Ⅱ部門にとっては，第1に，Ⅱm の一部分が第Ⅰ部門での追加可変資本の形成のために第Ⅰ部門の労働者に一方的に売られる場合であり，第2に，第Ⅰ部門の資本家によって収入として支出される m の一部分が Ⅱc によって補塡されることができず，Ⅱm の部分にまで及び，この部分がそれによって直ちに貨幣化される場合である。要するに，再生産過程が進行するなかで，両部門間の関係においても，一時的な蓄蔵貨幣形成に役だつこれらの貨幣源泉が生じるのである。

　第3は，「Ⅱの資本家たちの交換——Ⅱm に関連できるだけの交換——の内部でどの程度まで貨幣蓄蔵が行なわれうるか」(MEGA Ⅱ/11, S. 825.21-23【本書268ページ10-11行】)という問題である。第Ⅱ部門の内部における現実の蓄積とは，可能的な追加可変資本が生産過程に前貸されることを意味するのであって，これには，可能的な追加不変資本の積立と同時に行なわれる，可能的な追加可変資本の積立が必要である。ここではまず，すでに3で見た，第Ⅰ部門の内部だけでの可能的貨幣資本の形成のさいの，一方的販売によって積立を行なう A たちと，一方的購買によって現実の蓄積を行なう B たちとのあいだの，次のような関係が確認される。「Ⅱのさまざまな事業部門のなかでも，また同一の事業部門のさまざまの構成員（消費する構成員）についても，蓄積の年齢階層はさまざまであるが，必要な変更を加えれば，<u>Ⅰの場合とまったく同様に説明される</u>。一方のものはまだ蓄蔵の段階にあって，買うことなしに売り，他方のものは拡大再生産の時点（沸騰点）に達している（売ることなしに買う）」(MEGA Ⅱ/11, S. 825.25-31【本書268ページ14-19行】)。しかし，追加可変資本の場合には，第Ⅱ部門の資本家にたいして一方的な買い手として現われるのは，資本家ではなくて労働者である。そこで，第Ⅱ部門の内部では，現実の蓄積を行なう資本家 B たちが，生産過程の進行とともに，蓄蔵貨幣を流通手段に転化して，これを追加労働者に賃金として支払い（追加労働力の一方的な購買），追加労働者が流通手段としてのこの貨幣で資本家 A たちから消費手段を一方的に買い，こうして入手した流通手段を A たちは蓄蔵貨幣に転化して退蔵し，可能的な貨幣資本を形成する，ということになる。

　以上で，「5）部門Ⅱでの蓄積」の考察が，だからまた「Ⅱ）蓄積，または，

拡大された規模での生産」の分析が終わった。第8稿ではじめて行なわれたこの「II)」でのマルクスの考察は，単純再生産での考察を踏まえながら，さらに多くの新しい発見を含み，より進んだ理論的な研究のための手がかりを与える，きわめて内容豊富なものであった。

(2) 第8稿における貨幣ベール観の最終的克服

　以上，第8稿でのマルクスの考察の特色を明らかにするために，第8稿の内容を立ち入って見てきた。すでに見たように，第2稿での第3章は，一方では，第1稿の執筆のなかで獲得した，第3章についての構想を実現しようとしたものであったが，他方では，その執筆のなかで第3章の課題についての新しい観点をすでに抱えるようになっており，第3章の執筆のなかで，マルクスは，第1稿から引き継いだ構想と，この新しい観点との相克に直面して，古い枠組みを維持できなくなり，執筆の中断を余儀なくされた。第8稿は，この新しい観点にもとづいて第3章を全面的に書き直したものである。

　それでは，第3章（第3篇）をめぐるマルクスのこの苦闘の過程は，その全体を見るとき，彼にとってどのような意味をもつ過程だったのであろうか。

　[再生産過程の分析におけるマルクスの苦闘の意味]　第1稿から第2稿を経て第8稿にいたる過程で，第3章（第3篇）でのマルクスの叙述には，さまざまの点での変遷が見られたが，決定的であるのは，社会的総再生産過程の分析の中心課題の変化である。第1稿では，中心課題を，総商品資本あるいは総商品生産物の諸要因のあいだでの「実体的転換」，すなわち「素材的変換」の解明に見て，この解明のためには，まずもって，これらの転換を媒介する貨幣の運動を捨象することによって，再生産過程の核心的な運動を把握すべきであり，この運動を媒介する貨幣の運動の考察は，いわばそれに付随するものでもあるかのように副次的に取り扱われていた。それにたいして，第8稿では，分析の中心課題は，流通手段としての貨幣の機能と蓄蔵貨幣の形態にある貨幣の機能とが再生産過程のなかで果たす，それぞれ異なった役割を明確に把握することによって，社会的総再生産過程における個別諸資本の循環の相互の絡み合いを明らかにするとともに，それら資本の循環と貨幣運動との絡み合いとを全体的に解明する，というところに置かれている。中心課題のこの変遷のなかに，二つ

の点での大きな変化を見ることができる。

第1に，第1稿では，社会的総再生産過程を観察するさいに，主として，再生産の諸要素のあいだの交換，したがって結局は，商品と商品との交換に目を向けていたのにたいして，第8稿では，二つの部門にまとめられた個別諸資本が，諸要素の転換運動に媒介されて経ていく価値増殖と価値実現の運動に，したがって結局は，二つの部門にまとめられた個別諸資本の循環の絡み合いに目を向けるようになった，という変化である。

第2に，第1稿では，社会的総再生産過程における貨幣の役割を主として素材変換を媒介する流通手段の機能に見ていて，再生産過程における貨幣運動は，いわゆる「貨幣還流法則」——すなわち流通手段の前貸と還流の法則——とそのヴァリエーションでしかなかったのにたいして，第8稿では，社会的総再生産過程においても，流通手段としての貨幣の機能と蓄蔵貨幣の形態にある貨幣の機能との区別は厳然として貫徹しているだけでなく，再生産過程におけるこの二つの機能を峻別することによってはじめて，単純商品流通とは異なる資本主義的流通過程の独自の諸現象を解明しており，再生産過程における貨幣運動については，流通手段の前貸と還流の運動とは明確に区別されるべき，一方的販売および一方的購買による，蓄蔵貨幣から流通手段へ，流通手段から蓄蔵貨幣へという反対方向への二つの貨幣運動を明確に摘出している，という変化である。こうした変化が，まず貨幣流通を捨象し，次にそれを導入して叙述するという二段構えの叙述方法を放棄したことと深く結びついていたことは，ここで再説するまでもないであろう。

この二つの変化が意味するのは，一言にして言えば，「経済学，ことに重農学派やA・スミス以来の自由貿易学派が前提しているような，実際にはただ商品対商品の転換が行なわれるだけだということを前提」（MEGA II/11, S. 794.39-41【本書213ページ15-17行】）している，古典派経済学にまとい付いていた貨幣ベール観の最終的な払拭であり，第2稿までのマルクスにもなお残っていたその最後の残滓の除去であり，それによるマルクス独自の社会的再生産の理論の最終的仕上げである。

［**第8稿におけるマルクスの厳しい自己批判**］　以上のところから，第2稿の第3章から第8稿の第3篇にかけて，マルクスが決定的な理論的飛躍を成し遂

第7章 『資本論』第2部仕上げのための苦闘の軌跡 383

げたことが明らかとなったと考えるが，このような観点からあらためて，1877
年4月から1878年7月にかけてマルクスが何度も書き直した第2部第1篇第1章
の諸草案，つまり第5稿-第7稿を見直すと，マルクスのこの作業の意義がはっ
きりと浮かび上がってくるように思われる。この点について，いま少し補足を
しておこう。

　マルクスは，第1稿では W ... P ... W′_G_W という循環形態を独自の形態
として挙げたが，これは第1稿そのもののなかでまもなく取り消した。マルク
スはその後も，貨幣資本の循環，生産資本の循環，商品資本の循環，という三
つの循環形態が示しているものを正確に叙述する試みを繰り返した。

　そのなかでマルクスは，次第に，資本家がつねに貨幣形態で前貸しなければ
ならず，したがってつねに貨幣形態で還流してこなければならない可変資本の
運動の重要性に目を向けるようになる。資本の側では G_W(A) である可変資
本の前貸に対応する，労働者の側での労働力商品の変態は W(A)_G であり，
労働力を再生産するための流通 W(A)_G_W(Km) の第1の変態である。そ
の第2の変態である G_W(Km) が労働者の収入の支出である。資本の変態と
収入の支出が絡み合うのは，この第2の変態であって，可変資本の前貸である
G_W(A) は直接には収入の支出と絡み合ってはいない。このような関連や絡
み合いの正確な把握には，資本の形態としての可変資本の変態の運動と労働者
の商品である労働力の変態の運動との明確な区別，労働力商品の第2の変態と
しての，賃金の支出による消費手段への転化と資本家の側での商品資本の貨幣
資本への転化との明確な区別が不可欠である。じつは，『1861-1863年草稿』で
も，第2部第1稿でも，その直後に書かれた第3部第1稿の第7章第7節（「生産
過程の分析のために」）でも，さらに第2部第2稿においてさえも，これらの概
念はしばしば明確には区別されていなかった。あるいは，これらを厳密に区別
することの重要性に気づいていなかった，と言うべきかもしれない。

　第2部の第1稿でこの不明確さがきわめて明瞭に現われていたのが，すでに
見た，「資本と資本との交換，資本と収入との交換，収入と収入との交換」と
いう把握である。たとえば，第Ⅰ部門内部での不変資本の相互補塡の場合，資
本が資本として相互に位置を変換するのではない。どちらの不変資本もその形
態を変えるだけであって，位置を変換するのは商品または貨幣である。商品と

貨幣の持ち手変換すなわち商品の売買を通じて，資本の変態と資本の変態とが絡み合うのである。「資本と資本との交換」という表現には，資本循環の形態と商品流通の形態との関連についての混同がまとい付いている。このような把握は，第2稿ではすでに消えた。にもかかわらず，1877年4月以降に一連の第1章諸草案に取り掛かる前に，同年3月に書かれた第8稿の第1層では，まだ，次のような記述が見受けられる。

> 「社会の年間生産物中の生産手段から成っている部分の他の価値部分——したがってまたこの生産手段総量の可除部分のうちに存在する価値部分——は，同時に，この生産に参加したすべての当事者にとっての収入，すなわち労働者にとっての賃金，資本家にとっての利潤と地代とをなしている」(MEGA II/11, S. 708.30-35【本書94ページ15-18行】)。

ここで言う，「社会の年間生産物中の生産手段から成っている部分の他の価値部分——したがってまたこの生産手段総量の可除部分のうちに存在する価値部分——」，すなわち第 I 部門の v＋m は，この部門の商品資本の一部ではあっても，けっして「この生産に参加したすべての当事者にとっての収入，すなわち労働者にとっての賃金，資本家にとっての利潤と地代」ではありえない。

その少しあとでも，次のように言う。

> 「一方では，商品資本（社会の年間総生産物はこれから成っている）の一方の種類の或る価値部分は，その生産に従事する個々の労働者や資本家にとっての収入をなしてはいるが，しかし社会の収入の成分をなしてはいないのであり，また，他方の種類の商品資本の或る価値部分は，個別的所有者すなわちこの投資部面で仕事をする資本家にとっての資本価値をなしてはいるが，それにもかかわらずそれはただ社会的収入の一部分でしかない」(MEGA II/11, S. 709.12-19【本書95ページ10-16行】)。

ここで「商品資本（社会の年間総生産物はこれから成っている）の一方の種類の或る価値部分」，すなわち第 I 部門の商品資本の v＋m の部分は，それ自体としては，けっして「その生産に従事する個々の労働者や資本家にとっての収入をなしている」のではなく，「他方の種類の商品資本の或る価値部分」，すなわち第 II 部門の商品資本の c の部分は，それ自体としては，けっして「社会的収入の一部分」ではない。

第7章　『資本論』第2部仕上げのための苦闘の軌跡　385

　このような表現は，第8稿の第2層では完全に消え去る。消え去るだけでは
ない。マルクスは，自分がかつて頻繁に使っていたそのような表現を明示的に
掲げたうえで，それを批判する。すなわち，彼はここで，はっきりと自己批判
しているのである。

　第8稿の単純再生産の部分で，社会的総再生産過程における金生産について
論じたあと，マルクスは，単純再生産の叙述を締め括っている（MEGA II/11, S.
779.4-790.13【本書187ページ17行-205ページ9行】）。マルクスはまず，社会的年間総
生産物の場合にも，その価値は，有用的労働によって生産手段から移転され
た価値と年間の人間的労働が体化した価値生産物とから成っていること，およ
び，資本主義社会では，年間労働のうちのきわめて大きな部分が不変資本を補
塡する生産手段の生産に向けられていることに注意を向けたあと，次のように
言う。

　　「いまはやりの観念——｛俗物および一部の経済学者たちは，この観念に
　　よって，理論的な困難を，すなわち現実の関連の理解を，かたづけてしま
　　おうとする｝——，すなわち，一方にとって資本であるものは他方にとっ
　　ては収入であり，またその逆でもある，とする観念は，部分的には正しい
　　にせよ，それが一般的に主張されるときには，たちまちまったくの間違い
　　になる。つまりそれは，年間再生産に伴って進行する全転換過程の完全な
　　誤解を含んでおり，したがってまた部分的には正しいことの事実的基礎に
　　ついての誤解を含んでいるのである。そこでわれわれは，この観念の部分
　　的な正しさの基礎をなしている事実的諸関係をまとめてみることにしよう。
　　そうすれば同時に，これらの関係の間違った把握も明らかになるであろ
　　う。」（MEGA II/11, S. 780.31-41.【本書191ページ1-10行。】）

　ここで言う，「一方にとって資本であるものは他方にとっては収入であり，
またその逆でもある，とする観念」こそ，まさに，上に引用した第8稿の第1
層でのマルクスのそれであり，第1稿での「資本と資本との交換，資本と収入
との交換，収入と収入との交換」という把握そのものである。マルクスはここ
で，かつての自分の「誤解」とそれを生みだした「事実的諸関係」を明らかにし
ようとする。

　マルクスは，次の二つの誤った観念を挙げて，それを検討する。

386　II　『資本論』第2部・第3部の草稿を読む

「1）可変資本は資本家の手のなかでは資本として機能し，労働者の手の
なかでは収入になる（として機能する）。」(MEGA II/11, S. 781.1-2.【本書192ペ
ージ1-2行。】)

「2）だから，転換 I 1000v＋I 1000m 対 II 2000c では，一方にとって不
変資本であるもの（II 2000c）が，他方にとっては可変資本と剰余価値，つ
まり総じて収入になるのであり，また，一方にとって可変資本と剰余価値，
つまり総じて収入であるもの（I 2000(v＋m)）が，他方にとっては不変資本
（II 2000c）となる」(MEGA II/11, S. 782.12-17【本書194ページ21行-195ページ1行】)。

　これらを検討するなかでマルクスが明らかにしているのは，可変資本の貨幣
形態での前貸と還流という，資本循環の運動 G＿W … P … W′＿G′ と，労働者
のもとでの労働力の変態の運動 W(A)＿G＿W(Km) … 消費 … W(A) とが，商
品の売買という単純な流通によって絡み合っているという「事実的諸関係」で
あり，さらに，その奥に潜む本質的な内的関連，すなわち，流通手段の前貸と
還流とについての「一般的法則」(MEGA II/11, S. 786.3【本書199ページ18-19行】)に従
って出発点に還流してきた貨幣が，同時に還流してきた「可能的な可変資本」
(MEGA II/11, S. 781.23 und 787.22-23【本書192ページ20-21行，および，201ページ24行】)
であるのは，労働者の側での労働力の変態 W(A)＿G＿W(Km) … 消費 … W
(A) によって商品としての労働力がふたたび再生産され，この貨幣によって
「現実の可変資本」(MEGA II/11, S. 787.23【本書201ページ24行】)に転化しうることに
よるのだ，という内的な関連である。

　マルクスは言う。

　　　「すべてこれらの転変が進んでいくあいだ，資本家 I はいつでも可変資本
　　　を自分の手のなかに保持している。すなわち，1）貨幣資本として，2）自
　　　分の生産資本の要素として，3）自分の商品資本の価値部分として（つま
　　　り商品価値で），4）ふたたび貨幣で。そしてこの貨幣に，この貨幣が転換
　　　していくことのできる労働力がふたたび相対するのである。」(MEGA II/11,
　　　S. 788.35-789.3.【本書203ページ16-20行。】)

　　　「可変資本はつねになんらかの形態で資本家 I の手のなかにとどまってい
　　　るのだから，可変資本がだれかにとっての収入に転換される，と言うこと
　　　はけっしてできない。」(MEGA II/11, S. 789.9-11.【本書203ページ27-29行。】)

「労賃として受け取られた貨幣が労働者階級の手のなかで経ていくもろもろの転換は，可変資本の転換ではなくて，貨幣に転化した，この階級〔労働者階級〕の労働力の価値の転換である。」(MEGA II/11, S. 789.18-21.【本書204ページ6-8行。】)

これらの発言は，明らかに，マルクス自身の強烈な自己批判でもあった。それは，第8稿の第1層と第2層とのあいだで，1877年4月から1878年7月にかけて，第1篇第1章の草案を，第5稿，第6稿，第7稿の3度にわたって書き直す努力をしたのちに，マルクスがついに古典派の残滓を払拭した資本循環論を確立したことによって，はじめて可能となった発言であった。

こうして，社会的総資本の流通過程としての社会的総再生産過程を分析する，という第3章（第3篇）の課題が明確になるとともに，この分析は，もはや商品資本の循環の視点から総商品資本の諸要素の素材的転換を見る，という方法だけでなされうるものではなく，さらに，そうした諸要素の素材的転換と総再生産過程のなかでの貨幣資本の前貸と還流の運動との関連を解明する，という観点が不可欠であることも，また明らかとなったのであった。

第8稿での，第2稿第3章とはまったく異なる叙述は，1877年から1878年にかけての資本循環論の彫琢を経て，古典派の貨幣ベール観を最終的に乗り越えたことによって生まれたのであった[45]。

*

第2部第8稿は『資本論』第2部の，総じて全3部の最後の草稿となった。マルクスは，その後も，『資本論』第2部および第3部を含むその第2巻を完成したいという願いをもっていた。

彼は1881年12月7日に，娘のジェニー・ロンゲ宛の手紙に，次のように書いた。

「『資本論第1巻』の新しい第3版が必要になった，というマイスナーの知らせをぼくはかえって不愉快に感じたぐらいだ。ぼくはじっさいぼくのす

---

[45] マルクスが第2部の第5稿-第7稿を経て第8稿で最終的に古典派の貨幣ベール観を克服したことを，1984年に，明確かつ具体的に指摘したのは宮川彰氏である。氏の論稿は，宮川彰『再生産論の基礎構造』(八朔社，1993年) に収められている。

388　II　『資本論』第2部・第3部の草稿を読む

べての時間を──自分にそれができるともう一度感じたら──もっぱら第2巻の完成のために使いたいと思っていたのだ。」(MEW 35, S. 243.)

また，12月13日にはニコライ・ダニエリソーン宛の手紙に，次のように書いた。

「私のドイツの出版者は，『資本論』の第3版が必要になった，ということを知らせてきました。まったく都合の悪い時期にこういうことになったものです。第1に，私は健康を回復しなければなりませんし，第2に，できるだけ早く第2巻を完成したいのです（たとえそれが外国で出版されるようなことになろうとも）。私はいますぐそれを完成したいと思うのは，妻への献辞をそれに書きたいからでもあります。」(MEW 35, S. 245-246.)

しかしマルクスは，最愛の妻イェニーへの献辞を書くことのないまま，1883年3月14日に64年余の生涯を終えた。

【第8稿の二つの層の境界についての補論】

さきに，第2部第8稿の執筆時期を異にする二つの層について，筆者は，その境界は草稿12ページの中ほどにある横線（MEGA II/11, S. 720.12. 本書111ページ7行）のところと推定していると述べたが，旧稿では推定の根拠を示さなかった。ここで，筆者がそのように推定した理由を述べておく。

筆者は，第11巻の解題を書いているさなかにフォルグラーフから示唆を受けるまでは，第8稿に1877年から1878年にかけて書かれた古い層があることに気づいていなかった。この草稿は1879年から1881年にかけて一続きに書かれたものだと思っていたのである。そのように思い込んでいたときに，じつは，草稿の12ページのなかの記述と13ページのなかの記述とに，一方では異様な反復を，他方では微妙な書き加えを感じて，後者の記述は前者の記述を見返しながらそれをあらためて書き直したものなのではないか，と考えていた。

草稿12ページには次の記述がある。

「これがけっしてこれらの三つの構成部分〔component parts〕から価値を合成するのと同じでないことは，たとえば，私が3本の異なる直線の長さを別々に決め，その次にこの3本の線からそれらの合計の長さに等しい第4

の直線をつくるのと，他方，一つの直線が与えられていて，私がこれをな
んらかの目的で三つの別々の長さの部分に分けるのとがけっして同じでな
い，ということとなんの違いもない。前の場合の〔第4の〕線の長さは，合
計されてその線をつくる三つの線の長さが変われば，まったく変わってし
まう。あとのほうの場合の三つの線の長さは，それらが所与の長さの直線
の諸部分をなしているということによって，はじめから限界を画されてい
るのである。」(MEGA II/11, S. 720.2-11. 本書110ページ26行-111ページ6行。)
　草稿13ページには次の記述がある。

　　「私が或る長さの1本の直線を引いたとき，私は，まず，私とはかかわり
　のないなんらかの諸規則（諸法則）に従ってなされる線引きという行為に
　よって，1本の直線を「生産した」わけである（もちろん私がその前から知
　っているものをシンボルを使って「生産した」だけであるが）。私がこの直
　線を三つの部分（これらもなんらかの問題に対応するかもしれない）に分
　けても，これら三つの部分のそれぞれは相変わらず直線であって，これら
　の部分からなる直線全体は，この分割によって，直線とは別ななにかに，
　たとえばなんらかの種類の曲線に，分解されるわけではない。同様に私は，
　所与の長さの線を分割することで，諸部分の合計が分割以前のその線自身
　よりも長くなるようにすることもできない。つまり，分割されない線の長
　さは，この線自体の限界とは無関係に決められたもろもろの部分線の長さ
　によって定められているのではない。その逆であって，部分線の相対的な
　長さが，それらを部分とする線の限界によって，はじめから限定されてい
　るのである。」(MEGA II/11, S. 723.4-18. 本書114ページ23行-115ページ6行。)

　マルクスはこの二つの箇所のどちらでも，商品の価値を三つの部分に分割す
ることと，三つの「構成部分〔compornent part〕」の合計によって価値の大きさを
規定することとが同じことではないということについて，1本の直線を3本の
直線に分割するのと3本の直線をつないで1本の直線にするのとは同じでない，
という比喩を使っている。ただ，この比喩の使い方や力点の置き方がやや違っ
ている。マルクスは後者では，前者の記述を読み返しながら，それとはやや異
なった新たな記述を試みているように見える。とくに，両者の最後の部分での，
前者の「あとのほうの場合の三つの線の長さは，それらが所与の長さの直線の

390 II 『資本論』第2部・第3部の草稿を読む

諸部分をなしているということによって，はじめから限界を画されているのである」という表現と後者の「その逆であって，部分線の相対的な長さが，それらを部分とする線の限界によって，はじめから限定されているのである」という表現とのあいだにそのことがよく表われているように読める。後者で新たに書き加えられたのは，「私がこの直線を三つの部分（これらもなんらかの問題に対応するかもしれない）に分けても，これら三つの部分のそれぞれは相変わらず直線であって，これらの部分からなる直線全体は，この分割によって，直線とは別ななにかに，たとえばなんらかの種類の曲線に，分解されるわけではない」，という部分である。この比喩で，価値を三つの部分に分けても価値は価値であって価値以外のものになるわけではない，と言っているわけである。微妙に異なりはするが，しかしほぼ同じことのこうした反復が，中断なく書かれた同じ時期の文章のなかのすぐ近くに見られることに筆者は違和感を覚えていたのであった。

　フォルグラーフの示唆で第8稿に，以前に書かれた第1層のあることがわかったとき，すぐに，直線の分割と合成とに関するこの二つの記述のことを思い出した。すでに書いてあった第1層を読み返しながら第2層を書いていくさいに，以前に書いていた比喩を新たな仕方でもう一度繰り返したと考えれば，わずか2ページのなかで同様のことを書いている異様さは消える。それで，筆者は，この二つの箇所のあいだに，二つの層の切れ目があるのではないか，と考えた。そして，前者の記述が終わった直後に引かれている草稿12ページの横線をその切れ目と考えることができないか，と考えたというわけなのである。

　この推定には確実な根拠があるわけではない。だから筆者は，この推定に固執するつもりはない。しかし，第8稿の「成立と来歴」での，デューリングへの当てこすりのあるところまでを第1層と見て，第1層を，草稿の23ページ（MEGA II/11, S. 743.21. 本書139ページ17行）までであろうとする推定（MEGA II/11, S. 1606. 本書274ページ）（この推定はフォルグラーフによるものである）よりはましなのではないか，と思っているのである。

　本章および次章に収めた旧稿を書いたのちに，宮川彰氏が論稿「『資本論』第2部について──スミス・ドグマ批判によるマルクス再生産論の形成──」（『季刊 経済理論』第51巻第2号，2014年7月）を発表された。そのなかで氏は，上述

の二つの記述のうちの「後者で新たに書き加えられた」とした記述，すなわち「直線と異なる曲線に分解されはしない」（宮川氏の要約）という記述に「第1・2層の分水嶺」（同前，41ページ）を見られている。その根拠は，氏の見るところでは，第8稿のこの箇所こそが，第2部第8稿におけるマルクスの「価値「分解」説と資本－収入転化とへの決別・批判」を明示している最初の記述だからである。筆者は，この箇所にマルクスの「価値「分解」説と資本－収入転化とへの決別・批判」の最初の記述が見られるという宮川氏の判断を尊重するとしても（筆者には，さきの新たな書き加えが氏の言われるほどの飛躍を示すものとは思われないのだが），そのことは，当のこの箇所（氏によれば，この記述を含むパラグラフが始まる MEGA II/11, S. 721.16）から第2層が始まったこと，したがって，その直前（MEGA II/11, S. 721.15. 本書112ページ15行）までが第1層であったことを示すものではないと考える。両層の境界はそこよりももっと前にあってもおかしくはない。上記の二つの記述のうちの前者が第1層，後者が第2層に属するという氏の判断に同意するとしても，両層の境界が二つの記述のあいだのどこかにある，ということしか言えないはずである。そうだとすれば，二つの記述のあいだで，前者の記述の直後に引かれている横線を，時期を隔てて書かれた二つの層の区分線と見る筆者の推測は，少なくとも，後者の記述を含むパラグラフから第2層が始まると見る宮川氏の推測よりはもっともらしいのではないか，と筆者は考えている。

　なお，宮川氏の同稿は論旨を説得的に論述した秀作であり，筆者は，その論旨の大筋にはほぼ同意するが，第2稿から第8稿までの「諸草稿の歩み」についての対立する二つの「説」を「断絶・飛躍説」および「継承・拡充説」と呼び，筆者が本章に収めた論稿によって「断絶・飛躍説」の「立場にたつことを旗幟鮮明にした」（同稿，31ページ）と書かれている点について一言しておく。筆者はたしかに氏が「断絶・飛躍説」と呼ばれている「説」に同意はするが，マルクスによる「資本の流通過程」の認識におけるそのような大きな前進を「断絶」と呼ぶことには同意できない。次章で述べるように，生まれてくる新たな認識は，しばしば，まずは旧来の枠組みのなかで，あるいは旧来の仕方で表現され，そのあとに適切な枠組みや表現が発見されるものである。「資本の流通過程」についてのマルクスの認識の前進も，深化した認識と旧来の枠組みないし表現と

392 II 『資本論』第2部・第3部の草稿を読む

の不一致を克服していく過程だったと見るべきであり，この過程は断じて「断絶」ではない。

宮川氏は，本章に収めた筆者の旧稿における，第1稿にたいする第2稿でのマルクスの把握の深化についての評価（本書329ページ10行-335ページ5行）について，「その評価は〔第2稿での〕実際の叙述とは適合しにくい」（同稿，41ページ）と評されているが，筆者は，「実際の叙述」のなかには新たに得られた認識にそぐわない表現がまだ残っているとしても，そうしたものを含む全体の叙述のなかに，のちに適切な枠組みや表現を見いだすことになる新たな認識を見いだすことも——新たな枠組みや表現を獲得するようになった時点をつかむことと並んで——重要だと考えているのである。新たな認識を獲得していく過程は，どんなに大きな「飛躍」であっても，それは「断絶」ではなく，認識の「深化」ととらえるべきであろう。従来の「断絶・飛躍説」という呼び方を引き継ぎたいのであれば，せめて「断絶」という語は取り去って，たんに「飛躍説」と呼ぶことにされたらいかがであろうか。

第8章 「流通過程および再生産過程の実体的諸条件」とはなにか――『資本論』第2部形成史の一齣――

　本章に収めるのは，2013年3月に刊行された『立教経済学研究』の前畑憲子教授記念号（第66巻第4号）のために執筆したものである。下記の「はじめに」で書いているように，本書前章では，MEGA第II部門第11巻に収録された第2部第2稿とそれ以降の諸草稿に力点を置いたために，そこで言及すべくして触れえなかった一論点を詳論したものなので，前章での記述を補足するものとして読まれたい。

はじめに

　筆者は，拙稿「『資本論』第2部仕上げのための苦闘の軌跡――MEGA第II部門第11巻の刊行によせて――」[1]（『経済』，2009年3，4，5月号所収）で，マルクスが1864-65年に第2部のための原稿としてその第1稿を書き下ろしたのち，1881年に第2部のための最後の草稿となった第8稿の筆を措くまでのあいだに，この部を完成しようとして行なった苦闘の過程をたどり，そのなかでマルクスが獲得していった認識の深化を跡づけようと試みた。この論稿は，2008年に刊行されたMEGA第II部門第11巻（以下，MEGA II/11と略す）で筆者が執筆した「解題〔Einführung〕」の内容を中心としたものであったので，1988年刊行のMEGA第II部門第3巻第1分冊に収められていた第2部第1稿については，第11巻所収の第2部第2稿から始まる諸草稿への関連で言及しただけだった。そのため，これらの草稿と異なる第1稿の特徴を対比的に挙げるにとどまり，第1稿そのものに即して説明する点で不十分であった。

　とりわけ，第1稿，第2稿，第8稿と三たびにわたって執筆された第3章――

1）【本書に前章として所収。】

第1稿および第2稿での「章」はのちに「篇」と呼び換えられたので第8稿では第3篇——の課題についてのマルクスの把握について，第2稿第3章でのタイトル「流通過程および再生産過程の実体的諸条件」が，第1稿での第3章の課題設定を引き継いだものであったことは述べたものの，マルクスが第1稿のときにこのタイトルのもとでどのようなことを考えていたのか，第2稿の執筆時にもこのタイトルで第1稿のときと同じことを考えていたのか，ということをマルクスの叙述に即して説明することはしなかった。

　本稿では，第1稿を引き継いで，第2稿の第3章に付された「流通過程および再生産過程の実体的諸条件」というタイトルでマルクスがどのようなことを考えていたのか，ということを，まず第1稿でのマルクスの記述から読み取り，それが第2稿にどのように引き継がれ，またどのように変更が加えられたのか，を見ることにしたい。

　なお，2012年の秋には，MEGA第Ⅱ部門第4巻第3分冊が刊行され，MEGAの第Ⅱ部門が完結した。この巻には，第2部のためのいくつかの草稿，とりわけいわゆる第4稿が収められている。本稿では，第4稿についてはこの第4巻第3分冊を利用し，そのページを掲げる[2]。

1　第3章を第1章および第2章から区別するもの

　第2稿の第3章は「流通過程および再生産過程の実体的諸条件〔Die reale Bedingungen des Cirkulations- u. Reproduktionsprozesses.〕」（MEGA Ⅱ/11, S. 340）というタイトルをもつ。第1稿の第3章につけられたタイトルは「流通と再生産〔Circulation u. Reproduction〕」（MEGA Ⅱ/4.1, S. 301【中峯照悦・大谷禎之介他訳『資本の流通過程——『資本論』第2部第1稿——』，大月書店，1982年，199ページ】）であったが，じつは，第1稿の第3章でマルクスが書こうとしていたものの実際の内容が第2稿第3章のタイトルに合致するものであって，第1稿での「流通と再生産」というタイト

---

2) 本稿では，第2部第2稿からの引用にはMEGA Ⅱ/11の，第2部第4稿からの引用にはMEGA Ⅱ/4.3のページを掲げるが，その引用箇所がエンゲルス版で使われている場合には，MEW版（MEW 24）のページを付記する。したがって，MEW版のページがついていない引用はエンゲルス版にはない箇所である。

ルは第2稿での「流通過程および再生産過程の実体的諸条件」というタイトルのいわば短縮形であったことは，第1稿の各所での記述から明確に読み取ることができる。

マルクスは第1稿の第3章に入ってまもなく，次のように書いている。

「資本の総流通過程＝再生産過程のこれまでの考察では，われわれはこの過程が経過する諸契機あるいは諸局面を，ただ形態的に〔formell〕考察してきただけであった。これにたいして，今度はわれわれは，この過程が進行しうるための実体的な〔real〕諸条件を研究しなければならない。」(MEGA II/4.1. S. 302.【前掲邦訳，200ページ。】)

ここでマルクスは，これまでの第1章および第2章もこれからの第3章もともに「資本の総流通過程＝再生産過程〔der gesammte Circulationsproceß ＝ Reproductionsproceß〕」を考察する3)のだが，前の二つの章では「この過程〔すなわち資本の総流通過程＝再生産過程〕が経過する諸契機あるいは諸局面」をただ「形態的に考察」してきたのにたいして，今度の第3章では「この過程〔すなわち資本の総流通過程＝再生産過程〕が進行しうるための実体的な諸条件」を研究するのだ，と言っている。ここで第3章について言われているものが「流通過程および再生産過程の実体的諸条件」という第2稿第3章のタイトルと完全に合致していることは明らかである。このときにこの句で考えていたことを彼はこの少しあとのところで次のように漏らしている。

「さらに，資本主義的生産様式が，支配的に行なわれている生産形態であるばかりでなく，一般的かつ排他的な生産形態であると前提されているのだから，資本家にとってであれ労働者にとってであれ収入をなす諸商品も，不変資本の構成要素をなす諸商品も，まずは資本の生産物として，それゆえまた商品資本として存在するのでなければならない。それゆえ，収入に入る商品資本と収入に入る他の商品資本との交換，ならびに，収入に入る商品資本と不変資本を形成する商品資本との交換，ならびに不変資本を形

---

3) ここでもそうであるように，マルクスは第1稿の第1章および第2章で，繰り返して，考察の対象が資本の総流通過程＝総再生産過程であることを明示ないし示唆している。しばしば誤解されているのとは違って，第3章に入って初めて総流通過程＝総再生産過程を対象に据えるのではないのである。

396　II　『資本論』第2部・第3部の草稿を読む

成する商品資本の相互のあいだの交換が行なわれなければならない。こう
した交換の実体的な〔real〕諸条件を研究することがわれわれの今度の仕事
なのである。」(MEGA II/4.1, S. 306.【前出邦訳，202ページ。】)

　すなわち，「流通過程および再生産過程が進行できるための諸条件」とは，
「資本の生産物」として，したがって「商品資本」として存在する「諸商品」の
「相互のあいだの交換」の「実体的な諸条件」である。この「諸商品」とは，一
部は消費手段の使用価値形態にある商品であり，他の一部は生産手段の使用価
値形態にある商品であるが，マルクスはここでは前者を「資本家にとってであ
れ労働者にとってであれ収入をなす諸商品」ないし「収入に入る商品資本」と
呼び，後者を「不変資本の構成要素をなす諸商品」ないし「不変資本を形成す
る商品資本」と呼ぶ。マルクスはここでは，「収入に入る商品資本と収入に入
る他の商品資本との交換」と「収入に入る商品資本と不変資本を形成する商品
資本との交換」と「不変資本を形成する商品資本の相互のあいだの交換」との
三つを挙げている。こうした「商品資本の相互のあいだの交換が行なわれなけ
ればならない」のは，それによってのみ，「収入をなすべき諸商品」が資本家お
よび労働者の手に渡って実際に収入となり，「不変資本の構成要素をなす諸商
品」が両部門の資本家の手に渡って実際に不変資本となるのだからである。こ
こでのマルクスはこのように考えているので，貨幣形態での可変資本の前貸も，
それによって可変資本が労働力の形態に転化することも，また，労働者が「収
入」によって再生産した労働力を商品として資本家に販売することも，そうし
た「商品資本の相互のあいだの交換」の視野のそとに置かれている。そして，
「こうした交換の実体的な諸条件」こそが，ここで「流通過程および再生産過程
の実体的諸条件」という句で考えられていたものなのである。

　このような「交換」視点に潜んでいた，古典派から引き継がれた制限性はこ
こではひとまずおくことにして[4]，「実体的諸条件」の「実体的」という表現に
目を移そう。

　マルクスは第1章および第2章のなかで，この両章では対象をただ「形態的

---

[4] この制限性は，第8稿で最終的に払拭される。その経過と意義とについては，前記拙稿，
下，『経済』2009年5月号，187-190ページ【本書350-352ページ】，で述べた。

〔formell, formal〕」に考察するのにたいして，第3章では過程の「実体的〔real, reell〕」な「諸規定」，「諸事情」，「諸側面」，「諸条件」を問題とし，「実体的な再生産過程および流通過程」を考察するのだ，ということを，すでに次のように予告していた。

「流通過程にとって重要な実体的な〔real〕諸規定は第3章で取り扱われる。」(MEGA II/4.1, S. 140.【前出邦訳，9ページ。】)

「蓄積が流通過程で現われるときの実体的な〔real〕諸事情は，この部の第3章ではじめて考察できることである。」(MEGA II/4.1, S. 166.【前出邦訳，41ページ。】)

「ここでは〔「W—P—W′—G′—W」という「流通過程の第2の形態」〕では，労働能力は，その出発点ですでに，買われたものとして現われるのであって，労働能力の再生産の実体的な〔real〕諸条件は，W′の再生産の実体的な〔real〕諸条件と同様に，現われない。」(MEGA II/4.1, S. 166.【前出邦訳，42ページ。】)

「実体的な〔reell〕再生産過程および流通過程は，ただ，多数の諸資本の，すなわちさまざまの産業の諸資本に分裂している総資本の過程としてのみ把握されうる。したがって，これまでの考察方法と違って，実体的な〔reell〕再生産過程の考察方法が必要なのであるが，それは，この部の第3章で行なわれる。」(MEGA II/4.1, S. 182.【前出邦訳，59ページ。】)

「貨幣資本の商品資本——資本の存在条件——への再転化を妨げるもろもろの例外についての検討は，再生産の実体的な〔real〕諸側面の考察に属する事柄だから，ここでは問題にしない。」(MEGA II/4.1, S. 208.【前出邦訳，88ページ。】)

また，第3章の執筆を打ち切ったのちに書きつけた第3章プランの第1の項目（第1節）が，「流通（再生産）の実体的〔real〕諸条件」(MEGA II/4.1, S. 381【前出邦訳，294ページ】)であった[5]。

5）第2部第4稿にも，同様の記述が見られる。第1章のなかの「生産資本の循環」のところで，「ここではわれわれは，意図的に，〔資本の貨幣形態から生産要素の形態への〕再転化の実体的〔reell〕諸条件には立ち入らない。というのも，ここでは形態が問題なのだから」(MEGA II/4.3, S. 308)，と書いており，また，「三つの循環における共通なもの」という部分の末尾で次のように述べている。

「しかし，じつは単純な商品流通のところですでに分析されたこの形態的な側面だけ

398　II　『資本論』第2部・第3部の草稿を読む

　これらの記述から，ほとんど直ちに，第1稿での，第3章を第1章および第2章から峻別するキーワードが，後者における「形態的な〔formal, formell〕」諸規定ないし形態規定性にたいする，前者における「実体的な〔real, reell〕」諸規定，諸契機，諸側面，諸条件であることが読み取れるであろう。

2　「実体的な〔real, reell〕」という語の意味

　そこで求められるのは，「実体的〔real, reell〕」という語6)が第1稿ではどういう意味で使われていたのかを，第1稿での記述に即してつかむことである。
　ここで，「実体的」という訳語について，一言しておこう。
　Der große Duden の Etymologie (1963) によれば，dinglich, sachlich; wirklich, tatsächlich という意味をもつ real は，ラテン語の rēs (Sache, Ding) を語源とする中世ラテン語の reālis (sachlich, wesentlich) から17世紀に借用された語であったが，reell は，その real からフランス語の réel (tatsächlich, wirklich; zuverlässig) を経由して，独自の意味 (den Erwartungen entsprechend; zuverlässig, ehrlich, redlich) をもつ語として派生したとのことである。だから real と reell は，語源は同じでも，本来は，やや異なった語義をもつ別の語なのである。
　しかし，上に挙げた引用に見られるような文脈のなかでは，マルクスはこの両語をとくに区別することなく，同義に使っていると判断できる。これにたいする対義語である formal および formell についてもほぼ同じことが言える7)。

───────────────────────────

　　でなく，さまざまの資本の変態の実体的な〔real〕関連が，つまりじつは社会的総資本の再生産過程の要素としての個別諸資本の循環の関連が，固持されるのだとすれば，この叙述は，この部分〔すなわち第2部〕の第3章ではじめて与えられることができる。それは，貨幣と資本とのたんなる形態変換からは明らかにされることができない。」(MEGA II/4.3, S. 320.)

6) 登場する real および reell という語に圧倒的に「実体的」という訳語を当てたのは，第2部第1稿の邦訳 (中峯照悦・大谷禎之介他訳『資本の流通過程──『資本論』第2部第1稿──』，大月書店，1982年) が最初であろう。これは，real および reell が出てくれば機械的にこの訳語を当てはめるということによって生じたものではなかった。本文で述べているように，この第1稿の場合，マルクスはこの両語を圧倒的に formal ないし formell の対義語として使っているので，結果的にそうなっているのである。

7) 同じく Der große Duden の Etymologie によれば，die Form betreffend, nur äußerlich, unlebendig などの意味をもつ formal は，ラテン語の fōrmālis (die Form betreffend,

この，formal, formell と real, reell とのマルクスによる対比的な使用のほかの例としては，「資本のもとへの労働の形態的〔formal, formell〕包摂」と「実体的〔real, reell〕包摂」との対比を挙げることができる。マルクスは，『1861-1863年草稿』でこの区別を行なったのち，『直接的生産過程の諸結果』でさらに詳しく「包摂〔Subsumtion〕」のこの二つの形態を論じたが，「形態的包摂」の場合には圧倒的にformellを使い，まれにformalを使った。「実体的包摂」のほうでは，realとreellとの両方を使っている。この場合にも，formalとformellとの区別的使用，realとreellとの区別的使用は認められない。

また，言うまでもないことであるが，realにしてもreellにしても，formalないしformellとの対比でのみ使われるわけではない。たとえば，realer Lohnは「名目賃金」にたいする「実質賃金」である[8]。この場合には，realの対義語はnominellである。マルクスは，『資本論』第3部第1稿の第5篇の「第5節信用。架空資本」では，monied capitalにたいする「実物資本」をreal capitalと呼んだ。実務的世界でも，「貨幣経済」と区別して「実体経済〔real economy〕」と言う。あるいは，realer Sozialismusとは，「社会主義国」と称している国々に「現実に」存在すると考えられた「社会主義」という社会システムを指す言葉であった。このrealの反意語はidealであろう[9]。だからマルクスの場合にも，realおよびreellに，「実体的」ではない別の訳語を当てるべきケースがいろいろあるのも当然である。

要するに，マルクスが第1稿で，第1章および第2章に対比して第3章では

äußerlich, förmlich）を語源として18世紀に使われるようになった語であるが，formellは，同じようにして生じたフランス語のformelを経由して，独自の意味（förmlich; unpersönlich, nur zum Schein）をもつ語として派生したとのことである。なお，realおよびreellについても，formalおよびformellについても，„Etymologisches Wörterbuch des Deutschen", Deutscher Taschenbuch Verlag (1. Auflage, 1989) はさらに詳細に語源を明かしている。そのさい，DudenのEtymologieと同じく，reellはrealの，formellはformalの項目のなかで扱われている。

8）たとえば，第2部第2稿には，reale Salaire, realer Lohn (MEGA II/11, S. 438; MEW 24, S. 479〔なお，エンゲルス版では前者はLohn，後者はnormaler Lohnに書き変えられている〕）およびrealer Arbeitslohn (MEGA II/11, S. 498) という語がある。

9）英語について言えば，real estatesは，「動産〔personal estates〕」にたいする「不動産」である。

400 II 『資本論』第2部・第3部の草稿を読む

「流通過程および再生産過程の real, reell な諸条件」と呼んだときには, この real ないし reell は formal ないし formell に対比的に使われているので, それにたいするものとして「実体的」という訳語が適切だろうと考えてこれを使った, ということなのである。

3 マルクスは「実体的」という語でなにを考えていたのか

さて, マルクスは第1稿で, formal または formell にたいする語として real または reell という語を使ったとき, これらの語にどのような意味を持たせていたのであろうか。

第1稿で, マルクスはしばしば「実体的な変態」という語を使った。この語を手がかりにして,「実体的な」ということでマルクスがどのようなことを言おうとしていたのか, 見ていこう。

マルクスは「第1章 資本の流通」の「第1節 資本の諸変態」で資本の循環の形態として, はじめ, 四つの形態を示した。このうちの第1の形態は貨幣資本の循環であり, 第3の形態は生産資本の循環であり, 第4の形態は商品資本の循環であって, この三つの形態は, 彼がその後, 何度も「資本の循環」についてのこの第1の部分を新たに書き下ろそうと試みたさいにもつねに維持したものであるが, 第1稿では, はじめ, このほかに, 第2の形態として, 貨幣資本が行なう変態 G__W の結果としての W を始点および終点とする「W.__P.__W'__G__W」という循環を設け, この W をも「商品資本」と呼んでいた。だから, 販売されるべき商品の形態にある商品資本 W' を始点および終点とする商品資本の循環のほかにそれとは区別されるもう一つの「商品資本の循環」がある, ということになっていたのである。

マルクスは, 以上の「流通過程」の四つの形態をいちおう見終わったところで,「商品資本および貨幣資本は, 資本が生産資本としての自己から, つまり本来の生産部面のなかにある資本の存在形態としての自己から区別される, 本来の流通部面のなかにある資本の二つの形態である」, と言い, まず商品資本, 次いで貨幣資本を「やや詳細に規定〔etwas näher bestimmen〕」しようとする (MEGA II/4.1, S. 182【前出邦訳, 59ページ】)。

第8章 「流通過程および再生産過程の実体的諸条件」とはなにか　401

「商品資本。W′__G」という小見出しを書きつけたのち，「商品資本」につい
て書き進めるなかでマルクスは，「すぐれた意味での商品資本〔Waarencapital im
eminenten Sinn〕とは，もっぱら資本によって生産された商品の形態にあって商
品として機能しつつある資本である，すなわち商品として売られなければなら
ない（前貸資本としての資本との関連で言えばその貨幣形態が回復されなけれ
ばならない），自己の第1の変態をやり遂げなければならない，そういう形態
にある資本である」，と「規定」するにいたる（MEGA II/4.1, S. 186【前出邦訳，65ペ
ージ】）。これにたいして，

> 「G__W の終わりとしての商品にあっては，それの商品としての規定は瞬
> 過的〔verschwindend〕であり，それはいままさに生産過程に入り，使用価値
> として機能し，生産的に消費されようとしているところである。その商品
> が（固定資本のように），部分的にその生産過程を越えて生きのびるとか，
> 生産過程の条件として待機しているだけでまだ生産過程に入っていってい
> ないとか，あるいは，過程が実現のはこびにならないとかの理由で，その
> 商品が商品として存在し続けるとしたら，これらの場合にはいずれも，そ
> れが商品としてふたたび流通するのは，やはりそれが生産過程の要因とし
> てのそれの任務をまっとうしていないからであり，またその場合だけのこ
> とである。」(MEGA II/4.1, S. 185-186.【前出邦訳，63-64ページ。】)

だから，「G__W の終わりとしての商品」がもつ「商品」という規定は，生産
資本として生産過程に入るまでの「瞬過的」なものでしかないのであって，し
たがってまたこの形態にある資本は「商品資本としての商品資本」(MEGA II/4.1,
S. 186【前出邦訳，65ページ】) ではない。

この把握は，同時に，そのような瞬過的な形態でしかない「G__W の終わり
としての商品」を始点および終点とする循環を，第2の独自の循環形態として
立てることが不要であるだけでなく不適切であったことを認めることを意味し
た。マルクスはこのあとでも，「第2節　流通時間」のなかで，G__W を「貨幣
資本の商品資本——資本の存在諸条件——への再転化」(MEGA II/4.1, S. 208【前出
邦訳，88ページ】) と呼んでおり，また「第3節　生産時間」では，「資本がその始
点をある形態（これは，G，W，P，W′ のいずれであってもよい）」(MEGA II/4.
1, S. 209【前出邦訳，90ページ】) とか，「われわれが，G，W，P あるいは W′ のいず

れを始点と見なそうと」(MEGA II/4.1, S. 210【前出邦訳, 91ページ】), と言ったりして, 「G＿W の終わりとしての」W を始点とする循環の構想を完全には捨てきれていないことを示しているが, しかしもはやこの循環そのものに言及することはなくなる。そして, さきの「商品資本。W′＿G′」のなかの草稿32ページの余白に, 次のように書きつけて, 循環の形態から「G＿W の終わりとしての」W を始点とする循環を消し去っている。

「<u>第 I 循環</u>　　G ＿ W ＿　　P　　＿ W′＿ G′.
　　　　　　　　　　1)　　　　　　2)　　　　3)
　　　　　　　貨幣＿商品＿生産過程＿商品＿貨幣。

　<u>第 III 循環</u>　W′＿G′＿W＿P＿W′.
　　　　　　　W′ ＿ C ＿ P ＿ W′ (ないし W″).

　　　　この循環は, W (これは生産過程に入る)＿P＿C＿W と同じだ, というのも, 一方の資本家にとっての G＿W は他方の資本家にとっては W＿G だからだ。

　<u>第 II 循環</u>　P　　＿　C　＿　P.
　　　　　　　P＿W′＿G′＿W＿P. (ないし P′)。」(MEGA II/4.1, S. 190.【前出邦訳, 66-67ページ。この書きつけが書かれている草稿32ページのフォトコピーが MEGA II/4.1, S. 187 に掲載されている。】)

　この最後の「第 II 循環」は, はじめ「第 IV 循環」と書き, そのあとで「IV」を「II」に書き換えたものである。ページ下部の余白に書かれたこの書きつけは, あとから書き込まれたものである可能性があるので, その前後の部分と繋がっているものとして見ないほうがいいと思われるが, いずれにせよそれは, 第1稿の執筆中 (それもたぶん第1章を書き終えていないうち) に, 当初設けた「第2形態」がなくされたことをはっきりと示している。

　さて, マルクスは, 「循環」の三つの形態の構成部分をなす, G＿W, P (生産過程), W′＿G′ という三つの変態を立ち入って分析するなかで, これらの変態について, 「形態的な変態」と「実体的な変態」という区別を行なっている。

　第1に, 流通過程で行なわれる G＿W および W′＿G′ という変態が資本の「形態的な変態」であるのにたいして, P (生産過程) は「<u>実体的な</u>変態」(MEGA II/4.1, S. 148, 165, 176, 202, 368, 369【前出邦訳, 19, 41, 51, 82, 280, 281ページ】) を行なう「実

体的な過程」(MEGA II/4.1, S. 147【前出邦訳，18ページ】) であると言う。なぜなら，Pは，「生産過程の実体的な要因である生産手段および労働能力」(MEGA II/4.1, S. 144【前出邦訳，15ページ】) という「労働過程の実体的な諸要因」(MEGA II/4.1, S. 147【前出邦訳，18ページ】) がそれらとは異なった使用価値をもつ生産物に転化する変態であり，過程だからである。ここで「実体的」という語で考えられているのが，生産過程における生産諸要因の使用価値の消滅と生産物の形態での新たな使用価値の誕生であることは明らかである。

第2に，G＿WおよびW′＿G′という変態は，どちらも，流通過程で貨幣が商品に，商品が貨幣に変わるだけの「形態的な変態」ではあるが，この二つの変態には次のような区別がある。W′＿G′は，商品の形態から貨幣の形態へのまったくの形態的な変態でしかないが，それに続くG＿Wのほうは，上記の意味での生産過程の実体的な諸要因をなす諸商品への転化であり，W′＿G′における W′ とは使用価値を異にし，生産過程によって規定された特定の使用価値形態をもつ商品への転化である。マルクスは，この点から見れば，G＿W は「実体的な変態」であると見て，次のように言う。

「〔W′＿G′＿Wのうちの〕第1の部分〔W′＿G′〕はまったく形態的であり，もう一方の部分〔G＿W〕は，生産されるべき商品の，特殊的な物品としての，使用価値としての性質によって規定されており，そして，生産された商品が貨幣への蛹化を介してそれの実体的な存在諸条件にこうして再転化することとして，つまり実体的な変態として規定されている。」(MEGA II/4.1, S. 181.【前出邦訳，58ページ。】)

「……G＿W の場合には，実体的な素材変換が，そしてこれを最初の W′ との関連で見れば，実体的な変態が，すなわち，W′ の，それの生産諸条件への，労働過程の諸要因への分解が行なわれている……。」(MEGA II/4.1, S. 215.【前出邦訳，95ページ。】)

このような観点から W′＿G′ と G＿W という流通過程の内部での変態を見れば，「資本の最初の流通段階あるいは変態段階である G＿W」は，「同時に実体的な変態の一契機でもある」(MEGA II/4.1, S. 153【前出邦訳，25ページ】) のであり，W′＿G′ という「諸商品の形態的な変態は，……ただ，諸商品の実体的な変態の形態的な媒介として現われるにすぎない」(MEGA II/4.1, S. 165【前出邦訳，41ペー

ジ〕）のであり，このように，「資本の変態では，形態的な変態は，ただ，Ｗの
Ｗ′への転化という一つの実体的な変態の形態として現われるにすぎない」
(MEGA II/4.1, S. 148【前出邦訳，19ページ】)，ということになる。だから，「生産物
が順々に通過するさまざまな生産過程は，そっくりそのまま，その生産物の総
生産・再生産過程の諸段階を，生産物が使用価値としてのそれの最終の姿を受
け取るまでに通過しなければならない実体的な変態列の諸段階をなす」(MEGA
II/4.1, S. 367【前出邦訳，278ページ】) のである。

　第3に，マルクスは第1稿の第3章のなかで，「ある生産部面から他の生産部
面への資本の移動」について，「これは，また，資本の一つの変態でもある」と
言い，次のように，「再生産における資本の実体的な変態」だと言っている。

　　「再生産における資本の実体的な変態。／再生産過程は（前貸された価値
　　から見れば同じ生産規模である場合でさえも）その大きさについて言えば
　　可変的である……が，そのほかに，資本が再生産されるさいの現物形態の
　　可変性——ある限界のなかでの——についても述べなければならない。／
　　第1に，資本（当初の旧資本または追加資本）は，同じ生産物の姿態で再
　　生産されないで，すでに以前から存在している他の一生産物の姿態で再生
　　産される〔ことがありうる〕。これは，旧資本がさまざまな生産部面に〔それま
　　でとは〕別様に配分されるというのであれ，また追加資本，剰余資本が，
　　自分が生まれた生産部面ではなくて，それと並んで存在する他のある生産
　　部面に投下されるというのであれ，それはある生産部面から他の生産部面
　　への資本の移動なのである。これは，また，資本の一つの変態でもある。
　　しかも，一般的利潤率への均等化はこの変態にもとづいているのだから，
　　非常に重要な変態である。」(MEGA II/4.1, S. 369.【前出邦訳，281-282ページ。】)

以上，マルクスが第1稿で「実体的変態」と呼んだものを見てきたが，見ら
れるように，いずれも，使用価値の姿態の変化を伴う変態，過程である。

　real という語のこのような含意は，『経済学批判。第1分冊』で，労働の二重
性のうちの具体的有用的労働を reale Arbeit と呼んだときの real の含意に通じ
るものである。マルクスはそこで，「素材的富の一源泉としての具体的労働，
要するに使用価値をつくりだすかぎりでの労働」(MEGA II/2, S. 115【MEW 13, S.
23】)，「形態と素材とに応じて際限なくさまざまな労働様式に分かれる具体的

かつ特殊的な労働」(MEGA II/2, S. 115【MEW 13, S. 23】) を reale Arbeit と呼んだが，ここでのreal も，それぞれ異なった特定の形態で支出され，それぞれ異なった使用価値をもたらすという意味で「実体的〔real〕」と言われたのであった[10]。

「商品を二重の形態の労働に分析すること，使用価値を実体的労働〔reale Arbeit〕すなわち合目的的な生産的活動に，交換価値を労働時間または同等な社会的労働に分析することは，イギリスではウィリアム・ペティに，フランスではボアギュベールに始まり，イギリスではリカードウに，フランスではシスモンディに終わる古典派経済学の1世紀半以上にわたる諸研究の批判的な最終の成果である。」(MEGA II/2, S. 130-131.【MEW 13, S. 37.】)

「彼〔ペティ〕は重金主義の諸表象にとらわれて，金銀を獲得する特殊的種類の実体的労働〔reale Arbeit〕を，交換価値を生みだす労働だと説明した。」(MEGA II/2, S. 131.【MEW 13, S. 39.】)

「ステューアトが彼の先行者たちや後継者たちよりぬきんでていた点は，交換価値に表わされる独特な社会的労働と使用価値を目的とする実体的労働〔reale Arbeit〕とをはっきりと区別したことである。」(MEGA II/2, S. 135.【MEW 13, S. 43.】)

「アダム・スミスは，農業，製造工業，海運業，商業等々のような，実体的労働〔reale Arbeit〕の特殊的な諸形態を，次々に富の真の源泉であると主張してから，労働一般〔die Arbeit überhaupt〕が，しかもその社会的総姿態での，分業としての労働一般が，素材的富つまり諸使用価値の唯一の源泉であると宣言した。」(MEGA II/2, S. 136.【MEW 13, S. 44.】)

以上のところから，マルクスが第2部第1稿でreal という語を，貨幣から商品へ，商品から貨幣へ，という社会的形態の変化だけにかかわる formal, formell にたいして，使用価値の変化をもたらす，あるいはそれを準備する，という意味で使ったことがわかる。

---

10) このような意味では，労働が具体的有用的労働の側面でのみ意義をもつ労働過程も「実体的な過程」と呼ぶことができる。マルクスは第4稿で次のように言っている。
　　「生産手段は実体的労働過程〔realer Arbeitsprozeß〕で，異なった仕方での生産物形成者として，つまり労働手段および生産材料として機能する。」(MEGA II/4.3, S. 393.)

4　第3章プランでの「流通（再生産）の実体的諸条件」の意味は？

　第1稿で，realないしreellが以上のような意味で使われていることを念頭におけば，第1稿末尾の第3章プランで第1節に「流通（再生産）の実体的諸条件」というタイトルをつけたときにマルクスがここでの「実体的諸条件」という語で考えていたものが見えてくる。

　第1稿の第3章で，マルクスは，社会的総生産物を使用価値の観点から消費手段として消費される生産物と生産手段として消費される生産物との二つの部類に区別し，これに対応して，社会の総生産を消費手段生産部門と生産手段生産部門との二大部門に区別したうえで，両部門の総生産物＝総商品の価値諸成分──すなわち不変資本価値，可変資本価値，剰余価値──が，流通過程における形態的な諸変態 W＿G＿W を通じて互いに転換しあい，それぞれの W が他の W によって自己を補填する過程──これは労働者の W すなわち労働力（Ak）が形態的な変態 W(Ak)＿G＿W(Km) を通じて，自己を再生産すべき消費手段（Km）に転換する過程を含むべきものである──を分析し，「この経過・・・・・が進行しうるための実体的な諸条件」（MEGA II/4.1, S. 302【前出邦訳，200ページ】），・・・・・・・・・・「こうした交換の実体的な諸条件」（MEGA II/4.1, S. 306【前出邦訳，202ページ】）を研究する。この「諸条件」が「実体的」と呼ばれているのは，まさに，そうした流通過程，したがってまた再生産過程が，生産過程──ならびに労働者の個人的消費過程における労働力の再生産──における実体的な変態によって規定される，社会的総生産物の使用価値のさまざまの姿態の相違によって制約されている，ということによるのである。

　第3章の課題が，このような意味での「流通（再生産）の実体的諸条件」を解明することにあるとするならば，流通過程を通じての「転換」によって「補填」され，再生産されるべき社会的再生産の諸要因とは，なによりもまず，自然素材ないし使用価値の観点から見られた諸要因だということになる。ここで肝心・・なのは，「実体的な素材変換」（MEGA II/4.1, S. 327【前出邦訳，230ページ】）であり，「社会によって生産される総商品資本の素材変換」（MEGA II/4.1, S. 343【前出邦訳，251ページ】）である。

第8章　「流通過程および再生産過程の実体的諸条件」とはなにか　407

　もちろん，この「実体的な素材変換」では，両部門の生産物のうちの不変資本価値部分は生産手段の形態に転換されなければならず，可変資本価値部分は労働力の形態に転換されなければならず，労働力の転化形態である労賃は消費手段の形態に転換されなければならず，剰余価値部分は単純再生産のもとでは消費手段の形態に，拡大再生産のもとでは消費手段に加えてさらに生産手段および労働力の形態に転換されなければならない。そのかぎりで，この「実体的な素材変換」は，両部門の生産物の内部での価値から見た構成部分によっても条件づけられており，制約されている。このことは，マルクスが第1章の冒頭で，「第3章で行なうように，流通過程を現実の〔wirklich〕再生産過程および蓄積過程として考察するさいには，たんに形態を考察するだけではなくて，次のような実体的な〔reell〕諸契機が付け加わる」と言って，まず「(1) 実体的な〔real〕再生産……に必要な諸使用価値が再生産され，かつ相互に条件づけ合う，その仕方」を挙げたあと，さらに，「(2) 再生産は，再生産を構成するその諸契機の，前提された価値・価格諸関係によって条件づけられているのであるが，この諸関係は，諸商品がその価値で売られる場合は，労働の生産力の変化によって生じるその真実価値の変動によって変化しうるものである」ということ，および，「(3) 流通過程によって媒介されたものとして表現される不変資本，可変資本，剰余価値の関係」，の三つを挙げているところに見ることができる（MEGA II/4.1, S. 140-141【前出邦訳，9-10ページ】）。

　しかし，c＋v＋m という資本の生産物の価値区分そのものは，第1章および第2章での分析のなかで解明されているのであり，第3章ではその分析結果を前提して，それに新たに，各個別資本が生産する生産物の使用価値の相違が，生産手段生産部門および消費手段生産部門という二つの，異なった使用価値を生産する部門というかたちにまとめられて付け加わってくるのであって，そこに，新たに解明されなければならないものとして，第1章および第2章では問題になりえなかった「流通過程および再生産過程の実体的諸条件」が登場するのである。このような「実体的諸条件」を把握するために，再生産過程を媒介する流通過程 W＿G＿W を分析するさいには，この変態の始点である W の使用価値と終点である W の使用価値との違いが決定的である。これを媒介する貨幣流通は，それ自体としては形態的な (formell) 契機に属するのであり，これ

を度外視することによって実体的な転態が求める「実体的諸条件」をつかみだす，というのが，第1稿の第3章でなによりもまず果たさなければならない課題としてマルクスが意識していたものだった，と言うことができるであろう。

5 「貨幣流通なし」と「貨幣流通を伴う」との二段構えによる叙述方法

　そこからマルクスは，単純再生産においても，蓄積（拡大再生産）においても，まずは，媒介する貨幣流通を捨象した叙述を行ない，それに，その過程を媒介する貨幣流通を明らかにする叙述を加える，という二段構えの仕方で，流通過程およびそれによって媒介される再生産過程の全体を叙述しようと考えた。さきに見たように，第1稿で，第3章に入ってまもなく，マルクスは，「資本の総流通過程＝再生産過程のこれまでの考察では，われわれはこの過程が経過する諸契機あるいは諸局面を，ただ形態的に〔formell〕考察してきただけであった。これにたいして，今度はわれわれは，この経過が進行しうるための実体的な〔real〕諸条件を研究しなければならない」（MEGA II/4.1, S. 302【前出邦訳，200ページ】）と述べたうえで，次のように書いている。

　　「これまでの考察から，次のことが明らかになっている。――貨幣は，一方では，諸商品が一般的消費ファンドに入るための通過点として役だつにすぎず，また資本が可変資本であるかぎりでは，貨幣は，労働者たちにとっては，彼らの消費用の必需品を買うための通貨に帰着するのであり，他方では貨幣は，資本が完成生産物の形態から自己の対象的な生産諸要素の現物形態に再転化するための通過点として役だつにすぎない。そのかぎりでは資本の貨幣形態は，商品の変態 W＿G＿W における貨幣一般と同様に，再生産の，媒介的かつ瞬過的な形態として〔機能する〕にすぎないし，また，現実的再生産過程そのものとはなんのかかわりもない。ただ一つの例外をなすのは，貨幣資本すなわち貨幣形態にある資本が遊休資本を表わし，またそれが，生産資本として機能することが予定されてはいるがまだ現実にはそうしたものとして機能していないというその合い間にある資本を表わしている場合である。したがってそれは，この形態ではまだ流通過

第8章 「流通過程および再生産過程の実体的諸条件」とはなにか 409

程および再生産過程にはまったく入っていかない。それゆえ，以上に述べたところから次のことが出てくる。——貨幣は，それが資本の形態として現実に機能するかぎりでは，現実的再生産過程の形式的かつ瞬過的な媒介にすぎない。貨幣は，それが自立して自己を固守するかぎりでは，再生産過程にはまだまったく入っていないのであり，ただ，それに入ることが予定されているだけである。したがってどちらの場合にも，実体的な再生産過程の考察のためには，貨幣をひとまず捨象することができるのである（つまり，資本が貨幣に形態的に転化すること，資本が貨幣形態を周期的にとることが，摩擦なしに行なわれるものと想定する場合には〔そうすることができるのであり〕，またじっさいわれわれはさしあたりこのように想定するのである）。それゆえわれわれは，この考察においては貨幣流通（および貨幣資本としての形態にある資本）を捨象する。われわれはそれを，せいぜい，現実的再生産過程を考察することによって貨幣流通にとっての特殊的規定がこの過程の契機として生じてくる場合に，ときおり考慮に入れるだけである。」(MEGA II/4.1, S. 302-305.【前出邦訳，200-201ページ。】)

見られるように，「この考察においては貨幣流通（および貨幣資本としての形態にある資本）を捨象する」，すなわち，貨幣流通だけでなく，貨幣資本の形態にある資本までも捨象する，と明言されている。貨幣資本を捨象する，ということは，さきにも見たように，このあとでマルクスが次のように言明しているところにも，はっきりと現われている。

「さらに資本主義的生産様式が，支配的に行なわれている生産形態であるばかりでなく，一般的かつ排他的な生産形態であると前提されているのだから，資本家にとってであれ労働者にとってであれ収入をなす諸商品も，不変資本の構成要素をなす諸商品も，まずは資本の生産物として，それゆえまた商品資本として存在するのでなければならない。それゆえ，収入に入る商品資本と収入に入る他の商品資本との交換，ならびに，収入に入る商品資本と不変資本を形成する商品資本との交換，ならびに不変資本を形成する商品資本の相互のあいだの交換が行なわれなければならない。こうした交換の実体的な〔real〕諸条件を研究することがわれわれの今度の仕事なのである。」(MEGA II/4.1, S. 306.【前出邦訳，202ページ。】)

410　II　『資本論』第2部・第3部の草稿を読む

　つまり，つかむべきは商品資本相互間の交換──「資本と資本との交換」という表現が示していた問題把握の制限性はここでは取り上げないことにする[11]──の「実体的諸条件」なのであって，この「交換」のなかに現われる貨幣資本の形態も，媒介する貨幣流通も度外視しよう，というのである。

　そこで，このように述べたあと，第3章の最初の節である「資本と資本との交換，資本と収入との交換，および，不変資本の再生産」の叙述を開始する。ところが，貨幣流通を捨象する，と宣言したばかりなのに，筆はおのずから，貨幣流通にかかわる問題に触れることになっていった。そこで，草稿で6ページほど書き進めたところでマルクスは，次のように書かざるをえなかった。

　　「最終的な叙述では，この第1節を，(1) 総再生産過程における諸商品資本の現実的素材変換，(2) この素材変換を媒介する貨幣流通，という二つの部分に分離したほうがよいであろう。いまそうなっているように，貨幣流通を考えに入れることは，たえず展開の脈絡を破ることになるからだ。」
　　　　(MEGA II/4.1, S. 314.【前出邦訳，213ページ。】)

　このような断り書きをしたのでその後は，いわば「安んじて」，マルクスは第1節のこのあとの部分でも，貨幣流通および貨幣資本に折に触れて言及しているのであって，ここでの叙述が「貨幣流通なしの叙述」になっているとはとうてい言えない。マルクスは，ここではとりあえず筆のおもむくままに書けることを書いておき，のちにそれを整理して，二段構えの叙述にまとめよう，と考えていたと見える。

　マルクスはこのあと，第2節の「収入と資本。収入と収入。資本と資本。(それらのあいだの交換)」で，第1節への補足を行なった[12]のち，再生産過程にお

────────────
11) 前出の脚注4)を見られたい。
12) 第2節の最後のパラグラフの拙訳(『資本の流通過程──『資本論』第2部第1稿──』，大月書店，1982年，253ページ)のなかに訂正が必要な箇所があるので，この機会に付記しておく。拙訳で，「収入または資本を表わすというような属性が商品にはない (まるで商品を表わすというような属性が生産物にはあるかのようだ)」となっている部分のうちの，筆者が傍点を付けた2箇所の「というような」は「物的な」に訂正して読んでいただきたい。もとのままではなにを言っているのかよくわからないであろう。このときの訳文の作成は，モスクワのML研から提供を受けた解読文のコピーによって行なったのであるが，「というような」とした語は解読文ではdergleichとなっていて，意味をとることができず，無理やりに「というような」と訳して済ませておいたのであった。MEGAではこの語はding-

第8章 「流通過程および再生産過程の実体的諸条件」とはなにか　411

ける固定資本の役割について述べた第3節，見出しを欠くが明らかに再生産の弾力性を論じた第4節を経て，単純再生産を前提にした分析を終える。続いて「第5節　蓄積，すなわち，拡大された規模での再生産」を書いたが，この叙述は蓄積についての第1段目の叙述すなわち「貨幣流通なしの叙述」となるべきものであって，その次に第2段目となるべき「第6節　蓄積を媒介する貨幣流通」が置かれている。ところが，その冒頭ではいきなり，「蓄積を媒介する貨幣流通が，さらに特別に論じられるべきなんらかの問題を提出するかどうかには，疑問がある」(MEGA II/4.1, S. 359【前出邦訳，273ページ】)，と書く。のちの第8稿での「II) 蓄積，または，拡大された規模での再生産」の分析では，さまざまの観点から「蓄積を媒介する貨幣流通」および貨幣の諸機能を明確に把握することに精力が傾けられていることを考えれば，ここでのマルクスは，「蓄積を媒介する貨幣」にかかわる重要で多様な解明すべき問題，論点の所在はほとんど感知していなかったように見える。

　第3章の執筆を打ち切ったのちに書き付けられた第3章プランでは，「3）蓄積，あるいは拡大された規模での再生産」に，付属する項目として「3a) 蓄積を媒介する貨幣流通」と書いていて，この問題についてもやはり「特別に論じ」ようと考えていたことを示しており，マルクスはここでも，「蓄積，あるいは拡大された規模での再生産」を，まず貨幣流通を捨象して論じたのちに，それを媒介するものとしての貨幣流通を論じることができるし，そうしようと考えていたのである (MEGA II/4.1, S. 381【前出邦訳，294ページ】)。

　なお，「再生産」の分析のなかで蓄積（拡大再生産）を論じるさいに，まず貨幣流通を捨象して叙述し，そのあとで媒介する貨幣流通を叙述する，という二段構えの方法を取るべきだ，という考えは，じつはすでに，『1861-1863年草稿』のノート第XXII冊に書かれた「再生産」(MEGA II/3.6, S. 2243-2283) のなかに見られる。

　マルクスは，「剰余生産物が剰余資本に転化される」という蓄積について言及するさいに，角括弧に入れた挿入的記述の冒頭で，「事柄は，まず貨幣を考

---

lich と読まれており，これで意味がとれるようになった。この語の解読に疑問をもったものの，手もとに置いていた質のよくない手稿コピーでは解読の誤りを訂正することができなかったのである。

慮に入れないで述べ，それから貨幣を考慮に入れて述べるべきである」(MEGA II/3.6, S. 2258)，と言って，「貨幣なし〔の場合〕」について論じたのち，その最後に，「貨幣を伴うケースは，のちに考察しなければならない」(MEGA II/3.6, S. 2260)，として，この挿入的記述を終えている。ここで言う，「事柄は，まず貨幣を考慮に入れないで述べ，それから貨幣を考慮に入れて述べるべきである」という叙述方法は，明示されてはいないものの，単純再生産の分析のさいにも採用される叙述方法だと考えられていたのではないかと思われる。もしそうだとするなら，かの二段構えの叙述方法は，すでに『1861-1863年草稿』の執筆中に構想されていて，それが第2部第1稿でも引き継がれたものだったということになろう。

6　第2稿第3章のタイトル「流通過程および再生産過程の実体的諸条件」の意味は？

　マルクスは第1稿の第3章で，単純再生産および蓄積（拡大再生産）のそれぞれについて，まず，媒介する貨幣流通を捨象した叙述を行ない，それに，過程を媒介する貨幣流通についての叙述を加える，という二段構えの叙述方法をとるべきだと考えたが，上で見たように，第1稿での叙述では実際にこの叙述方法に従うことができなかった。そこでマルクスは，新たに書き始めた第2稿では，その第3章で，第1稿では実行できなかった二段構えの叙述を実現しようと考えていた。

　マルクスは，第1稿の最後のページに書き付けた第3章プランではこの章の第1節のタイトルとしていた「流通（再生産）の実体的諸条件」という句を，第2稿の第3章冒頭で，いわば一段の格上げを行なって，第3章全体のタイトル「流通過程および再生産過程の実体的諸条件」にした。これによって，タイトルで見るかぎりでは，「流通過程および再生産過程の実体的諸条件」の解明は，第3章でなによりもまず明らかにされるべき中核的課題という位置から，第3章がその全体をもって答えるべき課題という位置に引き上げられたのであった。

　そこで，第3章全体が解明すべきとされている「流通過程および再生産過程の実体的諸条件」とはどういうものか，ということが，この章そのもののなか

第8章 「流通過程および再生産過程の実体的諸条件」とはなにか　413

で明示的に説明されることが期待される。とりわけ，「実体的諸条件」の意味するところが述べられていてしかるべきであろう。ところが第2稿では，この「実体的諸条件」という語そのものが，このタイトルのなかにあるだけで，それ以外にはまったく書かれていないのである[13]。だから，この「実体的諸条件」の意味するところは，第1稿でこの語が使われていたときに考えられていたものと同じだったのか，それとも，その後になにか違いが生じていたのか，ということが問題になる。「実体的諸条件」という語が使われていないのだから，ここでは，第1稿についてもそうしたように，「実体的諸条件」と密接な関係があるはずの「実体的変態」という表現について，なにか変化が生じていなかったかを見ることにしよう。なお，第4稿も，MEGA II/4.3 での考証[14]に従って，第2稿とほぼ同時期に，これと絡み合いながら書かれたものと見なし，第2稿と同時期のものとして扱うことにする。

　まず，「実体的〔real, reell〕変態」という語について言えば，次の二つの点では，第1稿で意味していたことがそのまま維持されていることが容易に確認できる。すなわち，第1に，資本の循環に含まれる，①G__W，②P（生産過程），③

---

13) ただし，第2稿とほとんど並行的に書かれた第4稿には，「再転化の実体的諸条件〔d. reellen Bedingungen d. Rückverwandlung〕」という句がある。ここでの「再転化」とは，資本価値の生産諸要因への再転化のことである。
　　「ここでは意図的に再転化の実体的諸条件には立ち入らない。というのも，ここでは形態が問題なのだから。」(MEGA II/4.3, S. 308.)
14) 前記拙稿では，この第4稿について，次のように書いておいた。
　　「この草稿は，その一部がのちに見る第2稿の執筆と並行して，あるいは絡み合いながら執筆されたもので，その執筆時期を正確に確定することが困難であるため，いまのところ大まかに1868年に書かれたものと推定されているだけである。目下フォルグラーフのもとで進められている第II部門第4巻第3分冊の編集作業のなかで，もっと正確な推定がなされるかもしれない。」(前記拙稿，上，『経済』2009年3月号，150ページ。【本書328ページ。】)
　　第4巻第3分冊は2012年秋に刊行され，編集者（フォルグラーフ）による執筆時期の推定が示された。第4稿についての付属資料での成立史では，タイトルに「1868年春に執筆開始，なんどかの中断を伴いながら，1868年末まで執筆が続けられたかもしれない〔Beginn Frühjahr 1868, mit Unterbrechungen bis möglicherweise Ende 1868〕」としたうえで，第2稿の内容と第4稿の内容とを対比する考証的検討を行ない，第2稿のなかに第4稿から取られた部分があり，第4稿のなかに第2稿から取られた部分があることなどを挙げて，この両稿がほぼ同一の時期に絡み合いながら執筆されたことを記述している（MEGA II/4.3, S. 759-762）。

W′_G′，という三つの変態のうち，①G_W および③ W′_G′ は，流通過程で資本が貨幣から商品に，またその逆に，自己の形態を変える，という意味で「形態的変態」であるのに対して，②P（生産過程）は，「生産資本の実体的諸要因」（MEGA II/11, S. 304 u. 344; MEW 24, S. 316〔エンゲルス版では real が stofflich に書き変えられている〕u. 355）がそれらとは使用価値を異にする生産物に変わる過程という意味で「実体的変態」である。第2に，同じ流通過程に属する①G_W および③ W′_G′ のうちで，③ W′_G′ は純粋に形態的な変態でしかないのにたいして，①G_W のほうは，形態的変態であると同時に，資本が貨幣から「生産資本の実体的諸要因」に転化する，という意味で「実体的変態」である。

　ところが，第2稿では，②P（生産過程）が「実体的変態」と呼ばれるのに，生産諸要因すなわち生産手段および労働力が生産物に変わるという使用価値の変化という意味のほかに，明らかにもう一つの意味が付け加わったのである。すなわち，この過程を通過するなかで資本価値が増大する，量的に変化する，という観点である。こうして，P（生産過程）は，二重の意味で「実体的変態」と呼ばれることになった。このことをはっきりと示している箇所を第4稿および第2稿から挙げておこう。

　まず第4稿から。

　　「生産過程では，資本の実体的変態〔die reelle Metamorphose〕が，つまり新生産物への資本の転化および資本の価値増大が行なわれる。」15)（MEGA II/4.3, S. 292.）

　次に第2稿から。

　　「**資本価値**の生活行程における第2段階は，それの**生産的消費**，すなわち，**生産過程**，しかも**資本主義的生産過程**である。たんに形態的な変態が行な

---

15) なお，第4稿および第2稿には，次の同じ記述がある。
　　「生産過程における資本の実体的変態〔seine reale Metamorphose〕を含む資本自身のこの循環の内部で，資本は同時に自己の価値量を変える。」（MEGA II/4.3, S. 299; II/11, S. 31.）
　　ここでは，資本の実体的変態と価値量の増大とが同時に生じる，として，価値量の増大が資本の実体的変態のなかに含められていないが，これは，資本の実体的変態と，それに伴う価値量の増大とを区別する，いわば過渡的な認識の段階がありうることを示唆していて興味深い。

われる第1段階，つまり貨幣と資本との位置変換，貨幣形態から商品形態への価値の転化と比べると，この第2段階は，**資本価値**の実体的変態〔die reelle Metamorphose〕を，しかも一種の二重の変態〔eine doppelte Metamorphose〕を含んでいる。一方では，素材的な変態〔eine stoffliche Metamorphose〕が生じる。新生産物が創造されるのであり，この結果のうちに労働過程は消える。この生産物は，その現物形態によって，商品市場で買われた生産物形成者とは区別される。……しかし第2に，労働過程であるかぎりでの生産過程の結果であるこの素材的な変態のほかに，商品価値についての価値変化が生じる。これは価値増殖過程であるかぎりでの生産過程の結果である。」(MEGA II/11, S. 11. この引用でも次の引用でも「資本価値」をゴシックにしているが，その理由はこのあとすぐ述べる。)

「**資本価値**が，長短の時間を経て，流通部面から生産部面に舞い戻り，ここでそれの現物形態ならびに価値量の実体的変態〔eine reale Metamorphose〕を経過し終えたのちに，はじめて，第2の行為である販売が第1の対立する行為の購買を補足する。」(MEGA II/11, S. 12.)

マルクスは，のちに1877年春に，ふたたび第2部の仕事に立ち戻ろうとして，以前に書いた諸草稿のなかの利用すべき箇所への指示ないし摘要を作成した。MEGA編集者はこれに「以前の叙述（第1-4稿）のうちの利用すべきテキスト諸箇所」という，いささか回りくどいタイトルを付けているが，これは，エンゲルスが彼の第2部序文で「最後の改訂のための覚え書」ないし「四つの草稿からの指示や覚え書」と呼んだものである (MEGA II/13, S. 7; MEW 24, S. 11)。

マルクスはこのなかで，上に挙げた第2稿での記述を含むノートページ（3ページ）を指示して，この記述を次のように要約した。

「実体的変態〔reelle Metamorphose〕。二重に，すなわち素材的に，つまり新生産物，第2に，価値変化，価値増殖過程。」(MEGA II/11, S. 541.)

以上のところからはっきりと読み取れるように，マルクスはいまや，生産過程は，労働過程としての観点において，および，価値増殖過程の観点において，ともに「実体的な変態」が生じる過程であり，前者においては使用価値の形態の変化が生じ，後者においては価値の量の変化＝増大が生じるのだ，このような意味において，生産過程は二重の意味で「実体的変態」なのだ，という認識

をもつようになったのである。

この認識は，じつは，第1稿までにはなかった，もう一つの概念的把握の誕生と結びついていた。それは，「資本価値〔Capitalwerth〕」という概念である。

「資本価値」という概念は，きわめてありふれたもので，それが新たな概念的把握だなどと言うのは滑稽きわまる，という粗忽な論者もあるにちがいない。

もちろん，マルクスは『経済学批判要綱』以前から，資本が運動するなかで増殖する価値であることを知っており，したがってそのような資本の価値を「資本価値」と呼んだことも当然にあってしかるべきだ，と言ってもいいであろう。

ところが，『経済学批判要綱』でも『1861-1863年草稿』でも，運動の主体としての「資本」についてはいたるところで語られているけれども，「資本価値」が資本の循環運動のなかで量的に増大していく「主体」として注目されている箇所はほとんど存在しない。およそ，「資本価値〔Capitalwerth〕」という語がきわめてわずかしか使われていないのである。

このいわば平凡きわまる「資本価値」という概念は，いま見ている第2部の第4稿および第2稿で使われ始めると，このあと，重要な概念としていたるところに登場するようになるのである。

まず，上に引用した，二重の意味での「実体的変態」についての第2稿からの記述を見られたい。ここでゴシック体にしておいた「資本価値」という語を注視されたい。「**資本価値**の生活行程〔Lebenslauf〕」，「**資本価値**の実体的変態」，「**資本価値**が生産部面でそれの現物形態ならびに価値量の実体的変態を経過する」，というように，ここでの主体は，たんに「資本」と呼ばれるのではなくて，「資本価値」と言われているのである。第1稿では，変態の主体は，商品の変態W_G_Wでは商品であり，G_W…P…W_Gでは資本であった。そこには「資本価値」という語はまったく登場していなかった。

これにたいして，第4稿および第2稿では，「資本価値」は，過程を進行していく (prozessierend) 主体を表現するきわめて重要な概念として使われるようになるのである。

第4稿および第2稿のなかで，上掲の引用のほかに，どのように使われているか，見ておこう。

第8章 「流通過程および再生産過程の実体的諸条件」とはなにか　417

「流通過程の内部でのこの形態変態〔Formmetamorphose〕は，同時に，**資本価値**の実体的変態の一契機である。」(MEGA II/4.3, S. 308.)

「最後に，一般的商品流通の内部で**資本価値**が描く自立的なものは，**資本価値**が部分的には形態的な〔formell〕，部分的には実体的な〔reell〕，一連の変態を通過したのちに，それ〔**資本価値**〕がふたたびそれ〔**資本価値**〕の当初の貨幣形態に戻る，ということ，ただ，この貨幣の量的な変化が生じる，ということに示される，──言い換えれば，資本家が最初に流通に投じた貨幣が最後には彼のもとに──しかも増加して──還流する，ということに示される。」(MEGA II/11, S. 15.)

「これは，過程を進行する**資本価値**〔der prozessirender Kapitalwerth〕の実体的変態〔die reale Metamorphose〕である。」(MEGA II/11, S. 26.)

「一方では，どの個別資本も，自己の対立した流通の両半 G＿W および W′＿G′ のなかで，一般的商品流通の起動者（要因）をなし，この一般的商品流通のなかで貨幣として，あるいは商品として機能し，商品世界の諸変態列のなかでつなぎ合わされている。他方では，どの個別資本も，一般的流通の内部で，生産部面を一つの通過段階とする自己自身の自立的な循環を描くのであって，この循環のなかでは，一般的流通の内部でそれが取ったりまた捨てたりする諸形態は，ただ，過程を進行する**資本価値**〔der processirender Kapitalwerth〕の機能的に規定された諸形態にすぎず，またこの循環のなかでは，どの個別資本も，自己の出発点に，それが出発点をあとにしたときの形態で戻ってくるのである。生産過程における資本の実体的変態〔seine reale Metamorphose〕を含む資本自身のこの循環の内部で，資本は同時に自己の価値量を変える。それが還流するのは，貨幣価値としてだけではなく，大きくなった，増大した貨幣価値としてなのである。」(MEGA II/11, S. 31.)

見られるように，ここでは「資本価値」は過程を進行していく（prozessierend）主体となっている。マルクスはこの時期以後，資本が運動して価値増殖する過程を描くのに，その運動の主体をたんに「資本」とするのではなく，きわめてしばしば「資本価値」と表現するようになる。これは，自立化した価値（資本）が，一方ではそれの担い手である使用価値の形態を変えながら，他方では価値

量を変えていく二重の過程であることを明示的に表現しようとした結果だと考えることができるであろう。

このように，第1稿での「再生産の実体的変態」では，それが「実体的」と呼ばれたのが，資本の使用価値の形態変化についてであったのにたいして，第2稿での「資本価値の実体的変態」では，いまや，使用価値の形態の変化についてだけでなく，価値の量的変化についても「実体的な変態」と呼ばれるようになったとすれば，第3章のタイトルとされた「流通過程および再生産過程の実体的諸条件」についても，それに対応する意味の変化があったと考えるのが至当であろう。

あらためて第1稿での「流通（再生産）の実体的諸条件」（第1稿末尾の第3章プラン）における「実体的諸条件」の意味を振り返れば，第1稿での記述によるかぎり，基本的には，消費手段がそれを収入として消費する資本家ないし労働者の手に，生産手段がそれを不変資本として補塡する資本家の手に，それぞれ到達するための，消費手段および生産手段という特定の使用価値形態をとる商品生産物ないし商品資本の相互の交換が行なわれるための諸条件という意味であった。

それでは，「実体的」という語が，さきに「資本価値の実体的変態」について見たように，使用価値形態の転化にかかわる，という意味だけでなく，資本価値の増大・変化にかかわる，という意味をもつことになったとすれば，「流通過程および再生産過程の実体的諸条件」という句は，どのような新しい含意を得ていると考えられるであろうか。

それは，まさに，いま最後に見た第2稿からの引用——これが書かれているのは第1章の資本循環論のなかである——で述べられている二重の観点から見られた「諸条件」という含意である。

すなわち，一方では，どの個別資本も，「一般的商品流通のなかで貨幣として，あるいは商品として機能」し，G＿WおよびW′＿G′によって「商品世界の諸変態列のなかでつなぎ合わされて〔verkettet〕いる」，という観点，他方では，個別資本が「一般的〔商品〕流通の内部でそれが取ったりまた捨てたりする諸形態」は，「過程を進行する資本価値の機能的に規定された諸形態」にすぎず，どの個別資本も，「生産部面を一つの通過段階とする自己自身の自立的な循環」

を描いて，つねにその出発点での形態に戻ってくる」，という観点，この二重の観点である。

もちろん，一般的商品流通の内部で「つなぎ合わされている」のは，個別資本の自立的な循環の相互のあいだだけではなく，さらに，資本家の剰余価値を表わしている商品生産物＝商品資本の価値部分の自立的な変態，および，労働力の W＿G＿W という商品変態をも加えなければならない。しかし，資本価値の自立的循環，剰余価値の自立的変態，労働力商品の自立的変態，の三つの循環ないし変態をそれぞれ自立的な運動としてとらえて，これらの自立的な運動相互間の「つなぎ合わせ〔Verkettung〕」ないし「絡み合い〔Verschlingung〕」をとらえる，という視点の要は，過程の全体を統括する〔übergreifend〕資本の運動を「過程を進行する資本価値」の自立的循環としてとらえることにある。この把握の徹底は，剰余価値の自立的変態運動および労働力商品の自立的変態という他の二つの自立的運動をそのようなものとしてとらえて，これらと「過程を進行する資本価値」の循環との「絡み合い」を解明する，という新たな視点を切り開くことになるのである。ここで「新たな視点」というのは，第1稿では，社会的再生産過程を三つの異なる自立的な変態ないし循環の「絡み合い」としてとらえる観点が，ときおりあちらこちらで見え隠れしてはいても，基本的な視角とはなっていなかったのにたいして，第2稿では，まさにこの観点こそが，社会的再生産過程を分析するさいの基本的観点となっているからである。ここに，第1稿に対する第2稿の「新しさ」がある。

以上を端的に示しているのが，第2稿で，第3章に「流通過程および再生産過程の実体的諸条件」というタイトルをつけたすぐあとで，第1部との対比において，さらに第2部の第1章および第2章との対比において，この第2部第3章で行なうべき分析を特徴づけた記述である。そこでは，次のように言われている。

「個別資本の循環は，互いに絡み合い，互いに前提し合い，互いに条件をなし合っているのであって，まさにこの絡み合いというかたちをとって社会的総資本の運動を形成している。単純な商品流通の場合に一商品の総変態が商品世界の変態列の環として現われたように，いまでは個別資本の変態が社会的資本の変態列の環として現われる。しかし，単純な商品流通は

けっして必然的には資本の流通を含んではいなかったが——というのも，
それは非資本主義的な生産の基礎の上でも行なわれうるのだからである
——，すでに述べたように，社会的総資本の流通，循環は，個々の資本の
循環には属さない商品流通，すなわち資本を形成しない諸商品の流通をも
含んでいる。／そこで今度は，社会的総資本の構成部分としての個別諸資
本の流通過程（その総体において再生産過程の形態であるもの）が，つま
りこうした社会的総資本の流通過程が，考察されなければならない。」
（MEGA II/11, S. 342-343; MEW 24, S. 353-354.）

　第3章の課題についてのこの特徴づけは，新たな第2稿の段階でマルクスが
第3章の対象に据えたものをはっきりと示しており，マルクスがしっかりと獲
得した見地を正確に表現している。

　第3章がこのような見地でこのような対象を分析するのだとすると，この章
につけられたタイトル「流通過程および再生産過程の実体的諸条件」はそれに
ふさわしいものだったであろうか。もし，このタイトルのなかの「実体的諸条
件」がかつての第1稿での意味のものでしかなかったとすれば，このタイトル
は新たな第3章の内容を適切に表現するものではないと言うべきであろう。し
かし，「実体的」という語が，いま見てきたような，「資本価値が使用価値の形
態を転化させ，かつ価値を増大させながら過程を進行していく」という新たな
含意をもつようになっていたのだとすれば，「実体的諸条件」とは，資本価値
のこのような過程進行の諸条件という意味に理解することも不可能ではない。
そして，そのように見るかぎりでは，第3章のかのタイトルはこの章の内容を
表現していると言うこともできるであろう。

　マルクスは，第2稿の執筆を打ち切ったのちに，「目次〔Inhalt〕」という見出
しのもとに，この草稿の表紙としていた紙葉に内容目次を書きつけた。これは，
草稿の該当ページもつけられていることからも明らかなように，それ自体とし
てはすでに書いてある草稿の内容について作成された「目次」であって，最終
的に仕上げようとする第2部完成稿のためのプランではなかったが，しかし，
あちこちで草稿の内部での表題に手を加え，また，のちに採用すべき用語を明
示したり[16]したほか，第3章については，草稿では筆が及んでいなかった「拡
大された規模での再生産。蓄積」の項目を書き加えているところからもわかる[17]

ように，この時点での彼の第2部構想を示すものと見ることができるものである（MEGA II/11, S. 3-4）。そして，この内容目次では，第3章のタイトルは，草稿本文でのタイトルと同じ「流通過程および再生産過程の実体的諸条件」となっている。ここからわかるのは，彼は少なくとも第2稿擱筆の時点では，これを第3章のタイトルにするつもりでいたのだろうということである。

しかし，第2稿での新たな第3章を，上記のようなその対象，課題，分析の見地から見たとき，このタイトルがそれらを適切に表現できているかどうか，疑問が残る。少なくとも，「実体的諸条件」という語でどういうことを意味しているのか，明示的に説明されるべきであったろう。しかし，肝心のこの第2稿で，マルクスはこのタイトルのなか以外には，この語そのものをまったく使わなかった。

このことが示唆しているのは，新たなより深い認識は，それが得られたときにいつでも直ちにそれにふさわしい概念や枠組みを獲得できるわけではなく，多くの場合，とりあえずそれ以前の概念や枠組みを使って表現されるのだ，ということである。このようなずれは，マルクスにかぎったことではない。それは，偉大な思想家たち，理論家たちの認識の深化の過程でつねに見られるものである。彼らの思想や理論の形成の過程を解明するさいには，一方で，生まれ育まれた新たな認識やそれまでの認識の刷新を旧来の概念や枠組みのなかでの叙述のなかに発見することが必要であり，他方では，その新たなものが古い枠組みや概念によって受けている制約を見抜き，理論家たち自身によって古い概念や枠組みがついに脱ぎ捨てられていく過程をリアルに見ることが必要である。

マルクスは，第1稿で第3章のタイトルとして考えていた「流通過程および再生産過程の実体的諸条件」を第2稿の第3章でもそのまま維持した。上で見たように，「実体的諸条件」という語には新たな意味が加えられており，マルクスはそのような意味をも込めて第3章のタイトルとして書きつけたのであろ

16）たとえば，第2章の資本回転論では，草稿本文でどちらを採るべきか試行していた「流動資本」に当てるべき語を，flüssiges Kapitalではなく，circulirendes Kapitalにすることをここで最終的に確定したとみられるのである。

17）草稿のたんなる目次であれば，まだ書かれていない項目まで書きつけることはありえないからである。

うが，すでに第2稿第3章の冒頭で記した，第1稿の段階をはるかに越えるこの章での問題意識を適切に表現するものとは言えなくなっていた。第2稿の「目次」ではなおこのタイトルが維持されているが，このあとの第2部諸草稿にはもはや「実体的諸条件」という表現は完全に消え失せる。これは，「実体的諸条件」という表現が新たに得られた第3章の内容にそぐわないものとなっていたからであろう[18]。

7　二段構えの叙述方法という旧来の枠組みの制約と
##　　それの突破

このような，新たな認識とそれを表現する枠組みとのずれが，もっと鮮明に読み取れるのが，さきに触れた，『1861-1863年草稿』にすでに萌芽があり，第1稿で第3章の叙述方法として採用することを決め，第2稿第3章で実際に枠組みとして使われた，社会的総再生産過程の二段構えの叙述方法と，マルクスが第3章で叙述しなければならないと考えていた内容とのずれである。この点については，説明が必要だと考えられる最小限のことは前記拙稿で書いておいた[19]が，ここでは，さらに，その要点だけを述べておこう。

すでに述べたように，社会的総再生産の過程は，生産手段生産部門（第Ⅰ部門）と消費手段生産部門（第Ⅱ部門）との2部門に総括して考察する場合には，この両部門のそれぞれにおける，商品資本の循環，労働者の労働力商品の変態，

---

18) 筆者は，前記の拙稿で，「第2稿の第1章では，価値増殖過程での価値量の変化（増大）をも「実体的変化」と呼ぶことによって，この「実体的」という概念は価値の量的変化をも含むものに拡張された」と述べたあと，「しかし，第3章での社会的総再生産過程における「実体的諸条件」の要が，生産諸部門間の転態を制約する使用価値的諸条件であることに変わりはなかった。第2稿の第3章の表題は，このことを表現していたのである」と書いた（前記拙稿，上，『経済』2009年3月号，154ページ【本書334ページ】）。この後段の部分を書くときには，この「拡張」がもっていた意味をまだ十分につかむことができておらず，「資本価値」概念がこの「拡張」と結びついて登場したことにもまだ気づいていなかった。この部分は訂正されなければならない。

19) 前記拙稿，上，『経済』2009年3月号，155-157ページ【本書335-338ページ】。マルクスは第8稿で，二段構えの叙述方法を捨てて，当初から貨幣運動を全面的に組み入れて叙述を行なった。この点については，同拙稿，中，『経済』2009年4月号，131-135ページ【本書354-359ページ】，で述べた。

資本家の剰余価値の変態という，六つの自立的な循環ないし変態が，商品の売買，すなわち商品と貨幣との位置変換によって絡み合うことによって進行する。この過程における貨幣の機能または形態規定性は，たんに流通手段としての媒介機能にとどまらず，それが蓄蔵貨幣として果たすべきさまざまの機能を含むものであって，それらの分析は，社会的総生産過程の解明にとって不可欠のものである。しかし，とりあえず，それらすべてのなかから——価値尺度としての機能は別として——貨幣が果たすべき最小限の機能を取り出せば，それは言うまでもなく，商品の流通を媒介する流通手段としての貨幣の機能である。「貨幣流通を捨象した叙述」とは，この機能を果たす流通手段としての貨幣をも捨象する，ということである。これを捨象するということは，言い換えれば，社会的総再生産過程における商品の販売および購買をすべて商品と商品との交換に還元する，ということである。

　そこで，社会的総再生産過程での六つの自立的な循環ないし変態が，すべて，等しい価値量の商品と商品との交換によって絡み合い，進行するのだと考えてみよう。

　その場合，第Ｉ部門の内部での，不変資本価値を担う商品どうしの交換，第Ⅱ部門の内部での，可変資本価値を担う消費手段と労働力商品との交換，および，剰余価値を担う商品どうしのあいだでの交換，以上の三つの交換については，流通手段としての貨幣の媒介を度外視して考察できることは確かである。また，第Ｉ部門の資本家と第Ⅱ部門の資本家とのあいだで行なわれる交換，すなわち前者のもとで生産手段の形態にある剰余価値と後者のもとで消費手段の形態にある不変資本との交換でも，流通手段としての貨幣を度外視しても理解することができる。以上のすべての交換では，流通手段による媒介は，つねに双方向的に進行する販売および購買なのだから，この媒介を捨象すれば，等価値量の商品と商品との交換が残るのだからである。

　ところが，第Ⅱ部門の商品資本のうちの不変資本価値を表わす部分が生産手段に転態し，第Ｉ部門の商品資本のうちの可変資本価値を表わす部分が労働力に転態し，そして，第Ｉ部門の労働者の労働力商品が彼らの消費すべき消費手段に転態する，という三つの転態については，事情はまったく異なっている。これらが貨幣流通によって媒介されるさいには，そこで行なわれる販売および

購買はいずれも，買い手にとっての一方的購買，売り手にとっての一方的販売であって，媒介する流通手段を捨象すれば，そこに残るのは，第Ⅰ部門の資本家から第Ⅱ部門の資本家への生産手段の一方的移転，第Ⅰ部門の労働者から同じ第Ⅰ部門の資本家への労働力の一方的移転，第Ⅱ部門の資本家から第Ⅰ部門の労働者への消費手段の一方的移転，という商品の三つの一方的移転であって，等価値量の商品どおしの交換ではない。そこで，この三つの転換を，なんとかして，等価値量の商品どおしの交換に還元しようとするなら，次の二つのどちらかを想定するほかはない。第1：まず，第Ⅰ部門の資本家が，自己の商品資本のうちの可変資本価値が体化した部分を，第Ⅱ部門の商品資本のうちの不変資本価値が体化した部分のうちの一部と交換し，次に，これによって入手した消費手段を第Ⅰ部門の労働者の労働力と交換する，という想定。第2：まず，第Ⅰ部門の労働者が自己の労働力と第Ⅰ部門の生産物である生産手段と交換し，次に，こうして入手した生産手段を第Ⅱ部門の資本家がもつ消費手段と交換する，という想定である。後者の想定は，第Ⅰ部門の生産手段と第Ⅱ部門の消費手段との交換を労働者が担うという，あまりにも現実離れした滑稽きわまりないものであるから論外とすると，前者の想定だけが残ることになる。

　実際にマルクスは第2稿で，このように想定して，次のように書いた。

　　「われわれはここではまず，貨幣流通のない再生産過程を，だからまた貨幣資本が介在しない可変資本の前貸を考察する。一切の富が，総資本家階級の所有として，ここではわれわれが株式会社〔Jointstock Company〕と見なすべき手のなかにある。一部分は，生産資本の姿をとって彼らの生産ファンドのなかにあり，他の一部分は，彼らの商品資本として市場にある（市場はここでは，個別の資本家たちが自分の商品をそれぞれ手持ちしている，総資本家階級の共同のバザール〔Bazar〕と見なすことができる）。彼らは労働者たちに資本の可変的部分を——ここで行なっている，貨幣流通を度外視する，という想定のもとでは——消費手段の形態で前貸するほかはない。彼らは300ポンド・スターリングの価値の消費手段を彼らの商品資本から引き上げ，これをもって300ポンド・スターリングの労働力を買う。この労働力はいまでは彼らの生産資本の一部となっており，彼らの生産過程に合体され，そして，活動している労働力として，生産過程における可変資

本部分の現実的，素材的定在となっている。生産物，つまり商品資本では，前貸された労働力価値が再生産されており，さらに剰余価値が加わっている。そしてこのことが，資本の流通としての資本の流通と見なされているのである。しかしここではわれわれは──問題となっているのは総生産物の再生産なのだから──，資本の流通に関わるだけではなく，資本家のであろうと労働者のであろうと，個人的消費に入る商品生産物の諸要素にも関わらなければならないのである。」(MEGA II/11, S. 406-407.)

見られるように，「貨幣流通のない再生産過程を，だからまた貨幣資本が介在しない可変資本の前貸〔der Vorschuß d. variablen Kapitals ohne d. Dazwischenkunft des Geldkapitals〕を考察する」という想定のもとでは，資本家は「労働者たちに資本の可変的部分を……消費手段の形態で前貸するほかはない」ということになる。貨幣流通の媒介を捨象した叙述を行なうかぎり，このような結論に到達せざるをえないことは明白である。

ここに，「貨幣流通を捨象した叙述」と「貨幣流通を伴う叙述」ないし「それに伴う貨幣流通の叙述」という二段構えの叙述方法の決定的な問題点が現われている。

のちに第8稿でマルクスが繰り返して強調したように，社会的総再生産過程の根幹をなす資本価値の自立的循環では，貨幣形態での可変資本の前貸が，したがってまた可変資本の貨幣形態での還流が決定的に重要であって，社会的総再生産過程の分析では捨象することができないものである。「貨幣資本が介在しない可変資本の前貸」は，第1部第7篇の「第21章　単純再生産」での資本の再生産過程の把握では意味をもつ想定[20]ではありえても，社会的総再生産過程の分析では，旧来の枠組みに囚われた叙述方法によってやむなくとらざるをえなかった，現実離れした想定だったと言わざるをえないのである。

マルクスは第8稿で，この二段構えの叙述方法を完全に放棄し，最初から，貨幣のもろもろの機能を度外視せずに，したがってまた貨幣資本を度外視せず

---

[20]「可変資本は，労働者が自己の維持と再生産とのために必要とし，社会的生産のどんなシステムのもとでもつねに自分で生産し再生産しなければならない生活手段のファンドまたは労働ファンドの一つの特殊的な歴史的現象形態でしかない。」(MEGA II/6, S. 524-525; MEW 23, S. 593.)

に，これらを前提し，組み入れた叙述を行なった。これによって彼は，社会的総再生産過程の核心的な諸転換を明晰に解明することができ，旧来の枠組みを廃棄して，分析の内容にふさわしい新しい枠組みを獲得したのであった。

おわりに

以上，本章では，前章では立ち入って述べることができなかった，第2部の第1稿から第2稿にかけてマルクスがしばしば使った「実体的変態」という語の意味するところを探り，それを手がかりにして，第2稿第3章の「流通過程および再生産過程の実体的諸条件」というタイトルでマルクスがなにを考えていたのか，ということを考えてきた。

最後に付言する。

新しい思想や理論的な認識の深化は，つねに，まずもって旧来の概念や枠組みのもとで生じてくるのだ，という自明の事理をはっきりと意識していること，このことの大切さをあらためて痛感する。

旧来の概念や枠組みのなかでようやく生まれつつあるものを見つけだして，後年の成熟した認識はすでにここにあったではないか，と言いつのる人びとは，しばしば，新たに得られた認識とそれを表現する概念や枠組みとのずれを見ようとせず，それに気づかず，したがって，そのあとにくる，旧来の概念や枠組みが取り払われて，内容にふさわしい概念や枠組みが採用されるようになっていく過程——仕上げのための苦闘の軌跡——を見ようとしない。そのような人びとには，思想や理論の発展の過程を形成史的につかむ，という作業の意味も方法もわかりようがないのである。

III

探索の旅路で落穂を拾う

第9章 『図解 社会経済学』で読者に伝えたかったこと

2001年3月に桜井書店から刊行された拙著『図解 社会経済学』は，筆者が大学の経済学部で経済原論の講義を行なうさいに使っていたテキストに手を加えたものであったが，読んでもらうことを切望していた読者は，当初から，講義を聞いてくれる学生諸君だけではなく，資本主義社会の仕組みについてのマルクスの理論に近づこうとしている，とくに『資本論』を読もうとしている社会人，とりわけ労働する諸個人だった。2005年3月に筆者が定年で大学を退職して，筆者自身は講義用テキストとして使わなくなったのちにも，各地の大学でテキストまたは参考書としてご使用くださっている方がたがおられるだけでなく，『資本論』への手引きとして新たにご購入くださる社会人の方がたもあって，2018年3月までに15刷を重ねてきた。

2005年に，韓国の若い研究者の方から桜井書店に拙著の韓国語訳を出したいとのお申し出があったことがきっかけとなって，鄭淵沼さんがこの訳業に当たってくださることになり，2010年5月にソウルのハヌル書店から韓国語訳が出た。刊行後，韓国語の訳文を校閲してくださったソウルの聖公会大学の金秀行教授から，教授が当時会長をされていた韓国社会経済学会の，2010年7月2日にプサン大学で開催された大会で，拙著について報告することを求められた。そこで，拙著を上梓するさいに読者に伝えたいと思っていたことを話させていただくことにしたのだった。以下，その内容を本章に収録する。（韓国のマルクス経済学界で重要な役割を果たされていた金秀行教授は，2015年7月31日，アメリカで客死された。痛恨の極みである。）

なお，『図解 社会経済学』の英語版"A Guide to Marxian Political Economy"が，マイケル・シャワティーさんの協力を得て，2018年4月にSpringer International書店から刊行された。この版には，マルクスの著作からの多くの引用を注記するなど，かなりの手入れを行なったので，日本語の『図解 社会経済学』の改訂版と見なしていただけるものとなった。

430 III 探索の旅路で落穂を拾う

　拙著『図解 社会経済学』は，もともとは，経済学理論の講義のさいに学生たちに配布したプリント教材でした。そこで，本書は三つの特色をもつことになりました。

　第1は，書名にあります，「図解」ということです。たくさんの図を作りましたが，なんでも図にしてしまおうとしたわけではありません。図にしたのは，そうすることで話の内容がわかりやすくなると考えたところだけです。結果として，簡単な図に新しい要素を付け加えていくことで，次第により高次の図ができあがっていく，という仕方で進んでいくことになりました。そのために多くの図のあいだに系統的なつながりができていて，通して見ていくと話のおおよその内容を思い出してもらえるのではないかと思っています。

　第2は，「体系性」ということです。本書では，叙述の目標を，体系的な理論的展開のもつ魅力と迫力とを読者が感知できるようにする，というところに置きました。読者に，科学としての経済学がもつ力を感じ取ってもらいたいと考えました。

　第3は，読者が『資本論』を読むさいの手伝いをする，ということです。『資本論』はもちろんけっしてやさしい書物ではありませんが，しかし，どこもかしこもが難解だというわけではありません。ところどころに，通り抜けるのが容易でない関門があるために，読者は，先に進むのをあきらめたり，それを回避して先に進もうとして迷路に迷い込んだりするわけです。本書では，そのような関門にあたる部分を重点的に立ち入って説明することで，読者が『資本論』の全体を読み通すことの手助けをしようとしました。

　本書にはこんな特色があると私は考えていますが，ここでは，そのような本書の全体を通じて読者につかんでもらえたらいいな，と私が考えていたことを，一つだけ，申し上げることで，報告者としての責めを果たさせていただきます。

　本書の本論は三つの篇から成っていて，この三つの篇はそれぞれ『資本論』の第1部，第2部，第3部に対応しています。私は，この本論のまえに，かなりのページをとった「序章」を置き，それに，「労働を基礎とする社会把握と経済学の課題」という表題をつけました。私は，本書でなによりも，社会は，したがってまた社会の経済的な仕組みは，つねに労働を基礎に置いて理解しようとしたときに最も深くつかむことができるのだ，ということ，このことを読者

に伝えたいと考えておりました。

いま,「労働を基礎とする社会把握」と申しました。これは,「唯物史観」つまり「唯物論的歴史観」と言い換えていただいても構いませんが,しかし,この見方の核心を,もっと具体的,内容的に言い表わしたものです。私は序章のなかで,とりあえず,「労働を基礎とする社会把握というのは,人間社会の存在は悠久の自然史のなかで生じている過程であり,人間社会の最深の基礎は,人間が自然とのあいだで行なう物質代謝の人間特有の形態すなわち労働による生産物の取得である,とする社会の見方だ」,と書いておきました。

人間生活の人間的本質は,主体としての人間が客体としての現実を目的意識的,合目的的に変革する活動,つまり実践にあります。そして,人間のあらゆる実践的活動のなかで,労働こそが最も本源的かつ基本的な実践です。マルクスは繰り返して,経済学批判が出発点としてとる前提は,社会のなかで労働し生産している諸個人であり,それの対象は,そうした諸個人の社会的に規定された生産だ,と書きました。私は,人間諸個人は本源的,本質的に,「労働する諸個人」だと思います。

序章のなかで私はまず,社会発展の原動力である社会の生産力の発展を,労働を基軸にして説明しました。そのさい,どんな社会の労働にも,自然素材を形態変化させる具体的有用的労働という側面と,人間の労働力の支出としての抽象的人間的労働という側面という,二つの側面があり,この「労働の二重性」を明確につかむことによって,あらゆる社会を通じて貫徹している,人間にとっての生産費用としての労働の意義も,必要労働と剰余労働との区別も,社会的再生産の一般的法則も,労働生産力の発展による剰余労働の増大も,はじめてクリアにつかむことができるのだ,ということを述べました。そのうえで,労働する諸個人が労働諸条件に関わるさいに諸個人が互いに関わりあう仕方の違い,つまりは生産関係の違いが,社会の独自の形態を規定することを説明しました。そしてそのような説明を基礎にして,ある独自の歴史的社会から次の独自の歴史的社会への移行過程すなわち社会革命の必然性と,それがもたらす帰結とを簡潔に描きました。

言うまでもなく,『資本論』にはこうした序章はありません。それはいきなり,「資本」または「資本主義的生産」の分析から,正確に言えば,それの表層

かつ基礎をなす「商品および貨幣」の分析から始まっています。『資本論』では，私が序章で書いたことの多くが，資本についての理論的展開が進んでいくなかで明らかにされていきます。ですから私は序章でそれらを先取りして説明したわけですが，この先取りは，本論での理論的展開の厳密さを損なうという欠点はあるにしても，読者が本論のなかでぶつかるもろもろの難関を首尾よく通り抜けていくための準備になるものと考えています。

そこで，本書の本論のなかで労働がどのように取り扱われているか，ということですが，これを丁寧に紹介しようとすれば，本書の内容を逐一お話しすることになってしまいますので，ここでは，『資本論』の第1部に当たる本書の第1篇で資本主義という社会システムを読み解くさいに，労働がどのような位置を占めているか，ということをかいつまんでお話しするだけにいたします。

まず，「商品と貨幣」を取り扱った第1篇第1章でのポイントは，労働生産物が商品という形態をとるのは，労働が直接には私的労働として行なわれているからだ，ということです。直接には私的な労働が社会的な労働となるためには，労働が抽象的労働という属性において生産物のなかに対象化し，価値という物的形態をとらなければなりません。このことを押さえることによって，商品生産関係の物象化とその結果生じる物神崇拝，物象の人格化とその結果としての商品生産の所有法則をつかむことができます。序章ですでに説明されていた労働の二重性は，ここでは，商品の2要因をなす使用価値および価値という形態をとることになります。この2要因の対立が交換過程の矛盾として外的に現われ，この矛盾を止揚するものとして貨幣が必然的に生成することになります。

次に，「資本と剰余価値」を取り扱う第2章では，商品が価値どおりに売買されながら，購買のあとに販売が行なわれるなかで価値額が増大することの謎，つまり「資本の謎」が，労働のあり方をつかむことによって解かれます。すなわち，労働する諸個人が労働するときに発揮する力である彼らの労働力が，商品として市場で売買されていること，そしてこの労働力の消費である労働が，一方で抽象的労働として価値を，しかも労働力の価値を超える剰余価値をも形成し，他方で具体的労働が生産手段の価値を生産物のなかに移転・保存すること，こうして労働過程が同時に価値増殖過程であることが明らかになります。ここでは，資本主義的生産のもとでは，自己の労働によって社会を支える労働

する諸個人が，その労働のために必要な諸条件から切り離されていること，彼らは労働して生存するために，労働諸条件を独占している他人に自分の剰余労働を引き渡さざるをえないこと，だから，この賃労働は，労働する諸個人にとっては経済的に強制されている労働であり，したがって剰余労働の搾取が行なわれていることがわかります。

それに続く，絶対的剰余価値の生産は，労働する諸個人の労働時間の問題ですし，相対的剰余価値の生産は，労働生産力の発展のための方法の問題ですから，いずれも直接的に，資本主義的生産のもとでの労働のあり方を取り扱っています。

そのあとに，本書では「資本主義的生産関係と労働の疎外」と題する第5章を置きました。ここでは，労働する諸個人が労働諸条件から切り離されているために労働が賃労働の形態をとらざるをえない，という生産関係，すなわち資本主義的生産関係のもとでは，労働が資本のもとに包摂されること，労働の社会的生産力が資本の生産力に転化することを述べたあと，資本主義的生産のもとでの「労働の疎外」について述べています。資本主義の発展とは，労働する諸個人からその労働がそっくり他人のものとなっていくことの，つまり労働疎外の，発展であること，そしてこの発展が同時に，疎外の止揚を準備しないではいないこと，これがここでのポイントです。

ところで，私は序章で，人間諸個人にとっての労働の意義を述べるさいに，次のような問いを出しておきました。人間生活の核心が実践にあるのなら，人間の喜びはなによりもまず実践のなかで得られるものであるはずです。自己意識をもつ人間ならではの喜びは，自分の立てた目的を実現するために自分自身を制御することのなかに，そしてまた目的を達成したことのなかにあるはずです。そうであるなら，人間は，労働を行なうなかで喜びを感じないはずはない，労働そのものが人間の欲求を満たし，喜びを与えるはずです。それなのに，現代に生きる，労働する諸個人にとって，労働は，「しなくても済むのなら，したくないもの」となっています。いったいどうしてこのような転倒が生じるのか。──これが序章で私が立てていた問題です。労働が「しなくても済むのなら，したくないもの」となっている，というのは，まさに労働の疎外そのものにほかなりません。つまりこの第5章まできて，そのような転倒は，労働が賃

労働という形態をとっていることから生じているのだということがわかり，以前の問いに一応の答が与えられたことになります。

さて，その先の第7章「資本の再生産」に進みます。資本の人格化である資本家も生きた人間ですから，生活手段を消費し続けなければなりません。彼らは，労働する諸個人から搾取した剰余価値によって生き続けているわけです。ですから，資本家が最初にもっていた資本がかりに彼自身の労働によって得たものだと仮定しても，ある期間ののちになお彼がそれだけの価値額を手にもつことができているのは，彼がその期間にそれだけの額の剰余価値を取得し消尽したことによるのだ，ということは明らかです。つまり，この時点に彼の手のなかにある資本価値なるものは，彼がその期間に搾取，取得，消尽した剰余価値を表現するものに転化しています。そしてまた，この時点での資本家によるこの価値額の所有も，もはや彼自身の労働による所有ではなくなっており，その期間の剰余労働の搾取と取得とによる所有となっています。

次の第8章「資本の蓄積」では，剰余価値がすべて資本に転化されるという仮定のもとに，蓄積，すなわち，剰余価値の資本への転化を取り扱います。ここでは，蓄積された資本はすべて労働する諸個人の剰余労働のかたまりにほかならないこと，したがって，資本家は剰余労働のかたまりによってさらにつねに新たに剰余労働を搾取していることが赤裸々になります。資本主義的生産の表層をなし，労働力の価値での売買をも含んでいる商品流通の領域では，依然として，商品の持ち手は互いに，自分の労働によって入手した商品をもってくる「商品所有者」として認め合っているにもかかわらず，そこでの資本家の「資本所有」なるものは，労働する諸個人の剰余労働の搾取によるものであることが明るみに出てきます。いまでは，資本の所有は，全過程が進行するための動かぬ前提なのではなくて，むしろ過程によってたえず再生産されている，過程の結果であることが最終的に判明しました。

ここで見えてくるのは，資本家の所有と労働する諸個人の無所有とがたえず再生産されているのは，労働する諸個人が労働諸条件にたいして他人のものだという仕方で関わり続けているからなのだ，ということです。マルクスは，次のように言っています。「労働力が生産物を自己自身のものだと見抜くこと，そして自己の実現の諸条件からの分離を不公正であり，強制関係だ，と判断す

ること，これは並外れた意識であるが，それ自身が資本主義的生産様式の産物だ。そしてそれは，この生産様式の滅亡への前兆なのだ」（『1861-1863年草稿』，MEGA II/3.6, S. 2287），と。労働する諸個人がこうした「並外れた意識」をもち，労働諸条件にたいして自分自身のものにたいする仕方で関わるようになれば，資本主義的生産様式は滅亡せざるをえない，ということになります。

　こうして，資本がどのようにして剰余価値を生むか，ということだけでなく，どのようにして資本が剰余価値から産み出されるか，ということもわかりましたが，しかしこれまでのところでは，労働する諸個人が労働諸条件から分離されていて，労働力を売らなければ生きていけないという状況にある，ということが前提されていました。労働する諸個人のこのような状況はどのようにして生じたのか。これはすでに，理論的展開によって明らかにできる問題ではなくて，実際の歴史的過程をたどることによってはじめて知ることができることです。本書の第10章はこの「本源的蓄積」の歴史的過程を取り扱っています。この資本の歴史的生成過程の要は，労働する諸個人からの労働諸条件の収奪です。収奪とは所有を取り上げることですから，資本主義的生産の前提条件は，労働する諸個人から彼らによる労働諸条件の所有の取り上げによって生み出されたものだったことがここで明らかになりました。

　こうして，資本主義的生産そのものの分析とその歴史的生成とを把握すれば，労働と生産とがとっているこの独自な形態が，歴史的にどのような方向に向かって進んでいるのか，ということ，言い換えれば，この生産が自身の胎内にどのような新しい形態を孕んでいるのか，ということを知ることができるようになります。第10章の第2節「資本主義的生産の歴史的位置」はこのことについて説明しています。ここでの問題は，想像力を駆使して未来のシステムを「構想する」ことなどではなくて，目の前の資本主義システムそのものの分析によって，それがすでに懐胎している胎児を知る，ということです。

　マルクスは，資本主義的生産が懐胎している新社会を，圧倒的に，「アソシエーション」と呼びました。詳しくは，「自由な労働する諸個人のアソシエーション」です。「収奪者を収奪すること」によって生まれるこの社会がどのような社会であるのか，ということについては，ここではもう立ち入ることはいたしません。拙著をお読みいただければ，と願っております。ただ，三つのこと

だけをつけ加えておきます。

第1は，マルクスが『資本論』第3部で，アソシエーションの土台をなす生産様式を「アソーシエイトした〔associated〕労働の生産様式」と呼んでいる（MEGA II/4.2, S. 662），ということです。マルクスは，未来社会の土台をなす生産様式を，労働のあり方にそくしてこのように呼んでいたことに注目したいと思います。

第2は，マルクスは『ゴータ綱領批判』で，アソシエーションそのものの発展についてより低い段階とより高度な段階とを区別していますが，そのさいに彼が挙げた四つのメルクマールはいずれも，まさに労働にそくしてのものでありました。

第3に，マルクスは『資本論』の第3部で，「必然性の国」である本来の物質的生産の領域のかなたに「真の自由の国」がある，と述べていますが（MEGA II/4.2, S. 838），ここから，未来社会では人間にとっての労働の意義が後景に退くのだ，などと考えてはならない，ということです。アソシエーションが発展するなかで，「必然性の国」での労働は，人間自身が直接に手をくだす労働から科学的労働に，『経済学批判要綱』でのマルクスの言葉を使えば，「彼自身の一般的生産力の取得，自然にたいする彼の理解，そして社会全体としての彼の定在を通じての自然の支配，一言で言えば社会的個人の発展」（MEGA II/1, S. 581）になっていくことでしょう。それにもかかわらず，自然にたいする目的意識的な関わりという形態での，自然とのあいだでの人間の物質代謝が，人間の生存と人間社会の存続の基底をなすものであること，そして，人間の自然にたいするこの関わりの核心が労働であることには，いささかの変化もありません。

さて，私は，本書のなかでそうしましたように，この報告でも，「労働者」という言葉はほとんど使わず，もっぱら「労働する諸個人」という語を使ってきました。その理由は，次のとおりです。

多くの読者が「労働者」という言葉を聞いて考えるのは現代の賃労働者のことでしょう。しかし賃労働者は，あらゆる時代に自己の労働によって社会をささえてきた「労働する人びと」が，資本主義社会でとっている疎外された姿です。そしてどの社会でも，そうした「労働する人びと」は，「社会」という有機体のたんなる器官なのではなくて，各自がいずれも日々の行動によってときどきの社会を再生産しているそれぞれ一個の生きた主体，つまり「個人」です。

第9章 『図解 社会経済学』で読者に伝えたかったこと　437

社会を変革する運動も，このような主体としての「個人」が意識的に連帯して行なう運動であって，はじめて現実的な力を発揮することができるはずです。ましてそれが，アソーシエイトした自由な諸個人によって意識的に形成されるアソシエーションをつくりだすことを目的とする運動であるのなら，それは自覚的に連帯した諸個人によって担われるほかはありません。そのような意味で，私は意識的に「労働する諸個人」という表現を使っているというわけです。

　以上，社会の仕組みは，労働を基礎として見たときにはじめて最も深くつかむことができるのだ，ということを読者に感じとってもらうために，私が本書の序章と第1篇とのなかで書いたことの要点を話させていただきました。

　私は，本書での記述がまだまだ未熟で，十分にわかりやすいものになっていないことを自覚しています。それはもちろん，私自身が経済学批判の内容を十分に理解できていないことによるものです。同学の皆さんからのご批評，ご批判をいただいて，さらに認識を深め，改訂の機会が得られれば本書に手を加えたいと思っております。また同時に，本書での記述を通じて，皆さまとの討論のきっかけができることを願っております。

第10章　商品および商品生産に関する
いくつかの問題について

　筆者は，大学での経済原論（学部の科目名は「社会経済学」）の講義では時間的な制約から十分に意を尽くして説明することができない，やや立ち入った内容を学生諸君に読んでもらうことを目的にして，1993年から1995年にかけて『経済志林』で五つの論稿を発表した。すなわち，講義の序論となる①「労働を基礎とする社会把握と経済学の課題」（第61巻第1号，1993年6月），それに続く「商品」についての②「商品および商品生産」（第61巻第2号，1993年9月）および③「価値形態」（第61巻第2号，1993年9月），そしてそのあとの「貨幣」についての④「貨幣の機能」（第61巻第4号，1994年2月）および⑤「貨幣の機能 (II)」（第62巻第3・4号，1995年3月）である。このあと「貨幣の機能 (III)」を書いて，貨幣についての解説を締めくくり，続いて資本に関する部分に進んでいくつもりだったが，ちょうどそのころ，講義のたびに学生諸君に配布していたレジュメをもとに冊子としてのテキストを作成することを思い立ち，そこに上の五つの論稿での論述の大筋を取り入れることにしたので，このシリーズの執筆はここで打ち切った。そのテキストの前半「I 資本の生産過程」は1995年4月に，「II 資本の流通過程」および「III 総過程の諸形態」を含む完結版は2000年4月に，それぞれ印刷，頒布された。上記の諸論稿の内容のうち，このテキストのなかに取り入れることができなかったのは，②「商品および商品生産」で「補論」としてやや立ち入って論じた若干の論点と，それに属するものではあるが，紙数をとって丁寧に論じるために別稿とした③「価値形態」での価値形態についての詳論であった。この二つは『図解　社会経済学』で述べた拙見を補い，またそれを詳説するものなので，前者を本書の本章に，後者を次章に収めることにした。

　本章で取り上げているのは，いずれも，マルクスが『資本論』第1部第1篇で商品および商品生産について述べている内容を十分に理解できず，誤解したうえでマルクスを批判するというたぐいの議論が多い論点である。ただし，旧拙稿での「[補論4] 交換過程と貨幣発生の必然性」は，その内

440 III 探索の旅路で落穂を拾う

容がほとんど『図解 社会経済学』に取り入れられているので，ここでは省いた。

論点1 使用価値の捨象によって抽象的労働に到達するのは
「無理」か──置塩信雄氏の見解について──

　マルクスは，『資本論』の冒頭の節で，使用価値を捨象することによって，抽象的労働の対象化としての価値をつかみだしている。マルクスが，推敲に推敲を重ねて書き上げたこの部分について，〈論証〉になっていないとするさまざまな議論があるが，それらの批判が意味をなさないことについては論点2で述べよう。ここでとくに取り上げておきたいのは，そのような無理解なマルクス批判ないし非難に与するのではなく，マルクスの意図をできるだけ正確に汲み取り，それを数学的方法によって一般化することで，マルクスの理論を正当に取り扱おうと努めておられる置塩信雄氏の，この部分についての読み方である。

　氏は，著書『経済学はいま何を考えているか』(大月書店，1993年) のなかで，「抽象的人間労働」という小見出しを立ててこれについて書かれているが，そのなかの一つの注で，まず，次のように言われる。

　　「2つの経済量が等式で結ばれるとき，両者が同じdimension〔名数〕をもたねばならないこと，すなわち同質のものでなければならないことを重視し，これを出発点に推理を進めたのは，マルクスであった。2つの商品の交換関係は，たとえば，1クォーターの小麦＝aツエントネルの鉄という等式で示せるとし，等式である限り，「両者は絶対的に前者でも後者でもないある第三者に等しい」はずだとして，結局，「同等な人間的労働すなわち抽象的・人間労働」にたどりつく。これについての筆者〔置塩氏〕の考えはつぎのようである。」(同書，90ページ。)

　そして，氏の見解を次のように述べられている。

　　「2つの商品の交換関係を示す等式 1クォーターの小麦＝aツエントネル

の鉄は，確かに等式である限り，両辺で示されるもののdimensionは同じものでなければならない。だが，このことから出発して，マルクスのように，労働に到達するのは無理であって，この等式は正確には，1クォーターの小麦×P$^{小麦}_{鉄}$＝aツェントネルの鉄，と書かれるべきものである。ここでP$^{小麦}_{鉄}$というのは小麦と鉄との交換比，1単位の小麦と交換にどれだけの鉄を受けとれるかを示す。この等式の両辺のdimensionを調べると右辺は明らかに，鉄の使用価値単位ツェントネルである。問題は左辺である。P$^{小麦}_{鉄}$は上述のように1単位の小麦と交換される鉄の量であるから，そのdimensionは1クォーターの小麦当り鉄（それはツェントネルで測られる）であり，ツェントネル／クォーターである。それゆえ，左辺のdimensionはツェントネル／クォーターにクォーターを乗じたもの，すなわちツェントネルで，右辺のdimensionと一致する。そして，上式は交換比P$^{小麦}_{鉄}$の定義式である。」(同前。)

置塩氏は，マルクスが　1クォーターの小麦＝aツェントナーの鉄　という等式で，両辺のdimensionが同じ式を立てていることは認められるが，しかしそこで等しいとされるものは労働ではありえないのであって，「このことから出発して労働に到達するのは無理」だ，と言われるのである。だが，はたしてそうなのであろうか。

まず，該当する部分でのマルクスの記述を見ておこう。

置塩氏が取り上げられている「等式」がマルクスの論述に登場するのは，次のパラグラフである。

「さらに，二つの商品，たとえば小麦と鉄とをとってみよう。それらの交換関係がどうであろうと，この関係は，つねに，所与の量の小麦がどれだけかの量の鉄に等置されるという一つの等式で表わすことができる。たとえば，1クォーターの小麦＝aツェントナーの鉄　というように。この等式はなにを意味しているのか？　同じ大きさの一つの共通物が，二つの違った物のうちに，すなわち1クォーターの小麦のなかにもaツェントナーの鉄のなかにも，存在するということである。だから，両方とも或る一つの第3のものに等しいのであるが，この第3のものは，それ自体としては，その一方でもなければ他方でもないのである。だから，それらのうちのど

442 III 探索の旅路で落穂を拾う

ちらも，それが交換価値であるかぎり，この第3のものに還元できるもの
でなければならないのである。」(『資本論』第1部，MEW 23, S. 51.)

ここでマルクスは「1クォーターの小麦＝aツェントナーの鉄」という「等
式」について，「この等式では，所与の量の小麦がどれだけかの量の鉄に等置
される」のだ，と言っている。この「等置」とは，どういうことを表わしてい
るのであろうか。

なによりもまず確認しておかなければならないのは，この等式は，「1クォ
ーターの小麦」の交換価値を表現しているものだ，ということである。このこ
とは，このパラグラフの前のパラグラフから明らかである。すなわちそこでは，
まず，1クォーターの小麦は「他の諸商品ときわめてさまざまの比率で交換さ
れる」のだから，それは「種々の〔mannigfach〕交換価値をもっている」のだが，
それらはみな「1クォーターの小麦の交換価値」なのだから，それらはみな「互
いに置き換えられうる，互いに等しい大きさの交換価値」のはずだ，とされる。
そこでこのことから，第1に，「同じ商品の妥当な〔gültig〕諸交換価値」すなわ
ち一商品がもつ，交換価値として通用する諸交換価値は「種々の交換価値」で
ありながら，しかも「互いに置き換えられうる，互いに等しい大きさの交換価
値」なのだから，それらは「同一の商品の諸交換価値は一つの同じものを表現
している」，ということになる。しかしこのことからはさらに第2に，たんに
一つの商品がもつ諸交換価値にとどまらず，「そもそも交換価値は，それとは
区別される或る内実〔Gehalt〕の表現様式であり，「現象形態」でしかありえな
い」，ということが出てくる。この二つの帰結から，次になされなければなら
ないのは，「同一の商品の諸交換価値」が表現しているそのような「内実」をつ
きとめることである。これを受けて，さきのパラグラフがくるのである。ここ
では，その「同一の商品」の例として「1クォーターの小麦」をとり，これの交
換価値の例として「aツェントナーの鉄」をとって，この交換価値が表現して
いる「内実」を明らかにしようとするのである。だから，「1クォーターの小麦
＝aツェントナーの鉄」という等式は，さしあたり，「1クォーターの小麦」の
交換価値を表わすものであって，aツェントナーの鉄のほうはそれの交換価値
なのである。いま，小麦と鉄との使用価値（現物形態）をそれぞれ繭形と長方
形で示すものとして，この等式を図示すれば，次のようになる（第10.1図）。

第10.1図　1クォーターの小麦と，その交換価値としてのaツェントナーの鉄

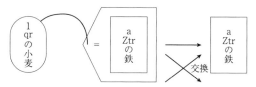

　すなわちここでは，1クォーターの小麦は，自己にaツェントナーの鉄を等置しており，そしてこれが「妥当な〔gültig〕」ものであるかぎり，実際にaツェントナーの鉄と交換されうるのである。ここでは小麦が主体として考えられており，鉄はそれの交換価値として考えられている。だからこそ，小麦の量は「所与」とされているのにたいして，鉄の量は「どれだけかの」ということでaとされているのである。「1クォーターの小麦＝aツェントナーの鉄」という等式が，このような意味での交換価値を表わすものであることは明らかである。

　そこで，この等式を分析するのであるが，マルクスは，「この等式はなにを意味しているのか？」と問い，それにたいして，「同じ大きさの一つの共通物が，二つの違った物のうちに，すなわち1クォーターの小麦のなかにもaツェントナーの鉄のなかにも，存在するということである」，と答えている。ここで決定的に重要であるのは，「1クォーターの小麦＝aツェントナーの鉄」という等式は，上に見たように1クォーターの小麦が自分にaツェントナーの鉄を等置している等式だったのであるが，ここではすでに，主体が1クォーターの小麦であって，aツェントナーの鉄はそれの交換価値である，という両者の位置の違いが度外視されることになっている，ということである。すなわち，上の等式から，1クォーターの小麦とaツェントナーの鉄とが等置されているという側面だけが抽象されているのである。じつは，1クォーターの小麦が自分にaツェントナーの鉄を等置している等式には，この側面とは区別されるいま一つ重要な側面がある。それは，主体としての1クォーターの小麦が自己の価値をaツェントナーの鉄で表現しているという，価値の形態の側面である。のちに，価値形態論では，この側面を取り上げて分析するのであるが，ここではこの側面を捨象して，「等置」の側面だけを注視するのである[1]。それを図

---

1) この点について久留間鮫造は『価値形態論と交換過程論』のなかで，次のように書いている。

示すれば，次のようになるであろう（第10.2図）。

第10.2図　1商品の交換価値から2商品の等置を抽象する

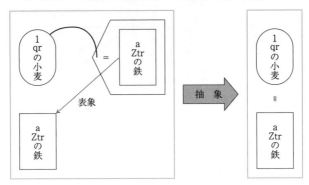

このように，等置の側面だけに注目して，「1クォーターの小麦＝aツェントナーの鉄」という等式を見直すならば，この等式が，二つの商品が左右対等に主客の相違なく等置されている等式であることは明らかである。

ところで，「どんな国民でも，1年はおろか，2,3週間でも労働を停止しようものなら，くたばってしまうことは，どんな子供でも知っている」(1868年7月11日，クーゲルマン宛のマルクスの手紙，MEW 32, S. 552)のであって，労働こそが「社会の富」を生産することによって人間の生存と社会の存続とをもたらすもので

「交換価値の最も簡単な姿は，x量の商品A＝y量の商品B である。そこでマルクスは，これを分析していくのであるが，彼は最初にまず，この式の両辺に置かれている商品は使用価値としては異なっているのにここでは等しいとされているという点に注目して分析を進め，両者に共通なものは何であり，その大いさは何できまるかを究明する。これが第1節「商品の2要因——使用価値と価値（価値の実体，価値の大いさ）」の研究である。……ところが，第3節——「価値形態」——では，やはり同じ等式が分析されるのではあるが，その視角がちがっている。すなわちさきには，両辺の商品には同じ大いさの或る共通のものがなければならないという見地から分析がおこなわれ，それが何であるかが究明されたのに反して，ここでは，両辺にある商品が等式内で演じているちがった役割に，すなわち左辺にある商品の価値が右辺にある商品の使用価値で表示されているのだという点に注目して，分析がおこなわれ，商品の価値が如何にして他商品の使用価値で——進んでは貨幣商品の一定量という形で一般的に——表示されるかが究明されているのである。」（久留間鮫造『価値形態論と交換過程論』，岩波書店，1957年，38-39ページ。なお，この部分は，久留間鮫造『貨幣論』，大月書店，1979年，15-16ページにも掲げられている。）

あることは，『資本論』で論証しなければならないような事柄ではなく，『資本論』での分析にはまったく自明のこととして前提されていると言わなければならない。マルクスが『資本論』を，「資本主義的生産様式が支配的に行なわれている諸社会の富は，一つの「膨大な商品の集り」として現われ，個々の商品はこの富の基素形態〔Elementarform〕として現われる」（『資本論』第1部，MEW 23, S. 49），という一文で書き始めたとき，彼にとって，この商品が，まさに，「労働生産物の具体的な社会的姿態である「商品」」（マルクス『アードルフ・ヴァーグナー著『経済学教科書』への傍注』，MEW 19, S. 369）であることは，あらためて証明しなければならないようなことではなかった。だから，さきの一文に続いて，「われわれの研究は商品の分析から始まる」と言うときの「商品の分析」の眼目が，商品が労働生産物のどのような独自な社会的形態であるのか，ということを明らかにするところにあったことは明らかである。

　そこで，労働がそれぞれの商品を生産することを明示して，さきの等式を図示すれば，次のようになる（第10.3図）。

第10.3図　等式：1クォーターの小麦＝aツェントナーの鉄

　ここで注意が必要なのは，「1クォーターの小麦＝aツェントナーの鉄」という等式について，「それらの交換関係がどうであろうと，この関係は，つねに，所与の量の小麦がどれだけかの量の鉄に等置されるという一つの等式で表わすことができる」，と言われていることである。この「交換関係」は1クォーターの小麦がどれだけの量の鉄と交換されるのかということ，つまり交換比率のことである。だから，「交換関係がどうであろうと」というのは，両者の交換の量的比率がどうであっても，ということにほかならない。だから，ここでは，交換の量的比率は第二次的なこととし，なによりも，それぞれ異なった商品のそれぞれ或る量が等置されている，という事実に注目しているのであって，問題はなによりも等置の質的内容なのである。

446　III　探索の旅路で落穂を拾う

　さて，マルクスは，そのような等式が次のことを意味していると見る。すなわち，「同じ大きさの一つの共通物が，二つの違った物のうちに，すなわち1クォーターの小麦のなかにもaツェントナーの鉄のなかにも，存在する」ということ，「だから，両方とも或る一つの第3のものに等しいのであるが，この第3のものは，それ自体としては，その一方でもなければ他方でもない」ということである。これは，まさに正当な推論だと言わなければならない。論理的にそうであるほかはない。この二つは等号で結ばれているが，小麦と鉄とでは使用価値（現物形態）が異なっているのであって，等しいのは，小麦という点においてでもなく鉄という点においてでもなくて，それ以外の「第3のもの」が両者にあることで等号が成立しているのだからである。そして，ここで重要なのは，この等号が意味するのはたんなる量ではなく，両辺の商品に共通の「第3のもの」がある，という質的な同等性なのだ，ということである。

　そこで，マルクスは確認する。

　　　「この共通なものは，商品の幾何学的とか物理学的とか化学的とかいうような自然的な属性ではありえない。……／使用価値としては，諸商品は，なによりもまず，さまざまに異なった質であるが，交換価値としては，諸商品はただ さまざまに異なった量でしかありえないのであり，したがって一分子の使用価値も含んではいないのである。」（『資本論』第1部，MEW 23, S. 51-52.）

　そこでマルクスは，当然に上の等式の両辺の使用価値（現物形態），すなわち◯と□という形態を捨象することになる。そこになにが残るのか。

　　　「そこで，商品体の使用価値を見ないことにすれば，商品体に残るものは，もはやただ労働生産物という属性だけである。しかし，この労働生産物も，われわれの気がつかないうちにすでに変えられている。労働生産物の使用価値を捨象するならば，それを使用価値にしている物体的な諸成分や諸形態をも捨象するのである。それは，もはや机や家や糸やその他の有用物ではない。労働生産物の感覚的性状はすべて消し去られている。それはまた，もはや指物労働や建築労働や紡績労働やその他の一定の生産的労働の生産物でもない。労働生産物の有用性といっしょに，労働生産物に表わされている労働の有用性が消え去り，したがってまたこれらの労働のさまざまの

具体的形態も消え去り，これらの労働はもはや互いに区別されることなく，すべてことごとく同じ人間的労働に，抽象的人間的労働に還元されているのである。」(a.a.O., S. 52.)

目の前には，小麦と鉄がある。しかしその使用価値は見ないことにしたのだから，それらの現物形態はもう見えていないことになった。しかし，ここにとにかく二つのものがあって，それらに残っているものを考えれば，それは抽象的人間的労働の対象化だけである。目の前に見えているものはそれだけを表わしている。けれども，それはそのようなものとして見えるわけではまったくない。見えているのは，相変わらず，頭のなかで見ないことにした小麦と鉄でしかないのである。そこで，次のパラグラフが続くのである。

「そこで，今度はこれらの労働生産物に残っているものを考察してみよう。それらに残っているものは，同じまぼろしのような対象性のほかにはなにもなく，無区別な人間的労働の，すなわち，その支出の形態にはかかわりのない人間的労働力の支出の，ただの凝固物のほかにはなにもない。これらの物が表わしているのは，もはやただ，その生産に人間的労働力が支出され，人間的労働が積み上げられているということだけである。このようなそれらに共通な社会的実体の結晶として，これらのものは価値，すなわち商品価値なのである。」(a.a.O., S. 52.)

こうして，第10.3図から，小麦と鉄との使用価値（現物形態）とそれを生み出した具体的有用的労働を捨象すれば，残るのは人間的労働力が或る量だけ支出されたということだけであり，しかもこの抽象的人間的労働は，ここでは「まぼろしのような対象性」としてではあるが，とにかく外的な対象のかたちで，対象化したものとして存在するのである（第10.4図）。

第10.4図　残っているもの：抽象的人間的労働の対象化

こうして，抽象的労働の対象化としての価値が析出された。このことによって同時に明らかになるのは，「商品の「価値」は，他のすべての歴史的社会形態

448　Ⅲ　探索の旅路で落穂を拾う

にも別の形態でではあるが，同様に存在するもの，すなわち労働の社会的性格
——労働が「社会的」労働力の支出として存在するかぎりでの——を，ただ歴
史的に発展した一形態で表現するだけだということ」（マルクス『アードルフ・ヴ
ァーグナー著『経済学教科書』への傍注』，MEW 19, S. 375.）であって，だからこそマルク
スは，初版本文で，交換価値から価値を析出した直後に，次のように言うので
ある。

　　「諸使用対象または諸財貨としては，諸商品は物体的に異なっている諸物
　　である。これに反して，諸商品の価値存在は諸商品の統一性〔Einheit〕をな
　　している。この統一性は，自然から生じるのではなくて，社会から生じる
　　のである。さまざまな使用価値においてただささまざまに表わされるだけの
　　共通な社会的実体，それは——労働〔die Arbeit〕である。」（『資本論』第1部初
　　版，MEGA II/5, S. 19; 岡崎次郎訳『資本論第1巻初版』，大月書店，国民文庫，1976年，
　　25ページ。）

　なお，付言すれば，『資本論』現行版の価値形態論の最初の部分でマルクス
が次のように言うことができたのも，価値の実体がこのような「社会的」なも
のであることが，すでに明らかにされていたからである。

　　「商品体の感覚的に粗い対象性とは正反対に，商品の価値対象性には一分
　　子も自然素材は入っていない。それゆえ，ある一つの商品をどんなにいじ
　　くりまわしてみても，価値物としては相変わらずつかまえようがないので
　　ある。とはいえ，諸商品は，ただそれらが人間的労働という同一の社会的
　　統一性〔Einheit〕の諸表現であるかぎりでのみ価値対象性をもっているのだ
　　ということ，したがって商品の価値対象性は純粋に社会的であるというこ
　　とを思い出すならば，価値対象性は商品と商品との社会的な関係のうちに
　　しか現われえないということもまたおのずから明らかである。」（『資本論』
　　第1部，MEW 23, S. 62.）

　さて以上が，置塩氏によって，「マルクスのように，労働に到達するのは無
理」であるとされる，マルクスの叙述であった。そこで，氏がこれに置き換え
るべきだとされる等式を見ることにしよう。

　置塩氏は，「この等式は正確には，1クォーターの小麦×$P^{小麦}_{鉄}$＝aツェント
ネルの鉄，と書かれるべきものである」とされ，「ここで$P^{小麦}_{鉄}$というのは小麦

と鉄との交換比，1単位の小麦と交換にどれだけの鉄を受けとれるかを示す」ものだと言われる。そうだとすると，氏の等式の左辺は，「1単位の小麦と交換にどれだけの鉄を受けとれるか」ということがわかっていて，1クォーターの小麦にそれを乗じたものだということになる。マルクスのさきの例では，「1単位」である1クォーターの「小麦と交換にどれだけの鉄を受けとれるか」と言えば，それはもちろんaツェントナーの鉄である。だから，この場合，「小麦と鉄との交換比」はaだということになる。そこで氏のP_鉄^{小麦} の代わりにこのaを入れてみれば，

$$1クォーターの小麦 \times a = aツェントナーの鉄$$

となる。この等式はいったいなにを意味しうるのであろうか。これが意味しうるのはただ一つ，〈クォーターで言い表した小麦の量を1とすれば，小麦と鉄との交換比はaだから，それと交換に受け取れる，ツェントナーで言い表した鉄の量はaである〉，ということである。まず第1に，これは完全なトートロジーである。「小麦と鉄との交換比」とは，総じて，小麦のどれだけの量であろうと，それと「交換に受けとれる」鉄の量のことである。だから，この文章のなかの「小麦と鉄との交換比」という部分を「小麦のある量と交換に受け取れる鉄の量」という言葉と置き換えてみれば，それは，〈クォーターで言い表した小麦の量を1とすれば，小麦のある量と交換に受け取れる鉄の量はaだから，それと交換に受け取れる，ツェントナーで言い表した鉄の量はaである〉という完全なトートロジーとなる。第2に，1クォーターの小麦にどんな数字を乗じてみても，それはある量の小麦でしかないし，aツェントナーの鉄のほうも，このaがどのような量であっても，それはある量の鉄でしかない。だから，この等式は相変わらず，小麦＝鉄ということでしかない。にもかかわらず，置塩氏にとってこの等式が意味をもつように見えるのは，両辺に現われる小麦と鉄とを度外視して，左辺の1×aと右辺のaという，両辺の量が等しいということである。だから，氏は，左辺に小麦があり，右辺に鉄がある，という質的な問題よりも，両辺の量を測る単位，つまりクォーターとツェントナーとに注意を集中されることになる。つまり，氏はここで，質の問題を度外視できる式をつくり，そのうえでその両辺の量が等しくなるようにすることがここでの課題だと考えられているのである。

氏は，マルクスの等式について，「この等式は正確には，1クォーターの小麦×P$^{小麦}_{鉄}$＝aツェントネルの鉄，と書かれるべきもの」と言われ，他方で，「上式は交換比P$^{小麦}_{鉄}$の定義式である」と言われる。つまり，氏によれば，マルクスの等式は「交換比P$^{小麦}_{鉄}$の定義式」によって置き換えられなければならないのである。それでは，このように置き換えてみれば，「労働に到達する」ことができるのであろうか。もし，そのような置き換えによってこそ，抽象的人間的労働の対象化としての価値が析出できる，というのであれば，それはまた一考の余地があるかもしれないが，氏はそういうことはまったくなされていないのである。

要するに，マルクスは，「1クォーターの小麦＝aツェントナーの鉄」という等式について，ここでは使用価値としては異なる二つの商品が質的に等置されているのであって，ここでの等号はなによりもまず，その質的同等性を表わすものだとし，これを出発点にして，その質的同等性とはなにか，と分析を進めているのにたいして，置塩氏は，ここでの等式は，交換される両者の量に関する等置でなければならず，そのためには，両辺のdimensionが同じでなければならない，ところがマルクスの等式はそうなっていない，と非難されているだけである。

置塩氏が，「1クォーターの小麦＝aツェントナーの鉄」という等式から「労働に到達するのは無理」だ，とされているのは，マルクスの分析の意味について，氏がなにか誤解をされているからに違いない。

論点2　価値の「論証」という偽問題について

マルクスは，『資本論』第1部第1章第1節「商品の二つの要因。使用価値と価値（価値実体，価値量）」で，諸商品の価値が抽象的労働の対象化であることを明らかにするために，諸商品のさまざまの使用価値を捨象し，また使用価値を生産するさまざまの具体的労働を捨象して，抽象的人間的労働という価値の実体をつかみ出している。この分析の中心的な内容は論点1ですでに見た。

この叙述について，論理的に見て論証になっていない，という非難が相変わらず繰り返されている。その一つのポイントは，そのような捨象を進めても，

第10章　商品および商品生産に関するいくつかの問題について　451

そこには抽象的人間的労働だけではなく，商品が人間の欲求を満たす度合いである〈効用〉も残るはずであって，マルクスの抽象は得手勝手なものである，というものである。

　この批判のミソは，マルクスが，およそ労働なしには社会の存続も人間の生存もありえないという，子供でもわかるような真理について，あらかじめ〈論証〉するようなことをしていなくても，このようなことは『資本論』での叙述では当然のこととして前提しているのだ，ということに気づかないか，気づかないふりをしているところにある。『資本論』では，その叙述を通じて，なにか一切合財を論理的に〈論証〉しなければならないと考え，それを〈価値論の論証〉などというもっともらしい問題に仕立てあげることがはやっているが，それらはみな，このことに関連している。

　すでに前稿で見たように（拙稿「労働を基礎とする社会把握と経済学の課題」，『経済志林』第61巻第1号，1993年，87ページ）[2]，およそどんな社会についても生産力の発展を考えようとすれば，生産物を生産するための費用，つまり生産費用を考えずにすむはずがない。そしてその生産費用が本源的には労働であるという真理は，すでに常識の世界にさえ属する事柄である。だから，『資本論』の冒頭でマルクスが使用価値とそれを生産する具体的労働を捨象して抽象的人間的労働の対象化としての価値を抽象してくるプロセスは，商品の交換価値を規定するものとしての商品の生産費用を抽象するプロセスにもなっているのであり，これによってマルクスは，労働生産物が商品という形態をとって運動している商品世界を，社会の存立の基礎である労働を根底に理解する道を開いたのである。

　マルクスが具体的労働の捨象によってつかみだしたのは，たんなる抽象的人間的労働ではない。抽象的人間的労働の結晶であり，対象化である。これは商品に固有のものである。抽象的人間的労働はあらゆる社会に存在する労働の一側面であるが，抽象的人間的労働の対象化は商品に固有のものである。使用価値を捨象しても「効用」が残る，というのは，使用価値を捨象しても商品の「重さ」や「体積」が残る，というのと同様の，意味のない抽象である。なぜなら，人間の欲求を満たす度合いとしての「効用」は，およそ有用物であれば，

---

2 ）【拙著『図解　社会経済学』，桜井書店，2001年，16ページ，を参照されたい。】

452　Ⅲ　探索の旅路で落穂を拾う

商品であろうとなかろうと，労働生産物であろうとなかろうともっている性質
であって，商品に固有の交換価値を規定するものを求めたあげく，この類いの
共通性にたどりつくとすれば，それはおよそ，なんのための抽象か，というこ
とがわかっていない，あるいはわかっていないふりをしている，ということで
しかない。

　もちろん，マルクスはそこで，価値の実体がたんなる労働ではなくて抽象的
人間的労働であることを明らかにし，さらに第2節では「商品に表わされる労
働」の二重性を立ち入って論じている。しかし，マルクスが使用価値とそれを
生産する具体的労働との捨象によってつかみだしたのは，抽象的人間的労働そ
れ自体ではなくて，抽象的人間的労働の対象化なのである。そして，ここで肝
心なのは，抽象的人間的労働の対象化，結晶は商品に固有のものであることで
ある。論点1ですでに引用した，マルクスの次の叙述は，予断なく読みさえす
れば，このことをあますところなく伝えているはずである。

　　　「そこで，今度はこれらの労働生産物に残っているものを考察してみよう。
　　それらに残っているものは，同じまぼろしのような対象性のほかにはなに
　　もなく，無区別な人間的労働の，すなわち，その支出の形態にはかかわり
　　のない人間的労働力の支出の，ただの凝固物のほかにはなにもない。これ
　　らの物が表わしているのは，もはやただ，その生産に人間的労働力が支出
　　され，人間的労働が積み上げられているということだけである。このよう
　　なそれらに共通な社会的実体の結晶として，これらのものは価値，すなわ
　　ち商品価値なのである。」(『資本論』第1部，MEW 23, S. 52.)

さて，「商品の「価値」は，他のすべての歴史的社会形態にも別の形態ででは
あるが，同様に存在するもの，すなわち労働の社会的性格——労働が「社会
的」労働力の支出として存在するかぎりでの——を，ただ歴史的に発展した一
形態で表現するだけだということ」(『アードルフ・ヴァーグナー著『経済学教科書』へ
の傍注』，MEW 19, S. 375) が，『資本論』の始めのところで明らかにされているの
だとすれば，『資本論』におけるその後の展開ではすでに価値概念は与えられ
ているのであって，それを論証するなどということは問題になりようがない。
そうである以上，たとえば「搾取」は価値を抜きに〈論証〉できるから価値概念
は要らない，とか，生産価格の世界と矛盾しないかたちで価値を理解できたと

きにはじめて価値が〈論証〉されるのであるが，マルクスはそれに成功していないから価値は〈論証〉されていない，とかいった最近はやりのマルクス批判も，使用価値を捨象しても「効用」が残るではないか，という使い古されたマルクス批判と同じく，マルクスの叙述の意味をマルクスに即して理解できない，あるいは理解しようとしないものであると言わざるをえない。

　要点を繰り返せば，マルクスが『資本論』の冒頭で商品を分析するときにやろうとしたのは，どんなことをも前提せずにそのなかで一切合財を形式論理的に〈論証〉するなどという途方もない不可能事ではなくて，労働を基礎とする社会把握を根底に置いて資本主義社会の最も表面に現われている最も一般的な事象を分析しようとしているのだ，ということである。そうである以上，商品の使用価値とそれを生産する具体的労働の捨象によってつかみだされるものは，抽象的人間的労働の対象化としての価値以外のものではありえない。そして，そうである以上，商品のこの分析によって，抽象的人間的労働の対象化としての価値概念は間違いなく得られたのであって，それをあらためて〈論証〉することなど，問題になりようがない。〈論証〉できているかいないか，ということを論じるのであれば，それは，マルクスの経済学の体系，正確に言えば『経済学批判』の体系が，その展開の全体を通じて資本主義的生産の全体を精神的に再生産できているかいないか，というかたちで論じられるべきことである。価値の〈論証〉というのは問題にあらざる偽問題である。

論点3　社会的必要労働時間による生産手段からの移転価値の規定について——置塩信雄氏の見解の検討——

　この問題について，置塩信雄氏は，前掲の『経済学はいま何を考えているか』のなかで，氏の考えをきわめてわかりやすいかたちで述べられている。そこでの氏の議論の大枠は，いわゆる「価値の数学的展開」のさいに共通の前提として広く認められているように思われる。しかし筆者は，氏が生産手段の移転価値に関するマルクスの理論について初歩的な誤解をされており，それがここできわめてわかりやすいかたちで現れていると考える。ここでの問題の理解に役だつと思うので，触れておこう。

454 III 探索の旅路で落穂を拾う

　置塩氏は，まず，次のような「難問」を見いだされる。

　　「だれでも知っているように，1つの商品の生産には生産財と労働の投入
　が必要である。その商品への投下労働は，直接に投下される労働だけでな
　く，生産財を生産するのに投下される労働をも加算されなくてはならない。
　ところが，生産財を生産するのにも，労働だけでなく生産財の投入が必要
　である，等々。こうして，議論は堂々めぐりをはじめる。／この「難問」
　をどう解決するか。これが解決しないかぎり，マルクスの体系は，私にと
　っては，砂上の楼閣であった。」（同書，4-5ページ。）

　氏は，この「難問」は，「つぎつぎに過去にさかのぼってゆき，最後に労働だ
けで生産財（人間の生産物である生産手段）の投入を必要としない原始的場面
まで戻って，こんどは逆に労働を加算する方法」では解決できないとされる。
なぜなら，氏の考えでは，「マルクスの体系の基礎としての投下労働量は，過
去にさかのぼっていかほどの労働が投下されたかではなく，現存の生産技術の
もとでその商品を生産するのにどれだけの労働が投下されねばならないかが問
題」なのだからである。そこで，氏は「どうしても数学的方法が必要」だと考
えられ，「もっとも簡単な場合」について，要旨，次のように説明されている。

　　〈ある生産手段1単位を生産するのに，この生産手段そのものの1/3単位
　と生きた労働10時間とが必要だとする。この生産手段1単位の社会的必要
　労働時間（t）はどれだけだろうか。これを方程式にして，それを解けば，
　答が簡単に出る。すなわち，$t=1/3\,t+10$ という方程式を立て，これを
　解けば，$t=15$ という解が得られる。つまり，この生産物の社会的必要労
　働時間は15時間であることが分かったのである。〉

　氏はこれによって，「商品の投下労働量の決定について，数学的方法をもち
いて解決をみつけた」（同書，6ページ），とされている。

　さて，この例は，ある生産物がそれ自身の生産に生産手段として入る場合で
あった。たとえば，小麦の生産に小麦が原料として用いられる場合である。氏
は，別のところで，同様の方法を，生産財（生産手段）になる生産物と消費財
（消費手段）になる生産物との二つの生産物をとった場合について用いられて
いる。

　まず，氏は次の図を掲げられる（第10.5図）。

第10.5図　置塩氏による，生産財と消費財との生産の例示

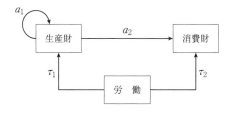

この図を使って，氏は次のように述べられている。

「生産財，消費財を1単位生産するために社会的標準的に必要な生産財と労働が上図のようであるとすれば，生産財，消費財それぞれ1単位に対象化された抽象的人間労働，t_1, t_2 は

$$t_1 = a_1 t_1 + \tau_1 \quad (1)$$

$$t_2 = a_2 t_2 + \tau_2 \quad (2)$$

できめられる。これを解くと，

$$t_1 = \tau_1/(1-a_1) \quad (3)$$

$$t_2 = \frac{a_2}{1-a_1}\tau_1 + \tau_2 \quad (4)$$

がえられる。」(同書，89-90ページ。)

この例では，たとえば，自分自身を原料として生産される小麦と，この小麦を原料として生産されるパン，というただ二つの生産物だけが考えられているわけである。

さて，以上のような置塩氏の説明は，氏の考えを説明するものとしては，きわめて明解である。しかし，氏がおそらく，大事なことだと考えずに度外視された，しかしながら決定的に重要な一つの事実がある。それは，いかなる生産においても，生産手段は生産過程の始まる前にあるのであって，それを用いて行なわれる生産には，それの価値がすでに，規定されたある大きさのものとして前提されているのだ，という事実である。

このことを，氏の例に妥当する，小麦の生産について考えてみよう。どんな生産でも，長かろうと短かろうと，一定の生産期間 (原材料が生産過程に入っ

456　III　探索の旅路で落穂を拾う

て生産物が完成されるまでの期間）があるのであり，どんな原材料でもこの期間を経てはじめて生産物となるのであって，そこではじめて他の生産過程に入ることができるのである。いま，事柄をわかりやすくするために，小麦の生産期間を1年と考えてみよう。今年の生産に原料として用いられた小麦は，昨年生産された小麦の一部である。そして，昨年は大凶作，今年は大豊作であったとする。そこで，同じ1単位の小麦を生産するために社会的に必要な生きた労働時間が，昨年は非常に大きく，今年は非常に小さいということになる。

　さて，この場合，今年の原料となった小麦の価値を規定する小麦の社会的必要労働時間とは，小麦の昨年の社会的必要労働時間であろうか，それとも今年の社会的必要労働時間であろうか。置塩氏にあっては，氏の第1の場合の生産物についての $t=1/3\,t+10$ という方程式によっても，第2の場合の生産財についての $t_1=a_1t_1+\tau_1$ という方程式によっても，明らかに，原料の小麦の価値も今年の社会的必要労働時間によって決定されることになっている。そうだとすると，今年の生産の原料であった小麦の価値は，この原料を使って今年の生産物を収穫したのちに，やおら今年の小麦の小さい社会的必要労働時間によって規定されることになる。しかし，小麦の生産者なら，こういう計算をやるはずがない。彼らは，〈今年は豊作で，1単位あたりの小麦の労働量は少ないが，原料の小麦は去年凶作で高かったから，小麦の標準価格は豊作のわりには安くはならない。それは，去年の小麦の高い価格プラス今年のわずかの生きた労働の量との合計だ〉，と考えるのであって，〈今年の小麦価格がひどく低いのだから，標準価格を考えるときには，使った原料代もそれだけ安かったことにして計算しなければならない。だからそれを，$t_1=a_1t_1+\tau_1$ という式で計算しよう〉，などと考えるはずがないのである。そして，これは当然のことである。なぜなら，原料の小麦の価値は，原料の小麦の播種以前に規定されていたのであって，それが生産に入り，生産物の小麦のなかに移転したのだからである。今年の生産に使われる原料の小麦の価値は，この小麦を生産した昨年の生産における社会的必要労働時間によって規定されているのである。

　ただしこのことは，原料としての小麦の価値がつねにそれが生産されたときの社会的必要労働時間によって決定されることを意味しない。たとえば，一昨年に生産された小麦を今年原料として使用する生産者があっても，彼の小麦の

第10章　商品および商品生産に関するいくつかの問題について　457

価値は，一昨年の小麦の社会的必要労働時間によってではなくて，昨年（今年ではない！）の小麦の価値によって決定されるのだからである。要するに，この事例では，今年の生産で使用される小麦の社会的必要労働時間を決定する生産が今年ではなくて昨年の生産であるほかはない，という特別の事情——事柄をはっきりと見せる事情——があるから，こういうことになるのである。

　そうだとすれば，「商品の投下労働量の決定」について，$t_1 = a_1 t_1 + \tau_1$ という方程式を使うことができないことも明らかである。τ_1 という抽象的労働が行なわれる生産に用いられる生産手段の1単位あたりの価値は，当のこの生産物の価値の t_1 ではなくて，その生産手段のこの生産以前の時点での生産での社会的必要労働時間によって規定される旧価値（t_1' としよう）でなければならない。だから，それを方程式にすれば，$t_1 = a_1 t_1' + \tau_1$ ということになる。

　しかし，そうだとすれば，この t_1' も，これに使用された小麦はその前年の小麦の価値によって規定されることになり，結局，「つぎつぎに過去にさかのぼってゆき，最後に労働だけで生産財（人間の生産物である生産手段）の投入を必要としない原始的場面まで戻って，こんどは逆に労働を加算する方法」（置塩氏）をとらざるをえないことにならないであろうか。そのとおりなのである。「原始的場面」であるかどうかはともかくとして，この小麦の事例では，生産物である小麦を原料に使用するかぎりは，まさにそのようにして，価値が決定されているということにならざるをえない。しかし，このことは，小麦の生産者が毎年こういう計算をしていることを意味するのではまったくない。彼は，年々，自分の小麦の価値を価格の形態ではっきりとつかんでいるのであって，翌年はそれにもとづいて原料価格を考えればいいのだからである。

　ここでとった事例は，生産期間が1年であり，しかも，播種と収穫とが季節によって社会的に同じであるような特殊なものであった。しかし，この事例で見たこと，つまり生産手段の価値はそれが生産に入る以前に，それ以前の生産での社会的必要労働時間によって規定されているのだ，ということは，生産期間がきわめて短く，また間断なく生産が続けられているような生産物についても，そのまま妥当するのである。これは，『図解　社会経済学』16-21ページで述べた事実，すなわち，およそどのような社会にあっても，生産物の生産費用としての抽象的労働が，その生産物の生産で消費される生産手段の生産費用で

458 III 探索の旅路で落穂を拾う

ある抽象的労働・プラス・新たな生きた抽象的労働であることが，商品生産の
もとでは，生産物の価値が，生産手段から移転した旧価値を新たに創造される
新価値とからなる，という形態をとっているのだ，という事実を想起すれば，
奇異なことではないはずである。

　ただ，商品生産の場合には，価値とは労働生産物に，つまり人間の外部に存
在する物に対象化したものであって，それは社会的必要労働時間によって決定
されるということから，生産手段の価値も，それが生産過程に入るときの（そ
れが生産物を生産し終えたときの，ではなく）社会的必要労働時間によって決
定されるのであって，それが実際に生産されたときの社会的必要労働時間によ
って決定されるのではない，という独自の事情が付け加わるというわけである。
この事情は，たとえば，充用されてきている機械が現在では社会的平均的にか
つてよりもはるかに安価に生産されるために，いまでは，それから生産物のな
かに移転する価値もわずかになってしまう，といったかたちで大きな問題をも
たらすのであるが，だからと言って，生産手段からの移転価値も，新価値が創
造される時点での社会的必要労働時間によって規定されると考えなければなら
ないのだ，などということになるわけではない。

　だが，一歩立ち止まって，置塩氏が言われる，「最後に労働だけで生産財
（人間の生産物である生産手段）の投入を必要としない原始的場面まで戻る」こ
とがおかしいかどうかを見ておこう。

　およそ，生産物の生産費用としての抽象的労働を考えるかぎり，それのなか
には生産手段の生産費用も含められなければならない。そうだとすれば，計算
可能であるかどうかは別として——そしてじっさい計算できるかどうか，その
ような計算が意味をもつかどうかはまったく別の問題である——，生産手段が
労働生産物であり，それがまた労働生産物である生産手段を消費して生産され
たものであるかぎり，生産物の生産費用には，それらの生産手段の生産に必要
であった抽象的労働のすべてが入ると言わなければならない。それでは，その
遡及はどこまでいってもきりがないか。いや，置塩氏が「最後に労働だけで生
産財（人間の生産物である生産手段）の投入を必要としない原始的場面」なる
ものが，「原始的」であるかどうかはともかく，確実にあるはずである。なぜ
なら「道具をつくる動物」である人間も，どこかではじめて道具をつくるよう

第10章　商品および商品生産に関するいくつかの問題について　459

になったのであって，そのときから，道具の生産に抽象的労働を，つまり費用をかけはじめたのだからである。にもかかわらず，それからあとも，人間はつねに生産のなかで人間の労働生産物ではない生産手段，つまりなんの生産費用もかかっていない生産手段を充用してきたし，現在でもそうである。すなわち，人間にとっての「天然の武器庫」である大地が供給する労働対象である。人間の最初の生産は，この大地が供給するがままの労働手段によって大地が与える労働対象を変形加工することであったはずである。そうだとすると，生産物を生産するどんな過去の労働も，結局は，生きた労働に帰着することにならざるをえない（第10.6図）。

第10.6図　過去の労働は生きた労働に帰着する

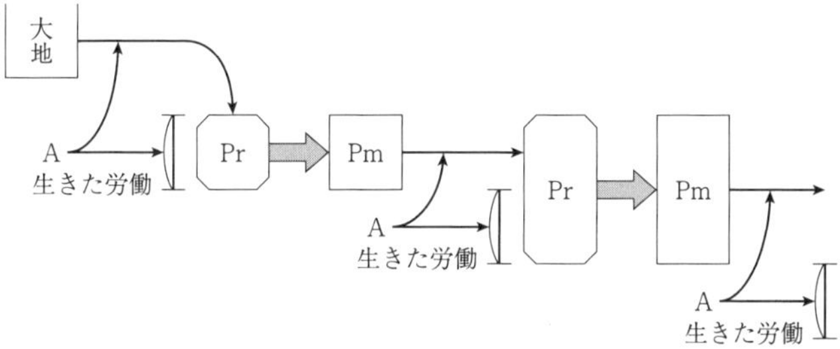

　これを価値について言えば，一切の旧価値が結局のところ，新価値の創造以前のどこかで創造された価値に帰着する，ということになる。ただし，その旧価値の大きさは，それを含んでいる生産手段が生産過程に入る前の時点での社会的必要労働時間によって決定されるのである。

　念のために言っておかなければならないが，ここで述べたことは，いわゆる「アダム・スミスのv＋mのドグマ」，つまり社会の総生産物の価値は全部収入に分解するという考え方が正しいということではない。むしろ逆に，これまで述べてきたように，さきの「原始的場面」を除けば（そして資本主義的生産では，およそそのような「場面」は問題になりようがない），どんな生産に用いられる生産手段も，その生産以前に生産されたものであり，それ以前に形成された価値を含んだ生産手段を前提する，ということである。そうだとすれば，年間の総生産物の再生産がどのように行なわれるか，ということを考察しようとするときは，前年度に生産されてすでに価値が規定されている総生産物を前提

しなければならない。そしてこの生産物の一部が今年度生産手段として充用されるのである。だから，社会の総生産物が不変資本価値（ c ）——つまり生産手段の移転価値——を含んでいなければならないのであり，この点でスミスのドグマは誤っているのである。

このように見てくると，置塩氏のさきの「問題」そのものが，問題であることがわかる。すなわち，氏は，「マルクスの体系の基礎としての投下労働量は，過去にさかのぼっていかほどの労働が投下されたかではなく，現存の生産技術のもとでその商品を生産するのにどれだけの労働が投下されねばならないかが問題なのである」，と言われていたのであるが，「現存の生産技術のもとでその商品を生産するのにどれだけの労働が投下されねばならないか」というのは，まさに生きた労働の量について言われるべきことで，生産手段の価値については，これと区別して，「生産手段をその商品の生産に充用する前の時点での生産技術のもとでその生産手段を生産するのにどれだけの労働が投下されねばならないか」が問題なのである。この二つの時点がどんなに接近したものであったとしても，その先後関係は明確にされなければならないのであって，そうだとすれば，置塩氏の言われる「商品の投下労働量の決定」の式は，さきに見たように，$t_1 = a_1 t_1 + \tau_1$ ではなくて，$t_1 = a_1 t_1' + \tau_1$ でなければならないということになり，氏の立論は意味をなさないものとなるのである。

要約しよう。ある生産の生産物が他の生産に生産手段として入っていくという関係が，社会的にどんなに複雑に絡み合ったかたちで存在するとしても，生産手段が生産に入るときには，その価値はすでに与えられたものであって，その生産以前の時点で社会的必要労働時間によって規定されている。だから，生産手段の価値減価などの問題を考えるときには，その生産手段によって生産される生産物の完成の時点とほとんど同時的にそれの現在の価値を考えなければならないとしても，理論的には，それの生産が開始されるときにはすでにその生産手段の価値は決まっていたと考えなければならず，したがって，その時点は生産物の完成の時点よりも以前でなければならない。そうでなければ，生産物の完成の時点でようやく，生産物自身の価値ばかりでなく，生産手段の価値までも確定される，という奇妙なことになるのだからである。置塩氏の $t_1 = a_1 t_1 + \tau_1$ とは，まさにこのような，生産物の価値と生産手段の価値との同

時決定，あるいは相互依存的決定を表わす式である。この式は「商品の投下労働量の決定」の式ではあっても，商品の価値の規定を表わすものではありえない。

論点4　効用価値説について

　いわゆる「効用価値説」について，簡単に触れておこう。
　商品の価値とは，市場に出てくる商品種類がそれぞれにもっているものとして客観的に通用する，商品としての社会的重要性ないし重要度，いわば相対的な社会的重量であり，商品所持者が市場をとおして受け取りうる他の商品の量の大小を制約する基本的要因である。商品生産社会では，商品所持者は，商品の交換をとおしてのみ，その商品に投じた費用を回収することができる。だから，いわゆる効用価値説が，商品所持者が商品の生産に社会的に必要とする客観的な費用とまったく無関係に，したがってより根本的には，商品そのものの本源的な生産費用である労働とはまったく無関係に，効用，すなわち物が人間の欲求を充足する程度によって，商品価値が決まるのだとするとき，それは，他人の持つ商品を欲しがり，それが自分の欲求をどれだけ満たしてくれるかということだけに気を奪われて，自分の商品がどれだけの費用を要するものかについては気にかけないという，間の抜けた商品所持者しかいない世界を観念のなかに描き，そこで〈価値〉を論じているのである。
　そのような世界での商品とは，商品生産という独特の社会的生産形態において人びとの生活を支える社会的な物質代謝を媒介するために労働生産物が必然的にとらなければならない形態ではなくて，いわば，それぞれ親から与えられたり，どっかからくすねてきたりしたオモチャを持ち寄って，それを交換しあっている悪童たちの世界での〈商品〉でしかない。そのような世界でならば，悪童たちは，「欲しい」と思う主観的な欲求だけで，互いに交換するオモチャの重要性を評価し，その結果として，交換の比率が決定されるかもしれない。しかし，このような世界においてでさえ，そうした交換を何度も繰り返すうちに，まともに考える子供なら，交換のさいに，自分が持っていくオモチャを手に入れるさいに必要とする困難さと，相手の持っているオモチャを手に入れるのに必要な手間との両方を勘案しないわけにはいかなくなるはずである。

462　Ⅲ　探索の旅路で落穂を拾う

　もちろんエコノミクスも〈費用〉を問題にする。たとえば，〈機会費用〉という考え方がそれである。しかし，効用価値説では，この〈費用〉は価値を規定するものとしては取り上げられない。もしこのような〈費用〉を取り入れるとすれば，それは効用価値説の一貫性を根底から破壊してしまうからである。

　どんな装いをこらそうとも，結局のところ効用価値説は，物象一般が人間に与える主観的・心理的な欲求充足度を，労働生産物が必然的にとる社会的形態としての商品形態とは無関係に論じることにならざるをえないのである。

　なお，エコノミクスにおける〈機会費用〉がまったく主観的なものであることについては，次の説明を見られたい。

　　　「費用は主観的なものです。つまり，それは意思決定者の心のなかにあるものです。それは，あきらめた選択肢をいかに評価するかという期待に基づいています。費用は，意思決定者以外の人によって直接的に測られることはありえないのです。なぜなら，意思決定者のみが，選択をあきらめられたものへの価値づけをすることができるからです。」（ゴートニー・ストロープ・クラーク共著，宇野健吾監訳『現代経済学の基礎』，多賀出版，1984年，23ページ。）

　ちなみに，そのような〈効用〉とこのような〈機会費用〉とをバロメーターにして，最も合理的な行動（経済化行動）をする個人が「経済人（homo economicus）」と呼ばれるものなのである。

論点5　社会的必要労働時間の測定について

　労働そのものは量的に測定できる。同一の具体的労働であれば，具体的労働でも相互に量的に比較できる。できるばかりではない。資本主義的生産では，資本家も労働者も，労働者の労働時間に強い関心をもたないわけにはいかない。それは，資本家の利潤にも労働者の労賃にも決定的な影響を及ぼすのだからである。要するに，労働者の労働時間の測定なしに資本主義社会は存在しえない。この労働時間が主観的なものでなく，客観的なものであることは言うまでもない。他方で，どの商品についても，一定時間，たとえば1日，1週間，1月，等々に生産されるそれの量は，生産者（資本家）によって厳密に把握されている。このように，一方での労働者の労働時間と労働者数，他方での商品量が与

第10章　商品および商品生産に関するいくつかの問題について　463

えられているのだから，個々の経営で実際に個々の商品に付加される新たな労
働の量を近似的に計量することはまったく不可能だとは言えない。

　けれども，どのような商品についても，それの価値量（旧価値プラス新価
値）を，つまりそれの社会的必要労働時間（消費される生産手段の社会的必要
労働時間プラス新価値を規定する社会的必要労働時間）を正確に計量すること
は不可能である。まず，商品の生産に社会的に必要な新たな労働時間は，同じ
市場に出てくる同一商品の総量を生産するのに実際に使われた総労働時間をこ
の総量の数で割れば，近似的に計量できるはずであるが，そもそもこのこと自
体が不可能である。なぜなら，私的労働のもとでの無政府的生産にあっては，
各商品の生産に従事する生産者の総数や彼らが生産する商品総量はもちろんの
こと，さらにそれぞれの生産者の生産条件，だからまたそれぞれの生産者のも
とでの労働の生産性，だからまた彼らのもとで実際に付加される個別的労働時
間は，日々たえず変動しており，これらを正確に把握することは不可能だから
である。さらにまた，どの商品の生産でもさまざまの生産手段が消費されるが，
生産物に移転するこれらの生産手段の価値も，同様に，正確に把握することが
できるものではない。

　しかしこのことから，価値が社会的必要労働時間によって規定されるという
価値規定が，各経営で実際に付加される労働時間とは無関係の観念的なものだ
ということにはならない。なぜなら，どんな時点でも，そのときどきに生産さ
れる商品総量の生産構造が，その時点に固有の社会的に標準的な生産条件，労
働力の社会的に平均的な熟練度，労働の社会的に平均的な強度を規定している
のであって，それぞれの商品の価値量は，まさにこれらのものによって規定さ
れるのだからである。それは，研究者の主観のなかにあるだけのものではなく，
まったく客観的に存在するものである。ただ，その価値量を絶対的なかたちで，
つまりそれぞれを生産するのに必要な労働時間の長さとして言い表わすことが，
ことの性質上不可能だ，ということなのである。

　しかも商品の生産者（資本家）にとっては，そのような計算をしてみること
はほとんど意味をもたない。というのも，じつは，商品の価値はつねに特別の
商品である貨幣商品の量で相対的に表現されているのであり，生産者が商品の
価値を算定しようとするときには，価格形態で行なうことが可能であるばかり

464　III　探索の旅路で落穂を拾う

でなく，合理的でもあるのだからである。この価格形態こそ，じつは，商品の
価値を表現する唯一の形態，すなわち価値形態の発展した形態である。商品の
価値は，つねに，他の商品の使用価値によってしか表現されないのである。こ
のことが，社会的必要労働時間による価値規定を覆い隠し，人びとの目に見え
ないものとするのである。

論点6　「経済財」について

　マルクス経済学は，徹底して価値を，労働生産物がとる社会的形態である商
品にのみ固有の社会的属性として取り扱う。それは，かりに商品の形態をとり，
価格がついて売買されているものでも，労働生産物でないものについては，抽
象的労働の対象化としての価値を認めない。それらは価値なき商品であり，価
値なき価格である。

　そこで，このように狭くて頑固な労働価値説よりも，物象一般の効用で価値
が決定されるとする効用価値説のほうが，現代のようになにもかにもが商品に
なっている社会における商品の価値規定としては，より一般的に適用できるよ
うに思われるかもしれない。現代では，サービスはもとより，およそ労働の生
産物でないもの，また物的でないありとあらゆるものが，〈商品〉として売買
されているのであり，それらのすべてに通用する共通の〈価値〉を論じるので
あれば，狭い範囲にしか通用しない労働ではなく，広く一般的に考えることが
できる効用のほうがより有効であるかのように見えるからである。

　じっさい，〈価値〉が問題とされる〈商品〉とは，エコノミクスでは「経済財」，
つまり稀少であって消費者が望む財のことだとされている。そして，そのよう
な「経済財」について一般に労働による価値を考えることは不可能であるよう
に見える。

　しかし，ありとあらゆるものが商品として売買されるようになったのは，社
会的物質代謝の媒介形態としての商品形態が支配するようになり，その結果，
直接的交換可能性をもつ貨幣をもってすれば，市場に出てくるあらゆる商品を
買うことができるばかりでなく，富そのものを貨幣というこの抽象的な形態で
保持することができるようになった結果である。いったん価格形態が成立する

と，価格形態は，労働生産物ではないもの，さらには物でないもの，たんに一時的な幻想でしかないものにさえ付着するようになる。ただで手に入れることができない（これが〈稀少性〉と表現される！）あらゆるものが，商品として売買されるのである。けれども，社会的生産の体制としての商品生産では，労働生産物がとる商品形態こそ〈商品〉の基本的形態であり，それ以外の〈商品〉の売買やその価格は，この基本から説明されなければならないものである。ありとあらゆるものが商品になっているという現象は，労働生産物の社会的形態という商品の本質から，また価格形態の外的な性格から，説明されなければならない。サービスばかりでなく，土地や，金もうけのチャンスや，いわゆる金融商品のようなものが，さらには名誉や，一晩の性行為や，会社の内部情報や，選挙の１票や，贈賄の仲介行為や，大臣の椅子やらまでが金で売買されていることは，周知のとおりであるが，これらすべてのものを〈商品〉として一括りにし，これらすべてに通用するような〈価値〉を考えるのであれば，たしかに労働価値説よりも効用価値説のほうが，一般的妥当性があるように見えもしよう。しかし，そのようなものをすべて一括りにした〈商品〉などというものは，社会現象の最も表面のところだけで人びとの目をくらますナンセンスな抽象でしかない。

　じっさいエコノミクスでは，〈経済財〉として，たとえば「宇宙探検，教育，国防，レクリエーション，時間，娯楽，清浄な空気，良い環境（樹木，湖，川，空地など），良い労働条件，生産性の高い資源，余暇」などのようなものが列挙されているのである（ゴートニー・ストローブ・クラーク，前掲書，4ページ）。

　このようなことになるのは，じつは，本稿の第1図[3]で見たような常識的観念（「マクロ経済学」的観念）が，分析の出発点に置かれるのではなくて，最初から最後まで維持される枠組みとなってしまっているからである。エコノミクスは，このような観念＝現象の奥に潜む本質的な関係を明らかにしようとはしない。だから，このような枠組みに一致する〈商品〉と〈価値〉しか考えられないのである。

　この枠組みが維持されるかぎり，〈商品〉とは，資本サービス，土地サービス，労働，資本財，などのすべてを包括するものでなければならない。そのよ

3）【拙著『図解　社会経済学』の図41を参照されたい。】

うな財を考えるなら，商品とは〈稀少性〉をもつものだ，という規定が最もふさわしいということにならざるをえない。

　要するに，常識を前提し，それを分析しようとしない以上，社会的生産体制としての商品生産を媒介する基本形態としての商品の形態も，その価値も，その社会的本質を把握する必要が生じないということになるのである。

論点7　「経済人 (homo economicus)」について

　「経済人 (homo economicus)」とは，古典経済学以来，社会を構成する単位として観念された，市場で〈経済原則〉に従って合理的に行動する個人のことであるが，いわゆる「合理主義的経済学」では，この概念が，いわばとことんのところまで押し詰められている。ここでの〈経済人〉とは，最少の費用（＝機会費用）で最大の便益（＝効用）を獲得するように合理的に行動する個人である（ここで言う機会費用も効用もまったく主観的なものであることが認められている）。そして，そのような経済人こそが，社会の基本要素であって，その合理的行動（経済化行動）が社会全体の経済を決定していくというのが，「合理主義的経済学」の原理なのである。

　しかし，そのような〈経済人〉は，じつは，労働する諸個人が商品生産関係という特定の歴史的社会的関係＝生産関係のもとで，なさざるをえない行動，もたざるをえない観念から，そのいくつかの側面を抽象し，それらを生み出す生産関係からまったく切り離したうえで，そのような観念を持ちそのように行動する諸個人を，超歴史的な〈経済人〉なるものに仕立てあげたものにほかならない。

　そしてそのうえで，そのような超歴史的な経済人を出発点にして，すべての経済現象を説明していこうとするのである。

　〈経済人〉が商品生産関係のもとでの諸個人からの抽象によって構成されたものであるかぎり，それを基礎とする展開は，商品生産関係の諸現象と多くの点で照応的であり，素人にはもっともらしいものに映ることになる。

　個人が彼の主観によって忍ぶことを選択した犠牲を〈機会費用〉と呼び，彼の主観によって追求することを選択したものを〈便益〉と呼ぶかぎり，およそ

いかなる個人のいかなる行動も，つねに〈機会費用〉と〈便益〉との比較にもとづく合理的な行動として説明が可能である。しかし，このような説明は，人間の主観的心理の説明としてさえまったく一面的であることは明らかである。人間はある行動を行なうときに，彼の主観において，つねに犠牲と結果とを天秤にかけ，犠牲よりも結果が大きいから利益がある，と考え，その結果としてその行動をとることを決定したりするものではない。そのような考え方は，つまるところ，人間の本質を〈打算〉に見るということにほかならない。人間の本質を〈打算〉に見るのは，資本主義社会の資本主義的人間を人間そのものと見誤るからである。人間の本質を，マルクスがやっているように〈類的本質＝存在 (Gattungswesen)〉として正しくとらえるならば，問題の見えかたはまったく違ってくる。

　いったん，このような経済人の想定を合理的なもの，現実に照応するものとして受け入れてしまうと，労働する諸個人がたえず再生産している社会的関係と，そのなかで生み出される複雑な社会構造を発生的に展開し把握することがおよそ不可能になり，なにもかにをも一視同仁にすることにならないわけにはいかない。資本主義的生産関係ないし商品生産関係という特定の社会的生産関係による規定性をもたない経済人，稀少性，効用，経済財，選択，経済化，合理的行動，などの概念は，そうした生産関係から無概念的に抽象して（つまりどこから抽象したのかを忘れて）構成された無内容な観念であらざるをえないのである。

　経済学が人間にかかわるとすれば，それはなによりもまず，労働する諸個人が生産力の一定の発展水準に規定されて互いに取り結び，たえず再生産せざるをえない社会的生産諸関係を把握し，そしてこの生産諸関係のもとで諸個人がとらざるをえない経済的行動と，それに照応する必然的な思考諸形態とを明らかにすることによって，この社会的生産諸関係のもとでの人間のあり方を解明する，ということでなければならない。ところが，「合理主義的経済学」は，逆に，特定の生産関係のもとでの人間のあり方を人間そのもののあり方と取り違え，それを基礎にして，生産関係から生じている経済的諸現象を説明しようとするのであって，その意味でまったく転倒した〈経済学〉だと言わざるをえない。それは，その出発点とその方法の根本からして，生産関係の歴史的規定

468　III　探索の旅路で落穂を拾う

性，歴史的性格，独自性をつかむことができようもないのである。

　たとえば次の記述は，〈機会費用〉および〈便益〉という把握の非歴史的，脱社会形態的，非経済学的性格を端的に示している。

　　「私たちは毎日のように多くの経済的な選択をしていながら，そうしていることに気づかずにいます。朝何時に起きる，朝食に何を食べる，どのような手段で仕事場に行く，どのようなテレビ番組を見るといった選択はすべて，経済的に行われます。それらは，稀少資源（たとえば，時間や所得）の利用を必要としますから，経済的といえます。私たちは皆，いつも経済学のテーマに関連する選択をする必要にせまられています。」（ゴートニー・ストループ・クラーク，前掲書，5ページ，強調—引用者。）

　　「私たちの分析によって，教師は，単に学生にたいする罰を変えるだけで試験の不正の程度に影響を与えられることも示唆できます。近くで監視をして，個別の，しかも論文式の試験をしたら，不正などはほとんどなくなるでしょう。なぜでしょうか。そのような試験で不正をすることは難しい（つまり代償が大きい）からです。しかし，教師が客観式の「家に持ち帰る形式」の試験をさせ，その結果に基づいて学生の成績をつけるとしたらどうでしょうか。不正をすることの便益が大きく，危険（費用）も最小であることから，多くの学生が不正をするでしょう。経済学的な考え方は，誘因の変化によって人間の決定が強力で予想可能な影響を受けるという事実を見逃しません。」（同前，10ページ。）

　このような考え方が〈経済学的な考え方〉だとする「合理主義的経済学」にたいしては，近代経済学者のなかからも厳しい批判が与えられている。やや長文であるが，「合理主義的経済学」の滑稽さが結果的にきわめて巧みに描き出されることになっている，宇沢弘文氏の次の文章を引用しておくことにしよう。

　　「シュルツの考え方は，ツヴィ・グリリカスやゲイリー・ベッカーなどによって継承，発展させられていったのであるが，それはつぎのような考え方にもとづいている。／高等教育を受けようとする人が，教育を受けたときにどれだけ便益を得るかということと，教育を受けるためにどれだけの費用がかかり，どれだけの所得機会を犠牲にしなければならないかということを勘案して，受けるか否かということを決定するというのである。つ

まり，個々人が，常に合理的な計算をして自らの行動を決定するという考え方にもとづいている。／このような合理的な経済人の概念をその極限にまで推し進めたのがゲイリー・ベッカーである。この……経済学者は，上に述べた教育投資の経済学にはじまって，差別の経済学，犯罪の経済学，結婚の経済学，さらには自殺の経済学にいたるまで，人間のあらゆる行動に対して，合理的な経済人という視点にたって，分析を展開してきたのである。ベッカーの論点を説明するには，結婚の経済学がもっとも適しているであろう。／ある人が結婚するか否かということを決めるときに，結婚することによって得られる便益はどれだけであるかということを計算して，金銭的なタームで表現する。また，結婚することによって，一生あるいは結婚期間中どれだけの費用が必要かということを計算して，これも金銭的なタームで表現する。そして，便益と費用とをそれぞれある共通の割引率で割り引いた現在価値を計算し，この二つの割引現在価値が等しくなるような割引率を導き出す。これが，結婚という行為に対する内部的収穫率……である。結婚の内部的収穫率が市場利子率……よりも大きいときには結婚という行為を選択し，逆の場合には結婚しないのが合理的であると考える。……／犯罪の経済学というのも存在する。殺人を犯そうとする人が，殺人することによって得られる楽しみと，捕まって死刑になる確率とその苦しみとを勘案して，殺人を犯すか否かを合理的に決めるというのである。さらに婚外交渉の経済学というのもある。これはフェアという人の論文であるが……，ベッカーの……理論を適用して，人が24時間のうち，何時間自分の妻と一緒にいて，何時間妻以外の愛人と一緒にいるようにしたときに，全体的効用がもっとも大きくなるのかということを合理的に計算して，妻以外の女性と交際するか否かを決め，合理的に行動するという考え方にもとづいている。」(宇沢弘文『近代経済学の転換』，岩波書店，1986年，235-238ページ。)

　ここに述べられている「教育投資」論は，「人的資源への投資」の考え方の一つであって，「人的資本の文献にたいするT. W. シュルツとゲイリー・ベッカーの貢献が，とくに重要です」(ゴートニー・ストループ・クラーク，前掲書，366ページ)，と評価されているものである。

471

第11章　マルクスの価値形態論

　本章に収めるのは，前章で問題として取り上げた「論点」と並ぶもので
あるが，紙数を十分にとって丁寧に論じるために独立の論稿（「価値形態」，
『経済志林』第61巻第2号，1993年9月）として発表したものである。
　拙著『図解　社会経済学』では価値形態についてほぼ8ページを割いて説
明しているが，そこでの説明の内容には，マルクスの価値形態論について
の多くの解説とは異なる筆者の独自の理解が含まれている。マルクスによ
る価値形態の分析はたしかになかなか難解ではあるが，けっして神秘的な
もの，秘教的なものではなく，通常の判断力をもって十分に理解できるも
のである。本章での解説がマルクスによる価値形態の分析と展開とを理解
することの手助けとなることを願っている。

はじめに

　マルクスは『資本論』第1部の初版の序文で次のように書いている。
　「なにごとも初めが困難だということは，どんな科学の場合でも言えるこ
　とである。それゆえ第1章の，ことにそのうちの商品の分析を含む節の理
　解は，最大の困難となるであろう。ここでさらに立ち入って，価値実体と
　価値量との分析について言えば，私はこの分析を，できるだけ平易なもの
　にした。《価値形態の分析はそうはいかなかった。この分析は難解である。
　なぜなら，前のほうの叙述でよりも弁証法がはるかに鋭くなっているから
　である。だから，弁証法的な思考になじみきっていない読者には，15ペ
　ージ（上から19行目）から34ページ末行までの部分はまったくとばして，
　その代わりに，巻末の付録「価値形態」を読まれるようにお勧めする。こ
　の付録では，問題の科学的な理解が許すかぎり，この問題を単純に，また
　教師風にさえ叙述することが，試みられている。付録を読み終わったら，
　読者は本文に戻って35ページから読み続ければよい。》1)／貨幣形態をそ

472　Ⅲ　探索の旅路で落穂を拾う

の完成した姿とする価値形態は，非常に無内容で単純である。それにもかかわらず，人間精神は二千年以上も前からむなしくその解明に努めてきたのであり，しかも他方では，これよりもずっと内容豊富で複雑な諸形態の分析に，少なくともおおよそのところは成功したのである。なぜなのか？　成育した身体は身体細胞よりも研究することが容易だからである。そのうえに，経済的諸形態の分析では，顕微鏡も化学試薬も使うことができない。抽象力がこの両方の代わりをしなければならない。ところが，ブルジョア社会にとっては，労働生産物の商品形態または商品の価値形態が経済的細胞形態なのである。教養のないものには，この形態の分析は，ただあれこれと細事の穿鑿をやっているだけのように見える。じっさいそこでは，細事の穿鑿が必要なのである。しかしそれは，ちょうど顕微解剖学でそのような穿鑿が必要なのと同じことでしかない。／それゆえ，価値形態に関する節を別とすれば，本書を難解だとして非難することはできないであろう。もちろん，私が読者に想定しているのは，なにか新しいことを学ぼうとし，したがって自分でも考えようとする人びとである。」(MEGA II/5, S. 11-12. 江夏美千穂訳『初版資本論』，幻燈社書店，1983年，9-11ページ。)

　『資本論』の第2版では，本文のなかの価値形態に関する節の叙述は，初版付録の「価値形態」に大きく手を入れたものと置き換えられ，付録の「価値形態」は削除された。だから，現行版の価値形態に関する節での叙述は，初版付録と同じく，「問題の科学的な理解が許すかぎり，この問題を単純に，また教師風にさえ叙述することが，試みられている」と言うことができる。

　それにもかかわらず，『資本論』現行版での価値形態論も，事柄自体の難しさのために，依然として初学者にはきわめて難解なものにとどまっていると言わなければならない。そこで，『資本論』の内容を平易に解説しようとする人は，価値形態論をどのように取り扱ったらいいのか，頭を悩ますことになる。

　この点について大きな示唆を与えるのが，ヨハン・モストの『資本と労働』の改訂にさいしてマルクス自身が書き加えた，価値形態についての記述[2]であ

---

1)【マルクスは，「初版序文」を第2版に再録するさいに，筆者が括弧《　》で示したこの部分を削除した。だからこの部分は現行版所収の「初版序文」にもない。】

る。そこではマルクスは，交換関係の発展のなかでの価値形態の発展をあとづけながら，等価物の意味，したがって貨幣の意味を明らかにしただけで，価値形態の最も中心的な内容である価値表現の回り道についての説明を含む，『資本論』での価値形態論の多くの論点をばっさりと省いている。つまりマルクスは，『資本論』の内容を平易に解説するさいには，価値形態についてこのような取り扱いをすることを許容していたのである。

　そこで，初学者に社会経済学（マルクス経済学の経済原論）の講義を行なうさいに商品についてどのようなことを述べるべきかを考えた別稿[3]では，価値形態について，おおむねこのマルクス自身の記述にならったのであった。

　けれども，『資本論』のなかでもとくに「弁証法が鋭くなっている」価値形態についての叙述は，専門の研究者にとってのみならず，それに近づくことができさえすれば，学生にとってもきわめて魅力的な研究対象であることは間違いない。

　そこで本稿では，学生が『資本論』そのものの価値形態論を理解することができるように，また学生が『資本論』の価値形態論を最後まで読み切ることができるように手助けすることを意識しながら，『資本論』におけるマルクスの価値形態論の内容を述べることにした。そうしたものとしては，本稿は前記別稿の［補論］の一つをなすものである[4]。

　本稿の骨格は，おおむね，『資本論』現行版および初版付録での価値形態論のそれに従って組み立ててある。両者の記述を，言い回しにわずかの手を加えるだけでそのまま利用したところもかなりある。また，初版の本文での記述を使って補うことができたところもある。

---

2 ）Johann Most: Kapital und Arbeit. Ein populärer Auszug aus „Das Kapital" von Karl Marx. Zweite verbesserte Auflage. Chemnitz 1876. MEGA II/8, S. 733-787. ヨハン・モスト原著，カール・マルクス改訂，大谷禎之介訳『資本論入門（テキスト／コメンタール）』，岩波書店，1986年，テキスト 10-12ページ。『資本論入門・テキスト版』，岩波書店，1987年，10-12ページ。【ヨハン・モスト原著，カール・マルクス加筆・改訂，大谷禎之介訳『マルクス自身の手による資本論入門』，大月書店，2009年，38-41ページ。】

3 ）「商品および商品生産」，『経済志林』第61巻第2号，1994年，所載。【この拙稿の本論および［補論］のうちの「［補論4］交換過程と貨幣発生の必然性」の内容は拙著『図解 社会経済学』のなかに収めた。それ以外の［補論］は本書の前章に収録した。】

4 ）前注を参照されたい。

474 III 探索の旅路で落穂を拾う

　しかしまた，しばしば，マルクスの凝縮された叙述の含意を，さまざまの仕方で敷衍したり，場合によっては，マルクスの叙述とはやや異なった仕方で表現しなければならないところもあった。

　そのようなときには，もちろん筆者の解釈が前面に出てくることになるが，価値形態論に関する筆者の理解は，久留間鮫造の『価値形態論および交換過程論』ならびに『貨幣論』[5]におけるそれと基本的に一致している[6]。筆者は，久留間が『マルクス経済学レキシコン』の貨幣篇（⑩〜⑮）を編集するさいに，協力者としてその作業に関わることによって，きわめて多くの論点について久留間の理解を確かめることができ，またそのなかできわめて多くのことを考えることができた。他方，若干の論点では，久留間と筆者とのあいだに見解の違いがあって，長時間の論議を繰り返したのち最終的に意見の一致を見たところと，最後まで意見が分かれたままのところとがあった。その間の事情は『貨幣論』のなかでの久留間と筆者との応答のなかにある程度まで反映している。本稿で筆者が述べるのも，基本的な点では久留間の理解と一致していると考えているけれども，筆者の独自な理解によるところがかなりある。さらに，久留間と議論をしていた当時にはよくわかっていなかったけれども，最近になってはっきりとわかってきた——と思っている——論点もある。

　なお，依然として数多く生まれ続けている価値形態論に関する諸論稿で，引き続き久留間の価値形態論が——あたかも腕試しの対象のように——俎上にのせられ，批判の対象とされているが，それらのなかには，久留間の主張を正確に理解しないで乱暴な議論をしているものが少なくないように感じられる。本稿では，注のなかで若干の論点に触れる以外は，それらについていちいち指摘することはしないが，本稿が，久留間の主張についてのそのような誤解や無理解を正すことにもなにがしかの役にたつことを願っている。

5）久留間鮫造『価値形態論と交換過程論』，岩波書店，1957年。久留間鮫造『貨幣論』，大月書店，1979年。

6）この問題領域についての久留間の理論の要諦を筆者がどのように理解しているかについては，「貨幣生成論の問題設定とその解明」，『マルクス・エンゲルス・マルクス主義研究』第8号，1989年10月，【本書次章】を参照されたい。

第1節　価値形態論の課題

§1　価値の本質から価値の現象形態へ

　われわれは，別稿で，商品の交換価値から価値を析出して，価値が抽象的労働の対象化であることを知り，さらに価値の大きさは社会的必要労働時間によって決まることを知った。そのなかで，商品の価値は，人間の外部にある物の「属性」でありながら，しかもまったく社会的な性質のものであることも明らかとなった[7]。

　こうしてわれわれは，分析によって交換価値という現象から価値という本質をつかみ出し，交換価値が価値の現象形態であったことを明らかにしたので，今度は，ふたたびこの現象形態，つまり交換価値に戻って，それを観察しなければならない。これは出発点の交換価値にふたたび帰ることであるが，しかし最初に交換価値を見たときには，われわれはまだ，それが価値という本質の現象形態であることを知らなかったのにたいして，いまではわれわれは，交換価値に現象している本質が，対象化した抽象的労働である価値であることを知っているのだから，交換価値を観察すると言っても，もとのところにただ戻る，ということではなくて，そこに現象している本質についてすでに得られた知識をもって，それの現象形態をあらためて吟味する，ということになるのである（第11.1図）。

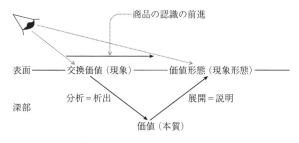

第11.1図　価値（本質）から価値の現象形態を展開する

7）「商品および商品生産」，『経済志林』第61巻第2号，1994年，の第1節「商品」【拙著『図解社会経済学』，桜井書店，2001年，の第1篇第1章「商品と貨幣」，第1節「商品」】を参照されたい。

われわれが最初に交換価値を見たとき，ある商品の交換価値とは，この商品と交換される他の商品の量であったが，そのさい図のなかに，この他の商品と並べて貨幣も掲げておいた[8]。じつは，商品に等置される貨幣の量つまり「価格」こそが，資本主義社会における商品の価値の一般的で支配的な現象形態なのである。ある商品の交換価値をその商品と交換される商品の量だ，ととらえること自体が，じつは売買の関係つまり商品と貨幣との交換のなかから，貨幣を度外視することによって商品相互間の関係を取り出す，という抽象を行なうことなのであった。

そこでいま，商品の価値が貨幣として現われている形態，商品の価値を貨幣が表現している形態を観察してみよう。

商店の店先に並んでいる商品には値札がついているものであるが，ついていなくても，聞けばそれが売り物であるかどうかが，またそれの価格がわかる。たとえば，こうである。

100円というこの値札に書かれているのが20エレのリンネルの価格である。価格とは，商品が，「これこれの貨幣は私の価値と同じです，だから，これれの貨幣となら直ちに交換します」と言っているものである。つまりどんな使用価値も，その現物形態に加えて価格という形態をもつことによって，それが商品であることを見て取れる形態をもつことになっている。

さて，わが国の「貨幣法」(1987年廃止)はその第2条で，「純金の量目 750 mg を以て価格の単位と為し之を円と称す」，と規定していた。つまり「円」とは，もともとは，貨幣である金の750 mgにつけられた貨幣名だった。そこでいま，1円＝750 mgの金　であるとすれば，上の値札は，

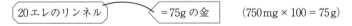

ということにほかならない。このように，商品は値札をもつことで，その上に書かれた量の貨幣とであれば直ちに交換する，ということを表示しているので

---

8) 同前，第5図『図解 社会経済学』，図45】を参照されたい。

ある。

　それでは，この商品はなぜ，そこに書かれた量の貨幣とであれば直ちに交換する，と言うのであろうか。なぜ，これよりも少ない量の貨幣ではだめなのであろうか。それは，われわれがすでに見たように，商品にはある大きさの価値が含まれていて，価格はこの価値の大きさを表現しているものなのだからである[9]。つまり，この値札によって20エレのリンネルは，「75gの金の価値は自分の価値と同じだ，だから，75gの金とならば直ちに交換する」，と言っているわけである[10]。

§2　貨幣形態の謎と貨幣の謎

　商品にこのような値札がついているのは，われわれの日常感覚からすれば，なんの変哲もない，どんな不思議さも感じさせない，ごく自然のことに見えるが，商品についてのわれわれのこれまでの分析によって得られた知識——とくに使用価値と価値とについての知識——によって考えてみるならば，まことに奇妙なことである[11]。

9）同前，第1節§2「商品の価値」【『図解　社会経済学』第1篇第1章第1節「§2　商品の価値」】を参照されたい。

10）「これこれの貨幣は自分の価値と同じだ，だからこれこれの貨幣となら直ちに交換する」，と言うのは，商品所持者ではなくて，商品それ自身である。商品は意志も口ももつことはないにもかかわらず，商品生産者の社会では，別稿（同前，第3節§2「人格の物象化と物神崇拝」【『図解　社会経済学』第1篇第1章第3節「§2　生産関係の物象化と物神崇拝」】）で述べたように，人と人との関係が物象と物象との関係として現われるのである。この価値形態の分析では，主体としての商品が，他の商品にたいして関わることによって自己および他の商品に独自の価値形態を与える関係そのものが対象となっているのであって，そこは商品語（商品が語り合うときに商品が使う言語）の世界なのである。価値形態をもつのは，商品所持者ではなくて商品である。また，価値表現の主体も商品であって，商品所持者ではない。いわんや，それが分析を行なう観察者としてのわれわれでないことは明らかである。

11）商品の2要因である使用価値と価値とについて明確な認識をもったときにはじめて，商品がそのような値札をもっていることが奇妙に見えるようになる。そのような知識をもたなければ，商品が値札をもつことはしごく当り前のことなのであって，奇妙とも不思議とも思われないのがむしろ当然なのである。資本主義社会のもろもろの経済的現象について，同じことが言える。この社会に科学的なメスを入れるようになってはじめて，この社会は，不可解さにあふれるもの，解かれるべき謎に満ちたものに見え始める。経済的三位一体の定式に囚われてそこに安住している日常的な意識にとっては，さまざまの経済現象は，わ

「75gの金」というのは、金という使用価値の一定量だから、ここでは商品（リンネル）の価値が、他の商品（金）の使用価値の一定量で表現されているわけである。つまり、価値というまったく社会的なものが、使用価値としての、物としての金の分量で表現されているのである。

物である金（Au）の量が価値の量を表現する、というようなことが、いったいどのようにして可能なのであろうか。これは、われわれのこれまでの分析で得たところから見るならば、一つの謎だと言わなければならない。ここでは商品の価値が貨幣という形態をとっているので、この謎を〈貨幣形態の謎〉と呼ぶ[12]。

さらに、商品はすべて、20エレのリンネル＝100円、1着のシャツ＝40円、1トンの鉄＝10万円、等々といった価格をもっており、すべての商品の価値が金の一定量で表現されているので、金はあらゆる商品と直接に交換できる。つまり、金は、その現物形態そのものが価値物として、価値のかたまりとして通用する、一種独特のものとなっている。

ここにも一つの謎がある。物である金、使用価値としての金が、それの反対物である価値そのものとして通用することの謎、すなわち〈貨幣の謎〉である（第11.2図）。

第11.2図　〈貨幣形態の謎〉と〈貨幣の謎〉

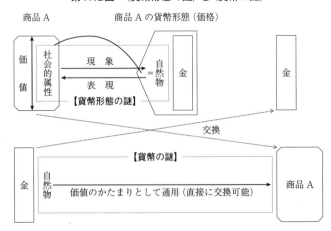

からないことだらけながらも、ごく当り前のこととしか見えないのである。

第11章　マルクスの価値形態論　**479**

　だから，価値の現象形態である交換価値に立ち戻って，これまでに得た商品についての知識にもとづいてこの現象形態を説明する（developする，entwickelnする）ということは，同時にそのなかで，貨幣形態の謎および貨幣の謎を解く，ということでもある。

　すでに序論[13]で述べたように，ある事象を分析して，その事象の本質を把握し，その事象がこの本質の現象形態であることをつきとめたとしても，それだけでこの事象が理解できたとは言えない。把握された本質は，出発点であった現象形態にそのままのかたちで現われてはいなかったのであり，だからこそ，それの把握に分析を必要としたのである。だから，本質が把握されれば，それはまず，出発点であった現象形態と一致しないように見えるのがむしろ当然である。この不一致は，認識の過程として見れば，解かれるべき「謎」なのであり，この「謎」を解いてこの不一致を解消させることが，われわれが本質を把握したのちに，直ちに当面する課題である。そして，この「謎」の解明は，本質からそれの現象形態を展開する（developする，entwickelnする）こと，言い換えれば本質の認識にもとづいて諸現象を説明すること，本質の転倒的形態の必然性をその本質そのものから明らかにすることによって成し遂げられるのである。このような，〈現象形態の分析〉→〈本質の把握〉→〈「謎」の浮上〉→〈現象形態の展開による「謎」の解明〉，という認識の筋道は，だから，いま問題にしている価値形態の認識に限られるものではなく，どのような事象の認識についても共通のものだと言わなければならない。

　ここで，三つのことを注意しておきたい。

　第1に，われわれがいま当面している「謎」がこのようなものであるとすれば，この「謎」は，われわれが最初に現象形態に接したときから「謎」としてあったわけではない，ということである。つまり，そこに現象していた本質が把握されたからこそ，本質と現象形態との不一致が「謎」として浮び上がってき

---

12)「貨幣形態の謎」という表現は久留間鮫造によるものである。マルクスは，「貨幣の謎」と言っているが，「貨幣形態の謎」ということは言っていない。しかし，久留間のこの命名は，マルクスの問題意識を鮮明にする，きわめて適切な定式化であった。

13)【拙著『図解 社会経済学』，桜井書店，2001年，序章第4節「§2　経済学の方法」を参照されたい。】

たのである。このような，本質の把握ののちに解かれるべき課題としての
「謎」と，貨幣にまつわりついており，人びとの日常的な意識にのぼっている，
どことなく謎めいて見える性格とは，はっきりと区別されなければならない。

　第2に，われわれが最初に現象形態を分析して本質を析出するときには，わ
れわれにはまだ本質はわかっていなかったのだから，そこでは，本質がどのよ
うに現われるのか，ということはまだ問題になりようがなく，現象形態そのも
のがどのようなものか，ということはまだ関心の的になりえなかったのであっ
て，もっぱら，この形態から本質をつかみだすことに全力を集中したのであっ
た。それにたいして，いまは，つまり本質から現象形態を展開するときには，
本質はすでに既知のものとして前提して，われわれの関心を形態そのものに集
中する。そして，ここではじめて，本質の認識にもとづいて現象形態そのもの
を分析することになる。言い換えれば，本質が現象形態として現われるさいの
その仕方様式そのものが分析されるのである。だから，現象形態はすでに与え
られているのであって，ここでの本質からの現象形態の展開とは，あくまでも，
このように与えられている現象形態の分析なのであって，本質から形態を演繹
的，自己展開的に導出する，といったものではまったくない。

　そこで第3に，このような現象形態の分析と展開とを通じて現象形態がよく
理解されることによって，そこに現象する本質についての認識も深まることは
たしかであるが，そのことは，本質がここではじめて把握される，ということ
を意味するものではなく，あくまでも，本質の認識はすでに与えられているの
だ，と考えられなければならない。価値形態について言えば，その分析，展開
には，価値という本質の認識が，つまり価値概念がすでに与えられているので
あって，これなしには，それが現象する形態の分析，展開はありえない。価値
形態の展開のなかで価値概念がどれだけ「豊富」になるとしても，それはけっ
して，この分析，展開の結果はじめて価値概念が得られる，ということを意味
するのではないのである。

　さて，貨幣形態および貨幣のなかに解かれるべき謎を見いだして，これを完
全に解いたのはマルクスであった。マルクスは，商品の価値形態を，完成した
貨幣形態から最も単純な価値形態にまで還元して，この最も単純な価値形態を
徹底的に分析し，ここで貨幣形態の謎と貨幣の謎との根幹を明らかにし，その

うえでこの最も単純な価値形態から貨幣形態までの発展過程を明らかにして，貨幣形態と貨幣との生成を示し，貨幣形態の謎と貨幣の謎とを消滅させたのである。ここでは，『資本論』第1部第1章第3節でのマルクスの叙述にそって，すでに得られた価値という本質の認識にもとづいて，価値形態というその現象形態を分析し，展開しよう。

第2節　単純な価値形態の分析
——価値形態の秘密——

§1　単純な価値形態

　価値の現象形態である価値形態の分析に取り掛かるにあたって，なによりもまず留意しなければならないのは，この形態が商品相互の交換関係のなかに潜んでいるのだということ，だから，価値形態の分析は，まずもって商品の交換関係からの価値形態の析出を前提する，ということである。われわれが分析する価値形態は，交換関係とはまったく無関係に頭のなかでつくりあげてみる形態なのではなく，必ずなんらかの交換関係のなかにある形態でなければならないのである。

　それでは，われわれが取り上げるべき価値形態とは，商品のどのような交換関係のなかに潜んでいるのであろうか。われわれのこれまでの分析に登場している商品は，どれをとっても同じもの，つまり使用価値および価値をもって交換の場に登場している労働生産物である。だからわれわれは，まずもってそのような商品のあいだの交換関係を取り上げ，そのなかに潜んでいる価値形態を分析しなければならない。そのさい，われわれが最初に交換価値を分析したときにもそうしたように，当然に最も単純な交換関係を取り上げなければならない。そのような関係が，なんであろうとある一つの商品と他の一つの異種の商品との交換関係であることはまったく明らかである。だからわれわれは，なによりもまず，このような二つの商品の交換関係に潜んでいる価値形態を取り上げなければならないのである。

　そこでまず，最も単純な交換関係，つまりただ二つの商品の交換関係のなかから，ここに潜んでいる価値形態を取り出すことにしよう。

たとえば、20エレのリンネルと1着の上着との交換関係をとってみる（第11.3図）。

第11.3図　最も単純な交換関係

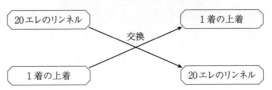

この交換が実際に行なわれるためには、その前に、20エレのリンネルの側では、「1着の上着は自分に値するだけの価値をもっている、だから1着の上着となら直ちに交換する」と言い、1着の上着の側でも、「20エレのリンネルは自分に値するだけの価値をもっている、だから20エレのリンネルとなら直ちに交換する」と言っているのでなければならない。これは、言い換えれば、どちらの商品も他方の商品にたいして、あなたが私に見合うだけの価値をもっていることを認めます、と言って関わっている関係があるということである。いま、それぞれの商品が、あなたは私に見合うだけの価値をもっています、ということを、自分に一つの札（値札を連想されたい）をつけて表わすとすれば、その札を通じてそれぞれの商品は他方の商品にたいして、価値の点において関係をもつことになる（第11.4図）。

第11.4図　2商品の交換関係に含まれている二つの価値関係

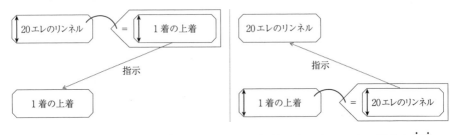

このように、商品が他の商品にたいして、価値の点においてもつ関係を価値関係と言う。このような商品の価値関係が必ずあって、そのうえではじめて交換が行なわれるのである。だから、交換関係は価値関係を含んでいるのであって、価値関係は交換関係の前提なのである。そしてさらに、この二つの価値関係には、それぞれ次のような、それぞれの商品の側からする自分の価値の表現

が含まれている（第11.5図）。

第11.5図　単純な交換関係に含まれている価値表現＝価値形態

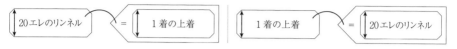

そこで、2商品の交換関係にこの価値表現を加えて図示すれば、次のようになる（第11.6図）。ここからは、双方の価値表現が交換の前提となっており、実際に交換が行なわれることによって、双方の側で、価値表現において観念的に表象され（思い描かれ）、指示されていた商品が現実の商品に転化する、つまり実現(realize)されることを明らかに見てとることができる。

第11.6図　交換関係は価値表現を前提する

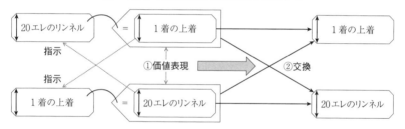

もちろん、この二つの価値表現が成立したのは、20エレのリンネルの所持者（人格）が上着にたいする欲求をもち、1着の上着の所持者（人格）がリンネルにたいする欲求をもっていたからである。けれども、ここでわれわれが分析しなければならないのは、成立している価値表現の形態そのものであって、それの成立の経緯ではない。だから、ここにある二つの価値表現はまったく同じ形態のものである。つまり、どちらも、ある一商品が自分とは異なるなんらかの他の一商品で自分の価値を表現している、という形態となっているのである。

x量の商品Aはy量の商品Bに値する、というこの形態が、最も単純な価値表現であり、価値がとる最も単純な形態、つまり単純な価値形態である。これは明らかに等置であるが、なにについて等しいとされているかと言えば、それは価値についてでしかない。そこで、そのことを図示するなら、次のようになる（第11.7図）。

第11.7図　単純な価値表現＝単純な価値形態

　この価値表現を簡略化して――ワープロのごく普通の機能だけを使って――示すとき，x 量の商品 A ―=y 量の商品 B と記すことにしよう。
　以上見てきたように，二つの商品の交換関係のなかには，一商品の他の一商品にたいする価値関係が含まれており，そしてこの価値関係のなかに最も単純な価値表現が潜んでいるのである[14]。これからこの単純な価値形態の分析にか

---

[14]　『資本論』初版の付録では，単純な価値形態の分析に入る直前のことろで，分析されるべき単純な価値形態が二つの商品のあいだの関係のなかに潜んでいるものであることが，次のように述べられている。
　　「ところで，一商品の価値はどのようにして表現されるのであろうか？　つまり，価値はどのようにして自己自身の現象形態を得るのであろうか？　さまざまの商品の関係によってである。そのような関係のなかに含まれている形態を正しく分析するためには，われわれはその形態の最も単純な未発展な姿から出発しなければならない。一商品の最も単純な関係は，明らかに，なんであるかを問わずただ一つの他の商品にたいするその商品の関係である。それゆえ，二つの商品の関係は，一商品のための最も単純な価値表現を与えるのである。」(MEGA II/5, S. 626. 岡崎次郎訳『資本論第1巻初版』大月書店，国民文庫，1976年，128-129ページ。)
　ここで「さまざまの商品の関係」と言われているものが諸商品の価値関係にほかならないことは，『資本論』現行版で，同じく単純な価値形態の分析の直前に置かれている次の記述から明らかである。
　　「諸商品は，それらの使用価値の雑多な現物形態とは著しい対照をなしている一つの共通な価値形態をもっているということだけは，だれでも，ほかのことはなにも知っていなくても，よく知っていることである――すなわち，貨幣形態である。しかし，いまここでなされなければならないことは，ブルジョア経済学によってただ試みられたことさえないこと，すなわち，この貨幣形態の生成を示すことである。したがって，諸商品の価値関係に含まれている価値表現の発展をその最も目だたない姿から光まばゆい貨幣形態に至るまで追跡することである。これによって同時に貨幣の謎も消え去るのである。／最も単純な価値関係は，明らかに，なんであろうとただ一つの異種の商品にたいするある一つの商品の価値関係である。それゆえ，二つの商品の価値関係は，一商品のための最も単純な価値表現を与えるのである。」(MEGA II/6, S. 80-81; MEW 23, S. 62.)
　また現行版では，相対的価値形態と等価形態との分析とが終わり，単純な価値形態の全

かるのであるが，その単純な価値形態とは，このように，商品の一定の交換関係または価値関係のなかからつかみだされたものであることを忘れないようにしよう[15]。

体を見ようとするところで，次のように述べている。

「一商品の単純な価値形態は，異種の一商品にたいするその商品の価値関係のうちに，または異種の一商品との交換関係のうちに含まれている。……商品は，それの価値が商品の現物形態とは異なる独特な現象形態，すなわち交換価値という現象形態をもつとき，そのあるがままのこのような二重物として現われるのであって，商品は，孤立的に考察されたのでは，交換価値というこの形態をけっしてもたないのであり，つねにただ，第2の異種の一商品にたいする価値関係または交換関係のなかでのみこの形態をもつのである。」(MEGA II/6, S. 92; MEW 23, S. 74-75.)

さらにきわめて示唆的かつ重要であるのは，初版付録で相対的価値形態と等価形態との対極性を述べたところで，両形態が互いに排除しあうことについて，次のように述べていることである。

「リンネル生産者Aと上着生産者Bとのあいだの物物交換を考えてみよう。彼らの商談がまとまる前には，Aは，20エレのリンネルは2着の上着に値する（20エレのリンネル＝2着の上着）と言い，これにたいしてBは，1着の上着は22エレのリンネルに値する（1着の上着＝22エレのリンネル）と言う。長いあいだ商談したあげく，最後に彼らは一致する。Aは，20エレのリンネルは1着の上着に値する，と言い，Bは，1着の上着は20エレのリンネルに値する，と言うのである。この場合には，リンネルと上着のどちらも，同時に，相対的価値形態にあるとともに等価形態にある。だが，注意せよ，それは二人の別々の人にとってのことであり，また，二つの別々の価値表現においてのことなのであって，それらがただ同時に現われるだけのことなのである。Aにとっては，彼のリンネルは相対的価値形態にあり——というのは彼にとってはイニシアティヴは彼の商品から出ているのだから——，これにたいして，相手の商品，上着は等価形態にある。Bの立場からすれば，これとは逆である。だから，同じ商品はどんな場合にも，この場合にもやはり，同じ価値表現において両方の形態を同時にもっていることはけっしてないのである。」(MEGA II/5, S. 628. 岡崎訳『資本論第1巻初版』，131-132ページ。)

15) 念のために，次のことを付け加えておこう。ここで取り上げる二つの商品のあいだの交換関係とは，歴史的に交換の端緒に見られる物物交換のことではない。ここでの商品は，さきに商品を分析して価値をつかみだしたさいにもそうであったように，発展した資本主義的生産のもとで労働生産物がとっている形態としての商品である。ただし，それは，論理的にまだ貨幣形態をとっていないのだから，そのかぎりでそれの商品形態は未発展なものであり，そのような商品相互の関係も，未発展なものであるほかはないのである。また，ここで想定される交換関係も，発展した資本主義的生産のもとでの交換関係から抽象されたものなのではあるが，それがそのように「抽象されたもの」であるのは，いま述べたような商品を前提し，それらの交換関係を想定したものだ，というかぎりにおいてそうなのである。それは，まず諸商品が相互に全面的に譲渡しあっている交換関係を——貨幣の媒

486　III　探索の旅路で落穂を拾う

§2　価値表現の両極：相対的価値形態と等価形態

　x 量の商品 A—$\boxed{=y\text{ 量の商品 B}}$ という等式では，両辺の商品，われわれの
例では20エレのリンネルと1着の上着とは，明らかに違った役割を演じている。
リンネルは自分の価値を上着で表わしており，上着はこの価値表現の材料とし
て役だっている。ここでは，前者は能動的な役割を演じ，後者は受動的な役割
を演じている。

　等式の左辺の商品は，その価値を他の商品との関係において，つまり相対的
に表現している。その価値は相対的価値として表わされているのである。そこ
で，この左辺の位置にある商品は〈相対的価値形態〉にある，と言う。

　等式の右辺の商品は，左辺の商品にとって価値が等しいもの，つまり〈等価
物〉として機能している。そこで，この右辺の位置にある商品は〈等価形態〉
にある，と言う。

　さきに見たように，20エレのリンネル—$\boxed{=1\text{着の上着}}$ という価値表現は，
それが現実の交換関係からつかみだされた（抽象された）ものであるかぎりは，
20エレのリンネルと1着の上着との交換関係を前提するのであり，したがって
他方には，1着の上着—$\boxed{=20\text{エレのリンネル}}$ という価値表現が存在している
はずである。けれども，この二つの価値表現は，その形態だけを取ってみると，
x 量の商品A—$\boxed{=y\text{ 量の商品 B}}$ という，まったく同じ内容をもつ等式である。
だから，われわれはここでは，この価値表現の例として，前者だけを取ること
にしよう。

　ここで注意しなければならないのは，第1に，—$\boxed{=y\text{ 量の商品 B}}$ という価
値表現は，x 量の商品 A が自分につけている（あるいはだれかの口を通して伝
えられるだけでも構わない）いわば〈値札〉なのであって，現物の y 量の商品 B
が実際に置かれているわけではない[16]ということである。—$\boxed{=y\text{ 量の商品 B}}$

　　介だけを捨象して——想定し，そのなかから二つの商品の交換関係だけを取り出して見て
　いる，といった仕方で〈抽象〉されたものではまったくない。そのような商品の全面的な
　交換関係は，貨幣の成立なしには，歴史的にのみならず論理的にも存在しようがないので
　ある。のちに触れる，単純な価値形態から開展された価値形態を経て一般的価値形態に至
　る展開を，このような想定から説明しようとする議論があるようであるが，それは，論理
　的展開における〈抽象〉の意味を取り違えているものだと言わなければならない。

16)　マルクスはのちに，貨幣の価値尺度機能のところで次のように書いている。

第11章　マルクスの価値形態論　487

という価値表現における商品Bは，現物の商品Bをもってきてそれをそこに
等置しているのではなく，現実に存在している商品Bを表象している（思い描
かれている）ものであって，商品所持者にとっては，観念的なもの，表象され
た（思い描かれたもの）ものでしかないのである。

　第2に，それにもかかわらず，この〈値札〉に書かれている（あるいはだれか
の口を通して伝えられる），言い換えればこの〈値札〉が表象しているy量の商
品Bは，現実に存在している現物の商品Bを指示しているのだということ[17]

　　「諸商品の価格または貨幣形態は，諸商品の価値形態一般と同様に，それらの，手に
　つかめる実体的な〔reell〕物体形態からは区別された，したがってたんに観念的な
　〔ideell〕，または表象された〔vorgestellt〕形態である。……商品諸価値の金による表
　現は観念的なものだから，この操作のためにも，ただ表象されただけの，すなわち観
　念的な金を用いることができる。……貨幣がそれの価値尺度機能で役だつのは，ただ
　表象されただけの，すなわち観念的な貨幣としてなのである。」（MEGA II/6, S. 122-
　123; MEW 23, S. 110-111.）
　　ここでは，商品所持者にとっては，商品の価値表現，したがって商品の相対的価値形態
　は「観念的なもの」なのであり，ある商品が価値表現の材料として役だつのは，「ただ表象
　されただけの，すなわち観念的な」等価物としてであり，総じて商品の価値形態は，「た
　んに観念的な，または表象された形態」なのだ，ということが，明示的に述べられている。
　だからこそ，「商品の番人〔つまり商品所持者〕は，これらのものの価格を外界に伝えるた
　めには，自分の舌をこれらの物の頭のなかに突っ込む〔すなわち自分の口で伝える〕か，
　またはこれらの物に紙札をぶらさげるかしなければならない」（同前）のである。
17）前注に述べたことから，等価形態に置かれ，等価物となっている商品そのものがたんに観
　念的なもの，表象されただけのものであって，現実に存在する必要はない，と考えられて
　はならない。等価物として「表象されている」のは実在的な商品なのであり，その実在的
　な商品が等価物という形態を与えられ，そのような形態をもつのである。貨幣について言
　えば，金は諸商品の価格の外部に実在的に存在している。価格に「表象されている」のは，
　まさに，この実在的に存在している金なのである。単純な価値形態においても同様である。
　20エレのリンネル―=1着の上着 という20エレのリンネルの価値表現のなかでは，1着
　の上着はただ表象されているだけの観念的なものであるが，そこに表象されているのは，
　この価値表現の外部に実在している1着の上着である。すなわち，等価物として役だって
　いるのは ―=1着の上着 ではなくて，― = →上着 という形態を与えられている実在
　の上着である。ただ，20エレのリンネルが ―=1着の上着 という価値表現をもつとき，
　そこには実在の上着が置かれているわけでも，置かれている必要もまったくない，という
　ことなのである。
　　ただし，価格形態の場合と単純な価値形態の場合とでは，次の点で異なっている。すな
　わち，価格形態の場合には，金は個々の商品の価格形態とは独立にすでに貨幣となってい
　るのにたいして，単純な価値形態の場合には，20エレのリンネル―=1着の上着 という
　価値表現が1着の上着に等価物という形態を与えるのであって，この価値表現なしには上

である。等価形態にあるのは商品Bであるが，その商品Bは，〈値札〉に書かれている観念的なそれではない。現実に存在している商品Bが，その現物形態のままで，等価形態を受け取っているのである。

この二つのことは，価値表現が価値関係のなかに含まれていることを想起するれば，明らかである。そこで，二つの商品の価値関係とそこに含まれている価値表現をあらためて図示すれば，次のとおりである（第11.8図）。商品Aの商品Bにたいする価値関係のなかで，商品Aは自己の価値を商品Bで表現している。これは，すでに述べたように，簡略化するなら，

$$\text{商品A} \longrightarrow \boxed{=\text{商品B}}$$

と書き表わすことができる。それにたいして，この価値表現のなかの商品Bは，この価値表現があろうとなかろうと現実に存在している商品Bを表象しているのであって，この商品Bが等価形態をとっているのである。商品Bが等価形態にあることを簡略化して示すときには，

$$\longrightarrow \boxed{=} \longrightarrow \text{商品B}$$

と記すことにしよう。

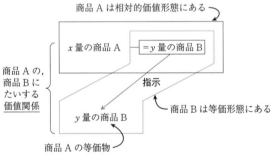

第11.8図　価値形態の両極——相対的価値形態と等価形態

ここで注目すべきことは，20エレのリンネル—$\boxed{=1\text{着の上着}}$というこの形

着は等価物という規定性をもたない，という点である。

態で，商品（リンネル）の価値の大きさを表現しているのは，他の商品（上着）の使用価値の一定量だということである。つまり，価値というまったく社会的なものが，使用価値としての，物としての上着の分量で表現されているのである。使用価値と価値とについてわれわれがこれまでに得た知識からすれば，価値の量を使用価値の量が表現する，というのは，いったいどのようにしてであるのか，という疑問が生じる。これはじつは，さきに見た〈貨幣形態の謎〉を最も単純な形態に還元したものであり，〈価値形態の謎〉と呼ぶことができる。

さらに，ここでは，20エレのリンネルが―=1着の上着 という価値表現をもっていて，20エレのリンネルの価値が1着の上着で表現されているときには，現実に存在している1着の上着は直ちに20エレのリンネルと交換できる。つまりこの価値関係のなかでは，1着の上着は，―=→上着 という形態を与えられることによって，その現物形態そのものが価値そのものとして，価値のかたまりとして通用するという，特別のものとなっているのである。ここにもう一つの謎がある。物としての上着，使用価値としての上着がそれの反対物である価値そのものとして通用することの謎，〈等価物の謎〉である。この謎は，さきに見た〈貨幣の謎〉を最も単純な形態に還元したものにほかならない（第11.9図）。

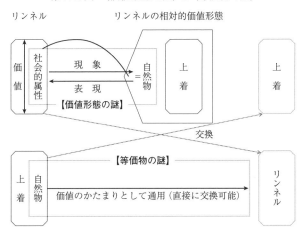

第11.9図　〈価値形態の謎〉と〈等価物の謎〉

490 III 探索の旅路で落穂を拾う

したがって，ここでわれわれは，貨幣形態の謎および貨幣の謎を，その最も単純な形態に還元したかたちでもっているわけである。これらの〈謎〉は，認識された本質とそれの現象との矛盾である。といっても，それは事物そのものに内在する矛盾ではなくて，認識の過程で必然的に生じる論理的な矛盾である。この現象を本質そのものの本性から説明することが，この矛盾を解消することであり，現象そのものを認識することである。だから，単純な価値形態の分析によってわれわれが成し遂げなければならないのは，なによりもまず，〈価値形態の謎〉および〈等価物の謎〉を解くこと，価値の現象形態を価値の本性にもとづいて説明することなのである。

§3　相対的価値形態

(1)　価値表現のメカニズム

さて，いま解かれなければならない最も重要な問題は，どのようにして商品は，自分の価値を他の商品の使用価値で表現するのか，という問題，つまり価値形態の謎である。この問題の解明は〈価値表現のメカニズム〉の解明とも呼ばれている。

この問題を解明するためには，20エレのリンネル― $=1$着の上着 という等式のなかにある量的な規定性（何エレのリンネルか何着の上着か，ということ）をひとまず度外視して，この等式の質的な内容を明らかにしなければならない。つまり，20エレのリンネル― $=1$着の上着 であろうと，― $=2$着の上着 であろうと，― $=x$着の上着 であろうと，これらのどの等式にあっても，その等号は，左辺のリンネルと右辺の上着とが等量の価値をもっていることを意味しており，どちらも同じ性質（価値）をもったものであることを前提している。すなわち，リンネル― $=$上着 がこの等式の基礎となっているのである。

それでは，リンネルが上着を自分に，価値において等しいとして等置しているこの等式によって，リンネルの価値がどのようにして表現されているのであろうか。

これについては，ひとまず――いささかぎこちないが厳密さを優先させた表現で言えば――，〈リンネルは，それが上着にたいして，上着は自分の等価物であると認める様態[18]で，すなわち自分と直ちに交換できるものであると認め

第11章　マルクスの価値形態論　491

る様態で連関すること，関わることによって，自分の価値を上着で表現している̇̇̇̇̇̇̇̇̇̇̇̇
るのだ〉，と答えることができる。

　この連関のなかでは，第1に，上着はボタンのついたその物的な姿のままで価値の存在形態の意味をもっている。あるいはむしろ，そのモダンなデザインにもかかわらず，上着はこの関係のなかでは，ある量の価値をもっているもの，̇̇̇̇̇̇̇̇̇̇̇̇すなわち〈価値物〉という意味しかもっていない。というのは，上着がリンネルと等しいのは，そういうものとしてでしかないのだからである。このように，その身体そのものが或る量の価値という意味しかもっていない商品を〈価値̇̇̇̇̇̇̇̇̇̇̇̇̇̇̇̇̇̇̇̇̇̇̇̇̇̇̇̇̇̇̇̇̇̇体̇〉と呼ぶ。つまり，リンネル―│＝上着│という価値表現によって，―│＝│→̇上着 という形態を受け取った上着が，価値体となっているのである。他方で第2に，リンネルは，このような価値体としての上着と等しいということによって，自分が価値であることを表現している。こうして，リンネルの価値が，その使用価値――これはリンネルの身体そのもの，その現物形態に現われている――から区別されて表現されている。

　このようにして，感覚的につかむことができないリンネルの価値が，感覚的につかむことができる上着の使用価値によって表現されているのであり，リンネルの価値が上着の使用価値という形態で現われている。ここでは，上着はリンネルの価値の現象形態となっているのである。

　以上の価値表現のメカニズムで最も肝心なところは，リンネルが自分の価値̇を自分だけで直接に表現することができないので，ひとまず他商品上着を自分̇̇̇̇̇̇̇̇̇̇̇̇̇̇̇̇̇̇̇̇̇̇̇̇に等置し，それを価値体にしたうえで，この価値体で自分の価値を表現する，̇̇̇̇̇̇̇̇̇̇̇̇̇̇̇̇̇̇̇̇̇̇̇̇̇̇̇̇̇̇̇̇̇̇̇̇̇̇という回り道をしていることである。これを〈価値表現の回り道〉という。価値表現のメカニズムの肝要は，まさにこの〈回り道〉にある（第11.10図）。

───────────
18）「様態」という語は奇妙に響くかもしれないが，この語は，ある主体がなんらかの行動をするときに，どのような仕方，態度，振る舞い方，ありようをするか，ということを最も一般的に表現する語として選ばれている。抵抗を感じられるのであれば，たんに〈仕方〉と読み替えられて結構である。次注19を参照されたい。【なお，「様態」という訳語を採用するさいに筆者の念頭にあったのは，英語でもドイツ語でも，副詞を分類するさいに「mannerの副詞」とか「Art und Weiseの副詞」とか呼ばれるグループが認められていて，英和辞典や独和辞典ではこのmannerやArt und Weiseはふつう「様態」と訳され，辞典のなかの日本語による副詞についての記述でもこの「様態」という語が広く使われてきている，という事情である。】

第11.10図　価値表現の回り道

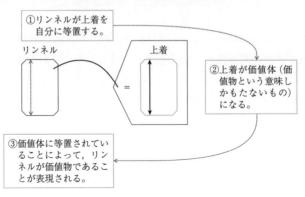

このような〈回り道〉の筋道だけをとって見れば，じつは，それは価値表現だけに特有なことではない。たとえば，ある量の砂糖の重量を目に見えるように表現することを考えてみよう。重さはそれ自体としては目で見ることはできない。そこでわれわれは，天秤の一方の皿にこの砂糖を載せる。そして，他方の皿に，それと釣り合う何個かのパチンコ玉を載せる。こうして，たとえば，1リットルの砂糖＝50個のパチンコ玉 という等式ができる（第11.11図）。

第11.11図　重量表現における回り道

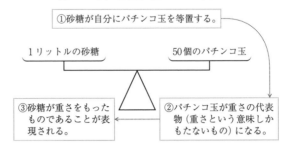

ここでは，1リットルの砂糖に50個のパチンコ玉が重さの点で等しいものとして置かれている。言うまでもなく，ここで等しいのは重さだけであって，それ以外の性質は一切無視されている。しかも，このなかで砂糖とパチンコ玉とは同じ立場にあるわけではない。ここでは，砂糖にたいして，パチンコ玉の物体そのものが重さの現象形態，存在形態，代表物となっているのである。言う

までもなく，パチンコ玉それ自体はけっして重さそのものではなくて，あくまでも一種の物体である。にもかかわらず，その物体としての何個かのパチンコ玉によって，砂糖の重さが，またその重量が表現されるのである。ここでは，重さがパチンコ玉という姿をとっているばかりでなく，パチンコ玉はここでは重さの代表物という意味しかもっていない。砂糖の量の増減に応じて，パチンコ玉の個数も増減する。もしも，砂糖だけでなく，他の多くの物体が同様にしてパチンコ玉で自分の重量を表現するならば，それらの物体は互いにその重量を比較しあうことができるであろう。そうなれば，パチンコ玉の物体形態が重さの代表物の意味しかもっていないことがさらに明らかになるであろう。この例で大事なところは，砂糖がパチンコ玉を自分に重さの点で等置することによってパチンコ玉を重さの代表物に変え，そのうえでこのパチンコ玉で自分の重量を表現している，という〈回り道〉である。この〈回り道〉の筋道に関するかぎり，それと価値表現の〈回り道〉とは完全に同一である。

　さて，以上のような〈回り道〉によってリンネルは自分の価値を表現するのであるが，この〈回り道〉のなかで，じつはさらに，価値とはなにかということが，つまり価値の本質そのものが表現されることになる。これは，価値表現の回り道に含まれているさらに深い内容，正確に言えば価値表現の質的内容である。

　リンネルが上着を価値物として自分に等置する。これによって，上着に含まれている労働（裁縫）がリンネルに含まれている労働（織布）に等置される。この等置によって，上着に含まれている労働（裁縫）が，両方の労働に共通なもの，すなわち抽象的労働に還元される。この関係のなかでは，上着をつくる労働（裁縫）は抽象的労働の実現形態，抽象的労働がとっている姿としての意味しか持たないことになる。そして，これによって，リンネルに含まれている労働（織布）も，価値を形成するものであるかぎりは抽象的労働にほかならない，ということが現われてくるのである。

　しかも，上着に含まれている労働（裁縫）は，上着という物体形態，対象的形態をとっている――上着に含まれている労働はむしろこの物体形態から見て取られるのである――のであって，これによって，リンネルに含まれている労働も，流動状態にある抽象的労働ではなくて，凝固状態にある抽象的労働であ

ることが表現されている（第11.12図）。

第11.12図　価値表現のメカニズムの質的内容

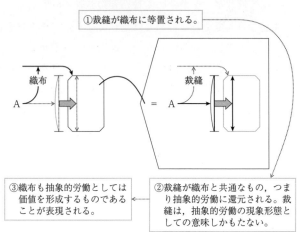

　われわれはすでに交換価値の分析によって，価値が抽象的労働の結晶であることを知っている。しかしこれは，われわれの頭脳のなかで行なわれた抽象の結果であった。ところが，一商品の他商品による価値表現では，価値が抽象的労働の結晶であることが，〈回り道〉をすることによって実際に現われてくるのである。ただし，現われてくると言っても，使用価値を生産する具体的労働と価値を形成する抽象的労働との労働の二重性をすでに明確に知っているわれわれにとってであって，これを知りようもない商品所持者たちにとってでないことは言うまでもない。

　ここで〈回り道〉の意味を，いまいちど確認しておこう。

　20エレのリンネル―=1着の上着　という価値表現では，リンネルの価値が上着の使用価値で表現されている。しかし，これがそのような価値表現でありうるためには，ここでは上着の物的な身体が価値体になっていなければならない。つまりそれは，もっぱら価値として，つまり，リンネルの価値に対象化している労働とまったく区別されない労働，人間的労働の凝固体として通用するような物体になっていなければならない。というのも，そうでなければ，上着という使用価値が価値という社会的なものの量を表現することはできないから

である。だが，上着が価値体として通用するという状態は，どのようにして成立するのであろうか。それは，リンネルが上着を自分に，質的かつ量的に等置するということによって，言い換えれば，リンネルが上着にたいして，上着は自分と価値が等しいものなのだ，つまり等価物なのだ，と認める様態で関わること，連関することによってである。このことが意味するのは，つまるところ，リンネルは上着にたいして，上着をそのようなものとして認めるという様態で関わるということである。このことによってはじめて，上着は，価値体という，この連関のなかでのみ通用する社会的な質を，さらに厳密に言えば，経済的形態規定性を受け取るのである[19]。このような〈回り道〉をすることによってはじめて，リンネルは，自分自身もまた価値物，つまり価値をもった物である，と言うことができるのである。肝心なところは，そもそも商品は，自分だけで自分の価値を表現することがけっしてできず，まずもって他商品の現物形態を自分の価値鏡にしなければならない，ということである。まさにこの点に価値形態の秘密が，したがってまた貨幣形態の秘密がある。

　以上が，二つの商品の交換関係に潜んでいる一商品の単純な価値表現の〈メカニズム〉である。

---

19)「リンネルは，それが上着にたいして，上着は自分の等価物であると認める様態で，自分と直ちに交換できるものであると認める様態で連関する，関わることによって，自分の価値を上着で表現しているのだ」というこの文章は，ドイツ語では，次のように言い表わされる。Indem sich die Leinwand auf den Rock (zu dem Rock) als ihr Gleiches, als unmittelbar mit sich Austauschbares bezieht (verhält), drückt sie mit dem Rock ihren Wert aus. このなかの sich auf B als C beziehen あるいは sich zu B als C verhalten という表現は，価値形態についてのマルクスの論述のなかできわめて重要な役割を果たしている。この表現については，別稿で立ち入って説明したいと考えている。【この表現については，のちに，拙著『マルクスのアソシエーション論』（桜井書店，2011 年）の第 3 章の「［補論 2］マルクスは「関わる〔sich verhalten〕」という語をどのように使ったか」で詳論した。価値形態についてのマルクスの記述のなかでこの語（および sich beziehen という語）が使われている多くの箇所の原意がほとんどの既訳では適切に読み取られていないので，それらのすべての箇所の拙訳を示すなど，そこでは，価値形態論についてのマルクスの（とりわけ「回り道」についての）記述の意味を詳しく論じており，価値形態論の理解に役だちうるものと確信するので，価値形態論に関心をもつ読者に強く参照を求めたい。なおこの機会に，同書中の，この表現についての記述で決定的に重要な箇所で生じている誤記を訂正しておく。同書 241 ページ下から 5 行目に「S が O である」という句は「O が N である」と読まれたい。】

496　III　探索の旅路で落穂を拾う

　商品の価値は抽象的労働の結晶であり，したがってまったく社会的なものである。だから商品は自分の価値を直接に自分の身体で表現できない。そこで他の商品を自分に等置して自分の価値の鏡とし，その鏡を媒介にして間接に，自分が価値であることを表現する。こうしてはじめて，商品の価値は価値形態を受け取り，交換価値として現象するのである。

　これによって，「どのようにして，商品は自分の価値を他の商品の使用価値で表現することができるのか」という問題は解決され，価値形態の謎および等価形態の謎はひとまず解かれている。そしてこれによって，貨幣形態の謎および貨幣の謎を解く決定的な鍵が与えられているのである。

(2) 価値表現の量的規定性

　以上，最も単純な価値表現の質的内容を見たので，今度はそれを前提にして，それの量的側面を見ておくことにしよう。

　20エレのリンネル―│＝1着の上着│，すなわち，20エレのリンネルは1着の上着に値する，という等式は，1着の上着に，20エレのリンネルに含まれているのと同じ量の価値の実体（抽象的労働）が含まれているということ，したがって両方の商品量の生産に必要な社会的必要労働時間が等しいことを前提する[20]。しかし，1エレのリンネルの社会的必要労働時間と1着の上着の社会的必要労働時間とは，それぞれ織布または裁縫という，互いに無関係の具体的労働の生産力の変動につれて変動するのであり，それにともなって1エレのリン

---

[20]　20エレのリンネル―│＝1着の上着│という価値表現は，リンネルが上着を材料にして行なっている価値表現である。だから，このような価値表現があったとしても，それは，実際に20エレのリンネルと1着の上着との価値が等しいことを示しているものではない。両商品の価値は実際には不等であることも十分にありうる。けれどもこの価値表現そのものは，20エレのリンネルが1着の上着にたいして，1着の上着は自己と価値が等しいものだ，として関わる関係，つまり価値関係のなかに含まれているのであって，そのかぎりで，20エレのリンネルの価値と1着の上着の価値とが等しいことを前提にして成立しているのである。両方の価値量が現実に等しいかどうかは，この価値表現そのものにとってはどうでもよいことである。だから，価値表現の量的規定性を問題にするときには，価値表現の前提となる両者の価値の関係と両者の価値の現実の関係との一致不一致は問題にならない。このような問題は，ここではひとまず，考慮の外に置いておかなければならない。そして一致不一致から生じる問題を除去するためには，むしろ，それらが一致しているものと前提する必要があるのである。

ネルの価値と1着の上着の価値とは，互いに無関係に変動する。このような両者の価値変動は，価値の大きさの相対的表現（価値の相対的価値としての表現）にどのように反映するであろうか。

そこで，上の等式を，20エレのリンネルが自分の価値をなんらかの量の上着で表現している等式に書き直そう。

$$20\text{エレのリンネル} \boxed{= y \text{着の上着}}$$

20エレのリンネルの価値を p，1着の上着の価値を q とすれば，この等式は，両辺の価値量が等しいということ，すなわち，

$$p = yq$$

であることを前提にして成立したものである。

そこで問題は，リンネルを生産する織布あるいは上着を生産する裁縫の生産力が変動して，p または q，あるいはその両者が変化した場合に，y がどのように変化するか，ということになる。つまり，

$$y = \frac{p}{q}$$

にあって，p と q との変化が y にどのように反映するか，ということである。明らかに，y は，p に比例し，q に反比例する。p と q との増減率が等しければ，y はまったく変化しない。これを相対的価値表現の法則と言うが，これから直ちにわかるのは，価値量の変動は価値量の相対的表現または相対的価値の大きさには，明確にも完全にも反映しないということ，したがって相対的価値の変動を見ても価値量そのものの変動はつかめない，ということである。この事実は，商品の価値は他の商品の使用価値で相対的に表現されるほかはない，ということの必然的な結果であって，のちに見る[21]，価値の変動は価格の変動に直接反映するわけではない，という事実の基礎をなすものとして，重要な意味をもっている（第11.13図）。

---

21) 【『図解 社会経済学』，96ページを参照されたい。】

498　III　探索の旅路で落穂を拾う

第11.13図　価値表現の量的側面（相対的価値表現の法則）

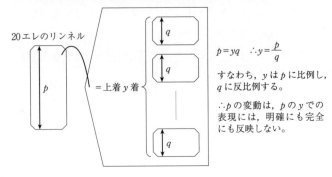

§4　等価形態

(1) 直接的な交換可能性の形態

　すでに見たように，リンネルは，自分の価値を上着の使用価値で表現すると同時に，上着に等価形態という価値形態を押しつける。リンネルは上着にたいして，上着は価値の点で自分に等しいのだ，とする様態で関わることによって，自分が価値をもっていることを表現し，そしてまた自分の価値の大きさを表現する。この価値表現のなかで上着は等価物として役だつのであり，これによって上着は等価形態をもつことになるのである。すなわち上着は ―=→上着　という形態を与えられるのである。

　ところで，価値としてはどの商品も，抽象的労働という同じ一つのものの物的表現であり，したがって互いに置き換えられることができる，つまり交換可能な物的表現である。しかし商品は，他の商品と交換されうるためには，まずもって，それが価値であることを外部から見て取ることができるような形態をもたなければならない。20エレのリンネルは，―=1着の上着　という価値表現をもつことによって，それは他の商品と交換されうる形態，つまり商品形態をもつことになる。しかし，リンネルが交換されうるというのは，それがもし他の商品によって等価物とされるならば，そのときにはそれと交換されうる，というたんなる可能性であり，商品として交換の場に出てきているということの別表現でしかない。リンネルが，このようなたんなる可能性ではなくて，他の商品と交換しようとすれば直ちに交換できるという現実的な可能性を，あるいはそのような力をもつためには，つまり直接に交換されうる——すなわち商

第11章　マルクスの価値形態論　499

品所持者が交換しようとすればすぐに交換できる——ためには，リンネルは，たんに商品として交換の場に出ているというだけではなくて，さらに，その商品体の直接的な形態，つまりそれ自身の物体形態あるいは現物形態そのものが，他の商品にたいして価値を表わし，あるいはこの他の商品にたいして価値の姿として通用しなければならない[22]。

　すでにみたように，20エレのリンネル——$\boxed{= 1着の上着}$という価値表現があるとき，20エレのリンネルがもっていないこのような可能性，能力，つまり直接的な交換可能性をもっているのは，この価値表現が表象している上着，すなわち——$\boxed{=}$ →上着　である[23]。総じて，ある商品が等価形態をもっている

22）等価形態が「直接的交換可能性の形態」であること，そしてさらに，相対的価値形態に立つあらゆる商品がもつたんなる「交換可能性」と等価形態がもつ「直接的交換可能性」との区別は，マルクスの価値形態論の理解にとって決定的な意味をもっている。

　　等価形態が直接的交換可能性の形態であることを——おそらく意識的に——まったく無視することによって成り立っているのが，武田信照氏の価値形態論（『価値形態と貨幣』，梓出版社，1982年）である。氏の価値形態は，諸商品の交換関係とはまったく無関係に成り立ちうるものであって，それは，諸商品の交換関係を前提し，それからつかみだされているマルクスの価値形態とはまったく異なるものである。そのことが，氏の著書では等価形態が「直接的交換可能性の形態」であることについて——おそらく意識的に——完全に口をつぐまれるという結果になっているのであろう。

　　他方，マルクスにあってはたんなる「交換可能性」と「直接的交換可能性」とが厳密に区別されていることにまったく気づかないか，あるいは気づかないふりをしたまま，マルクスの価値形態論についてあれこれ論じ，マルクスを批判しているのが，岩井克人氏の議論（『貨幣論』，筑摩書房，1993年）である。氏の議論にあっては，氏によるマルクスの「交換可能性」なるものが，マルクスの理論を終局的に否定するのにきわめて重要な媒介環となっているのであるが，氏のマルクス批判がこのような区別さえわきまえないものであることを指摘することもできずに「深刻な問題提起」などと騒ぎ立てる論者は，それによって，自分自身がマルクスの価値形態論についてほとんどなにもわかっていないことを吐露することになっている。

23）等価形態をとっている商品，すなわち等価物として役だっている商品は，この価値表現そのもののなかで思い描かれている，あるいは〈値札〉に書かれている，その商品の観念的な像ではない。どれであろうと，現実に存在しているその種の商品そのものである。相対的価値形態にある商品がそれの価値表現によって関わるのは，つねに，交換の対象としての現実に存在する商品なのであり，現実に存在する商品が等価形態という形態を与えられるのである。そのことは，〈値札〉の観念的な像が〈直接的交換可能性〉をもつ，ということの無意味さを考えてみれば明らかである。直接的交換可能性をもつことができるのは，実在的な商品だけである。〈値札〉に描かれた観念的な像は，実在的な商品を表象することができるだけである。

ということは，その商品が価値表現のなかで置かれている位置によって，その商品自身の現物形態が他の商品にとっての価値形態として通用しているということ，すなわち，その商品が他の商品との直接的交換可能性の形態をもっているということを意味しているのである。等価形態にある商品，ここでは上着は，その直接的な現物形態のままで，相対的価値形態にある他の商品，ここではリンネルと交換可能なのだから，リンネルと交換されることができるようになるために，まえもって，ボタンをつけポケットをもったその現物形態とは違ったなにか別の形態をとる必要はない。つまり，一商品（上着）の等価形態，すなわち $\boxed{ = }\!\to$ 上着 は，その商品（上着）の他の商品（リンネル）との直接的な交換可能性の形態なのである。ここで〈直接に交換可能だ〉というのは，交

マルクスは，『経済学批判要綱』のなかで，ステューアトらの観念的価値尺度論を批判しているが，そのさい，バーバリ地方での観念的なバーなる貨幣単位について紹介し，かつそれについてのもろもろの謬論を批判している。ところが，価値形態論に関する大著のなかで，こともあろうに，これに関するマルクスの記述を論拠にして，等価物が現実に存在する商品である必要はなく，商品交換なしにまず価値表現および等価物が成立する，と大真面目に論じている論者がいる。その必然的な帰結が，等価物がもつ直接的交換可能性という本質的な規定性をまったく無視する，ということなのである。

マルクスは，次のように書いている。

「ステューアトの場合，観念的価値基準についてのたわごとは，二つの例によって歴史的に説明されている。……第2の例は，同じ方向に追随するすべての新参者が彼の受け売りをしてきたものである。たとえばアーカートは，バーバリ地方の例を挙げる。そこでは観念的なバー〔棒〕なるもの，棒鉄が，つまりたんに表象されただけの棒鉄なるものが，上昇も下落もしない尺度基準として通用しているのである。……この「観念的な」表象された尺度基準は，表象された現実的価値にほかならない……。バーの基礎には現実の棒鉄があるのだか，その棒鉄がその後，空想的存在に転化させられ，そのようなものとして固定されたのである。／……これらの未開人も，棒鉄のある分量から出発したのだが，この棒鉄が伝統的にもっていた価値を計算単位として固持するのであって，云々。」(MEGA II/1.2, S. 662-666.)

ここでマルクスが言っているのは，もともと諸物品と棒鉄との交換関係があって，そこからバーという尺度基準が生まれたのだということである。交換関係にも入らないものが「現実的価値」をもつはずもなく，〈値札〉のうえに思い描かれることもありえない。

たとえば，国民所得を貨幣で表現するときに役だっている貨幣は，まったく観念的な貨幣であり，この表現それ自体がまったく観念的なものであるが，しかし，そこに思い描かれている貨幣は実在的な貨幣なのであり，貨幣はこの価値表現の外部に厳然として実在しているのである。ただし，貨幣の場合には，この価値表現が行なわれる以前に，すでに金が貨幣となっているのであって，この表現が金を貨幣にするのではないのではあるが。

換できるかもしれないし，できないかもしれない，という意味でも，交換されるかもしれないし，されないかもしれない，という意味でもない。そうではなくて，交換しようとしさえすればすぐに交換できる，そのような力をもっている，ということなのである[24]（第11.14図）。

第11.14図　等価物は直接的交換可能性をもつ

(2) 等価形態は，等価物商品の価値の量的規定を含んでいない

　一商品の等価形態，つまり他の商品との直接的な交換可能性の形態は，価値表現のなかのその位置によって与えられるまったく質的な規定，形態規定である。ところが，このまったく質的な規定を見誤って，ここに量的な関係だけを，しかもこの商品の価値量を見る，誤った見解が見受けられる。けれども，一商品の等価形態は，この商品自身の価値の量的規定をまったく含んでいないのである。

　①たしかに，等価形態にある商品（上着）は，2着等々ではなくて1着，とい

---

[24] 交換しようとすればすぐできる，というとき，実際に交換しようとし，そして交換するのは，商品そのものではなくて，商品所持者である。等価物の所持者が相対的価値形態にある商品にたいする欲求をもつならば，彼はその等価物がもつ直接的交換可能性を実現して，その代わりに相対的価値形態にある商品を手に入れるのである。しかしこのことは，等価物商品そのものの与り知らぬところである。等価物そのものがもつのは直接的交換可能性でしかない。
　　単純な価値形態を含む，二つの商品の交換関係では，どちらの商品も他方の商品の所有者の欲求の対象である。だから，20エレのリンネルになぜ——他の商品種類ではなくて——上着が等置されたのか，と言えば，それはリンネルの所有者が上着を欲したからである。しかし，この交換関係から，そのなかに含まれている上着でのリンネルの価値表現を取り出してみれば，そのなかでは，上着は価値体でしかない。上着の物体形態は価値物としての意味しかもたないのであって，欲求の対象としての意味をまったくもっていない。リンネルは物象であって，欲求はもたないからである。そして，価値形態論で問題になるのは，こうした物象としての諸商品のあいだの関係であって，商品所持者の欲求は，価値表現を含む交換関係成立の要因として前提されているだけである。

502　III　探索の旅路で落穂を拾う

うように，量的にきまった大きさではある。しかしこの大きさは，使用価値の量であって，この量はリンネルと上着との価値量の比率によって決まることで，リンネルと直接に交換可能だという上着の特徴的な属性とはまったくかかわりがない。上着の2着か1着かというこのことは，むしろ，リンネルの側での価値表現の量的規定性，つまり相対的価値の量的規定性なのである。

　②たしかに，20エレのリンネルがある一定の量の価値として1着の上着で表現されている場合，この表現が20エレのリンネルと1着の上着との交換関係から抽象されたものであるかぎり，それは他方に，リンネルと交換されるべき上着の側での，1着の上着—$\boxed{\text{＝20エレのリンネル}}$という逆の連関，価値表現を想定するものである。そしてこの価値表現では，上着の価値の大きさがリンネルによって表現され，量的に測られている。しかし，1着の上着—$\boxed{\text{＝20エレのリンネル}}$という等式では，上着はすでに等価形態にはなく，相対的価値形態にあって，自分の価値を20エレのリンネルで相対的価値として表現しているのである。上着が価値表現で等価物の位置に置かれるときには，上着は，価値の大きさとしてのどんな表現をも受け取らない。等価物の位置にある商品種類は，価値等式のなかでは，使用価値の，物の一定量としてだけ意味をもつのである。

　③たしかに，20エレのリンネル＝1着の上着　という，等号で結ばれた等式は，20エレのリンネルと1着の上着とが等しい大きさの価値であること，「等価」であることを前提にして成立しているものだと言える。けれども，この場合の「等価」という言葉は，われわれが頭のなかで両者を価値という抽象物に還元したうえで，それらが量的に等しいということを言っているにすぎないのであって，リンネルの価値表現のなかで上着がもっている「等価物」という形態とは別の事柄である。両者は，はっきりと区別しなければならない[25]。

───────────────

25)　筆者は，20エレのリンネルが自己に1着の上着を等置している等式を，20エレのリンネル—$\boxed{\text{＝1着の上着}}$のように，左辺と右辺とが異なった位置にあるものであることを明示する仕方で書き表わしている。マルクスはこれを，20エレのリンネル＝1着の上着　のように，左辺と右辺とをただ等号で等置しただけの等式で表わしている。しかし，マルクスの場合にも，価値形態論でのこの等式における左辺と右辺とは，筆者が明示的に示しているようなはっきりした区別があるのである。ところが，『資本論』の冒頭での，商品の交換価値から価値を析出する分析のなかでは，同じかたちの等式，すなわち1クォーターの

第11章　マルクスの価値形態論　503

（3）等価形態の独自性

　価値表現のなかで等価形態に置かれた商品が果たす役割，すなわち，価値表現の材料として機能し，直接的な交換可能性をもつという役割はすでに明らかとなっているが，この等価形態にはさらに，価値の本質についての認識を，つまり価値概念をもってこれを観察したときにはじめて見えてくる，重層的に関連する三つの独自性がある。これは，商品生産における生産関係の物象化[26]を理解するためにきわめて重要な意味をもっているので，立ち入って見ておかなければならない。

　①等価形態の第1の独自性は，使用価値がその対立物である価値の現象形態となる，ということである。

　商品の現物形態がそのまま価値形態になるのである。しかし，注意しなければならないのは，このような〈入れ替わり〔Quidproquo〕〉[27]が商品 B（たとえば上着）にとって生じるのは，ただ，他の商品 A（たとえばリンネル）が商品 B（上着）で自分の価値を表現しているという関係のなかでだけのことだ，とい

　　小麦 = a ツェントナーの鉄　という等式は，この二つの商品を分析者が頭脳のなかで等置していることを表わすものとなっている（この点については，別稿「商品および商品生産」の〔補論1〕「使用価値の捨象によって抽象的労働に到達するのは無理であるか」【本書前章の「論点1」】を参照されたい）。価値形態論のなかでさえ，等式がこのような意味で使われている場合がある。同じかたちの等式が，このように別の意味を持たされているために混同や誤解が生じやすい。マルクスの文章のなかにこの等式が出てきたときには，それがどちらの意味のものであるかをしっかりと区別しながら読む必要があるのである。

26）この点については，別稿「商品および商品生産」，第3節§2「人格の物象化と物神崇拝」【拙著『図解 社会経済学』第1篇第1章第3節「§2　生産関係の物象化と物神崇拝」】を参照されたい。この別稿【拙著『図解 社会経済学』】では，以下に見る等価形態の独自性を価値形態論のところでは説明していないが，物神崇拝は，「等価形態の独自性」を知ったうえで考えることによって，よりよく理解できるものである。

27）マルクスが使っているこの〈入れ替わり〔Quidproquo〕〉（ラテン語の quid pro quo = something for something に語源をもつ外来語）という表現は，あるものが他のあるものに入れ替わることであって，それによって人びとが欺かれることになる。たとえば，モーツァルトのオペラ『フィガロの結婚』で，アルマヴィーヴァ伯爵を懲らしめるために伯爵夫人とスザンナとが衣裳を取り替えて別人に成り済ます。そしてこれに伯爵がまんまとひっかかる。これが〈入れ替わり〉であり，それによって生じる〈取り違え〉である。『女はみんなこうしたもの〔Cosi fan tutte〕』のフィオルディリージとドラベッラの場合もそうである。Quidproquo は，オペラや喜劇ではときに現われて愉快な舞台回しをするのであるが，商品生産では出ずっぱりで登場人物たちを惑わし続けるのである。

う点である。たとえば上着は，この関係から切り離してそれ自体として観察すれば，リンネルとまったく同様に，一つの特殊的な有用物，使用価値であり，ポケットやボタンのついた現物形態しかもっていない。ところが，この使用価値が，リンネルとの価値関係の内部では，そのまま価値の現象形態となるのである（第11.15図）。

第11.15図　使用価値が価値の現象形態となる

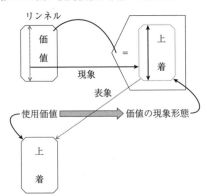

相対的価値形態と対比してみると，等価形態のこの独自性がよくわかる。たとえばリンネルの相対的価値形態をとってみよう。ここでは，リンネルの価値性格はリンネルの現物形態やその自然属性とはまったく違うものであることが，他の商品，たとえば上着での相対的価値表現に，はっきりと現われている。つまり，この表現そのものが，ある社会的な関係（他の商品への関係）を自分のなかに包み込んでいることを示唆している。

ところが，等価形態の場合にはそうではない。等価形態，つまり 上着 は，上着という商品体が，こうした〈物〉そのものが，そのままで価値を表現し，したがってその生まれながらの姿のままで価値形態をもつということ，まさにこのことによって成り立っているのである。

もちろん，これは，いまも述べたように，リンネルが等価物としての上着に関係している価値関係のなかだけで通用することである。ところが，普通には，ある〈物〉の諸属性は，その〈物〉が他の〈物〉にたいして関係をもつことから生まれるのではなくて，もともとそれがもっていた属性が，そうした関係のなかで実証されるにすぎないので，そこで上着もまた，それの等価形態を，つま

り直接的な交換可能性というその属性を——これは，上着が他の商品にとっての等価という位置に置かれることによってはじめて生じたものであるにもかかわらず——，まるで重さがあるとか保温に役だつとかいう自然属性と同じように，生まれながらにもっているかのように見えることになるのである。つまり，上着は，リンネルが上着を自分に等置していないところでも，もともと生まれながらにリンネルにたいする等価物であったかのように見える，ということである。

　単純な価値形態について見ているかぎり，これが錯覚であることを見抜くのはまだそんなに困難なことではない。けれども，これがのちに，貨幣において完成した姿で現われると，人びとは，また経済学者たちでさえも，すっかり目をくらまされてしまう。金は，それのもろもろの自然属性とともに，すなわちその光り輝く色，その比重，等々とともに，その等価形態をも，つまり他のすべての商品と直接に交換されうるという社会的な性質をも，生まれながらにもっているように見える。そこで経済学者たちは，なんとかして金や銀の神秘的な性格を説明しようとして，金銀以前に商品の等価物であったことのあるすべての商品を列挙し，これらに金銀のまぶしい輝きを対置すれば，それで説明できたかのように考える。彼らは，20エレのリンネル—=1着の上着というような，最も単純な価値表現が等価形態の謎を解かせるものなのだ，ということにはまったく気づかないのである。

　ここに，等価形態となっている商品の謎めいた性格の源泉がある。われわれはさきに，「使用価値としての金，物である金が，本来それの対立物である価値として通用することの謎」を貨幣の謎と呼んだが，貨幣の謎は，じつは，等価形態の謎の発展したものにほかならない。だからこそ，貨幣形態の謎を解く鍵は，最も単純な価値表現，たとえば，20エレのリンネル—=1着の上着のなかにあるのである。じっさいわれわれは，単純な価値表現のメカニズムを解明して，商品の使用価値がいかにして商品の価値を表現するのかを明らかにし，そこで等価の機能を果たす商品が受け取る独自的な性格を追究することによって，等価形態の謎めいた性格の生まれてくるゆえんを明らかにしたのであった。

　②等価形態の第2の独自性は，具体的有用的労働が，その対立物である抽象的人間的労働の現象形態となる，ということである。

　等価物として役だつ商品の身体は，つねに抽象的労働の体化物として意義を

もつが，そうでありながら，しかもつねにそれは，ある一定の具体的労働の生産物である。というよりむしろ，それが一定の具体的労働の生産物であることによって，はじめて特定の物としての身体をもつのであり，価値体として通用することができる。つまりここでは，具体的労働が抽象的労働の表現となるのである。たとえば上着が抽象的労働のかたまりとして通用するときには，上着として現われる裁縫労働は，もっぱら抽象的労働の現実化した形態として通用するわけである（第11.16図）。

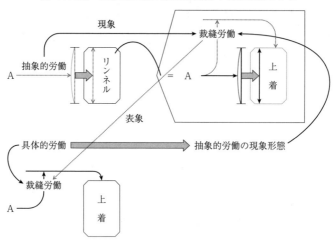

第11.16図　具体的労働が抽象的労働の現象形態となる

ところで，裁縫労働の形態でも織布労働の形態でも，人間労働力が支出されるのであり，どちらも人間的労働という一般的属性をもっているのであって，商品を分析してそれの価値の生産を問題にするときには，このような見地だけから考察するのである。ここには神秘的なことはなにもない。

ところが，商品の価値表現では，事柄そのものがややこしいことになる。たとえば，〈織布労働がリンネル価値を形成するのは，織布労働としての具体的形態においてではなくて，人間的労働というその一般的属性においてなのだ〉ということを——商品の価値関係そのものによって——表現するために，織布労働にたいして，裁縫労働という具体的労働が，抽象的労働の手でつかめる実現形態として対置されるのである。ここでは，抽象的一般的なものが，具体的

なもの，感覚的に現実的なものの属性として認められる——これならよくわかる——のではなくて，逆に，感覚的具体的なものが，抽象的一般的なもののたんなる現象形態または特定の実現形態として認められるのであり，このような不可避的な〈すり替わり〉によって，価値表現は不可解なもの，謎めいたものとなるのである。

③等価形態の第3の独自性は，私的労働が，それの対立物の形態である直接に社会的な形態にある労働になる，ということである。

労働生産物は，それらが互いに独立して営まれる私的労働の生産物でないならば，商品とはならない。互いに独立して営まれる私的労働が社会的関連のなかにあると言えるのは，それらがいずれも自然生的な社会的分業の分肢をなしており，したがってまた，それらの生産物が，社会的欲求の自然生的なシステムの各部分をなしているもろもろの欲求を満たすかぎりにおいてである。しかし，互いに無関係に営まれるもろもろの私的労働のこのような社会的関連が媒介され，実現されるのは，生産物の交換によってである[28]。だから，私的労働が社会的形態をもつには，なによりもまず，その生産物が商品の形態を，だから価値形態をもたなければならない。しかし，商品が相対的価値形態をもっていたとしても，その交換可能性はまだたんなる可能性でしかない。

それが直接に社会的な形態をもつのは，それ自身の物体形態，現物形態が同時に，他の商品との直接的な交換可能性の形態となっており，言い換えれば，他の商品にたいして直接に価値形態として通用する場合だけである。そして，労働生産物がそうした形態を受け取るのは，他の商品との価値関係のなかでそれが等価形態に置かれ，他の商品にたいして等価物の役割を演じる場合だけである。

リンネルを生産する具体的有用的労働である織布労働も上着を生産する具体的有用的労働である裁縫労働も，どちらも直接には私的労働である。にもかかわらず，この二つの具体的有用的労働のあいだには，決定的な違いがある。

リンネルを生産する織布労働は，リンネルが上着と交換されないかぎり，私

---

28) この点については，別稿「商品および商品生産」，第3節§1「商品生産関係——私的諸労働の物象的依存関係——」【拙著『図解 社会経済学』第1篇第1章第3節「§1 商品生産関係」】を参照されたい。

的労働にとどまり，社会的労働になることはできない。そしてこの交換は，上着の側にかかることであって，リンネルが自由にできることではない。つまり，リンネルを生産する織布労働は，これから社会的労働にならなければならないのであって，直接には社会的労働ではないのである。

　これにたいして，上着のほうは，直ちにリンネルと交換できる立場にある。したがって，上着を生産する裁縫労働は，だれかの欲求を満たす有用的労働になりうることが保証されている。それは直接に社会的な労働となっているのである（第11.17図）。

第11.17図　私的労働が直接に社会的な労働になる

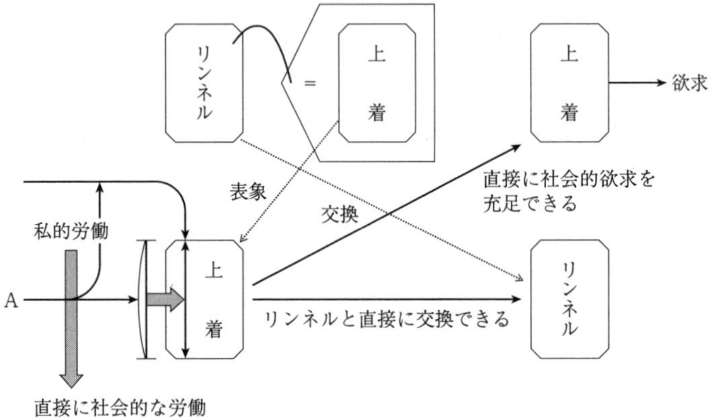

リンネル ＝ 上着

上着 → 欲求

私的労働

表象

交換

A 上着

直接に社会的な欲求を充足できる

リンネル

リンネルと直接に交換できる

直接に社会的な労働

　このことは，金が貨幣になったときのことを考えてみるとよくわかる。金以外のあらゆる商品を生産する具体的労働は，直接には私的労働にすぎないのであって，それが生産する商品が貨幣によって買われないかぎり，社会的労働になることができない。ところが，金を生産する具体的労働である産金労働は，直接に社会的な労働である。なぜなら，それが生産する金は，それ自体として価値のかたまりとして通用するのであり，いかなる商品とでも，直ちに，無条件に交換できるのであって，それを生産する産金労働が私的労働のままに終わる心配はまったくないのだからである。

　ところで，等価物が直接に社会的な形態をもっているのは，それが他の商品との直接的交換可能性の形態をもっているからであるが，それがこのような直接的交換可能性をもっているのは，それが他の商品にたいして価値体として，

したがってまたそれらと同等なものとして，通用するかぎりでのことである。たとえば裁縫労働というような特定の労働が，たとえばリンネルというような異種の商品に含まれている異種の労働——織布労働——との同等性の形態をもつことができるのは，ただ，裁縫労働というこの特定の形態が，異種の労働のあいだの同等性を現実に形成しているものの表現として意義をもつかぎりにおいてのことである。そして，異種の諸労働が同等であるのは，ただ，それらが抽象的労働であるかぎりにおいてである。

　したがって，たとえば裁縫労働という，等価物に含まれている特定の具体的労働は，それが他の商品に含まれている労働と同じ抽象的労働の実現形態または現象形態として通用することによって，他の労働との同等性の形態をとるのであり，だからこそまた，諸商品を生産する他のあらゆる労働と同様に私的労働であるにもかかわらず，しかもなお直接に社会的な形態をとる労働なのである。だから，この労働は他の商品と直接に交換可能な生産物となって現われるのである。

§5　単純な価値形態の総体
(1)　一商品の単純な価値形態は，その商品に含まれている使用価値と価値との対立の単純な現象形態である

　商品Bにたいする価値関係に含まれている商品Aの価値表現を立ち入って考察することによって，この価値表現の内部では，商品Aの現物形態は使用価値の姿としてだけ意義をもち，商品Bの現物形態は価値形態または価値の姿としてのみ意義をもつ，ということがわかった。

　商品は，使用価値であるとともに価値であって，この価値が，商品の現物形態とは違った独特な現象形態，すなわち交換価値という自立的な現象形態をもつとき，商品は，そのあるがままに，このような二重物——使用価値および価値——として現われるのである。

　こうして，一商品のうちに包み込まれている使用価値と価値との内的な対立は，一つの外的な対立によって，すなわち，二つの商品の関係によって表わされることになる。この関係のなかでは，使用価値と価値という二つの対立的な規定が，二つの商品のあいだに対極的に分配されているのである。

もしわれわれが,「商品としてはリンネルは使用価値でありかつ価値である」,と言うのであれば,それは,商品を分析することによって得た,分析者としてのわれわれの判断である。これに反して,20エレのリンネル—$=$1着の上着,すなわち20エレのリンネルは1着の上着に値する,という表現においては,リンネルが自分で,自分は①使用価値(リンネル)であり,②それから区別された価値(上着と同等なもの)であり,③これらの二つの区別の統一,すなわち商品である,ということを——商品語で——語っているのである。

(2) 商品の単純な価値形態は,労働生産物の単純な商品形態である

労働生産物は,どんな社会状態にあっても使用対象ではあるが,これが商品になるのは,歴史的に規定されたある発展段階,すなわち,ある使用物の生産に支出された労働をこの使用物の「対象的」な属性として,すなわちその使用物の価値として表わすような発展段階だけである。労働生産物は,使用価値の形態のほうは,それの現物形態のうちにもって生まれてくる。だから,労働生産物が商品形態をもつためには,すなわちそれが使用価値および価値という対立物の統一として現われるためには,それはただ価値形態=交換価値を持てばいいのである。

だから,商品の単純な価値形態は同時に労働生産物の単純な商品形態であり,したがってまた,価値形態の発展は同時に商品形態の発展なのである。

第3節 価値形態の展開
——単純な価値形態から貨幣形態へ——

§1 価値表現のメカニズムの分析から価値形態の展開へ

第2節では,単純な価値形態を分析して,価値形態の秘密の根本を追究した。それによって,価値の現象形態がどのようなものであるのか,ということが明らかとなり,〈価値形態の謎〉および〈等価物の謎〉がひとまず解かれた。言い換えれば価値という本質とそれの現象形態との矛盾が,価値の本質にもとづいてひとまず説明された。〈価値形態の謎〉および〈等価物の謎〉は,それぞれ〈貨幣形態の謎〉および〈貨幣の謎〉を最も単純な形態に還元したものであるか

第11章　マルクスの価値形態論　511

ら，これまでの分析によってわれわれは〈貨幣形態の謎〉および〈貨幣の謎〉を解くことの最大の難所を乗り越えたと言うことができる。

だが，それにもかかわらず，〈貨幣形態の謎〉および〈貨幣の謎〉はまだ完全に解かれたわけではない。なぜなら，われわれのこれまでの分析のなかでは，貨幣形態と貨幣についてわかっているのは，それらが最も発展した価値形態としてわれわれの目の前にあるのだ，ということだけなのだからである。

ところで，x エレのリンネル—$\boxed{=y\,\text{着の上着}}$（x エレのリンネルは y 着の上着に値する）という形態の代わりに，x エレのリンネル—$\boxed{=\text{金}\,yg\,(z\,\text{円})}$（$x$ エレのリンネルは金 yg（z 円）に値する）という貨幣形態（価格形態）を置いてみれば，一見して，貨幣形態は商品の単純な価値形態の，それゆえ労働生産物の単純な商品形態のいっそう発展した姿以外のなにものでもない，ということがわかる。貨幣形態は発展した商品形態にほかならないから，それは明らかに，単純な価値形態に源をもっているのである。

したがって，単純な価値形態が把握されてしまえば，残る問題は，単純な商品形態が貨幣形態にまで発展していくあいだに通過する一連の変態を追究することだけである。これによって，〈貨幣形態の謎〉および〈貨幣の謎〉は最終的に解消することになるであろう。

そこでわれわれはこれから，単純な価値形態が貨幣形態にまで発展する過程を展開しなければならない。先取りして言えば，この展開は次の順序で行なわれる。

　　A　単純な価値形態
　　B　開展された価値形態
　　C　一般的な価値形態
　　D　貨幣形態

§2　価値形態の論理的展開と価値形態の歴史的発展

ところで，価値形態をその最も単純なものから最も発展したものにまで展開する過程，つまり，いま挙げた A→B→C→D という展開過程は，価値形態の歴史的発展とどのような関連をもつのであろうか。それは，歴史的発展をたんになぞるだけのものなのであろうか。それとも，歴史的発展とはまったくなん

512　III　探索の旅路で落穂を拾う

の関係ももたない論理的展開であって，歴史的発展と一致するとしても，それはまったく偶然でしかないのであろうか。当然に生じるであろうこの問題に，簡単に答えておこう。

　そのさい，いま述べた四つの形態のあいだの移行のうち，A→B→C の移行と C→D の移行とを区別しなければならない。

(1)　A→B→C の移行

　なによりもまず，A→B→C の移行はけっして歴史的発展の過程を追ったものではなく，純粋に論理的なものだ，ということを確言しておかなければならない。われわれがこれまで単純な価値形態を取り上げて分析してきたのも，それが歴史上最初に存在した価値形態だからというのではなかった。それは，本論でのわれわれの分析に現われている商品がもつことのできる最も単純な交換関係からつかみだされたものだったのである。この単純な価値形態（A）から一般的価値形態（C）までの展開も，それぞれの形態そのものに即してまったく論理的に行なわれることになる。

　けれども，このことは，ここでの展開が歴史的発展の過程とまったく無関係であることを意味するわけではない。

　なぜなら，すでに述べたように，われわれは価値形態をつねに商品の交換関係のなかからつかみださなければならないのであり，しかも，これから行なう価値形態の展開に登場する諸形態が潜んでいる交換関係そのものが，次第に発展したものとなっていくのであって，それらの交換関係の発展の順序は，歴史的な交換関係の発展と基本的には一致しないわけにはいかないのだからである。だから，価値形態の論理的展開の順序と価値形態の歴史的発展の順序とは，基本的には一致するものと言わなければならない。

　それぞれの形態が次の形態に発展していく過程は，価値の本性ないし価値概念とそれぞれの形態そのものとだけによって，論理的に説明されなければならない。それはけっして歴史的な過程の跡づけではない。だが，それにもかかわらず，それぞれの形態は，すべて現実の歴史的過程のなかに見られたものであり，このなかに例証を見いだすことができるのである。そればかりではない。むしろ，それぞれの形態に対応する，交換関係の歴史的発展段階を表象に思い

第11章 マルクスの価値形態論　513

浮べることによって，交換関係と価値形態との関連を理解することが容易になるのである。

それでは，A→B→C の移行は，どのような必然性によって行なわれるのであろうか。それは次の二つのことによる。第1に，価値形態は価値の本性の現象形態であり，価値の本性を表現するものであるから，それぞれの形態がもし価値を表現するものとして不十分であれば，言い換えればそれぞれの形態が価値概念と不一致であれば，より完全な形態に発展していかないではいない。ここに，不完全な形態を脱却しないではいない必然性がある。そこで，より完全な形態に発展していくのであるが，第2に，この新たな形態は，じつは，脱ぎ捨てられるそれぞれの形態そのもののなかに潜在的に含まれているものである。およそ事物の発展は，自己を否定しながら，しかもなんらかのかたちで自己のなかに含まれているものに移行していく，という様態で行なわれるほかはない。自己のなかに片鱗も含まれていないような他者に一挙に変身するなどということは，現実の世界では生じようがないのである。この二つのことによって，A は B に移行し，B は C に移行する。

ただ，ここで注意が必要であるのは，ここで「必然性」というのは，商品生産のなかで，A という形態そのものが必然的に B という形態を生み出し，B という形態そのものが C という形態を生み出す，ということではけっしてない，ということである。A という形態が B という形態に発展するのは，商品交換の拡大の結果であって，A という形態があれば，それが自動的に B という形態を生み出すということではない。B という形態が C という形態に発展するのは，商品生産の矛盾による商品所持者たちの行動の結果であって，B という形態があればそれが自動的に C という形態を生み出すわけではない。ここで「必然性」というのは，A という形態が移行していくのは B という形態であるほかはなく，B という形態が移行していくのは C という形態であるほかはない，という必然性，つまり〈形態発展の必然性〉である。A→B→C の移行の「必然性」とは，このような意味での必然性である。

(2) C→D の移行

これにたいして，一般的価値形態（C）から貨幣形態（D）への移行は，価

514　III　探索の旅路で落穂を拾う

値形態そのものだけから見れば，これまでの A→B→C の移行とは大きく性格を異にしている。第1に，貨幣形態は，一般的等価物が特定の商品に癒着しているという点で一般的価値形態と異なるだけであって，すべての商品が共同で一つの商品を排除して一般的等価物にしているというかぎりでは，一般的等価形態となんら異なるものではないのであって，諸商品が自己の価値を表現する形態そのものとして見れば，つまり価値表現の形態として見れば，この移行は新たな形態への発展ではない。したがって，第2に，この移行は，価値形態と価値概念との不一致による移行の論理的必然性によるものではなく，また一般的価値形態に即自的に貨幣形態が含まれているわけでもない。だからこの移行は，論理的に必然的なものではない。そうではなくて，別稿「商品および商品生産」の［補論4］「交換過程と貨幣発生の必然性」で説明した[29]ように，この移行は商品の全面的交換の歴史的発展の結果であって，このことは商品の交換過程について論じるところではじめて説明することができる事柄である。そして，交換過程については価値形態および商品の物神的性格について論じたあとではじめて論じることができるのであるから，価値形態論ですでに C→D の移行が示されてはいるが，それはまだその移行の原因を知らないままに，形態 C が形態 D に移行する事実を述べただけであって，われわれはいわば理論的な展開における借りをもつことになる。交換過程について論じるところで，はじめて，商品交換の全面化が進展するのにつれて C→D の移行が必然的に生じることが明らかにされるのであり，ここで借りは返されることになるのである。第3に，貨幣形態では等価形態が金に癒着しており，金が貨幣なのであるが，それが金であってほかの商品ではないのは，金の自然的な諸属性が等価物の機能に最も適合的であるからである。だからこれは，けっして価値形態の問題ではないのであって，価値形態論で論じられることができるものではなく，交換過程のところではじめて言及されることができる事柄である。

　それでは，なぜ，このように，論理的な必然性によって展開される A→B→C だけでなく，その必然性がのちにはじめて明らかにされ，しかも歴史的過程

---

29)　【拙著『図解　社会経済学』第1篇第1章第4節「§2　特定の商品が一般的等価物の機能を独占するのはなぜか」を参照されたい。】

第11章　マルクスの価値形態論　515

に即している C→D の移行が，価値形態論のここのところで示されるのであろうか[30]。それは，C→D の移行も，それまでの論理的な移行とは性格を異にするとは言え，たしかに価値形態の移行として独自の意味をもっているというばかりでなく，なによりも，最後の貨幣形態（D）こそが価値形態の完成した形態であって，ここまで展開を進めることによってはじめて，最初に立てられた〈貨幣形態の謎〉および〈貨幣の謎〉を示す貨幣形態および貨幣に到達することになるのであり，かくしてそれらの謎が最終的に解明されることになるのだからである[31]。

§3　単純な価値形態を潜ませている交換関係

　最も単純な価値形態は最も単純な価値関係のなかにあり，最も単純な価値関係は最も単純な交換関係のなかに潜んでいる。最も単純な交換関係は，ただ二つの商品のあいだの交換関係である（第11.18図）。

第11.18図　単純な価値形態を含む交換関係

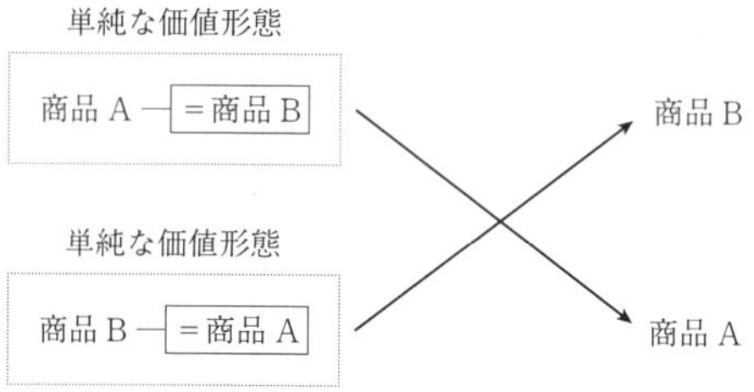

　この交換関係は，交換される二つの商品の双方の側からの価値表現を含んでいるが，そのどちらも同じ形態，すなわち単純な価値形態である[32]。

30）『資本論』初版の本文では，A→B→C のあとに独特の「形態 IV」が置かれており，価値形態の展開は「貨幣形態」にまで進んでいなかった。初版の付録で，A→B→C→D の展開が現われ，これが第2版以降の本文で引き継がれている。「形態 IV」については，後出の注33 のなかで触れる。

31）エンゲルス宛の1867年6月27日付の手紙で，マルクスはエンゲルスに，初版付録における価値形態についての叙述の内容を知らせたが，「貨幣形態」のところには，「貨幣形態についてのこの項は，ただ関連上〔des Zusammenhangs wegen〕のものにすぎない。もしかすると半ページにもならないだろう」，と書いている（MEW 31, S. 316）。「関連上」と言っているのは，ここで述べたようなことであろうと考えられる。

32）単純な価値形態が二つの商品の価値関係から取りだされたものであることについては，注

516　III　探索の旅路で落穂を拾う

§4　価値形態の展開

A　単純な価値形態

(1)　形態そのもの

　単純な価値形態については，すでに詳論した。その形態だけをいまいちど掲げれば，次のとおりである（第11.19図）。

第11.19図　単純な価値形態

x エレのリンネル─ $=y$ 着の上着

(2)　単純な相対的価値形態と個別的な等価形態との欠陥

　単純な価値形態はなぜ，この形態のままにとどまることができず，さらに発展した形態に移行せざるをえないのか。それは，単純な価値形態は，価値を表現する形態として不十分なものだからである。だからそれは，価値を表現するのによりふさわしい形態，言い換えれば価値の概念により適合した形態に移行せざるをえない。

　それでは，単純な価値形態には，価値を表現するのにどのような不十分さがあったのであろうか。単純な価値形態を振り返ってみれば，それは一見して明らかである。

　リンネルは，上着で自己の価値を表現することによって，一つの価値形態をもつことになるが，この形態では，リンネルは価値として，使用価値としての自分自身だけから区別されるにすぎない。20エレのリンネル─ $=1$ 着の上着では，リンネルの価値が上着に等しいものとして，また別の価値表現，たとえば，10gの茶─ $=0.5$ トンの鉄 では，茶の価値が鉄に等しいものとして表現されているが，しかし〈上着に等しいもの〉と〈鉄に等しいもの〉とは，だからまたリンネルの価値表現と茶の価値表現とは，上着と鉄とが違っているように違っている。しかし，価値は，商品世界のすべての商品の使用価値から区別されるものであるから，それはそのようなものとして表現されなければならない。また，単純な価値形態はリンネルを，上着というある個別的な商品種類との価

14での引用を参照されたい。

値関係に置くだけである。しかしリンネルは，価値としては，他のすべての商品と同じものである。だからリンネルの価値形態も，リンネルを他のすべての商品にたいする質的な同等性および量的な比率性の関係に置くような形態でなければならない。

一商品の単純な相対的価値形態には他の一商品の個別的な等価形態が対応する。言い換えれば，価値の表現に役だつ商品は，ここではただ，個別的な等価物として機能するだけである。だから，等価物商品上着は，リンネルの相対的な価値表現のなかでは，ただ，リンネルというこの個別的な商品種類にたいして等価形態，直接的な交換可能性の形態をもつにすぎないのである。

(3) 単純な価値形態から開展された価値形態への移行

単純な価値形態は，交換関係の拡大とともに，より完全な形態に移行する。この新たな形態は，単純な価値形態と無関係なものでないどころか，むしろ単純な価値形態のうちに潜在的に含まれているものである。

単純な価値形態によっては，一商品Aの価値は，ただ一つの異種の商品Bで表現されるだけである。しかし，この第2の商品Bがどんな種類のものであるか，上着であるか鉄であるか米であるか，ということは，この単純な価値形態自身にとってはまったくどうでもよいことである。したがって，商品Aがあれこれの商品種類と交換関係または価値関係を取り結ぶのに応じて，この同じ一つの商品のさまざまの単純な価値表現が生じる。商品Aがもつことのできる価値表現の数は，商品A以外の商品種類の数によって制限されているだけである。それゆえ，商品Aの単純な価値表現は，商品Aのさまざまの単純な価値表現のいくらでも延長されることができる列に転化するのである。

じっさい，商品Aがさまざまの他商品と取り結ぶ交換関係のなかには，商品Aの，ただ個別的な他の商品による価値表現が見られるのではなくて，もろもろの単純な価値表現の総和が見られるのである。

そこで，そのような，商品Aがさまざまの他商品と取り結ぶ交換関係を見てみよう（第11.20図）。

518　III　探索の旅路で落穂を拾う

第11.20図　開展された価値形態を含む交換関係

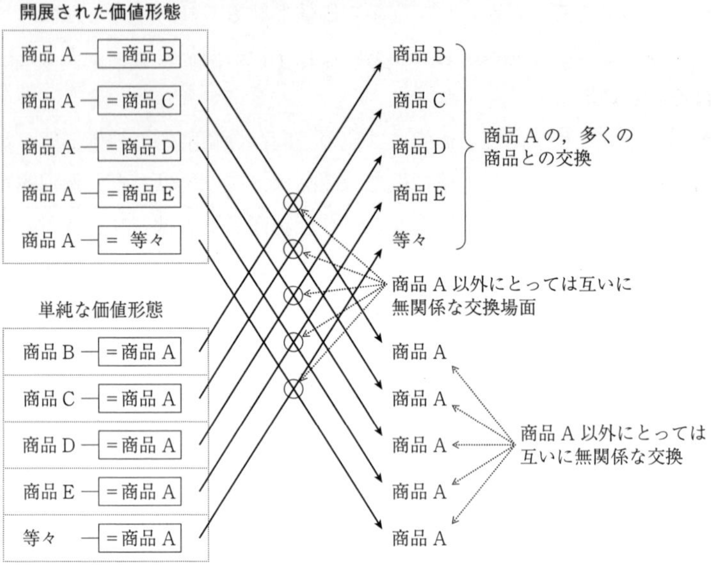

開展された価値形態

商品 A ─┐= 商品 B　　　　　　　　　商品 B
商品 A ─┐= 商品 C　　　　　　　　　商品 C
商品 A ─┐= 商品 D　　　　　　　　　商品 D　　商品 A の，多くの
商品 A ─┐= 商品 E　　　　　　　　　商品 E　　商品との交換
商品 A ─┐= 等々　　　　　　　　　　等々

単純な価値形態　　　　　　　　　　　　　　　　商品 A 以外にとっては互いに
　　　　　　　　　　　　　　　　　　　　　　　無関係な交換場面

商品 B ─┐= 商品 A　　　　　　　　　商品 A
商品 C ─┐= 商品 A　　　　　　　　　商品 A
商品 D ─┐= 商品 A　　　　　　　　　商品 A　　商品 A 以外にとっては
商品 E ─┐= 商品 A　　　　　　　　　商品 A　　互いに無関係な交換
等々 ─┐= 商品 A　　　　　　　　　　商品 A

　ここで注目してほしいのは，商品 A の側には，新しい価値形態があるが，商品 B，C，D，等々の側にあるのは，すでに見た単純な価値形態でしかない，ということである。

　もちろん，商品 A が多くの他の商品と交換関係を取り結び，したがって自己の価値を多くの他の商品で表現する価値表現があるとき，それらの他の商品のほうもまた，それはそれで同様に，自己以外の多くの他の商品と交換関係をもち，自己の価値を他の多くの商品で表現していること，すなわち同じく，開展された価値形態をとっていることがあるかもしれない。

　けれども，商品 A の開展された価値形態それ自体にあっては，商品 A は，他の諸商品のなんの協力もなしに，ただ自分のほうから他の商品に関わっているのであって，他の商品が同様に開展された価値形態をもっていることを必要とするものではない。それどころか，もし，他のすべての商品も同様に開展された価値形態をもつような諸商品のあいだの交換関係を想定しなければならないのだとすれば，交換のそのような発展段階は，明らかに，すべての商品が──一般的等価物の成立もなしに──互いに全面的に交換しあっているよう

な交換関係であるほかはない[33]。開展された価値形態を潜ませている交換関係

---

[33] たとえば越村信三郎氏は，開展された価値形態について，「社会的分業が発展し，剰余生産物がいろいろな種類の生産物と交換されるようになると，単純な価値形態は，しだいに「総体的な，拡大された価値形態」へと発展していくのである。……B，C，D，E などという商品が，かわるがわる A 商品の立場に立つので，ますます交換価値の表現様式は複雑になってくる」と言われ，次の図を掲げられている（越村信三郎『経済学図説』，春秋社，1959年，90ページ）（第11.21図）。要するに，各商品がみな相互的に交換しあうような交換関係になって，開展された価値形態が成立するようになる，と言われるのである。

第11.21図　越村氏による開展された価値形態

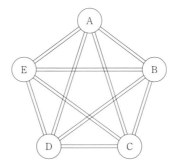

　この図に示されているのは，じつは，開展された価値形態そのものではなくて，『資本論』初版で「形態Ⅳ」とされているものに等しい。
　初版本文の「形態Ⅳ」は，「形態Ⅱ」（本稿の形態 B）の開展された価値形態がある一つの商品，たとえば20エレのリンネルが他のあらゆる商品で自己の価値を表現していたのにたいして，この価値表現で等価物の位置に置かれているすべての商品が——つまりは商品世界のすべての商品が——それぞれ自己以外のすべての商品で自己の価値を表現する形態，つまりすべての商品が開展された価値形態をとっており，それらすべてが並存している，という形態である（MEGA II/5, S. 42-43. 岡崎訳『資本論第1巻初版』，75-76ページ）（第11.22図）。

第11.22図　『資本論』初版での「形態Ⅳ」（aA は a 量の A 商品を表わす）

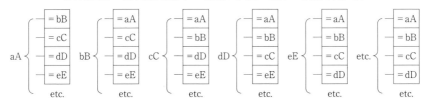

　マルクスは，A→B→C という発展のなかで，20エレのリンネルは，自己の価値の大きさを他の一つの商品で表わすことから始め（A），次には自己の価値の大きさを他のすべての商品で表わし（B），そして他のすべての商品の価値表現のための材料として役だつ

520 III 探索の旅路で落穂を拾う

としてここでまず想定されるべき交換関係は，そのような，多数の商品がいずれも相互的に交換される全面的な交換関係ではありえないのであって，他の諸商品は，商品Aと交換しているだけでなんらさしつかえないばかりでなく，むしろそのようなものでなければならないのである。

たしかに，この場合にも，商品Aは単独の一商品とではなく多くの商品と交換関係をもつのであるから，そのかぎりでは，商品Aはここでは〈商品世界〉と関係をもつと言うことができるけれども，これが商品世界であるのはAにとってだけのことであり，あるいはAが自分で形成した世界なのであって，商品B，C，D等々にとっては，それらが他の多くの商品とともに同一の商品世界を形成している必要はまったくない。

それどころか，開展された価値形態とは商品Aの単純な価値形態の「総和」[34]なのであって，開展された価値形態を含む交換関係も，じつは二つの商

ことで終わる（C）のだが，このリンネルに当てはまることはすべての商品に当てはまるはずだ，と言い，すべての商品について同時にA→Bの発展が生じて，すべての商品が開展された価値形態をとって並存している上図の形態を掲げるのである。だからこの「形態IV」は，論理的に本来「形態III」である一般的価値形態のあとにくるべきものでも，「形態III」を逆転させたものでもありえない。それは，「形態II」（形態B）をすべての商品に与えて，それらを並存させてみたものなのである。

しかし，マルクスの意図は，価値形態が論理的にこのような形態にまで発展せざるをえない，ということを示すところにあったのではない。そうではなくて，むしろ逆に，このような，すべての商品の開展された価値形態を含むような交換関係が並存しているとして，そのそれぞれが同時に，その反対の側に一般的な価値形態をもつのだとすれば，そこではそれらの商品のすべてが同時に一般的等価物として役だっていることになるが，およそすべての商品が同時に一般的等価物であることはありえないのだ，ということを指摘するところにあったのである。

つまり，この形態を示すことによって，一般的等価形態は，商品世界から排除された一つの特定の商品を等価物とする形態であるにもかかわらず，それまでの，価値概念と価値形態との不一致にもとづく形態展開の必然性の追究だけでは，そのように排除された商品が特定の商品と癒着することを説明できないのであって，この点についてはあらためて──交換過程のところで──論じられなければならないのだ，ということを示唆しているのである。

要するに，すべての商品がそれぞれ他のすべての商品と価値関係に入り，全面的に交換しあうような関係は，およそ，貨幣なしには成立しようのないものである。開展された価値形態そのものは，そのような交換関係を想定するものではまったくない。これについて類似の誤解をしている論者は少なくないのであって，ここでとくに越村氏を取り上げたのは，氏がこの誤解を図によって端的に示しておられたからである。

第11章 マルクスの価値形態論 521

品のあいだの交換関係の「総和」なのである。ただ，この「総和」が商品Aの側から見ると，「単純な相対的価値表現の総和」である開展された相対的価値表現となっている，ということなのである。

そうだとすれば，単純な価値形態を潜ませていた，ただ二つの商品の交換関係，あるいは一商品の他の一商品にたいする価値関係に続いて取り上げられるべき，より発展した交換関係あるいは価値関係とは，論理的には，一商品が多くの他の商品にたいして価値関係をもち，多くの他の商品と交換するが，これら他の商品のほうでは，いずれもそれぞれまったく独立にこの一商品と価値関係をもち，この一商品と自らを交換している，という交換関係でなければならないであろう。開展された価値形態とはまさにこの交換関係に潜んでいるものなのである。

だからここでは，自己の価値を他の諸商品で表現している商品Aは同じ交換場面で他のすべての商品と交換していると想定する必要もない。相互にまったく独立した交換場面で交換が行なわれるのであったとしてもなんらさしつかえない。つまり，商品B，C，D等々の側では，ただ自己と商品Aとの交換関係が，この2商品のあいだの交換関係がありさえすればいいのである。それは，言い換えれば，これらの他の商品はいずれも依然として単純な価値形態をとっている，ということにほかならない。もちろん，そうであるかぎり，それらの

34）開展された相対的価値表現が「単純な相対的価値表現の総和」であることについては，マルクスの次の記述を見られたい。

「第2の形態は，第1の形態の諸等式の総和からなっている。」（『資本論』第1部初版本文，MEGA II/5, S. 36. 岡崎訳『資本論第1巻初版』，61ページ。）

「じっさい，リンネルの完全な相対的価値表現は，ばらばらの単純な相対的価値表現のなかではなくて，リンネルのもろもろの単純な相対的価値表現の総和のなかにあるのである。」（『資本論』第1部初版付録，MEGA II/5, S. 640-641. 岡崎訳『資本論第1巻初版』，155-156ページ。）

「全体的な，または開展された相対的価値形態は，ただ，もろもろの単純な相対的価値表現の，すなわち第1の形態の諸等式の総和からなっているにすぎない。」（『資本論』第1部初版付録，MEGA II/5, S. 642. 岡崎訳『資本論第1巻初版』，159ページ。『資本論』現行版，MEGA II/6, S. 96; MEW 23, S. 79.）

だから，この価値表現が想定する交換関係は，反対の極を個別的に見れば，いずれも単純な交換関係でしかないのであり，そこに含まれている価値表現も単純な価値表現でしかないのである。

他の商品は互いに商品として自己の価値を比較しあうことはできていないということであるが，そもそも，ある商品の開展された価値形態が成立するためには，他の商品がそのように商品として相互に比較しあうといったことはまったく必要ないのである。

　このような交換関係は，ただ論理的に想定できるだけではなくて，歴史的にある時期に存在した現実の交換関係に照応している。たとえば，ある遊牧民族が各地を転々としながら自己のある生産物，たとえば毛皮をそれぞれの土地の異なった特産物と交換するが，それぞれの土地の民族はまだこの遊牧民族との交換以外には交換を知らない，という社会状態がそれである。このような現実の交換関係を表象してみることは，論理的な展開を曇らせるものであるどころか，むしろそれをよりよく理解させるものだと言わなければならない[35]。

---

35) マルクスが『資本論』第2版で，「開展された価値形態がはじめて実際に現われるのは，ある労働生産物，たとえば家畜がもはや例外的にではなくすでに慣習的にさまざまな他の商品と交換されるようになったときのことである」(MEGA II/6, S. 97; MEW 23, S. 80)，と述べているのは，筆者がここで想定したような交換関係についてであると考えられる。これは，単純な価値形態について，「明らかに，この形態が現われるのは，労働生産物が偶然的なときおりの交換によって商品にされるような最初の時期だけのことである」(MEGA II/6, S. 97; MEW 23, S. 80) としているのに対応するものである。マルクスが第2版でこれらの叙述を挿入したことについて，論理的な叙述を歴史的な叙述に変えるものだとする非難が蔓延しているが，この非難は，論理的な叙述も歴史的な例証をもちうること，そしてこれらの叙述はまさにそのような例証にすぎないことを理解できないところから生じるものである。

　マルクスは，ヨハン・モストの『資本と労働』の改訂のために書き加えた部分のなかで，価値形態について次のように書いた。

　「さてここで交換価値に，つまり諸商品の価値が表現されるさいの形態に立ち戻ろう。この価値形態は生産物交換から，また生産物交換とともに，次第に発展してくる。

　生産がもっぱら自家需要に向けられているかぎり，交換はごくまれに，それも交換者たちがちょうど余剰分を持っているようなあれこれの対象について，生じるにすぎない。たとえば毛皮が塩と，しかもまず最初はまったく偶然的なもろもろの比率で交換される。この取引がたびたび繰り返されるだけでも，交換比率はだんだん細かにきめられるようになり，1枚の毛皮はある一定量の塩とだけ交換されるようになる。生産物交換のこの最も未発展の段階では，交換者のそれぞれにとって，他の交換者の財貨が等価物として役だっている。すなわち，それ自体として彼の生産した財貨と交換可能であるばかりでなく，彼自身の財貨の価値を見えるようにする鏡でもあるような，価値物として役だつのである。

　交換のその次に高い段階を，われわれはこんにちでもまだ，たとえばシベリアの狩

第11章　マルクスの価値形態論　523

猟種族のところで見いだす。彼らが提供するのは，交換向けのほとんどただ一つの財貨，つまり毛皮である。ナイフ，武器，火酒，塩等々といった彼らに供給される他人のすべての商品が，彼らにとってはそっくりそのまま，彼ら自身の財貨のさまざまの等価物として役だつ。毛皮の価値がこうして受け取る表現が多様であることは，この価値を生産物の使用価値から分離して表象することを習慣にするが，他方では，同一の価値をたえず増大する数のさまざまの等価物で計量することが必要となる結果，この価値の大きさの規定が固定するようになる。つまり，ここでは毛皮の交換価値はすでに，以前ばらばらに行なわれていただけの生産物交換の場合に比べて，はるかにはっきりした姿を持っているのであり，したがってまた，いまではこれらの物そのものもすでに，はるかに高い程度で商品という性格を持っているのである。

　こんどはこの取引を，異郷の商品所持者の側から観察してみよう。彼らのおのおのはシベリアの狩人たちにたいして，自分の財貨の価値を毛皮で表現しなければならない。こうして毛皮は，一般的等価物になる。一般的等価物は，他人のすべての商品と直接に交換可能であるばかりでなく，また他人のすべての商品にとって，共通の価値表現のために，したがってまた価値を測るものおよび価値を比較するものとしても役だつ。言い換えれば，毛皮は生産物交換のこの範囲のなかでは，貨幣となるのである。総じて同じようにして，あるときはこの商品が，あるときはあの商品が，広狭さまざまの範囲で，貨幣の役割を演じた。商品交換の一般化につれて，この役割は金銀に，すなわち生まれながらにこの役割に最も適している商品種類に移っていく。金銀は一般的等価物となるのであって，これは他のすべての商品と直接に交換可能であり，また他のすべての商品がいっしょにこれで自分たちの価値を表現し，測り，比較しあうのである。貨幣で表現された商品の価値は，商品の価格と呼ばれる。たとえば，20エレのリンネル＝2分の1オンスの金　であり，かつ10ターレルが2分の1オンスの金の貨幣名であるときには，20エレのリンネルの価値の大きさは，10ターレルという価格で表現される。」(MEGA II/8, S. 741-742. ヨハン・モスト原著，カール・マルクス改訂，大谷禎之介訳『資本論入門（テキスト／コメンタール）』，岩波書店，1986年，テキスト10-12ページ。『資本論入門・テキスト版』，岩波書店，1987年，10-12ページ。【モスト原著，マルクス加筆・改訂，大谷禎之介訳『マルクス自身の手による資本論入門』，大月書店，2009年，38-41ページ。】)
一見すると，ここでは価値形態論と交換過程論とがないまぜにされているように思われるかもしれない。しかし，じつは，ここには交換過程論の主要な内容はまったく欠落しているのであって，むしろ，ここにあるすべてが価値形態についての平易な説明であると言わなければならないのである。【だから，筆者が岩波書店版『資本論入門』の「訳者解説」で次のように書いたとき，筆者はマルクスのこの手入れ部分を誤読していたのであり，訂正されなければならない。「ここでは『資本論』とは違って，価値形態の展開は交換過程の叙述と結びつけて行なわれている。……ここで述べられていることが，たとえば『資本論』での価値形態の展開そのものの内容を平易に説いたものだなどと考えると，あらぬ誤解が生まれかねないであろう。」(マルクス＝エンゲルス財団編，大谷禎之介訳『モスト原著・マルクス改訂『資本論入門』コメンタール』，岩波書店，1986年，120-121ページ。)】
そして，注目すべきは，単純な価値形態から展開された価値形態を経て一般的価値形態にいたる価値形態の発展が，すべて交換関係の提示から始められていることであり，とりわ

さて，こうして，われわれは次の形態をもつことになる。

B　全体的な，または開展された価値形態
(1)　形態そのもの

新たな形態は，次のようなものである（第11.23図）。

第11.23図　開展された価値形態

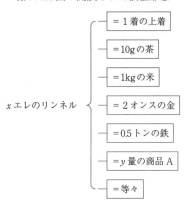

　この形態が〈全体的な価値形態〉と呼ばれるのは，それが他の商品の全体によって自己の価値を表現しているからであり，〈開展された価値形態〉と呼ばれるのは，それがいわば自己を要(かなめ)として扇を開いていくかたちをとっている

け，開展された価値形態を含む交換関係として，「シベリアの狩猟種族」が彼らの毛皮を「異郷の商品所持者」のもつ「彼らに供給される他人のすべての商品」と交換するという関係があげられていることである。これはまさに，本文で述べたような交換関係にほかならない。
　交換過程論に入って，マルクスは次のように書いているが，これもいまここで見ているような，交換関係の発展の必然的な通過段階を示唆している。
　　「遊牧民族は最初に貨幣形態を発展させるのであるが，それは，彼らの全財産が可動的な，したがって直接に譲渡可能な形態にあるからであり，また，彼らの生活様式が彼らをたえず他の共同体組織と接触させ，したがって彼らに生産物交換を促すからである。」(MEGA II/6, S. 117; MEW 23, S. 103-104.)
　なお，モストの書でのマルクスの説明では，価値表現の回り道をはじめ，価値形態論の肝要な点が欠落している。このことは，このときマルクスが，『資本論』の内容を平易に解説するときには，価値形態論の困難な部分をこのようなかたちで省略してもいいと考えたことを示しているものであろう。

第11章　マルクスの価値形態論　525

からである[36]。

(2) 開展された相対的価値形態

　リンネルの価値は，商品世界を構成している他の無数の商品で表現される。他の商品体はどれでもリンネル価値を映す鏡，すなわち「価値鏡」[37]になる。

　リンネルの価値は，ここではじめて真に，無区別な人間的労働の凝固として現われる。というのは，このリンネル価値を形成する労働が，いまでははっきりと，他のどんな労働でも——それがどんな現物形態を持っていようと，したがってそれがどんな使用価値に対象化していようと——それに等しいとされる労働として，つまり抽象的人間的労働として，表わされているからである。

　こうしていまでは，リンネルは自分の価値形態を通じて，他の一つの商品種類と社会的関係を取り結ぶだけではなく，商品世界と社会的関係を取り結んでいる。リンネルは，商品としてはこの世界の市民なのである[38]。

　同時に，商品価値の表現の無限の列によって，商品価値はそれが現われる使用価値の特殊的な形態には無関係であることが示されている。たとえばリンネルの価値は，いまではあらゆる可能な形態で，すなわち上着に等しいもの，鉄に等しいもの，茶に等しいもの，等々として，つまりただリンネル以外の他の

---

36)「開展された」の原語はentfaltetである。「展開された」という訳語では，この語のもっているこのような含意が見えにくい。「開展された」という訳語は長谷部文雄氏によるものであるが，こうした含意を表わそうとして採用されたものであったと思われる。

37)【マルクスにおける「価値鏡」という語の意味は，第2版での次の二つの箇所からはっきりと読み取ることができる。
　　「つまり，価値関係の媒介によって，商品Bの現物形態が商品Aの価値形態になる，言い換えれば商品Bの身体〔Körper〕が商品Aの価値鏡〔Werthspiegel〕になる。」(MEGA II/6, S. 85; MEW 23, S. 67.)
　　「リンネルの価値表現では，裁縫の有用性は，……価値であると見られるような，つまりリンネル価値として対象化されている労働とまったく区別されない労働の凝固と見られるような物体〔Körper〕をつくることにある。このような価値鏡をつくるためには，裁縫そのものは，人間的労働であるというそれの抽象的属性のほかにはなにも反映してはならない。」(MEGA II/6, S. 90; MEW 23, S. 72.)】

38) ただし，この「商品世界」は，さしあたり，リンネルが他の諸商品を自己の価値表現の材料にすることによって，すなわちリンネルが他の諸商品にたいして価値関係をもつことによって形成されるもの，つまりリンネルがつくりあげている世界である。

526　III　探索の旅路で落穂を拾う

あらゆるものに等しいものとしてリンネルの現物形態に相対しており，それゆえここでは，第1の形態よりももっと完全に，一商品の価値がその商品自身の使用価値から区別されているのである。

　単純な価値形態 x エレのリンネル—$= y$ 着の上着 を含む交換関係，すなわち x エレのリンネルと y 着の上着との交換関係では，x と y とがある比率に落ち着いているのは偶然的な事実でしかないかもしれない。これにたいして，開展された価値形態では，2人の商品所持者の偶然的な関係はなくなっている。ここでは直ちに，偶然的な現象とは本質的に違っていて，むしろそれを規定している背景，すなわち，リンネルの価値は，どの商品所持者の持っているどんな商品で表現されようとも，つねに同じ大きさのものなのだ，ということが現われ出てくる。交換が商品の価値量を規制するのではなくて，逆に，商品の価値量が商品の交換比率を規制するのだ，ということが明らかとなるのである。

(3) 特殊的な等価形態

　リンネルの価値表現のなかで，上着，茶，コーヒー，等々はどれでも等価物として，したがってまた価値体として認められている。これらの商品の現物形態は，いずれもみな，それぞれが，他のものと並ぶ一つの特殊的な等価形態である。

　同様に，それぞれの商品体に含まれているそれぞれ特定の具体的有用的労働も，それらのすべてがそっくりそのまま，抽象的人間的労働の特殊的な実現形態または現象形態として認められているのである。

(4) 全体的な，または開展された価値形態の欠陥

　開展された相対的価値形態には，次のような欠陥がある。

　①商品の相対的価値表現は，その表示の列が完結することがないので，未完成である。

　②その列は，さまざまな使用価値による雑多な価値表現の寄り集まりであって，統一性を欠いている。

　③もしも，どの商品も自分の価値をこの開展された形態で表現するとすれば，どの商品の相対的価値形態も，それぞれみな違った無限の価値表現列である。

それぞれの商品の価値表現のなかでは，他のすべての商品はただ等価物の形態で現われるだけであるから，ここでは諸商品の共通な価値表現はすべて直接に排除されている。

　相対的価値形態のこれらの欠陥は，等価形態に反映する。

　①等価形態にある諸商品の現物形態のそれぞれが，互いに並ぶ特殊的な等価形態なのだから，一つ一つの特殊的な等価形態は全体の一部分をなす制限された等価形態にすぎない。しかもここには，こうした制限された等価形態しか存在しない。

　②同様に，それぞれの特殊的等価物に含まれている特定の具体的有用的労働も，それぞれただ，抽象的人間的労働の特殊的な，部分的な現象形態でしかない。抽象的人間的労働はたしかに，その完全な現象形態を，これらの特殊的な現象形態の全体のなかにもってはいるが，しかし統一的な現象形態をもっていないのである。

(5) 全体的な価値形態から一般的な価値形態への移行

　単純な価値形態が，価値を表現するのによりふさわしい形態に向かって一歩前進して，開展された価値形態に発展するように，価値形態としていまだ欠陥をもつ開展された価値形態もさらに一歩前進して，価値の概念により適合する形態に移行していかざるをえない。その形態は，開展された価値形態が単純な価値形態のなかに潜在的に含まれていたものであったように，開展された価値形態のなかに潜在的に含まれているものでなければならない。それはどのような形態であろうか[39]。

---

39) 以下ここで述べるのは，『資本論』第2版での次の叙述が含意していると筆者が考えているものである。
　　　「とはいえ，開展された相対的価値形態は，単純な相対的価値表現すなわち第1の形態の諸等式の総和から成っているにすぎない。たとえば，
　　　　　20エレのリンネル＝1着の上着
　　　　　20エレのリンネル＝10重量ポンドの茶
　　　などの総和からである。
　　　　しかし，これらの等式はそれぞれ，逆の連関では〔rückbezüglich〕，また，次のような同じ意味の等式をも，すなわち
　　　　　1着の上着＝20エレのリンネル

528　III　探索の旅路で落穂を拾う

　開展された相対的価値形態は，単純な相対的価値表現の諸等式，

　　　xエレのリンネル─ =1着の上着

　　　xエレのリンネル─ =10gの茶

等々の総和から成っている。これらの等式は，それらを潜ませているリンネル
の交換関係をとるならば，反対の側に，

　　　1着の上着─ =xエレのリンネル

　　　10gの茶─ =xエレのリンネル

等々の価値表現を含んでいる。

　じっさい，ある人が自分のリンネルを他の多くの商品と交換し，したがって
またリンネルの価値をそれらの商品で表現するならば，必然的に，他の多くの
商品所持者もそれぞれ自分の商品をリンネルと交換しなければならず，したが
ってまたそれぞれ自分の商品の価値を，みな同じ商品，リンネルで表現しなけ
ればならないわけである。

　すでに述べたように，これらの他商品が相互にまったく無関係に存在して，
相互にまったく無関係にリンネルと交換するのであれば，それらの商品がもつ
価値形態は単純な価値形態でしかない。けれども，ここで生じる交換関係の発
展の方向は，リンネルばかりでなく，これら他商品のほうでも他の多くの諸商
品と交換関係を結び，したがってこれらの諸商品がみな同一の場で交換される
ようになっていく，というものであるほかはない。その行き着くところは，リ
ンネルの開展された価値形態を潜めている交換関係のなかで，リンネルにたい
する多くの他の商品の側でも，互いに商品として関わりをもち，同じ商品世界
を形成しているということ，どの他の商品もリンネルと交換しようとしている

────────────

　　　　　　　10重量ポンドの茶＝20エレのリンネル

などをも含んでいる。

　　じっさい，ある人が彼のリンネルを他の多くの商品と交換し，したがってまたリ
　ンネルの価値を一連の他の商品で表現するならば，必然的に他の多くの商品所持者もま
　た彼らの商品をリンネルと交換しなければならず，したがってまた彼らのさまざまな
　商品価値を同じ第三の商品で，すなわちリンネルで表現しなければならない。──
　そこで，20エレのリンネル＝1着の上着 または ＝10重量ポンドの茶 または ＝等々
　という列を逆にすれば〔umkehren〕，すなわち事実上すでにこの列に含まれている逆
　の連関〔Rückbeziehung〕を言い表わしてみれば，次の形態が与えられる。……」
　（MEGA II/6, S. 96; MEW 23, S. 79.）

ということである。そして，一方の側に開展された価値形態を含むような交換関係は，他方の側にそのような多くの商品が立つことを排除するものではないのである[40]。

そこで，そのようなところまで発展した交換関係を想定して，開展された価値形態を形成している x エレのリンネル―$=1$着の上着 または ―$=10$gの茶 または 等々，という列を逆にすれば，すなわち，この列が想定する交換関係に含まれている逆の関係を言い表してみれば，これまでの価値形態とは異なる新しい価値形態が与えられる。

そこで，そのような交換関係とそこに含まれる新たな価値形態とを図示してみよう（第11.24図）。

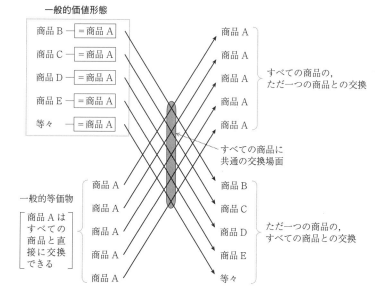

第11.24図　一般的価値形態を含む交換関係

---

[40] ここで，次のことに注意されたい。さきに，ある商品の開展された価値形態を含む交換関係は，他方の諸商品の側では単純な価値形態であるような関係として想定されたのであるが，それは，この新しい価値形態を含む交換関係がそのようなものでありさえすればよかったのであり，それ以上のことは考える必要がなかったからである。けれども，ある商品の開展された価値形態を含む交換関係は，それ自体としては，他方の側に商品が相互になんらかの様態で商品として関わり，相互に商品世界を形成することを排除するものではな

530　III　探索の旅路で落穂を拾う

　この交換関係で注目すべきは，商品 A を除くすべての商品が，共通の相対的価値形態をもっており，それによって共通の商品世界を形成しているのにたいして，商品 A は，それらの商品がもつのと同じ意味での相対的価値形態をもっていない，もつ必要がないということ，そしてそうであるのは，それが，他のすべての商品によってそれらの形成する商品世界から排除されているからだ，ということである。商品 A のほうは，「商品 X の価値が自分の価値と等しいことを認める，だから商品 X とであれば直ちに交換する」，と言う必要がまったくない。商品 A は，交換しようとすれば，一般的価値形態にあるあらゆる商品と直ちに交換できるのである。

　この新たな価値形態が，開展された価値形態のなかに，ただしそれが想定する一商品の交換関係のなかに逆連関的に，だから潜在的に，含まれていたものであったことは明らかである。こうして，価値を表現するのに不十分な開展された価値形態は，それのなかに潜在的に含まれているこの新たな価値形態に進んでいかざるをえない。

　そこで，この新たな交換関係に見られる，商品 A 以外のすべての商品が商品 A に関わる価値関係から，新たな価値表現を取り出してみよう。

C　一般的価値形態

(1)　形態そのもの

　新たな形態は次のようなものである（第11.25図）。

第11.25図　一般的価値形態

```
1着の上着　　┐
10gの茶　　　│
1kgの米　　　│
2オンスの金　├─ ＝x エレのリンネル
0.5トンの鉄　│
y量の商品 A　│
等々　　　　 ┘
```

　いのである。そして，この開展された価値形態が潜在的に含む新たな価値形態を探るときには，まさにこの他方の諸商品の，この商品にたいする共同的な関わりの可能性が前面に出てくるのである。

　さきに注記した，モストの書物での書き入れでマルクスが，「こんどはこの取引を，異

第11章　マルクスの価値形態論　531

(2) 相対的価値形態の変化した姿

　相対的価値形態はいまでは，まったく変化した姿をもっている。すべての商品が自分の価値を，①単純に表わしている。なぜなら，それらはただ一つの商品で表わしているのだからである。そして，すべての商品がそれらの価値を，②統一的に表わしている。なぜなら，同一の商品で表わしているのだからである。ここでは諸商品の価値形態は単純かつ共通，それゆえ一般的である。そこで，この形態は一般的価値形態と呼ばれる。

　新たに得られたこの形態は，商品世界の諸価値を，商品世界から排除された一つの同じ商品種類，たとえばリンネルで表現し，こうして，すべての商品の価値を，その商品とリンネルとの同等性によって表わしている。以前の二つの形態はどちらも，一商品の価値を，その商品自身の使用価値または商品体とは違ったものとして表現することしかできなかったのにたいして，いまではどの商品の価値も，その商品自身の使用価値から区別されているだけでなく，リンネルと等しいものとして，一切の使用価値から区別され，まさにこのことによって，その商品とすべての商品とに共通なものとして表現されている。それだからこそ，この形態がはじめて現実に，商品世界の諸商品を相互にたいして，価値であることを認める様態で連関させるのであり，言い換えれば，諸商品を互いに価値として現われさせるのである。こうして諸商品は，この価値形態において一般的社会的な形態をもつことになる。

　このような一般的な性格をもつことで，価値形態はここではじめて，価値概

――――――――――――

　郷の商品所持者の側から観察してみよう」(MEGA II/8, S. 741. モスト原著，マルクス改訂，大谷訳『資本論入門・テキスト版』，岩波書店，1987年，11ページ【モスト原著，マルクス加筆・改訂，大谷訳『マルクス自身の手による資本論入門』，大月書店，2009年，40ページ】)，として，一挙に一般的等価物の成立に移っているのも，そのような趣旨であると考えられる。

　マルクスのこの記述から，開展された価値形態と一般的な価値形態とは，一つの商品と他のすべての商品との同一の交換関係に潜んでいる二つの価値表現にすぎず，まず一つの商品の側から見れば開展された価値形態であり，次に他のすべての商品の側から見れば一般的価値形態である，というふうに，たんに視点を変えて見ているものでしかない，と考えてはならないであろう。そうではなくて，開展された価値形態を含む交換関係と一般的価値形態を含む交換関係とのあいだには，交換関係の発展があるのである。その意味では，モストの書のここでのマルクスの記述はやや舌足らずであって，誤解を招く可能性があると言わなければならない。

念にふさわしいものとなった。価値形態はもともと，諸商品が無区別な同じ抽象的人間的労働の凝固，物的な諸表現として互いに現われ合うためにとる形態であるべきものであった。このことはいまでは達成されている。なぜなら，諸商品はすべて，同じ労働の，すなわちリンネルに含まれている労働の物質化として，すなわちリンネルとして，表現されているのだからである。こうして，諸商品は質的に同等なものとして，すなわち価値一般として現われているのである。

　以前の二つの形態は，一つだけの商品によってであれ，一連の多数の商品によってであれ，一商品の価値を表現しているだけであった。どちらの場合にも，自分に価値形態を与えることは，いわば個々の商品の私事であって，それは他の諸商品の助力なしにこれをなしとげる。他の諸商品のほうは，ただこの商品にたいしてのみ，受動的に等価物という役割を演じたのであった。これに反して，一般的価値形態は，商品世界の共同の仕事としてのみ成立する。ここでは，一つの商品が一般的価値表現を受け取るのは，同時にそれ以外のすべての商品が自分たちの価値をこの同じ等価物で表現するからにほかならない。そして，新たに現われるどの商品種類もこれに倣わなければならないのである。こうして，ここではっきりと現われてくるのは，諸商品の価値は純粋に社会的な定在であるからこそ，それは諸商品の全面的な社会的連関によって表現されるほかはないのだということ，したがって諸商品の価値形態は社会的に認められた形態でなければならないのだ，ということである。

　いまや，リンネルに等しいもの，という形態では，すべての商品が，質的に等しいもの，つまり価値一般として現われるだけではなく，同時に，量的に比較されうる価値量として現われる。すべての商品がそれぞれの価値量を，リンネルという同じ一つの鏡に映すので，これらの価値量は互いに比べあうことになる。たとえば，10gの茶＝20エレのリンネル　で　40gのコーヒー＝20エレのリンネル　だから，10gの茶＝40gのコーヒーだ，あるいは，1gのコーヒーに含まれている価値実体すなわち労働は1gの茶に含まれているそれの1/4だ，という具合にである。

(3) 等価形態の変化した姿

　商品世界の一般的な相対的価値形態は，商品世界から排除された等価物商品，

第11章 マルクスの価値形態論　533

つまりリンネルに一般的等価物という性格を押しつける。リンネル自身の現物
形態がこの世界の共通な価値の姿なのであり，それだから，リンネルは他のす
べての商品と直接に交換されうるのである。リンネルの物体形態は，一切の人
間的労働の目に見える化身，それの一般的な社会的蛹化として通用する。織布，
すなわちリンネルを生産する私的労働が，同時に，一般的な社会的形態に，す
なわち他のすべての労働との同等性の形態にある。一般的価値形態を形成して
いる無数の等式は，リンネルに実現されている労働を，それ以外の商品に含ま
れているそれぞれの労働に順々に等置し，こうすることによって織布を人間的
労働一般の一般的な現象形態にするのである。このようにして，商品価値に対
象化されている労働が，消極的に，現実の労働のすべての具体的形態と有用的
属性とが捨象されている労働として表わされているだけではない。この労働自
身の積極的な本性がはっきりと現われてくる。この労働は，一切の現実の労働
がそれらに共通な人間的労働という性格に，人間の労働力の支出に還元された
ものなのである。

　どの労働生産物をも無区別な人間的労働のたんなる凝固として表わす一般的
価値形態は，それ自身の骨組み〔Gerüst〕によって，それが商品世界の社会的表
現であることを示している。こうして一般的価値形態は，この商品世界のなか
では労働の一般的な人間的性格が労働の独自な社会的性格となっているのだ，
ということを明るみに出すのである。

(4) 相対的価値形態と等価形態との対応的な発展関係

　相対的価値形態の発展の程度には，等価形態の発展の程度が対応する。しか
し，注意が必要であるのは，等価形態の発展はただ相対的価値形態の発展の表
現，結果でしかない，ということである。イニシアティヴを取るのは，つねに
後者，すなわち相対的価値形態の発展のほうである。

　一商品の単純な相対的価値形態は，他の一商品を個別的な等価物にする。相
対的価値形態の開展された形態，すなわちすべての他の商品での一商品の価値
の表現は，これらの商品にさまざまに違った種類の特殊的な等価物という形態
を刻印する。最後に，ある特別な商品種類が一般的等価形態を与えられるので
あるが，それは，すべての他の商品がこの商品種類を自分たちの統一的な一般

534　Ⅲ　探索の旅路で落穂を拾う

的価値形態の材料にするからである。

(5) 相対的価値形態と等価形態との対極性の発展

　しかし，価値形態一般が発展するのと同じ程度で，その二つの極の対立，相対的価値形態と等価形態との対立もまた発展する。

　すでに第1の形態もこの対立を含んではいるが，まだ，それを固定させてはいない。同じ等式が前のほうから読まれるかあとのほうから読まれるかに従って，すなわち，20エレのリンネル—　=1着の上着　であるのか，それとも，1着の上着—　=20エレのリンネル　であるのか，ということによって，リンネルと上着という二つの商品極のそれぞれが，どちらもあるときは相対的価値形態にあり，あるときは等価形態にある。両極の対立をしっかりとつかんでおくには，抽象力を駆使することが必要である。

　形態Bでも，やはりただ一つ一つの商品種類がそれぞれの相対的価値を全体的に開展しうるだけである。言い換えれば，すべての他の商品がその商品種類にたいして等価形態にあるからこそ，またそのかぎりでのみ，その商品種類自身が，開展された相対的価値形態をもつのである。けれども，ここではもはや，価値等式の両辺を置き換えることは，この形態の全性格を変えて，もとの単純な価値表現に戻るか，さもなければこれを全体的価値形態から一般的価値形態に転化させるかすることなしには，不可能である。

　このあとのほうの形態，すなわち一般的価値形態が，最後に商品世界に一般的・社会的な相対的価値形態を与えるのであるが，それは，ただ一つの例外を，すなわち一般的等価物となっている商品を，これまでの例ではリンネルを除いて，商品世界に属する全商品が一般的等価形態から排除されているからであり，またそのかぎりでのことである。したがって，一商品，リンネルが他のすべての商品との直接的な交換可能性の形態または直接的に社会的な形態にあるのは，他のすべての商品がこの形態をとっていないからであり，またそのかぎりでのことなのである。

　反対に，一般的等価物の役を演じる商品は，商品世界の統一的な，したがってまた一般的な相対的価値形態からは排除されている。もしもリンネルが，すなわち一般的等価形態にあるなんらかの商品が，等価形態にありながらそれと

第11章　マルクスの価値形態論　535

同時に一般的相対的価値形態にも参加するとすれば，その商品は自分自身のために等物として役だたなければならないことになる。その場合には，たとえば 20エレのリンネル―$\boxed{=20\text{エレのリンネル}}$となり，それは価値をも価値量をも表わしていない同義反復でしかない。

　だから，一般的等価物となっている商品の価値を相対的に表現するためには，形態 C を逆にしなければならない。そうすれば，それの価値は，他のすべての商品体の無限の列で相対的に表現されることになる。形態 C を逆にすれば，ふたたび形態 B が現われるのだから，いまや，開展された価値形態すなわち形態 B が，等価物商品の独自な相対的価値形態として現われているのである。ただし，等価物商品の価値を表現する商品体の列は，等価物である商品が直接に交換しうる他の諸商品のそれぞれの量を示す等式の列であって，形態から見れば開展された相対的価値形態と同じものではあるが，それは事実上，商品世界に属するすべての商品の一般的価値表現の無限の列を，あるいはそれの一覧表を逆に読んだものにほかならない。だからそれは，等価物商品の独自な相対的価値形態と言われるのである（第11.26図）。

第11.26図　等価物商品の独自な相対的価値形態

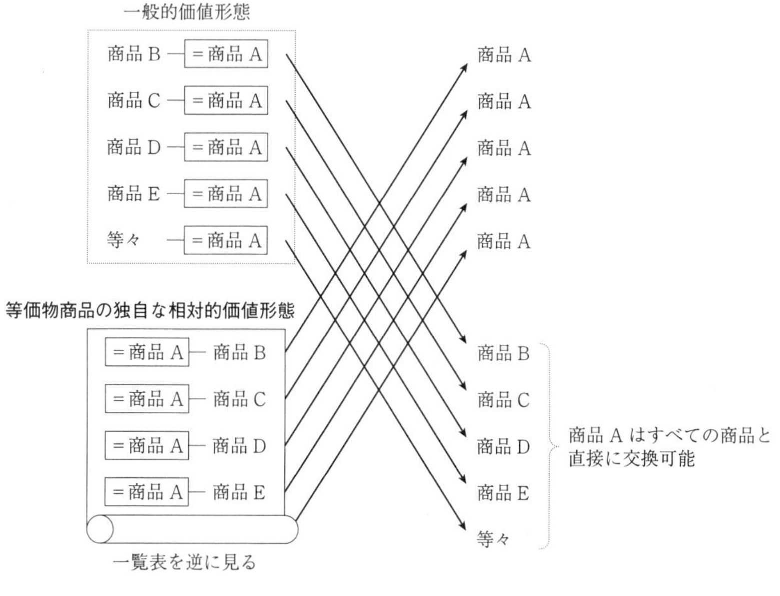

(6) 一般的価値形態から貨幣形態への移行

　素材的にまったく違っているもろもろの労働生産物は，同等な人間的労働の物的な諸表現として表わされていなければ，完成した商品形態をもつことができず，したがってまた，交換過程において商品として機能することもできない。だから，完成した商品形態をもつためには，労働生産物は統一的な，一般的な相対的価値形態をもたなければならない。そしてそのためには，ある一つの商品に一般的等価形態を与え，それを一般的等価物にしなければならない。

　ところで，一般的等価形態は価値がとる形態である。そして，どの商品も価値なのだから，一般的等価形態はどの商品に付着してもよいものである。

　しかし，ある商品が一般的等価形態にあるのは，ただ，それが他のすべての商品によって等価物として商品世界から排除されるからでしかなく，また排除されるかぎりにおいてでしかない。

　一つの商品が他の一つの商品で自己の価値を表現する単純な価値形態でも，一方の商品が，他方の商品を排除して，この商品で自己の価値を表現する。一つの商品が他のすべての商品で自己の価値を表現する開展された価値形態でも，一方の商品が，他方のすべての商品を排除して，この商品で自己の価値を表現する。けれども，このどちらの形態にあっても，この排除は，相対的価値形態に立つただ一つの商品の側からなされる一方的な過程であり，他のすべての商品のなんらの助力も必要としないものであって，この商品の所持者によるまったく主観的な過程でありうる。

　これに対して，ある商品を一般的等価物とする排除は，商品世界に属するすべての商品によって行なわれるものであり，またそういうものでなければならない。だから，排除はこの場合には，排除される商品からは独立した客観的な過程である。だからこそ，商品形態の歴史的発展においては，あるときにはこの商品が，またあるときにはこの商品が，という具合に，さまざまの商品が代わるがわる一般的等価物となることができたのである。けれども，いずれの場合でも，ある商品が現実に一般的等価物として機能するのは，それの排除が，したがってまたそれの等価形態が，客観的な社会的過程の結果であるかぎりにおいてである。そして，この排除が最終的に一つの独自な商品種類に限定された瞬間から，はじめて商品世界の統一的な相対的価値形態は客観的な固定性と

一般的な社会的妥当性とをかちえたのである。

そこで、その現物形態に等価形態が社会的に癒着した特殊的な商品種類は、貨幣商品になる。言い換えれば、貨幣として機能する。商品世界のなかで一般的等価物の役割を演じるということが、その商品の独自な社会的機能となり、したがってまたその商品の社会的独占となる。このような特権的な地位を、形態Bではリンネルの特殊的等価物の役を演じ、形態Cでは自分たちの相対的価値を共通にリンネルで表現しているさまざまな商品のなかで、ある一定の商品が歴史的にかちとった。すなわち、金である。そこで、形態Cのなかにある商品リンネルを商品金に取り替えれば、次の形態、つまり貨幣形態が得られるのである。

D 貨幣形態

(1) 形態そのもの

新たな形態は次のとおりである（第11.27図）。

第11.27図 貨幣形態

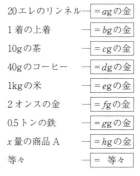

(2) 一般的価値形態から貨幣形態への移行とそれ以前の移行との相違

形態Aから形態Bへの、また形態Bから形態Cへの移行では、本質的な変化が生じている。これに反して、形態Dは、いまではリンネルに代わって金が一般的等価形態をもっているということのほかには、形態Cと違うところはなにもない。形態Dでは金は、やはり、リンネルが形態Cでそれだったもの、すなわち一般的等価物である。前進は、ただ、直接的な一般的交換可能性

の形態または一般的等価形態がいまでは社会的慣習によって最終的に商品金の独自な現物形態と癒着しているということだけである。

　金が他の諸商品に貨幣として相対するのは，金が他の諸商品にたいしてすでに以前から商品として相対していたからにほかならない。すべての他の商品と同じように，金もまた，個々別々の交換行為で個別的等価物としてであれ，他のさまざまな商品等価物と並んで特殊的等価物としてであれ，等価物として機能していた。次第に，金は，あるいはより狭い，あるいはより広い範囲のなかで一般的等価物として機能するようになった。それが商品世界の価値表現においてこの地位の独占を勝ち取ったとき，それは貨幣商品になる。そして，金がすでに貨幣商品になってしまった瞬間から，はじめて形態Dは形態Cと区別されるのであり，言い換えれば一般的価値形態は貨幣形態に転化しているのである。

(3) 一般的な相対的価値形態の価格形態への転化

　すでに貨幣商品として機能している商品での，たとえば金での，一商品たとえばリンネルの単純な相対的価値表現は，価格形態である。それゆえ，リンネルの価格形態は次のようなものである。

　　　x エレのリンネル―$\boxed{=y\mathrm{g}\,\text{の金}}$（20エレのリンネル―$\boxed{=75\mathrm{g}\,\text{の金}}$）

　いま，$z\mathrm{g}$，たとえば750mg の金に〈円〉という貨幣名をつければ，

　　　x エレのリンネル―$\boxed{=y/z\,\text{円}}$（20エレのリンネル―$\boxed{=100\text{円}}$）

である。

(4) 単純な商品形態は貨幣形態の秘密である

　こうして，本来の貨幣形態をそれ自体として見るなら，それには難しいことはなにもない，ということがわかる。ひとたび，貨幣形態が発展した一般的な等価形態であることが見抜かれていさえすれば，この等価形態が，遅かれ早かれ独自な一商品種類に，たとえば金に固着する，ということを理解するのには，いささかも頭を悩ます必要はない。このことは，一般的な等価形態がもともと，一定の商品種類を他のすべての商品が社会的に排除することによって成立するものであるのだから，なおさらなのである。この成立のあとに残る問題は，も

第11章　マルクスの価値形態論　　539

はやただ，この排除が，代わるがわるさまざまな商品に付着するのでもなけれ
ば，商品世界のたんに特殊的な圏内でたんに局地的な射程をもつのでもなく，
客観的社会的な堅固さと一般的な社会的な妥当性とを獲得する，ということだけ
である41)。

　貨幣形態を概念的に把握するさいの困難は，一般的等価形態の，したがって，
一般的価値形態一般の，形態Cの，理解に限られる。形態Cは，逆の連関で
形態Bに，開展された価値形態に帰着し，そして形態Bの構成要素は，形態A,
すなわち 20エレのリンネル― =1着の上着 または x 量の商品A ― =y 量の商品B
なのである。

　そこで，使用価値と価値とがなにかを知っているなら，この形態Aすなわ
ち単純な価値形態は，任意の労働生産物，たとえばリンネルを，商品として，
すなわち使用価値と価値という両対立物の統一として表わす，最も単純で，最
も未発展な仕方だ，ということがわかる。そうすれば同時に，単純な商品形
態 20エレのリンネル― =1着の上着 が，その完成した姿 20エレのリンネ
ル― =100円 すなわち貨幣形態を獲得するために通らなければならないもろ
もろの変態列も容易に見いだされるのである42)。このように単純な価値形態す

---

41) このパラグラフで言われていることがどのようにして行なわれるかということについては，
　別稿「商品および商品生産」の［補論4］「交換過程と貨幣発生の必然性」【拙著『図解　社会
　経済学』第1篇第1章第4節「§2　特定の商品が一般的等価物の機能を独占するのはなぜ
　か」】で述べたので，参照されたい。

42) 以上のことを，マルクスは初版の付録での価値形態論の最後のところで述べており，これ
　によって，これまでの価値形態の分析の進め方，すなわち，まず単純な価値形態を徹底的
　に分析し，それから単純な価値形態から貨幣形態にいたるまでの価値形態の発展を示す，
　という進行の根拠が明らかにされている。(MEGA II/5, S. 648-649. 岡崎訳『資本論第1巻
　初版』，170-171ページ。)
　　けれども，このことは，ここにいたるまではその分析の進行の理由がまったくブラック
　ボックスのなかにあり，ここではじめてそれが説明されたのだ，ということを意味するわ
　けではまったくない。分析の進行は，価値の本質から価値の現象形態へ，そして価値の最
　も単純な現象形態を価値の本質の認識にもとづいて分析して，形態そのものの根幹を明ら
　かにし，そのうえで，価値を表現するのによりふさわしい，すなわち価値概念により一致
　する形態に内的に移行していく過程を追うことによって，一般的価値形態にまで到達した
　のである。A→B→Cという論理的な展開のさいに，その展開を必要にするものを〈展開
　の動力〉と呼ぶとすれば，それは価値概念と価値形態との不一致，矛盾である。それが，
　すでに認識されていた価値概念と事実としての価値形態との不一致であるというかぎりで

なわち単純な商品形態は，貨幣形態の萌芽であり，貨幣形態の秘密である。だからこそわれわれは，まずもってこの形態を徹底的に分析し，そのうえで，それから貨幣形態にいたるまで価値形態を展開してきたのである。

おわりに

　本稿では，難解と考えられているマルクスの価値形態論の内容を，学生諸君でも理解できるように，なるべく噛み砕いて説明することを試みた。そのかぎりでは，マルクスの価値形態論と異なる独自なことを述べたわけではないが，それについての従来の解釈とは大きく異なる解釈を述べたところがある。そのうちのいくつかについて，あらためて要点を述べておこう。

　1　価値形態論で分析されるそれぞれの価値表現は，いずれもそれを含んでいる諸商品の交換関係からつかみだされていることを強調した。マルクスの価値形態の展開は事実上そうなっていると考えられるが，マルクスは必ずしも，

は，それは認識と事実との不一致である。科学的研究は，つねに，すでに得られた認識と新たに与えられた事実との不一致ないし矛盾を，〈解くべき問題〉あるいは〈謎〉として設定して，それの解明に努めることによって前進する。価値形態論における〈動力〉もそうした意味のものである。そのかぎりでは，それはなにも価値形態論のみに固有のものであるわけではない。

　しかし，価値形態論は，マルクス自身が彼の第2版序文で認めているように，『資本論』のなかで，例外的に難解な箇所である。だからマルクスは，価値形態論の末尾で，そのような分析の進行が，じつは研究の過程での貨幣形態の分析の過程を逆に遡及することになっているのだ，ということを示すことによって，価値形態の分析という，資本の理論におけるこの最も困難な部分の理解を容易にしようとしたのだ，と考えることができる。

　なお，価値形態論では価値形態がそれ以前につかみだされていた価値の本性ないし価値概念にもとづいて展開されるのだ，ということについては，マルクスの次の二つの記述を参照されたい。

　　「決定的に重要なことは，価値形態と価値実体と価値量とのあいだの内的な必然的関連を発見すること，すなわち，観念的に表現すれば，価値形態は価値概念から発生するのだ，ということを証明することであった。」（『資本論』第1部初版，MEGA II/5, S. 43. 岡崎訳『資本論第1巻初版』，77ページ。）

　　「われわれの分析は，商品の価値形態または価値表現は商品価値の本性から発生するのであって，逆に価値および価値量が交換価値としてのそれらの表現様式から発生するのではない，ということを証明した。」（『資本論』第1部，MEGA II/6, S. 92; MEW 23, S. 75.)

第11章　マルクスの価値形態論　541

このことを明示的に述べていない。このことをはっきりと押さえることによって，はじめて，開展された価値形態から一般的価値形態への形態発展の必然性もよく理解できる。

2　そこで，その開展された価値形態から一般的価値形態への形態発展であるが，その理解を困難にするところでもあり，かつその鍵ともなるのが，それぞれの価値形態に含まれている「逆の連関」とはなにか，という点である。

　「連関する〔sich beziehen〕」とは，ある主体が他のものにたいして能動的に関係をもつことであり，「関わる〔sich verhalten〕」という語で言い換えることもできる。価値表現にあっては，主体は相対的価値形態にある商品であり，これが能動的に等価形態にある商品に連関し，関わって，この後者を，それのいかなる助力をも借りることなく，価値表現の材料にするのである。「逆の連関〔Rückbeziehung〕」あるいは「逆の連関では〔rückbezüglich〕」というのは，このような「連関」の能動的な主体とそれの受動的な対象とのあいだの 主体—対象 の関係とは逆の 主体—対象 の関係を指している。そのような「逆連関」は，どのような価値表現についても，価値表現そのものについては生じようがない。なぜなら，ある特定の価値表現は，特定の 主体—対象 の関係つまり特定の「連関」によって成立しているものだからである。だから，それぞれの価値形態そのものが，それの左辺と右辺とを置き換えた「逆の連関」をそれ自体として含んでいるはずがないのである。ところがマルクスは，それぞれの価値形態に含まれている「逆連関」について語り，しかも開展された価値形態から一般的な価値形態への移行にあたっては，まさに，開展された価値形態から，この形態のなかに含まれている「逆連関」の形態に移行しているのである。これをどのように考えたらよいのか。

　すでに述べたように，この「逆連関」は，それぞれの価値形態，価値表現を含んでいる交換関係のなかにあるものなのである。一商品の単純な価値表現を含む交換関係には，主体—対象 を逆にした，もう一つの価値表現が含まれている。そのことをマルクスは，次のように書き表わす。

　　「等式 20エレのリンネル＝1着の上着 または 20エレのリンネルは1着の上着に値する は，明らかに，同じ等式 1着の上着＝20エレのリンネル または 1着の上着は20エレのリンネルに値する を含意している。つまり，

リンネルの相対的価値表現においては上着が等価物としての役割を演じているのであるが，この価値表現は逆の連関では〔rückbezüglich〕上着の相対的価値表現を含んでいる〔enthalten〕のであって，それにおいてはリンネルが等価物としての役割を演じているのである。」(MEGA II/5, S. 33. 岡崎訳『資本論第1巻初版』，54-55ページ。)

「第2の形態は，第1の形態の諸等式だけの総和から成り立っている。しかし，これらの等式のそれぞれ，たとえば 20エレのリンネル＝1着の上着 は，その逆の連関〔Rückbeziehung〕，すなわち 1着の上着＝20エレのリンネル をも包括している〔einschließen〕のであって，ここでは上着が自己の価値をリンネルで表わしており，まさにそれゆえにリンネルを等価物として表わしている。」(MEGA II/5, S. 36. 岡崎訳『資本論第1巻初版』，61ページ。)

「1着の上着＝20エレのリンネル において，上着が自己の価値を相対的に，すなわちリンネルで表現し，そうすることによってリンネルが等価形態を受け取るとき，この等式は直接に，逆の連関〔Rückbeziehung〕，すなわち 20エレのリンネル＝1着の上着 を包括している〔einschließen〕のであって，ここでは上着が等価形態を受け取り，リンネルの価値が相対的に表現されるのである。」(MEGA II/5, S. 39. 岡崎訳『資本論第1巻初版』，67ページ。)

これらの記述で，一方の等式が「逆の連関で」他方の等式を含んでいる，あるいは「逆の連関を包括している」と言うのは，一方の価値表現を含む交換関係が他方の価値表現を含んでいる，ということであるほかはない。そうだとすれば，初版本文で一般的価値形態が，「相対的価値の第3の，倒置された，すなわち逆の連関にされた〔rückbezogen〕第2の形態」(MEGA II/5, S. 36. 岡崎訳『資本論第1巻初版』，61ページ)と呼ばれ，また「逆の連関にされた〔rückbezogen〕第2の形態であり，したがってまた第2の形態において包括されて〔eingeschlossen〕いるところの形態III」(MEGA II/5, S. 37. 岡崎訳『資本論第1巻初版』，63ページ)と言われているのも，まったく同様に，それぞれの価値表現を含んでいる交換関係のなかにある，主体—対象 が逆の連関を指しているものと言わなければならない。

そうであるとすると，開展された価値形態を，それを含む交換関係からつかみだしたとき，この交換関係にはすでに「逆の連関で」一般的価値形態が含ま

第11章 マルクスの価値形態論　543

れていたことにならないであろうか。

3　この点が，本稿で述べた第3の積極的な論点であり，従来の議論のなか
ではおそらくまだ主張されたことのないものである。すなわち，単純な価値形
態から開展された価値形態に移行するさいに，開展された価値形態をつかみだ
した交換関係は，言うまでもなく一つの商品と他の多くの商品との交換関係で
あるが，この交換関係にあっては，他の商品はそれぞれこの一つの商品とだけ
連関しているだけでいいのであって，だから，それらの商品がもつ価値形態は
依然として単純な価値形態だということになる。だから，このような交換関係
に含まれている「逆連関」は，さしあたり，ばらばらの単純な価値形態でしか
ないのであり，これらの商品は，主体的には商品世界を形成していない。

ところが，一般的価値形態は，すべての商品が共同で或る一つの商品を商品
世界から排除し，それを一般的等価物にしているのであるから，それを含む交
換関係は，いま見た交換関係と同じく一つの商品と他の諸商品との交換関係な
のであるが，にもかかわらず，ここではすでに，すべての商品が一つの商品世
界を形成しているのであって，ここでの交換は，どの商品にとっても，もはや
自己と他の個別的一商品との交換ではないのである。だから，交換関係の発展
という観点から見れば，開展された価値形態から一般的価値形態に移行するさ
いに，一般的価値形態をつかみだしてくる交換関係と，単純な価値形態から開
展された価値形態に移行するさいのそれとのあいだには，発展関係があるのだ
と考えなければならない。

もちろん，ここで言っているのは，交換関係の歴史的な発展過程やそれの発
展段階のことではない。開展された価値形態を含む交換関係は，一つの商品が
他の多くの商品ともつ交換関係であるが，単純な価値形態の総和である開展さ
れた価値形態を析出するときには，論理的に，多くの商品の側では単純な価値
形態をもつにすぎないものと想定すべきである。しかし，開展された価値形態
がそれ自身のなかに潜在的に含んでいるより高次の価値形態を求めるときには，
同じように一つの商品が他の多くの商品ともつ交換関係ではあっても，論理的
に，他の諸商品がすべて同一の交換場面にあって一つの商品と交換しようとし
ているような交換関係を想定する必要があるのである。

しかし，このことを，交換の歴史的な発展のなかに置いて考えてみることも

544　III　探索の旅路で落穂を拾う

できるし，また，そうすることによって発展関係をより鮮明にイメージすることができる。すなわち，開展された価値形態が析出されてくる交換関係に対応する歴史的な交換関係とは，ある狩猟民族なり遊牧民族なりが，各地の民族と交換するが，それらの民族のほうでは，この民族とだけ交換している，というものである。これにたいして，一般的価値形態を含む交換関係に対応する歴史的な交換関係とは，一方では，それらのさまざまの地方ですでに局地的に商品交換が発展し始め，そこでの諸商品がいずれもこの民族の商品あるいはそれ以外のなんらかの特定の商品と交換しようとする，そのような関係であるか，あるいは他方では，各地の民族のあいだでの商品交換が始まって，どの民族も互いに商品所持者として一つの商品世界に属していることを知っており，その上で，彼らがいずれもこの民族の商品と交換しようとする，そのような関係であろう。いずれにしても，ここには，明らかに交換関係の発展がある。

　このように，開展された価値形態をつかみだした交換関係と，一般的価値形態をつかみだす交換関係とは，一つの商品と他の多くの商品とが取り結ぶ交換関係という，その形態から見るかぎりまったく同一のものでありながら，前者にあっては，他の多くの商品がそれぞれ独立の交換場面にあるものと想定されるのにたいして，後者にあっては，他のすべての商品が同一の交換場面にあって一つの商品世界を形成しているものと想定されているのである。

　ただし，このことは，『資本論』におけるマルクスの叙述から明示的に読み取ることはできない。その決定的な理由は，おそらく，交換関係のこのような発展は，価値形態の発展それ自体に属するものではなくて，のちの交換過程論に入ってはじめて明らかにされるものであるところにあるのであろう。とりわけ，初版本文での叙述では，価値形態の背後にある交換関係への言及は，徹底的に避けられている。そのことは，いま引用した初版本文からの三つの引用からも明らかに読み取れるであろう。マルクスは，「逆の連関」について語りながら，それを含んでいる交換関係については直接には言及しないのである。しかし，初版付録以降の叙述では，初版本文でも暗に想定されていたそれぞれの交換関係に次第にはっきりと言及するようになる。モストの書での彼の叙述は，それを明示的に述べたものだと言うことができるのである。

　このように理解することによって，開展された価値形態のなかに一般的価値

形態が即自的に含まれているということの意味が明瞭になる。開展された価値形態がそれ自体としておのずから一般的価値形態に移行することはありえないが，「逆の連関」による移行によって，開展された価値形態を含む交換関係の発展とともに新たに成立する価値形態は一般的価値形態であるほかはないことが明らかにされているのである。

　以上の3点が，本稿で提示した価値形態論理解の新視点である。そこで，このような理解に立つとき，価値形態論が貨幣発生論にとってどのような意味をもつものであるかということについて，貨幣発生論の他の側面との対比において，簡単に述べておこう。

　まず，貨幣の成立については，一般的等価物の機能を社会的に独占する商品が成立することと，その商品が金銀，最終的には金であったこととの区別が必要である。後者については，金が一般的等価物の機能および貨幣の諸機能を果たすのに最も適した自然属性をもつことによって説明されるが，これは交換過程論でなされている。

　この問題を別とすると，貨幣成立論には三つの側面がある。

　第1には，価値がとる形態である価値形態が，どのような発展を通じて，最終的に貨幣形態に到達するのか，という問題である。これは，どのような形態を通過しなければならないのか，ということを明らかにするという意味で，価値の形態発展の必然性の問題と言い換えることができる。この問題は，価値形態論で解明されている。

　第2には，なぜ労働生産物が商品形態を，そして最終的には貨幣形態をとらずにはいないのか，という問題である。これは，商品形態および貨幣形態そのものの必然性の問題であって，物神性論で解明されている。その 要 は，労働における人と人との関係に，具体的には，直接的には私的な労働である社会的総労働が社会的分業を形成しているという独自の生産関係にある。

　第3には，価値形態を発展させて，ついに貨幣形態を成立させるにいたる原動力はなにか，という問題である。これが，狭い意味での貨幣成立の必然性の問題であって，交換過程論で論じられている。その 要 は，一方で，商品の内在的な矛盾である使用価値と価値との矛盾が，交換過程では，商品の使用価値としての実現と商品の価値としての実現との矛盾として現われ（交換過程の矛

546　III　探索の旅路で落穂を拾う

盾)，これが，ある一つの商品を商品世界から排除して一般的等価物にする社
会的な共同事業を引き起こさないではいない(その結果，開展された価値形態
から一般的価値形態への発展をもたらさないではいない)ということであり，
他方で，商品交換の歴史的発展(このこと自体は，商品生産そのものによって
も，価値形態によっても，交換過程そのものによっても説明できることではな
く，社会的生産過程の歴史的な発展によってのみ理解できるものである)が，
一般的等価物の機能を特定の商品に癒着させて貨幣を生み出すにいたる，とい
うことである[43]。

　以上の三つの側面を，端的に言い表わしたものが，マルクスの，「いかにし
て，なぜ，なにによって，商品は貨幣であるか」(『資本論』第1部，MEGA II/10, S.
89; MEW 23, S. 107)という一文であることは，久留間が明らかにしたとおりであ
る。このことについては，別稿[44]で述べたし，久留間の『貨幣論』でも詳しく
述べられている[45]ので，ここでは以上にとどめる。

---

43) 物神性論の課題については，別稿「商品および商品生産」の第3節【拙著『図解 社会経済
　　学』第1篇第1章第3節「§2　生産関係の物象化と物神崇拝」】で，交換過程論の課題につ
　　いては，同稿の［補項4］「交換過程と貨幣発生の必然性」『図解 社会経済学』第1篇第1
　　章第4節「§1　なにが一般的等価物を産み出す共同行動を引き起こすのか」】でそれぞれ述
　　べているので，参照されたい。
44) 拙稿「貨幣生成論の問題設定とその解明」，『マルクス・エンゲルス・マルクス主義研究』
　　第8号，1989年10月【本書次章】，を参照されたい。
45) 久留間鮫造『貨幣論』，大月書店，1979年，11-88ページ，を参照されたい。

第12章　貨幣生成論の問題設定とその解明

　マルクスは『資本論』第1部第1篇「商品と貨幣」のなかで，貨幣の生成 (Genesis) を三つの異なった観点から分析した。これらの分析は，価値形態論，物神性論，交換過程論という三つの論述のそれぞれのなかで行なわれている。『資本論』の第1部第2章のなかに見られる，「困難は，貨幣は商品だということを理解することにあるのではなく，いかにして，なぜ，なにによって，商品は貨幣であるのか，ということを理解することにある〔Die Schwierigkeit liegt nicht darin zu begreifen, daß Geld Waare, sondern wie, warum, wodurch Waare Geld ist.〕」(MEGA II/6, S. 120; MEW 23, S. 107) という言明は，貨幣生成に関するこれらの三つの視点を指しているものと考えられる。本章に収めた拙稿はここに焦点を絞って貨幣生成論の課題を論じたものである。

　なお，前章でも言及した久留間鮫造『価値形態論と交換過程論』は，『貨幣論』の「前篇」の抄訳とともに英訳され，自家出版に近いかたちで刊行されていたが，2017年12月にBrill書店からその新版が刊行され，英語圏の読者によって広く読まれることができるようになった (Samezō Kuruma, translated and editied by Michael Schauerte, "Marx's Theory of the Genesis of Money: How, Why and Through What is a Commodity Money?", Brill, Leiden/Boston 2017)。

はじめに

　1988年10月18, 19日の両日，ドイツ民主共和国 (以下DDRとする) の首都ベルリンで，DDRマルクス＝エンゲルス研究学術会議〔Der wissenschaftliche Rat für Marx-Engels-Forschung der DDR〕の第40回大会が開催された。今次の大会は，新MEGA第2部第5-10巻で刊行される『資本論』の四つの版と第1部のフランス語版および英語版とのうち，第1部の初版と第2版との刊行が終わったこの機

548 III 探索の旅路で落穂を拾う

会に，「カール・マルクス『資本論』第1巻。その成立史・発展史・影響史，および，MEGAでのその刊行」というテーマを掲げ，国外から多数の研究者を招請して国際会議として行なわれたものである[1]。

この会議に招かれた筆者は，「『資本論』における貨幣形成についての問題設定と問題解決」という表題の文書報告を提出し，さらにそれにもとづく口頭の報告を行なった。文書報告は，マルクス＝レーニン主義研究所マルクス＝エン

---

1) この会議の全体の内容や雰囲気については，会議に参加・報告された大村泉，宮川彰の両氏が詳しい紹介をされている。大村泉「『資本論』第1巻の成立＝発展＝影響史をめぐる国際会議に参加して」，『マルクス・エンゲルス・マルクス主義研究』，第5号，マルクス・エンゲルス研究者の会，1989年；宮川彰「マルクス『資本論』第1巻をめぐる国際学術会議に参加して」，『経済』，1989年4月号。

　宮川氏はこの紹介のなかで，筆者の報告とそのあとのヘッカーと筆者との討論についてもページを割かれて，独自の推測ないし解釈を行なわれている。宮川氏の指摘されるように，たしかに本報告で取り上げた問題はいわゆる「論理説と論理＝歴史説との対立」に深くかかわっている。筆者がその点を強く意識していることはもちろんである。だが，筆者は，バックハウスに代表されるようなタイプの「論理説」を基本的に支持しているわけでもないし，「論理説」の立場からヘッカーたちとの「理論的不一致を慎ましやかに表明」しようとしたわけでもない。むしろ筆者の報告は，バックハウスとは違って，初版から第2版への価値形態論の彫琢を方法的な「後退」と見ることはできない，という結論に導くはずのものである。宮川氏は，「久留間のマルクス解釈からこのような「論理説」的「適用」が出てこようとは」，と言われて，驚かれているのであるが，久留間が価値形態論を価値形態の歴史的発展を跡づけたものだなどと見ていなかったことは，当初から明らかなのであって，筆者がはじめてその「「論理説」的「適用」」を試みたというようなものでも，筆者が今回の報告でその面を特別に誇張したというわけでもない。久留間が価値形態の展開を純粋に論理的な展開と見ていたことについては，久留間の『貨幣論』(大月書店，1979年)の前篇の「11　価値形態の発展はどのように行なわれているか」を一読されるようお勧めしたい。(なお，このように言うのは，筆者が，そこで久留間が書いていることのすべてに同意しているからなのではない。念のため。) 宮川氏が一方で筆者の報告を，「久留間説を，要領よく紹介したもの」とされながら，他方で同じものを，「久留間のマルクス解釈から」出た「「論理説」的「適用」」と呼ばれるのは，いったいどういうわけなのであろうか。また，宮川氏は，「大谷報告は，国際的舞台で，すなわち西欧の新マルクス批判の潮流にこと寄せて，はからずも久留間説のいわば両刃の剣的性格を，はっきり示してくれたわけである」，と書かれている。筆者の報告のなかに「久留間説のいわば両刃の剣的性格」を「はっきりと」読んだのは，筆者ではなくて宮川氏なのであるから，久留間説がどのような意味で「両刃の剣」であるのかは筆者には説明のしようもないし，その責任もないけれども，ただ一言だけ言えば，筆者の報告【本章のこのあとに収めるI】のどこに宮川氏は「西欧の新マルクス批判の潮流にこと寄せて」ものを言っている形跡を見られたのか，筆者の理解力を絶するものがある。

第12章　貨幣生成論の問題設定とその解明　549

ゲルス部門の紀要『マルクス＝エンゲルス研究論集』の第27号および第28号に
収録されるが，このうち筆者の報告も収められている第27号が，最近，筆者
の手もとに届いた[2]。本稿のIは，それにもとづいて，筆者の文書報告の内容
を日本語で公表するものである。

　筆者の口頭報告のほうは，ハンブルクのVSA書店の編集・刊行による雑誌
『社会主義〔Sozialismus〕』の1988年第12号に「商品―貨幣―資本：『資本論』に
おける貨幣形成の三つの問題――「いかにして」，「なぜ」，「なにによって」商
品は貨幣になるか？――」という表題で発表されている[3]。これは，同誌の編
集部から筆者の文書報告を同誌に再録したいという要請があったのにたいして，
同文の論稿を二つの雑誌に載せることを望まなかった筆者が，文書報告ではな
くて口頭報告を提供したものであった。口頭報告は，与えられた時間内に終え
るために，もともと短かった文書報告をさらに短縮したものであるが，雑誌収
録にあたって，文書報告で触れることのできなかった一つの問題についての
「追記」を加えたので，これもそれなりの意味をもつと考えている。本稿のII
にこの「追記」の内容を収めた。

　以上の報告の内容は，基本的に久留間鮫造の見解に一致しており，海外への
その紹介と考えられてさしつかえないが，しかし，盛行するわが国での久留間
批判をも念頭に置きながら，これらの批判にもかかわらずいささかもゆらいで
いないと考えられる久留間説の基本思想にもとづいて，「貨幣生成論の問題設
定とその解明」というテーマについてどうしても触れなければならないと思わ
れた事項を，きわめて簡潔にまとめたものである。制約された紙面ないし時間
は，この大きな問題についてほんらい論じられるべき多くの事柄のなかから，
まさに核心となると思われたものだけをつかみだすこと，しかもそれを，わが

---

2) Teinosuke Otani: Das Problem der Geldbildung und seine Lösung im „Kapital". In: Beiträge
　zur Marx-Engels-Forschung, Nr. 27, Berlin 1989, S. 178-186.

3) Teinosuke Otani: Ware—Geld—Kapital: Drei Probleme der Geldbildung im „Kapital" —
　Oder: „Wie", „Warum", „Wodurch" wird Ware zu Geld? In: Sozislismus, Nr. 107, Hamburg
　1988, S. 38-40. なお，この独文タイトルは，「『資本論』における貨幣形成の三つの問題
　――いかにして，なぜ，なにによって商品は貨幣であるのか」という筆者の原題のうちの
　„ist Ware Geld" という部分を，所載誌の編集者が筆者の了解なしに „wird Ware zu Geld"
　に変更したものである。

550 III 探索の旅路で落穂を拾う

国でのような価値形態論をめぐる華々しい論争などを知らない読み手，聞き手にもなんとか理解できるように述べることを強制した。そのことによってこの報告は，筆者のこの問題についての理解の限度を端的に示すものになっている。

この報告で述べたことは，さらに敷延されるべき多くの論点を含んでいるが，全体にかかわる一つの点についてだけ，ここで簡単に触れておきたい。

本稿では，『資本論』における貨幣生成論という観点から見たときに，価値形態論，物神性論，交換過程論のそれぞれの課題がなんであるかを問題にしている。久留間がこの三つの部分の課題を問うたときも，まさにそうであった。価値形態論について言えば，それはけっして，『資本論』第1部第1篇における第3節の課題あるいは『資本論』第1部の商品論における価値形態論の課題を，それ自体として問題にしているのではない。第3節「交換価値または価値形態」が価値の形態を解明することを課題としていることは，言うまでもないことであり，この課題を果たすことが「いかにして貨幣は商品であるのか」という問題に解答を与えることになるとしても，この「いかにして」という問題が価値形態論そのものの課題であるなどということはできない。価値形態論には久留間の言うところとは違った重要な課題があるのだ，と言うことで，久留間説を批判していると考えておられるように見受けられる論者もあるが，見当違いも甚だしいと言わなければならない。久留間の『価値形態論と交換過程論』の「はしがき」を虚心に読めば，そのような誤解が出てくるはずもないのである。価値形態論，物神性論，交換過程論は，それぞれ固有の課題をもっている。しかしこれらが，同時に貨幣生成について論じているとすれば（もちろんこのこと自体を否定する議論もありうるが），それらは貨幣生成の問題についてそれぞれどのような位置を占めるものかが明らかにされなければならない。そのことを問う問題が立てられなければならない。それが，久留間が問題にしたところであり，また筆者のこの報告が問題にしたところでもある。

I 貨幣生成論の問題設定とその解明
　　──いかにして，なぜ，なにによって，商品は貨幣であるか──

マルクスによる『資本論』第1巻の改訂を分析・評価するさいに，価値形態

第12章　貨幣生成論の問題設定とその解明　551

論，物神性論，交換過程論の三者がどのように関連しているのか，とりわけ貨幣の生成との関係において見た場合にどうなのか，ということが議論の中心的論点の一つとなっている。日本では，すでに1950年代に，この問題をめぐって活発な論争が行なわれていた。ヨーロッパではおそらく『マルクス経済学レキシコン』全15巻の編者として知られている故久留間鮫造がこの問題を研究し，1957年に著書『価値形態論と交換過程論』を発表した。久留間の堅実なもろもろの解釈はそののちの論争に大きな影響を与えたのであって，こんにちでもなお，ほとんどの関連文献が彼の見解に論及してその是非を論じている。したがってここで，久留間の見解[4]の核心思想に同意しながら，価値形態論，物神性論，交換過程論の三者の内容と連関とを論じることは無用ではないであろう。

　マルクスは『資本論』の第1巻第2章のなかで，「困難は，貨幣は商品だということを理解することにあるのではなく，いかにして，なぜ，なにによって，商品は貨幣であるのか，ということを理解することにある」[5]，と書いている。久留間は，マルクス自身がまさにこの一文において，『資本論』における貨幣形成論の内容ならびに構造を簡潔かつ明確に示唆しているのだ，という結論に達したのであった。久留間は，価値形態論では，「いかにして商品は貨幣であるか」という問題が，物神性論では，「なぜ商品は貨幣であるか」という問題が，交換過程論では，「なにによって商品は貨幣であるか」という問題が，それぞれ論じられ，かつ解明されている，と主張したのである。

1　価値形態論における問題提起とそれへの解答

　周知のようにマルクスは『資本論』第1巻第2版における価値形態論の導入部分で，「ここでなしとげられねばならない肝心なことは，……貨幣形態の起源〔Genesis〕を明らかにすること」であり，「これによって，同時に，貨幣の謎

4）貨幣形成および貨幣一般についての久留間の見解については，『価値形態論と交換過程論』，岩波書店，1957年，『マルクス経済学レキシコン』，第11-15巻（「貨幣I-V」），大月書店，1979-1985年，および，『貨幣論』，大月書店，1979年，を参照されたい。

5）MEGA II/5, S. 58 (Karl Marx: Das Kapital. Erster Band. Hamburg 1867, S. 53-54); MEGA II/6, S. 120 (Karl Marx: Das Kapital. Erster Band. Hamburg 1872, S. 71); MEW 23, S. 107. なお，本稿の引用のなかでの強調はすべて初版でのマルクスによるものである。これらの強調は現行版には存在しない。

552　III　探索の旅路で落穂を拾う

〔Geldrätsel〕も消え去る」[6]のだ，と述べている。このように，貨幣形態の起源を解明し，それによってまた貨幣の謎を解くこと，これが価値形態論の課題である。ここで言う「謎」の核心は，いかにして，物としての或る分量の金が商品の価値というまったく社会的なものを表現することができるのか，ということである。商品の側から言えばこの謎は，いかにして，商品価値が金という一つの特殊的使用価値の一定分量で表現されるのか，と言い表わすことができる。久留間はこの後者の謎を「貨幣形態の謎」と名づけた。マルクスはこうした謎を，はじめて価値形態の問題として設定したばかりではなく，この問題に根本的に解答を与えたのである。

　マルクスは，貨幣形態が発展した価値形態であること，そして貨幣形態の謎は，価値形態の基本的な謎の発展したものにほかならないことを見抜いた。彼は，遡行的に分析を進めて，貨幣形態をそれの基素形態 (Elementarform) である簡単な価値形態に還元し，そしてそのなかに，貨幣形態の謎ならびに貨幣の謎の最深の核心を発見した。すなわち，いかにして，一商品の価値が，それに等置された他の一商品の使用価値で，つまり価値の正反対物で表現されるのか（「価値形態の謎」），そしてそのさい，いかにして，後者の商品の使用価値が前者の商品にとっての価値形態となるのか（「等価物の謎」），という謎である。貨幣形態をじかに観察するときには，貨幣商品としての金の神秘的な性格が前面に出てくるので，この問題は，ただ簡単な価値形態においてのみ，純粋な形態で設定されることができるのである。

　マルクスはこの問題を，簡単な価値形態の分析によって価値表現の独特な「回り道〔Umweg〕」[7]を発見することで，根本的に解決した。20エレのリンネル＝1着の上着 という価値表現においては，リンネルの価値は上着で表現さ

---

6) MEGA II/6, S. 8 (Karl Marx: Ergänzungen und Veränderungen zum ersten Band des „Kapitals"); MEGA II/6, S. 81 (Karl Marx: Das Kapital. Erster Band. Hamburg 1872, S. 23); MEW 23, S. 62.

7) Siehe MEGA II/5, S. 32 (Karl Marx: Das Kapital. Erster Band. Hamburg 1867, S. 20); MEGA II/6, S. 12 (Karl Marx: Ergänzungen und Veränderungen zum ersten Band des „Kapitals"); MEGA II/6, S. 83 (Karl Marx: Das Kapital. Erster Band. Hamburg 1872, S. 26); MEW 23, S. 65. Vgl. MEGA II/6, S. 28 (Karl Marx: Ergänzungen und Veränderungen zum ersten Band des „Kapitals").

第12章 貨幣生成論の問題設定とその解明 553

れている。しかし，この表現が成立するためには，上着の身体〔Körper〕が「価
値体〔Wertkörper〕」として，すなわち「それが価値であること，つまりリンネル
価値に対象化されている労働と少しも区別されない労働の凝固体であることを
見てとることができるような物体〔Körper〕」[8]として通用しなければならない。
というのは，そうでなければ，上着という一商品の分量が価値という社会的な
単位（Einheit 統一体）の量を表現することはできないからである。だが，上着
が価値体として通用するという状態は，いかにして生じるのか。それは，リン
ネルが上着を自己に質的かつ量的に等置することによって，言い換えれば，リ
ンネルが上着にたいして，上着は自分自身と価値が等しいもの，つまり「等価
物」だとして，連関することによってである。このことが意味するのは，つま
るところ，リンネルは上着にたいして，上着をそのようなものとして認めると
いう仕方で連関する，あるいは関わる，ということである。このことによって
はじめて，上着は，価値体という，この連関のなかでのみ通用する社会的な質
を，言い換えれば経済的形態規定性を受け取るのである。こうすることによっ
てはじめて，つまりこの「回り道」によってはじめて，リンネルは，自分自身
もまた価値物である，と言うことができるのである。マルクスは書いている，
——「商品 A は商品 B にたいして，商品 B は体化した価値〔incarnirter Werth,
第2版では「価値体〔Wertkörper〕」〕すなわち人間的労働の物質化だとして連関する
ことによって，よそ者である〔fremd〕この商品の身体〔Körper〕を自分自身の価
値表現の材料にする。一商品の価値は，このように異種の一商品の使用価値で
表現されて，相対的価値の形態を受け取る〔erhalten，第2版では「持つ〔besitzen〕」〕
のである。」[9]肝心な点は，そもそも商品は，自分では自分自身の価値を表現
することがけっしてできず，まずもって他の一商品の現物形態を自分自身の価
値鏡にしなければならない，というところにある。まさにこの点にこそ「価値
形態の秘密，したがってまた，つづめて言えば貨幣の秘密」[10]があるのであっ

---

8) MEGA II/6, S. 20-21 (Karl Marx: Ergänzungen und Veränderungen zum ersten Band des
„Kapitals"). Vgl. ebenda, S. 90 (Karl Marx: Das Kapital. Erster Band. Hamburg 1872, S. 34);
MEW 23, S. 72.

9) MEGA II/6, S. 13 (Karl Marx: Ergänzungen und Veränderungen zum ersten Band des
„Kapitals"). Vgl. ebenda, S. 85 (Karl Marx: Das Kapital. Erster Band. Hamburg 1872, S. 27);
MEW 23, S. 67.

554　Ⅲ　探索の旅路で落穂を拾う

て，マルクスが，「すべての価値形態の秘密は，この簡単な価値形態のうちに潜んでいるにちがいない」[11]と述べているところである。

　しかし，「ここでわれわれは，価値形態の理解を妨げるあらゆる困難の要^{かなめ}に立っている」[12]。というのは，「商品の対立的な諸規定が，ここでは，互いに分かれるのではなくて，互いに反照しあう」[13]のだからである。しかも，価値表現のあらゆる契機が，同一の時点に重なりあっている，──すなわち，リンネルが自己に上着を等置することによって，「リンネルは，一石で何鳥をも仕留める」[14]。人は，これらの契機のすべてを見つけださなければならず，しかもそれらの論理的な関連を厳密に把握しなければならない。そこにはさらに，「あたかも一商品の等価形態は，他の諸商品の諸連関のたんなる反射であるのではなくて，その商品自身の物的な性質から発生するかのような外観」[15]がつけ加わる。マルクスは，簡単な価値形態において，問題を最も純粋かつ単純な形態で設定し，価値表現の「回り道」の構造を解明することによって，この「本来の困難」[16]を克服して，価値形態の謎ならびに等価形態の謎を解いたのであった。彼が『資本論』初版の序文に，「それゆえ，価値形態についての項目を別とすれば，本書を難解だと言って非難することはできないであろう」[17]と書いたとき，彼の脳中に浮かんでいたのは，この「本来の困難」であったにちがいない。ひとたびこの困難が克服されるならば，つまり「回り道」の構造が把握され，それによってまた等価形態のもろもろの独自性が理解されれば，「簡単な価値形態 20エレのリンネル＝1着の上着 が，その完成した姿態 20エレのリンネル＝2ポンド・スターリング すなわち貨幣形態を獲得するために通

---

10) MEGA II/5, S. 32 (Karl Marx: Das Kapital. Erster Band. Hamburg 1867, S, 21).

11) MEGA II/5, S. 626 (Karl Marx: Das Kapital. Erster Band. Hamburg 1867, S. 764). Vgl. MEGA II/6, S. 81 (Karl Marx: Das Kapital. Erster Band. Hamburg 1872, S. 23); MEW 23, S. 63.

12) MEGA II/5, S. 31 (Karl Marx: Das Kapital. Erster Band. Hamburg 1867, S. 19).

13) MEGA II/5, S. 32 (Karl Marx: Das Kapital. Erster Band. Hamburg 1867, S. 20).

14) MEGA II/5, S. 29 (Karl Marx: Das Kapital. Erster Band. Hamburg 1867, S. 16).

15) MEGA II/5, S. 42 (Karl Marx: Das Kapital. Erster Band. Hamburg 1867, S. 33).

16) MEGA II/5, S. 626 (Karl Marx: Das Kapital. Erster Band. Hamburg 1867, S. 764); MEGA II/6, S. 81 (Karl Marx: Das Kapital. Erster Band. Hamburg 1872, S. 23); MEW 23, S. 63.

17) MEGA II/5, S. 12 (Karl Marx: Das Kapital. Erster Band. Hamburg 1867, S. IX).

第12章 貨幣生成論の問題設定とその解明　555

らなければならない変態列」[18]を見いだすことは、もはやそれほど困難なことではない、──それどころか「容易」でさえある。

　マルクスは、簡単な価値形態、すなわち「貨幣形態の萌芽」[19]を分析したのち、この「変態列」を展開した。これによって彼は、「貨幣形態の起源を示すこと、したがって、諸商品の価値関係に含まれている価値表現をその最も単純な最も目立たない姿態から光まばゆい貨幣形態に至るまで展開すること」[20]をなしとげたのであり、これによって同時に「貨幣の謎」も消滅した。

　このような価値形態論で解かれるべき問題を一言にして要約すれば、「いかにして、商品は貨幣であるか？」と言い表わすことができる。ここで「商品は貨幣である」ということが意味するのは、一方では、あらゆる商品が x 量の商品 A＝y 量の貨幣商品 という価格形態をとっているという商品流通の最も一般的な現象であり、他方では、この価格形態の形成において前提されている事実、すなわち、一つの特殊的商品である金がすでに貨幣になっているという事実である。この同じ問題を、「貨幣」を主語として言い表わすならば、「いかにして、貨幣は成立するのか？」と言うことができるのである。

2　物神性論における問題提起とそれへの解答

　マルクスは第1章の第4節で次のように書いている、「ところで、経済学はなるほど、不完全ながらも価値と価値の大きさとを分析して、これらの形態のうちに隠されている内容を発見した。だが経済学はいまだかつて、なぜこの内容がある形態をとるのか、つまりなぜ労働が価値に、そしてその継続時間による労働の尺度が労働生産物の価値の大きさに表わされるのか、という問題は、提起したことさえなかった」[21]。明らかにマルクスはここで、彼がまさにこの問

---

18) MEGA II/5, S. 649 (Karl Marx: Das Kapital. Erster Band. Hamburg 1867, S. 784).

19) MEGA II/6, S. 102 (Karl Marx: Das Kapital. Erster Band. Hamburg 1872, S. 47); MEW 23, S. 85.

20) MEGA II/6, S. 8 (Karl Marx: Ergänzungen und Veränderungen zum ersten Band des „Kapltals"); MEGA II/6, S. 81 (Karl Marx: Das Kapital. Erster Band. Hamburg 1872, S. 23); MEW 23, S. 62.

21) MEGA II/6, S. 110-111 (Karl Marx: Das Kapital. Erster Band. Hamburg 1872, S. 57-58); MEW 23, S. 94-95. Vgl. MEGA II/5, S. 48-49 (Karl Marx: Das Kapital. Erster Band.

556　III　探索の旅路で落穂を拾う

題を解明したことを示唆している。

　マルクスはほかならぬこの箇所に，古典派経済学が「なぜ価値が価値形態を
とるのか」という問題を設定することができなかった理由をはっきりと指摘し
ている脚注22)をつけた。その理由とは，古典派経済学はブルジョア的生産様式
を「社会的生産の永遠の自然形態」だと見誤ったがゆえに，価値を交換価値に
する価値の形態を見いだすことに成功しなかったし，だからこそまた古典派経
済学は，そのような問題を設定することさえできなかった，ということである。

　この脚注は，もともと初版では価値形態論の末尾にある次の文章につけられ
ていたものであった，——「しかし，決定的に重要なことは，価値形態と価値
実体と価値量とのあいだの内的な必然的関連を発見するということ，すなわち，
観念的に表現すれば，価値形態は価値概念から発生する，ということを論証す
るということだった」23)。このことから，マルクスがなぜ第2版でさきの箇所
にこの脚注をつけたのか，ということが明らかになる。彼は，そうすることに
よって，なぜ労働は価値という形態をとるのか，という問題と，なぜ価値は価
値形態をとるのか，という問題とのあいだの，いわば「内的な必然的な関連」
を示そうとしたのである，——なぜならば，後者の問題は，結局のところ，前
者の問題に帰着するのだからである。さらに彼は次のように書いている，——
「なぜ，貨幣は直接に労働時間そのものを代表しないのか，その結果，たとえ
ば1枚の書きつけがx労働時間を表わすというようにならないのか，という問
題は，まったく簡単に，なぜ商品生産の基礎上では労働生産物が自らを商品と
して表わさなければならないのか，という問題に帰着する。というのは，商品
のこの表示は商品と貨幣商品とへの商品の二重化を含んでいるからである。ま
たは，なぜ私的労働は，直接に社会的な労働として，つまり私的な労働の反対
物として，取り扱われることができないのか，という問題に帰着する」24)。物

　　Hamburg 1867, S. 41).

22)　Siehe MEGA II/6, S. 111 (Karl Marx: Das Kapital. Erster Band. Hamburg 1872, S. 58);
　　MEW 23, S. 95. Vgl. MEGA II/5, S. 43-44 (Karl Marx: Das Kapital. Erster Band. Hamburg
　　1867, S. 34).

23)　MEGA II/5, S. 43 (Karl Marx: Das Kapital. Erster Band. Hamburg 1867, S. 34).

24)　MEGA II/5, S. 59 (Karl Marx: Das Kapital. Erster Band. Hamburg 1867, S. 55). Vgl. MEGA
　　II/6, S. 121-122 (Karl Marx: Das Kapital. Erster Band. Hamburg 1872, S. 72); MEW 23, S.

神性論は，なぜ商品の生産に社会的に必要な労働が商品の価値という形態をとるのか，を明らかにすることによって，同時に次のことを明らかにしているのである，——すなわち，なぜ商品の価値が価値形態を，それゆえまた貨幣形態をとるのか，言い換えれば，なぜあらゆる商品が，x 量の商品 A ＝y 量の貨幣という貨幣形態をとるのか，それゆえまた，なぜ一つの特殊的商品（金）が貨幣になるのか，要するに，なぜ商品は貨幣であるのか，ということである。

　周知のように，マルクスはこの問題に，「商品生産という歴史的に規定された社会的生産様式」[25]における労働の独自に社会的な性格をもって答えた。互いに独立して営まれる私的諸労働が社会的総労働の，したがってまた社会的分業の分肢であることを実証するためには，「個々の労働は抽象的一般的な労働として，またこの形態において社会的な労働として表示されなければならない」[26]，つまり商品の，ある物の価値という物的な形態をとらなければならない。しかも商品の価値は，その商品が他の一商品の使用価値を自分自身の価値鏡にしている，というような独自の価値形態をもたなければならないのである。だから，ことの核心は，労働が私的労働として営まれているような生産様式のもとでは，労働は必然的に商品価値という形態をとらなければならず，労働生産物は商品形態をとらなければならず，それゆえまた価値は価値形態を，だから最終的には貨幣形態，価格形態をとらなければならない，というところにある。貨幣形成の観点から見ても，物神性論は，価値形態論とは区別されるべき独自の問題領域をなしているのである。

　ここでさらに，三つの点について述べられるべきであろう。

　第1に，物神性論そのもの，言い換えれば「なぜ」の問題は，第4節ではじめて現われるのではなく，すでにそのまえに，物神性の諸事実があちこちで示されていた。第1節では，商品価値が労働生産物の，物の価値属性として現われており，第3節では，さらに一歩を進めて，人間的労働の社会的な性格が一つ

　　109.

25）MEGA II/6, S. 106-107（Karl Marx: Das Kapital. Erster Band. Hamburg 1872, S. 53）; MEW 23, S. 90.

26）MEGA II/3.4, S. 1324（Karl Marx: Zur Kritik der politischen Ökonomie（Manuskript 1861-1863）. Teil 4）.

の物の姿態で現われることが確認されている。しかし第2版では，第4節になってはじめて，これらの事実が商品生産に固有の物神性の諸現象として統一的に論じられているのである。換言すれば，マルクスはここで，これらの事実について反省し，それらのなかに商品の物神的性格の貫徹を見いだし，この観点のもとでそれまでの分析の諸成果を再認識し，そしてこの性格がどこから発生するのかを研究しているのである。

しかし第2に，物神性の取り扱いかたには，『資本論』の初版と第2版とのあいだに違いがある。初版では，「なぜ」の問題はすでに価値形態論のなかで，「物神」という語は使われていないながらも，立ち入って論じられていた[27]のであって，それに対応して，その付録「価値形態」では，「等価形態の第4の特色。商品形態の物神性は，等価形態においては相対的価値形態におけるよりもいっそう顕著である」[28]ことが述べられていた。第2版のための改訂のさいに，これらの記述はかなり書き直され，独立した第4節にまとめられた。しかしこれは，叙述様式の部分的変更にすぎず，問題そのものはまったく変わっていないのである。

第3に，「貨幣物神」の取り扱いにおいても，この二つの版のあいだに違いがある。初版では，貨幣形態は第2章ではじめて現われるようになっていたので，それに先行する物神性の部分では，マルクスはまだ貨幣物神に言及することができなかった。「貨幣物神」についての記述が交換過程の末尾にあること[29]は，おそらくこのことから説明されるであろう。それは第2版でも——ここではもはや（価値形態論のなかですでに貨幣形態が現われていたのだから）そうでなければならない理由はなくなっていたけれども——変更されないままに残されている[30]。

---

27) Siehe MEGA II/5, S. 41-42 (Karl Marx: Das Kapital. Erster Band. Hamburg 1867, S. 31-33).

28) MEGA II/5, S. 637 (Karl Marx: Das Kapital. Erster Band. Hamburg 1867, S. 773).

29) Siehe MEGA II/5, S. 58-59 (Karl Marx: Das Kapital. Erster Band. Hamburg 1867, S. 54-55).

30) Siehe MEGA II/6, S. 120-121 (Karl Marx: Das Kapital. Erster Band. Hamburg 1872, S. 71-72); MEW 23, S. 107-108.

第12章　貨幣生成論の問題設定とその解明　559

3　交換過程論における問題設定とそれへの解答

　価値形態論では商品がもっぱら価値の観点から考察され，だからまた，その諸属性によって商品所有者の諸欲求を満たす有用物としての使用価値は，まったく視野の外に置かれていたのにたいして，交換過程の分析では，使用価値は独自の役割を果たすことになる。というのも，交換過程はなによりも，諸商品が，その人にとってはそれらが非使用価値である人の手から，その人にとってはそれらが使用価値である人の手へ移っていく過程だからである。つまり交換過程では，商品は一方では，使用価値として実現されなければならない，すなわち，諸商品はこの過程のなかで，その人にとってそれらが使用価値である商品所有者を見いださなければならない。商品は他方ではいずれも，この過程のなかで，価値として実現されなければならない，すなわち，価値として通用しなければならない。言い換えれば，それが任意の他の商品と交換可能であることを証明しなければならない。このように交換過程は，商品の使用価値としての実現の過程でも，商品の価値としての実現の過程でもなければならないが，この両方の実現は互いに前提しあい，かつ同時に互いに排除しあうものである。商品生産が一般化するためには，この矛盾は媒介されなければならない。

　この矛盾はまた，商品所持者がその本性上もたざるをえない諸要求のあいだの衝突としても現われる。マルクスは『資本論』で，商品のこの二つの実現のあいだの矛盾を述べたあとで，議論を一歩進め，もしすべての商品所持者が彼らの商品を直接に商品として通用させようとするなら，彼らの要求は矛盾に陥らざるをえないことを示している。この袋小路は打開されなければならない。「われわれの商品所持者たちは当惑して，ファウストのように考え込む。太初に業〔That〕ありき。だから，彼らは，考えるまえにすでに行なっていたのである。商品の本性の諸法則は，商品所持者の自然本能において自らを実証したのである」[31]。ここでマルクスは，簡潔かつ諧謔的に，商品所有者は理論が明らかにしているとおりに振る舞うのだと言っているが，これによってマルクスは，貨幣が商品生産における他のあらゆる関係と同じく自然生的な産物であっ

---

31) MEGA II/5, S. 53 (Karl Marx: Das Kapital. Erster Band. Hamburg 1867, S. 47). Vgl. MEGA II/6, S. 115 (Karl Marx: Das Kapital. Erster Band. Hamburg 1872, S. 64); MEW 23. S. 101.

560 III 探索の旅路で落穂を拾う

て，けっして「発明」されたものではないことを示唆しているのである。だが，いかにしてか？「彼らが自分たちの商品を互いに価値として連関させること，したがってまた商品として連関させることができるのは，ただ，自分たちの商品を，一般的等価物としてのなにかある一つの他の商品に対立的に連関させることによってのみである。このことは，商品の分析が明らかにした」[32]。ここでの「商品の分析」という言葉でマルクスが価値形態論を考えていたことは疑いない。つまりここで，解決の道である「いかにして」が，すでに価値形態論で展開されていたのだ，ということを銘記すべきであろう。「しかし，ただ社会的行為だけが，ある特定の一商品を一般的等価物にすることができる。それだから，他のすべての商品の社会的行動が，特定の一商品を排除し，この排除された商品で他の全商品が自分たちの価値を全面的に表わすのである。このことによって，この商品の現物形態は，社会的に通用する等価形態になる。一般的等価物であることが，社会的過程によって，この排除された商品の独自な社会的機能になる。こうして，この商品は貨幣になるのである」[33]。約言すれば，現実に一つの特殊的商品を，商品世界から実際に排除することによって，貨幣にするものは，商品所持者の社会的行為であり，この社会的行為を必然的にするのは，交換過程の矛盾とこの矛盾の媒介の必要なのである。

　第1章の課題であった商品の分析は，労働生産物が商品として現われる形態の分析を通じて行なわれた。そして，形態そのものが問題であるかぎりでは，商品はまだ運動のなかにはなかった。使用価値としても価値としても，商品の実現は問題にならなかったし，同一の商品の二つの実現の矛盾の関係も，したがってこの矛盾の媒介者としての貨幣の必然性も問題にはならなかった。これらすべては，商品が使用価値と価値との直接的統一物として運動に入る交換過程において，だからそのあとの第2章において，はじめて問題になる。ここではじめて，なにによって一般的等価物である貨幣が必然的なものとされ，また現実に形成されるのか，という問題が設定され，それにたいして次のように解答が与えられるのである，――有用的な私的労働の生産物であると同時に抽象

---

32) Ebenda.
33) Ebenda.

第12章　貨幣生成論の問題設定とその解明　561

的人間的労働の体化でもあるという商品の内的な矛盾こそが，価値の自立的形態をたえず追求する価値形態の発展の原動力であって，この矛盾が，交換過程における諸商品の社会的行動を通して，したがって商品所有者の社会的行為を通して，貨幣結晶を生み出すのである。

　だから，交換過程における矛盾の発展を追求し，この矛盾の媒介者としての貨幣の形成の必然性を明らかにすること，この点で，交換過程論は価値形態論とは明確に区別される。換言すれば，この第2章で論じられているのは，なにによって一つの特殊的商品である金が貨幣になるのか，それゆえまた商品一般が価格形態をとるのか，要するに，なにによって商品は貨幣であるのか，ということなのである。

4　貨幣の発生についてのマルクスの問題設定

　マルクスは第1章の価値形態論，物神性論，交換過程論という三つの部分のすべてで，ブルジョア社会の表面に現象する商品の貨幣形態，とりわけそれの価格形態を，つまり「商品＝貨幣」を分析しているが，それらの分析はそれぞれ異なった観点のもとで行なわれている。価値形態論は，いかにして商品の価値は他の一商品の使用価値で，ついには貨幣で表現されるのか，ということを明らかにし，物神性論は，なぜ労働が商品価値で表わされなければならないのか，だからまた同時に，なぜ商品価値が他の一商品の使用価値で，ついには貨幣で表現されざるをえないのか，ということを明らかにし，交換過程論は，どのような事情によって，貨幣の形成が必然的となり，またどのような実践によって貨幣が形成されるのか，ということを明らかにしているのである[34]。

　このように，価値形態論が，商品が貨幣であるという事実の「いかにして」を問い，物神性論がこの事実の「なぜ」を問い，そして交換過程論がこの事実の「なにによって」を問うのだとすれば，われわれが冒頭で引用した第2章のなかの文章（すなわち「困難は，貨幣は商品だということを理解することにあるのではなく，いかにして，なぜ，なにによって，商品は貨幣であるのか，と

34）前掲の『マルクス経済学レキシコン』，第11巻（「貨幣1」）の第1篇に含まれている諸表題を参照されたい。

いうことを理解することにある」という文章）こそ，貨幣の成立についての，明確に区別されるべきこれら三つの問題を，しかもマルクスが『資本論』で論じている順序で，われわれに知らしめていると言うことができるであろう。

II　フランス語版に関する追記

　ここで，以上の見解にたいして，事情通なら抱かれるかもしれない疑問に答えておくべきであろう。

　「いかにして，なぜ，なによって，商品は貨幣であるか」という文は，『資本論』のフランス語版では，次のようになっている。《Comment et pourquoi une marchandise devient monnaie.》すなわち，「いかにして，なぜ，一商品が貨幣になるのか」，と。ここから，現に日本でそうであったように，次のような結論が引き出されるかもしれない。マルクスは，「なによって」という疑問詞に特別な重要性を置かなかったのであり，もともと「なによって」という語は取り去ってもいいものだったのだ。言い換えれば，「いかにして，なぜ，なによって」という句は，「いかにして，なぜ」という句で置き換えるか，あるいはこのように「通俗化」することができるものだったのだ。だから，このような性格をもつ一連の語句と貨幣形成に関する展開の構造とを関連させることなどできるはずがないのだ，と。

　しかしながら，ドイツ語版のなかに出てくる「なによって〔wodurch〕」という疑問詞がフランス語版でどのように扱われているかを逐一検討するならば，直ちにわかるのは，この疑問詞はほとんどつねに《comment》（いかにして）という語に翻訳されているということである。フランス語では《parquoi》（なによって）といった表現を，ドイツ語で代名詞的副詞（da, hier, wo が前置詞と結合した形）が，とりわけ wodurch が，疑問詞として使われるような仕方で自由に使うことはできない。文体的に，マルクスは問題の箇所を《comment, pourquoi, parquoi》と訳すことはできなかったのである。だから，「なによって」という語は，《comment et pourquoi》（いかにして，また，なぜ）という慣用句的表現によって，しかもこのうちの《comment》（いかにして）という語に吸収されていると考えることができるであろう。このために，ドイツ語版での

表現の内容の一部が犠牲にされたのである。

　さらに，マルクスの「力強いドイツ語」（エンゲルス「いかにマルクスを翻訳してはならないか」，MEW 21, S. 230）で書かれた「商品は貨幣である〔Waare ist Geld〕」という表現豊かな語句は，一方では〈商品＝貨幣〉，すなわちそもそも商品はつねにそれの価格形態で現われるということを，他方では〈商品→貨幣〉，すなわちこの関係のなかで一つの特殊的商品（金）がすでに貨幣になっているということを意味している。しかし，「一商品が貨幣になる〔une marchandise devient monnaie〕」という「なめらかなフランス語」（エンゲルス「『資本論』第1部第3版への序文」，MEW 23, S. 34）は，ただ後者の意味を表現するだけである。ここでもまた，この二つの言語の特性の相違のために，内容が犠牲にされている[35]。

　要するに，この場合には，もとのドイツ語版の表現の内容をフランス語版によって解釈することはできないのである。ドイツ語版とドイツ語以外の言語の版との相違点については，つねに，のちのドイツ語諸版に取り入れられるべき内容的な改善と，言語の性格の相違のために強いられる「平板化」（ゾルゲ宛のエンゲルスの手紙，1883年6月29日，MEW 36, S. 45）とを，注意深く区別しなければならない。ここでもまた，他の外国語によっては表現することが困難な場合のある，ドイツ語版の重要な，独自な価値の一例が見られると言うべきであろう。この価値を理解できない人だけが，フランス語版におけるすべての相違点を取り入れると称する新ドイツ語版なるものについて云々することができるのである。ちなみに，このような「平板化」と，マルクスがたとえばモストの書[36]のなかで努力したような「通俗化」とがまったく別の事柄であること，これもまた自明である。

---

35) 以上の点については，久留間と筆者とのあいだに解釈の違いがあるが，ここでは拙見を述べている。久留間鮫造『貨幣論』，大月書店，1979年，41-63ページ，を参照されたい。そこには久留間の解釈だけでなく，筆者の解釈がより立ち入ったかたちで記録されている。この違いは，前出の筆者の報告のなかにも反映している。

36) Johann Most: Kapital und Arbeit. Ein populärer Auszug aus „Das Kapital" von Karl Marx. Zweite verbesserte Auflage. Chemnitz 1876. MEGA II/8, S. 733-787. 邦訳：モスト原著，マルクス改訂，大谷訳『資本論入門』，岩波書店，1986年，同『資本論入門・テキスト版』，岩波書店，1987年。【モスト原著，マルクス加筆・改訂，大谷訳『マルクス自身の手による資本論入門』，大月書店，2009年。本書の前章を参照されたい。】

第13章　書評・佐藤金三郎著『『資本論』研究序説』

マルクスの文献を読むさいに先行研究を周到にサーヴェイしておくという研究上の素養を身につけていなかった——遺憾ながらいまだに身についていない——筆者が，『経済学批判要綱』を徹底的に読み込んだ佐藤金三郎氏の一連の論稿に接したのは，それらが発表されてからもうずいぶん経ってからだった。ようやく読んだところ，佐藤氏が，問題となる箇所を博捜的に徹底的に洗い出したうえで，鋭い推論でマルクスの経済学批判の成立史についての斬新な新説を示されていることを知り，驚嘆させられた。氏の新たな解釈は，筆者が『経済学批判要綱』を読んで考えていたことと一部は一致していて，我が意を得た思いもした。さらに，信用理論研究会の1970年の秋季大会で，同年の春にアムステルダムの社会史国際研究所で『資本論』第3部第1稿を調査された佐藤氏による，この草稿についての多くの貴重な情報を惜しげもなく盛り込んだ特別報告を聞いて，新MEGAの第II部門はまだ1冊も刊行されておらず，アムステルダムの研究所でフォトコピーによって草稿を解読するほかはなかった当時の状況ではあったが，いつかは自分でマルクスの草稿を読み解きたいという強烈な衝動を覚えたのであり，これが後年の草稿研究につながったのだった。

だから，その後の佐藤氏の労作や研究にはいつも注意を向けていたのだったが，「マルクス・ルネッサンス」ともてはやされた「西欧マルクス主義」の諸文献を克明に追われていた佐藤氏が，マルクスは『経済学批判要綱』から『資本論』第1部初版，さらに第2版へと，その論述を次第に「歴史化〔historisieren〕」させて，「論理的展開」の方法を後退させたという，バックハウスらのマルクス批判に共鳴するかのような論調を示されるようになったことに，次第に強い違和感を感じるようになった。

1986年秋，経済理論学会の幹事会で翌年度の大会の共通論題が議題になったとき，佐藤氏と筆者が，深刻な諸問題を露呈している「現存社会主義」をテーマとするよう強く主張して，論題が「社会主義の理念と現実」に決まった。1987年10月に開催された福島大学での大会では，そういう経緯から佐藤氏と筆者が副島種臣氏とともに司会をした。報告者は平田清

明，岡田裕之，田中雄三の三氏だった。大会終了後の佐藤氏との雑談のなかで，報告と討論についての二人の感想は期せずして，あまり面白くなかったね，と一致したのだったが，話が進むうちに，面白くなかったと感じた理由がまったく違っていたことがわかってきた。佐藤氏の不満は，「現存社会主義」のひどい状況は，もともとロシア革命が『資本論』にもとづく革命だったところにその淵源があったのであって，いまの状況が『資本論』そのものの問題性を問うているのに，そのことを突いた人がいなかった，ということだった。それにたいして，筆者には，いま問われているのは，スターリンのもとで1930年代半ばに確立された自称「社会主義」は，『資本論』でマルクスが展望していた「アソシエーション」とはまったく異なる社会システムなのではないか，ということだと思われるのに，報告者たちも討論者たちも「現存社会主義」を社会主義だと決め込んだうえで議論していたのが不満だったのである。

　この経済理論学会の大会からまだ2か月経たない1987年11月に，佐藤氏を中心にして「『資本論』成立史をめぐる諸問題」という「合同シンポジウム」が開催された。長時間にわたったここでの佐藤氏の報告は，高須賀義博編『シンポジウム『資本論』成立史〔佐藤金三郎氏を囲んで〕』（新評論，1989年）に記録されている。筆者はこのシンポジウムで佐藤氏がどのようなことを語られるかと期待をもって謹聴した。そのさい筆者が強く知りたいと思っていた一つのことは，上に見た，一方での，『資本論』を方法的に「歴史化」による後退とみる見方と，他方での，「現存社会主義」の悲惨な現状の淵源を『資本論』にもとづいた革命だったところに見るという見方とが氏のなかでどのように結びついているのか，ということだった。シンポジウムで印象的だったのは，『資本論』にもとづく革命ではなく，『経済学批判要綱』にもとづく革命を目ざさなければならなかったのだ，という趣旨の佐藤氏の発言であった。しかし，残念ながら，この日の佐藤氏の報告からは，目ざすべきだとされるそうした革命が，レーニンがやり抜こうとした革命とどのような点で根本的に違っているのか，ということについての具体的な説明を聞くことはできなかった。

　佐藤氏は，ベルリンの壁の崩壊からソ連邦の解体を経て，ついにソ連と東欧での「現存社会主義」の解体にまで進んだ歴史的な変革を見ることなく，その直前の，東欧諸国での「東欧革命」と呼ばれた大変動の予兆が見えはじめていた1989年1月に急逝された。

第13章　書評・佐藤金三郎著『『資本論』研究序説』　567

　佐藤氏の逝去後，1992年12月に，氏が残された構成プランによって既
発表の諸論稿からまとめられた氏の著書『『資本論』研究序説』（岩波書店）
が刊行された。その2年後に一橋大学経済研究所から佐藤氏のこの主著の
書評を寄稿するよう依頼されて書いたのが本章に収録した拙稿（所収：『経
済研究』第45巻第3号，1994年7月）である。

　本書は，1989年1月に急逝された著者の既発表の諸論稿から編まれた論文集
であるが，その骨格は著者の遺した構成プランによっており，著者の主著とみ
ることができる。冒頭の論文「「経済学批判」体系と『資本論』」の発表から最後
のシンポジウム報告「『資本論』成立史をめぐる諸問題」にいたる33年間に，著
者の研究は当然に拡大・深化し，変化・発展している。だから，本書を本格的
に批評することは，著者の研究活動の全軌跡を論じることに等しい。ここでは，
本書に見ることができるかぎりでの著者の業績の核心部分と著者が最終的に到
達した見解とについて，評者の見解を率直に述べるにとどめる。
　第Ⅰ部冒頭の「「経済学批判」体系と『資本論』」（1954年）は，『経済学批判要
綱』の考証的検討を通じて「プラン問題」に独自の見解を示して論議のその後
の流れにきわめて大きな影響を与え，また『資本論』形成史研究と呼ばれる領
域を新たに切り開いたものであった。それまでほぼ通説であった久留間鮫造氏
に代表される『資本論』=「資本一般」説にたいして，著者の新見解は，『資本
論』は依然として「資本一般」ではあるが，「資本一般」の内容は著しく拡充さ
れ，「競争」・「信用」・「土地所有」・「賃労働」の諸考察は，「資本一般」として
の『資本論』に取り入れられたそれらの基本規定と，『資本論』の外に残されて
いるそれらの「特殊研究」とに「両極分解」した，というものであった。
　著者はその後も研究を重ね，最後のシンポジウム報告（1987年）でその到達点
を公開した。そこでは著者は，「両極分解」説を維持したうえで，『資本論』を
「資本一般」だとしていた点については，『要綱』ののち「資本一般」の意味がし
だいに変わっていった結果，この概念そのものが使われなくなったとし，『資
本論』は「資本の一般的分析」と特徴づけられるべきだ，と述べている。当初
プランで「資本の一般的分析」に当たるのは，第1篇「資本一般」だけではない。

568　III　探索の旅路で落穂を拾う

第1部「資本」全体，さらに3大階級の経済的基礎の分析が完了するはずの前半3部もそう見ることができる。だから著者はここで，「『資本論』は「資本一般」ではないと言ったほうがいい」と言い切ったのである。こうしてプラン問題について著者が最後に到達したのは，事実上，当初の「経済学批判」体系は，「競争」〜「賃労働」の諸項目の「両極分解」を経て，「資本の一般的分析」としての『資本論』に終わった，というプラン「変更説」であった。

　評者はこの結論に同意する。そのうえで，著者のこの結論の含意は，さらに次のように明示されるべきだと考える。すなわち，当初の「資本一般」とは，「多数の諸資本」を捨象した「一つの資本」，「国民的資本」，「社会的資本」という，分析対象の一般性の規定であって，その分析ののちに「多数の諸資本」を前提した諸分析がなされてはじめて「資本の一般的分析」として完了しうるはずのものであったが，それにたいして，「資本の一般的分析」とは，資本の「特殊的分析」・「特殊研究」にたいするもの，すなわち分析・研究の一般性の規定であって，『資本論』は「資本の一般的分析」として完結すべき性格のものであった，ということである。

　なお，著者自身は最後まで，「範疇的意味での資本一般」に，またプラン「不変説」にこだわっているが，6部作プラン，とりわけその「資本一般」と『資本論』との本質的な同一性は，両者を貫くマルクスの方法の同一性に，すなわち一般的に把握された資本の本質から資本主義的生産のあらゆる具体的諸形態を発生的に展開していくという方法の同一性に見るべきであろう。さらに，久留間氏の『資本論』＝「資本一般」説が，恐慌をはじめとする具体的諸課題の解明にとって「競争」以降の展開が不可欠であることを明らかにするために主張されたものであったことを考えるなら，著者の言う「両極分解」によって「資本の一般的分析」の外に残された諸「特殊研究」の内容を明確にし，じっさいに推し進めることが，著者が果たせなかった重要な課題として残されているのである。

　第II部には，社会史国際研究所での調査にもとづいて，現行版では見えていないマルクスの草稿の姿をわれわれにはじめて伝えたくれた「『資本論』第3部草稿について」(1971-1972年) が収められている。1993年にMEGAの1冊として公刊された『資本論』第3部第1稿は，ここでの著者の調査・分析の確かさをあ

らためて確認するであろう。

第III部には「『資本論』の方法に関する諸問題」を論じた4論稿が収められている。いずれも原典の広く深い読みと考証とに裏づけられた，きわめて優れたモノグラフであるが，著者が一貫して明らかにしようとしているのは，①『要綱』でのマルクスの方法の核心は，流通＝表層と生産＝深部のいわゆる「二層モデル」にある，②したがって『要綱』は徹底した「論理」的展開であって，いわゆる「論理＝歴史説」は誤っている，③『資本論』の方法も基本的にそうした論理的展開である，ということである。

第IV部に収められた，著者の死のほぼ1年前に行なわれたシンポジウムでの報告で，著者は，これらの主張をさらに大きく超えた。著者はここで，①『要綱』以降，マルクスは次第に「論理＝歴史説」に傾いていったのであって，『資本論』にはそのことが現われている，②しかしマルクス自身はこのことに無自覚であった，③これは方法的には『要綱』からの後退である，と述べたのであった。

「論理」と「歴史」との関係について考え続けた著者の，考証に支えられたこれらの主張には迫力があり，教条的な枠組みのなかで行なわれてきた議論に反省を迫るものであるが，にもかかわらず，評者は著者の結論に多くの疑問をもたざるをえない。

『要綱』でまず現われる商品流通が資本主義的生産の表層であって，その分析は歴史的な「単純商品生産」の分析ではないこと，この表層から深部へと分析を進める方法が『要綱』で確立され，その基本は『資本論』にも引き継がれたこと，この展開は歴史的発展をなぞるものではないこと，これらの点を評者は承認するけれども，『要綱』での体系的執筆の試みのなかで確立されたマルクスの方法の特質は，けっして純粋な論理的展開にあるのではなかった。歴史的に生成し，発展する社会的な生産有機体である資本主義的生産様式の分析は，それが論理的に展開されるからといって，どのような意味でも歴史的な具体的事実とかかわりをもたず歴史的発展に対応しない，というようなことがあるはずがない。現に『要綱』の，しかも表層である商品流通の分析においてさえも，資本主義以前の歴史からさまざまの例証があげられているし，資本主義的生産そのものの分析でも，この生産の歴史的発展に関する叙述をけっして排除して

はいない。論理的な展開によって行なわれるのは歴史的な存在の分析なのである。マルクス自身は自分の方法を、「歴史的方法」なるものに対立させて「論理的方法」と呼んだことは一度もない。彼の方法は、著者自身が書いているように、「分析的方法を基礎とし、それを不可欠の前提とする弁証法的方法」(『資本論物語』、有斐閣、1975年、154ページ) なのである。マルクスがランゲの『資本論』評について、「経験的素材のなかをのびのびと動きまわる」というのは、「とりもなおさず素材を扱う方法そのもの——つまり弁証法的方法——を言い換えたものにすぎない」(クーゲルマン宛の手紙、1870年6月27日) と書いたように、弁証法的に運動している歴史的対象を弁証法的方法でとらえるところにこそ、マルクスの理論の基本的な質がある。『要綱』から『資本論』にいたる過程で歴史的事実の契機がしだいに重きをなすようになったことを、「論理＝歴史説への傾斜」などと特徴づけることはできない。もちろん、理論的展開の歩みは同時に歴史的な発展に基本的に一致する、とする「論理＝歴史説」は根本的に誤っている。しかし、それに対立するのは「論理説」ではなく、「弁証法的展開の方法」である。体系は方法によって基本的に規定されるが、その体系の叙述はさまざまでありうるのであって、マルクスはその叙述において意識的に「方法を隠そう」とさえしたのである。著者の「方法的後退」という、いわば方法の「変更説」には同意できない。

　最後に、著者が方法についてのこうした見解と結びつけて「現存社会主義」体制の崩壊について述べた点について一言する。著者は、ロシア革命を「『資本論』にもとづく革命」だったとし、「現存社会主義」を、社会主義の必然性の論証を含むような『資本論』の「論理＝歴史説」の帰結と見て、社会主義を目指す運動は、『要綱』での「疎外された労働の止揚」によるべきだ、と述べている。評者には、この主張が『資本論』に方法的後退を見る著者の理論的見解からの帰結なのではなく、逆に「現存社会主義」にたいする著者の深い絶望こそが、著者に『資本論』を後退だと言い切らせた原因であるように思われる。本書の編者は「あとがき」で、著者の「若き日の主体的・実践的観点の復活か」と語っておられるが、評者はむしろ、著者の「論理説」への一面的な固執が、資本の純粋な「論理的」展開(「原理論」！)を基準にした現実の無理・不条理を否定するための「主体的実践」、という主張に行き着いているのではないか、という

第13章 書評・佐藤金三郎著『『資本論』研究序説』　571

懸念をもたざるをえないのである。

　著者が残した多くの問題提起はいずれもきわめて重い意味をもっているが，それらがわれわれに問うているのは，まさに理論のもつ意味についてのわれわれ自身の理解である。本書が『資本論』の生き生きとした理解の活性材となることを期待する。

第14章　随想・高須賀さんと佐藤さんとへの書債

　本章に収めた小篇は，独占研究会の創立50周年を記念して2015年7月に刊行された鶴田満彦・長島誠一編『マルクス経済学と現代資本主義』（桜井書店）に挿入された「栞」のために書いたものである。この書の一つの章の執筆を引き受けていたのだったが，2014年秋に，のちに肺癌の前兆だったことが判明する尋常ならざる体調不全を感じて，小松善雄氏に執筆を代わっていただいた。同書の編集者から「栞」のための小品なら書けるだろう，と乞われて，ものしたのがこの随想である。

　種瀬茂さん，本間要一郎さんたちが独占研を立ち上げて10年後の1975年に，はじめて例会に参加した。それはたまたま一橋大学千石原寮での合宿で，筆者は「資本の流通過程と恐慌」というテーマで報告した[1]。誘ってくれたのは高須賀義博さんだった。『マルクス経済学レキシコン』編集の雑用係としての仕事の合い間にものした拙稿数編[2]に目をとめて，芽吹けずにいる研究者を元気づけてやろうという魂胆で，報告を勧めてくれたのだった。

　そのうち，住居がともに玉川上水べりの近くにあったので，懇親会のあと二人で飲み直し，千鳥足で一緒に帰ったりするようになった。二人のあいだにはマルクスの方法についての理解に大きな違いがあったから，議論はしばしば熱を帯びた。ときとしてそれに重田澄男さんが加わられた。いまでも鮮明に思い

---

1 ）【この報告は，経済理論学会の1975年の大会での報告「資本の流通過程と恐慌」（拙著『マルクスに拠ってマルクスを編む』，大月書店，2003年，に収録）の予行演習となった。】

2 ）【拙稿「商品信用と支払手段としての貨幣の機能——商業信用解明のための準備的考察——」（『東洋大学経済経営論集』，No. 30，1963年3月），「信用の理論的把握に関する覚え書——商品信用と信用一般について——」（『東洋大学経済経営論集』，東洋大学創立80周年特集号，1967年11月），および，「「内在的矛盾の問題」を「再生産論」に属せしめる見解の一論拠について——『資本論』第2部注32の「覚え書き」の考証的検討——」（『東洋大学経済経営研究所研究報告』，No. 6，1973年3月）。】

574　III　探索の旅路で落穂を拾う

だすのは，高須賀さんが最後の著書『鉄と小麦の資本主義』(世界書院，1991年)を刊行されたときに，そのサブタイトルにされた「下降の経済学」をめぐって激論を交わしたときの情景である。そのあと，あらためて酒を酌み交わし，肩を組んで帰路についたのだった。

　高須賀さんは，『資本論』第3部のMEGA版を手に取ることもないまま，1991年に急逝された。第3部第5篇のマルクス草稿を紹介する拙稿の進行と完結とに期待を寄せてくれていたのだったが，筆者がこの書債をようやく完済したのはその11年後2002年であった[3]。

　高須賀さんの肝いりで，1987年11月28日に，佐藤金三郎さんを囲んでの「『資本論』成立史をめぐる諸問題」という「合同シンポジウム」が開催された[4]。

　プラン問題についての佐藤さんの当初の見解は，『資本論』は『経済学批判要綱』当時の「資本一般」の発展したもの，すなわち「範疇的な意味での資本一般」なのだが，そのなかには，「資本一般」に続くべきものとして構想されていた「競争」，「信用」，「土地所有」，「賃労働」という，それぞれの項目のうちの「基本規定」が組み込まれており，それ以外の部分は，それぞれの「特殊研究」として『資本論』の外部に残されている，というものだった。

　佐藤さんはその後，アムステルダムの社会史国際研究所で『資本論』第3部草稿を調査され，その成果を学会で報告されたり，雑誌『思想』に連載されたりしていたので，このシンポジウムでは，そのような考証的研究を経たのちの佐藤さんが，プラン問題についてもなにか新しいことを語られるのではないかと，満員の会場の片隅で，興味津々，長時間にわたる熱弁に耳を傾けた。

　期待にたがわず，佐藤さんは，『経済学批判要綱』での「資本一般」と『資本論』との関係についてのかつての考えが，その後，かなり変わってきたことを率直に語られた。すなわち，『資本論』は「資本一般」だ，と言うのは適切では

---

3)【1983年に「「信用と架空資本」(『資本論』第3部第25章) の草稿について (上)」の発表から始まった，『資本論』第3部第5篇の草稿に関する拙稿のシリーズは，2002年に発表した「「資本主義以前」(『資本論』第3部第36章) の草稿について (下)」でようやく完了した。これらの論稿をもとに拙著『マルクスの利子生み資本論』全4巻を刊行できたのは2016年6月だった。】

4)【このシンポジウムの内容は，のちに，高須賀義博編『シンポジウム『資本論』成立史〔佐藤金三郎氏を囲んで〕』，新評論，1989年，に収められた。】

なく，『資本論』第3部でのマルクスの表現でのように「資本の一般的分析」と呼んだほうがいいと思うようになった，と言われたのである。のちに高須賀さんがこのシンポジウムを記録した『シンポジウム『資本論』成立史』(新評論，1889年) を編まれるさい，佐藤さんのこの発言部分に手を加えられたのでこの書では消えているのだが，佐藤さんはそのさい「大谷さんが言われているように」と言われた (どこかに録音テープが残っていれば確認できるはず)。ここで佐藤さんが念頭に置かれていたものが，1985年に発表した拙稿「「経済学批判」体系プランと信用論」[5] (『資本論体系』第6巻，有斐閣，1985年，所収) での，『資本論』は，『経済学批判要綱』当時の，対象を，多数資本を捨象した「資本一般」に厳しく限定した冒頭の項目としての「資本一般」に当たるものではなく，資本の特殊的分析・研究・叙述にたいする資本の一般的分析・研究・叙述と性格づけられるべきものだ，という拙見だったことは明らかで，佐藤さんのこの発言はまさに我が意を得たものであった。

　しかし佐藤さんは，なぜ『資本論』を「資本の一般的分析」と呼んだほうがいいのか，ということについては，このシンポジウムでなにも説明されなかったし，その後もこの点に触れられることのないまま，高須賀さんにさきだって1989年に逝去されてしまった。それ以来，筆者は，この点を方法に関連させて立ち入って説明すべき責務を負わされた，と感じてきていたのだったが，2014年に経済理論学会刊の『季刊 経済理論』(第51巻第2号) の特集「MEGA 第II部門研究の現在」に執筆の機会を得て，拙稿「「資本の一般的分析」としての『資本論』の成立」を書き，『資本論』はなぜ「資本の一般的分析」と特徴づけられるべきかについて拙見を述べ，ほぼ四半世紀後にようやくこの書債を返すことができたのだった[6]。

　独占研は，筆者のようなずぼらな者をもこのように鞭撻してくれる貴重な交流の場であったし，これからもそのような場としてさらに発展することを心から願っている。

---

5) 【2000年に，この拙稿に手を加えて同名の論稿を『経済志林』第68巻第1号で発表した。この拙稿は，拙著『マルクスの利子生み資本論』第1巻に「序章B」として収録した。】
6) 【拙稿「「資本の一般的分析」としての『資本論』の成立」は，その後，加筆して，前掲『マルクスの利子生み資本論』第1巻に「補章2」として収録した。】

あとがき

　わが師・久留間鮫造は，いまの筆者とほぼ同じ齢で最後の論稿「恐慌論体系の展開方法について」(1)・(2)を書き上げ，そのあとほぼ5年にわたって『マルクス経済学レキシコン』の編集を続けて，最後の「貨幣」篇の原稿をほぼ仕上げたのち，89歳の生涯を閉じた。直接の死因は1年ほど前に発症した肺癌だった。

　同じ病魔が，わが師の場合よりも8年ほど早く門口に立った。2015年夏に，左肺上葉を切除する手術を受けたのち，しばらく小康状態を保っていたが，2017年の初頭，呼吸器の3箇所に転移癌が見つかった。放射線照射を受けて，いったん病巣が消えたものの，ほぼ1年後に，今度は左肺だけでなく右肺にも新たな転移癌が広がりつつあることが分かり，いまは最新の分子標的薬「イレッサ」の服用によってさらなる転移への対抗を試みている。残された年月はもうわずかである。

　加えて，脳の老化が年相応以上にしっかりと進んでいる。学問的に，だからまた実践的に意味のある論稿を書くことがいよいよ難しくなりつつある。〈仕事の質の低下を自覚できなくなったのちにも——いな，そうなったがゆえに——，無害かもしれないが「一利なし」の書き物を延々と活字にして垂れ流すのは，まわりの人びとにとっては迷惑以外のなにものでもない。醜態をさらしながら若い友人たちを困惑させるようになるまえにいさぎよく筆を折ろう。〉——かねてからこう思ってきた。そしていま，いよいよその秋がきたようである。

　そういうわけで，本書は筆者の最後っ屁である。「まりも美しと嘆く男」が見て嗅いで味わってみたものの例もあるから，屁だから臭いとはかぎらないかもしれない。そこで本書にも，香を聞くようにそっと優しく接してくださるなら，ひょっとして，ここに薫き籠めたつもりの，香木が醸す香気を感じていただけるかも，という秘やかな願いを筆者は捨てられずにいるのである。

*

　高校生のときにエンゲルスの『空想から科学へ』を読んだ。しかし，登場人物についても歴史的背景についても無知そのものだったから，なにが書かれているのかさえ，ほとんどつかめなかった。ただ，「二つの偉大な発見，すなわち唯物史観と剰余価値による資本主義的生産の秘密の発見は，マルクスのおかげでわれわれに与えられたのであり，これらの発見によって社会主義は科学になった」(MEGA I/27, S. 507; MEW 19, S. 209) という一節だけはしっかりと頭に残って，マルクスはすごいことをしたのだな，ということだけは知ったような気がした。

　大学に入ってすぐに『資本論』にかじりついたが，その堅かったこと。歯が折れかかった。それなのに殊勝にも，マルクス理論を本格的に学ぼうと思い立ったのだった。そのためには，まともに勉強することのなかった歴史についての知識を得ておく迂回が必要と考えて，経済史のゼミにはいった。しかし大学を終えるころ，歴史を学ぶには，膨大な史実のジャングルに分け入って，しばらくそこに沈潜する覚悟が要ることが見えて，泥沼にはまり込んだら抜けられなくなると判断し，理論にすぐ立ち向かうことにした。

　そんなつもりで進んだ大学院修士課程で，まもなく幸運の女神に出くわした。『経済学批判要綱』，そして久留間鮫造である。

　まだ邦訳がなかった『要綱』を懸命に読んで，体裁だけは論文めいた，枚数だけはやたらに多い作文「貨幣の資本への転化」を書き上げた。これが，他人さまの評定を受けた最初の書き物となった。なにはともあれ，これを書いたことで，どんなに時間がかかっても自分の頭でマルクスを読んでいこう，という心構えだけはできた。

　お宅での恐慌論研究会に参加させていただいて久留間に出会えたのもそのころのことだった。この出会いは筆者のその後の生涯にとって決定的な意味をもつことになった。博士課程3年目が終わったところでなんとか大学に職は得たものの，まともな論文が書けそうもなくて，もそもそと居心地の悪い毎日を送っていたときに，久留間が書きためていたほぼ1万枚のカードとそれらの引用原典とを突き合わせるという，活字にできる論文を書かないでいてもなにかい

いことをしているつもりになれる力仕事を得たのである。ほぼ1年かかったこの仕事が終わるころ，久留間による，それらのカードを活かすための『マルクス経済学レキシコン』の編集が始まり，筆者の仕事はこんどはこの編集作業の手伝いに変わった。そしてそれからほぼ四半世紀，久留間に同道させていただくことになった。

筆者の目に映った久留間については，拙著『マルクスに拠ってマルクスを編む——久留間鮫造と「マルクス経済学レキシコン」——』（大月書店，2003年）に書いたので，ここではただ，『レキシコン』の編集協力者としてさまざまの作業を行なうなかで，はじめて，本書のⅡに収録した拙稿群に含まれているような，草稿の調査，考証，研究への意欲をもつことができ，不十分ながらもそれらの作業に取り掛かることを恐れない大胆さをもてるようになったことを記しておくにとどめる。

＊

しかし，本書のⅡに収めた拙稿をじっさいに書くことができるようになるためには，さらに次の三つのことを必要とした。

一つは，切れぎれの日々までも加えるとかなり長いことになる期間，アムステルダムの社会史国際研究所とモスクワのマルクス＝レーニン主義研究所で，草稿ないしそれの解読文の調査に携わることができ，しかもそこでしばしば草稿のオリジナルに接することができたことである。日本語での本書に，両研究所の多くはすでに他界された方がたのお名前を挙げてみても詮ないことなので控えるが，じつに多くの方がたが，筆者の調査・研究にさまざまなかたちで親身の援助を与えてくださった。感謝のほかはない。

次の一つは，筆者が，『資本論』第2部の第2稿とそれ以後の草稿とを収録するMEGA第Ⅱ部門第11巻の編集に加われたことである。この作業に必要なかぎり，どのマルクス草稿にも——オリジナルを含めて——制限なくアクセスできたことは本当にありがたいことだった。これによって，それ以前には限られた情報を頼っていた不十分な考証のいくつもの誤りを訂正することができた。また，共編者であったフォルグラーフ（ベルリン）とヴァーシナ（モスクワ）からMEGA編集に必要な作業を実地に学ぶことができたのも貴重な経験だった。

三つ目は，日本MEGA編集委員会によるMEGA第IV部門第18巻の編集に加わり，この巻に収められる抜粋ノートなどからテキストを作る作業に携わったことである。このなかで，この巻に収められるメモ帳や抜粋ノートのなかに，まだ確認されていなかった興味深いさまざまの事実を発見する喜びとスリルとを味わうこともできた。遺憾ながら，日本MEGA編集委員会は，これまで引き受けていた諸巻の編集さえ完了できておらず，その責務を十分に果たすことができてこなかった。その主たる責任を負うべき筆者は，少なくとも第IV部門第18巻の刊行を見るまでは同委員会での作業に当たるつもりでいたが，肺癌を発症して手術を受けた2015年の夏，若干の中堅および若手の友人たちが作業を積極的に進めてくれる見通しができたこともあって，同委員会の代表を辞させてもらった。

　こうした作業のなかで得た情報を使って，間欠泉のようにときどき書き上げる拙稿を，いつでも，枚数制限なしにそっくり，『経済志林』の直近の号に掲載してくれた当時の法政大学経済学会の度量には深い感謝のほかはない。本書第5章の原型となった，『資本論』第2部第8稿のうちのエンゲルス版第21章を紹介した拙稿の上下2篇を在欧中に発表できたのも，経済学会のこの度量によるものだった。

＊

　お名前をすべて挙げるとたいへんな数になり，お一人おひとりへの謝意がひどく薄いものとなるように感じるので，僭越ながら，列挙することは控えさせていただくが，最後っ屁を放るにあたって，筆者のこれまでの研究生活に，さまざまのかたちで数えきれないご指導，ご支援，ご協力を賜った先生がた，先輩たち，同僚たち，若い友人たちに心からのお礼を申し上げる。

＊

　桜井書店の桜井香さんに，ここであらためて心からの感謝の意を表わさせていただく。

　本書が成るについて，いつもながらのひとかたならぬお力添えをいただいたのはもちろんであるが，ここでは総じて，筆者が活字にするものにいつでも目

を向けていてくださり，『図解 社会経済学』を出したあとも拙著や編著の刊行を引き受けて，毎回丁寧な作業をしてくださってきたご好意のすべてに，あらためて心からのお礼を申し上げる。桜井さんとの出会いがなかったら，筆者の晩年は無為に過ごす日々になり終えていたかもしれない。

　さらに，これは筆者に向けられたものというのではなく，日本のマルクス経済学の学界全体に向けられたものであるが，労力の面でも経営的な採算の面でも，だからまた出版社ほんらいの出版活動の面でも，甚大な持ち出しと圧迫とになることを厭わず，経済理論学会の機関誌『季刊 経済理論』の編集と刊行とを引き受けて，おびただしい仕事のすべてを処理してきてくださっているうえに，長年にわたって学会の会計・名簿の管理までも引き受けてくださっていることに，心からの敬意を表するとともに，あらためて深甚の謝意を記しておきたい。

2018年晩秋

大谷禎之介

初出一覧

I 『資本論』に刻まれたマルクスの苦闘

第1章　マルクスの遺稿は呪われたリングか（『マルクスがわかる』，『アエラムック』第53号，朝日新聞社，1999年10月）

第2章　「現代社会」の変革のための「資本の一般的分析」（『季報・唯物論研究』第120号，2012年8月）

第3章　『資本論』とアソシエーション（『季刊 経済理論』第53巻第4号，2017年1月）

第4章　MEGA編集・刊行の現状と展望──MEGA第II部門の完結に寄せて──（『経済』第212号，2013年5月）

II 『資本論』第2部・第3部の草稿を読む

第5章　書き下ろし。ただし，『資本論』第2巻エンゲルス版第21章に使われた部分については，拙稿「「蓄積と拡大再生産」（『資本論』第2部第21章）の草稿について」上・下，『経済志林』第49巻第1号，1981年7月，および，同第2号，1981年10月，に手を加えて利用した。

第6章　『資本論』第2部・第3部草稿の執筆時期について──四共筆者への批判──（次の拙稿の翻訳。Teinosuke Otani: „Zur Datierung der Arbeit von Karl Marx am II. und III. Buch des ‚Kapital'". In: International Review of Social History, vol. XXVIII, part 1, IISG, Amsterdam, 1983.）

第7章　『資本論』第2部仕上げのための苦闘の軌跡──MEGA第II部門第11巻の刊行に寄せて──（『経済』第162・163・164号，2009年3・4・5月）

第8章　「流通過程および再生産過程の実体的諸条件」とはなにか（『立教経済学研究』第66巻第4号，2013年3月）

III 探索の旅路で落穂を拾う

第9章　『図解 社会経済学』で読者に伝えたかったこと（『韓国社会経済学会報告集』，2010年7月）

第10章　商品および商品生産に関するいくつかの問題について（『経済志林』第61巻第2号，1993年）

第11章　マルクスの価値形態論（『経済志林』第61巻第2号，1993年）

第12章　貨幣生成論の問題設定とその解明（『マルクス・エンゲルス・マルクス主義研究』第8号，1989年10月）

第13章　書評・佐藤金三郎著『『資本論』研究序説』（『経済研究』第45巻第3号，1994年7月）

第15章　随想・高須賀さんと佐藤さんへの書債（鶴田満彦・長島誠一編『マルクス経済学と現代資本主義』，桜井書店，2015年7月，「栞」）

<ruby>大谷禎之介<rt>おおたにていのすけ</rt></ruby>

1934年，東京都に生まれる。
1957年，立教大学経済学部卒業，同大学院経済学研究科に進む。
1962年，東洋大学経済学部助手。同専任講師，助教授を経て，
1974年，法政大学経済学部教授。経済学博士（立教大学）。
1992年から，国際マルクス＝エンゲルス財団編集委員。
2005年から，法政大学名誉教授。

著書・編書

『ソ連の「社会主義」とは何だったのか』大月書店（共編著），1996年
『図解 社会経済学』桜井書店，2001年
『マルクスに拠ってマルクスを編む』大月書店，2003年
『21世紀とマルクス』桜井書店（編著），2007年
MEGA[2] II/11: Manuskripte zum zweiten Buch des „Kapitals" 1868 bis 1881. Akademie-
　Verlag（共編），2008年
『マルクスのアソシエーション論』桜井書店，2011年
『マルクス抜粋ノートからマルクスを読む』桜井書店（共編著），2013年
『マルクスの利子生み資本論』全4巻，桜井書店，2016年
A Guide to Marxian Political Economy: What Kind of a Social System Is Capitalism?
　Springer International Publishing AG, 2018

資本論草稿にマルクスの苦闘を読む
〈『資本論』第2部第8稿全文とその関連資料を収録〉

2018年11月1日　初　版
2019年2月5日　第2刷

著　者　大谷禎之介
装幀者　加藤昌子
発行者　桜井　香
発行所　株式会社 桜井書店
　　　　東京都文京区本郷1丁目5-17 三洋ビル16
　　　　〒113-0033
　　　　電話 （03）5803-7353
　　　　FAX （03）5803-7356
　　　　http://www.sakurai-shoten.com/

印刷・製本　株式会社 三陽社

© 2018 Teinosuke OTANI

定価はカバー等に表示してあります。
本書の無断複製（コピー）は著作権上
での例外を除き，禁じられています。
落丁本・乱丁本はお取り替えします。

ISBN978-4-905261-39-1 Printed in Japan

大谷禎之介◎著

マルクスの利子生み資本論 [全4巻]

第1巻　利子生み資本
A5判上製　定価6000円＋税

第2巻　信用制度概説
A5判上製　定価5600円＋税

第3巻　信用制度下の利子生み資本【上】
A5判上製　定価8200円＋税

第4巻　信用制度下の利子生み資本【下】
A5判上製　定価7500円＋税

大谷禎之介◎著

マルクスのアソシエーション論

未来社会は資本主義のなかに見えている

A5判上製　定価5200円＋税

大谷禎之介◎著

図解 社会経済学

資本主義とはどのような社会システムか

A5判上製　定価3000円＋税

桜井書店
http://www.sakurai-shoten.com/